Ethik – Grundlagen und Handlungsfelder

Band 2

Hartmut Kreß

Medizinische Ethik

Gesundheitsschutz – Selbstbestimmungsrechte –
heutige Wertkonflikte

Zweite, vollständig überarbeitete und erweiterte Auflage

Verlag W. Kohlhammer

Alle Rechte vorbehalten
© 2009 W. Kohlhammer GmbH Stuttgart
Reproduktionsvorlage: Andrea Siebert, Neuendettelsau
Gesamtherstellung:
W. Kohlhammer Druckerei GmbH + Co. KG, Stuttgart
Printed in Germany

ISBN 978-3-17-019915-6

Inhalt

Einführung. Vorbemerkungen zur Neuauflage 11
Vorwort zur ersten Auflage 13

A.   Medizinethik heute: Kulturelle Grundlagen – normative Leitlinien .. 15

I.   Medizinische Ethik: Verantwortungsethik und Ethik der Person 15

1.   Die Macht der Biomedizin und die Notwendigkeit ethischer Verantwortung 15
2.   Normative Leitlinien der Medizinethik 19
2.1. Verantwortung 19
2.2. Personwürde 22
3.   Patientenorientierte Medizin. Das Arzt-Patient-Verhältnis im Licht
      einer Ethik des Dialogs 25
3.1. Das dialogische Prinzip als gedankliche Grundlage 25
3.2. Qualitativer Individualismus: Heutige Konkretisierungen 29

II.   Die Ablösung der Medizin von der Religion –
      kulturelle Voraussetzung gegenwärtiger Medizinethik 35

1.   Medizin im säkularen Kontext 35
2.   Religion und Medizin heute – offene Fragen 39

III. Gefährdet moderne Medizin die individuelle Freiheit?
      Ein normatives Grundlagenproblem heutiger Medizinethik 45

1.   Kulturgeschichtliche Hintergründe:
      Die Medikalisierung der Gesellschaftsordnung in der Neuzeit 45
2.   Medizinisches Überangebot zu Lasten individueller Freiheit
      im 20. Jahrhundert? 48
3.   Therapieansätze der Zukunft – um den Preis des Eingriffs in die
      Persönlichkeitsstruktur? Hirngewebetransplantation als Beispiel 51
4.   Vorläufiges Fazit im Blick auf ethische Kriterien 54

IV.   Gesundheit und Krankheit als Bezugspunkte der Medizinethik 56

1.   Die Begriffe Gesundheit und Krankheit 56
2.   Krankheit in objektivierender und in subjektiv-personaler Betrachtung 57
3.   Kulturgeschichtliche Typologie: Krankheit zwischen Religion,
      Philosophie und Naturwissenschaft 62

V.   Gegenwärtiger Paradigmenwechsel im Verständnis von Gesundheit:
      Prädiktion und Prävention   67

1.   Die Futurisierung von Krankheit. Prädiktive Krebsdiagnostik als Beispiel   67
2.   Prädiktive Medizin – genetischer Determinismus?   70
3.   Grundsatzüberlegung: Das Recht auf Freiheit und Selbstbestimmung –
      normative Basis für gesundheitsbezogene Entscheidungen   73
4.   Ethische Schlussfolgerungen zur prädiktiven Medizin   75

VI.   Das Recht auf Gesundheitsschutz – normativer Kern der Medizinethik   80

1.   Kultur- und medizingeschichtliche Hintergründe in der Neuzeit   81
2.   Das „Recht auf Gesundheit" heute: Zwischen individuellem Schutzrecht
      und sozialem Anspruchsrecht   86
3.   Gesundheitsschutz im Licht der deutschen und der europäischen
      Rechtsordnung   92

VII. Vorbeugender Gesundheitsschutz im Gesundheitssystem.
      Notwendigkeit und Zielkonflikte   97

1.   Pflicht zur Gesundheit als normativer Problempunkt   97
2.   Gesundheitspolitische Konsequenzen   101

VIII. Gerechtigkeit in medizinethischer Perspektive:
      Partizipationsgerechtigkeit als Leitbild   105

1.   Gesundheitsschutz im Horizont der Gerechtigkeit   105
2.   Partizipationsgerechtigkeit im Rahmen der Gerechtigkeitsidee   106
3.   Kriterien der Verteilungsgerechtigkeit   110
4.   Nachhaltigkeit der medizinischen Versorgung in Entwicklungsländern   113
5.   Rechtsethisches Fazit zum Gesundheitsschutz in der Verfassung   115

IX.   Aufgaben und Konflikte medizinischer Forschung   117

1.   Pflicht der Medizin zur Forschung als Konsequenz des Rechtes
      auf Gesundheitsschutz   117
2.   Wertkonflikte der Forschung   119
3.   Forschung am Menschen: Ethische Gratwanderung
      im Umgang mit Probanden   122

B. Ethische Wertkonflikte an den Grenzen des Lebens 129

I. Forschung an humanen embryonalen Stammzellen:
    Das Stammzellgesetz und seine Probleme 129

1. Einführung: Fortpflanzungsmedizin und Stammzellforschung –
    Embryonenschutz versus Gesundheitsschutz als Wertkonflikt 129
2. Das deutsche Gesetz zur humanen embryonalen Stammzellforschung 132
3. Problempunkte und Desiderate des Stammzellgesetzes
    aus ethischer Sicht 134

II. Der Status des Embryos:
     Kulturelle Traditionen, heutige Argumente 146

1. Die Position des kompromisslosen Schutzes früher Embryonen 146
2. Späte Menschwerdung: Das vorgeburtliche Leben in der
    Religions- und Kulturgeschichte 150
2.1. Christliche Tradition, Islam, Judentum, Japan und ostasiatische Kulturen:
      Ein Überblick 150
2.2. Zwischenbilanz: Zum Stellenwert von Religion und Tradition
      für heutige Urteilsfindungen 157
3. Argumentationslinien für den Umgang mit frühen Embryonen
    in der Gegenwart 159
3.1. Gesellschaftliche Meinungspluralität und die Notwendigkeit
      rechtsstaatlicher Kompromisse 159
3.2. Die Deutung des frühen Embryos auf der Basis
      naturwissenschaftlicher Embryologie 162
3.3. Die SKIP-Argumente sowie zusätzliche Differenzierungen 163
3.4. Wie tragfähig ist das Argument der Potentialität? 165
3.5. Der Embryonenstatus unter dem Aspekt der Epigenetik 168
4. Schlussfolgerung: Sonderstatus und abgestufter Schutz früher Embryonen 169
5. Differenzierung zwischen Menschenwürde und Lebensschutz 172

III. Der Zugriff der Forschung auf das beginnende Leben:
      Neue Forschungsansätze und ihre ethischen Implikationen 175

1. Ethische Kriterien und Notwendigkeit der Transparenz 175
2. Optionen zwischen Forschungsklonen, parthenogenetisch gewonnenen
    und induzierten pluripotenten Stammzellen 176

IV.   Entscheidungskonflikte in der Fortpflanzungsmedizin 185

1.   Fortpflanzungsmedizin im Spannungsfeld von Embryonenschutz,
      Selbstbestimmungsrecht, Gesundheitsschutz und Kindeswohl 185
1.1. Normative Grundlagen 185
1.2. Grenzziehungen 188
1.3. Ethische Verantwortung der Medizin 190
2.   Präimplantationsdiagnostik. Abwägung zwischen Embryonenschutz
      und Gesundheitsschutz 193
2.1. Die ethischen Argumente 193
2.2. Rahmenbedingungen bei Zulassung der PID 196
2.3. Präimplantationsdiagnostik aus Anlass der Lebensrettung eines Dritten 198
3.   Morphologische Beurteilung von Embryonen mit Single-Embryo-Transfer:
      Medizinischer Fortschritt – Stillstand der Gesetzgebung 201

V.   Weitere Wertkonflikte im Umgang mit vorgeburtlichem Leben 206

1.   Themen der Fortpflanzungsmedizin 206
2.   Spätabtreibungen 212
3.   Fazit: Advokatorische Ethik – Medizinethik als Anwalt des Kindes
      vor und nach der Geburt 215

VI.   Transplantationsmedizin. Abwägungen zugunsten von Lebens-
      und Gesundheitsschutz 217

1.   Heilung und Lebensrettung als Handlungsziel 217
2.   Das Hirntodkriterium vor dem Hintergrund
      des abendländischen Menschenbilds 218
3.   Die ethische Kontroverse zum Hirntodkriterium 222
4.   Kriterien für die Organentnahme nach dem Hirntod 228
5.   Die Lebendspende von Organen im Licht von Selbstbestimmung,
      Altruismus und Gesundheitsschutz 234

VII. Sterbehilfe und Sterbebegleitung. Das Lebensende zwischen Schicksal,
      medizinischem Fortschritt und Selbstbestimmung 242

1.   Die verschiedenen Formen von Sterbehilfe heute 242
2.   Veränderte Umstände des Sterbeprozesses 248
2.1. Der Bruch mit religiösen Traditionen:
      Säkularisierung und Pluralisierung 248
2.2. Alltagsbedingungen des Sterbens: Privatisierung und Medikalisierung 252

2.3. Ethische Konsequenz: Selbstbestimmung und Präventivverantwortung.
      Patientenverfügungen als Paradigma 253
3.   Selbstbestimmung mit Hilfe von Patientenverfügungen: Einzelaspekte 256
3.1. Narrative Ethik als Zugang 256
3.2. Normative Kontroversen zu Patientenverfügungen 258
4.   Aktive Sterbehilfe? Wertkonflikt zwischen Selbstbestimmung
      und Lebensschutz 268
4.1. Rechtliche Regelungen in den Niederlanden und in Belgien 268
4.2. Ethische Aspekte 272
5.   Medizinisch assistierter Suizid und palliative Sedierung 278
6.   Palliativmedizin und Gesundheitsschutz bei Schwerkranken
      und Sterbenden 283

Ausblick. Patientzentrierte Medizin und das Recht auf Schutz der Gesundheit
in sozialethischer Hinsicht 287

Anmerkungen 289
Literaturverzeichnis 302
Namenregister 324
Begriffsregister 325

Einführung

Vorbemerkungen zur Neuauflage

Die Neuauflage der „Medizinischen Ethik" wurde erforderlich, weil die erste Auflage in der deutschen Ausgabe seit längerem vergriffen ist. Die Gliederungsstruktur, die Leitgedanken und Themen der ersten Auflage aus dem Jahr 2003 sind in der Neuauflage beibehalten worden. Aufgrund der medizinethischen Debatten der zurückliegenden Jahre erschien es jedoch sinnvoll, den Text der ersten Auflage vollständig zu überarbeiten, aktuelle Entwicklungen aufzugreifen und eine Reihe von Themen ausführlicher zu entfalten. Die Überarbeitung findet auch darin ihren Niederschlag, dass der Untertitel des Buches abgeändert wurde. Er lautete im Jahr 2003: „Kulturelle Grundlagen und ethische Wertkonflikte heutiger Medizin". Die Neuauflage erscheint jetzt mit dem Untertitel „Gesundheitsschutz – Selbstbestimmungsrechte – heutige Wertkonflikte".

Der Sache nach war schon für die erste Auflage das Grundrecht auf Gesundheitsschutz und gesundheitliche Versorgung ein tragender Leitgedanke gewesen, sowohl im Grundlagenteil des Buches als auch in den materialethischen Erwägungen. Dies wird aus dem damaligen Vorwort ersichtlich, das nachfolgend wieder abgedruckt ist. Die Neuauflage knüpft hieran an und vertieft die Gesichtspunkte, die bereits in der ersten Auflage eine Rolle spielten, im Licht neuerer ethischer, rechts- und gesundheitspolitischer Diskussionen.

Gleichzeitig gehört, wie schon in der ersten Auflage, das Grundrecht auf Freiheit und Selbstbestimmung zu den normativen Prinzipien, auf die die hier vorgelegte Medizinethik besonderen Wert legt. Nun sind in den letzten Jahren gegen die Geltung und Aussagekraft des individuellen Selbstbestimmungsrechts für Medizin und Gesundheitswesen wiederholt Einwände erhoben worden. Manchmal wurde nicht nur als Ergänzung, sondern geradezu als Alternative der Begriff der Fürsorge genannt. Aus der Sicht des Verfassers ist das Grundrecht auf Selbstbestimmung freilich unverändert gehaltvoll; es bleibt unhintergehbar. Die Vorbehalte, die ihm entgegengehalten wurden, lassen sich entkräften. In diesen gedanklichen Zusammenhang ist im Übrigen ein Leitmotiv einzuordnen, das die hier vorgelegte Medizinethik durchgängig prägt, nämlich die patientenorientierte oder „patientzentrierte" Medizin: Es gilt, die persönliche Entscheidungskompetenz von Patientinnen und Patienten zu stärken und sie – im Sinn einer Ethik des Dialogs – durch ärztliche und auch durch psychosoziale Beratung zu unterstützen.

Insgesamt ist das hier vorliegende Buch dem Anliegen verpflichtet, das Grundrecht auf Gesundheitsschutz, das persönliche Selbstbestimmungsrecht und die Idee sozialer sowie partizipativer Gerechtigkeit miteinander zu verknüpfen und sie für medizinethische Abwägungen fruchtbar zu machen. Schwerpunktmäßig wird, genauso wie in der ersten Auflage, immer wieder auf den Gesundheitsschutz und die gesundheitliche Versorgung von Kindern der Blick gelenkt.

Es gehört zur Sachlogik medizinethischer Reflexion, dass der Alltag der Medizin, strukturelle Probleme des Gesundheitswesens, rechts- und gesundheitspolitische Herausforderungen sowie die hohe Dynamik des medizinisch-naturwissenschaftlichen Erkenntnisfortschritts auf Grundsatzüberlegungen zurückwirken. Daher fließen neuere medizinische

Handlungsansätze (z.B. prädiktive Medizin) oder Verteilungsprobleme des Gesundheits-
systems (Rationierung, Priorisierung) bereits in den ersten Teil des Buches ein, der
Grundsatzfragen und ethische Prinzipien erörtert (Teil A: „Medizinethik heute: Kulturelle
Grundlagen – normative Leitlinien").

Danach befasst sich der zweite Teil mit konkreten Entscheidungskonflikten, die sich im
Umgang mit dem beginnenden menschlichen Leben, in der Transplantationsmedizin und
angesichts des Lebensendes stellen (Teil B: „Ethische Wertkonflikte an den Grenzen des
Lebens"). Die Neuauflage greift aktuelle Sachverhalte auf – unter ihnen die Novellierung
des Stammzellgesetzes im Jahr 2008, neue Optionen der Entwicklung und Prüfung von Me-
dikamenten (z.B. zur Embryotoxizität), die Aussicht, künftig auf induzierte pluripotente
Stammzellen zugreifen zu können, den medizinischen Fortschritt bei ärztlich assistierter
Fortpflanzung (u.a. die Möglichkeit, nach künstlicher Befruchtung Mehrlingsschwangerschaften zu vermeiden), die jüngste Debatte zum Transplantationsgesetz oder die palliative
Sedierung als heutige Form von Sterbehilfe. Auf diese Weise werden im zweiten Teil des
Buches die normativen Leitgedanken – Gesundheitsschutz, Selbstbestimmungsrecht, Partizipationsgerechtigkeit – und das Postulat, dass gegenwärtig eine Steigerung ethischer Verantwortung geboten ist, an Problemfeldern verdeutlicht, zu denen in den kommenden Jahren
weiterhin Diskussionsbedarf bestehen wird.

Der Anmerkungsteil und das Literaturverzeichnis sind möglichst knapp gehalten. Dabei
wurde darauf geachtet, durch die Beleg- und Literaturangaben das breite Spektrum von Positionen abzubilden, die sich in der Medizin- und Bioethik finden. Die Belege wurden so
ausgewählt, dass sich für Interessierte zugleich ein Zugriff auf weitere Literatur erschließt.
Über die ethische und juristische Literatur hinaus nennen der Anmerkungsteil bzw. das Literaturverzeichnis medizinische Forschungsliteratur, da deren Sichtung und Aufarbeitung für
die Urteilsbildung der Medizinethik inzwischen unerlässlich geworden ist.

Bonn, September 2008   *Hartmut Kreß*

Vorwort zur ersten Auflage

Der Begriff „Medizinethik" entstammt der Aufklärungsepoche. Er ist auf das vor zweihundert Jahren, nämlich im Jahr 1803 erschienene Werk „Medical Ethics" des englischen Arztes Thomas Percival (1740–1804) zurückzuführen. Die Aufklärungsepoche brachte ein medizinethisches Denken auf den Weg, das am Berufsethos und den Pflichten des Arztes, an der Person, Biographie und den Rechten der einzelnen Patienten sowie darüber hinaus an den speziellen Belangen verschiedener Menschengruppen orientiert war. Namentlich waren es Kinder, Behinderte, unheilbar Kranke und Sterbende, auf deren Situation und deren besondere Belange die Medizinethik der Aufklärung ganz neu den Blick lenkte. Hierdurch setzte sie humane Impulse, die medizin- und kulturgeschichtlich wegweisend geworden sind. Zweihundert Jahre später hat die gegenwärtige medizinische Ethik die Alltagsbedingungen des heutigen Gesundheitssystems und den Wissenszuwachs der modernen Biotechnologie aufzuarbeiten. Für ihre Urteilsbildungen kann sie an die Prinzipien anknüpfen, die in der jüdisch-christlichen Tradition und in der abendländischen Philosophie verwurzelt sind. Gleichzeitig steht sie vor der Aufgabe, die überlieferten ethischen Prinzipien gegenwartsbezogen fortzuentwickeln und aus jetziger Einsicht heraus Verantwortung für Werte und für Normen zu übernehmen, die dem Fortschritt der Biotechnologie und den Strukturen des modernen Gesundheitswesens gerecht werden. Das vorliegende Arbeits- und Studienbuch beleuchtet in Teil A zunächst normative und kulturelle Grundlagen heutiger Medizinethik. In Teil B werden dann aktuelle medizinische Wertkonflikte erörtert.

Zu den normativen Leitgedanken, auf die das Buch den Akzent legt, gehört das „Recht auf Gesundheit" bzw. das „Recht auf Schutz der Gesundheit". Dieses Menschenrecht auf Gesundheitsschutz ist seit der Aufklärung und dann insbesondere seit dem 19. Jahrhundert – damals vor allem von dem Mediziner Rudolf Virchow (1821–1902) – auf den Begriff gebracht worden. Inzwischen hat es in Menschenrechtskonventionen und in zahlreiche Rechtsdokumente Eingang gefunden. Ihm lassen sich weitere Grundwerte zuordnen, die für die moderne Medizinethik tragend sind, nämlich die Personwürde, die Freiheits- und Selbstbestimmungsrechte der Patienten oder die Gerechtigkeit und Nachhaltigkeit im Umgang mit medizinischen Ressourcen. Der erste Buchteil (Teil A) entfaltet diese normativen Gesichtspunkte. Zugleich werden in Teil A die Umbrüche angesprochen, die sich im Verständnis von Gesundheit und Krankheit und in der Gesundheitsversorgung derzeit ereignen. Einen immer höheren Stellenwert gewinnt die gesundheitliche Vorsorge und Vorbeugung, d.h. die präventive Medizin. Traditionell standen die nachsorgende Behandlung und Heilung im Zentrum der Medizin (kurative Medizin); zukünftig wird die präventive Medizin eine große Bedeutung erhalten. In diesem Zusammenhang behandelt das Buch unter anderem die prädiktive genetische Diagnostik.

Davon abgesehen verdient das Recht auf Gesundheit auch deshalb Beachtung, weil es gruppen- und altersspezifische Aufgaben der Medizin, d.h. die speziellen Belange von Kindern, psychisch Kranken, alten Menschen oder anderer Patientengruppen ins Licht rückt. Exemplarisch hebt das hier vorliegende Buch vor allem die Interessen von Kindern hervor; die medizinethische Relevanz des Kindeswohls stellt insofern ein Querschnittsthema des Buches dar. Es war im Übrigen wiederum die Ethik der Aufklärung gewesen, die für die Medizin das Thema der Kindheit entdeckte und erstmals die Besonderheiten der Kinderheilkunde erfasste. In Deutschland waren Überlegungen von Christoph Wilhelm Hufeland (1762–1836) bahnbrechend. Ihm zufolge seien „ein Drittel aller Kranken" Kinder, deren Krankheiten man „besonders studieren" müsse. In seinem „Enchiridion medicum" (4. Aufl. 1838) hieß es: „Man kann ein sehr guter Arzt für Erwachsene sein und man ist ein schlechter Kinderarzt. Denn es ist nicht bloß, wie einige glauben, die Verminderung der Dosen, die ihn macht, sondern andere Semiotik, anders modifizierte Pathologie und Therapie". Deshalb müsse man den „eigentümlichen Charakter" sehen, „den das Kindesalter allen Krankheiten und der ganzen Praxis in diesem Zeitpunkt" gibt.[1] Manche Forderungen der damaligen Kinderheilkunde sind medizinisch und gesundheitspolitisch bis heute nicht eingelöst.

In seinem zweiten Teil (B) informiert das Buch ausführlich über Themen, die in den gegenwärtigen Kontroversen zur Bioethik im Vordergrund stehen. Hierzu gehören der Umgang mit dem Lebensbeginn (Embryonenforschung; Fortpflanzungsmedizin) und mit dem Lebensende (Sterbehilfe) oder die Transplantationsmedizin. In diesen Bereichen sind die Dynamik der naturwissenschaftlichen Forschung so groß und die medizinischen Entwicklungen so sehr im Fluss, dass die ethischen Beurteilungen ebenfalls vorläufig und revisionsfähig bleiben müssen. Nicht nur die Ethik, sondern auch die Rechts- sowie Gesundheitsstrukturpolitik stehen in dieser Hinsicht vor dauerhaften gedanklichen Herausforderungen.

Zu aktuellen Wertkonflikten der Biomedizin, darunter der embryonalen Stammzellforschung, hat der Verfasser in den zurückliegenden Jahren wiederholt Stellung genommen. Auch in diesem Buch werden über die Sachdarstellungen hinaus Argumente der ethischen Abwägung vorgetragen, um den Leserinnen und Lesern Anregungen für die eigene Urteilsfindung zu vermitteln. Angesichts der heutigen biomedizinischen Wertkonflikte sind Güterabwägungen geboten, die zum Teil neuartig und kulturell unvertraut sind. Dabei gilt es, zwischen unterschiedlichen Werten – dem Lebensschutz und dem Embryonenschutz, der medizinischen Therapiepflicht, der Gewissensfreiheit, der Forschungsfreiheit u.a. – einen möglichst schonenden Ausgleich herbeizuführen.

Bonn, Mai 2003   *Hartmut Kreß*

A. Medizinethik heute:
Kulturelle Grundlagen – normative Leitlinien

I. Medizinische Ethik: Verantwortungsethik und Ethik der Person

1. Die Macht der Biomedizin und die Notwendigkeit ethischer Verantwortung

Erstens. Die Medizin und das Gesundheitswesen sind gegenwärtig in einem Maß in das Blickfeld der Ethik gelangt, wie dies in der abendländischen Ethik- und Kulturgeschichte bis in die zweite Hälfte des 20. Jahrhunderts hinein nicht der Fall gewesen war. Denn die Medizin, genauer gesagt der heutige Stand des medizinisch-naturwissenschaftlichen Wissens, die medizinisch-technischen Anwendungsmöglichkeiten sowie die Institutionen des Gesundheitswesens haben sich zu einem eigenständigen Segment der Gesellschaftsordnung und zu einem Faktor gesellschaftlich-kultureller Macht entwickelt. Die Macht der Medizin wird heutzutage häufig als ambivalent wahrgenommen. Medizin gerät in der Öffentlichkeit in ihrer hilfreichen, Leiden lindernden Seite in den Blick; sie wird aber auch als bedrohend empfunden. Die Befürchtung lautet, die moderne Hochleistungsmedizin drohe die menschliche Existenz technologisch zu überfremden. Seit den 1990er Jahren werden potentielle Schattenseiten des medizinischen Fortschritts schwerpunktmäßig in Bezug auf den Umgang mit dem beginnenden menschlichen Leben, aber auch in Anbetracht von Sterbehilfe oder Organtransplantation diskutiert. Zum Beispiel war und ist in der Bundesrepublik Deutschland strittig, ob Forschung an humanen embryonalen Stammzellen oder ob die Präimplantationsdiagnostik, also eine genetische Analyse an Embryonen außerhalb des Mutterleibes in den ersten Tagen ihrer Entwicklung, moralisch zulässig seien. Die öffentlichen Kontroversen zu solchen Fragen der Bioethik und der Biopolitik sind hierzulande so heftig, dass sie sich als Kulturkampf bezeichnen lassen. Im Jahr 2008 war sogar vom Weltanschauungskrieg (Ernst-Ludwig Winnacker) die Rede.

Der Ausgangspunkt der neueren Bioethikdebatte bestand darin, dass im Jahr 2000 der US-amerikanische Molekularbiologe und Unternehmer Craig Venter bekanntgab, die Entschlüsselung des gesamten menschlichen Genoms stehe unmittelbar bevor. Daraufhin wurden in der Öffentlichkeit einerseits weitgespannte Hoffnungen, andererseits tiefgreifende Sorgen wach. Was die Erwartungen anbetraf, so wurde spekuliert, das Genomprojekt führe dazu, dass der Mensch nun „Gott spielen" könne („playing god"). Durch die Analyse und eventuelle Eingriffe in das Genom werde der Mensch „allmächtig" und zum „Schöpfer seiner selbst"; er vermöge sich zu perfektionieren und die Evolution in die eigene Hand zu nehmen. Die Handlungsmacht, die die neueste biologisch-medizinische Forschung für die genetische Diagnostik, für genetische Therapien oder eventuell sogar für genetische Veränderungen, nämlich für sogenannte Verbesserungen („enhancement") am Menschen eröffnen könne, wurde teilweise euphorisch begrüßt. Einer der visionären Befürworter solcher medizinischer Handlungsmacht, Gregory Stock, Direktor des Programms „Medizin, Technologie und Gesellschaft" an der School of Medicine Los Angeles/USA, entfaltete dies 2001 im Wissenschaftszentrum Nordrhein-Westfalen:

> „Die derzeitige Revolution in der Genomik wird mehr ausrichten, als nur die Medizin zu revolutionieren. Sie wird weite Zweige unserer Wirtschaft verändern oder die Art, wie wir Kinder bekommen. Sie wird die Art, mit unseren Gefühlen umzugehen ändern und vielleicht sogar die menschliche Lebenserwartung verlängern. So tief greifend sind diese Entwicklungen, dass sie uns zwingen werden zu erforschen, was es bedeutet Mensch zu sein. Und dieser Zeitpunkt wird vielleicht schon viel früher eintreten, als die meisten Menschen sich vorstellen. …
> Es gibt natürlich auch Menschen, die meinen, wir sollten nicht Gott spielen, aber das tun wir bereits in anderen medizinischen Bereichen, so dass dieses Argument nicht sehr überzeugend ist. Andere wiederum sagen, wir sollten uns nicht verbessern, weil das Eugenik wäre …
> In Wahrheit würden doch viele von uns gern länger und gesünder leben oder klüger oder begabter sein. Und viele potenzielle Eltern würden ihren Kindern liebend gern diese Vorteile angedeihen lassen."[2]

Solche Ideen tragen futuristische, ja ideologische Züge und könnten zur medizinisch-technokratischen Überfremdung anderer Menschen, vor allem der eigenen Kinder führen. Denn was z.B. unter „klüger oder begabter" konkret vorstellbar sein soll, bleibt willkürlich. Derartige Extrempositionen fordern es geradezu heraus, dass gegenläufig zu ihnen Einwände und Befürchtungen aufbrechen, die dann ihrerseits allzu einseitig und pauschal sind.

Den Einwänden zufolge bedroht der Fortschritt der modernen Biomedizin die Menschenwürde. Schon die Etablierung der künstlichen Befruchtung in den 1970er Jahren oder die seit 1998 möglich gewordene humane embryonale Stammzellforschung seien – so äußern Vertreter der Kirchen, gelegentlich aber auch Stimmen aus Politik, Philosophie oder den Naturwissenschaften – ein „Sündenfall"; die moderne Biomedizin taste die Heiligkeit des Lebens an. Um den Folgen des biotechnologischen Fortschritts zu wehren, sei die Aufrichtung neuer Tabus vonnöten; dies meinte im Mai 2001 in einer viel beachteten Rede der damalige Bundespräsident Johannes Rau. Auf der Linie der Zivilisationsskepsis und Technikkritik liegt es, dass als Konsequenz der Biotechnologie sogar eine Gefährdung der „Gattung Mensch" als ganzer befürchtet worden ist:

> „Im gleichen Maße, in dem … in den Tiefen des Weltinnenraums und des Kosmos das geschichtliche Bild des Menschen in die Kälte der Äonen entschwindet, verblasst auch die Vorstellung von der Würde, der Unverwechselbarkeit, der Nichtaustauschbarkeit der einen und einzelnen, in ihrer Einzelheit kostbaren, unwiederholbar konkreten Person."[3]

Der Fortschritt moderner Medizin führe dazu, dass die Menschheit in ein nichtpersonales Zeitalter eintrete und der Mensch in seinem Personsein missachtet werde. Diese Negativutopie wurde 2002 vom ehemaligen Präsidenten der Deutschen Forschungsgemeinschaft Wolfgang Frühwald vorgetragen. Dabei berief er sich auf Jürgen Habermas, der seit 2001 die negative Vision entfaltet, es drohe eine „liberale Eugenik". Der Generationenzusammenhang verliere die „Naturwüchsigkeit, die bisher zum trivialen Hintergrund unseres gattungsethischen Selbstverständnisses gehörte." Die „biotechnische Verfügung über menschliches Leben", die durch Präimplantationsdiagnostik u. dgl. möglich werde, gefährde die Identität der Gattung Mensch und das Menschenbild.[4]

Verhält es sich aber tatsächlich so, dass der technische Fortschritt und die heutige Gestaltungsmacht der Medizin die Menschenwürde bzw. das Personsein des Menschen „als" Mensch in Gefahr bringen? Zweifellos besitzt die heutige Medizin wissenschaftliche Deutungsmacht sowie technische Handlungsmacht über Leben, Gesundheit und persönliche Identität von Menschen, die neuartig sind. Sie hat eine kulturelle, begriffliche und politische Definitionsmacht errungen, die sehr viel umfassender ist als in der Vergangenheit. Für die Wertvorstellungen der Gesellschaft besitzt die Medizin hohe Prägekraft. Daraus erwächst die Frage, wie ethisch auf diesen Zuwachs an medizinischer Deutungsmacht zu reagieren ist. Hierzu ist es hilfreich, einen Schritt zurückzutreten und generell das Phänomen der Macht zu beleuchten, um von hier aus dann eine ethische Perspektive für den Umgang speziell mit medizinischer Deutungs- und Handlungsmacht zu gewinnen.

Zweitens. Zu den Theoretikern moderner gesellschaftlicher Macht gehört der französische Philosoph Michel Foucault (1926–1984). Ihm zufolge wird „in einer Gesellschaft wie der unsrigen – im Grunde genommen jedoch in jeder Gesellschaft – ... der soziale Körper von vielfältigen Machtbeziehungen überzogen, charakterisiert und konstituiert".[5] Seit der Antike waren es die Macht des Staates bzw. die Ausübung staatlicher Herrschaft und politischer Macht, mit denen sich Ethik, Philosophie und Rechtswissenschaft auseinanderzusetzen hatten. Bis in die Neuzeit hinein forderten die monarchischen Staatsordnungen den Gehorsam und die Unterordnung der Untertanen. So hatte der Reformator Martin Luther (1483–1546) unter Berufung auf das Kapitel 13 im Römerbrief des Apostels Paulus den Gehorsam gegenüber der Obrigkeit als göttliches Gebot bezeichnet. Darüber hinaus betonte er in seinem Großen Katechismus aus dem Jahr 1529 in der Auslegung der Zehn Gebote, das vierte Gebot („Du sollst deinen Vater und deine Mutter ehren") gelte nicht nur für die leiblichen Eltern. Weil der Landesfürst ein Landes„vater" sei, seien die Untertanen ihm Gehorsam schuldig, so wie die Kinder den Eltern zu gehorchen hätten. Noch im 19. Jahrhundert wurde von Rechtsphilosophen, darunter dem vom Luthertum geprägten preußischen Staatsphilosophen Friedrich Julius Stahl (1802–1861), die Lehre vom Gottesgnadentum des Monarchen vertreten und wurden die demokratischen Rechte sowie die Souveränität der Bevölkerung hiermit bestritten.

Andererseits ist im Verlauf der Neuzeit, besonders seit der Epoche der Aufklärung, in der Ethik und in der Rechtsordnung ein solches patriarchales Obrigkeitsverständnis überwunden worden. Der (All-)Macht des Staates wurden Grenzen gesetzt, und zwar zugunsten des individuellen Rechts der Bürger auf Freiheit und Selbstbestimmung. Die neuzeitlichen Menschenrechtserklärungen sowie die modernen Staatsverfassungen mit ihren Grundrechtskatalogen rückten die Religions- und Gewissensfreiheit, Meinungs- und Versammlungsfreiheit oder die Wissenschaftsfreiheit ins Licht. Im deutschen Sprachraum stellte die Paulskirchenverfassung aus dem Jahr 1849 eines der ersten Dokumente dar, das als Entwurf einer Verfassungsordnung die Macht des Staates eingrenzte, sich stattdessen an den Freiheitsrechten der Bürger orientierte und auch die Wissenschaftsfreiheit betonte (§ 152: „Die Wissenschaft und ihre Lehre ist frei"). Zur Begründung hob der parlamentarische Antrag damals hervor, die Wissenschaftsfreiheit sei „die sicherste Gewähr einer freien bürgerlichen Ordnung".

Moderne demokratisch-liberale Verfassungsordnungen streben daher eine Machtbalance an zwischen den Kompetenzen und dem Gewaltmonopol des Staates einerseits – er hat die Aufgabe, die öffentliche Ordnung zu gewährleisten – und andererseits den Freiheitsrechten, den Befugnissen und der Eigenverantwortung der Bürger. Dabei ruht das Schwergewicht auf den Menschenrechten und den Grundfreiheiten der Bürger; diese begrenzen die Ausübung staatlicher Macht und bilden für sie die ethische Norm. Denn staatliche Macht stellt keinen Selbstzweck dar, sondern steht im Dienst der einzelnen Bürger und der Zivilgesellschaft. Deshalb hieß es – unter Anspielung auf das Wort Jesu zum Sabbat (Mk 2, 27) – im Herrenchiemseer Verfassungsentwurf, der für das Bonner Grundgesetz von 1949 Pate stand: „Der Staat ist um des Menschen willen da, nicht der Mensch um des Staates willen."

Drittens. Die Reflexion der staatlichen, „obrigkeitlichen" Ausübung von Macht war für die Ethik seit der Antike relevant. In der Neuzeit sind darüber hinaus nun ebenfalls Wissenschaft, Technik und Medizin zu eigenständigen Faktoren gesellschaftlicher Macht geworden. Wiederum war es Michel Foucault, der hierauf aufmerksam machte. Die Macht, die in der modernen Gesellschaft speziell die Medizin gewonnen hat, umschrieb er als Medikalisierung von Gesellschaft und Kultur. Schon zuvor, zu Beginn der Neuzeit, hatte der englische Philosoph Francis Bacon (1561–1626) erkannt, dass nicht mehr nur die staatliche, sondern gleichfalls andere Formen von Macht – nämlich die Macht von Wissenschaft und Technik – den Alltag und das Leben prägen. Hierauf bezog sich seine Formel „Wissen ist Macht". Im Verlauf der Neuzeit zeigte sich dann eine stetige Ausdehnung dieser neuen Form von Macht. Technisches Wissen und technische Anwendungen führten zunächst dazu, dass der Mensch die Umwelt und die äußere Natur zu beherrschen vermochte. Ein Höhepunkt dieser Entwicklung wurde im 19. Jahrhundert mit der industriellen Revolution erreicht. Heutzutage bewirken medizinisches Wissen und biomedizinische Anwendungen, dass nicht nur die Umwelt des Menschen und die äußere Natur, sondern sogar die eigene Natur des Menschen technisch beeinflussbar sind. Letztlich geht es dabei um die personale Identität des Menschen, da ein medizinischer Zugriff auf das Genom und das Gehirn, also auf die individuelle genetische und neuronale Disposition des Menschen denkbar geworden ist.

Diese Entwicklung wird oft als bedrohlich empfunden. Der Zuwachs an technischen Optionen, den die moderne Medizin mit sich bringt, und die komplizierten Strukturen des Gesundheitswesens erzeugen den Eindruck, der menschliche Lebensalltag und die persönliche Lebensführung würden zunehmend von anonymen medizinischen Machtstrukturen und Technologien, von ökonomischen Interessen der Pharmaindustrie und von der staatlichen Bürokratie des Gesundheitssystems gesteuert, denen der Einzelne mehr oder weniger hilflos ausgeliefert sei. Vor diesem Hintergrund, d.h. auch aufgrund der Eingriffstiefe medizinischer Zugriffsmöglichkeiten in den Kern der menschlichen Existenz, ist heutzutage eine Steigerung ethischer Verantwortung geboten, um die Macht der Medizin zu normieren, zu kanalisieren und, sofern erforderlich, zu begrenzen.

Voranstehend war zum Vergleich an die neuzeitliche politische Ethik und Rechtsethik erinnert worden. Der Blick auf die neuzeitliche Geistesgeschichte belegt, dass ethische und rechtliche Kriterien eine Eindämmung und humane Gestaltung von Macht mit Erfolg bewirken können: In der Neuzeit gelang es, staatliche Macht, nämlich die Machtfülle des Obrigkeitsstaates oder des absolutistischen Staates durch individuelle Menschen- und persönliche Freiheitsrechte (Recht des Einzelnen auf Gewissens-, Religions-, Meinungs-, Berufsfreiheit usw.) zu begrenzen. Anstelle des Obrigkeitsstaates wurde – im Zuge eines sicherlich sehr langwierigen kulturellen Lernprozesses – eine demokratische Staatsstruktur etabliert; die vormalige staatliche Machtfülle wurde durch wirksame Kontrollen und rechtliche Eingrenzungen eingedämmt. Was nun aktuell die Medizin, die naturwissenschaftliche Forschung und medizinische Eingriffe in das Menschsein anbetrifft: Analog zur Eindämmung obrigkeitlicher Macht, die in der neuzeitlichen Kulturgeschichte erfolgte, ist es heutzutage geboten, Medizin und Medizintechnologie zu regulieren und diese *neue* Form von Macht mit Hilfe ethischer und rechtlicher Kriterien zu normieren. Hierzu ist eine erhebliche ethische Lernanstrengung von Bürgern, Wissenschaftlern und gesellschaftlichen sowie politischen Verantwortungsträgern erforderlich. Für einen humanen Umgang mit Biomedizin und Biotechnologie verantwortungsethische Maßstäbe zu entwickeln, bildet einen Prüfstein dafür, wie lern- und diskursfähig die Kultur und der Rechtsstaat heute sind.

2. Normative Leitlinien der Medizinethik

2.1. Verantwortung

Verantwortung stellt zum Phänomen der Macht das notwendige Gegenüber und das ethische Korrelat dar. Durch Verantwortung soll der Gebrauch von Macht in menschendienliche, humanverträgliche Bahnen gelenkt werden. Die Ethik des 20. Jahrhunderts hat zur ethischen Verantwortung eine Mehrzahl von Theorien entwickelt, die – obwohl von verschiedenen Autoren stammend und in unterschiedlichen Zusammenhängen entstanden – einander ergänzen. Sinngemäß lassen sie sich jeweils auch auf die Handlungsoptionen der modernen Medizin anwenden, obgleich sie ursprünglich zumeist den Umgang mit politischer Macht, die Regulierung staatlicher Macht betrafen. Generell ist im 20. Jahrhundert die Idee der Verantwortung in mehrere Blickrichtungen hin ausgearbeitet worden, die nachfolgend in sieben Punkten aufgezählt werden. Schlaglichtartig wird jeweils auch die heutige medizinethische Relevanz der einzelnen Ausformungen ethischer Verantwortung angedeutet.

Erstens: Rationale Handlungsfolgenverantwortung

Zu den Vordenkern der Verantwortungsidee zu Beginn des 20. Jahrhunderts gehört der Sozialwissenschaftler Max Weber (1864–1920). Er war einer der Autoren, die dazu beitrugen, dass im 20. Jahrhundert „Verantwortung" überhaupt zu einer Schlüsselkategorie der Ethik aufgestiegen ist. Im Jahr 1919 ging es ihm in seinem berühmt gewordenen Vortrag „Politik als Beruf" um politische Verantwortung in Deutschland nach dem Ende des Ersten Weltkriegs, im Übergang von der Monarchie zur Demokratie. Den Kern ethischer Verantwortung sah er darin, die Folgen politischen Handelns zu kalkulieren und rational abzuwägen. Demzufolge bedeutet Verantwortungsethik 1. rationale Folgenabschätzung und 2. rationale Ausbalancierung des Verhältnisses von Mittel und Zweck des Handelns. Insbesondere die Anwendung des Mittels der Gewalt zur Erreichung politischer Handlungszwecke ist – wie Weber betonte – äußerst sorgfältig, sehr kritisch und restriktiv abzuwägen.

Zur medizinethischen Relevanz: Webers Anliegen der Handlungsfolgenverantwortung wird heutzutage in den Bemühungen um Technikfolgenabschätzung aufgegriffen. Technikfolgenbewertungen betreffen ebenfalls medizinische Verfahren und Medizintechnologien, darunter die Reproduktions- oder die Transplantationsmedizin oder die Anwendung von Gentechnik am Menschen, z.B. als Folgenkalkül zur Gendiagnostik oder zur gesundheitlichen Verträglichkeit neu entwickelter Verfahren der Gentherapie, oder die Neurobiologie.

Zweitens: Verantwortlichkeit für die Gewissensbildung und die Gesinnung
Die Kulturphilosophie Albert Schweitzers (1875–1965) erschien ebenfalls nach dem Ende des Ersten Weltkriegs („Kultur und Ethik", 1923). Schweitzer reflektierte Krisensymptome sowie Steuerungsprobleme der damaligen technischen Zivilisation und sah die Gefahr, dass der ethische Fortschritt hinter dem technischen Fortschritt zurückbleibe. Vor diesem Hintergrund plädierte er für eine rational begründete „ethische Welt- und Lebensbejahung" sowie zum Zweck der Bändigung technischer und bürokratischer Macht für die Kultivierung „geistiger Macht".[6] In seinen Augen waren ein Zuwachs an Verantwortung für Menschenrechte und Gerechtigkeit, für ethische Werte und Prinzipien sowie eine Stärkung der persönlichen Verantwortungsbereitschaft der einzelnen Menschen vonnöten. Auf diese Weise entwarf er das Denkmodell einer Verantwortungsethik, die eine Ethik der Gesinnung, des Gewissens und humaner Prinzipien darstellt. Sein Leitbild war die bewusste „Steigerung"[7] ethischer Verantwortung zugunsten der Humanität. Es hat im 21. Jahrhundert an Dringlichkeit nichts eingebüßt.
Medizinethischer Stellenwert: Im Kontext von Medizin und Gesundheitswesen lässt sich eine solche Verantwortung für die persönliche Gesinnung z.B. im Blick auf das Ethos von Ärzten entfalten. Dabei ist etwa an die Wahrheits-, Aufklärungs- oder Schweigepflichten des Arztes oder an das Gebot der Rücksichtnahme auf die persönlichen Wertvorstellungen schwerkranker Patienten und ihrer Angehörigen zu denken. In überindividueller, struktureller Hinsicht wird Schweitzers Idee der Steigerung ethischer Verantwortung gegenwärtig für die Nutzung neuer Medizintechnologien oder für die Verteilungsprobleme des Gesundheitswesens relevant.

Drittens: Dialogische, mitmenschliche Verantwortung
Die Konzeption ethischer Verantwortung als einer Ethik der „Antwort auf das Du" ist von dem jüdischen Philosophen Martin Buber (1878–1965) entwickelt worden und spielt im hier vorliegenden Buch als Grundlage für eine patientenorientierte Medizin eine erhebliche Rolle (vgl. den nachfolgenden Abschnitt 3, der das Arzt-Patient-Verhältnis im Licht einer Ethik des Dialogs erörtert; s.u. S. 25ff). Eine Konkretisierung findet das Leitbild der dialogischen Verantwortung z.B. in der Begleitung und Betreuung sterbender Menschen in der Palliativmedizin (s.u. S. 283ff).

Viertens: Verantwortung „vor" tradierten Normen und Werten
Das eigene Handeln anhand überlieferter Normen zu überprüfen, bildet eine oft vertretene Version von Verantwortungsethik. Medizinethisch ist in diesem Zusammenhang an die Wahrung überlieferter Standards zu denken, darunter die ärztliche Schweigepflicht, die seit dem Hippokratischen Eid gilt, oder das Prinzip des Nichtschadens („non nocere").

Fünftens: Verantwortung „für" ethische Normen und Werte
Es geht um den Gedanken, dass ethische Prinzipien umständebedingt fortentwickelt oder sogar *neu* entwickelt, *re*formuliert werden müssen. Dies führt über die Verantwortung „vor" tradierten Normen weit hinaus. Die Verantwortung „für" Werte rückt in ethischen Theorien seit der zweiten Hälfte des 20. Jahrhunderts in den Vordergrund, z.B. in Hans Jonas' „Prinzip Verantwortung" (1979). Doch bereits Albert Schweitzer sprach davon, dass ethische Werte neu „geschaffen" werden müssen.[8] Seine eigene Idee der Ehrfurcht vor dem Leben, die er im Jahr 1915 intuitiv entdeckt hatte, veranschaulicht dies. Ein heutiger Beleg für den Sachverhalt, dass ethische Leitbegriffe neu formuliert werden können und fortlaufend präzisiert werden sollten, stellt das Prinzip der Nachhaltigkeit dar. Dieses Ethikprinzip hat in den 1980er Jahren die UN-Kommission für Entwicklung und Umwelt (Brundtland-Kommission) auf den Begriff gebracht; im Jahr 1991 wurde es auf dem UN-Umweltgipfel in Rio de Janeiro sowie in der dort beschlossenen Agenda 21 zum Schlüsselbegriff.
Medizinethische Relevanz: Medizinethisch konkretisiert sich die Verantwortung für Normen z.B. darin, dass in der Transplantationsmedizin Kriterien zur gerechten Verteilung knapper Spenderorgane etabliert werden oder dass – zur Zeit dringlich geboten! – Normen für den Umgang mit der palliativen oder terminalen Sedierung formuliert werden (s.u. S. 282f).

Sechstens: Fernverantwortung
Den Begriff der Fernverantwortung prägte der Philosoph Walter Schulz. In seinen Büchern „Philosophie in der veränderten Welt", 1972, sowie „Grundprobleme der Ethik", 1989, thematisierte er die Fernverantwortung im zeitlichen Horizont – womit die moralischen Pflichten zugunsten künftiger Generationen gemeint sind – wie auch im räumlichen Sinn. Mit Letzterem machte W. Schulz auf die ökonomische und entwicklungspolitische Verantwortung der wohlhabenden Länder für Dritte-Welt-Staaten aufmerksam. Dabei war ihm deutlich, dass eine solche Ethik der Fernverantwortung kulturell uneingeübt und im ethischen Bewusstseinshorizont der Menschen nicht verankert ist, denn Fernverantwortung ist unanschaulich und abstrakt:

> „Der *Fernhorizont* ist ... ein komplexes Gebilde und zwar in verschiedener Hinsicht. Im Nahhorizont werden die Bezüge geprägt durch die anschaulich präsente Begegnung mit den anderen, sei es im Ich-Du-Bezug oder in kleinen Gruppen. Im Fernhorizont haben sich die Bezugsarten und die Bezugsdimensionen relativ voneinander abgelöst, auch wenn sie sich überkreuzen und verbinden, wobei die Durchsichtigkeit der Verbindung nicht mehr gewährleistet ist. ... Überdenkt man diese Situation, so drängt sich die Frage auf: *Hat die Ethik hier überhaupt noch eine Chance?"*[9]

Ungeachtet solcher Skepsis ist es heutzutage unabweisbar geworden, sich der Ethik des Fernhorizontes zu stellen.
Medizinethische Konkretionen: Im medizinischen Horizont kann es z.B. darum gehen, dass die gesundheitliche Versorgung künftiger Patienten beachtet wird und zu ihren Gunsten geforscht wird oder dass die Interessen von Entwicklungsländern in der Medikamentenentwicklung und -versorgung berücksichtigt werden (gesundheitspolitische Fernverantwortung in räumlicher Hinsicht; s.u. S. 89, S. 113ff).

Siebtens: Präventionsverantwortung
Dieser Begriff findet sich ebenfalls schon bei Walter Schulz; er betrifft vorsorgliches Handeln, das voraussehbaren Schaden vorbeugend abwehren soll.
Medizinethische Umsetzung: Medizinethisch ist in diesem Zusammenhang an den Ausbau gesundheitlicher Vorsorgeprogramme zu denken, z.B. an Angebote zur Krebsvorsorge oder an die präventive Beratung und Begleitung Schwangerer zugunsten ihrer eigenen Gesundheit und der Gesundheit des erwarteten Kindes. –
Auf der Basis dieser verschiedenen Aspekte von Verantwortung lassen sich die Einzelthemen heutiger medizinischer Ethik erörtern. Hierdurch wird es möglich, einen Mittelweg zu finden zwischen einer einseitigen technokratischen oder ideologischen Befürwortung medizinischer Handlungsmacht einerseits, einer zu pauschalen Ablehnung des medizintechnischen Fortschritts andererseits, wie sie in den letzten Jahren in Deutschland u.a. von Vertretern der katholischen Kirche und der evangelischen Kirchen geäußert wurde. Ethische Verantwortung vermag zur Steuerung und, sofern notwendig, zur Begrenzung einzelner Formen medizinisch-technischer Handlungsmacht anzuleiten.
Ein normativer Kern medizinischer Verantwortungsethik ist heutigen kulturellen Einsichten und verfassungsrechtlichen Standards gemäß die Personwürde des einzelnen Menschen.

2.2. Personwürde

Nachfolgend werden grundsätzliche Gesichtspunkte zum Verständnis der Menschen- oder Personwürde dargelegt. An späteren Stellen, wenn Einzelprobleme der Medizinethik, etwa der Umgang mit Embryonen oder das Hirntodkriterium zu erörtern sind, werden die Grundsatzaspekte aufgegriffen und operationalisiert.
Die Menschenwürde ist zum Schlüsselbegriff der modernen Ethik und Verfassungsordnung aufgestiegen. Im Grundgesetz heißt es (Art. 1): „Die Würde des Menschen ist unantastbar." Allerdings ist es sehr kontrovers, wie aussagekräftig und tragfähig der Begriff Menschenwürde, der zu den unbestimmten Rechtsbegriffen zählt, tatsächlich ist. Ein berechtigter Einwand lautet, der Begriff sei unklar; es handele sich um eine „Wanderdüne", ein „trojanisches Pferd" und eine Leerformel. Schon Theodor Heuß, einer der Väter des Bonner Grundgesetzes und erster Bundespräsident der Bundesrepublik Deutschland, sprach von einer „nicht interpretierten These". Ein weiterer Vorbehalt besagt, der Begriff der Menschenwürde werde zu inflationär und zu diffus verwendet.
Diese Einwände sind ernst zu nehmen. In der Tat erfolgte in der neueren Bioethikdebatte die Berufung auf die Menschenwürde häufig viel zu schlagwortartig. Dennoch ist der Würdebegriff gehaltvoll. Dies ist jedenfalls dann der Fall, wenn er im Sinn von Theodor Heuß und anderen Mitgliedern des Parlamentarischen Rates, unter ihnen Carlo Schmid oder Hermann von Mangoldt, ausgelegt wird. Indem Heuß die Menschenwürde als „nicht interpretierte These" bezeichnete, gab er zu verstehen, dass sie ein interpretationsbedürftiger und interpretationsoffener Begriff ist. Sein Diktum, die Menschenwürde stelle eine „nicht interpretierte These" dar, erläuterte er daher dahingehend, dass sie „ihre Interpretation in den Art. 2, 3, 4, 5 erhält". Die Idee der Menschenwürde ist also im Licht der einzelnen Grundrechte – individuelle Selbstbestimmungsrechte, Wissenschaftsfreiheit, Gewissensfreiheit usw. – aus-

zulegen, wobei der Natur der Sache gemäß zwischen diesen Grundrechten oftmals auch Kollisionen entstehen. Ganz im Sinn von Heuß hat Carlo Schmid die Menschenwürde als eine „Generalklausel für den ganzen Grundrechtskatalog" bewertet, ihr geschichtliches Gewordensein betont sowie auf die Legitimität unterschiedlicher Auslegungen hingewiesen, da „der Eine" die Menschenwürde „theologisch, der Andere philosophisch, der Dritte ethisch auffassen kann".[10]

> Diese Interpretationsoffenheit des Begriffs der Menschenwürde wird manchmal zu Unrecht beiseitegeschoben, indem Menschenwürde „vorpositiv" und metaphysisch gedeutet und essentialistisch sowie naturrechtlich vereinnahmt wird. Aus ihr werden dann in apodiktischer Form unmittelbar bestimmte Schlussfolgerungen deduziert, z.B. dass humane embryonale Stammzellforschung oder Präimplantationsdiagnostik schlechthin unzulässig seien.
>
> Schon allein die Beratungen des Parlamentarischen Rates, auf den das Bonner Grundgesetz von 1949 zurückgeht, machen aber deutlich: Dieser metaphysisch-naturrechtliche Zugriff, der von der katholischen Kirche oder von katholischen Juristen (z.B. Ernst-Wolfgang Böckenförde) vertreten wird, ist nicht angemessen. Es fällt auf, dass Böckenförde und andere Autoren Heuß nicht vollständig zitieren.[11] Heuß hatte Menschenwürde als „nicht interpretierte These" bezeichnet und zugleich – wie oben wiedergegeben – auf die Möglichkeit und Notwendigkeit ihrer Interpretation durch die nachfolgenden Grundrechtsartikel des Grundgesetzes (Selbstbestimmungsrecht, Wissenschaftsfreiheit usw.) hingewiesen. Der Sache nach hob Heuß hiermit hervor, dass sich aus der Zentralnorm der Menschenwürde durchweg keine Ge- oder Verbote ableiten lassen, über die keine Diskussion mehr möglich wäre. Im Gegenteil; der Begriff der Menschenwürde stellt für die Güter- und Wertabwägungen, die aus den *verschiedenen* Grundrechten und aus Grundrechts*konflikten* resultieren (heutzutage z.B. Lebensschutz des Frühembryos versus Forschungsfreiheit im Zusammenhang der humanen embryonalen Stammzellforschung), den generellen Rahmen oder die „Präambel" (Hermann von Mangoldt) dar. Abwägungen zwischen den unterschiedlichen Grundwerten werden durch sie gerade nicht ausgeschlossen (s.u. S. 172ff u.ö.).

„Eindeutig" ist der Begriff der Menschenwürde freilich in der Hinsicht, dass ihm zufolge *jeder* Mensch Würde besitzt. Deshalb wirft es schwerwiegende Probleme auf, wenn angelsächsische moralphilosophische Denkmodelle Personsein und Personwürde erst dann als gegeben erachten, wenn ein Mensch selbstbewusst, rational oder kommunikationsfähig ist. Insofern wäre die Menschenwürde von empirischen Voraussetzungen und von bestimmten Bedingungen, z.B. von der Rationalität oder der Kommunikationsfähigkeit des betreffenden Menschen, abhängig. Die Konsequenz kann dann lauten, dass einerseits das vorgeburtliche Leben, also menschliche Embryonen oder Feten sowie gar Säuglinge „noch" keine volle Menschenwürde besäßen; andererseits käme hinfälligen, dementen, sterbenden Menschen, deren Bewusstsein mehr oder weniger erloschen ist, das Würdeprädikat nicht „mehr" vollständig zu. Ein in Deutschland besonders bekannt gewordener Vertreter dieser Position ist der australische Bioethiker Peter Singer („Praktische Ethik", 1984).

Demgegenüber stehen die jüdische und christliche Tradition oder eine an der Aufklärung und an Immanuel Kant orientierte Philosophie für die Position, dass Menschenwürde für alle Menschen gleicherweise, ohne Vorbedingungen und ohne Einschränkungen gilt. Einem jeden Individuum gebührt Anerkennung, Wertschätzung und Schutz. Theologisch lässt sich diese Sicht damit begründen, dass das Menschsein letztlich in der Transzendenz, im Schöpferhandeln Gottes gründet. Ihm kommt eine von außen her verliehene Würde zu, die – weil sie in der Transzendenz verankert ist – innerweltlich unverfügbar und unantastbar ist.

> Begrifflich sprach die jüdische und christliche Tradition von der Gottebenbildlichkeit, auf der die Wertschätzung jedes Menschen beruht. Alle Menschen, gerade auch in ihrer individuellen Verschiedenheit, besitzen als Bild Gottes die gleiche Würde. Als normativen Kern jüdischer Anthropologie hat der Religionsphilosoph und Rabbiner Leo Baeck (1873–1956) folgenden Gedanken herausgestellt: „Wie groß immer der Unterschied von Mensch zu Mensch ist, die Gottesebenbildlichkeit ist ihnen allen ihr Charakter, ist ihnen allen gemeinsam; sie ist es, die den Menschen zum Menschen macht, ihn als Menschen bezeichnet." „Jede Seele ist kraft ihres Wesens eine Welt im All. Wie der Talmud sagt: ‚Jeder Mensch wiegt die ganze Welt auf.‘ ‚Wisse es, um deinetwillen ist die Welt geschaffen worden.‘ ... Wir sollen an uns und an jeden glauben; wir alle sind das Ebenbild Gottes."[12]
> Bereits die alttestamentliche Schöpfungsgeschichte (Schöpfungsbericht der Priesterschrift) nannte *jeden* Menschen Gottes Ebenbild und erwähnte – im Kontext der damaligen patriarchalen Gesellschaft überaus bemerkenswert – im Sinn des Gleichheitsgedankens neben dem Mann ausdrücklich die Frau (1. Mose / Genesis 1, 26ff). In der Übersetzung Martin Bubers heißt es: „Gott schuf den Menschen in seinem Bilde, im Bilde Gottes schuf er ihn, männlich, weiblich schuf er sie". Mit seinem – avant la lettre – demokratischen Verständnis der Gottebenbildlichkeit hob sich dieser Text von sonstigen altorientalischen oder hellenistischen Äußerungen ab, die lediglich herausgehobene Menschen und vor allem den Herrscher selbst, z.B. den Pharao als Gottes Bild bezeichneten. „Gottebenbildlichkeit" stellt geistesgeschichtlich einen Vorläuferbegriff und einen wesentlichen gedanklichen Hintergrund für das moderne Verständnis von Menschenwürde dar.[13]

Darüber hinaus ist auch speziell im Arztethos die Leitidee der gleichen Würde jedes einzelnen Menschen, die ungeachtet des sozialen Standes und Geschlechts vorhanden ist, seit alters verankert. Schon der traditionelle hippokratische Eid verpflichtete den Arzt dazu, zum Wohl *aller* Kranken zu handeln, und zwar – so der antike Wortlaut – „sich frei haltend von allem vorsätzlichen Unrecht, von aller Schädigung und insbesondere von sexuellen Beziehungen sowohl mit weiblichen wie mit männlichen Personen, seien sie frei oder Sklaven". In der Neuzeit hat Immanuel Kant (1724–1804) diesen Gleichheits- und Würdegedanken auf das philosophische Fundament der Aufklärung gestellt. Ihm zufolge ist das Menschsein gekennzeichnet durch seine Vernunftdimension und durch die Fähigkeit des Menschen, frei und sittlich zu handeln. Aufgrund ihrer Vernunftanlage unterscheiden sich Menschen *grundsätzlich* von allen anderen Lebewesen; hierdurch erlangen sie eine besondere Würde. Daher müssen alle diejenigen, die der Gattung Mensch angehören, „nach ihrer Menschheit"[14] als unantastbar gelten. Dass Menschen „Würde" besitzen, bedeutet – anknüpfend an Kant – in inhaltlicher Hinsicht zweierlei:

- *Schutzwürdigkeit:* Jeder Mensch verdient Achtung und Schutz. Diese Schutznorm kann und soll insbesondere den schwächeren und hilflosen Menschen dienlich sein, die sich nicht selbst schützen können. Gerade für sie gilt die Schutzwürdigkeit; oder anders gesagt, ihnen soll die „iustitia protectiva", die schützende Gerechtigkeit zugute kommen.
- *Das Recht jedes Einzelnen auf Freiheit, Autonomie und Selbstbestimmung:* Es gehört zur Menschenwürde hinzu, dass jeder, der dazu in der Lage ist – also jeder urteilsfähige und erwachsene Mensch –, über sein Tun und Lassen und über sein Schicksal selbst bestim-

men darf. Denn das Recht auf Freiheit und auf persönliche Selbstbestimmung ist herausragendes und unhintergehbares Merkmal der Menschenwürde, die jeder Einzelne besitzt.

Mit dieser Sicht knüpfte Kant an den Berliner Aufklärungstheologen Johann Joachim Spalding an. Dessen Schrift „Die Bestimmung des Menschen" (1748) zufolge fällt dem Menschen die Aufgabe zu, das göttliche Geschick zu begreifen und es in eine bewusste, selbstverantwortete Bestimmung der eigenen Existenz umzusetzen. Kant säkularisierte und universalisierte diesen theologischen Gedanken.

Die auf Kant und die Aufklärungsepoche gestützte Idee der persönlichen Selbstbestimmung spielt in der neueren Medizinethik zu Recht eine zentrale Rolle. So findet sich in arztethischen Leitlinien und arztrechtlichen Deklarationen inzwischen eine Einschätzung des Verhältnisses von Arzt und Patient, die über das frühere hierarchische, patriarchale Bild des Arztes hinausführt. Stattdessen werden die Patientenautonomie, der „informed consent" und die Selbstbestimmungsrechte von Patienten betont. In der Medizinethik und im Medizinrecht, konkret in Stellungnahmen der Ärztekammern, des Bundesgesundheitsministeriums und der Europäischen Union, sind zum Schutz von Patienten Patientenrechte kodifiziert worden, deren normativer Kern das Selbstbestimmungsrecht ist.

Für die vorliegende Medizinethik, die sich als Ethik der Person versteht, stellt die Position Kants einen entscheidenden Bezugspunkt dar. Der Gedanke der Freiheit und Selbstbestimmung, der sich auf Kant stützt, ist in diesem Buch normativ immer wieder der springende Punkt. Dabei ist freilich zusätzlich zu bedenken, dass das Recht, eigenverantwortlich über Fragen von Gesundheit, Krankheit und Sterben zu entscheiden, die einzelne Person unter Umständen überfordert. Schon aus diesem Grund ist der Rekurs auf das Selbstbestimmungsrecht durch einen weiteren Gedanken zu ergänzen. Um ihn zu entfalten, kann erneut an die Idee der Menschenwürde angeknüpft werden.

3. Patientenorientierte Medizin. Das Arzt-Patient-Verhältnis im Licht einer Ethik des Dialogs

3.1. Das dialogische Prinzip als gedankliche Grundlage

In der abendländischen Tradition, auch noch bei Kant, ist die menschliche Existenz dahingehend interpretiert worden, dass für sie die Geistexistenz, das vernünftige Sein das charakteristische Merkmal bilde. Diese Betrachtung ist im 20. Jahrhundert durch die Impulse, die die dialogische Anthropologie des jüdischen Religions- und Sozialphilosophen Martin Buber gesetzt hat, um einen wesentlichen Akzent erweitert worden. Buber deutete das Personsein des Menschen auf der Grundlage dessen, dass die menschliche Existenz sich in der Beziehung zwischen Ich und Du verwirklicht. Auf diese Weise gelangt nicht nur – wie in der Aufklärungsphilosophie und im philosophischen oder theologischen Idealismus – die Geistexistenz, sondern zugleich die kommunikative Dimension des Menschseins in den Blick. Die Individuation, die geistige und psychische Entwicklung des einzelnen Menschen einerseits und die zwischenmenschliche Begegnung andererseits bedingen einander wechselseitig – mit dem Philosophen Karl Löwith gesagt: „Jedes Zusammensein des einen mit einem andern ver-ändert schon den einen und andern, macht einen selbst ‚zu einem andern‘, als man es rein für sich, für seine Person, wäre."[15] Die Voraussetzung einer zwischenmenschlichen Begegnung ist – über die Deutung des Menschen nur aufgrund seiner geistigen Existenz hinausgehend – die seelisch-geistig-leibliche Einheit der Einzelpersonen. Denn jede zwischenmenschliche Kommunikation erfolgt auf der Basis des geistigen *und* des leiblichen Seins der einander begegnenden Menschen.

Ein solcher Personbegriff betont 1. die dialogisch-kommunikative Komponente und 2. die geistig-leibliche Einheit des individuellen Menschseins. Auf dieser Grundlage entwickelte Buber die Konzeption einer dialogischen Verantwortungsethik. Er bezeichnete Ethik als „Antwort auf das Du" (s. bereits oben S. 20) und arbeitete hierfür Kriterien aus, zu denen der Respekt vor dem Anderen und die Toleranz gegenüber dem begegnenden Mitmenschen gehören.

Sein „dialogisches Prinzip" ist von dem Mediziner Viktor von Weizsäcker (1886–1957) aufgegriffen worden. Die biographische und werkgeschichtliche Verbundenheit zwischen Buber und von Weizsäcker zeigt sich daran, dass von Weizsäcker sich als Mitherausgeber an der interreligiösen Zeitschrift „Die Kreatur" beteiligte, die Buber initiiert hatte; die Zeitschrift erschien vom Jahr 1926 an. Unter den Herausgebern stand Buber für das Judentum, Viktor von Weizsäcker für das protestantische und der Breslauer katholische Theologe Joseph Wittig für das katholische Christentum. Wittig wurde im Jahr 1926 von der katholischen Kirche allerdings suspendiert sowie exkommuniziert, weil er den katholischen Antimodernisteneid nicht leistete. Im ersten Jahrgang der Zeitschrift findet sich Bubers Aufsatz „Über das Erzieherische", der die zwischenmenschliche Beziehung in pädagogischer Hinsicht erörterte und das Lehrer-Schüler-Verhältnis als dialogisches Erschließungsgeschehen thematisierte. Sein Gedankengang ist für die Reformpädagogik des 20. Jahrhunderts wegweisend geworden. Im gleichen Jahrgang von „Die Kreatur" (1926/27) erschien ebenfalls von Weizsäckers programmatischer Beitrag „Der Arzt und der Kranke".[16] In diesem Artikel und in zahlreichen späteren Beiträgen arbeitete von Weizsäcker für die Medizinethik, genauer: für das Verhältnis zwischen Arzt und Patient eine personal-dialogische Verantwortungsethik aus. Seine Leitgedanken waren:
– die „Biographik", d.h. die „biographische Methode" in der medizinischen Anthropologie sowie in der konkreten Arzt-Patienten-Beziehung[17],
– das Verhältnis zwischen Arzt und Patient als „Erschließungsgeschehen": Der „Anfang ist eine biographische Szene und ist zuerst ein Gespräch"[18],
– die Zeitlichkeit des Menschen, die unter die Leitfrage „was wird dieser Mensch?" zu stellen sei,
– und daher auch die Geschichtlichkeit des Kranken bzw. die Krankengeschichte als persönliche „Lebensgeschichte"[19]
– sowie die Deutung, dass Krankheit für den kranken Menschen eine Krise, eine „Wandlungskrise"[20] zu bilden vermöge, aus der im günstigen Fall, bei gelingender innerer Verarbeitung ein existentieller „Sprung" resultieren könne.

Den Rahmen bot ein personorientiertes, dialogisches und prozessuales Verständnis von Krankheit, das die leibliche und geistige Existenz des Menschen integrierte und die Krankheit im Licht der inneren Einstellung der betroffenen Person interpretierte. Die Behandlung von Krankheiten dürfe nicht nur auf schulmedizinische Anamnesen gestützt werden.[21] Hieran erinnert auch die Idee der Salutogenese bei Aaron Antonovsky (1923–1994). Solche Gedankengänge werden gegenwärtig neu relevant. In die heutige Medizinethik hat nämlich der Begriff der Wertanamnese Eingang gefunden, die neben die klinische Anamnese und die Erhebung des objektiven Krankheitsbefundes treten soll; die „value history" eines Patienten sei ebenso wie die „medical history" zu berücksichtigen. Der Begriff der Wertanamnese lässt sich als Fortschreibung der damaligen anthropologischen Medizin und ärztlichen Verantwortungsethik Viktor von Weizsäckers auffassen. Schon ihm lag daran, eine rein objektivierende Betrachtung von Krankheit sowie das „Schema der Anamnese", das klinisch gebräuchlich sei, zu überschreiten; stattdessen besitze die subjektive Sicht der Krankheit durch den Patienten ihrerseits „einen objektiven Wert".[22] Auf einer solchen Grundlage könne die ärztliche Begleitung und Beratung „dem Kranken einen neuen Spielraum für seine Freiheit" vermitteln.[23] Um der Personalität von Patienten umfassend gerecht zu werden, plädierte er für eine „Transjektivität", d.h. für ein dialogisches Verständnis des Kranken als eines personalen Gegenüber, und für die Gegenseitigkeit im Arzt-Patient-Verhältnis. Den Patienten zu „verstehen", bedeute für den Arzt, „dass jener Andere meint oder denkt oder fühlt oder weiß, er sei krank. Verstehen heißt also hier gar nicht das wissen, was ich weiß, sondern wissen, dass und was ein *anderer* weiß": „Das Subjekt ist das Ich des anderen, nicht meines".[24] Damit griff von Weizsäcker für die Arztethik auf die Idee dialogischer Verantwortung zurück, deren Vordenker Buber gewesen war.

Es ist einzuräumen, dass sich im Werk von Weizsäckers problematische Einseitigkeiten finden. Eine Reihe seiner Formulierungen überdehnten und verklärten den relationalen Personbegriff. Die Beziehung zwischen Menschen wurde geradezu zu einer eigenen Wesenheit überhöht, wenn in Bezug auf das Arzt-Patient-Verhältnis von einem „bipersonellen" Menschen gesprochen und wenn das menschliche „Wir" als „metaphysische Absolutheit" bezeichnet wurde.[25]

Auch in anderer Hinsicht ist Kritik geboten, nämlich angesichts einseitiger psychosomatischer Spekulationen, mit denen von Weizsäcker organische Krankheiten kausal auf psychische Ursachen zurückführte oder Sinndeutungen von Krankheit aus Ereignissen der persönlichen Vergangenheit des Patienten herleitete. So wurde Gelbsucht als Materialisation von Neid und Eifersucht („gelber Neid") oder der Hochdruck als Ausdruck chronisch unterdrückter Wut gedeutet. Sigmund Freud setzte sich von einer derartigen psychologisierenden Theorie organischer Krankheiten ab und schrieb im Jahr 1932 an von Weizsäcker: „Es ist vielleicht nicht zu vermeiden, dass wir von den reichlich spekulativen Gedankengängen, die Sie ... verwenden, eher betroffen als überzeugt sind".[26] Karl Jaspers sprach von einem verführerischen Denken und kritisierte von Weizsäckers kausale Herleitungen von Krankheiten aus der Psyche und aus der Vergangenheit von Patienten mit Nachdruck.

Doch hiervon abgesehen: Grundsätzlich verdient es bis heute Beachtung, dass der dialogische Personbegriff, der in der ersten Hälfte des 20. Jahrhunderts „entdeckt" worden ist, das Augenmerk auch auf eine *ärztliche* personale Verantwortungsethik und auf das Gespräch zwischen Arzt und Patient lenkt. Der Mannheimer Psychotherapeut Hermes A. Kick spricht von der „therapeutischen Situation", die sich im Gegenüber von Arzt und Patient ereigne. Die Dimension der person- oder der „patientzentrierten" Medizin[27] ist im gegenwärtigen

Gesundheitssystem insgesamt zu sehr zurückgetreten. Denn im medizinischen Alltag dominieren ein klinisch objektivierender Krankheitsbegriff, systembedingte Bürokratisierungen, Rationierungen und Ökonomisierungen sowie Zeitknappheit auf Seiten von Ärzten und Pflegepersonal.

Um – kontrafaktisch gegenüber der Realität und den Sachzwängen des derzeitigen Medizinbetriebs – Ansatzpunkte für ein dialogisches Arzt-Patient-Verhältnis zu verdeutlichen, sei nochmals auf Buber selbst Bezug genommen. Als Vordenker der Dialogphilosophie des 20. Jahrhunderts hat er generelle Kriterien der Dialogik bzw. des dialogischen Gesprächs vor Augen geführt, die sich bis heute ebenfalls für ein vertieftes Verständnis des kommunikativen Geschehens zwischen Arzt und Patient, Arzt und Angehörigen oder für in der Pflege Tätige auswerten lassen. Von seinen Impulsen hatte sich ja bereits Viktor von Weizsäcker anregen lassen. Bubers Kriterien des Dialogs waren deskriptiv, als Beschreibung eines gelungenen zwischenmenschlichen Dialogs, sowie normativ, als Sollensnormen gemeint. Im einzelnen nannte er:
– die „Unmittelbarkeit" zwischen den einander begegnenden Menschen, also das Postulat der unverstellten Zuwendung zum Anderen,
– die „Ausschließlichkeit" zwischen Ich und Du und damit das Gebot, dem Anderen in seiner individuellen Wirklichkeit tatsächlich gerecht zu werden,
– die eigene „Wahrhaftigkeit" dem Anderen gegenüber
– sowie die „Rückhaltlosigkeit", die wechselseitig gelten soll; dies läuft auf die Vertrauenskomponente als Grundlage für einen gelingenden Dialog hinaus;
– das „Innewerden", die „Vergegenwärtigung" des Anderen sowie die „Realphantasie": Es gilt, dass ich den Anderen, den begegnenden Mitmenschen in dessen eigenem Denk- sowie Wertehorizont und zugleich meine eigene Wirkung auf ihn aus seiner Sicht vergegenwärtige,
– die „Akzeptation" des Anderen und die Toleranz ihm gegenüber. Akzeptation meint nicht, dass dem, was der Andere äußert, prinzipiell zugestimmt werden müsste, meint also „keineswegs schon eine Billigung; aber worin immer ich wider den andern bin, ich habe damit, dass ich ihn als Partner echten Gesprächs annehme, zu ihm als Person Ja gesagt"[28];
– die „Gegenseitigkeit" zwischen den Personen, die einander begegnen und miteinander sprechen.

Beim zuletzt genannten Aspekt, der Gegenseitigkeit, sind auch Asymmetrien zu beachten. Buber reflektierte sie für die Beziehung zwischen Lehrer und Schüler. Zwischen den beiden Seiten dieser Beziehung sei ein Gefälle vorhanden. Weil auf einer Beziehungsseite, der des Lehrers, eine Überlegenheit bestehe, sei zugleich die besondere Verantwortung dieser Seite, nämlich die pädagogische Verantwortung für den anderen Pol der Beziehung einzufordern. Analoges ist für die Arzt-Patient-Beziehung zu bedenken, da diese ja ebenfalls – ungeachtet aller berechtigten Betonung von Eigenverantwortlichkeit und Autonomie des Patienten – ein Gefälle aufweist. Die Asymmetrie im Verhältnis von Arzt und Patient resultiert schon allein aus dem Wissensvorsprung des Arztes über die klinische Diagnose und aus der existentiellen Verunsicherung, die die Krankheitssituation für den Patienten erzeugt. Dies griff bereits im Jahr 1906 der Arzt Ernst Schweninger auf, der, angeregt durch Buber, die Humanität und Zwischenmenschlichkeit im Arzt-Patient-Verhältnis herausarbeitete: „Ärztliche Hilfe bringen ist auferbaut auf dem innerlichen Gewahrwerden der Wechselbeziehungen von Mensch zu Mensch". Angesichts der Asymmetrie zwischen dem Arzt und dem Kranken unterstrich er: „Je größer die Humanität, desto größer der Arzt."[29]

Nun können Bubers Theorie des „dialogischen Prinzips" oder Viktor von Weizsäckers Konzeption einer „anthropologischen Medizin" hier nicht weiter entfaltet werden. Im Grundsatz ist hervorzuheben:

– Der Personbegriff und das Menschenbild, die für die heutige Medizinethik maßgebend sind, sollten die Aspekte beinhalten, die bei Kant deutlich wurden, nämlich die Schutzwürdigkeit sowie die Freiheits- und Selbstbestimmungsrechte jedes Einzelnen.

– Darüber hinaus ist die dialogisch-relationale Komponente des Personbegriffs zu beachten. Ihr zufolge umschließt das menschliche Personsein die Einheit von Leib, Geist und Seele und ist es auf die Interpersonalität, die zwischenmenschliche Begegnung hin angelegt.

Diese Aspekte sind in ihrer Verschränkung zu sehen. Kommunikation und Dialog vermögen dazu beizutragen, dass der Einzelne im Blick auf Gesundheit, Krankheit oder Sterben sein Selbstbestimmungsrecht in reflektierter und authentischer Weise nutzt. Heutzutage kann ihn hierbei in professioneller Form die ärztliche, psychologische oder psychosoziale Beratung unterstützen, deren Leitbilder – Ergebnisoffenheit des Beratungsgesprächs; Stabilisierung der persönlichen Ressourcen des Patienten; problemlösungsorientierte und „proaktive" Beratung; „empowerment" – in modernen Beratungskonzeptionen und -initiativen ihren Niederschlag gefunden haben.[30] Analoges ließe sich für die Theorie der klinischen Seelsorge darlegen.

Im Fazit gesagt: Auf diese Weise wird ein „qualitativer Individualismus", d.h. eine patienten- oder personzentrierte Medizin zum Maßstab moderner Medizinethik.

3.2. Qualitativer Individualismus: Heutige Konkretisierungen

Das Wort „qualitativer Individualismus" hat vor ca. hundert Jahren, damals in der Aufarbeitung philosophischer und anthropologischer Ideen Immanuel Kants und Friedrich Schleiermachers, der Philosoph Georg Simmel (1858–1918) geprägt.[31] Für aktuelle Herausforderungen der Medizin und des Gesundheitssystems erweist sich dieser Begriff als außerordentlich fruchtbar. Durch ihn wird das Anliegen, das Selbstbestimmungsrecht der Patienten in den Mittelpunkt der Medizinethik zu rücken, nochmals vertieft. Daher kann er aus Sicht des Verfassers dieses Buches geradezu als ein Kerngedanke heutiger Medizinethik gelten. Konkretisierend ist folgendes hervorzuheben:

Erstens: Respekt vor den Wertüberzeugungen der Patienten
Für ärztliches Handeln und für den medizinischen Alltag bedeutet der qualitative Individualismus, jeden Patienten in seiner Individualität, in seiner persönlichen Lebenssituation und seinen eigenen Wertüberzeugungen in den Vordergrund zu stellen. Es gilt, die subjektiven Werte und persönlichen Präferenzen von Patienten zu beachten. Die Begriffe der Wertanamnese und der „value history", die hiermit in das Blickfeld gelangten, wurden bereits erwähnt. Sie wurden in den 1990er Jahren im Blick auf Patientenverfügungen, also für die Wünsche und Einstellungen von Patienten angesichts ihres Sterbens und Lebensendes ent-

wickelt. In Patientenverfügungen können Menschen ihren Willen in Hinsicht auf eventuelle zukünftige Krankheitssituationen und auf das Sterben bekunden und – je nach ihrem persönlichen Wunsch – eine Vorabentscheidung zum Ausdruck bringen, die den Verzicht auf Weiterbehandlung und die Beendigung lebenserhaltender Maßnahmen, d.h. das Sterbenlassen (passive, u.U. indirekte Sterbehilfe und palliative Sedierung) einschließt. Auf diese Weise dienen die Patientenverfügungen der ärztlichen Wertanamnese. Wenn Ärzte schwerkranke oder sterbende Patienten behandeln, sollen für sie deren persönliche Werthaltungen maßgebend sein, darunter die religiösen oder weltanschaulichen Einstellungen der Patienten. Dies hat den Sinn, dass keine medizinisch-technische Überfremdung des Lebensendes durch Intensivmedizin erfolgt und keine künstliche Verlängerung des Sterbens stattfindet, die der Würde des schwer kranken oder sterbenden Menschen zuwiderliefe und seinem Willen, seinen Wertvorstellungen widerspräche. In Patientenverfügungen kann und soll sich die „value history", die Lebensgeschichte und Lebenserfahrung der Betroffenen abspiegeln (s.u. S. 256ff).

Zweitens: Ärztliche Beratung und die Wahrheitspflicht
Eine weitere Konsequenz einer personorientierten Medizin besteht darin, im Umgang mit Kranken dem Faktor der Zeit wieder mehr Gewicht zu verleihen. Durch den Fortschritt der Medizin werden Patienten vor weitreichende Entscheidungen gestellt, die nicht nur sie selbst und ihre eigene Zukunft, sondern auch ihre Angehörigen betreffen. Dies gilt in je unterschiedlicher Weise für Entscheidungskonstellationen in der genetischen Diagnostik und prädiktiven Medizin – denn genetische Analysen betreffen nicht nur den einzelnen Patienten, an dem sie durchgeführt werden, sondern indirekt auch diejenigen, mit denen er genetisch verwandt ist – und ebenso in der Fortpflanzungsmedizin, der Transplantationsmedizin oder für den Umgang mit dem Lebensende oder mit Tumorerkrankungen. Wenn ein Arzt einen Patienten über sein Krankheitsbild unterrichtet und ihm Behandlungsvorschläge vorträgt, geht es nicht nur um die Sachinformation über die medizinische Diagnose und Prognose. Der Arzt sollte beachten, dass der Patient das Gesagte emotional sowie rational aufarbeiten muss. Oftmals sind wiederholte, auch zeitaufwändige Gespräche erforderlich, und unter Umständen ist eine Entschleunigung im Umgang mit der Krankheit geboten. Aus langjähriger Erfahrung als Klinikleiter betonte der Kieler Internist Karlheinz Engelhardt[32]: „Oft ist eine schrittweise Aufklärung nötig. Wir können die Patienten einladen, Fragen zu stellen, die behutsam, aber auch ehrlich beantwortet werden. Hoffnung und Wahrheit schließen sich nicht aus. Wenn wir allerdings sagen: ‚Ich kann für Sie nichts mehr tun', machen wir sie hoffnungslos."
Die Begleitung von Patienten im Gespräch dient daher zugleich dazu, einen individuell angemessenen Umgang mit der medizinischen „Wahrheit" zu finden. Aus gutem Grund gebietet die heutige Rechtslage, den Patienten wahrheitsgemäß aufzuklären und ihn objektiv zu informieren. Ohne das Einverständnis des Patienten sind ärztliche Behandlungen oder Heileingriffe nicht statthaft. In Ausnahmefällen mag jedoch die verlangsamte Mitteilung, in Grenzfällen sogar ein vorläufiges, partielles oder gar weitgehendes Verschweigen der objektiven Wahrheit moralisch legitim sein.
Klassisch lässt sich die Erwägung, einem Patienten die Wahrheit vorzuenthalten oder ihn gar zu täuschen, an der Krankengeschichte Theodor Storms veranschaulichen.

Als der Dichter die Diagnose Magenkrebs hörte, führte dies zu seinem Zusammenbruch. Aufgrund dessen wurde ein neues ärztliches Konsil zusammengerufen, das ihm eröffnete, die Diagnose sei irrig. Dies verhalf Storm dazu, noch gute Monate zu erleben und seinen „Schimmelreiter" zu vollenden. In diesem Fall war die Mitteilung der Diagnose geradezu medizinisch kontraindiziert. Die situative, dialogische und auch die zeitliche Komponente, die für eine an der betroffenen Person orientierte Aufarbeitung von Krankheit und Sterben zu bedenken ist, gibt ein Bild wieder, das von dem Moraltheologen Franz Böckle (1921–1991) stammt: Es gelte, dem Patienten die Aufklärung über seine Krankheit wie Randsteine den Weg entlang zu legen; er könne sie aufheben oder auch erst einmal liegen lassen, wenn ihm die Kraft dazu fehle und „ihn die Wahrheit zu erdrücken droht".[33]

Schon vor einem Jahrzehnt war festzuhalten, dass in der ärztlichen Gebührenordnung der Zeitaufwand für Beratungen, die psychosoziale und ethische Aspekte einschließen, eine untergeordnete Rolle spielt und marginalisiert wird. Für die Bedingungen, denen der ärztliche Umgang mit dem Lebensende unterliegt, wurde konstatiert, „dass einfache bildgebende Verfahren höher honoriert werden als schwierige und wiederholte Beratungsgespräche über Sterben und Sterbebegleitung."[34] Genauso gilt für pränatale oder für gendiagnostische Untersuchungen, dass sie von ausführlicher ärztlicher Beratung eingerahmt werden sollten. Als 2007 der Forschungsbericht der Berlin-Brandenburgischen Akademie der Wissenschaften zum Stand der Gendiagnostik in Deutschland vorgestellt wurde, war auf die Verdoppelung der Zahl der Gentests in den zurückliegenden fünf Jahren aufmerksam zu machen – bei Stagnation der Anzahl der Beratungen. Der Humangenetiker Jörg Schmidtke führt die sich vergrößernde Scherenöffnung zwischen Behandlung und Beratung mit darauf zurück, „dass ein großer Anreiz zur Beratung durch unser Vergütungssystem nicht gegeben ist".[35] Anders gesagt ist dringend darauf zu achten, dass das ärztliche, u.a. das humangenetische Beratungsangebot „als eine ihrem Wesen nach nur sehr begrenzt rationalisierbare ärztliche Leistung dem Punktwertverfall nicht so weit zum Opfer fällt, dass der Berater damit seine wirtschaftliche Existenz nicht mehr sichern kann".[36]
Die strukturelle Unterbewertung ärztlicher Beratung ist sogar in Gesundheitssystemen zu beobachten, deren Finanzierung, Transparenz und Effizienz gegenüber dem deutschen große Vorzüge besitzen, z.B. Schweden. Jedoch sollte nicht verkannt werden, dass kompetente Beratungen auch einen ökonomisch entlastenden Effekt besitzen können. Sie tragen dazu bei, dass Patienten ihr Krankheitsbild genauer einschätzen, Therapiealternativen treffsicherer beurteilen, zur „compliance" motiviert werden oder sich für gesundheitspräventives Verhalten entscheiden, welches ihnen im Beratungsgespräch nahegebracht wurde. Solche Effekte werden durch die faktischen Gegebenheiten des Gesundheitssystems konterkariert.

Drittens: Kriterien für Beratungsgespräche
Den Alltagsrealitäten des Gesundheitssystems zum Trotz – zumindest dem Grundsatz nach findet das Anliegen der Beratung und Begleitung heute durchaus Beachtung. In den USA gewinnt das Leitbild der patientenzentrierten Medizin seit längerem zunehmend Bedeutung. Dort wurde eine patientenzentrierte klinische Methode („patient-centered clinical method") entwickelt, die daran interessiert ist, welchen Kommunikationsstil und welches Maß an Beteiligung Patienten selbst wünschen. Das zur Zeit viel diskutierte Konzept des „shared decision making" läuft darauf hinaus, dass Arzt und Patient gemeinsam medizinische Entschei-

dungen treffen. Wichtig ist, dass hierbei die soziale Situation, die persönlichen Hoffnungen oder Befürchtungen und die Wertvorstellungen des Patienten maßgebend bleiben, damit „kontextsensitiv auf Basis eines ganzheitlichen Gesundheits- und Krankheitsmodells die größtmögliche Autonomie des Patienten" realisiert wird.[37] Ärztliche Kongresse, z.B. bereits der 25. Deutsche Krebskongress 2002, hoben die „sprechende Medizin" oder „Beziehungsmedizin" als „Herz der Heilkunde" hervor. Die Deutsche Gesellschaft für Humangenetik betonte in ihren Leitlinien zur Genetischen Beratung von 1996 die Notwendigkeit der „Kommunikation im Sinne der personenzentrierten Beratung", wofür die Gewissens- und Wertüberzeugungen der Patienten, die Ergebnisoffenheit des Gesprächs und der Datenschutz tragend sind. Weitere Kriterien, die in diese Richtung weisen, sind:

– die Niedrigschwelligkeit des Angebots,
– die Beachtung von Dialogregeln (s.o. S. 26f, S. 28, u. S. 76),
– die Verständlichkeit der Gesprächsführung – z.B. dergestalt, dass klare Zahlenangaben anstelle abstrakter Prozentangaben genannt werden, wenn es um Fehlbildungs-, Erkrankungs- oder genetische Risiken geht[38], oder dadurch, dass anschauliche, auf den jeweiligen Patienten zugeschnittene Fallbeispiele zur Sprache gebracht werden,
– die Achtung vor dem Recht auf Wissen ebenso wie dem Recht auf Nichtwissen als Bestandteil der Patientenautonomie.

Die Herausforderungen, die sich für eine personorientierte, die Begleitung und Beratung von Patienten einschließende Medizin stellen, sind vielschichtig. Zweifellos muss die Beratungskompetenz umfangreicher in der ärztlichen Ausbildung verankert werden; und es gilt, Beratungstheorien und -kriterien zu entwerfen, die problem-, zielgruppen-, person- und altersspezifisch durchdacht sind. Dies betrifft die genetische Beratung, die sich an ganz unterschiedliche Personengruppen richtet und ggf. auch Kinder und Jugendliche einbezieht, oder die Beratung von Paaren, die fortpflanzungsmedizinische Angebote nutzen möchten[39], die Schwangerschaftskonfliktberatung[40], nichttherapeutische Behandlungen, für die keine medizinische Indikation vorliegt (Schönheitschirurgie; „enhancement" in physischer oder kognitiver Hinsicht[41]), oder die Begleitung und Beratung älterer Menschen, die die Anfertigung einer Patientenverfügung erwägen.

Viertens: Sozialethischer Aspekt
Große Aufmerksamkeit verdient eine Problematik, die im Schnittfeld zwischen Medizinethik und Sozialethik angesiedelt ist. Es wäre unvertretbar, wenn sozial benachteiligte Patientinnen oder Patienten, z.B. mit Migrationshintergrund, in der ärztlichen Versorgung und in der psychosozialen Beratung weniger Berücksichtigung fänden als diejenigen, die sozial besser gestellt und ohnehin schon besser informiert sind. Derartige Trends der sozialen Verwerfung, die patientenethisch kontraproduktiv sind, zeichnen sich in Deutschland und Europa jedoch ab.[42]

Fünftens: Toleranz
Sodann kommt einem bestimmten Aspekt dialogischer Verantwortung heutzutage größere Bedeutung zu denn je, nämlich der Toleranz gegenüber Patientinnen und Patienten aus anderen Kulturkreisen. In einer pluralistischen Gesellschaft ist es ethisch unerlässlich, dass im Krankheitsfall die Selbstbestimmungsrechte und damit auch die kulturellen und religiösen

Überzeugungen Andersdenkender und Andersgläubiger, z.B. von Angehörigen des Islam, respektiert werden. Toleranz ist hierbei nicht nur als formale Toleranz, also als das bloße Dulden und Ertragen fremder Menschen oder als bloßes Hinnehmen anderer Auffassungen zu interpretieren. Vielmehr sollte so weit wie möglich materiale oder aktive Toleranz praktiziert werden, so dass die Anschauungen anders Denkender und Andersgläubiger ernst genommen und konkret aufgegriffen werden. Zur medizinethischen Veranschaulichung sei ein Beispiel erwähnt, das den Umgang mit islamischen Patienten und vor allem Patientinnen betrifft, und zwar die Modalität einer körperlichen Untersuchung. Hierdurch treten zugleich die Alltagsprobleme materialer, aktiv praktizierter Toleranz zutage:

> „Bei einem Arztbesuch, für den oft Schmerzen, Beschwerden oder der Ausfall einer Organfunktion verantwortlich sind, bleibt eine körperliche Untersuchung unumgänglich. Nicht erst ein intensiver Körperkontakt während der Untersuchung, sondern bereits ein Händedruck bei der Begrüßung kann vom muslimischen Patienten wegen seines Integritätsverständnisses als eine Verletzung wahrgenommen werden. So kann ein Händedruck, der für den Arzt Ehrlichkeit, Vertrauenswürdigkeit und Hilfsbereitschaft verkörpert, für eine muslimische Patientin peinlich oder unangenehm sein und sogar aufdringlich wirken."
>
> „Wenn eine muslimische Patientin die ausgestreckte Hand des Arztes nicht annimmt, ist dies noch lange kein Zeichen für Unhöflichkeit oder gar dafür, dass der Andere als ‚unberührbar' bzw. ‚unrein' angesehen wird. Problematisch wird die Abneigung gegenüber Berührungen, sobald dies wegen einer körperlichen Untersuchung oder gar einer gynäkologischen Untersuchung unvermeidbar wird."[43]

Der zuletzt zitierte Satz beleuchtet alltägliche Schwierigkeiten, die aus dem Toleranzgebot erwachsen können, und lässt erkennen, dass Einfühlungsvermögen und Dialogbereitschaft erforderlich sind, um im medizinischen Alltag dem Postulat der Toleranz gerecht zu werden. Sofern unerlässlich, sind einer *ausufernden* Toleranz freilich auch Grenzen zu ziehen.

> Im ärztlichen und klinischen Alltag können z.B. die Aufklärungspflicht gegenüber dem erkrankten Patienten, die – wohlbegründet! – dem Arzt rechtlich vorgeschrieben ist, einerseits und religiöse oder kulturelle Traditionen andererseits in Konflikt geraten. Konkret tritt dieses Dilemma bei Patientinnen und Patienten islamischen Glaubens und türkischer Herkunft zutage. Die Angehörigen, eventuell aber auch Patienten selbst haben aufgrund tradierter hierarchischer Familienvorstellungen möglicherweise den Wunsch, dass vorrangig oder gar nur die Familie über Diagnose und Prognose informiert wird, damit die oder der Kranke nicht belastet wird. Angesichts einer derartigen Konstellation besteht für den Arzt selbst Bedarf an ethischer, ggf. an juristischer Beratung. Hilfreich kann die Einschaltung eines klinischen Ethikkomitees sein, um Wege zu suchen, das Gebot der Information und Aufklärung des betroffenen Patienten durch den Arzt zu wahren und zugleich kultursensibel die Anschauungen des Herkunftslandes oder der religiösen Überlieferung zu berücksichtigen.[44]
>
> Schranken sind zu setzen, sofern in Migrantenfamilien Frauen von ihren Ehepartnern oder männlichen Angehörigen unter Druck gesetzt werden, zur Erfüllung des Wunsches nach Nachkommen eine reproduktionsmedizinische Behandlung mit In-vitro-Fertilisation vorzeitig in Anspruch zu nehmen, ohne abzuwarten, ob schonendere, für die Frau weniger belastende Therapieansätze Erfolg haben. In solchen Fällen, auf die Beraterinnen der Organisation „pro familia" aufmerksam gemacht haben, werden Ärztinnen und Ärzte sowie Beraterinnen oder

Berater der Familie bzw. dem Ehemann Grenzziehungen nahe bringen müssen, damit die Schutz- und Selbstbestimmungsrechte der betroffenen Frau gewahrt bleiben.

Abgesehen von der zuletzt angedeuteten Notwendigkeit von Grenzziehungen: Grundsätzlich gilt das Gebot, die weltanschaulichen Überzeugungen der Patienten unterschiedlicher Herkunft zu respektieren und zu tolerieren. Im Rahmen des modernen gesellschaftlichen Pluralismus konkretisiert und aktualisiert die Toleranzidee jenen qualitativen Individualismus, den zu Beginn des 20. Jahrhunderts Georg Simmel auf den Begriff gebracht hatte. Sie gehört zu den normativen Fundamenten heutiger Medizin- und Arztethik. Daher sollten kultur- und religionsvergleichende Grundkenntnisse heutzutage Bestandteil ärztlichen Wissens sein. Transkulturelle Voraussetzungen der Einschätzung von Gesundheit und Krankheit bis hin zu kulturbedingten Einstellungen gegenüber Schmerz, Leiden oder Depression[45] werden kulturwissenschaftlich inzwischen zunehmend aufgearbeitet. Hierauf können die medizinische Ethik, aber auch die Versorgungsforschung und die Bemühungen um „public health" gut zurückgreifen.

Geistesgeschichtlich sowie ethisch resultiert das Gebot der Toleranz aus dem Grundrecht der Menschen auf Selbstbestimmung, näherhin aus der individuellen Religions-, Weltanschauungs- und Gewissensfreiheit. Es betrifft den Umgang mit den einzelnen Patientinnen und Patienten im ärztlichen und klinischen Alltag und gilt ungeachtet dessen, dass die moderne Gesellschaftsordnung sich insgesamt von religiösen Vorgaben weitgehend abgelöst hat. Der Staat ist weltanschaulich neutral; und den Religionen, einzelnen Konfessionen und namentlich den christlichen Kirchen kommt nicht mehr in der Weise und in dem Maß eine gesellschaftliche Orientierungsfunktion zu, wie es vor der Epoche der neuzeitlich-modernen Säkularisierung der Fall gewesen war. Die Säkularisierung stellt ein kulturelles Phänomen dar, welches das moderne bzw. heutige Verständnis von Krankheit, Gesundheit und Medizin in außerordentlich hohem Ausmaß beeinflusst hat. Nachfolgend wird hierauf genauer einzugehen sein. Im Schwerpunkt befasst sich das folgende Kapitel damit, wie sich im Horizont der neuzeitlich-modernen Säkularisierung das Verhältnis zwischen dem Christentum und den christlichen Kirchen einerseits, der kulturellen Deutung von Gesundheit, Krankheit und Medizin andererseits verändert hat, und nennt hierzu auch einige Fragen, zu denen aktuell Diskussionsbedarf besteht.

II. Die Ablösung der Medizin von der Religion – kulturelle Voraussetzung gegenwärtiger Medizinethik

1. Medizin im säkularen Kontext

Erstens: Heutige kulturelle Gegebenheiten
Der Einfluss der christlichen Kirchen hat in der Bundesrepublik Deutschland in den letzten Jahrzehnten stark abgenommen. Im Jahr 2005 gehörten noch 31% der Bevölkerung der römisch-katholischen Kirche und 30,8% den evangelischen Kirchen an (d.h. ca. 62% Kirchenzugehörigkeit gegenüber 72,3% im Jahr 1990); muslimisch: 3,9%; sonstige Religionen: 1,8%; ohne Konfessionszugehörigkeit bzw. konfessionsfrei, wie inzwischen zunehmend die Selbstbezeichnung lautet: 32,5%. Eigenen Angaben aus dem Jahr 2006 zufolge rechnet die Evangelische Kirche in Deutschland (EKD) mit einem weiteren Rückgang ihrer Mitgliederzahl bis 2030 um ca. ein Drittel. Insgesamt gehören zur Zeit mehr als ein Drittel der Bevölkerung keiner Religion oder einer nichtchristlichen Glaubensrichtung an. Darüber hinaus schwindet sogar innerhalb der großen christlichen Kirchen selbst die Bindung der Kirchenmitglieder an die konfessionellen Morallehren; es entsteht eine Kluft, wissenssoziologisch gesagt: eine kognitive Dissonanz zwischen offiziellen Äußerungen der Kirchen zu Fragen der Moral einerseits, den Alltagsüberzeugungen sowie dem Alltagsverhalten der Kirchenangehörigen andererseits. 2003 wurde eine repräsentative Allensbach-Studie publiziert, der zufolge nur noch 19% der befragten Katholiken sich eng mit ihrer Kirche verbunden fühlen. Die Haltung der katholischen Kirche zur Ehescheidung werde nur von der Hälfte, die amtskirchlichen Lehren zur Sexualität von weniger als einem Viertel der Katholiken geteilt; eine besonders hohe Distanz sei bei jüngeren Menschen zu beobachten. Demgemäß orientieren sich Katholikinnen und Katholiken z.B. in ihrem Fortpflanzungsverhalten und bei der Empfängnisregelung durchweg am medizinisch Möglichen und nutzen hormonelle Verhütungsmethoden, obgleich dies in striktem Gegensatz zur kirchlichen Lehre steht. Seit der päpstlichen Enzyklika Humanae vitae von 1968 ist dies untersagt.
Der Einbruch in der Orientierung an kirchlichen Vorgaben ist für die römisch-katholische Kirche besonders signifikant. Denn anders als die anderen Konfessionen oder Religionen – sei es der Protestantismus, das Judentum, der Islam oder weitere Religionen – kennt die katholische Kirche ein zentrales, autoritatives, bindendes Lehramt. Formal-kirchenrechtlich sind die Angehörigen der katholischen Kirche dazu verpflichtet, die Aussagen des Lehramts zu den Themen des Glaubens und der Lebensführung für sich zu übernehmen. Innerkatholisch sind nun zwei gegenläufige Tendenzen wahrzunehmen: faktisch die fortschreitende Distanznahme von Katholikinnen und Katholiken von den Weisungen des Lehramts; kirchenamtlich hingegen die Verstärkung der Forderung, dass sich die Gläubigen auf jeden Fall am Lehramt zu orientieren *haben*. Für Letzteres stehen die Ergänzung des Codex Juris Canonici can. 750 im Jahr 1998 oder das päpstliche Motu proprio „Ad tuendam fidem" vom 18. Mai 1998. Das Streben des Lehramts, die Bindung der Gläubigen an die amtskirchlichen Vorgaben kirchenrechtlich immer stärker einzufordern, hat die Säkularisierung, Individualisierung und Pluralisierung, die sogar im Binnenraum des katholischen Christentums selbst zu beobachten sind, allerdings nicht aufhalten können.

Umfassender betrachtet ist unter Säkularisierung jener gesellschaftlich-kulturelle Prozess zu verstehen, der in der Moderne die Emanzipation und auch die Abwendung von Wissenschaft und Forschung, des öffentlichen Bewusstseins sowie des Welt- und Menschenbildes von religiöser Autorität und tradierten religiösen Deutungsperspektiven mit sich brachte. Dies betrifft ganz erheblich die Medizin. Das Verständnis von Krankheit und Gesundheit hat sich heutzutage von religiösen Vorgaben und vom überlieferten konfessionellen, kirchlichen Horizont abgelöst. Und: Die Medizin selbst hat ihrerseits eine Deutungsmacht über Fragen der Lebensgestaltung erlangt, die in der Vergangenheit der Religion oder den Kirchen zukam. Hierdurch hat sie beträchtliche, darunter auch überzogene und problematische Erwartungshaltungen erzeugt – z.B. dahingehend, Fortpflanzungsmedizin oder genetische Diagnostik könnten die Geburt gesunder Kinder geradezu gewährleisten oder medizinische Manipulationen könnten das kognitive oder sportliche Leistungsvermögen von Menschen steigern.[46] Auf die Intensivmedizin und die medizinische Lebensverlängerung sind in den zurückliegenden Jahrzehnten, auch als Kompensation zurücktretender religiöser Jenseitshoffnungen, große Wünsche und Erwartungen gerichtet worden. In den 1980er Jahren schrieb ein Klinikchef aus Hannover:

> „Der Wunsch nach einer Lebensverlängerung ist heute, wo das früher allgemein verbindliche christlich-abendländische Wertsystem zunehmend in Frage gestellt wird, größer als früher. Der heutige Mensch, der mündig geworden ist und seine Selbstverwirklichung im irdischen Leben sucht, lebt nicht mehr in einer Welt, in der Zeit und Ewigkeit aneinandergrenzende Räume sind, wobei der Tod den Übergang in die Seligkeit des Paradieses oder das Leiden der Hölle darstellt ... Die Wende von einem metaphysischen zu einem wissenschaftlich-technischen Weltbild bedeutet auch eine Blickwendung, die den Wert des irdischen Lebens erhöht und damit die Forderung nach einer Verschiebung der Todesgrenze im Sinn einer Lebensverlängerung verständlich macht."[47]

In Krankheitssituationen oder angesichts medizinischer Entscheidungen finden Menschen heutzutage nicht mehr so, wie dies früher der Fall war, Orientierung an überlieferten religiösen Werten sowie inneren Halt an religiösem Trost und kirchlicher Begleitung. Stattdessen stehen sie vor der Herausforderung, in verstärktem Maß von ihrem Recht auf Freiheit und Selbstbestimmung Gebrauch zu machen und eigenverantwortlich zu entscheiden. Der Rückgang religiöser oder kirchlicher Vorgaben stellt sie vor die Aufgabe – diese lässt sich im Licht von Freiheit, Autonomie und qualitativem Individualismus auch positiv als neu entstandene Chance interpretieren –, in Bezug auf Gesundheit und Krankheit die eigene Entscheidungskompetenz zu steigern. Im Jahr 1923 hatte Albert Schweitzer seine Idee entfaltet, angesichts der Umbrüche in der – damaligen – technologischen Zivilisation sei eine Steigerung der persönlichen ethischen Verantwortung notwendig (s.o. S. 20). In der Gegenwart ist dies speziell für die Medizin, d.h. für Patienten, aber auch für Ärzte und andere, die an gesundheitlichen Entscheidungen beteiligt sind, unabweisbar geworden.
Dass die einzelnen Menschen im Umgang mit Krankheit und Gesundheit gesteigert Verantwortung zu übernehmen haben, tritt noch stärker zutage, wenn man sich den engen Zusammenhang, der zwischen Medizin und Religion traditionell bestand, und die Ablösung der modernen Medizin vom herkömmlichen religiösen Deutungshorizont nochmals genauer vergegenwärtigt. Diese geistes- und kulturgeschichtliche Entwicklung soll im Folgenden

aufgezeigt werden, um danach schlaglichtartig eine Verhältnisbestimmung von Medizin und Religion unter heutigen kulturellen Bedingungen vorzunehmen.

Zweitens: Gesundheit und Krankheit in traditioneller religiöser Deutung
In der Geistesgeschichte waren Gesundheit und Krankheit sowie die Heilung von Menschen herkömmlich vor allem ein Gegenstand der Religion. Zwischen medizinischen und religiösen Kategorien bestand eine enge Überschneidung; Krankheit und Sünde, körperliche Heilung und ewiges Seelenheil wurden einander parallelisiert. Dies lässt sich kulturgeschichtlich vielfältig belegen. So galten im Alten Orient Exorzismus, also die Dämonenaustreibung, der Vollzug von Opfern im Tempel, Gebete und kultische Rituale als Heilmittel nicht nur gegen die Sünde und als Mittel zur Versöhnung bei Vergehen gegen die Gottheit. Vielmehr schrieb man diesen Handlungen auch Wirksamkeit gegen körperliche Krankheiten zu. Gesundheit und Krankheit wurden religiös interpretiert. Dies zeigt sich daran, dass
– im antiken Griechenland die Epilepsie als „heilige Krankheit" aufgefasst wurde
– oder der Islam die Vorstellung einer Prophetenmedizin und mystischen Medizin kannte[48]
– oder das altkirchliche Christentum lehrte, Christus sei nicht nur religiöser Heilsbringer, sondern gleichzeitig Arzt.

Indem das frühe Christentum Christus als Arzt bezeichnete („Christus medicus"), wurde er in die Rolle des griechischen Arztgottes Asklepios eingerückt. Dieser hatte zuvor in der Antike über Jahrhunderte hinweg große Verehrung erfahren. Asklepios galt als Sohn des Apollon. Die historische Gestalt, die den Bezug bildet, soll um 1260 vor Christus im griechischen Thessalien geboren worden sein. Gegen Ende des 6. Jahrhunderts vor Christus wurde er in das griechische Pantheon als Gott aufgenommen. Aus dieser Zeit stammt auch das Heiligtum des Asklepios, das *Asklepieion* von Epidauros. Der Asklepios-Kult erreichte im 5. Jahrhundert vor Christus Athen. Dort nannten sich die Ärzte jetzt Asklepiaden. Dass die Schlange bis heute als medizinisches Wahrzeichen gilt, hängt damit zusammen, dass der Gott Asklepios 291 vor Christus den von der Pest bedrängten Römern in Schlangengestalt zu Hilfe gekommen sein soll.

In der späteren christlichen Antike wurde nun Christus als Arzt gedeutet. Diesen kulturgeschichtlichen Sachverhalt, der zur damaligen Ausbreitung des Christentums sehr viel beitrug, hat der evangelische Dogmenhistoriker Adolf von Harnack (1851–1930) aufgearbeitet. Das frühe Christentum habe an den Aufschwung angeknüpft, den der Asklepios-Kult im Rom der Kaiserzeit erfuhr, und habe ihn nachgeahmt:

> „In diese heilungssüchtige Welt trat die christliche Predigt ein. Daß sie Heilung versprach und brachte, daß sie in dieser Eigenschaft alle anderen Religionen und Kulte überstrahlte, das hat ihren Sieg … begründet." „Die Kirche hat *ein festes Institut* der Kranken- und Armenpflege in frühester Zeit ausgebildet und viele Generationen hindurch in Wirksamkeit erhalten."[49]

Die Vorstellung, zwischen Medizin und Religion, Heilung und Heil existiere ein innerer Zusammenhang, hat im Abendland zur Fürsorge der christlichen Kirchen für Kranke geführt. So verbindet sich mit den Namen Kosmas und Damian, zwei Patronen der christlichen Ärzte und Apotheker aus dem 3./4. Jahrhundert, die Erinnerung an Krankenhäuser in Italien, Konstantinopel und Jerusalem; in Norddeutschland sind noch heute mittelalterliche Kirchen nach Kosmas und Damian benannt. Die christlichen Impulse haben jahrhundertelang in den weltlichen Bereich hinein ausgestrahlt. Noch in der frühen Neuzeit wurden sanitäre krank-heitsvorbeugende Maßnahmen der Städte, die auf bessere Hygiene, Verbesserungen des Abwassersystems und der Luft, Vermeidung von Unrat, Einrichtung von Hospitälern usw. abzielten, religiös begründet. Die christliche Motivation für städtische Gesundheitsvorsorge bestand darin, „daß wir unsere leiber / als nicht unser / sondern Gottes ebenbildt / in ehren sollen halten" (so der Frankfurter Stadtarzt Joachim Struppius in seiner Schrift über die öf-fentliche Gesundheitspflege „Nützliche Reformation zu guter gesundtheit und Christlicher Ordnung" aus dem Jahr 1573).[50] Bis in die Neuzeit hinein wurden Medizin und Gesund-heitswesen im Licht der Religion betrachtet.

Drittens: Die Emanzipation der Medizin von der Religion in der Neuzeit
Im Verlauf der Neuzeit erfolgte dann ein Einschnitt. Die Medizin emanzipierte sich von religiösen Vorgaben und religiösen Begründungen. Ein Dokument, das diesen Emanzipa-tionsprozess belegt, stammt von dem Aufklärungsphilosophen Gottfried Wilhelm Leibniz. In den Jahren 1671/72 entstand sein Manuskript „Directiones ad rem Medicam pertinentes", das seine Anschauungen zu einem staatlich organisierten Medizinsystem darlegte. Dabei ordnete er Gesundheit, Sittlichkeit und Gerechtigkeit bzw. Medizin, Religion und Justiz einander zu; er deutete sie in einem Nebeneinander. Moral und Medizin müssten „gleicher-weise" geschätzt werden. Konkret lag ihm daran, dass das staatliche Gesundheitswesen nach dem Beispiel der Kirche zu organisieren sei: „Eine iede hauptgaße oder quartier einer Volckreichen Stadt soll so wohl seine eigne Medicos haben als pfarrer." Man solle die Me-dizin „ad exemplum Ecclesiasticae", nach dem Beispiel der Kirche ordnen. Analog zur kirchlichen Beichte stellte er sich eine regelmäßige Beichtpflicht gegenüber dem Arzt vor: „Es müßen gewiße Zeiten des Jahres seyn darinnen ein ieder Mensch in re medica beichten und alles sagen … soll."[51] Allerdings sah er die Möglichkeit vor, diese „Medicinalischen beichtväter" frei zu wählen. Grundsätzlich gehe es darum, die Gesundheit ähnlich zu sichern wie die Seligkeit, so dass die ärztliche Betreuung analog zur kirchlichen zu ordnen sei. Ein erster Schritt zur Neugestaltung des Gesundheitswesens sei die staatliche Besoldung der Ärzte.
Leibniz' Interesse an der Gesundheit hatte zum Teil noch religiöse oder religionsphilosophi-sche Motive; denn in der menschlichen Gesundheit könne sich die göttliche Harmonie ab-spiegeln. Er dachte nicht mehr im alten Schema der Überordnung der Religion über die Me-dizin, sah beide aber noch in einem Nebeneinander. Zugleich zeigt sich bei ihm freilich der Übergang von religiösen zu weltlichen Leitmotiven und zu einer Vorordnung der Medizin vor der Religion. Bei ihm spielte ein Argument eine Rolle, das dem damaligen weltlichen Naturrecht, also der philosophischen Naturrechtslehre entstammte, die sich in der Neuzeit im Unterschied und Gegensatz zum älteren religiösen Naturrecht auszuprägen begann. Der neuzeitlichen profanen Naturrechtstheorie zufolge ist das Recht des Menschen auf Gesund-heit im *irdischen* Leben begründet; der Körper lasse sich als das angeborene Eigentum des Menschen verstehen.
Zu den frühen Vordenkern des profanen, rationalen Naturrechtes – einer Naturrechtslehre, die gelten sollte „etsi deus non daretur" / „auch für den Fall, dass es Gott nicht gäbe" – zählte der Niederländer Hugo Grotius (1583–1645). Als das höchste Naturrecht und Frei-heitsrecht sah er das Recht des Menschen auf Eigentum an. Vor allem der eigene Körper sei

Eigentum des Einzelnen.[52] Die philosophische Naturrechtslehre entfaltete damit eine Theorie der eigenen weltlichen Rechte des Individuums. Hierdurch unterstrich sie die Eigenständigkeit und Freiheit des Einzelnen gegenüber Staat, Kirche und Religion. Das Recht des einzelnen Menschen auf sein Eigentum war dabei eine Schlüsselidee. Indem auch der Körper als individuelles Eigentum galt, wurde der Sorge um das leibliche Wohl und um die irdische Gesundheit eine innerweltliche philosophische Begründung verliehen. Die religiösen Sichtweisen über Gesundheit und Krankheit traten zurück. Medizinische Heilung und das gesundheitliche Wohl wurden nicht mehr in der religiösen Verknüpfung von Heilung und (Seelen-)Heil interpretiert. Stattdessen unterstrich die neuzeitliche Philosophie die eigenständige Verantwortlichkeit und die Selbstbestimmungsrechte des Menschen im Umgang mit seiner diesseitigen Gesundheit.

Ein weiterer Aspekt kam hinzu: Seit Hugo Grotius nahmen die neuzeitlichen Naturrechtstheorien den *Staat* in die Pflicht, das persönliche Eigentum zu achten und zu schützen. Auf diese Weise wurde die Grundlage gelegt für die Anschauung, dass die Menschen als Teil ihres Individualrechtes auf Eigentum auch ein Recht auf Gesundheit besitzen, das der Staat zu schützen und für das er sogar aktiv einzutreten habe. Daher habe der Staat für die Gesundheitsversorgung der Bürger gedeihliche Rahmenbedingungen zu schaffen. Dieses Recht auf Gesundheit, an dem sich der Staat orientieren soll, hat in der Gegenwart den Rang eines Grundrechtes erlangt. An späterer Stelle wird hierauf zurückzukommen sein; dem Grundrecht auf den Schutz der Gesundheit und auf gesundheitliche Versorgung kommt für das hier vorliegende Buch konzeptionell tragende Bedeutung zu. Aus ethischer Sicht stellt Gesundheit für den einzelnen Menschen ein fundamentales oder konditionales Gut dar. Denn das Maß an Gesundheit, das er zu erreichen vermag, bildet für ihn die Voraussetzung, persönliche Lebensziele erreichen, Werte verwirklichen und zugunsten anderer handeln zu können (s.u. S. 87).

Alltagsweltlich ist es die Medizin, der die Aufgabe zufällt, Gesundheit so weit wie möglich zu bewahren oder zu stabilisieren. Daher hat sie in der Gegenwart für Kultur und Gesellschaft, für die Lebensführung der Menschen und für das Menschenbild eine Schlüsselrolle erhalten, die an die frühere kulturelle Mittelpunktstellung der Religion erinnert. Die Medizin hat die Deutungskompetenz, die vormals der Religion zu Fragen von Gesundheit und Krankheit zugefallen war, beerbt; das Verständnis von Gesundheit und Krankheit ist in der Moderne säkularisiert und medikalisiert worden. Hiervon ausgehend sind nun einige Aspekte des heutigen Verhältnisses von Medizin und Religion zu erörtern.

2. Religion und Medizin heute – offene Fragen

Erstens: Ist die heutige kirchliche Kritik am medizinischen Fortschritt berechtigt?
Es fällt auf, dass Vertreter der Kirchen gegenüber Medizin und naturwissenschaftlichem Fortschritt in der Gegenwart oft sehr kritisch votieren. Sie üben an einer „Ethik des Heilens", an einer sogenannten Gesundheitsreligion oder an Gesundheit als „höchstem Gut" ganz entschiedene Kritik. Ein Recht auf Gesundheit lehnten die Kirchen wiederholt ab.[53] Der katholische Bischof Joachim Wanke warnt vor einem „unrealistischen Totalanspruch der Beherrschung des Lebens durch Technik und Naturwissenschaft"[54]; Kirchensprecher

erheben gegen Medizin und Naturwissenschaften den Vorwurf, einer Gesundheits- und Unsterblichkeitsideologie Vorschub zu leisten. Im Jahr 2008 protestierte der Ratsvorsitzende der Evangelischen Kirche in Deutschland, Wolfgang Huber, gegen die moderne naturwissenschaftlich geprägte Medizin mit dem Einwand, sie strebe eine quasi-religiöse Funktion an: „Die Reproduktionsmedizin soll menschliches Leben künstlich zu Stande bringen. Und die regenerative Medizin soll den Tod hinausschieben und eines Tages ganz überwinden". Hierdurch mache der medizinische Fortschritt Unsterblichkeit käuflich, nämlich als „von Menschen hergestellt, einstweilen allerdings noch nicht ganz fertig und vermutlich für die meisten unerschwinglich".[55]

Solchen Voten ist zwar zuzugestehen, dass der naturwissenschaftliche Erkenntnisfortschritt und die Zunahme diagnostischer und therapeutischer Handlungsoptionen ethisch-normativer Reflexion bedürfen; gegebenenfalls sind auch Grenzen zu ziehen. Darüber hinaus ist in der Tat zu beachten, dass in der Hierarchie der Güter und Werte Gesundheit – als Voraussetzung für ein gelingendes Leben – ein fundamentales oder konditionales Gut darstellt, sie jedoch anders als philosophische Wahrheit, Religion oder Ästhetik nicht zu den sogenannten höheren oder geistigen, nämlich sinnstiftenden, existentiell sinnerfüllenden Werten gehört. Die soeben wiedergegebene kirchliche Kritik schießt indessen weit über das Ziel hinaus. Sie scheint Anstoß zu nehmen an der Prägekraft, die die Medizin für das Menschenbild und die Gesellschaftsgestaltung inzwischen generell erlangt hat, und unterstellt der Medizin einen Sinnstiftungs- oder Allmachtsanspruch, den Ärzte oder Naturwissenschaftler von sich aus gar nicht erstreben (sieht man von Außenseiterpositionen oder extremen Äußerungen ab, die oben wiedergegeben worden sind; s.o. S. 16). Darüber hinaus lässt sie den humanen Fortschritt unerwähnt, der der neuzeitlich-modernen Medizin zu verdanken ist. Und sie lässt unerwähnt, dass man – so sehr die Leistungen des frühen Christentums für eine religiös motivierte Humanität im Umgang mit Kranken zu würdigen sind – es vermeiden sollte, die ältere Geschichte, in der das Christentum noch die Rahmenordnung für Medizin und Heilung vorgab, zu idealisieren; denn:

> „Die niedrige Lebenserwartung des antiken und mittelalterlichen Menschen, die dem physischen Leid besonders ausgesetzten Frauen und Kinder, überhaupt die Notwendigkeit zum Leiden und zum Ertragen schwerster körperlicher Schmerzen von frühester Jugend an, fast keine schmerzstillenden Mittel, keine Betäubung, jede Operation eine Vivisektion – das alles soll nicht verharmlost werden. Auch die ganzheitliche Medizin der Klosterfrau Hildegard von Bingen (gest. 1179) kann ja die meisten heilsamen Leistungen der modernen Medizin nicht ersetzen."[56]

Der Zugewinn an Humanität, der aus dem Fortschritt der naturwissenschaftlich-rationalen Medizin erwuchs und der teilweise sogar gegen kirchliches Widerstreben durchgesetzt werden musste, wird von manchen aktuellen kirchlichen Äußerungen zu sehr beiseitegeschoben. Die Korrelation zwischen medizinischem und humanem Fortschritt lässt sich an zahlreichen Sachverhalten veranschaulichen – zum Beispiel:

> Als man im Mittelalter und der frühen Neuzeit kirchlich über die Entbindung durch Kaiserschnitt nachdachte, war die Begründung zunächst keineswegs die Lebensrettung des Kindes, sondern die Aussicht, das Kind noch taufen zu können, damit es das ewige Heil erlangt. Daher

wurde lange Zeit sogar an verstorbenen Schwangeren der Kaiserschnitt durchgeführt (als sogenannte Sarggeburt).[57] Demgegenüber rückte in der späteren Neuzeit die Medizin das irdische Leben des Kindes in den Blick. Im 19. Jahrhundert setzte sich in der Gynäkologie und Geburtshilfe generell durch, im Problemfall neben der Lebensrettung der Frau ganz bewusst die Rettung des Kindes anzustreben – zweifellos ein Zugewinn an Humanität, der heute unverzichtbar ist.

Oder: Dem medizinisch-naturwissenschaftlichen Erkenntnisfortschritt der Moderne ist zu verdanken, dass der Schutz vorgeburtlichen Lebens auf fundierteren Begründungen beruht, als sie den religiösen Überlieferungen vormodern verfügbar waren. Vor naturwissenschaftlichem Hintergrund wird vorgeburtlichem Leben in der Gegenwart ethisch und rechtlich durchweg ein viel höherer Stellenwert zuerkannt, als es in älteren religiösen oder kirchlichen Anschauungen der Fall war. Die heftige Kritik der römisch-katholischen Kirche an heutigen medizinischen, ethischen und rechtlichen Aussagen, die das vorgeburtliche Leben betreffen, verkennt das geistesgeschichtliche Faktum, dass gerade die moderne Medizin zur Wertschätzung der vorgeburtlichen Existenz die entscheidenden Impulse vermittelt hat (s.u. S. 162 u.ö.).

Oder ein weiteres Indiz für humanen Fortschritt, der auf die neuzeitliche Medizin zurückzuführen ist: Es kam der Gesundheit und Lebensrettung vieler Menschen zugute, dass trotz der kirchlichen Vorgabe, der zufolge der Körper für die leibliche Auferstehung intakt gelassen werden müsse, die Anatomie menschlicher Leichname schließlich doch möglich wurde.[58]

In anderer Hinsicht ist an den gesundheitlich kontraproduktiven Widerspruch der Kirche gegen medizinische Seuchenabwehr zu erinnern – in der frühen Neuzeit und sogar, wie Rudolf Virchow beklagte, noch im 19. Jahrhundert (s.u. S. 46, S. 81).

So betrachtet sollte der Erkenntnis- und Handlungsfortschritt der modernen Medizin aus der Perspektive christlicher Konfessionen heute nicht pauschal kritisiert und nicht voreilig unter Ideologieverdacht gestellt werden. Seitdem sich die Medizin in der Neuzeit von religiösen Grundlagen emanzipiert hat, stehen Religionen, Konfessionen und die Theologie vielmehr ihrerseits vor der Aufgabe, den eigenen Standort sachgerecht neu zu definieren. Diese Aufgabenstellung ist bis heute nicht bewältigt. In diesem Zusammenhang ist auf Seiten der Theologie, der Religionen und der Kirchen zu beachten, dass manche Deutungsmuster, die auf religiöser Basis noch heute zum Umgang mit Gesundheit und Krankheit vorgetragen werden, sogar ihrerseits der ideologiekritischen Analyse bedürfen.

Zweitens: Probleme religiöser Deutungen von Krankheit heute
Die Aufgabe, vor dem Hintergrund der modernen Verselbständigung der Medizin das Verhältnis der Religion zur Medizin neu zu bestimmen, ist bislang nur begrenzt aufgearbeitet worden. Dabei sind unterschiedliche Einzelfragen zu berücksichtigen.
(a) Soweit empirisch-sozialwissenschaftliche Studien oder Umfragen vorliegen, wird ersichtlich, dass religiöse oder spirituelle Bindungen von Patienten zum Prozess der Gesundung und zum Umgang mit Krankheit positiv beitragen können: „Religion vermag bei dem ‚Coping-Prozess', dem Umgang mit Krankheitseinbrüchen, chronischem Leiden und Sterben, hilfreich zu sein."[59] Dazu tragen sicherlich auch Faktoren bei, die als solche religionsextern sind, etwa die Einbindung der Betroffenen in eine sie tragende soziale Gemeinschaft,

die ggf. religiös oder kirchlich geprägt ist. Ungeachtet genauerer Differenzierungen: An die menschlich stabilisierende Dimension der Religion können die Klinikseelsorge oder die palliative Begleitung Sterbender sinnvoll anknüpfen.

Andererseits lassen sich ebenfalls ambivalente, ja negative Auswirkungen von Religion beobachten.[60] Die herkömmliche Interpretation von Krankheit oder Sterben als Folge oder Strafe von Sünde wirkt noch in der Gegenwart nach. Sie ist immer noch auch im Christentum und darüber hinaus in populären esoterischen Strömungen anzutreffen. Durch sie werden Patienten – zusätzlich zum Leiden unter der physischen Krankheit selbst – noch dadurch belastet, dass sich mit ihrer Krankheit Gefühle der Ohnmacht oder religiös-moralische Selbstvorwürfe verbinden oder dass gar moralisierende Schuldzuweisungen durch Dritte erfolgen. Es ist die Aufgabe der Medizinethik im allgemeinen sowie speziell der theologischen Ethik, solchen belastenden Anschauungen entgegenzutreten. Theologisch lässt sich zu diesem Zweck ein Gottesbild rezipieren, das anstelle von Strafe oder Zorn Gottes das Mit-Leiden Gottes mit dem leidenden Menschen in den Blick rückt.

> Wegweisend war die Schrift „Der Gottesbegriff nach Auschwitz. Eine jüdische Stimme" (1984) des Philosophen Hans Jonas. Sie erörterte, ob angesichts des Leidens in der Welt, für das paradigmatisch der Name Auschwitz steht, Gott überhaupt noch gedacht werden könne (Theodizeeproblem). Ein vordergründiges, vorschnelles Ja hat Jonas bewusst vermieden. Stattdessen erinnerte er an den jüdischen Gedanken eines mit den Menschen und mit der Schöpfung mit-leidenden Gottes, der sich schon in der mittelalterlichen jüdischen Mystik findet. Die Kabbalah hatte von der Einwohnung Gottes (Schechinah) in der individuellen menschlichen Seele und auf dieser Basis vom Mit-Leiden Gottes mit dem Schicksal der Menschen gesprochen. Ähnlich hatte die mittelalterliche christliche Mystik eine Teilnahme Gottes am Schicksal des Menschen ausgesagt. Im Trostbuch Meister Eckharts hieß es: „Ist mein Leiden in Gott und leidet Gott mit, wie kann mir dann das Leiden ein Leid sein …?"
>
> Die neuere christliche Theologie hat den Gedanken des innerweltlichen Mit-Leidens Gottes wiederentdeckt, indem sie das Kreuz Christi als Symbol für das Mit-Leiden Gottes mit den Menschen deutet.[61] So betrachtet braucht Krankheit theologisch nicht mehr als Sündenstrafe oder als Ausdruck der Gottferne und Gottverlassenheit zu gelten. Vielmehr lässt sich – als Trostmotiv für Kranke, die hierfür empfänglich sind – die Nähe Gottes mit den leidenden Menschen ins Licht rücken. In ethischer Hinsicht und auf mitmenschlicher Ebene ergibt sich die Konsequenz, dass Menschen am Krankheitsschicksal anderer mit-leidend, begleitend Anteil nehmen und ihnen beistehen sollten.

Ein solcher Denkansatz legt aus christlichen Gründen den Akzent auf die zwischenmenschliche Solidarität. Er überwindet die Deutung von Krankheit und Leiden als Strafe und vermeidet darüber hinaus, Leiden und Schmerzen religiös zu verklären, wie es bis heute freilich z.B. in der griechisch-orthodoxen Kirche der Fall ist. Die griechische Orthodoxie versteht den Schmerz als religiöse Tugend; Schmerzen und Krankheit böten die Chance zur Teilhabe am Kreuz Christi, könnten zur Heiligung führen und seien ein erzieherisches Mittel Gottes, welches den Menschen geistig reifen lasse.[62] Eine Tendenz zur religiösen Verklärung von Schmerzen und seelischem oder physischem Leid als „Teilnahme am Kreuz des Herrn" und „Quelle geistlicher Fruchtbarkeit" findet sich ferner noch immer in römisch-katholischen Dokumenten.[63]

(b) Ideologiekritik ist insbesondere gegenüber esoterischen Konzeptionen geboten. Auch Esoterik deutet Krankheit als Folge von Schuld; sie verspricht Heilung auf der Grundlage von Spekulationen, die von einer göttlich bewirkten Harmonie zwischen äußerer sowie physischer Natur und der menschlichen Innenwelt ausgehen. Anknüpfend an Ideen Rudolf Steiners wird von Alexa Kriele die Befragung von Engeln angeboten, die honoriert werden muss (hierzu wurde im Jahr 2007 die Summe von 220 Euro pro Stunde genannt). Erkrankungen einzelner Organe werden geradezu monokausal auf psychische Belastungen oder Stresserscheinungen zurückgeführt. Die Organe seien Sprachrohre der Seele (Idee der „Organvertretung"); so sei die Schilddrüse Ausdruck der Einbindung des Ich in die Gemeinschaft und Repräsentant vorheriger Inkarnationen des Ich[64]; durch Krebs gelange fehlgeleitete Selbstliebe und Rücksichtslosigkeit zum Ausdruck.[65]

Nun ist die These, Tumorerkrankungen ließen sich auf eine „Krebspersönlichkeit" zurückführen, von der psychosozialen Krebsforschung inzwischen widerlegt worden.[66] Stattdessen sind multifaktoriell Vererbung, Lebensstil, Umwelt, Ernährung und andere Aspekte zu beachten. Die Attraktivität, die übersinnliche oder esoterische, neo-religiöse Deutungsmodelle auf dem Gesundheitsmarkt besitzen, darf aber nicht unterschätzt werden. Ihnen kommen Placebo-Effekte zugute; und sie profitieren von der Fehlentwicklung, dass der medizinische Alltag von ökonomischen Sachzwängen bestimmt wird und die ganzheitliche mitmenschliche Begleitung der Patienten durch Ärzte und Pflegepersonal oft zu kurz kommt.

Medizin und Ärzte sollten ihrerseits die Konsequenz ziehen, die ganzheitliche Dimension von Krankheit und Gesundheit nicht aus dem Auge zu verlieren. Es gilt, Patienten nicht allein nach objektivierten fachwissenschaftlichen medizinischen Standards zu behandeln, sondern die subjektive Komponente zu beachten und auf Aufklärung, Beratung und Begleitung Wert zu legen („sprechende Medizin"; s.o. S. 32). Auch der Bereitschaft, medizinisch fragwürdige Angebote und ungesicherte alternative Therapien wie Ozon-, Bioresonanz- oder Bachblütentherapie voreilig und zu unkritisch in Anspruch zu nehmen, wird vorgebeugt, wenn es Ärzten gelingt, zu Patienten ein Vertrauensverhältnis aufzubauen, das sich an den eigenen Perspektiven und den individuellen Ressourcen der Patienten, ihrer Fähigkeit gesundheitsgerechten Verhaltens und ihrer inneren Einstellung auf die Krankheit und den Krankheitsverlauf, d.h. an einem psychosomatisch integrativen Gesundheitsverständnis orientiert. Auf diese Weise wird Kontexteffekten, z.B. dem Zuhörenkönnen, Rechnung getragen und die biographische sowie psychische Komponente somatischer Erkrankungen ernst genommen. Wenn Ärzte oder andere Kontaktpersonen – Psychologen, Psychotherapeuten, Seelsorger – auf Dialog, Beratung und Begleitung Wert legen, stellt dies einen Ansatz dar, ideologieanfälligen esoterischen Angeboten den Boden zu entziehen.[67]

Drittens: Ethisches Fazit
In der Gegenwart ist für Medizin und Gesundheitswesen die Emanzipation der Medizin von der Religion zur kulturellen Voraussetzung geworden. Voranstehend sind Fragestellungen sowie Konsequenzen angesprochen worden, die sich hieraus ergeben. Es gilt,
– den von der modernen Medizin bewirkten Fortschritt an Humanität und den Stellenwert von Gesundheit für das Gelingen menschlicher Existenz anzuerkennen,
– überdehnte Kritik an medizinischem Fortschritt, auch von Seiten der Kirchen, zu überdenken,

– neo-religiöse oder esoterische Deutungsangebote ideologiekritisch zu reflektieren,
– das sinnstiftende Potential der Religionen auf heutigem theologischen Niveau neu aufzuarbeiten,
– Patienten mitmenschlich zu begleiten und hierbei ihre individuelle Gewissens-, Glau-
  bens- und Weltanschauungsfreiheit zur Grundlage zu nehmen
– und in religiöser und weltanschaulicher Hinsicht Toleranz zu praktizieren.

Was die zuletzt genannten Aspekte anbetrifft: Die Berücksichtigung religiöser Vorstellungen und die Begleitung von Patienten, die dies wünschen, durch Geistliche ihrer eigenen
Wahl sind bis heute sinnvoll und ethisch geboten. Zu Recht betonen die Bundesärztekammer oder medizinische Fachgesellschaften, die Weltgesundheitsorganisation oder der Weltärztebund die Notwendigkeit religiöser bzw. – wie es in internationalen Texten zunehmend
heißt – spiritueller Betreuung von Patienten. So fordert der Weltärztebund dazu auf, auch
für kranke Kinder eine Begleitung sicherzustellen, die ihren Wertvorstellungen und ihrer
religiösen Sozialisation entspricht. In der Deklaration von Ottawa zum Recht des Kindes auf
gesundheitliche Versorgung, verabschiedet von der 50. Generalversammlung des Weltärztebundes im Oktober 1998, heißt es (dort Nr. 30): „Es sollte alles getan werden, damit das
kranke Kind geistigen und moralischen Beistand erhält; dies schließt den Beistand eines
Geistlichen der Konfession seiner Wahl ein."[68] Medizinethisch gesehen ist Wert darauf zu
legen, dass Patienten existentielle Sinnfragen, die durch Krankheitserfahrungen aufbrechen,
sowie konkrete Entscheidungen über den Umgang mit Krankheit und Gesundheit aus ihren
individuellen moralischen, religiösen oder – heute gleichfalls wichtig – aus ihren nichtreli-
giösen weltanschaulichen Perspektiven heraus bewältigen. Dies entspricht ihrem Grundrecht
auf Religions-, Weltanschauungs- und Gewissensfreiheit, ihren Persönlichkeitsrechten und
ihrem Selbstbestimmungsrecht.

Wenn Menschen gesundheitsbezogene Entscheidungen treffen, geht es oftmals um weitreichende Sachverhalte. Dies gilt für die Nutzung von medizinisch assistierter Reproduktion
oder humangenetischer Diagnostik oder für die Frage des Therapieverzichts am Ende des
Lebens, d.h. für passive Sterbehilfe, palliative Sedierung und anderes. Angesichts des technischen Fortschritts der Medizin und der Ausweitungen medizinischer Handlungskompe-
tenz ist heutzutage daher neben der gesteigerten ärztlichen Verantwortung die Steigerung
der Eigenverantwortung auf Seiten der Patienten relevant. Dies ist auch deshalb zu unterstreichen, weil der medizinische Fortschritt manche Züge besitzt, die die Freiheits- und
persönlichen Entfaltungsspielräume von Menschen konterkarieren könnten. Mit dieser
Problematik befasst sich das nachfolgende Kapitel, das den naturwissenschaftlichen Er-
kenntnis- und den medizinischen Handlungsfortschritt an seiner Humanitäts- und an seiner
Freiheitsverträglichkeit bemisst.

III. Gefährdet moderne Medizin die individuelle Freiheit? Ein normatives Grundlagenproblem heutiger Medizinethik

Eingangs (s.o. S. 15ff) ist erwähnt worden, dass die moderne Medikalisierung oftmals als übermächtig und bedrohlich empfunden wird. Der französische Philosoph Michel Foucault hat politische, bürokratische, technologische, ideelle und ideologische Machtstrukturen analysiert, die in Staat und Gesellschaft wirksam sind, und sich speziell mit der Zunahme medizinischer Deutungsmacht befasst. Er zählt zu den Autoren, die den Begriff Medikalisierung geprägt haben. In der Moderne sei eine „generelle Medikalisierung des Verhaltens, der Haltungen, Diskurse, Wünsche usw." erfolgt[69]: Die wissenschaftlich-technisch gestützte Macht der Medizin habe die Lebensführung des einzelnen Menschen und die Strukturen von Staat und Gesellschaft immer stärker durchdrungen, sich auf das Selbstverständnis und die Lebensweise der Menschen ausgewirkt, gesellschaftliche Vorstellungen von gesundheitlicher Normalität erzeugt und auch das Menschenbild beeinflusst.

Gegenwärtig spielen solche Vorbehalte in der Öffentlichkeit eine große Rolle. Denn die Biomedizin und Biotechnologie – Embryonenforschung, genetische Diagnostik, Gentherapie, Eingriffe in das menschliche Gehirn u.a. – haben eine Zugriffsmacht gewonnen, durch die – so lautet die Sorge – der Mensch technologisch überfremdet zu werden und seine Freiheit zu verlieren droht. Solche Befürchtungen sind so weit verbreitet und so gewichtig, dass ihnen nun nachzugehen ist. Auch die Kritik der Kirchen an moderner Medizin, die soeben erwähnt, allerdings auch problematisiert worden ist, knüpft an diese Sorge an. Als solche ist die Problematik, dass medizinischer Fortschritt zu menschlicher Freiheit in ein Spannungsverhältnis geraten kann und die Freiheit des Einzelnen durch die Medizin oder das Gesundheitswesen beeinträchtigt zu werden droht, nicht neu. Kulturgeschichtlich hat sie sich seit mehreren Jahrhunderten angebahnt, weil Kultur und Gesellschaft im Verlauf der Neuzeit immer stärker medikalisiert worden sind.

1. Kulturgeschichtliche Hintergründe: Die Medikalisierung der Gesellschaftsordnung in der Neuzeit

Der Sache nach hat sich bereits Rudolf Virchow (1821–1902) mit dem Phänomen der Medikalisierung befasst. Der Pathologe Virchow gehört zu den herausragenden Medizinern des 19. Jahrhunderts, war seit 1844 in der Berliner Charité tätig, untersuchte im Auftrag der preußischen Regierung 1848 die Ursachen der Hungertyphusepidemie in Oberschlesien und war mit derartigen Aufgaben ferner außerhalb Deutschlands betraut (z.B. 1859 in Norwegen). Aufgrund seiner Beobachtungen in Oberschlesien trat er mit Vorschlägen zur Sozialpolitik und Sozialhygiene hervor. Neben zahlreichen anderen Funktionen wurde er Mitglied der Berliner Stadtregierung und des preußischen Abgeordnetenhauses und kam 1880 in den Reichstag; 1861 begründete er die liberale Fortschrittspartei; er setzte sich für den Bau Berliner Krankenhäuser ein. In unserem Zusammenhang ist von Interesse, dass er medizinische

Deutungsperspektiven und Begriffe auf seine politischen und sozialstrukturellen Vorstellungen übertrug. Dass der Medizin ein *genereller* gesellschaftlicher Machtanspruch und geradezu ein Deutungsmonopol für Fragen der Staats- und Sozialordnung zukommen solle, kleidete er 1848 in der Zeitschrift „Die medicinische Reform" in die Formulierung: „die Medicin ist eine sociale Wissenschaft und die Politik ist weiter nichts, als Medicin im Großen". Im Jahr 1849 schrieb er in derselben Zeitschrift[70], die Medizin solle „aufhören eine besondere Wissenschaft zu sein. Ihre letzte Aufgabe … ist die Constituierung der Gesellschaft auf physiologischer Grundlage". Ihm schwebten ein naturwissenschaftliches Gesellschaftsideal und ein medikalisierter Politikbegriff vor. Er zählt zu den Vordenkern der Moderne, die die Medikalisierung der Gesellschaft bejahten.

Sozialstrukturell ist dieser Sachverhalt – die Prägung der Gesellschaftsorganisation durch die Medizin – schon älter; er zeigte sich bereits im späten Mittelalter bei der Seuchenbekämpfung und den Bemühungen um Stadthygiene.[71] Dabei ging es um die Bekämpfung der verheerenden Pestepidemien. Zwischen 1347 und 1351 wurde ein Drittel der europäischen Bevölkerung durch die schwarze Pest vernichtet. Abhilfe erbrachte die präventive Seuchenabwehr in den Städten. So richtete die Stadt Venedig eine Gesundheitsbehörde ein, die vorsorglich der Pestgefahr wehren sollte. Im Jahr 1486 beschloss der Senat Venedigs, jedes Jahr für die Leitung der städtischen Gesundheitsvorsorge drei Adlige zu wählen. Aufgrund der Vermutung, dass die Pest auf Ansteckung beruhe, erhielten damalige Gesundheitsbehörden weitreichende Machtbefugnisse; Personen und Waren konnten unter Quarantäne gestellt, Grenzen geschlossen, der Warenverkehr unterbrochen, Versammlungen einschließlich Prozessionen verboten, Personenkontrollen durchgeführt werden. Aufgrund ihrer großen Vollmachten nannte man die Mitglieder von Gesundheitsbehörden in norditalienischen Städten „dictateurs sanitaires". Die Kirche wandte sich gegen solche Gesundheitsbehörden, weil sie ihrerseits öffentliche Gebete und Prozessionen gegen die Pest empfahl. In Florenz wurden alle Mitglieder der Gesundheitsbehörde einmal exkommuniziert. Trotz solcher Widerstände wurde in der frühen Neuzeit die staatliche bzw. städtische Gesundheitsvorsorge gegen die Pest aber systematisch ausgebaut. Im 17. Jahrhundert erfolgten wechselseitige Warnungen der Staaten und Städte vor der Pestgefahr. Im ausgehenden 17. Jahrhundert war die Pest aus Europa verbannt.

Die Seuchenabwehr zählt zu den kulturgeschichtlich frühen Ansatzpunkten für eine Organisation des öffentlichen Lebens aufgrund medizinischer Deutungsmacht und Kompetenz. Im 16. bis 18. Jahrhundert entstanden dann sehr weitreichende Konzeptionen zur staatlichen Gesundheitsvorsorge, für die der Begriff „medizinische Polizei" geprägt wurde. Dieser Begriff findet sich – zunächst lateinisch – wohl erstmals bei dem Frankfurter Stadtarzt Ludwig von Hörnigk. Seiner Schrift „Politia medica" aus dem Jahr 1638 zufolge obliegt der Obrigkeit die Sorge für die Gesundheit der Untertanen.[72] Später erließen die frühneuzeitlichen Territorialstaaten ausführliche Medizinalordnungen. Für den damaligen absolutistischen Staat wurde das öffentliche Gesundheitswesen zur herausragenden strukturpolitischen Aufgabe. Die Macht des Staates sah man im Bevölkerungsreichtum begründet. Daraus resultierte eine umfassende Gesundheitsfürsorge der Obrigkeit. Konkret bedeutete dies Maßnahmen gegen ansteckende Krankheiten, gegen Verunreinigung der Luft, Sorge für billige Nahrungsmittel, Einrichtung von Hospitälern oder Versorgung mit ärztlicher Hilfe, die für Arme kostenlos war.

Solche Ideen entfalteten auch Philosophen, darunter die Vordenker der Aufklärungsphilosophie Christian Wolff (1679–1754) und Gottfried Wilhelm Leibniz (1646–1716). Beide bejahten eine weitreichende medizinische Fürsorge des Staates für die Bürger. Leibniz forderte jährliche Vorsorgeuntersuchungen für alle Bürger; die Ärzte sollten der Obrigkeit über den Gesundheitszustand der Bevölkerung berichten. In der Zeitspanne von 1779 bis 1819 erschien dann jenes monumentale sechsbändige Werk, in dem die Ideen des absolutistischen Zeitalters zur staatlichen Gesundheitsfürsorge und medizinischen Polizei umfassend entfaltet und ein Modell zur Regelung des gesamten öffentlichen und privaten Lebens unter gesundheitlichen Aspekten dargelegt wurden: das „System einer vollständigen medicinischen Polizey" des Mediziners Johann Peter Frank (1745–1821). Dieses Werk war an die „Vorsteher menschlicher Gesellschaften" gerichtet, da die umfassende Gesundheitsfürsorge damaliger Betrachtung zufolge dem Staat oblag.[73]

Indessen: Zwischen der öffentlichen Gesundheitsorganisation und der privaten Freiheit kann ein Konflikt entstehen. Die Vorsorge für die Gesundheit, die von staatlicher Seite getroffen wurde, war human segensreich, bedeutete einen zivilisatorischen Fortschritt und kam vielen Menschen zugute. Andererseits droht die Gefahr, dass sie zu Lasten individueller Freiheit realisiert wird. Dieses Problem wurde bereits vor mehreren Jahrhunderten benannt. In der frühen Neuzeit empfand man die – gesundheitspolitisch erfolgreiche – Bekämpfung der Pest durch die Städte auch als belastend, nämlich als Eingriff in die persönliche Freiheit. Als Daniel Defoe die Londoner Pest von 1665 schilderte, beschrieb er, wie den Menschen die Verhängung von Quarantäne wie eine unschuldig erlittene Gefängnisstrafe erschien.[74] Dass zwischen öffentlicher Gesundheitsvorsorge und individueller menschlicher Freiheit ein Antagonismus aufbrechen kann, wurde dann vor allem durch die überdehnten Vorstellungen zur „medizinischen Polizei" im absolutistischen Staat bewusst, der sich zum umfassenden Wohlfahrts- und Fürsorgestaat entwickelt hatte. Im 18. Jahrhundert, in der Epoche des Absolutismus, wurden staatliche Gesundheitsprogramme entwickelt und im Rahmen des Systems einer medizinischen Polizei staatliche Ratschläge, ja Vorschriften zur Fortpflanzung, Ehe, Kinderaufzucht, Ernährung, Kleidung, Erholung usw. entfaltet. Im Gegenzug entstand die Einsicht, dass die Einmischung des Staates in das private Leben bis hin zur Fortpflanzung zu weit geht und die menschliche Freiheit unvertretbar einengt. Der Verfasser des sechsbändigen Werkes „System einer vollständigen medicinischen Polizey", Johann Peter Frank, musste sich selbst mit dem Vorwurf auseinandersetzen, ob

> „durch das erweiterte Gebiet der Polizey ... die ohnehin schon immer mehr beschnittene natürliche Freiheit des Menschen unerhört eingeschränkt, die Rechte der Hausväter, der Ehemänner, der Eltern, gekränkt und, was diesen unbefugt genommen wird, in die despotischen Hände der Obrigkeit gegeben werde".

J.P. Frank räumte ein, dass staatsmedizinisch-polizeiliche Grundsätze und Praktiken an den Freiheitsrechten der Menschen ihre Grenze finden müssen:

> „eine kluge Polizey mischet sich nicht in das Innere der Haushaltungen, und wenn diese Regentin der Völker, endlich zum Spionen mißbrauchet wird, so artet sie aus zur Tyrannin menschlicher Gesellschaften, und zur Störerin der öffentlichen Ruhe, die sie beschützen sollte"[75].

Im 19. Jahrhundert wurde bewusst, dass der liberale Rechts- und Verfassungsstaat die Freiheits- und Selbstbestimmungsrechte der Bürger zu achten hat (Religions-, Gewissens-, Wissenschaftsfreiheit usw.). Seitdem ist die Vorstellung einer medizinischen Polizei, die in Freiheits- und Persönlichkeitsrechte eingreifen dürfe, nicht mehr akzeptabel.

> Gedanklich flammte der Konflikt zwischen öffentlicher Gesundheitsfürsorge einerseits, menschlicher Freiheit und Selbstbestimmung andererseits im 19. Jahrhundert aber immer wieder auf, etwa angesichts der Unterbindung des freien Waren- und Geschäftsverkehrs als staatlicher Schutzmaßnahme gegen die Cholera. Der Hygieniker Max von Pettenkofer meinte 1873 in seiner Schrift „Was man gegen die Cholera thun kann", das Leben sei „dem Menschen der Güter höchstes noch lange nicht, es gibt noch höhere ideale Güter", und stellte fest: „Der freie Verkehr ist ein so großes Gut, daß wir es nicht entbehren könnten, selbst um den Preis nicht, daß wir von Cholera und noch vielen anderen Krankheiten verschont blieben. Eine Sperre des Verkehrs bis zu dem Grade, daß die Cholera durch denselben nicht mehr verbreitet werden könnte, wäre ein viel größeres Unglück, als die Cholera selbst, und die Völker würden die blutigsten Kriege führen, um solche Schranken wieder zu brechen."[76]

Das Spannungsverhältnis zwischen staatlichen medizinisch bedingten Eingriffen und individueller Freiheit hat die neuzeitliche Kultur jedenfalls seit langem begleitet. In der Gegenwart verschärft sich die Problematik nochmals erheblich – und zwar auf heutigem Niveau und mit veränderten Einzelproblemen.

2. Medizinisches Überangebot zu Lasten individueller Freiheit im 20. Jahrhundert?

Der Publizist Ivan Illich vertrat in den 1970er Jahren die These, heutzutage zögen der Fortschritt der Medizin, ein zu machtvolles Medizinsystem und die Medikalisierung der Gesellschaft Unfreiheit nach sich und drohten eine „Enteignung der Gesundheit" zu bewirken. Der einzelne Mensch werde vom Medizinsystem abhängig. Zudem bestehe die Gefahr, dass er iatrogenen, d.h. vom Arzt erzeugten Gesundheitsrisiken erliege. Solche iatrogenen gesundheitlichen Belastungen können Medikamentenabhängigkeiten oder Medikamentennebenwirkungen, Krankenhausinfektionen, Gesundheitsschäden durch diagnostische Methoden, etwa durch defekte Röntgengeräte oder durch überflüssige Eingriffe sein. Inzwischen sei ein Maß der Medikalisierung zu befürchten, das die Freiheit der Menschen einschränke und in einen diagnostischen Imperialismus umschlage:

> „Ist eine Gesellschaft einmal so organisiert, dass die Medizin Leute zu Patienten erklären kann, weil sie ungeboren oder Neugeborene sind, weil sie sich in der Menopause oder irgend einem anderen ‚gefährlichen Alter' befinden, dann verliert die Bevölkerung unweigerlich einen Teil ihrer Autonomie an ihre Heiler. Die Ritualisierung der einzelnen Lebensstadien ist nichts Neues. Neu ist allerdings ihre intensive Medikalisierung." „In jedem Lebensstadium werden die Menschen altersspezifisch entmündigt."[77]

So pauschal Illichs Formulierungen sind, machen sie im Kern sicher zu Recht aufmerksam auf den heute aktuellen Wertkonflikt zwischen technischen Vorgaben der Medizin und Eigengesetzlichkeiten des Gesundheitswesens einerseits, individueller Freiheit und Selbstbestimmung andererseits. Zu diesem Wertkonflikt des Medizinsystems sind verschiedene Einzelaspekte auseinanderzuhalten. Um von vornherein zu unterstreichen, dass *voreilige* und *überdehnte* Medizinkritik zu kurz greift, ist vorab zu sagen, dass der medizinische Fortschritt die persönliche Freiheit auch fördert und für sie nützlich ist.

Erstens: Medizinisch eröffnete Ausweitungen von Freiheit
In vielfacher Hinsicht bedeutet die moderne Medizin keine Einschränkung von Freiheit, sondern brachte und bringt sie im Gegenteil sogar Ausweitungen der menschlichen Entscheidungsspielräume mit sich, die der individuellen Selbstbestimmung und den Persönlichkeitsgrundrechten zugute kommen und sie stützen. Hierzu sei ein Beispiel aus der Kultur- und Medizingeschichte des 19. Jahrhunderts erwähnt. Es war wegweisend für das Verständnis menschlicher Sexualität und förderte darüber hinaus die Emanzipation der Frau, dass im Jahr 1827 die weibliche Eizelle entdeckt wurde. Die naturwissenschaftliche Entdeckung von Spermien hatte 1677 stattgefunden; sie führte dazu, dass man den späteren Menschen bzw. das präformierte Menschsein in die Samenzelle projizierte. Seit alters waren Sexualität und Beischlaf in der Weise gedeutet worden, dass dem Mann die aktiv zeugende Funktion zukomme, während die Frau von Natur aus passiv sei. Daher sollte der eheliche Sexualkontakt von Mann und Frau in der sogenannten natürlichen Stellung erfolgen; andere Stellungen galten als widernatürlich („contra naturam").[78] Religiöse Traditionen verglichen die sexuelle Tätigkeit des Mannes mit dem Sämann, der den Samen in die Ackerfurche streut. Dieser Vergleich findet sich im Christentum ebenso wie im Islam. Im Koran (Sure 2, 224) heißt es: „Eure Frauen sind euch ein Saatfeld. Geht zu eurem Saatfeld, wo immer ihr wollt". Noch in der Neuzeit fand diese Vorstellung Anklang.
Als in der ersten Hälfte des 19. Jahrhunderts die Eizelle der Säugetiere und des Menschen naturwissenschaftlich entdeckt wurde, warf dies ein ganz neues Licht darauf, dass auch der Frau bei der Fortpflanzung eine aktive Rolle zufällt. Der Königsberger Professor für vergleichende Anatomie und Zoologie, Karl Ernst von Baer, dem diese Entdeckung gelang, sprach noch nicht von der Eizelle – die Definition der Zelle als eines elementaren Bausteins lebender Gewebe und Organismen erfolgte erst 1839 –, sondern vom Ei. Er publizierte seine Einsicht in der Schrift „De ovi mammalium et hominis genesi", Leipzig 1827.[79] Solche medizinisch-biologischen Erkenntnisse haben die überlieferten kulturell-religiösen Sichtweisen zur geschlechtlichen Rolle von Mann und Frau umgestürzt. Es konnte nicht länger unterstellt werden, der Mann sei von Natur aus in der aktiven, die Frau nur in der passiven Rolle. In den 1960er Jahren kam dann die Entwicklung hormoneller Kontrazeptiva hinzu. Frauen erhielten die Möglichkeit, selbstbestimmt Empfängnisregelung planen und praktizieren zu können. Aufgrund der neuen Methoden der Empfängnisregelung fand in der zweiten Hälfte des 20. Jahrhunderts die sogenannte sexuelle Revolution statt. Die sexuelle Emanzipation der Frau, die auf medizinischen Entdeckungen und Entwicklungen basierte, hat zugleich ihre soziale Befreiung gefördert und ihre Eigenständigkeit in der Familie, der Gesellschaft und dem Arbeitsleben gestützt.
Um ferner ein einzelnes Beispiel aus jüngster Zeit zu nennen: Im Jahr 2002 hat die Deutsche Gesellschaft für Gynäkologie und Geburtshilfe beschlossen, künftig könne bei Entbindungen ein Kaiserschnitt nicht nur wie bislang aus rein medizinischen Gründen, sondern auch aufgrund sonstiger, darunter terminlicher, familiärer oder berufsbedingter Wünsche Schwan-

gerer („Wunschsectio") erfolgen.[80] Damit wurden zusätzliche individuelle Freiheitsspielräume und Wahlmöglichkeiten eröffnet. Dies ist ethisch grundsätzlich wünschenswert und entspricht einer liberalen Gesellschaftsordnung.

Zweitens: Kritische Rückfragen an den technischen Fortschritt
Teilweise sind aber kritische Anfragen geboten, ob sämtliche neuen medizinischen Handlungsoptionen sachlich begründet sind und einen tatsächlichen Bedarf erfüllen oder ob sie zusätzliche Bedürfnisse wecken, so dass sie eine medizinische Konsumhaltung – einen „consumerism" – erzeugen, die problematisch ist. Es sollte zwischen einem echten therapeutischen „Bedarf" und künstlichen, durch die Ausweitung medizinischer Angebote überhaupt erst geweckten „Bedürfnissen" (Sekundärbedürfnisse) unterschieden werden. Wichtig ist, hierzu pauschale Urteile zu vermeiden, um stattdessen permanent über Grenzziehungen nachzudenken, die erforderlich sein können.

> So ist kritisch zu prüfen, in welchem Maß die Fortpflanzungsmedizin künstliche und überzogene Bedürfnisse weckt und ob sie auf diese Weise Freiheits- und Entscheidungsspielräume suggeriert, die ethisch fragwürdig sind. Es bedarf kritischer Reflexion, ob die Reproduktionsmedizin durch außerkörperliche Befruchtung Schwangerschaften ermöglichen sollte, wenn das Lebensalter der Frau weit mehr als ca. vierzig Jahre beträgt, oder ob assistierte Reproduktion bei gravierenden Problemen der Spermienqualität oder anderen schweren elterlichen Vorbelastungen in Anspruch genommen werden sollte, wenn dies für das erwünschte Kind absehbar gesundheitliche Beeinträchtigungen mit sich zu bringen droht (s.u. S. 187ff, S. 191).

Darüber hinaus lassen sich Trends beobachten, dass der medizinische Fortschritt die Freiheit und Entscheidungsmöglichkeiten von Betroffenen und Patienten faktisch einengt. Im Extremfall kommt eine neue Stufe medizinisch-technischer Überfremdung von Patienten zustande.

> Z.B. hat die Möglichkeit der Kaiserschnittentbindung dazu geführt, dass in Deutschland zur Zeit weniger Kinder an Wochenenden geboren werden. Zwischen 2003 und 2007 ist die Geburtenrate in allen Bundesländern am Samstag und Sonntag zurückgegangen – im Saarland um ca. ein Viertel, in Bremen um 11,6 Prozent.[81] Dies beruht wesentlich darauf, dass die meisten Kliniken am Wochenende personell schlechter besetzt sind und die Geburten deshalb vorverlegt werden. Es ist freilich sogar unsicher, ob, abgesehen von den gesundheitlichen Problemaspekten des Kaiserschnitts, hierdurch Kosten gesenkt werden, weil er kostenaufwändiger ist als eine unkomplizierte vaginale Entbindung.

Gesundheitswissenschaftlich wird deshalb generell auf soziale Zwänge, auf soziale Kontrolle, auf überflüssige Behandlungen, ferner auf die Ambivalenz der heute möglichen medizinischen Früherkennung von Krankheiten hingewiesen: „Zahlreiche subjektiv und objektiv gesunde Menschen werden präventiv behandelt, um wenigen aufgrund der präventiven Behandlung zu helfen."[82] Zwar dient die Krankheitsfrüherkennung der Krankheitsvorbeugung; dies ist ausdrücklich zu unterstreichen. Unter Umständen bringt die Präventivmedizin es aber mit sich, dass Menschen in ihrer Freiheit, Selbstbestimmung oder Selbstentfaltung eingeschränkt werden oder ihnen eine zu hohe, überfordernde Last des Wissens um ihre eigene Gesundheit bzw. ihre gesundheitliche Zukunft auferlegt wird. Solche Zwiespältigkeiten brechen durch die humangenetische Diagnostik und durch eventuelle genetische Reihenuntersuchungen auf.

Daher hat das British Medical Journal im Jahr 2002 an Ivan Illich erinnert, auf die von ihm in den 1970er Jahren entfalteten Thesen zur Medikalisierung zurückgegriffen und auf dieser Basis bedenkliche Tendenzen *neuester* Medikalisierung aufgezeigt. Heute sei bereits ein Zuviel an Medizin vorhanden. Immer mehr nichtmedizinische Sachverhalte und ganz unterschiedliche Wechselfälle des Lebens – vom Alternsprozess oder ästhetischen Beeinträchtigungen (darunter Ohrengröße oder „ugliness") bis zum Jetlag nach Flugreisen – würden als medizinisch relevante Probleme erachtet. Aus der zunehmenden Medikalisierung der Kultur und des individuellen Lebensalltags erwachse freilich keineswegs ein Mehr an Zufriedenheit. Vielmehr lasse sich das Paradox beobachten, dass in der Bevölkerung eine verbesserte medizinische Versorgung und höhere Lebenserwartung mit einer negativeren Bewertung der eigenen Gesundheit einhergingen. Insbesondere die Pharmaindustrie leiste der Medikalisierung des Alltags Vorschub, z.B. indem Potenzstörungen als Krankheit definiert würden („disease mongering"). Auf diese Weise werde Krankheit zu einem ökonomischen Konstrukt und zum Objekt von Vermarktung. Eine derartige Medikalisierung erfolge in der Geburtshilfe, der Psychiatrie und angesichts des Lebensendes. Sogar in der Palliativmedizin lasse sich medizinische Übertherapierung feststellen, etwa durch überzogenen Einsatz von künstlicher Ernährung und Magensonden. Für die Zukunft zeichne sich durch die Genomanalyse ein zusätzlicher Schub der Medikalisierung ab. Daher gelte es, wachsam zu sein in Bezug auf „the slipperiness of the concept of disease".[83]

Diese Gesichtspunkte sind nicht von der Hand zu weisen. Es liegt an der Ethik – an der wissenschaftlichen Ethik und der öffentlichen Ethikdiskussion, dem ärztlichen Standesethos sowie dem ethischen Bewusstsein Einzelner –, auf Tendenzen der technischen Überfremdung und der Einengung authentischer persönlicher Entscheidungsspielräume aufmerksam zu machen und ihnen entgegenzuwirken, um dem modernen medizinischen Fortschritt stattdessen in seinem humanen, der individuellen Freiheit und dem Gesundheitsschutz förderlichen Sinn zum Durchbruch zu verhelfen.

3. Therapieansätze der Zukunft – um den Preis des Eingriffs in die Persönlichkeitsstruktur? Hirngewebetransplantation als Beispiel

Die Anfrage, ob die moderne Medikalisierung bzw. der medizinische Fortschritt eine Gefährdung der Freiheit mit sich bringen, berührt letztlich sogar Grundlagenfragen der Anthropologie und das Selbstverständnis des Menschseins. Zugespitzt wird dies daran deutlich, wie die Implantation von Chips in das Gehirn von Patienten zur Behandlung von Epilepsie, Alzheimer oder Schlaganfall oder psychiatrischen Krankheitsbildern, etwa Depressionen oder Zwangsneurosen, ethisch zu bewerten wäre. Für einzelne Fallkonstellationen wurde der Schweregrad eines derartigen Eingriffs mit der chirurgischen Behandlung eines Hirntumors verglichen. Möglicherweise erfolgt er freilich um den Preis von Persönlichkeitsveränderungen, etwa dann, wenn die betreffende Hirnregion Funktionen für das Langzeitgedächtnis besitzt oder für Gefühle relevant ist. Ethische Rückfragen ergeben sich daraus, dass nach dem Einsetzen eines Hirnchips Patienten ggf. die selbstbestimmte Kontrolle über ihr Gedächtnis verlieren und die Chip-Implantation ihnen das Vergessen von Dingen, an die sie sich nicht erinnern möchten, verwehren könnte. Es läge dann ein Eingriff vor, der die Identität und die Fähigkeit von Menschen zur Selbstbestimmung berühren würde. Diese Fragen brachen auf, als 2002 in Kalifornien erste Versuche zur Implantation einer Hirnprothese in den Hippocampus geplant wurden, und zwar zunächst in Ratten als Tiermodell.[84] Aufgrund des technischen Fortschritts bei Neuroimplantaten hat sich die ethische Diskussion, die dieses Thema betrifft, inzwischen erheblich ausgeweitet.

Eine andere Eingriffsoption hat solche Fragen schon länger virulent werden lassen: Ist es vertretbar, abgetriebenen Feten Hirngewebe zu entnehmen, um dieses dann in das Gehirn von Patienten zu transplantieren, die unter der Parkinsonschen Krankheit leiden? Die Krankheit selbst führt bei den Patienten zu Persönlichkeitsveränderungen und zu Einschränkungen von individueller Freiheit, Selbstbestimmung und Selbstentfaltung. Andererseits dürfte die Implantation von fetalem Gehirngewebe ebenfalls Auswirkungen auf ihre Personalität, ihre Identität und ihr Verhalten nach sich ziehen. Auch schwedische Mediziner, die die Transplantation fetalen Nervengewebes bejahen, sehen das ethische Problem, dass „die Verpflanzung von Nervenzellen in das Gehirn auch einen Zugriff auf den Sitz von Intellekt und Persönlichkeit darstellen kann".[85] Sehr viel skeptischer als von schwedischen Forschern ist von einem deutschen Neurophysiologen gesagt worden, man solle keine „Verwirrung der Begrifflichkeit" erzeugen, „die dazu führt, dass man Hirngewebeeinpflanzungen fälschlich als Zuwachs an Individualität und individueller Freiheit deutet. Zur Wahrung der individuellen Freiheit müssen wesentliche Klärungen hinsichtlich der Beziehung von Individualität und Gehirn geleistet werden."[86] Aufgrund eines Votums der Bundesärztekammer gilt in Deutschland zur Hirngewebetransplantation ein Moratorium, ein vorläufiger Handlungsverzicht. Hingegen in Schweden oder anderen Ländern werden solche Operationen vorgenommen. Ihr therapeutischer Erfolg ist zur Zeit allerdings begrenzt.[87]

Die Grundlagendiskussion über das Gehirn als „Ort" oder materielle Basis von Persönlichkeit und Freiheit wird derzeit intensiv geführt. Die ethische Legitimität von Therapien, die in das Gehirn als zentrales Steuerungsorgan des Menschen eingreifen, ist besonders sorgsam zu überprüfen, wenn sie irreversibel sind und daher in nicht rückgängig zu machender Weise Persönlichkeitsveränderungen auslösen. Darüber hinaus ist zwischen medizinischen und nicht-medizinischen Implantaten zu unterscheiden. Für weitreichende Eingriffe in das Gehirn ist mithin zu beachten,

– dass sie auf bestimmte schwere Krankheitsbilder beschränkt bleiben sollten
– und dass nach der Erfolgsaussicht, der Reversibilität / Irreversibilität des Eingriffs
– sowie nach der Verfügbarkeit schonenderer Alternativen zu fragen ist, die weniger tief in
    die Existenz des Betroffenen einschneiden.

Für die Behandlung der Parkinson-Krankheit kann eine solche Alternative die Implantation von Hirnschrittmachern sein, die seit 1998 zunehmend praktiziert wird (Tiefenhirnstimulation; deep brain stimulation). Allerdings sollte nicht verkannt werden, dass sich auch zu dieser Handlungsalternative Rückfragen stellen. Die Eingriffstiefe und -auswirkung ist zwar vergleichsweise geringer als diejenige der Hirngewebetransplantation. Die Vorbehalte betreffen jedoch, genauso wie bei der Hirngewebetransplantation, die individuelle Verträglichkeit, Persönlichkeitsveränderungen und psychische Probleme. Derartige Anfragen sind analog für die tiefe Hirnstimulation zu erörtern, die seit neuestem für therapieresistente Depressionen erprobt wird.[88]

Jedenfalls ist es unerlässlich, Normierungen sowie Grenzziehungen zu durchdenken. Um beim Sachverhalt der Hirngewebetransplantation zu bleiben und hierzu noch zusätzliche Gesichtspunkte hervorzuheben: Ethische Abwägungen werden zu beachten haben,

– dass es bei Hirngewebeverpflanzungen oder vergleichbaren Handlungsoptionen um hochrangige therapeutische Ziele und um Leidenslinderung geht,
– dass gegebenenfalls allerdings – in mehr oder weniger hohem Maß – in die Persönlichkeit von Menschen eingegriffen wird,
– wobei die Krankheit, die therapiert werden soll, sich ebenfalls persönlichkeitsverändernd und freiheitsmindernd auswirkt;

woraus die Frage resultiert,

– ob man bei Krankheitsbildern, die in besonderem Ausmaß persönlichkeits- und identitätsverändernd sind, auf weitreichende neurochirurgische Eingriffe verzichten sollte, weil diese dann ebenfalls in *beträchtlichem* Maß die Persönlichkeitsstruktur beträfen,
– wobei freilich gleichfalls mit zu berücksichtigen ist, dass das menschliche „Personsein", die Identität und die Selbstdeutung von Menschen grundsätzlich, schon von Natur aus, im Rahmen der „natürlichen" individuellen biographischen Entwicklung nicht starr und statisch sind, sondern Veränderungen unterliegen und sich fortentwickeln.

Ethisch geht es darum, die Fragen der Persönlichkeit und Ich-Identität betroffener Patienten, d.h. ihrer Entscheidungsfreiheit *vor* der Implantation fremden Hirngewebes – es handelt sich ja um Patienten, die in ihrer Entscheidungsfreiheit krankheitsbedingt eventuell bereits stark eingeschränkt sind – und ihrer Fähigkeit zur Selbstbestimmung *nach* einem solchem Eingriff aufzuarbeiten. Dies betonen ebenfalls Neurochirurgen:

> „Zunächst ist festzustellen, ob die Entscheidungsfähigkeit des Patienten durch die Hirngewebetransplantation eingeschränkt wird. Bezogen auf den einfacheren Fall der Parkinsonschen Erkrankung kann man eine solche Beeinflussung zwar nicht ausschließen. Sie dürfte sich aber in einem engen Rahmen bewegen.
> Bei anderen Erkrankungen, wie zum Beispiel der Alzheimerschen Demenz, könnten solche Beeinflussungen der Entscheidungsfähigkeit erheblich stärker betroffen werden. Es ist noch zu wenig über mögliche Wirkungen bei dieser Indikation bekannt. Geht man aber davon aus, dass die Transplantation den weiteren Untergang des wirtseigenen Hirngewebes nicht verhindert und dass es gelingen sollte, einen Ersatz der krankheitsbedingt verlorenen Funktionen zu bewerkstelligen, so wäre zu fragen, ob dieses Individuum noch mit dem ursprünglichen identisch ist. Dies macht deutlich, dass auch die Transplantation von Hirngewebe nicht pauschal und ohne Berücksichtigung der konkreten Umstände diskutiert werden kann."[89]

Von diesen Abwägungsproblemen abgesehen wirft die Transplantation von Hirngewebe, das abgetriebenen Feten entstammt, noch weitere Schwierigkeiten auf.

Denn die Quelle oder der Spender des Hirngewebes sind menschliche Feten, also vorgeburtliche menschliche Individuen. Jedoch sollte kein Anreiz zu zusätzlichen Abtreibungen geschaffen werden. Da für eine Transplantation in das Gehirn erwachsener Gewebeempfänger das Hirngewebe von mehreren (ca. sechs) Feten benötigt wird, wäre eine Synchronisierung von Schwangerschaftsabbrüchen notwendig – wodurch zusätzliche Probleme erwachsen. In dieser Hinsicht hatte die Bundesärztekammer schon 1991 in ihren „Richtlinien zur Verwendung fetaler Zellen und fetaler Gewebe" (dort Punkt 4.6) zu Recht betont: „Für Entscheidungen über Zeitpunkt, Methode und Ort des Schwangerschaftsabbruches darf nur das Gesundheitsinteresse der Schwangeren, nicht das der Verwendung fetaler Zellen und Gewebe zu wissenschaftlichen, diagnostischen oder therapeutischen Zwecken bestimmend sein."

Diese Seite der Problematik, nämlich das Anliegen, mit vorgeburtlichem Leben achtungsvoll umzugehen – wobei die Hirngewebetransplantation auf Feten zurückgreifen muss, die bereits weit entwickelt sind –, sei jetzt nicht näher beleuchtet. Was das konkrete Problem anbelangt, zur Gewinnung von fetalem Gewebe mehrere Abtreibungen synchronisieren zu müssen, könnte sich neurologischer Auskunft zufolge auf Dauer vielleicht ein Ausweg eröffnen. Eventuell könnte es gelingen, fetales Gehirngewebe länger zu lagern und es auch noch nach Lagerung zu transplantieren. Hypothetisch ist als Alternative aber auch an eine Therapie zu denken, die nicht auf fetalem Gehirngewebe, sondern auf humanen embryonalen Stammzelllinien beruht.[90] Diese sind besser kultivierbar; und ihre Gewinnung ist ethisch weniger problematisch, da sie ganz frühen Embryonen entnommen worden sind, die noch völlig unentwickelt sind (s.u. Teil B Kap. II).

4. Vorläufiges Fazit im Blick auf ethische Kriterien

Von der zuletzt erörterten Einzelfrage – Feten als Spender von Gehirngewebe – abgesehen: Grundsätzlich kam es hier darauf an, die ethische und die anthropologische Tiefendimension der Fragestellung aufzuzeigen, inwieweit der medizinische Fortschritt die menschliche Freiheit und Selbstbestimmung berührt. Die individuellen Freiheitsrechte bilden den Kern der neuzeitlichen Ethik (s.o. S. 24f, u. S. 73ff). Voranstehend war angesprochen worden, dass der Zuwachs an medizinischer Deutungs- und Handlungsmacht, anders gesagt die Medikalisierung der Lebensführung und der Gesellschaftsordnung schon seit Jahrhunderten, von der frühen Neuzeit an, durchaus als Durchgriff auf die menschliche Freiheit empfunden werden konnten. Heutzutage ist dieses Spannungsverhältnis – medizinischer Fortschritt versus individuelle Freiheit – auf neuem Niveau, nämlich auf der Ebene der Hochleistungsmedizin zu erörtern. Sie ist im Zusammenhang der Neurochirurgie, aber gleicherweise in Anbetracht der genetischen prädiktiven Diagnostik oder verschiedener sonstiger Formen des Enhancement zu durchdenken.

Ethische Urteilsbildungen zu diesen neuen Handlungsoptionen der Hochleistungsmedizin sind aus mehreren Gründen außerordentlich schwierig. Die Probleme resultieren nicht nur aus der Komplexität der naturwissenschaftlichen und medizinischen Entwicklungen als solchen, sondern auch daraus, dass die relevanten ethischen Kriterien, darunter der Freiheitsbegriff, ihrerseits unbestimmt und deutungsoffen sind. Das Recht auf Selbstbestimmung bzw. der Gedanke der Patientenautonomie sind im modernen, auf die Philosophie und Ethik der Aufklärungsepoche gestützten Urteilshorizont unaufgebbar. Letztlich beruht das Leitbild der Freiheit und individuellen Selbstbestimmung auf der Menschenwürde selbst (s.o. S. 23ff). Es gilt, die Freiheitsidee gedanklich weiter auszudifferenzieren und ihre Akzeptanz lebensweltlich noch stärker abzusichern. Oftmals lassen sich aus ihr allerdings keine so einlinigen Schlussfolgerungen und keine so eindeutigen Handlungsregeln ableiten, wie es zu erhoffen wäre.

Die gedanklichen Schwierigkeiten werden überdies dadurch erhöht, dass „Gesundheit" und „Krankheit", die für die Medizinethik den thematischen Bezug bilden, ebenfalls vielschichtige Phänomene und unbestimmte Begriffe sind. Dies wird sogleich zutage treten, wenn nachfolgend in Kapitel IV das breite Bedeutungsspektrum von Gesundheit und Krankheit vor Augen geführt wird. In diesem Licht wird dann auf die Frage der Humanverträglichkeit und Freiheitsverträglichkeit des medizinischen Fortschritts zurückzukommen und wird sie erneut aufzuarbeiten sein (in Kapitel V, S. 67ff, S. 70ff, S. 75ff).

Darüber hinaus zielt das folgende Kapitel IV auf einen Schlüsselgesichtspunkt des hier vorliegenden Buches ab, nämlich auf das Grundrecht von Menschen auf den Schutz ihrer Gesundheit und auf eine am Gesundheitsschutz orientierte Gerechtigkeitsidee. Die systematische Entfaltung des Rechtes auf Gesundheitsschutz und gesundheitliche Versorgung erfolgt in den Kapiteln VI bis VIII (S. 80–116).

In der Gesamtschau der neun Kapitel des Buchteils A „Medizinethik heute: Kulturelle Grundlagen – normative Leitlinien" erschließen sich somit die normativen Leitgedanken der hier vorgelegten medizinischen Ethik, nämlich 1. das Grundrecht auf Freiheit und Selbstbestimmung, 2. das Recht auf Gesundheitsschutz sowie 3. die Gerechtigkeitsidee, die im Kern als Partizipations- oder Befähigungsgerechtigkeit ausgelegt wird.

IV. Gesundheit und Krankheit als Bezugspunkte der Medizinethik

1. Die Begriffe Gesundheit und Krankheit

Die heutige Medizinethik hat sich dem Sachverhalt zu stellen, dass aus dem Fortschritt der Medizintechnologie und der Biomedizin neue, zum Teil kulturell unvertraute Handlungsansätze entstanden sind. Bei der Bewertung des medizinischen Fortschritts hat sie sich an der Personwürde, den Selbstbestimmungsrechten von Patienten und an ihrem gesundheitlichen Wohl zu orientieren (in traditioneller arztethischer Formulierung: „salus aegroti suprema lex" / das Wohl des Kranken ist das höchste Gesetz). Hiermit bricht die Frage auf, *welcher* Idee von Gesundheit und Krankheit die ethische Urteilsbildung eigentlich verpflichtet ist. Diese Frage lässt sich jedoch nicht präzis beantworten. Schon in der Medizin- und Kulturgeschichte stand es keineswegs fest, was unter Gesundheit und Krankheit exakt zu verstehen sei; beides sind keine starren, sondern relative und dynamische Begriffe, deren Auslegung kulturellen Wandlungen unterliegt und von der Perspektive des Betroffenen abhängt. Heutzutage kommt hinzu, dass durch die neuartigen Handlungsoptionen der Medizin sich das Verständnis von Gesundheit und Krankheit nochmals tiefgreifend verändert, ja dass derzeit ein Paradigmenwechsel, ein grundlegender Umbruch ihrer Deutung erfolgt, der sogleich (s.u. S. 67ff) zur Sprache gelangen wird.

Einen oft genannten Zugang zu den Begriffen Gesundheit und Krankheit bietet die Definition, die im Jahr 1948 von der Weltgesundheitsorganisation (WHO) verabschiedet worden ist. In der Präambel der WHO-Satzung heißt es:

> „Gesundheit ist der Zustand des vollständigen körperlichen, geistigen und sozialen Wohlbefindens und nicht nur des Freiseins von Krankheit und Gebrechen."

Gegen diese Formulierung wurde der Einwand erhoben, sie wirke maximalistisch und leiste einer utopischen Gesundheitsidee Vorschub. Ein „vollständiges" Wohlbefinden sei im Lebensalltag für niemanden erreichbar. Dieser Kritik ist entgegenzuhalten, dass die WHO-Definition eine Leitbildfunktion erfüllen möchte; sie bringt eine Zielbestimmung zum Ausdruck, an der sich ärztliches und gesundheitspolitisches Handeln ständig ausrichten soll, ohne dass es intendieren könnte, dieses Ziel je vollständig zu verwirklichen. Wegweisend ist an der WHO-Formulierung, dass sie den Menschen in seiner geistig-leiblich-seelischen Einheit in den Blick nimmt; die medizinische Interpretation von Gesundheit oder Krankheit wird nicht isoliert am körperlichen Zustand festgemacht. Vor allem ist zu beachten, dass der Satzung der WHO zufolge jeder Mensch ein Menschenrecht oder Grundrecht auf Gesundheit besitzt. In der WHO-Satzung heißt es:

> „Sich des bestmöglichen Gesundheitszustandes zu erfreuen, ist eines der Grundrechte jedes Menschen, ohne Unterschied der Rasse, der Religion, der politischen Überzeugung, der wirtschaftlichen oder sozialen Stellung. …

> Eine aufgeklärte Öffentlichkeit und die aktive Mitarbeit der Bevölkerung sind von größter Bedeutung für die Verbesserung des Gesundheitszustandes der Bevölkerung.
> Die Regierungen sind für den Gesundheitszustand ihrer Völker verantwortlich. Dieser Verpflichtung können sie nur durch geeignete Maßnahmen auf dem Gebiet des Gesundheits- und Sozialwesens gerecht werden."

Die Aussagekraft des Rechtes auf Gesundheit, das aus der Sicht des Verfassers für die Grundlegung medizinischer Ethik tragend ist, wird unten ab Kapitel VI (S. 80) anzusprechen sein. Lebensweltlich wurden und werden Krankheit und Gesundheit jedenfalls vielfältig erlebt; Krankheit wird von betroffenen Menschen in unterschiedlicher Weise wahrgenommen, erlitten oder ertragen. Diese Alltagserfahrung findet ihren Niederschlag in der Pluralität der Krankheitsbegriffe. Sie oszillieren zwischen

– subjektiver Beeinträchtigung („illness")
– und objektivierbarer klinischer Funktionsstörung („disease").

In die gleiche Richtung weist die begriffliche Einteilung von Krankheit („morbus") in

– „pathos" (pathologischer Befund, nachgewiesene Funktionsstörung),
– „nosos" (Krankheitsbild, klinisches Erscheinungsbild der Krankheit),
– „aegritudo" (subjektives Befinden des Kranken, das Sich-Krankfühlen mit Schmerz und Schwäche).

Bereits in der Kulturgeschichte waren die Deutungen von Krankheit sowie spiegelbildlich die Interpretationen von Gesundheit stets plural. Daher hielt Nietzsche fest: „eine Gesundheit an sich gibt es nicht, und alle Versuche, ein Ding derart zu definieren, sind kläglich mißraten".[91] Rudolf Virchow bezeichnete 1854 den Begriff Krankheit als abstrakt: „Was wir Krankheit nennen, ist nur eine Abstraction". Unverzichtbar ist auf jeden Fall die Unterscheidung

– zwischen einem objektivierenden und einem subjektiven Zugang zum Phänomen der Krankheit,
– d.h. zwischen der Sicht von Krankheit als diagnostisch bedingtem Seinsurteil einerseits und subjektivem Werturteil andererseits (so Karl Jaspers[92])
  oder, anders gesagt, zwischen analytischer und diagnostischer Krankheitsbeschreibung einerseits und persönlich empfundenem Krankheitswert andererseits.[93]

2. *Krankheit in objektivierender und in subjektiv-personaler Betrachtung*

Erstens: Krankheit als Gegenstand medizinisch objektivierender Analyse
In der kulturellen Tradition ist es breit überliefert, Krankheit als Normabweichung oder als Defekt zu vergegenständlichen, das heißt als

– „Abweichung" von medizinischen, gesellschaftlichen oder individuellen Maßstäben
– oder als „Störung" im Verhältnis von Leib, Psyche und Umwelt.

Der frühneuzeitliche Rationalismus, zu dessen Vordenkern René Descartes (1596–1650) gehörte, stützte dies dadurch ab, dass er den kranken Menschen mit einer Uhr verglich, die mechanisch nicht funktioniert. Die Natur und auch der menschliche Leib wurden quantitativ, mechanisch bzw. als Maschine aufgefasst: So „wie eine aus Rädern und Gewichten gefertigte Uhr" betrachtete Descartes „auch den menschlichen Körper als eine Art Maschine", die „aus Knochen, Nerven, Muskeln, Adern, Blut und Haut … eingerichtet und zusammengesetzt ist".[94] Dem zufolge ist Krankheit ein objektives Faktum und eine objektivierbare Kategorie. – Im 19. Jahrhundert wurde die Etablierung von Thermometer und Fiebermessen ein Symbol für die Objektivierung von Krankheit.

> Für G. W. Leibniz war das Thermometer noch eine Zukunftsvision gewesen. In seinem Manuskript zur Medizin aus dem Jahr 1671/72 empfahl er den Ärzten, den Puls von Patienten zu fühlen, und verband damit die Hoffnung, dass sich diese Untersuchung künftig durch eine „observation der Wärme und Kälte der hände an einem exacten wohl verbesserten Thermometro" komplettieren ließe.[95] Aber erst zweihundert Jahre später konnte der Leipziger Kliniker und Protagonist der modernen Thermometrie, Carl August Wunderlich, die Erfüllung dieser Hoffnung aussprechen und 1868 bzw. 1870 das Fazit ziehen: Die „Krankenthermometrie (ist) eine *objective physicalische Untersuchungsmethode, welche Zeichen von physicalischer Exactheit,* messbare in Zahlen ausdrückbare Zeichen liefert, *welche empfindlich* genug ist, den Veränderungen im Organismus auf jedem Schritt zu folgen und welche ein *von den Gesammtvorgängen* im Organismus *abhängiges Phänomen* … zur Verfügung" stellt. Daraus resultierte seine Feststellung: „jeder ist krank, dessen Temperatur nach auf- oder abwärts die Gränzen der Norm überschreitet".[96]

Die Objektivität der Zahl und die metrische Exaktheit der diagnostischen Methode führten im 19. Jahrhundert dazu, dass die Analyse von Krankheiten erstmalig prägnant zwischen „subjektiv" (Wärmeempfinden des Patienten) und „objektiv" (instrumentell gemessene physikalische Körpertemperatur) unterschied. Heutzutage vermehren sich die Möglichkeiten der objektivierenden Wahrnehmung von Krankheit um ein Vielfaches, schon allein aufgrund der modernen Bildverarbeitung und der digitalen Revolution, die von der elektronisch gespeicherten Patientenakte bis zur für die Chirurgie relevanten Computersteuerung, Mechatronic und Robotronic reicht. Im einzelnen wurden und werden objektivierende Krankheitstheorien ganz unterschiedlich relevant. Krankheit, die ein objektivierbares Faktum sei, bildet heute den Bezugspunkt für die klinische Diagnose, die die Krankheit als organische Funktionsstörung wahrnimmt, aber auch für Krankheitsstatistiken und für ökonomische Krankheitsbewertungen im Rahmen der Gesundheitsstrukturpolitik.

Zweitens: Soziokulturelle Interdependenzen
So unverzichtbar die medizinisch-diagnostische Objektivierung von Gesundheit und Krankheit sowie die sich ausweitenden objektivierenden Methoden der Medizin sind und so positiv sie sich auf die Wiederherstellung von Gesundheit auswirken – sie stoßen auch auf Grenzen. Dies ergibt sich schon allein aus der Unschärfe naturwissenschaftlicher Analysen, die sich bei medizinischen oder naturwissenschaftlichen Grenzwertsetzungen zeigt. Als Beispiel kann die Debatte über gesundheitsschädigende Wirkungen von Magnetfeldern, Hochspannungsleitungen, Mobilfunknetzen und Handystrahlung gelten.[97] Es sind aber noch weitere Gesichtspunkte hervorzuheben:
– *Anthropologischer und psychosomatischer Aspekt:* Einer Deutung von Krankheit allein als objektiver klinischer Funktionsstörung (disease) steht der Sachverhalt entgegen, dass psychische Befindlichkeiten auf somatische Krankheitsverläufe einwirken. Zum Beispiel wird auf psychosomatische Hintergründe für Rückenschmerzen aufmerksam gemacht.

Schätzungen sprachen davon, dass „60 Prozent der Kernspintomographien und der größte Teil an einfachen bildgebenden Verfahren" für die Diagnostik gar „nicht nötig" seien; in Anbetracht von Rückenschmerzen solle eine kurative Behandlung und Heilung oft gar nicht angestrebt werden; stattdessen solle „(b)ei der Therapie … aufgrund von psychosozialen Faktoren, Vermeidungs- und Angstverhalten von Anfang an die Eigenverantwortung des Patienten mit eingefordert werden".[98]

– *Sozialer Kontext:* Zu Fragen von Krankheit und Gesundheit ist die soziale Einbindung des Einzelnen zu beachten. Sozialphilosophisch ist schon vor mehr als hundert Jahren festgehalten worden – und zwar um 1900 von Georg Simmel –, dass jedes Individuum sich im „Schnittpunkt sozialer Kreise" befindet.[99] Seitdem ist offenkundig geworden, wie sehr dies auch auf gesundheitsbezogene Fragen zutrifft. So ist durch empirische Studien belegt, dass neben den biographischen ebenfalls soziale, familiäre oder ökologische Faktoren sowie darüber hinaus Stress oder – umgekehrt – mangelnde Herausforderung und Auslastung in der Arbeitstätigkeit sowie Arbeitslosigkeit[100] die Entstehung und den Verlauf von Krankheiten prägen und in welch hohem Maß der sozioökonomische Status, soziale Ungleichheiten oder soziale Ausgrenzungen die Gesundheitschancen der einzelnen Menschen beeinflussen.[101]

– *Kulturelle und religiös-weltanschauliche Komponente:* Krankheit ist eine Zuschreibung, die von nationalen, kulturellen, religiösen und weltanschaulichen Faktoren bedingt wird. In der gegenwärtigen wertepluralen Gesellschaft mit ihren heterogenen Strömungen – vom Christentum über Islam, Judentum, sich verstärkenden fernöstlich geprägten bis hin zu konfessionsfreien, humanistischen und säkular-philosophischen Weltanschauungen – wird dieser Aspekt immer bedeutsamer. Exemplarisch lässt sich am Phänomen der Depression zeigen, dass der Faktor der Kultur für die Deutung von Krankheit und Gesundheit und in der Konsequenz dann auch für die Gesundheitsversorgungsforschung eine größere Rolle spielen muss als bislang.[102] Sogar zwischen westlichen Ländern wie Frankreich, Großbritannien, Deutschland und den USA ist im Umgang mit Krankheit und Gesundheit ein „culture bias" zu beobachten. So wurde in den 1980er / 1990er Jahren beim Mammakarzinom in den USA die radikale Brustamputation bevorzugt und von französischen Gynäkologen die brusterhaltende Therapie präferiert.[103]

– *Rechtliche Komponente:* Insbesondere spielt alltagsweltlich eine Rolle, dass Gesundheit und Krankheit Zuschreibungen sind, die die Rechtsordnung, die Institutionen des Gesundheitswesens und die Krankenkassen vornehmen.

> Ein älteres Beispiel: Im Jahr 1973 hat die Gesellschaft amerikanischer Psychiater und erst 1992 die Weltgesundheitsorganisation die Definition von Homosexualität als Krankheit aufgegeben, die im 19. Jahrhundert entstanden war.
> Oder ein aktuelles Beispiel: die Bewertung der Reproduktionsmedizin in Deutschland. Im Inland wird die künstliche Befruchtung (In-vitro-Fertilisation) nur in sehr begrenztem Umfang erstattet. Das Gesundheitsmodernisierungsgesetz sah ab 2004 erhebliche Einschränkungen der Kostenerstattung vor. Und eine Reihe von Therapieangeboten der Fortpflanzungsmedizin, darunter die Präimplantationsdiagnostik oder eine medizinisch indizierte Eizellspende, dürfen aufgrund gesetzlicher Bestimmungen in der Bundesrepublik Deutschland überhaupt nicht in Anspruch genommen werden, so dass Patientinnen bzw. Kinderwunschpaare zu diesem Zweck ins Ausland fahren. Aus der Sicht der Betroffenen besitzen Sterilität oder die Nicht-

erfüllbarkeit eines Kinderwunsches, die auf persönlicher genetischer Disposition beruht, jedoch einen hohen Krankheitswert. Die rechtliche Vorgabe, die in Deutschland die Anerkennung als behandlungsbedürftige und kassenfinanzierte Krankheit verneint, bedarf daher kritischer Diskussion.[104]

Ein weiteres Beispiel für gesundheitspolitische Definitionen von Krankheit: Die Bundesärztekammer schlug 2008 vor, Rauchen aufgrund der Nikotinabhängigkeit als Krankheit einzustufen, deren Behandlung dann kassenärztlich abrechenbar wäre.

Grundsätzlich erweisen diese Beispiele, wie stark die Deutung von Gesundheit und Krankheit heutzutage von politischen oder rechtlichen Vorgaben geprägt wird.

Im Ergebnis ist deshalb festzuhalten: Es stellt eine Engführung dar, Krankheit allein als messbaren, naturwissenschaftlich objektivierbaren Sachverhalt auszulegen. Für ein angemessenes Verständnis sind komplementär zur naturwissenschaftlich-medizinischen Analyse vielmehr soziale und ökologische Interdependenzen, nationale, kulturelle und rechtliche bzw. rechtspolitische Rahmenbedingungen, sodann ökonomische Aspekte und die Einflussnahme durch medizinische Anbieter oder die Pharmaindustrie zu nennen – bis hin zur Vermarktung von Medikamenten als Blockbuster oder zum absatzorientierten „disease mongering", dem „Erfinden" von Krankheiten durch Erweiterung der Krankheitskriterien.

Darüber hinaus ist die personale, subjektive Einschätzung der Betroffenen zu berücksichtigen. Für eine patientzentrierte Medizinethik steht der letztgenannte Aspekt im Mittelpunkt. Daher ist nun auf diese subjektive Dimension die Aufmerksamkeit zu lenken.

Drittens: Die subjektiv-personale Dimension von Krankheit

Sobald die Subjektivität des kranken Menschen betrachtet wird, führt dies dazu, Krankheit nicht nur als Zustand, sondern prozessual und dynamisch, als biographischen Vorgang und innerpersonales Geschehen zu erfassen. Häufig lässt sich zwischen Krankheit und Gesundheit dann gar keine eindeutige Grenze ziehen; die Übergänge sind fließend. Zum Phänomen der Gesundheit ist zudem ein kognitives und mentales Paradox festzuhalten: Der einzelne Mensch hat in der Regel den Zustand der Gesundheit erreicht, wenn er dessen gar nicht gewahr ist, gesund zu sein. Umgekehrt kann er dem objektivierenden klinischen Urteil zufolge krank sein, ohne hiervon selbst zu wissen und ohne subjektiv darunter zu leiden.

Ein wichtiger Aspekt, der sich beim Blick auf den Kranken als Subjekt und als individuelle Person erschließt, besteht sodann darin, dass Krankheit die leiblich-seelische Einheit des Menschen betrifft. Physischer Schmerz („pain"; „douleur") steht mit seelischem Leiden („suffering"; „souffrance") in Wechselwirkung, so dass sich der leiblich empfundene Schmerz psychosomatisch sowie geistig interpretieren lässt:

> „Allgemein ordnet man den Schmerz dem somatischen Bereich zu; Leiden dagegen lässt man im Geistigen verwurzelt sein. Diese Unterscheidung verlangt jedoch eine entschiedene Korrektur. Sie darf nicht als Trennung von Leib und Geist verstanden werden … Der Mensch ist bis in seine sublimsten Gedanken hinein an ein funktionierendes Gehirn gebunden und auch die sinnlichsten Empfindungen haben eine geistige Komponente."[105]

Im Rahmen einer ganzheitlich-personalen Deutung von Krankheit sind ferner die interpersonalen, zwischenmenschlichen Faktoren des Krankwerdens und des Krankheitsverlaufes zu

sehen. Deshalb sind die Betreuung und Begleitung Kranker, die mitmenschliche Zuwendung ihnen gegenüber und die Aufklärung, Aufrichtigkeit und Wahrheit, auf die sie Anspruch haben, belangvoll (s.o. S. 29ff). Interpersonale Aspekte, die zwischenmenschliche Beziehungsebene und mitmenschliche Kommunikation sind ganz entscheidend dafür, dass betroffene Menschen ihre Krankheit verarbeiten und bewältigen, zu angemessenen, eigenverantworteten Entscheidungen bei der Auswahl von Therapien gelangen, beim Heilungsprozess aktiv mitwirken (compliance), aber es auch erlernen, mit gesundheitlichen Einschränkungen zu leben und diese subjektiv zu akzeptieren. Bereits bei dem Klassiker des ärztlichen Berufes, dem im 2. Jahrhundert nach Christus in Rom tätigen Arzt Galen, war von einem „neutralen" Zustand zwischen Gesundheit und Krankheit die Rede. Ein Leben mit Einschränkungen wurde geistes- und medizingeschichtlich mit dem Begriff „neutralitas" umschrieben: „Zwischen Gesundheit und Krankheit gibt es einen Bereich, in dem nicht eindeutig von krank oder gesund gesprochen werden kann, einen Bereich, in den auch die Prozesse der Erkrankung und Genesung fallen." Dieser Zwischenbereich, die neutralitas, galt „in der früheren Medizin als entscheidend, als der die Realität ausmachende Zustand".[106]
Der Gedanke, dass die neutralitas eine wichtige Kategorie zur Deutung der gesundheitlichen Existenz ist, hat an Plausibilität bis heute nichts eingebüßt. Man könnte auch vom Phänomen der „relativen Gesundheit" sprechen.

Viertens: Medizinethische Schlussfolgerung: Gesundheit, Krankheit und individuelle Selbstbestimmung in ihrer Korrelation
Aus den voranstehenden Überlegungen ist die Konsequenz zu ziehen, dass ein inner- sowie interpersonales Krankheitsverständnis, welches die subjektive Befindlichkeit des Kranken beachtet, den vergegenständlichenden klinischen Krankheitsbegriff ergänzt, der zuvor erwähnt worden war. Im Kern hatte schon Hippokrates (ca. 460 – ca. 375 v. Chr.) die personale Komponente von Krankheit erfasst; denn er umschrieb die Kunst des Arztes mit den Worten: „Die Kunst hat drei Elemente: die Krankheit, den Kranken und den Arzt. Der Arzt ist Diener der Kunst. Die Krankheit bekämpfen muss der Kranke mit Hilfe des Arztes."
Bereits die Antike nahm den Kranken also nicht nur als Objekt der ärztlichen Tätigkeit, sondern als eigenständiges Subjekt wahr. Im 20. Jahrhundert gehörte Viktor von Weizsäcker zu den Neubegründern einer Arztethik, die sich an der Person und der Biographie des Kranken orientiert. Mit seiner anthropologischen Medizin wollte er den Arzt anleiten, den Patienten in seiner Individualität zu sehen und seinen persönlichen Präferenzen „Verstehen" entgegenzubringen (s.o. S. 26f). Inzwischen sind die Person des Kranken, die Bewertung von Krankheit und Gesundheit aus der persönlichen Perspektive des Patienten heraus und daher auch die gesundheitsbezogenen Selbstbestimmungs- bzw. die Patientenrechte mit gutem Grund zu einem Schlüssel der Medizin- und Arztethik geworden. Dies gilt ungeachtet dessen, dass im Alltag des Gesundheitssystems in dieser Hinsicht nach wie vor erhebliche Realisierungsprobleme vorhanden sind. Eine breit angelegte empirische Studie zog im Jahr 2005 folgende Bilanz:

> „Entgegen der Erwartung mancher Ärzte möchten zwischen 80% und 90% der Patienten und Patientinnen ausführlich über ihre Behandlung informiert werden, und zwar auch über Risiken und Nebenwirkungen oder schlechte Prognosen."

„Über 70% der Patientinnen und Patienten möchten alleine oder mit dem Arzt gemeinsam entscheiden. Dabei gehen selbst die Patienten, die die Entscheidung allein dem Arzt überlassen möchten, davon aus, dass dieser ihre persönlichen Werte und Präferenzen kennt und mit einbezieht."

„Partnerschaftliche Entscheidungen von Arzt und Patient führen zu einer aktiveren Krankheitsbewältigung und zu besseren Behandlungsergebnissen."

„Eine solche Beteiligung von Patientinnen und Patienten bedeutet keine unverhältnismäßig hohe Belastung für Arzt oder Ärztin, sondern kann gut in den Praxisalltag integriert werden."[107]

Aus heutiger ethischer Sicht sind das Gut der Gesundheit und der Umgang mit Gesundheit und Krankheit jedenfalls im Licht der persönlichen Lebenskompetenzen („life skills"), der individuellen Perspektiven und der Selbstbestimmungsrechte der Betroffenen zu betrachten. Daher ist es das Recht des Einzelnen und zugleich die besondere Herausforderung für den Patienten, einen eigenverantworteten Zugang zu gesundheitsbezogenen Entscheidungen zu finden, welcher seinem persönlichen Wert- und Deutungshorizont entspricht – sei es im Blick auf sein Fortpflanzungsverhalten, auf Alternativen bei der Behandlung einer Krankheit oder auf den Umgang mit dem Ende des Lebens. Die subjektive Perspektive der Betroffenen zu betonen und ihnen angesichts konkreter Therapieentscheidungen und medizinischer Behandlungsalternativen die letztliche höchstpersönliche Entscheidung zuzubilligen, ist schon allein deshalb unumgänglich, weil Krankheit oder Gesundheit sich nicht objektiv allein von außen her definieren lassen – im heutigen Wertepluralismus weniger denn je.

Die objektivierende, naturwissenschaftlich geprägte Beurteilung bildet für den Umgang der Medizin mit Gesundheit und Krankheit in der Gegenwart zwar die Basis. Ihre Grenzen ergeben sich aber aus dem hohen Stellenwert der subjektiven Überzeugungen der Betroffenen, aus den verbleibenden Unschärfen der medizinischen Verfahren selbst und aus anderen Faktoren, die oben genannt wurden. Grundsätzlich erweist sich ihre Relativität ferner daran, dass das Bild von Gesundheit und Krankheit *geschichtlichen* Schwankungen unterliegt; die Phänomene „gesund" und „krank" sind historisch relativ. Als Zuschreibungs- oder Bewertungsbegriffe hängen Gesundheit und Krankheit von den kulturellen Deutungsmustern ab, welche in den verschiedenen geschichtlichen Epochen jeweils dominierten. Für die Einschätzung von Gegenwartsproblemen ist der historische Hintergrundaspekt so gewichtig, dass er im Folgenden nochmals gesondert zu entfalten ist. Hierdurch werden einige Gesichtspunkte, die schon einmal angedeutet wurden (s.o. S. 37f), ergänzt und vertieft.

3. Kulturgeschichtliche Typologie: Krankheit zwischen Religion, Philosophie und Naturwissenschaft

Sowohl die persönliche Erfahrung als auch die gesellschaftliche Interpretation von Gesundheit und Krankheit werden von kulturgeschichtlichen Voraussetzungen beeinflusst. In welch hohem Maß kulturelle Vorgaben wandelbar sind und welch große Pluralität an Krankheitsdeutungen kulturgeschichtlich anzutreffen ist, wird schon allein an der Verschiebung sichtbar, die von den alten religiösen hin zu den heutigen rational-naturwissenschaftlichen Krankheitstheorien erfolgt ist. Der kulturelle Umbruch von religiösen zu säkularisierten naturwissenschaftlichen Einschätzungen ereignete sich im 18. und 19. Jahrhundert. Seitdem sind angesichts von Gesundheit und Krankheit religiöse Sichtweisen von binnenmedizinischen Kategorien überlagert worden. Es soll nun typisierend eine Übersicht über relevante kulturgeschichtliche Deutungsansätze gegeben werden, um vor diesem Hintergrund in Kapitel V zu betonen, dass sich derzeit im Verständnis von Krankheit und Gesundheit erneut ein ganz besonders schwerwiegender Umbruch ereignet.

Erstens: Religiöse Deutungen
Die religiöse Tradition legte Krankheit supranaturalistisch aus; Krankheit galt als von Gott geschickt. Im einzelnen wurde Krankheit oft als göttliche Strafe und als Folge menschlicher Sünde oder als göttliches Prüfungs-, Erziehungs- und Läuterungsmittel oder auch als Auszeichnung durch Gott verstanden. Daneben stand die Auffassung, Krankheit sei dämonisch bewirkt (iatrodämonologische Krankheitsdeutung). Sofern Gott selbst als Urheber von Krankheit aufgefasst wurde (iatrotheologische Sicht), konnte die Theodizeefrage aufbrechen und der Zweifel entstehen, ob – zumal angesichts unschuldig erlittener, als ungerecht empfundener Krankheit – Gott tatsächlich noch als gütig bezeichnet werden kann. Ein klassisches Dokument des Zweifels an Gott bzw. an der Güte Gottes aufgrund von Krankheit und unschuldig erlittenem Leiden bildet im Alten Testament das Hiobbuch. In der Neuzeit hat sich diese kritische Rückfrage zum Atheismus gesteigert.

Ein weiteres Merkmal der religiösen Tradition besteht darin, das leibliche Wohl und das Seelenheil in engem Zusammenhang zu sehen. In der Antike wurde Christus nicht nur als Heiland und Retter der Seelen, sondern ebenfalls als Arzt verehrt („Christus medicus"); man verstand ihn analog zum griechischen Arzt-Gott Asklepios (s.o. S. 37). Das Neue Testament berichtet von Heilungswundern Jesu, etwa von der Heilung Aussätziger (Lk 17, 11–19). Indirekt bezeichnete Jesus selbst sich als Arzt, indem er sagte: „Die Starken bedürfen des Arztes nicht, sondern die Kranken" (Mt 9, 12).

Religiöse Krankheitsdeutungen finden sich quer durch die verschiedenen Religionen und wirken bis in die Gegenwart. Dies zeigt sich im Islam. Der Begriff „Islam" selbst lässt sich als „Ergebenheit" in den Willen Gottes übersetzen und hängt mit „salam" (Heil) zusammen. Das Heil schließt das körperliche Wohl bzw. die Gesundheit ein. Wer den Heilsweg des Koran akzeptiert, vertraut ebenfalls in physischer Hinsicht auf Gott: „so ich krank bin, heilt er mich" (Sure 26, 80). Pointiert hob der Heidelberger Medizinhistoriker Heinrich Schipperges hervor:

> „Wir haben zu berücksichtigen, dass der Islam die einzige Hochreligion ist, die das Wort ‚Gesundheit' bereits in ihrem Titel trägt und damit diesen Zentralbegriff zum Fundament der Weltanschauung und Lebensanschauung gemacht hat. ... ‚salam' bedeutet: ein rundum Wohlsein an Leib, Seele und Geist, das Heil eben."[108]

Besondere Wertschätzung der Gesundheit und des irdischen Lebens kennt das Judentum. Das Leben galt als von Gott anvertrautes Gut sowie als Eigentum Gottes, so dass der einzelne Mensch sogar *verpflichtet* war, auf die Erhaltung der physischen Gesundheit zu achten und lebensrettende medizinische Behandlungen in Anspruch zu nehmen. Die Tosefta überliefert die rabbinische Anschauung, der gemäß ein Arzt „die Person mit einem befallenen Bein zwingen

muss, sich einer Amputation zu unterziehen; er handelt so aus Gründen der Heilung" (Scheka-lim I, 6).[109]
Im Unterschied zu dieser Hochschätzung von Gesundheit im Islam und im Judentum hat das Christentum die irdische Gesundheit hingegen oftmals relativiert. Denn es rückte stärker, als es namentlich im Judentum erfolgte, die Vollendung im Jenseits in den Vordergrund. In die glei-che Richtung weist es, dass in der Geschichte des Christentums dem Leib häufig die immate-rielle Seele übergeordnet wurde. Vielleicht ergibt sich hieraus sogar eine geistesgeschichtliche Erklärung für den eigentlich überraschenden Sachverhalt, dass sich die christlichen Kirchen vom Leitbild einer Ethik des Heilens und vom modernen medizinischen, naturwissenschaftli-chen Fortschritt derart nachdrücklich abgrenzen, wie es in den letzten Jahren zu beobachten war (s.o. S. 39f, u. S. 146ff). Aktuelle islamische und vor allem jüdische Voten fallen häufig medizin- und fortschrittsfreundlicher aus.
Davon abgesehen lassen sich die jüdische, christliche und islamische Tradition darin verglei-chen, dass sie eine Verbindung zwischen Sünde und Krankheit konstruieren (Sure 2, 10 u.ö.). Auch die islamische Religion sieht in der Krankheit eine Strafe Gottes und ein Zeichen seiner Allmacht; ferner kennt sie noch heute die Furcht vor dem bösen Blick des Mitmenschen.[110] Die Lehre von der Allmacht Gottes ist für das Krankheitsbild des Islam nach wie vor zentral: „So spürt der Mensch Gottes Allmacht konkret in der erlebten Schwäche und Ohnmacht und tut gut daran, dieses Zeichen göttlicher Belehrung richtig zu verstehen und sich ganz in Gottes Willen zu ergeben."[111]

Zweitens: Das Spektrum rationaler Sichtweisen
Schon die Antike kannte neben dieser religiös geprägten eine rationale Medizin. Hippokra-tes stellte die religiöse Krankheitsauffassung in Abrede. Daher widersprach er der Deutung von Epilepsie als einer „heiligen Krankheit". Diese Krankheit besitze keinerlei übernatür-lich-göttlichen Ursprung:

> „Mit der sogenannten heiligen Krankheit verhält es sich folgendermaßen: Um nichts halte ich sie für göttlicher als die anderen Krankheiten oder heiliger, sondern sie hat wie die übrigen Krankheiten eine natürliche Ursache, aus der sie entsteht. Die Menschen sind zu der Ansicht, dass sie göttlich sei, infolge ihrer Ratlosigkeit und Verwunderung gelangt; denn in nichts glei-che sie den anderen Krankheiten."[112]

Die Alternative zur religiösen Medizin konnte für Hippokrates aber noch nicht in einer na-turwissenschaftlichen Rationalität im modernen Sinn bestehen; vielmehr entfaltete er eine Sicht von Krankheit, Gesundheit und Medizin, die auf philosophischer Spekulation beruhte. Geistes- und kulturgeschichtlich umspannt der rationale Zugang zur Medizin einen sehr weiten Bogen. Idealtypisch sind zu unterscheiden:

(a) Die antike Philosophie der kosmischen und leiblichen Harmonie. Den *einen* Pol ratio-naler Medizin repräsentiert die antike Theorie, die den Menschen als Mikrokosmos begriff. Gesundheit und Krankheit wurden dabei in kosmologischem Horizont verstanden. Krank-heit galt als Störung kosmologisch verankerter Harmonie, was sich leiblich in einer Dishar-monie der Körpersäfte konkretisiere. Die Viersäftelehre kannte Blut (als Symbol für die Eigenschaft warm-feucht), Schleim (für kalt-feucht), gelbe Galle (für warm-trocken) und

schwarze Galle (für kalt-trocken). Jeder Körpersaft korrespondiere einer Jahreszeit, in der er – wie die antike Medizin meinte – den einzelnen Eigenschaften gemäß jeweils dominiere. Die hippokratische Medizin lehrte, dass der Patient zur Bekämpfung von Krankheiten die Ratschläge des Arztes befolgen solle, um die körpereigenen Säfte zur Heilung anzuregen oder die störenden Säfte zu entfernen. Hieraus resultierte noch im Mittelalter eine diätetische Medizin. Die antiken Ärzte Hippokrates oder Galen (129 – ca. 200/210 n. Chr.), aber auch Hildegard von Bingen (1098–1179) oder Paracelsus (1493–1541) trugen Lehren zur Hygiene und zur Diätetik, also zur harmonischen, das Zusammenspiel der vier Körpersäfte beachtenden Lebensführung vor. Hiermit sollte Krankheiten vorgebeugt und die Gesundheit gestützt werden.

> Hildegard von Bingen entfaltete bis ins Detail, wie eine Lebensordnung, die Licht und Luft, das Maßhalten beim Essen und Trinken, die Ausgewogenheit von Arbeit und Ruhe, Wachen und Schlafen, das Sicheinfügen in den Jahreskreislauf, den Genuss von Musik usw. beachte, der gesundheitlichen Vorsorge zugute komme. Die Musik galt als Therapeutikum, weil damaliger Metaphysik gemäß die irdische Musik an die himmlische Sphärenharmonie erinnerte. Den Begründungsrahmen für die Diätetik und für die Tugend der gesundheitlichen Prävention bot die Kosmologie. Der menschliche Leib wurzele in einer „mystischen Urgeburt" (genitura mystica) und in einem paradiesischen Zustand, den die Heilkunde („Causae et Curae") der Äbtissin Hildegard von Bingen wie folgt umschrieb: „Alle Elemente der Welt befinden sich auch im Menschen, und mit ihnen wirkt der Mensch. Sie tragen den Namen: Feuer, Luft, Wasser, Erde. Diese vier Grundstoffe sind in sich selber dermaßen verflochten, dass keins vom andern getrennt werden kann. Insgesamt halten sie sich im Verbund so zusammen, dass man sie ‚Firmament' nennt: das feste Gefüge des Weltalls."[113]

(b) Frühneuzeitliche mechanistische Philosophie. Einen völlig anderen Typus rationaler Medizin als die Naturphilosophie und Metaphysik der Antike und des Mittelalters begründete die Philosophie der frühen Neuzeit. Ihr zufolge ist der Körper ein Mechanismus, die Krankheit gleichsam der Defekt einer Maschine. Die Medizin könne zu einer Wissenschaft werden, die an Exaktheit der Mechanik nicht nachstehe, so dass die Reparatur der Leibesmaschine der Reparatur einer Uhr vergleichbar sei – so René Descartes (s.o. S. 57f). Er verglich den Körper mit einer Orgel. Leonardo da Vinci zog den Vergleich zwischen Arzt und Architekt.

(c) Heutige naturwissenschaftlich-experimentelle Rationalität. Seit dem 19. Jahrhundert beruhen die rationalen Krankheitsdeutungen auf einem neuen Fundament: Statt der spekulativen ist eine methodisch kontrollierte empirisch-naturwissenschaftliche Rationalität leitend geworden. Dies gilt für Hygiene oder Bakteriologie bis hin zu heutigen molekulargenetischen oder biomedizinischen Krankheitsmodellen. Ein herausragender Vertreter dieses neuen Typus der Medizintheorie war Rudolf Virchow (1821–1902). Er hielt die Zelle für die Grundlage des Lebens und für den Ansatzpunkt zur Krankheitsbekämpfung:

> „Alles Leben ist an die Zelle gebunden und die Zelle ist nicht blos das Gefäß des Lebens, sie ist selbst der lebende Theil. In der That ist jedes organische Individuum voller Leben. Das Leben sitzt nicht an diesem oder jenem Orte; es residiert nicht in einem oder dem anderen Theile. Nein, es ist in allen Theilen, soweit sie zelligen Ursprungs sind."[114]

Im 19. und beginnenden 20. Jahrhundert wurden dann die Grundlagen gelegt für die Chemotherapie (durch Paul Ehrlich), für Röntgenuntersuchungen (Entdeckung der sogenannten X-Strahlen durch Wilhelm Konrad Röntgen 1895) oder für die Thoraxchirurgie (Ferdinand Sauerbruch 1904). Die Entdeckung der Blutgruppen gelang 1901, das Insulin wurde 1922, das Penicillin im Jahr 1928 durch Alexander Fleming gefunden.

Drittens: Fazit

Kulturgeschichtlich haben sich die Interpretationen von Krankheit und Gesundheit mithin wiederholt tiefgreifend verändert. Vor allem der Übergang von einer religiösen zu einer rationalen Betrachtung, zumal zur zuletzt genannten naturwissenschaftlich-rationalen, auf Empirie und Experiment gestützten Sicht stellte einen Bruch dar. Die naturwissenschaftliche Rationalität führte zur Überwindung der alten sündentheologischen Krankheitsdeutung, der zufolge Krankheit als göttliche Strafe für Schuld und Sünde galt. Noch im Jahr 1899 hieß es in einer evangelischen Dogmatik, man habe „nach einem *kausalen Zusammenhang* zwischen der Sünde des Einzelnen und dem ihn treffenden Leiden" zu fragen.[115] Eine solche Sichtweise korrigiert zu haben, zählt zu den menschlich befreienden, alltagsweltlich entlastenden Folgen der modernen naturwissenschaftlich-rationalen Denkweise. Weitsichtige Vertreter der modernen Theologie, unter ihnen Friedrich Schleiermacher (1768–1834), haben eine solche Korrektur befürwortet.

In der Gegenwart zeichnen sich nun erneut Verlagerungen ab, die nicht weniger gravierend sind als die früheren Umbrüche. Nachdem in der Neuzeit ein naturwissenschaftlicher Zugang die religiöse Interpretation von Krankheit ersetzt hat, ereignet sich derzeit ein Paradigmenwechsel, der im Rahmen des medizinisch-naturwissenschaftlichen Zugangs selbst stattfindet: die Verschiebung von einem kurativen zu einem prädiktiven Krankheitsverständnis. Diese Entwicklung ist für das Gesundheitssystem, die Rechtsordnung, sogar für Grundlagenfragen des Menschseins und für das Freiheitsverständnis hochbedeutsam.

V. Gegenwärtiger Paradigmenwechsel im Verständnis von Gesundheit: Prädiktion und Prävention

1. Die Futurisierung von Krankheit. Prädiktive Krebsdiagnostik als Beispiel

Bislang – auch noch im beginnenden 21. Jahrhundert – dominierte im Gesundheitswesen, in der Öffentlichkeit und im persönlichen Selbstverständnis von Menschen die kurative Medizin, der es um eine kausale und symptomatische Behandlung von Krankheiten und um die Krankheitsnachsorge geht. Der derzeitige neue Schub der Medikalisierung, den die Biomedizin mit sich bringt, erzeugt ein anderes Paradigma von Gesundheit und Krankheit. In Zukunft werden zusätzlich zur nachsorgenden Behandlung und Heilung die Prädiktion, die Vorhersage von Krankheiten, sowie die Prävention, die Vorbeugung und Vorsorge in den Vordergrund rücken. Die prädiktive genetische Diagnostik zählt zu den bereits etablierten Verfahren der Biomedizin, wird in Zukunft aber einen noch sehr viel höheren Stellenwert erlangen. Prädiktive Gendiagnostik betrifft vorgeburtliches Leben, Neugeborene wie auch Erwachsene und berührt die menschliche Existenz zuinnerst.

Einer der Anwendungsbereiche prädiktiver Diagnostik an Erwachsenen ist die Brustkrebsdiagnostik.[116] In der Bundesrepublik Deutschland sind pro Jahr ca. 40 000 Neuerkrankungen an Brustkrebs oder Eierstockkrebs zu verzeichnen. Hiervon sind ca. 5% familiär bedingt, also auf eine erbliche Form zurückzuführen. Bei erblicher Belastung tritt die Krankheit gehäuft und in jungem Alter auf. Das Basisrisiko aller Frauen in der Bevölkerung beträgt 10% an Erkrankungswahrscheinlichkeit. Im Fall erblicher Belastung erhöht sich die Wahrscheinlichkeit auf ein Mehrfaches, ggf. auf ca. 85%. Dies gilt schon allein aufgrund der Gene BRCA1 und BRCA2. Bei erhöhtem Risiko wird präventivmedizinisch ein engmaschiges Früherkennungsprogramm angeboten. Sofern bei einer Frau eine Mutation festgestellt worden ist, besteht auch für Verwandte ein erhöhtes Risiko; für Kinder existiert ein Risiko von 50%, die belastende Anlage zu erben. Überdies ist für Männer mit einer Mutation im Brustkrebsgen eine etwas erhöhte Wahrscheinlichkeit gegeben, an Prostata-, Darm- oder Bauchspeicheldrüsenkrebs zu erkranken. Möglicherweise vermindert das Brustkrebs-Gen BRCA1 ferner die Überlebenschancen beim nichtkleinzelligen Lungenkrebs.[117]

Anders als bei monogenetischen Erbkrankheiten wie Chorea Huntington vermittelt die genetische Diagnostik im Fall des Brustkrebses keine Gewissheit der späteren Erkrankung, belegt aber eine individuell mehr oder weniger erhöhte Gefährdung. Angesichts dessen sind zusätzliche Vorsorgemaßnahmen – Selbstuntersuchungen, zeitlich verdichtete Röntgenüberwachung, Sonographie, Kernspintomographie u.a. – möglich, ohne dass aber eine direkte, kausal wirksame Therapie vorhanden wäre. In jüngerer Zeit wurden nochmals zusätzlich genetische Risikofaktoren für den Brustkrebs aufgefunden. Auch hier ist die Unsicherheit beträchtlich, welche persönliche Gefährdung aus ihnen resultiert.[118] Durchdenkt man diese neueren Entwicklungen, wird deutlich, dass die Biomedizin, speziell die genetische Diagnostik, für das Verständnis von Gesundheit und Krankheit auf Dauer in mehrfacher Hinsicht Verlagerungen nach sich ziehen wird:

Erstens. Die Wahrnehmung von Krankheit wird nicht mehr vornehmlich am Phänotyp, dem äußeren Erscheinungsbild eines Menschen, erfolgen, sondern mit Hilfe genetischer Diagnostik verstärkt am Genotyp. Durch genetische Diagnostik wird sich über eine Veranlagung zum Brustkrebs hinaus auch die Gefährdung durch weitere Krebsarten, darunter Darmtumore, erheben lassen. Aufgrund neuer diagnostischer Verfahren werden solche Krankheitsanfälligkeiten noch stärker, als dies schon jetzt der Fall ist, zum geradezu unablösbaren, nämlich genetisch vorgeprägten Persönlichkeitsmerkmal eines Individuums werden. – Um die Reichweite humangenetischer Aussagen für das Menschenbild und das Menschsein zu illustrieren, seien noch einzelne Beispiele genannt:

> Z.B. wurden genetische Hintergründe für die individuelle Schmerztoleranz von Menschen entdeckt: „In the case of pain, both sensitivity and inhibition are traits that vary considerably among individuals, with some of the variability being attributed to genetic factors."[119]
> Oder: Eine Schizophrenie beruht u.U. wesentlich auf genetischen Faktoren. Ob oder in welchem Ausmaß sie sich tatsächlich ausprägt, ist dann freilich auch anderweitig, ggf. durch Gehirnerschütterungen eines Kindes bedingt.[120]
> Darüber hinaus wurde darauf hingewiesen, dass das Risiko, einen Schlaganfall zu erleiden, genetisch-familiär beeinflusst ist[121], und dass möglicherweise Aussagen möglich werden, die die Lebenserwartung betreffen. Denn eine Verkürzung der Chromosomenenden (Telomere) steht offenbar in Zusammenhang mit Alterserkrankungen und einer verringerten Lebenserwartung.[122]

Zweitens. Die soziale Folgewirkung genetischer Diagnostik wird darin bestehen, dass eine Familiarisierung von Krankheit eintreten wird. Verwandte, die sich lebensgeschichtlich, im Lebensalltag voneinander entfremdet haben, werden aufgrund gemeinsamer genetischer Krankheitsanlagen ihre familiäre Verbundenheit neu wahrnehmen und akzeptieren müssen. Wenn Patientinnen oder Patienten über genetisch bedingte Krankheitsanfälligkeiten, darunter Brustkrebs, informiert werden, sind nicht nur sie selbst betroffen, sondern ihre genetischen Verwandten sind mitbetroffen. Indem die Biomedizin, speziell die humangenetische Diagnostik gemeinsame, familiär bedingte Krankheitsdispositionen offenlegt, wirkt sie sich gegenläufig zu postmodernen Trends der Individualisierung und Entfamiliarisierung aus. Dieser Sachverhalt ist für die zwischenmenschlichen familiären Beziehungen potentiell konfliktträchtig. Schon jetzt spielt er in der humangenetischen Beratung eine Rolle.

Drittens. Was die individuelle Einstellung zu Gesundheit und Krankheit und den persönlichen Umgang hiermit anbelangt, wird die Genomanalyse eine Futurisierung von Krankheit mit sich bringen. In der Zeitachse menschlicher Selbstwahrnehmung wird Krankheit dann nicht mehr nur als vorwiegend vergangenes oder als ein gegenwärtig erlebtes bzw. gegenwärtig erlittenes Schicksal, sondern als ein im Vorhinein bekanntes, aber erst zukünftig manifest werdendes Ereignis belangvoll. In dieser Hinsicht werden Menschen zu einem ganz neuen Bewusstsein ihrer Ich-Identität und zu einer veränderten Einstellung zur Zeitlichkeit gelangen.

Viertens. Die prädiktive, vorhersagende Medizin öffnet zahlreichen, darunter durchaus auch problematischen Anwendungen die Tür. Letztere reichen bis dahin, dass Versicherungen oder Arbeitgeber genetische Krankheitsdispositionen erfragen oder genetische Tests einfordern könnten. Jedenfalls wird die prädiktive Medizin den medizinischen Alltag sehr beeinflussen, der schwerpunktmäßig nicht mehr nur von der Kuration, der nachsorgenden Medizin geprägt sein wird. Der gesundheitsdienliche, human wünschenswerte Sinn prädiktiver genetischer Diagnostik darf dabei nicht verkannt werden. Er besteht darin, Patienten zur gesundheitlichen Vorsorge zu motivieren, so dass die Gendiagnostik zur Krankheitsvermeidung beiträgt. Prävention wird jedenfalls zu einem Kern des Gesundheitswesens werden, und zwar nicht nur im Rahmen der Gendiagnostik, sondern ebenfalls in anderen Kontexten und in anderweitiger Hinsicht, etwa in der Umweltmedizin.

Fünftens. Epochale, kulturell einschneidende Umbrüche in der Deutung von Krankheit sind nicht neu. Dies belegt der Paradigmenwechsel von einem religiösen zu einem rationalen Krankheitsverständnis, der oben dargestellt wurde. Anders als in früheren Epochen *wissen* wir es heutzutage allerdings und ist es uns reflexiv *bewusst*, dass sich aktuell gravierende Verschiebungen, darunter die Futurisierung von Krankheit aufgrund der prädiktiven genetischen Diagnostik, ereignen. Aufgrund dessen ist eine Steigerung ethischer Verantwortung geboten, und zwar auch sozialethisch in der Hinsicht, dass Kriterien der Humanverträglichkeit zu etablieren und Grenzziehungen zu reflektieren sind. Grenzen sind z.B. der DNA-Chiptechnologie zu setzen, die eine starke Beschleunigung, Vereinfachung und Verbilligung genetischer Tests mit sich bringt. Hierauf wurde schon vor längerem hingewiesen:

> „bereits im wissenschaftlichen Labormaßstab existierende Diagnostikchips für Gene wie BRCA1 oder CFTR (lassen) keinen Zweifel daran, dass binnen weniger Jahre DNA–Mutationschips in großem Maßstab einsetzbar werden. Dadurch werden sich die bereits begonnenen Entwicklungen in Richtung auf Parametervermehrung, Kostensenkung und Automatisierung weiter beschleunigen. Es erfordert wenig Phantasie vorauszusagen, dass in fünf oder zehn Jahren Techniken verfügbar sein werden, die jedes beliebige medizinische Labor in die Lage versetzen, aus einer Blut- oder Chorionzottenprobe eine nahezu beliebige Zahl von Genomabschnitten auf Abweichungen von DNA-Standardsequenzen zu überprüfen, und dies zu einem Bruchteil heutiger Analysekosten."[123]

Diese im Jahr 2000 geäußerte Erwartung ist durch den naturwissenschaftlichen Fortschritt zwischenzeitlich zur greifbaren Realität geworden.[124] In dieser Hinsicht muss die im Eingangskapitel erwähnte Verantwortung „für" Werte und Normen (s.o. S. 21) zum Zuge gelangen. Neu zu schaffende ethische und rechtliche Standards müssen den diagnostischen und therapeutischen Optionen gerecht werden, welche neben die bisherige kurative oder an Rehabilitation und die Betreuung chronisch Kranker ausgerichtete Medizinversorgung treten. Im unten stehenden Abschnitt 4 (s.u. S. 75ff) werden einzelne ethische Bewertungskriterien aufgezählt werden. Zuvor ist hervorzuheben, dass über die konkreten Aspekte hinaus die prädiktive Dimension der Humangenetik Fragen aufwirft, die in *prinzipieller* Weise das Menschenbild und das normative Fundament von Medizinethik und Medizinrecht, nämlich das Grundrecht auf Freiheit und Selbstbestimmung betreffen.

2. Prädiktive Medizin – genetischer Determinismus?

Erstens. Schon als im Verlauf von Spätmittelalter und Neuzeit, seit dem 14. und zumal seit dem 17./18. Jahrhundert die staatliche Fürsorge für die individuelle sowie für die kollektive gesundheitliche Versorgung verstärkt wurde, löste dies Befürchtungen aus, hierdurch werde *zu* tief in die individuelle Freiheit eingeschnitten (s.o. S. 47f). Gegenwärtig stellt sich die Frage, ob speziell die moderne Hochleistungsmedizin eine Gefährdung menschlicher Freiheit bewirkt. Diese Anfrage, die schon einmal erörtert wurde (s.o. S. 50f), ist jetzt aufzugreifen. Im voranstehenden Kapitel (s.o. S. 51ff) war der Blick auf das Problem von Persönlichkeitsveränderungen aufgrund der Transplantation von fetalem Gehirngewebe gelenkt worden. Hier ist nun zu bedenken, ob die prädiktive Medizin, die mit Hilfe genetischer Analysen einzelnen Menschen ihre persönliche gesundheitliche Zukunft enthüllt, die Fähigkeit der Betroffenen zum freien, eigenverantworteten Umgang mit sich selbst zu überfordern oder zu konterkarieren droht. Zeichnet sich aufgrund der prädiktiven Medizin eine medikalisierende Überfremdung, ja Determinierung von Menschen ab, der gegenüber der Einzelne von vornherein machtlos ist?

An der Brustkrebsdiagnostik zeigt sich die Ambivalenz prädiktiver Genetik. Einerseits lassen sich auf der Grundlage der genetischen Diagnostik Vorsorgemaßnahmen ergreifen, so dass die Manifestation der Tumorerkrankung vermieden werden kann. Andererseits entsteht aber Ungewissheit der betroffenen Frauen über ihr persönliches gesundheitliches Schicksal; es werden persönliche sowie familiäre Belastungen und psychosoziale Verunsicherung erzeugt. Insofern bildet die prädiktive Medizin gleichsam eine säkulare Form von Unheilsprophetie oder individueller Apokalyptik.

Zum früheren religiösen Welt- und Menschenbild gehörte die Vorstellung eines unfreien Willens (z.B. bei Martin Luther) sowie einer Determination oder Prädestination durch Gott. Im neuzeitlichen Christentum hatten besonders schroff der Genfer Reformator Johannes Calvin (1509–1564) und der spätere Calvinismus die Lehre vertreten, Gott habe vor Beginn der Zeit einen Teil der Menschen zum ewigen Heil, den anderen Teil zur ewigen Verdammnis vorherbestimmt (doppelte Prädestinationslehre). Frömmigkeitsgeschichtlich erzeugte diese Prädestinationslehre bei calvinistischen Gläubigen schwere existentielle Lasten, da sie mit dem permanenten Zweifel leben mussten, ob sie in Ewigkeit erwählt oder für alle Ewigkeit verworfen seien. Es scheint, als kehre eine solche religiöse Erwählungs- und Verwerfungslehre im derzeitigen postreligiösen, medizinisch-technisch bestimmten Zeitalter in säkularisierter Form wieder. Denn für die betroffenen Menschen kann prädiktive Gendiagnostik den Eindruck erwecken, ihre persönliche Zukunft – nicht das ewige, aber das irdische Schicksal, die Zukunft im Diesseits – sei durch ihr Genom, durch genetische biologische Vorgaben mehr oder weniger determiniert.

Der Sache nach ist allerdings zu unterstreichen, dass die meisten Krankheiten nicht monokausal bzw. monogenetisch bedingt sind, also nicht nur auf einer einzelnen genetischen Abweichung oder Mutation beruhen. Vielmehr haben Krankheiten zumeist genetisch komplexe, multifaktorielle Hintergründe. Eine einzelne genetische Abweichung erhöht dann zwar das Krankheitsrisiko, aber es handelt sich um eine relative, begrenzte Steigerung des Risikofaktors: „Bei vielen komplexen Krankheiten betragen die Wiederholungsrisiken bei Verwandten 1. Grades 10–15%.“[125] Darüber hinaus hängt die tatsächliche Manifestation von Krankheiten, die genetische Hintergründe besitzen, durchweg nicht *nur* von der betreffenden genetischen Disposition, sondern auch von sozialen und Umweltfaktoren ab. So wird bei der Krebsentstehung die Verursachung durch Viren und durch Bakterien sehr viel höher eingeschätzt als in der Vergangenheit. Neuere Forschungen bieten Anhaltspunkte dafür, dass weltweit knapp jede fünfte Krebserkrankung mit auf Infektionserreger zurückgeht. Weil Infektionskrankheiten in der Dritten Welt sehr verbreitet sind, seien in diesen Ländern für ca. ein Viertel aller Krebserkrankungen Infektionen ursächlich; in der westlichen Welt seien es knapp zehn Prozent. Tumorerkrankungen sollten daher nicht zu einlinig und nicht nur auf genetische Dispositionen zurückgeführt werden. So wird das Brustkrebsrisiko von Frauen auch durch Nikotinkonsum erhöht.[126] Vor allem sind die Grenzen der Verhaltensgenetik zu beachten.[127] In den letzten Jahren war versucht worden, Verhaltensweisen wie Aggression, psychiatrische Leiden wie Schizophrenie oder individuelle Dispositionen, z.B. eine gleichgeschlechtliche Neigung, auf bestimmte genetische Grundlagen zurückzuführen. Solche Ansätze überspielen, dass durchweg eine Mehrzahl von Genen relevant ist, und berücksichtigen zu wenig die Anlage-Umwelt-Verschränkung. Das Gehirn, das Genom, die soziokulturelle Umwelt und die Erziehung sind vielmehr in ihrer hochgradigen Vernetzung zu sehen.[128] Es lässt sich übrigens auch schwerlich belegen, dass hervorragende Begabungen genetisch oder familiär verankert seien. Vielmehr handelt es sich um Sonderfälle, wenn in einer Familie besonders häufig hohe Musikalität (in der Familie Johann Sebastian Bachs) oder mathematische Fähigkeiten (Familie Bernoulli) anzutreffen waren.[129]

Was heutzutage nun die genetische Diagnostik von Krankheitsanlagen anbelangt, etwa die Diagnose einer persönlich erhöhten Anfälligkeit für Brustkrebs oder Darmkrebs, so bedeutet dies für die betroffenen Menschen in der Regel keinen starren, ausweglosen, alternativlosen Determinismus. Vielmehr bleiben zumindest einige Handlungsalternativen offen – z.B. für oder gegen bestimmte Vorsorgemaßnahmen, für oder gegen chirurgische Eingriffe –, über die sie entscheiden können (pragmatische Handlungsfreiheit; Wahlfreiheit). Letztlich erfolgen solche Entscheidungen unter Berücksichtigung der persönlichen Lebensumstände und auf der Basis der tiefergreifenden moralischen, weltanschaulichen, religiösen oder philosophischen Überzeugungen, denen sich Menschen aus freier Einsicht und eigenem Willen heraus verpflichtet haben (Grundlagenfreiheit; „libertas indifferentiae"; sittliche Autonomie). Denn es bildet ein Merkmal der menschlichen Existenz, sich aus freier, innerer Überzeugung heraus zu einer „optio fundamentalis", d.h. zu einer weltanschaulichen Grundlage für den eigenen Lebensentwurf und die persönliche Wertorientierung entscheiden zu können.

Diese Hintergrundebene bzw. Tiefendimension menschlicher Freiheit – letztlich die Freiheit, die Werte wählen zu können, die für die eigene Person verbindlich sein sollen – haben Vordenker der modernen Existenzphilosophie herausgearbeitet. Zu ihnen gehören Georg Simmel mit seiner Schrift „Das individuelle Gesetz" von 1913[130] und mit seiner Idee eines qualitativen Individualismus (s.o. S. 29) oder Jean-Paul Sartre mit seinem Essay „Ist der Existentialismus ein Humanismus?", der 1946 erschien.

Zweitens. Insofern wird man nicht behaupten können, prädiktive Gendiagnostik und prädiktive Medizin bedeuteten einen biologisch-genetischen Determinismus, angesichts dessen nur noch der Fatalismus und nichts als die Ergebung in das Schicksal übrig blieben. Dennoch wird für viele Menschen subjektiv das Empfinden der persönlichen Ohnmacht, des Ausgeliefertseins an ein vorgegebenes Krankheitsschicksal und der Beeinträchtigung individueller Freiheit entstehen. Diese subjektive Betroffenheit sollte ernst genommen und das Angebot eröffnet werden, sie in ethischen und psychosozialen Beratungsgesprächen aufzuarbeiten. Im Jahr 2003 ist eine am Tumorzentrum München entstandene repräsentative Studie erschienen, die auf Langzeitbeobachtungen beruht. Sie belegt, dass die psychosoziale Begleitung und die ärztliche Beratung von Brustkrebspatientinnen zu wünschen übrig ließen; Patientinnen berichteten über enttäuschende Erfahrungen. Die Studie legte umfassend in der Region München gesammelte Daten zugrunde. 45% der befragten Frauen empfanden einige Aspekte der Kommunikation mit dem Arzt als unklar, und 59% wünschten sich mehr Zeit für das Gespräch mit den Ärzten.[131] Am Beispiel der ärztlichen Beratung zum Mammakarzinom ist ferner auf Desiderate aufmerksam gemacht worden, die die Klarheit und Nachvollziehbarkeit der ärztlichen Information anbetreffen. Diese solle das individuelle Erkrankungsrisiko mit Hilfe absoluter Zahlen verdeutlichen, mit der Nennung kumulativer Risikoangaben oder Prozentangaben hingegen vorsichtig sein.[132]

Drittens. Ein Weiteres kommt hinzu. Unter Umständen vermag eine Gendiagnostik Krankheitsbefürchtungen und psychische Belastungen, die ihrerseits Krankheitswert besitzen, sogar überhaupt erst zu *erzeugen*. Gegebenenfalls wird ein subjektives Empfinden, genetisch in bestimmter Hinsicht prädisponiert zu sein, gar eine „self fulfilling prophecy" nach sich ziehen. Hierzu ist an die Diagnostik einer XYY-Chromosomenabweichung bei männlichen Embryonen oder Feten zu denken: Die – der Sache nach bestreitbare – Behauptung und das Vorurteil, mit dieser Chromosomenabweichung verbinde sich der Hang zu Aggressivität oder Kriminalität, könnten später aus psychologischen Gründen ein solches Verhalten Betroffener geradezu befördern.[133] Jedenfalls darf man nicht die Augen davor verschließen, dass die prädiktive Genmedizin zum Paradox des „gesunden Kranken" führen kann: Derzeit (noch) gesunde Menschen müssen lernen, mit dem Gefühl oder mit der Gewissheit zu leben, dass ihnen aufgrund ihrer genetischen Disposition, ihres naturalen Seins zukünftige Erkrankungen mit mehr oder weniger hoher Wahrscheinlichkeit bevorstehen.

Viertens. Derartige Auswirkungen der prädiktiven Gendiagnostik machen es erforderlich, ethische Kriterien zu entwickeln, die den humanen, gesundheitsdienlichen Nutzen des technischen Fortschritts sichern, aber den Schattenseiten wehren. Solche Kriterien besitzen ihren normativen Kern im Grundrecht jedes Einzelnen auf Freiheit und Selbstbestimmung. Dieses Grundrecht ist für die Gendiagnostik, aber auch für weitere medizinethische Themen, die in diesem Buch erörtert werden, fundamental. Daher ist nachfolgend darzulegen, aus welchem gedanklichen Begründungshorizont heraus Freiheit und Selbstbestimmung für ethische und rechtliche Urteilsfindungen unhintergehbar sind. Nach der vertiefenden Erläuterung von Grundsatzaspekten wird in Abschnitt 4 (s.u. S. 75ff) auf die konkreten Problemstellungen der Gendiagnostik und prädiktiven Medizin zurückzukommen sein, indem ethische Schlussfolgerungen für den Umgang mit diesen Handlungsoptionen gezogen werden.

3. Grundsatzüberlegung: Das Recht auf Freiheit und Selbstbestimmung – normative Basis für gesundheitsbezogene Entscheidungen

Erstens: Verfassungsrechtlicher Aspekt

Im Grundgesetz lautet Artikel 2 Absatz 1: „Jeder hat das Recht auf die freie Entfaltung seiner Persönlichkeit, soweit er nicht die Rechte anderer verletzt und nicht gegen die verfassungsmäßige Ordnung oder das Sittengesetz verstößt." Dieses Prinzip der allgemeinen Handlungsfreiheit ist in der Verfassung, die 1949 für die Bundesrepublik Deutschland beschlossen wurde, mit besonderer Intensität zur Geltung gebracht worden. Dem Grundgesetz gemäß darf jeder Einzelne denken sowie sich so verhalten, wie er möchte, solange nur die Schranken gewahrt bleiben, dass andere Menschen in ihren Grundrechten nicht beeinträchtigt werden und dass die Verfassung sowie der „ordre public" – oder in älterer Terminologie: die sittliche Ordnung – nicht in Misskredit geraten.

Vor allem die erste Schrankenziehung ist relevant: Die eigenen Freiheitsansprüche stoßen auf Grenzen, wenn Schutzrechte anderer Menschen verletzt werden. Der andere Aspekt, die Idee des „ordre public", bleibt hingegen vage. Denn die Inhalte des ordre public oder des sogenannten Sittengesetzes sind nicht präzis definierbar und unterliegen geschichtlichem Wandel. Andere Verfassungen, z.B. diejenigen Österreichs, Dänemarks oder – um ein Beispiel aus Osteuropa aufzugreifen – der Russischen Föderation vom 12.12.1993, haben den Freiheitsgrundsatz weniger nachdrücklich kodifiziert als die deutsche. In manchen Staaten bleibt die formale, kodifizierte Verfassungsgarantie darauf beschränkt, den Bürgern die körperliche Bewegungsfreiheit oder den Schutz vor willkürlicher Inhaftierung, Ausweisung oder Ähnlichem zuzusichern.[134]
Dass das Bonner Grundgesetz die allgemeine Handlungsfreiheit aller Bürger derart markant und umfassend hervorhebt, beruht zweifellos auf der Erinnerung an den NS-Staat. Aus verfassungsrechtlicher Sicht gilt für die Rechtsordnung der Bundesrepublik: „Eine wichtige Funktion der Grundrechte ist es gerade, alles das zu erlauben, was nicht ausdrücklich und verfassungsgemäß verboten ist."[135] Dies zeigt sich auch anhand der Formulierung, aus der heraus der jetzige Artikel 2 Absatz 1 des Grundgesetzes entstanden war. Die Vorlage aus dem Herrenchiemseer Entwurf, auf die der Bonner Parlamentarische Rat sich stützte, hatte gelautet: „Jedermann ist frei, zu tun und zu lassen, was die Rechte Anderer nicht verletzt und nicht gegen die verfassungsmäßige Ordnung oder das Sittengesetz verstößt."

Verfassungsrechtlich ist daher festzuhalten: Das Recht jedes Einzelnen auf Selbstbestimmung und auf freie Entfaltung seiner Persönlichkeit steht unter dem Schutz des Staates. Bezogen auf Begründungs- oder Darlegungspflichten und die Beweislast gilt: Der einzelne Bürger hat das Recht, seine Selbstbestimmung zu wahren und zu nutzen, ohne sich hierfür rechtfertigen oder dies gegenüber Dritten auch nur begründen zu müssen. Begründungspflichtig ist vielmehr umgekehrt, falls der Staat oder Dritte das individuelle Selbstbestimmungsrecht ausnahmsweise zu relativieren erwägen.[136]
Diese Gesichtspunkte sind medizinethisch außerordentlich wichtig, so dass später in verschiedenen Zusammenhängen auf sie zurückzukommen sein wird (z.B. in Bezug auf die Geltung von Patientenverfügungen; s.u. S. 253ff, S. 258ff, S. 260ff, S. 265ff).

Zweitens: Philosophischer Hintergrund

Philosophisch hat es seinen guten Grund, dass im Grundgesetz das Recht auf selbstbestimmte, dem eigenen Willen gemäße Entfaltung der Persönlichkeit so prominent hervor-
tritt. Dieses Recht ist nämlich unmittelbar aus der Menschenwürde abzuleiten. Im Anschluss
an Kant ist zu sagen, dass die Menschenwürde und das Recht auf Selbstbestimmung einander wechselseitig erläutern und begründen. Menschen besitzen Würde, weil sie, anders als
andere Lebewesen, kraft ihres Menschseins grundsätzlich in der Lage sind, von ihrer Vernunft Gebrauch zu machen und frei über sich selbst oder über andere zu entscheiden. Auf
der Fähigkeit zum freien Gebrauch der Vernunft beruht die Würde des Menschseins. Diesen
Begründungszusammenhang hatte Kant 1785 in seiner „Grundlegung zur Metaphysik der
Sitten" dargelegt. Daraus folgt zugleich, dass jeder einzelne Mensch, der von seiner Freiheit
konkret Gebrauch zu machen wünscht, dies auch tun darf (jedenfalls solange er hierdurch
andere Menschen nicht beeinträchtigt oder schädigt).

> Es wäre ein eigenes Thema, die philosophischen Traditionen zu zeigen, auf die sich diese
> Hochschätzung der Freiheit als eines die Menschenwürde konstituierenden Phänomens zu-
> rückführen lässt. Hierzu kann auf die Renaissance, z.B. auf die Schrift Pico della Mirandolas
> über die Würde des Menschen von 1486/87 oder auf noch ältere mittelalterliche Ideen hinge-
> wiesen werden. Schon im Mittelalter galten Menschen als „Personen", denen das Prädikat der
> „Würde" zukommt, weil sie moral-, vernunft- und freiheitsfähig sind: „Esse personae est mo-
> rale et respicit dignitatem" (so Philipp der Kanzler [1165/85–1236]).[137]

Drittens: Theologische Überlieferungen

Die Hochrangigkeit von Freiheit und Selbstbestimmung ist ebenfalls in der christlich-theo-
logischen Tradition verankert. Dies ist deshalb sehr zu betonen, weil die christliche Theologiegeschichte andererseits ja deterministische, die menschliche Freiheit bestreitende Motive
enthielt, die soeben erwähnt worden waren. Gleichwohl lassen sich in der Christentumsge-
schichte Traditionslinien aufzeigen, die auf Freiheit und Selbstbestimmung Wert legten.
Dies gilt für die katholische Überlieferung, die von Thomas von Aquin (1225–74) repräsentiert wird. Thomas deutete die Fähigkeit des Menschen zum Gebrauch der praktischen Vernunft und zur eigenen freien Entscheidung als Ausdruck der Gottebenbildlichkeit.[138] Genauso argumentierte in der neueren protestantischen Theologie Paul Tillich (1886–1965).[139]
Auf protestantischer Seite hat gleichfalls Martin Luther die Freiheitsidee zumindest in bestimmter Hinsicht sehr zu schätzen gewusst. Luther zufolge ist der Mensch innerweltlich
insofern frei, als Gott selbst ihm diese endliche Freiheit verleiht. Die Rückbindung an Gott
vermag das menschliche Gewissen von weltlichen Einbindungen und von äußeren Zwängen
zu befreien. Indem Gott den Menschen von Schuld und Sünde entlastet, vermittelt er ihm
innere Freiheit bzw. ein innerlich befreites Gewissen und befähigt ihn, in der Welt ohne
falsche Rücksicht auf äußeren Druck und Abhängigkeiten zu existieren, so dass er das Gute
verwirklichen und er – wie Luther emphatisch meinte – sogar „eine Art Dekalog aufstellen
und über alles richtig urteilen" kann.[140]

> Ernst Troeltsch (1865–1923), einer der herausragenden Vertreter des modernen Kulturprotes-
> tantismus, ging in seiner Schrift „Die Bedeutung des Protestantismus für die Entstehung der
> modernen Welt" (1906) so weit, der Freiheitsidee der Reformation eine Prägekraft zuzu-

schreiben, die sich *generell* zugunsten der Religions-, Kunst- und Meinungsfreiheit oder anderer moderner Freiheitsgrundrechte ausgewirkt habe.

So betrachtet sind die Verknüpfung von Menschenwürde und Freiheit sowie der Gedanke, dass der Mensch von seiner Vernunft eigenverantwortlich Gebrauch machen kann und soll, in unserer Kultur in mehrfacher Hinsicht verwurzelt: theologisch, philosophisch und in der Moderne ebenfalls verfassungsrechtlich. Aus der normativen Logik des Rechts auf Freiheit und Selbstbestimmung heraus sind nun die Konsequenzen hervorzuheben, die den Umgang des Einzelnen sowie der Gesellschaft mit prädiktiver und präventiver Medizin betreffen.

4. Ethische Schlussfolgerungen zur prädiktiven Medizin

Erstens: Der Ausbau medizinischer und psychosozialer Beratung
Die genetische Diagnostik von Brustkrebs, Darmkrebs, eventuell von Bauchspeicheldrüsenkrebs o.a. führt zur Krankheitsfrüherkennung und vermag daher zur Verbesserung der Prävention und zur Erhöhung von Therapiechancen beizutragen. Genetische Diagnostik und prädiktive Medizin erzeugen aber auch psychische Belastungen und verunsichern die persönliche Lebensführung, die Familien- und Fortpflanzungsplanung oder berufliche Entscheidungen. Die ethische Konsequenz lautet, medizinisches Handeln und die ärztliche Begleitung nicht nur objektivierend und krank*heits*orientiert zu verstehen. Vielmehr sollten die Patientinnen und Patienten in ihrer persönlichen Biographie wahrgenommen, in ihren Selbstbestimmungsrechten gestärkt, angesichts ihrer Entscheidungsprobleme beraten und unterstützt und gegebenenfalls auf Selbsthilfegruppen oder die Begleitung durch Psychologen oder Sozialpädagogen aufmerksam gemacht werden.
Schon die Bioethik-Konvention des Europarats („Übereinkommen zum Schutz der Menschenrechte und der Menschenwürde im Hinblick auf die Anwendung von Biologie und Medizin: Menschenrechtsübereinkommen zur Biomedizin des Europarats") hatte in Artikel 12 festgelegt, dass prädiktive genetische Tests von einer genetischen Beratung begleitet werden *müssen*:

> „Tests, mit denen genetische Krankheiten prognostiziert werden können oder die entweder dazu dienen, bei einer Person das Vorhandensein eines für eine Krankheit verantwortlichen Gens festzustellen oder eine genetische Disposition oder Anfälligkeit für eine Krankheit zu erkennen, dürfen nur zu gesundheitlichen Zwecken oder für gesundheitsbezogene wissenschaftliche Forschung und vorbehaltlich einer angemessenen genetischen Beratung durchgeführt werden."

Die Bundesrepublik Deutschland ist diesem Menschenrechtsübereinkommen, das das Ministerkomitee des Europarats am 19.11.1996 beschlossen hat, nicht beigetreten. Der Beitritt hätte bedeutet, dass ein flächendeckendes Netz genetischer Beratungsstellen zügiger hätte aufgebaut werden müssen, als es faktisch der Fall war.
Analog ist die Bedeutung der ärztlichen sowie der behandlungsunabhängigen psychosozialen Beratung für andere gesundheitliche Entscheidungsprobleme – sei es zur Impfvorsorge, die inzwischen sogar der Vorbeugung von Gebärmuttererkrankungen bis hin zum Ge-

bärmutterhalskrebs dient, oder zur Organspende oder über Patientenverfügungen – zu betonen.

Zweitens: Maßstäbe der Beratung
Die Beratung, die Ärzte, Psychologen, Seelsorger oder Mitarbeiter von Beratungsinstitutionen durchführen, soll einzelne Menschen in die Lage versetzen, ihr Recht auf Freiheit und Selbstbestimmung wohlinformiert und eigenverantwortlich in Anspruch zu nehmen. Dies entspricht zugleich dem ethischen Postulat der Befähigungs- oder Partizipationsgerechtigkeit (s.u. Kap. VIII, bes. S. 108ff). Im Kern sind Beratungsgespräche daran zu bemessen, dass sie
– personzentriert,
– ergebnisoffen
– und autonomiefördernd angelegt sind, damit sie authentischen Entscheidungen zugute kommen, die dem persönlichen Wertehorizont der ratsuchenden Person gerecht werden,
– und dass sie kultursensibel geführt werden. Die weltanschaulich-religiöse Pluralisierung unserer Gesellschaft (s.o. S. 32ff, S. 35) wird in ärztlichen und psychosozialen Beratungsgesprächen ihren Widerhall finden müssen.

Drittens: Keine Definitionsmacht Dritter über genetische Normalität
Die Erkenntnisse, die die genetische Diagnostik eröffnet, dürfen nicht zu der Auffassung verleiten, es ließe sich genetische Normalität definieren, so dass Normvarianten oder Abweichungen vom genetisch „Normalen" per se Krankheitswert besäßen. Im Gegenteil ist die Einsicht zur Geltung zu bringen, dass ein beträchtliches Maß an genetischer Variabilität in der Bevölkerung natürlich und evolutionär vorgegeben und in *diesem* Sinn von Normalität („neutralitas", s.o. S. 61) zu sprechen ist.
Wie problematisch es hingegen ist, enggeführt *bestimmte* genetische Normalitätsbegriffe zu definieren, resultiert bereits aus den anthropologischen und genetischen Gegebenheiten selbst. So sind Anlageträger für die Sichelzellanämie, konkret: zahlreiche Angehörige der schwarzen Bevölkerungsminderheit in den USA von einer schweren, lebensverkürzenden erblichen Blutkrankheit bedroht. Andererseits verleiht diese Erbanlage den Betroffenen eine weitgehende Resistenz gegen Malaria, wodurch sie in ihrer ehemaligen Heimat einen Überlebensvorteil besaßen. Eine dunkle Hautfarbe, die in der nördlichen Hälfte der Welt früher Vorurteile und Diskriminierungen auslöste, bedeutet Schutz gegen Melanome. Schon allein diese Beispiele belegen die Uneindeutigkeit und Unschärfe genetischer Normalitätsideen.
Fraglich ist überdies, ob die Vorstellung einer sogenannten genetischen Normalanlage im Sinne statistischer oder funktioneller Normalität gemeint sein soll (statistisch: „Normalität" gemäß der genetischen Disposition der Bevölkerungsmehrheit; funktional: „Normalität" als gute Anpassung an Umweltbedingungen). Eine Minderheit von Menschen trägt eine Variante eines Chemokin-Rezeptorgens, das offenkundig eine Resistenz gegen HIV-Infektionen bewirkt und vor der Erkrankung an AIDS schützt.[141] Ist angesichts dieses Sachverhaltes Normalität statistisch oder funktional zu definieren? Zudem: Wem wäre die Definitionsmacht zuzubilligen, über genetische Normalität zu entscheiden? Definitionen genetischer oder gesundheitlicher Normalität können zur Überfremdung, Ausgrenzung und Diskriminierung

von Menschen führen. Was der Normalität („neutralitas") zuzurechnen ist, ist grundsätzlich der Selbstdeutung der einzelnen Menschen selbst zu überlassen. Dasjenige, was Dritte für eine Abweichung oder Behinderung halten, wird von Betroffenen oftmals als normal und alltäglich akzeptabel erachtet. Daraus erklärt sich, dass

> „hörbehinderte oder kleinwüchsige Menschen sehr häufig untereinander (heiraten); auch eine hohe Wiederholungswahrscheinlichkeit für eine erbliche Skelettdysplasie beeinflusst den Kinderwunsch gleichartig betroffener Eltern oft nicht." „Am stärksten ... wird die Einschätzung des gesundheitlichen ‚Normbereiches' durch eigene Normabweichungen des Beurteilenden geprägt. Der eigene Zustand, mag er auch von anderen als abnorm angesehen werden, wird von vielen als individuelle Normalität akzeptiert; dementsprechend wird dieselbe Auffälligkeit auch bei anderen Menschen eher toleriert als aus der Warte der nach landläufigem Verständnis Gesunden."[142]

Ein definitorischer Zugriff Dritter auf angebliche genetische Normalität würde eine neue, moderne Form von Heteronomie inaugurieren. Es gehört zu den epochalen Errungenschaften der Aufklärungsphilosophie, jede Form von Heteronomie abgewiesen zu haben. Konkret kritisierte Kant damals die Gefahr der Fremdbestimmung durch autoritativ vorgegebene kirchliche Dogmen; seine Ablehnung galt der „statutarischen Kirchenreligion". Im Gegenzug rückte er Autonomie und Selbstbestimmung ins Licht. In der heutigen, von medizinisch-naturwissenschaftlichem Fortschritt geprägten Gesellschaft ist dieses aufklärungsethische Anliegen dahingehend fortzuschreiben, dass die genetische und gesundheitliche Identität eines Individuums vor Zugriffen und Definitionsansprüchen anderer geschützt bleibt.

Viertens: Ethisches Fazit im Licht des Selbstbestimmungsrechts
Es entspricht der Sachlogik medizinischer Ethik, vor allem auf Problempunkte aufmerksam zu machen. Daher sind voranstehend Problemaspekte genetischer Diagnostik oder prädiktiver Medizin aufgelistet worden. Darüber darf nicht übersehen werden, dass die neuen Handlungsoptionen umgekehrt gesundheitlichen Nutzen mit sich bringen und sie sich zugunsten einzelner Menschen sowie des Gemeinwohls auswirken. Um auch hierfür ein Beispiel anzuführen: Durch einen genetischen Test kann die Veranlagung zur Eisenspeicherkrankheit (Hämochromatose) erfasst werden – mit der Folge, dass sich schwerste Gesundheitsgefahren, letztlich Leberversagen, durch Prävention (Ernährungsprävention; Medikamente) wirksam verhindern lassen.[143] So gesehen können Gendiagnostik und prädiktive Medizin dem Schutz menschlicher Gesundheit und den individuellen Lebenschancen sehr zugute kommen.
Gleichwohl ist es unerlässlich, aus ethischer Sicht Kriterien darzulegen, welche sicherstellen, dass angesichts genetischer Diagnostik und prädiktiver Medizin die Freiheit und Selbstbestimmung der einzelnen Menschen, die sich testen lassen, auch im Zweifelsfall gewahrt bleiben. Normativ-ethisch ist deshalb hervorzuheben,
– dass genetische Untersuchungen nur mit Zustimmung erfolgen dürfen („informed consent") und niemand gegen seinen Willen zur Kenntnis seiner genetischen Disposition gedrängt wird,
– dass keine Definitionsmacht Dritter über genetische „Normalität" entsteht, sondern Gesundheit und Krankheit im Deutungshorizont der Betroffenen bewertet werden,

- dass Gentests nicht auf kommerzieller Basis gewinnorientiert vermarktet werden, sondern auf den Wunsch von Patienten hin medizinisch kompetent durchgeführt werden (Arztvorbehalt),
- dass Screenings und prädiktive Gentests keiner Diskriminierung oder Stigmatisierung von Menschen Vorschub leisten[144] und sozialem Druck oder einer sogenannten Eugenik von unten entgegengewirkt wird (durch Beratungsangebote, öffentliche Bewusstseinsbildung, schulische Gesundheitserziehung),
- dass genetische Diagnostik nur in begründeten Ausnahmefällen Krankheiten erfasst, die erst in späterer Zukunft ausbrechen werden und untherapierbar sind,
- dass die genetische Diagnostik mit präventiven und therapeutischen Vorschlägen verbunden wird,
- dass Menschen medizinisch und psychosozial beraten werden, damit sie mit Informationen über ihr eigenes Genom umzugehen lernen,
- dass Beratung auch zu zwischenmenschlichen Konfliktsituationen angeboten wird (etwa in Anbetracht dessen, ob ein Erwachsener eine genetische Diagnostik, die er für sich selbst eigentlich nicht wünscht, aus Verantwortung für die Nachkommen durchführen lassen sollte; oder zu der Frage, inwieweit belastende genetische Informationen Verwandten mitgeteilt werden sollten),
- dass Vertraulichkeit und Datenschutz gewahrt bleiben.

Fünftens: Anschlussfragen und Ausweitungen
Die genannten Gesichtspunkte bilden den gedanklichen Rahmen, um Abwägungen zu weiteren Fallkonstellationen der Genmedizin vorzunehmen.[145] Diese lassen sich hier nicht im einzelnen entfalten. Exemplarisch sind jetzt nur zwei Sachverhalte zu erwähnen, die in näherer oder fernerer Zukunft erhebliche Alltagsbedeutung erlangen werden.
(a) Pharmakogenetik. Von der Pharmaforschung werden zur Zeit genetische Untersuchungsmethoden entwickelt, um vorhersagen zu können, ob Medikamente oder Narkotika für den individuellen Patienten nützlich oder für ihn umgekehrt sogar schädlich sind. Es zeichnet sich ab, dass ein Patient vor der Verschreibung bestimmter Medikamente künftig getestet wird, um die individuelle Medikamentenverträglichkeit zu klären. Hierdurch werden zugleich entsprechende Informationen über seine Gene verfügbar. Es ist vorstellbar, dass ein Arzt aus medizinischen Gründen, um des Therapieerfolgs willen, einen Test auf die Verträglichkeit und den Nutzen des Medikaments auf jeden Fall durchführen möchte. Nun kann man einwenden, ein Patient habe das Recht, hierzu aus subjektiven Motiven Nein zu sagen, selbst wenn die Untersuchung integraler Bestandteil einer medizinisch sachgerechten Behandlung ist. Wichtig ist, dass der Arzt ausführlich aufklärt und ein Beratungsgespräch führt und dass der Datenschutz gewahrt bleibt. Gedanklich verbleibt ein gewisser Zwiespalt. Einerseits kann man der Meinung sein, dass kein Patient „auf einer Behandlung bestehen" darf, „die aus fachlicher Sicht ineffektiv oder schädlich ist".[146] Andererseits ist zu berücksichtigen, dass jede Untersuchung oder Behandlung der Zustimmung des Patienten bedarf.
(b) Enhancement. Sehr viel komplizierter stellen sich anderweitige Problemfelder dar, die ebenfalls im Licht des Selbstbestimmungsrechtes zu diskutieren sind, darunter die Option der medikamentenbasierten oder genetischen „Verbesserung" und gesundheitlichen Optimierung von Menschen („enhancement"). So lassen sich bei einzelnen Menschen mit Hilfe

von Medikamenten die Stimmung, Konzentrations- oder Leistungsfähigkeit oder die Wachzeit steigern (kognitives Enhancement). Ethisch gelangt man zu einem zustimmenden Urteil, wenn man solche Eingriffe auf der Basis beurteilt, dass Menschen ein Anrecht haben, ihre Potentiale umfassend auszuschöpfen und ihren Selbstentwurf, ihr persönliches Lebensprojekt möglichst weitgehend zu realisieren. Jedoch ist einzuwenden, sozialer Druck oder überdehnte Erwartungen eines Einzelnen an sich selbst könnten die Ursache dafür sein, das eigene Empfinden oder Verhalten durch psychoaktive Substanzen modellieren zu wollen. So gesehen würde ein Enhancement die Authentizität eines Menschen beeinträchtigen.

Nun ist auf jeden Fall zwischen Enhancement zu medizinischen Zwecken, etwa zur Korrektur des erblich bedingten Kleinwuchses, und zu nichtmedizinischen Zwecken, z.B. Doping, sowie zwischen schwachen und starken Formen des Enhancement zu unterscheiden. Zudem muss die Option, Gesundheit zu optimieren und zu steigern, auch unter sozialethischem Blickwinkel, im Licht der Sozialverträglichkeit, erörtert werden. Denn es sollte vermieden werden, dass Einzelne sich gegenüber anderen in unfairer Weise ungerechtfertigte Vorteile verschaffen (etwa beim genetischen Doping). Überaus komplex ist freilich bereits die individualethische, auf das Selbstbestimmungsrecht fokussierte Reflexion dieses Problems. Schon individualethisch lassen sich unterschiedliche, ja gegenläufige Argumente geltend machen.[147] So ist die Steigerung der eigenen Leistungsfähigkeit als konsequente Umsetzung des individuellen Selbstbestimmungsrechts interpretierbar; sie wäre so betrachtet ethisch vertretbar. Im Gegenzug ist zu fragen, ob sich die ambivalenten oder negativen Auswirkungen des Enhancement für die Betroffenen im Vorhinein hinreichend abschätzen lassen, in welchem Maß Medikamentennebenwirkungen als Kollateralschäden in Kauf genommen werden dürfen, welche Langzeitfolgen sich ergeben könnten und inwieweit Reversibilität besteht. Weiter ausgreifend ist sogar zu bedenken, inwiefern Menschen für Handlungen, die durch leistungssteigernde oder psychisch verändernde Medikamente bewirkt wurden, zur Verantwortung gezogen werden können.

> Abgesehen von leistungssteigernden Neuropharmaka bei Erwachsenen: Gesondert wäre in Blick zu nehmen, dass neueren Studien zufolge Schulkinder, keineswegs nur in Deutschland, in erhöhtem Maß leistungssteigernde Medikamente erhalten. Die Wirkungen und die Nebenwirkungen der Substanzen bei Kindern sind weitgehend unerforscht. Die Einnahme erfolgt in der Regel nicht selbst-, sondern fremdbestimmt durch die Eltern und aufgrund von sozialem Druck. Der schleichende Trend, der sich hier abzeichnet, bedarf der Aufarbeitung im Licht des Gesundheitsschutzes und der Persönlichkeitsrechte von Kindern.

Generell ist das Resümee zu ziehen: Genetische Diagnostik, prädiktive Medizin oder die zuletzt zusätzlich genannten Optionen der Biomedizin haben das alltägliche Verständnis von Gesundheit und Krankheit erheblich verändert; weitere Verschiebungen zeichnen sich ab. Angesichts dessen wird das Postulat der Steigerung ethischer Verantwortung, das Albert Schweitzer in den 1920er Jahren ausgesprochen hatte (s.o. S. 20), heutzutage neu dringlich: 1. individualethisch hinsichtlich gesundheitsbezogener Selbstbestimmungsrechte, 2. sozialethisch für den von Staat und Gesellschaft zu gewährleistenden Gesundheitsschutz.

VI. Das Recht auf Gesundheitsschutz – normativer Kern der Medizinethik

In Kapitel IV war als Bezugspunkt für die Medizinethik das Profil der Begriffe Gesundheit und Krankheit vor Augen geführt worden. Nachfolgend werden die Überlegungen, die dort dargelegt wurden, wieder aufgenommen und dahingehend gebündelt, dass der Begriff des Gesundheitsschutzes bzw. das Grundrecht auf Schutz der Gesundheit und auf gesundheitliche Versorgung als normativer Kern heutiger medizinischer Ethik ausgelegt werden. Inzwischen ist sogar in Menschenrechtskonventionen kodifiziert worden, dass Menschen neben dem Selbstbestimmungsrecht ein „Recht auf Gesundheit" bzw. auf „Gesundheitsschutz" besitzen. Dieses Anliegen gewinnt heutzutage in vielfacher Hinsicht Bedeutung und betrifft ganz unterschiedliche Sachverhalte. Hierzu gehört zum Beispiel,

– für welche präventiven, vorbeugenden Gesundheitsmaßnahmen das Gesundheitssystem sinnvollerweise Sorge tragen soll – eine Frage, die die präventive Medizin und prädiktive Gendiagnostik betrifft, von der im voranstehenden Kapitel V die Rede war,

– welches Gewicht dem Schutz menschlicher Gesundheit im Arbeitsalltag, im Rahmen von Arbeitsschutzmaßnahmen oder in der Umwelt- und Klimapolitik beizumessen ist,

– wie sich auch für benachteiligte Regionen, zumal für die Länder der Dritten Welt, strukturell ein angemessener Gesundheitsschutz sicherstellen lässt,

– oder ganz anders gelagert: welchen Rang gesundheitsorientierte Forschung besitzt.

Der letzte Aspekt war und ist in der Bundesrepublik Deutschland u.a. aufgrund der humanen embryonalen Stammzellforschung dauerhaft strittig. Soll diese Forschung zugelassen und gefördert werden, damit sie hochrangigen Zielen, namentlich dem Schutz der Gesundheit zukünftiger Patienten, zugute kommt? Welches Gut wiegt schwerer, die Unantastbarkeit früher, noch unentwickelter Embryonen, denen man die Zellen entnehmen kann, oder die Gesundheit derer, die mittel- oder langfristig von der Forschung an humanen embryonalen Stammzelllinien profitieren könnten? Auf entsprechende Güterabwägungen wird in Teil B dieses Buches noch einzugehen sein. Doch auch von solchen Einzelfragen abgesehen, wird grundsätzlich sichtbar werden,

– dass aus dem Recht auf Gesundheitsschutz sogar eine *Verpflichtung* von Naturwissenschaft und Medizin zur Gesundheitsforschung resultiert (s.u. S. 117ff)

– und dass sich eine Pflicht des Staates, seinerseits den medizinischen, therapieorientierten wissenschaftlichen Fortschritt zu fördern, postulieren lässt.

Damit sind einige Bezugsfelder des Rechtes auf Gesundheitsschutz angedeutet. Weil der in diesem Buch vorgelegten Ethik an einer patientzentrierten Medizin liegt, ist es folgerichtig, begrifflich das (Patienten-)Recht auf Gesundheitsschutz als normativen Leitgedanken der Medizinethik ins Zentrum zu rücken. In den deutschen gesundheitspolitischen Debatten ist es freilich oft nicht hinreichend beachtet oder sogar beiseite gerückt worden. Hierfür werden noch Belege genannt werden. Geistesgeschichtliche Hintergründe für die Idee des Gesundheitsschutzes finden sich schon in der Aufklärungsepoche, z.B. bei dem schottischen Mediziner und Philosophen John Gregory (1724–1773), sowie in den liberalen und sozialmedizinischen Impulsen des 19. Jahrhunderts zur Staats- und Gesellschaftsreform.

1. Kultur- und medizingeschichtliche Hintergründe in der Neuzeit

Erstens: Die Argumentation Rudolf Virchows und der Sozialmedizin im 19. Jahrhundert

Ein Vordenker des Rechts auf Gesundheit war der Mediziner und Sozialpolitiker Rudolf Virchow. Im Auftrag der preußischen Regierung reiste er im Frühjahr 1848 nach Oberschlesien, als dort eine Typhusepidemie wütete, um sich mit deren sozialen, ökonomischen und strukturellen Ursachen zu befassen. Zu den strukturellen Problemen des damaligen Gesundheitssystems und den Gründen, warum Krankheit und Seuchen Überhand nahmen, rechnete er die Armut, Wohnungsnot und Unterernährung der Bevölkerung sowie das Versagen der staatlichen preußischen Bürokratie. Einen kulturellen Hintergrund erkannte er in der geistigen Unselbständigkeit, in der die katholische Kirche das Volk in Oberschlesien lasse. Während der Typhusepidemie habe die katholische Geistlichkeit den Menschen zur schicksalhaften Ergebung in die Seuche geraten:

> „Wie groß das Vertrauen auf die Geistlichkeit war, hat auch diese Epidemie in vollem Maaße gezeigt. Viele glaubwürdige Männer haben mich versichert, daß die Leute mit einer gewissen Zuversicht dem Tode entgegengesehen hätten, der sie von einem so elenden Leben befreite und ihnen einen Ersatz in den himmlischen Freuden zusicherte. Wurde jemand krank, so suchte er nicht den Arzt, sondern den Priester; hülfen die heiligen Sacramente nichts, was sollte dann die armselige Arznei wirken?"[148]

Hiermit wird die Kirchenkritik deutlich, die der liberale Mediziner Virchow übte. Später, im Jahr 1873, hat er im preußischen Landtag den Begriff des „Kulturkampfes" geprägt, der sich heute für die politischen und weltanschaulichen Auseinandersetzungen zur Biomedizin neu eingebürgert hat. Er gehörte zu denjenigen, die in Preußen im Streit gegen die katholische Kirche liberale, freiheitlich-emanzipative, der Aufklärung verpflichtete Ideen geltend machten. Doch darüber hinaus suchte er sozial- und gesundheitspolitisch überhaupt *jeden,* auch jeden staatlichen Patriarchalismus zu überwinden. Ein bis zwei Jahrhunderte zuvor hatten sogar die Philosophen des Rationalismus und der Aufklärung, unter ihnen Leibniz, eine absolutistische Staatstheorie vertreten und dargelegt, die staatliche Obrigkeit solle für die Gesundheit der Untertanen in väterlicher Weise, also „von oben" her sorgen. Ähnlich äußerte sich der Mediziner Johann Peter Frank (1745–1821) in seinem „System einer vollständigen medizinischen Policey". Wie ein Vater gegenüber seinem Kind solle der staatliche Herrscher durch Gesetz und Verwaltungsmaßnahmen anordnen, was für die Untertanen gesundheitlich am besten sei.

Dieses patriarchalische Leitbild der absolutistischen Staatslehre wurde im 19. Jahrhundert nun durch die Kombination republikanischer, liberaler und sozialer Vorstellungen überwunden. Virchow schlug eine Reihe von Reformen vor, um die soziale Armut und Verelendung und die negativen Gesundheitsbedingungen zu bekämpfen, die nicht nur in Oberschlesien, sondern auch andernorts in der Bevölkerungsgruppe des „Proletariats", der „arbeitenden Klasse" herrschten. Zu den sozialen und gesundheitlichen Zuständen in Berlin hielt er 1848 fest: „In Berlin macht die Schwindsucht mehr als den neunten Teil aller Todesfälle aus und von den an der Schwindsucht Gestorbenen gehören fast 80% der arbeitenden Klasse an." Im gleichen Jahr betonte er in der Zeitschrift „Die medicinische Reform", dass dem Ärztestand eine neue sozialmedizinische Verpflichtung zufalle: „Die Ärzte sind die natürlichen Anwälte der Armen, und die soziale Frage fällt zu einem erheblichen Teil in ihre Jurisdiktion."[149]

Es ging Virchow freilich nicht nur um die Verantwortlichkeit der Ärzteschaft. Vielmehr verlangte er, der Staat müsse das Schutzrecht, den Schutzanspruch der Menschen auf Gesundheit als Zielbestimmung seines Handelns anerkennen und habe nachhaltig auf die Gesundheit der Bürger hinzuwirken. Er sprach hier bemerkenswerterweise sogar bereits explizit von „Nachhaltigkeit", benutzte also jenen Begriff, der dann im späten 20. Jahrhundert, seit den 1980er Jahren, ins Zentrum einer ökologischen, entwicklungsorientierten und die Lebensqualität sichernden Zukunftsethik und Zukunftspolitik gelangt ist. Schon Virchow forderte eine „nachhaltige", langfristig angelegte Steuerung gesundheitspolitischer Maßnahmen, die den Angehörigen aller Bevölkerungsgruppen, zumal dem Proletariat zugute kommen solle, und ließ seinen Gedankengang in die Idee eines Menschenrechts auf Gesundheit einmünden:

> „Nachhaltigere und sicherere Mittel müssen gefunden werden, um eine größere Regsamkeit der Arbeitskräfte zu entwickeln und zu unterhalten. Ich verlange nicht, daß der Staat als Arbeitgeber die Organisation der Arbeit in die Hand nehmen und damit ein neues Moment der Unfreiheit und Abhängigkeit der Einzelnen begründen sollte, allein ich bin der Ansicht, daß die Gesetzgebung und die Regierung die Verpflichtung haben, vernünftige Einrichtungen einzuleiten, welche den Verkehr erleichtern, durch Vermehrung der Cirkulation des Geldes das Einkommen der Einzelnen steigern und dem Arbeiter nicht bloß Existenz, sondern auch die Möglichkeit, durch Arbeit seine Existenz selbst zu begründen, verbürgen. *Eine vernünftige Staatsverfassung muß das Recht des Einzelnen auf eine gesundheitsgemäße Existenz unzweifelhaft feststellen".*[150]

Virchow war sich dessen bewusst – dies zeigen die zitierten Sätze –, dass es der staatlichen Zentralgewalt nicht gelingen kann, nur von oben („top down"), auf zentralistischer und staatlich-autokratischer Basis den Sozial- und Gesundheitsstandard der Bevölkerung abzusichern. Gleichwohl stehe der Staat in der Pflicht, zu gesundheitsförderndem Handeln die Initiative zu ergreifen. Hierzu solle die staatliche Exekutive mit den verschiedenen gesellschaftlichen Gruppen kooperieren, um gemeinsam mit ihnen „die Mittel und Wege, dieses Recht auch wirksam zu machen, aufzufinden."[151] Damit plädierte er für Synergien, die auf Aktivitäten der Bevölkerung *und* auf zentraler staatlicher Initiative beruhen sollten.

Im 19. Jahrhundert war Virchow zweifellos ein besonders namhafter Anwalt des Rechtes auf Gesundheit, aber keineswegs ein Einzelgänger. Andere Stimmen argumentierten in die gleiche Richtung, unter ihnen der Staatswissenschaftler Lorenz von Stein (1815–1890) oder verschiedene Mediziner: der Berliner Armen- und Arbeiterarzt Salomon Neumann (1819–1908) mit seiner Schrift „Die öffentliche Gesundheitspflege und das Eigenthum" aus dem Jahr 1847 oder der Berliner Arzt für Psychiatrie Rudolf Leubuscher (1822–1861) mit seinem Aufsatz „Zur Reform der Sanitätspolizei" von 1848. Leubuscher war gemeinsam mit Virchow Herausgeber der sozialmedizinischen Wochenschrift „Die medicinische Reform". Es wurde sogar vorgeschlagen, das Recht auf Gesundheit in der 1849 verabschiedeten Paulskirchenverfassung zu verankern.[152]

Sozialgeschichtlich erklären sich diese Initiativen daraus, dass im 19. Jahrhundert die Industrialisierung Mitteleuropas erfolgte und die „soziale Frage" aufbrach. Oberschlesien oder

Berlin waren keine Einzelfälle. Ausbeutung und Verelendung des Industrieproletariats, dramatische gesundheitspolitische Missstände einschließlich schlechter Ernährung und Wohnungsverhältnisse für breite Bevölkerungsschichten, namentlich extreme Not und Gesundheitsschäden von Kindern herrschten allgemein. Noch im Jahr 1881 betrug die Säuglingssterblichkeit in Deutschland zum Teil über 40%. Das erste deutsche Arbeitsschutzgesetz wurde in Preußen im Jahr 1839 erlassen, um die Kinderarbeit zu begrenzen. Das „Regulativ über die Beschäftigung jugendlicher Arbeiter in Fabriken" untersagte Arbeit von Kindern unter 9 Jahren und legte für die 9- bis 16-Jährigen eine Höchstarbeitszeit von 10 Stunden fest. Nacht-, Sonn- und Feiertagsarbeit für Kinder wurde nun unterbunden. In England war die Nachtarbeit von Kindern schon 35 Jahre früher, im Jahr 1804, verboten worden. Eine Initiative, die der preußische Kultusminister von Altenstein 1818 ergriffen hatte, war gescheitert; erst die Intervention des preußischen Militärs führte zur Eindämmung der Kinderarbeit. 1828 teilte der preußische Generalleutnant von Horn dem Kriegsministerium mit, in der Rheinprovinz seien aufgrund von Nachtarbeit die Gesundheitsschäden von Kindern so groß geworden, dass das Armeekontingent nicht mehr gestellt werden könne. Deswegen erließ der preußische König Friedrich Wilhelm III. eine Kabinettsordre, man möge ihm Vorschläge zur Verhütung der Verkrüppelung der Jugend vorlegen.

> Weltweit ist die Problematik der Kinderarbeit und der Rekrutierung von Kindersoldaten noch heute ungelöst. Die Zahl der Kindersoldaten, unter ihnen Neunjährige, belief sich 2008 auf ca. 250 000; gegenüber den zurückliegenden Jahren blieb sie praktisch unverändert.[153] Was Kinderarbeit anbelangt, so ermittelte die Internationale Arbeits-Organisation in Genf im Jahr 2002, dass ungeachtet der internationalen Konvention gegen die schlimmsten Formen der Kinderarbeit von 1999 weltweit 246 Millionen Kinder in unvertretbarer Form mit Kinderarbeit beschäftigt sind. Diese Zahl schließt mehr als 180 Millionen Kinder ein, die unter „worst forms of child labor" leiden.[154]

Wie bedrückend in Deutschland im 19. Jahrhundert die sozialen und hygienischen Lebensbedingungen waren, zeigt sich daran, dass in Preußen zwischen 1831 und 1873 neun Choleraepidemien gezählt wurden; allein 1866 starben in Preußen 114 683 Personen an Cholera. Es ist auch noch einmal an Virchows Angaben über die Tuberkulose in Berlin zu erinnern. Indem man im 19. Jahrhundert ein Menschenrecht auf Gesundheit postulierte, wurde präzis auf den Begriff gebracht, dass im Rahmen der überfälligen sozialpolitischen Reformen vorrangig auf das Gesundheitswesen und die Gesundheitsvorsorge zu achten war.

Zweitens: Philosophisches Naturrecht, Aufklärungsphilosophie und neuzeitliche Staatstheorie
Argumentativ stützten sich die Vordenker des Rechtes auf Gesundheit auch auf ältere rechtsphilosophische Theorien. Im 17./18. Jahrhundert hatten Philosophen wie John Locke, Moses Mendelssohn oder Immanuel Kant der Idee unveräußerlicher individueller Menschenrechte zum Durchbruch verholfen. Ein Beweggrund, für jeden einzelnen Menschen unverletzliche persönliche Grund- und Menschenrechte einzufordern, war die Toleranz gewesen. Der Staat sollte das Recht jedes Menschen auf seine Gewissensüberzeugung und die Religionsfreiheit schützen – dies gehört zu den Ausgangspunkten der neuzeitlichen Menschenrechte. Daneben repräsentiert das Recht auf Eigentum einen weiteren Ansatzpunkt. Für die Aufklärungsphilosophen Hugo Grotius, John Locke oder G.W. Leibniz galten Leib

und Leben als die Kernbereiche des persönlichen Eigentums, das als Menschenrecht zu schützen sei (s.o. S. 38f). Im 19. Jahrhundert knüpfte man daran an. Der Berliner Arzt Salomon Neumann argumentierte in seiner Schrift „Die öffentliche Gesundheitspflege und das Eigenthum" von 1847 mit folgender Logik: Im Staat sei das Recht des Eigentums ein ganz vorrangiges Rechtsprinzip; für den materiell Besitzlosen stelle die Gesundheit das einzige ihm verbliebene Eigentum dar, das daher geschützt und gesichert werden müsse; insofern trage der Staat Verantwortung für die Gesundheit seiner Bürger. Da an die Stelle des Obrigkeitsstaates inzwischen der Rechtsstaat getreten sei, gelte zugleich der Grundsatz, dass der Staat seine Verantwortung für das Eigentum und konkret für die Gesundheit der Bürger nicht aus Barmherzigkeit, sondern aus Rechtsgründen wahrzunehmen habe.

Eine derartige Argumentation beinhaltete 1., dass jeder Einzelne ein *Recht,* einen *Anspruch* auf den Schutz seiner Gesundheit hat. So sehr die Bürger für ihre Gesundheit und Lebensführung selbst verantwortlich sind, besitzen sie doch ein Anrecht darauf, dass der Staat die strukturellen Rahmenbedingungen hierfür sicherstellt und für gesundheitsverträgliche Lebensvoraussetzungen sorgt. Dies bedeutete 2., dass der Staat als Sozialstaat verstanden und zur aktiven Gesundheitspolitik verpflichtet wurde – freilich nicht mehr im alten patriarchalischen oder absolutistischen Sinn, dem zufolge die Obrigkeit gegenüber dem Untertan Fürsorge, Wohltätigkeit und gesundheitliche Aufsicht übe und dabei sogar in die Privatsphäre eingreifen dürfe.

Der Staatswissenschaftler Lorenz von Stein, im 19. Jahrhundert einer der Vordenker der Sozialreform, betonte die Abkehr vom alten Vater-Kind-Bild des absolutistischen Staates mit seiner „medizinischen Polizei" besonders nachdrücklich. Er versuchte, die Handlungs- sowie Freiheitsspielräume der Bürger einerseits, die Vorkehrungen des staatlichen Gesundheitswesens andererseits gedanklich in Einklang zu bringen. Jeder trage für seine persönliche Gesundheit individuell Verantwortung. Der Staat habe aber dasjenige bereitzustellen, was „für die Kraft des Einzelnen unerreichbar" sei. Der Sozialstaat – in damaliger Begrifflichkeit gesagt: das staatliche Sanitätswesen – solle für die individuelle Gesundheit die sozialen Voraussetzungen gewährleisten. Lorenz von Stein legte dar,

> „daß die Verwaltung immer nur da einzutreten hat, wo die Kraft des Einzelnen nicht mehr ausreicht, entweder sich vor Gefährdungen zu schützen, welche das Gesammtleben der Einzelgesundheit bringt, und die Thätigkeit der Verwaltung, welche diesen Schutz bringt, heißt die Gesundheitspolizei; – oder sie besteht darin die Bedingungen der Gesundheit in so weit herzustellen, als der Einzelne sich dieselben im Gesammtleben allein nicht zu schaffen vermag, und die Herstellung solcher positiver Bedingungen nennen wir wohl die Gesundheitspflege".[155]

Der Sache nach kannte man also schon im 19. Jahrhundert für die Gesundheitspolitik das Subsidiaritätsprinzip, das dann im 20. Jahrhundert begrifflich ausformuliert worden ist. Dieses besagt, dass in der Gesellschaftsordnung zunächst die kleineren dezentralen Gruppierungen (Verbände, vor Ort vorhandene Institutionen, überschaubare Gruppen und Gemeinschaften) für gesellschaftliche Aktivitäten zuständig sind. Sollten sie nicht in der Lage sein, die notwendigen sozialen Aufgaben zu erfüllen, hat hilfsweise (subsiduum: Hilfe, Unterstützung) der Staat einzutreten, so dass sein Handeln „von oben" die eigenständigen Bemühungen, die „von unten" her erfolgen, ergänzt.

Drittens: Normative Konsequenzen

Insofern berührten schon die Reflexionen des 19. Jahrhunderts Probleme, von denen bis heute sozial- und gesundheitspolitisch entscheidende Weichenstellungen abhängen. Man fragte danach, wie die persönliche Freiheit, darunter die gesundheitliche Selbstbestimmung und Eigenverantwortung der einzelnen Menschen einerseits, staatliches Handeln bzw. staatliche Schutz- und Fürsorgemaßnahmen andererseits einander zuzuordnen sind. Für das derzeitige Sozial- und Gesundheitswesen stellt sich diese Frage wieder verstärkt. Wie aktuell sie ist, zeigen die Debatten über Patientenrechte oder über Selbstverantwortung und Selbstbeteiligung der Patienten oder – anders gelagert – über staatliche Fürsorge versus Selbstbestimmung im Umgang mit dem Ende des Lebens. Zum Teil ist heute ein Rückfall in vormoderne Vorstellungen staatlicher Fürsorge zu beobachten (s.u. S. 260ff u.ö.). Auf den Punkt gebracht, bestehen im Verhältnis zwischen dem Individuum und dem Staat seit dem 19. Jahrhundert die normativ relevanten Aspekte darin,

– dass jeder einzelne Mensch ein Recht auf den Schutz seiner Gesundheit besitzt,
– dass die Einzelnen das Recht haben, über den Umgang mit Gesundheit und Krankheit selbst zu entscheiden,
– dass dem Staat eine Gewährleistungspflicht für die äußeren Rahmenbedingungen zufällt,
– wobei die staatlichen Vorgaben und Maßnahmen jedoch nicht in die bevormundende Logik eines Wohlfahrts- und Fürsorgestaates und in keinen Patriarchalismus umschlagen dürfen, der historisch überholt ist.

Die voranstehenden Erläuterungen haben geistesgeschichtlich zutage treten lassen, wie unerlässlich es ist, den Inhalt und Umfang des Rechtes auf Schutz der Gesundheit zu klären. Bevor nachfolgend moderne Präzisierungen zur Sprache gelangen, ist vorab kurzgefasst eine weitere historische Rückblende einzuschieben. Sie belegt, dass die Leitidee des Gesundheitsschutzes, die im 19. Jahrhundert – vor allem von Virchow – auf den Begriff gebracht worden ist, sogar bereits in der älteren Religionsgeschichte verankert ist.

Viertens: Seitenblick: Religiöse Zugänge zum Gesundheitsschutz

Ideell findet sich die Einsicht, dass Gesundheit zu den Bedingungen gelingender menschlicher Existenz gehört, quer durch die gesamte Geistes- und Kulturgeschichte. Auch in den Religionen ist herkömmlich eine Hochschätzung von Gesundheit anzutreffen, die bis zu utopischen Visionen vollkommener Gesundheit im Jenseits reichte.

Das Christentum hat Gesundheit als Zeichen der Zuwendung Gottes und als Symbol der Gerechtigkeit oder des Reiches Gottes verstanden. Seine Ausbreitung in der späten Antike verdankte sich wesentlich dem Sachverhalt, dass es ihm gelang, selbst zu einer Art Gesundheitsreligion zu werden, indem es Christus als Arzt deutete (s.o. S. 37). Die Alte Kirche übernahm die Anschauungen zur Heilkunst, die aus der griechischen und römischen Antike, d.h. aus den Schulen des Hippokrates und von Galen stammten.[156] Im Mittelalter orientierten sich die christlichen Universitäten am medizinischen Fortschritt, den die arabischsprachige orientalische Medizin repräsentierte und der sich mit den Ärzten und Philosophen Rhazes (865–925), Avicenna (980–1037) oder Abulkasis verband.[157]

Noch eindringlicher als im Christentum zeigt sich die Wertschätzung der irdischen Gesundheit z.T. im Islam sowie im Judentum (s.o. S. 63f). Jüdischer Sicht zufolge setzt die Sorge für das Leben und die Gesundheit sogar die kultischen und rituellen Gebote des jüdischen

Gesetzes, der Tora, außer Kraft. Für einen Juden ist es herkömmlich „bedingungslose Pflicht, nach Gesundheit zu streben, wenn er krank ist. Wenn jemand ernsthaft erkrankt ist, so ist es uns gestattet, den Shabbat zu entweihen, um das Leben zu retten".[158] In moderner Beerbung dieser religiösen Tradition gelten gegenwärtig in Israel oder im US-amerikanischen Judentum Präimplantationsdiagnostik, pränatale Diagnostik, therapeutisch orientierte Embryonenforschung oder andere gesundheitsdienliche Handlungsoptionen in einem viel größeren Umfang als legitim, als es in Deutschland der Fall ist (s.u. S. 154ff).[159]

In Deutschland wandten sich die christlichen Kirchen anlässlich der humanen embryonalen Stammzellforschung, der Reproduktionsmedizin und weiterer neuer medizinischer Verfahren immer wieder gegen eine „Ethik des Heilens" und gegen das Recht auf Gesundheit; sie erhoben den Einwand, es drohe eine Gesundheitsfalle und eine Verabsolutierung von Gesundheit (s.o. S. 39f). Abgesehen von anderen Gründen leuchtet diese restriktive Haltung angesichts der religiösen Traditionen nicht ein. Denn die heutige Einsicht, dass Gesundheit ein hochrangiges Gut und einen fundamentalen Wert darstellt und Menschen ein Recht auf den Schutz ihrer Gesundheit besitzen, ist nicht nur generell geistesgeschichtlich, sondern zugleich in den Religionen verwurzelt.

2. Das „Recht auf Gesundheit" heute:
Zwischen individuellem Schutzrecht und sozialem Anspruchsrecht

Heutige Definitionen und aktuelle Auslegungen des Rechtes auf Gesundheitsschutz, denen nun nachzugehen ist, haben sich seit der zweiten Hälfte des 20. Jahrhunderts herauskristallisiert. Den Bezug bildet der Gesundheitsbegriff selbst. Um ethisch sowie rechtlich den Sinn des Grundrechts auf Gesundheitsschutz zu erfassen, ist aber auch an die ältere Grundrechtstheorie Georg Jellineks (1851–1911) anzuknüpfen. Ihr zufolge lassen sich Grundrechte im status negativus, status positivus und status activus auslegen. So gesehen ist das Recht auf Gesundheit 1. als Abwehr- und Schutzrecht jedes Einzelnen, 2. als Leistungs- und Anspruchsrecht von Patienten sowie 3. als Beteiligungsrecht interpretierbar. Der dritte Aspekt konkretisiert sich im Recht von Patienten auf Information und Aufklärung durch den Arzt sowie in ihrem Recht auf Selbstbestimmung, was gesundheitsbezogene Entscheidungen anbelangt.[160]

Im Folgenden soll noch etwas weiter ausgegriffen werden. Das ethisch-rechtliche Deutungsspektrum des Gesundheitsschutzes wird in sieben Einzelaspekten dargelegt.

Erstens: Gesundheit als öffentliches Gut
Die Weltgesundheitsorganisation WHO hat die „Gesundheit der Völker" als Basisvoraussetzung für Frieden und Sicherheit und für das Zusammenleben weltweit bezeichnet. Sie sieht die Einzelstaaten in der Pflicht, zur Umsetzung dieser Zielbestimmung aktiv beizutragen und zwischenstaatlich zu kooperieren: „Die Errungenschaften jedes einzelnen Staates auf dem Gebiet der Pflege und des Schutzes der Gesundheit sind wertvoll für alle."[161] Demzufolge stellt Gesundheit ein öffentliches Gut dar, für das sich neben den Ärzten und der Forschung der Staat bzw. die Staaten engagieren sollen, ohne dass dies in einen neuen staatlichen Patriarchalismus umschlägt. Diese Einschätzung von Gesundheit als öffentliches

Gut, als Bezugspunkt öffentlicher Verantwortung oder – mit dem Bundesverfassungsgericht gesagt – als Gemeinwohlziel beruht darauf, dass die gesundheitliche Wohlfahrt der Bevölkerung unerlässlich ist für die Prosperität von Staat und Gesellschaft in jeder anderen – wirtschaftlichen, kulturellen und sonstigen – Hinsicht.

Zweitens: Gesundheitsschutz des Individuums als normativer Kern
Im Kern ist mit dem Recht auf Gesundheit allerdings die Gesundheit des Einzelnen selbst gemeint. Der Begriffsbildung moderner Philosophie und Ethik folgend bildet Gesundheit für jeden Menschen ein fundamentales, transzendentales oder konditionales Gut. Denn Gesundheit ist die Voraussetzung dafür, dass er seine Lebensziele sowie „höhere", nämlich ästhetische, moralische oder geistige Werte verwirklichen und zugunsten anderer handeln kann. In der hierarchia bonorum, der Ordnung der Güter[162], stellt Gesundheit einen präsittlichen Wert, ein elementares Gut oder – juristisch gesagt – ein unvertretbares Rechtsgut dar, das elementare Interessen der Person repräsentiert. Für viele Menschen handelt es sich um ein Gut, das fragil ist. Der Anspruch auf den Schutz der Gesundheit, den der Einzelne besitzt, lässt sich – wenn es z.B. um den Schutz von Arbeitnehmern vor Gesundheitsgefährdungen geht – ggf. gerichtlich einfordern. Sofern in der WHO-Satzung und in zahlreichen weiteren Dokumenten das Recht auf Gesundheit genannt wird, ist es deshalb primär als individuelles Menschenrecht, und zwar als negatives Abwehrrecht („status negativus") zu verstehen. Den Schutz der Gesundheit hat der Staat zu garantieren, genauso wie dies dem Grundgesetz Art. 2 Absatz 2 zufolge für den Schutz des Lebens und der körperlichen Unversehrtheit gilt.

Drittens: Die Dimension als soziales Anspruchsrecht
Darüber hinaus ist das Recht auf Gesundheit als soziales Anspruchs- oder als Leistungsrecht auszulegen („status positivus"). Daher ist es zusätzlich unter die Menschenrechte der zweiten und auch der dritten Generation zu subsumieren. Zur ersten Generation der Menschenrechte werden Freiheits- und negative Abwehrrechte gerechnet, d.h. das Recht auf Leben, auf Gewissensfreiheit, auf Eigentum oder das Recht auf Gesundheit im soeben erwähnten Sinn. Dieser Typus der Menschenrechte ist seit dem 19. Jahrhundert geltend gemacht worden. Zur zweiten Generation, die im wesentlichen dem 20. Jahrhundert entstammt, zählen politische Mitwirkungsrechte, darunter das allgemeine und gleiche Wahlrecht aller Bürgerinnen und Bürger, und wirtschaftliche, soziale und kulturelle Rechte, etwa das Recht auf Arbeit oder auf Bildung. Die dritte Generation repräsentiert ein nochmals ausgeweitetes Verständnis von Menschenrechten, das programmatisch seit den 1960er Jahren entfaltet wurde, z.B. das Recht auf Entwicklung.
Die Menschenrechte der zweiten und dritten Generation sind Anspruchsrechte. Aus ihnen lässt sich in der Regel kein *direktes* Anrecht des Einzelnen auf *bestimmte* staatliche Leistungen ableiten, das juridifizierbar wäre und von ihm aktuell eingeklagt werden könnte. Sie begründen keine unmittelbaren subjektiven Rechte der Bürger und sind nicht „self-executing". Bei ihrer Umsetzung besitzt der staatliche Gesetzgeber Gestaltungsfreiheit; er darf politische Prioritäten setzen und Ermessensspielräume ausschöpfen.[163] Jedoch machen sie auf die sozialen Voraussetzungen, z.B. die Wohnungs-, Ernährungs-, Bildungs- oder Hygienebedingungen aufmerksam, die gesichert sein müssen, damit der Bürger seine persönlichen Freiheits- und Selbstbestimmungsrechte, darunter die gesundheitliche Selbstbestimmung,

überhaupt ausüben kann. Im Kern ist dies bereits in der UN-Menschenrechtskonvention von 1948, der „Allgemeinen Erklärung der Menschenrechte", in Artikel 25 verankert:

> „Jeder Mensch hat Anspruch auf eine Lebenshaltung, die seine und seiner Familie Gesundheit und Wohlbefinden einschließlich Nahrung, Kleidung, Wohnung, ärztliche Betreuung und der notwendigen Leistungen der sozialen Fürsorge gewährleistet."

Für den Staat stellen die sozialen Anspruchsrechte Verpflichtungen dar, denen er so weit wie irgend möglich Genüge zu leisten hat. In diesem Sinn hat das Ziel des Gesundheitsschutzes und der gesundheitlichen Versorgung sehr hohen Rang. Für den einzelnen Staat, auch für die Bundesrepublik Deutschland, bedeutet der Gesundheitsschutz eine objektive Wertentscheidung, eine objektiv-rechtliche Inpflichtnahme und eine effektive rechtliche Bindung. Die ihm mit dem Recht auf Gesundheitsschutz vorgegebene Wert- und Zielbestimmung darf durch Untätigkeit oder Vernachlässigung des Ziels nicht verletzt werden.[164]

Wie wegweisend dieser Gedanke ist, zeigt sich exemplarisch daran, dass sich nun auch Behinderte auf das Grundrecht auf Gesundheitsschutz und -versorgung berufen können. Anders als es in der Vergangenheit der Fall war, können sie gegenüber dem Staat und der Allgemeinheit legitime *Ansprüche* erheben, in ihren Interessen berücksichtigt zu werden.

> Ansatzweise gelangte dies seit der Aufklärungsepoche und dem Preußischen Allgemeinen Landrecht von 1794 in den Blick. Heute wird die Garantenstellung des Staates zugunsten gesundheitlich benachteiligter und behinderter Menschen ungeachtet aller alltäglichen Rückschläge, politischen Streitigkeiten und ökonomischen Engpässe prinzipiell akzeptiert. Indem dem Recht auf Gesundheit gemäß jeder Einzelne ein Anrecht auf adäquate medizinische Versorgung und auf die Sicherung seiner Lebensbedingungen besitzt, hat es zur Überwindung früherer Auffassungen beigetragen, denen zufolge dauerhaft Kranke oder Behinderte allenfalls Adressaten von Fürsorge, Mildtätigkeit und Barmherzigkeit waren. Auf diese Weise hat es über alte religiöse oder moralische Leitbilder hinausgeführt, die die Barmherzigkeit und das Almosengeben betonten und hierin eine besondere Form religiöser Bewährung sahen.
> Zwar sind bis heute persönliches mitmenschliches Engagement und Nächstenliebe unerlässlich. Jedoch enthielt die frühere Wertschätzung von Mildtätigkeit und Almosen herablassende Züge: Sie konnte den Almosengeber in die Rolle des sozial Überlegenen und religiös Großmütigen rücken und Bedürftige oder Kranke hiermit subtil abwerten. Auf dieses psychologische Problem hat die moderne Religionskritik hingewiesen. Eine scharfzüngige Kritik an einer – wie er es nannte – religiösen „Mitleids-Moral" übte Friedrich Nietzsche (1844–1900). Dass das Recht auf Gesundheit die *eigenen* Belange und den legitimen menschenrechtlichen *Anspruch* von chronisch Kranken und Behinderten auf Förderung und gute Versorgung ins Licht rückt, stellt einen humanen sowie zivilisatorischen Fortschritt dar.

Dies führt zugleich zum nachfolgenden Teilaspekt:

Viertens: Nichtdiskriminierung in gesundheitlicher Hinsicht
Ein wesentlicher Teilaspekt des Rechtes auf Gesundheitsschutz – verstanden als individuelles Abwehr- sowie als soziales Anspruchsrecht – sind Gleichheit und Nichtdiskriminierung: Niemand darf von diesem Recht ausgegrenzt werden. Dies zeigen die Formulierungen der Weltgesundheitsorganisation von 1946 / 1948 – „Sich des bestmöglichen Gesundheits-

zustandes zu erfreuen, ist eines der Grundrechte jedes Menschen, ohne Unterschied der Rasse, der Religion, der politischen Überzeugung, der wirtschaftlichen oder sozialen Stellung" – und ist u.a. in der UN-Konvention über die Beseitigung aller Formen der Diskriminierung von 1969 bestätigt worden.

Fünftens: Entwicklungspolitische Dimension
Das Recht auf Gesundheit enthält zudem eine globale und entwicklungspolitische Komponente. Dieser Aspekt („global health governance") wird häufig übersehen. Schon 1948 hatte die Weltgesundheitsorganisation zwischenstaatliche Kooperationen und die weltweite Wahrung human angemessener Gesundheitsstandards angemahnt. Diese Vorgabe ist für die Entwicklungspolitik heutzutage aktueller denn je. Auf dem „Erdgipfel", der Konferenz der Vereinten Nationen über Umwelt und Entwicklung im Jahr 1992, wurde sie bekräftigt und für verbindlich erklärt. Zu den Pflichten, die die Weltgemeinschaft im Vorblick auf das 21. Jahrhundert vorrangig zu beachten habe, rechnete die in Rio de Janeiro verabschiedete Agenda 21 die Sicherung von gesundheitsgemäßen Lebensbedingungen. Das Kapitel 6 der Agenda 21 befasst sich mit „Schutz und Förderung der menschlichen Gesundheit" und entfaltet eine entwicklungspolitische Programmatik, die von der Sicherung der Gesundheitsversorgung im ländlichen Raum über den Infektionsschutz, gesundheitsbezogene Bildungsanstrengungen bis zur Vorsorge gegen Gesundheitsrisiken durch Umweltverschmutzung reicht.

Sechstens: Klarstellungen in internationalen Dokumenten
Die voranstehenden Bemerkungen haben die weitreichende Aussagekraft des Rechtes auf Gesundheit erkennbar werden lassen. Für ein nochmals genaueres Verständnis ist zu beachten, dass die internationalen Dokumente begriffliche Präzisierungen vorgenommen haben, aus denen hervorgeht, in welchem Sinn und in welchem Maß der Gesundheitsschutz für staatliches Handeln maßgebend sein soll.
Zu den Menschenrechtskonventionen, die das Recht auf Gesundheit kodifizierten, gehört der 1966 verabschiedete Internationale Pakt über die wirtschaftlichen, sozialen und kulturellen Rechte der Vereinten Nationen („Sozialpakt"). Er verpflichtet in Artikel 12 Absatz 1 die Vertragsstaaten, unter ihnen die Bundesrepublik Deutschland, „das Recht eines jeden auf das für ihn erreichbare Höchstmaß an körperlicher und geistiger Gesundheit" anzuerkennen. Erläuternd heißt es in Absatz 2:

> „Die von den Vertragsstaaten zu unternehmenden Schritte zur vollen Verwirklichung dieses Rechts umfassen die erforderlichen Maßnahmen a) zur Senkung der Zahl der Totgeburten und der Kindersterblichkeit sowie zur gesunden Entwicklung des Kindes; b) zur Verbesserung aller Aspekte der Umwelt- und der Arbeitshygiene; c) zur Vorbeugung, Behandlung und Bekämpfung epidemischer, endemischer, Berufs- und sonstiger Krankheiten; d) zur Schaffung der Voraussetzungen, die für jedermann im Krankheitsfall den Genuss medizinischer Einrichtungen und ärztlicher Betreuung sicherstellen."

Im Jahr 1989 hat die UN-Kinderrechtskonvention das Recht auf das individuell erreichbare Höchstmaß an körperlicher und geistiger Gesundheit nochmals speziell für Kinder unterstrichen: „Die Vertragsstaaten erkennen das Recht des Kindes auf das erreichbare Höchstmaß an Gesundheit sowie auf Inanspruchnahme von Einrichtungen zur Behandlung von Krankheiten und zur Wiederherstellung der Gesundheit an" (Artikel 24 Absatz 1).

In den letzten Jahren übernahm die Europäische Union eine Vorreiterrolle. Zum Gesundheitsschutz sowie zur Verbesserung der gesundheitlichen Versorgung hat sie zahlreiche Initiativen ergriffen, auf die noch zurückzukommen sein wird. Zu den Dokumenten, auf die sich die EU hierbei stützt, gehört die EU-Grundrechtscharta aus dem Jahr 2000, der zufolge durch die Politik der EU „ein hohes Gesundheitsschutzniveau sichergestellt" werden soll (Artikel II-35). Diese Bestimmung ist in den Vertrag von Lissabon eingegangen, den die Staats- und Regierungschefs der EU im Jahr 2007 beschlossen haben.

Indem internationale Dokumente von einem „hohen Gesundheitsschutzniveau" oder vom Anrecht der Menschen auf ein „Höchstmaß an Gesundheit" sprechen, so wie es „individuell erreichbar" sei, bieten sie wichtige Klarstellungen. Es wird deutlich, dass keinem illusionären oder utopischen Gesundheitsideal Vorschub geleistet wird. Dieser Aspekt ist deshalb so nachdrücklich herauszuheben, weil in der politischen Diskussion gegen soziale Anspruchsrechte – neben dem Recht auf Gesundheit z.B. das Recht auf Arbeit oder auf Bildung – oftmals der Vorbehalt erhoben wird, sie seien zu weitreichend, um überhaupt einlösbar zu sein. Was speziell die Gesundheit anbelangt, beachten die zitierten Menschenrechtskonventionen jedoch, dass die Endlichkeit und die Krankheitsanfälligkeit eine conditio humana, eine Grundbedingung des Menschseins sind. Vor diesem Hintergrund, d.h. auf der Basis eines wirklichkeitsnahen Menschenbildes, soll jeder Mensch eine faire Chance auf das gesundheitliche Wohl besitzen, das für ihn persönlich erreichbar ist. Hiermit wird vermieden, von einer abstrakten gesundheitlichen Normalität auszugehen, die dem Einzelnen in seiner jeweiligen Konstitution und Lebenssituation gar nicht gerecht würde, oder ein überdehntes Gesundheitsideal zu postulieren.

Insofern ist die Verpflichtung politischen Handelns auf das gesundheitliche Wohl der Menschen deutlich abgrenzbar von jeder Verklärung, utopischen Überhöhung oder Vision staatlicher „Machbarkeit" von Gesundheit. Überdehnungen des Gesundheitsideals finden sich nicht nur in der Geistesgeschichte, etwa in den Renaissance-Utopien oder in Ernst Blochs „Prinzip Hoffnung"[165], sondern in moderner Version z.B. bei dem medizinischen Bestseller-Autor Dietrich Grönemeyer: „Ohne Gesundheit ist alles nichts … Nur gesunde Menschen können durch ihre Leistungen für Prosperität und Wohlstand sorgen".[166] Grönemeyer zufolge soll in Deutschland ein Gesundheitswirtschaftsministerium zum Mittelpunkt des Regierungshandelns schlechthin werden. Derart einseitige Aussagen eines „healthism" stehen mit dem ausgewogenen Verständnis des Gesundheitsschutzes, das für die Ethik und für internationale Verträge oder Menschenrechtskonventionen maßgebend ist, nicht in Einklang.

Internationale Dokumente sprechen überdies statt vom „Recht auf Gesundheit" oftmals präzis vom Recht auf den „Schutz" der Gesundheit. Diese Formulierung, die im hier vorliegenden Buch durchweg übernommen worden ist, findet sich in der Europäischen Sozial-Charta von 1961. Deren Artikel 11 trägt den Titel „Das Recht auf Schutz der Gesundheit" und enthält als Näherbestimmung:

> „Um die wirksame Ausübung des Rechtes auf Schutz der Gesundheit zu gewährleisten, verpflichten sich die Vertragsparteien, entweder unmittelbar oder in Zusammenarbeit mit öffentlichen oder privaten Organisationen geeignete Maßnahmen zu ergreifen, die u.a. darauf ab-

zielen, 1. so weit wie möglich die Ursachen von Gesundheitsschäden zu beseitigen; 2. Beratungs- und Schulungsmöglichkeiten zu schaffen zur Verbesserung der Gesundheit und zur Entwicklung des persönlichen Verantwortungsbewusstseins in Fragen der Gesundheit; 3. so weit wie möglich epidemischen, endemischen und anderen Krankheiten vorzubeugen".

Der Text nennt den Vorbehalt, dass die Vertragsstaaten den Gesundheitsschutz „so weit wie möglich" gewährleisten sollen. Neben der subjektiven Seite der Realisierbarkeit, der gesundheitlichen Konstitution der einzelnen Menschen, tritt auf diese Weise eine objektive Begrenzung, nämlich die strukturelle Grenze dessen zutage, was der Staat in finanzieller, verteilungspolitischer, technologischer und kultureller Hinsicht faktisch zu leisten vermag. Durch den Vorbehalt „so weit wie möglich" wird das Recht auf Gesundheitsschutz endgültig jedes utopischen Charakters entkleidet – was der realitätsgerechten und zügigen Umsetzbarkeit zugute kommt.

Siebtens: Fragen der rechtlichen Verbindlichkeit
Auf die rechtliche Verbindlichkeit und faktische Durchsetzbarkeit des Rechtes auf Gesundheitsschutz kann hier nicht detailliert eingegangen werden. Auf der Basis der Europäischen Sozialcharta von 1961 besteht beim Europäischen Gerichtshof für Menschenrechte in Straßburg ein Klagerecht.[167] Damit verbürgt die Sozialcharta weitergehende Rechte als der Internationale Pakt über die wirtschaftlichen, sozialen und kulturellen Rechte der Vereinten Nationen von 1966, aus dem kein individuell einklagbarer Rechtsanspruch resultiert. Beim Sozialpakt von 1966 handelt es sich mehr um eine moralische Verpflichtung der Vertragsstaaten als um eine strikte Rechtsverbindlichkeit, auf die Einzelne sich berufen könnten und die von Seiten der Staatengemeinschaft oder vor einem internationalen Gericht wirksam durchgesetzt werden könnte. Er sieht aber immerhin vor, dass die Vertragsstaaten über die Einhaltung der eingegangenen Vereinbarungen regelmäßig berichten (System der Staatenberichtspflicht).
In der deutschen Verfassung ist das Recht auf Gesundheitsschutz und auf gesundheitliche Versorgung nicht explizit als eigenständiges Rechtsgut erwähnt, wie es in der Bundesverfassung der Schweizerischen Eidgenossenschaft der Fall ist (Art. 118) oder bei den Verfassungsreformplänen in Österreich nach 2000 erwogen wurde. Indirekt beinhaltet die deutsche Verfassung das Recht auf Gesundheitsschutz aber sehr wohl. In seiner gedanklichen Substanz lässt es sich aus Artikel 1 des Grundgesetzes, der Menschenwürde, und darüber hinaus aus Artikel 2 Absatz 2, dem Recht auf Leben und körperliche Unversehrtheit als Abwehr- und Schutzrecht ableiten.[168] Schon 1981 war juristisch bilanziert worden, dass der Sache nach das Recht auf Gesundheit auch in der Bundesrepublik Deutschland ein gültiges und wirksames Rechtsprinzip darstellt, und zwar sowohl im Blick auf die Gesundheit Einzelner wie auch darauf, für größere Bevölkerungsgruppen gesundheitliche Gefahren abzuwehren:

„Überwiegend gestattet und gebietet die Verfassung … eine weitergehende Vorverlagerung des Gesundheitsschutzes im Sinne einer Gefahrenvorsorge, mit der bereits der Eintritt von Gefahren vorbeugend, ‚vorsorglich', verhindert werden soll. Das betrifft beispielsweise die Zulässigkeit von Grundrechtseinschränkungen aus Gesichtspunkten der Hygiene …, Schutzimpfungen ohne konkreten Gefahrenanlass, Maßnahmen zur Früherkennung von Tuberkulose, Vermeidung von gesundheitsgefährdender Luftverschmutzung und Lärmerzeugung, des Arbeitsschutzes, einen großen Teil spezieller ordnungsrechtlicher Vorschriften (z.B. zahlreiche bauordnungsrechtliche und gewerberechtliche Bestimmungen)."[169]

Seinerzeit wurde argumentiert, die Verbindlichkeit des Rechtes auf Gesundheit lasse sich aus der Rechtsprechung, dem Richterrecht sowie aufgrund von Grundrechtsschranken aufzeigen, insofern andere Grundrechte durch das Recht auf Gesundheit faktisch relativiert werden. Davon abgesehen: Der Gesundheitsschutz ist in völkerrechtlich verbindlichen internationalen Konventionen festgeschrieben, denen die Bundesrepublik beigetreten ist. Ferner hat er in einzelnen Gesetzen seinen Niederschlag gefunden (z.B. Bürgerliches Gesetzbuch § 823 Absatz 1; Gewebegesetz vom 20. Juli 2007 § 16a). Daher ist er auch im Inland unhintergehbar.

3. Gesundheitsschutz im Licht der deutschen und der europäischen Rechtsordnung

Der hohe Stellenwert, den das Grundrecht auf Gesundheitsschutz für die Rechtsordnung besitzt, sei an repräsentativen Belegen verdeutlicht. Nachfolgend wird 1. dargelegt, dass bei rechtlichen Abwägungen der Gesundheitsschutz sogar höheren Rang besitzen kann als andere gewichtige Grundrechte, zu denen die Religionsfreiheit, das Erziehungsrecht der Eltern oder die Berufsfreiheit und das Persönlichkeitsrecht zählen. Danach werden 2. neuere bahnbrechende Initiativen der Europäischen Union hervorgehoben, die der konkreten politischen und rechtlichen Durchsetzung des Gesundheitsschutzes zugute kommen und medizinethisch sehr zu befürworten sind.

Erstens: Abwägungen von Rechtsgütern

Bei Güterabwägungen geraten Gesundheitsschutz und sonstige Grundrechte, darunter die Religionsfreiheit, immer wieder in Widerspruch. Auch die deutsche Rechtsordnung billigt dem Gesundheitsschutz häufig den Vorrang zu. Dies sei mit einigen Beispielen belegt.
– Die Glaubensfreiheit wird im Grundgesetz in Artikel 4 ohne Gesetzes- und Schrankenvorbehalt garantiert. Eingrenzungen sind eigentlich nur dann vorstellbar, wenn eine direkte Kollision mit anderen Grundrechten vorliegt. Faktisch führt der Gesundheitsschutz – obwohl im Grundgesetz als Grundrecht nicht explizit erwähnt – in bestimmten Fällen zur Beschränkung der Glaubensfreiheit. Z.B. ist es nicht möglich, dass Menschen aus eigenen Glaubensmotiven heraus für ihre Angehörigen, die sich selbst nicht äußern können – darunter Säuglinge oder alte Patienten –, Operationen untersagen. Eltern, die den Zeugen Jehovas angehören, dürfen für ihre Kinder eine gesundheits- und lebensrettende Bluttransfusion nicht verweigern. Hierdurch wird neben der Glaubensfreiheit zugleich das in Artikel 6 des Grundgesetzes gewährleistete Erziehungsrecht der Eltern relativiert. Obwohl Art. 6 den tragenden Grundrechten der Verfassung zugerechnet wird, dürfen die Befugnisse und Entscheidungen von Erziehungsberechtigten in bestimmten Fällen begrenzt werden, wenn dies nämlich um des gesundheitlichen Wohles und der Lebensrettung eines Kindes willen unerlässlich ist. Zur Bluttransfusion bei Zeugen Jehovas urteilte das Oberlandesgericht Hamm 1968, dass „die religiös motivierte Fernhaltung ärztlicher Hilfe von einem lebensgefährlich verletzten oder erkrankten Schutzbefohlenen

(Verweigerung der Zustimmung zu einem Blutaustausch bei einem Kind) … nicht durch die Berufung auf die Religionsfreiheit gerechtfertigt" ist.[170]

– Darüber hinaus ist im Sinn der Eingrenzung der Religionsfreiheit rechtlich hervorzuheben, dass an Kindern keine gesundheitsbelastenden oder -gefährdenden Eingriffe, z.B. Beschneidung, gar weibliche Genitalverstümmelung, durchgeführt werden dürfen, selbst wenn Eltern dies aus religiösen, ggf. aus islamischen Motiven heraus verlangen.[171] Auch die Beschneidung von Jungen „bewirkt eine körperliche Veränderung, die nicht rückgängig gemacht werden kann". Sie kann abgesehen von eventuellen Gesundheitsaspekten, d.h. „auch dann, wenn sie keine gesundheitlichen Nachteile mit sich bringt", im Übrigen eine Verletzung der Persönlichkeitsrechte des heranwachsenden Kindes darstellen. Daher sprach im Jahr 2007 das Oberlandesgericht Frankfurt/M. dem Betroffenen rückwirkend Schmerzensgeld zu.[172]

– Anders gelagert: Schon im Jahr 1955 hat der Bayerische Verfassungsgerichtshof es Angehörigen einer religiösen Sekte, nämlich der Christian Science in Bayern, verwehrt, sich unter Berufung auf die Glaubensfreiheit gesetzlichen Maßnahmen zur öffentlichen Gesundheitsvorsorge – im konkreten Fall: Röntgenreihenuntersuchungen auf Tuberkulose – zu entziehen: „Das Gericht hat damit anerkannt, dass die Bekämpfung übertragbarer Krankheiten und die Beseitigung der durch sie drohenden Gefahren für eine unbestimmte Vielzahl dritter, ansteckungsgefährdeter Personen Vorrang vor der Glaubensfreiheit hat."[173]

Die Hinweise und Belege zeigen, dass das Recht auf Gesundheitsschutz in bestimmten Konfliktfällen namentlich gegenüber der Religionsfreiheit höheres Gewicht besitzt. Das Gleiche gilt in der Korrelation mit sonstigen Grund- und Freiheitsrechten.

– Als Beispiel: Das Bundesverfassungsgericht hat „eine Einschränkung des Grundrechts auf freie Entfaltung der Persönlichkeit (Art. 2 Abs. 1 GG) im Interesse der ‚Volksgesundheit' für zulässig erachtet", als es 1960 entschied, überalterten Ärzten dürfe eine weitere Ausübung ihrer beruflichen medizinischen Tätigkeit untersagt werden.[174] Hierbei handelt es sich sicherlich um ein recht spezielles Beispiel, durch das aber angedeutet wird, dass dem Gesundheitsschutz für Beschlüsse des Bundesverfassungsgerichts schon seit längerem tragende Bedeutung zukam.

> Heute ist der konkrete Sachverhalt, die Altersbegrenzung und Kassenzulassung für Ärzte, anders geregelt. Wiederum unter Berufung auf die gesundheitliche Versorgung der Bevölkerung wird die Altersgrenze für Ärzte im Jahr 2008 voraussichtlich sogar ganz aufgehoben werden.

– Eine andere Abwägungskonstellation: Bei Seuchengefahr darf die Freizügigkeit von erkrankten Personen eingeschränkt werden, um Dritte vor der Krankheitsgefahr zu schützen. Normativ maßgebend ist der Gesundheitsschutz derer, die von der Seuche noch nicht in Mitleidenschaft gezogen sind; er besitzt Vorrang vor dem grundrechtlichen Anspruch auf Freizügigkeit der erkrankten Personen.

Gesundheitspolitisch wurde 2002 erwogen und vom Robert Koch-Institut in Berlin organisiert, dass der Staat Pockenschutzimpfungen durchführt und hierfür eine entsprechende Logistik sowie Vorratshaltung aufbaut, um bei bioterroristischen Angriffen den Gesundheitsschutz der Bevölkerung zu gewährleisten. Den Anlass bildeten der Anschlag islamischer Extremisten auf das World Trade Center in New York und das Pentagon in Washington am 11. September 2001 sowie die Befürchtung, verschiedene Staaten könnten biologische Kampfstoffe bereithalten. Denkbar ist, dass im Fall einer Pockeninfektion auch in Deutschland der Staat Massenimpfungen anordnet, um die Bevölkerung vor einer Gesundheitskatastrophe zu bewahren.

Nun stellt eine derartige Massenimpfung einen Eingriff in Grundrechte, nämlich in die Selbstbestimmungsrechte und in die körperliche Integrität von Bürgern dar; dieser Grundrechtseingriff bedarf der Rechtfertigung. Die gesetzliche Grundlage bietet nach Aussage des Bundesgesundheitsministeriums das Infektionsschutzgesetz, dem zufolge das Ministerium durch Rechtsverordnung anordnen darf, „dass bedrohte Teile der Bevölkerung an Schutzimpfungen oder anderen Maßnahmen der spezifischen Prophylaxe teilzunehmen haben, wenn eine übertragbare Krankheit mit klinisch schweren Verlaufsformen auftritt und mit ihrer epidemischen Verbreitung zu rechnen ist. Das Grundrecht der körperlichen Unversehrtheit … kann insoweit eingeschränkt werden" (§ 20 Absatz 6 des Gesetzes).

Das Beispiel erweist erneut, dass der Schutz der Gesundheit Einzelner und der Gesamtbevölkerung ggf. über andere Grundrechte dominiert. Auf dieser Linie liegt ebenfalls, dass die Gesundheitsminister der Europäischen Union im Jahr 2002, freilich gegen die Stimmen von Großbritannien und Deutschland, mit dem Argument des Gesundheitsschutzes ein weitgehendes Verbot der Tabakwerbung beschlossen haben. Unter Berufung auf den Gesundheitsschutz ließ sich 2007 sogar in der – hierin sehr zögerlichen – Bundesrepublik Deutschland auf Bundes- und auf Länderebene politisch ein sehr weitreichender Nichtraucherschutz durchsetzen. Das Bundesverfassungsgericht hat das hohe Gewicht des Gesundheitsschutzes als Begründungsargument für das gesetzliche Verbot des Rauchens in der Öffentlichkeit bestätigt, selbst wenn einige Einzelheiten der Umsetzung politisch und rechtlich zur Zeit (August 2008) umstritten sind.[175]

Zweitens: Impulse der EU zugunsten des Gesundheitsschutzes

Es ist insbesondere das Verdienst der Europäischen Union, zugunsten des Gesundheitsschutzes sowie der Verbesserung der gesundheitlichen Versorgung politische Dynamik zu erzeugen. Neben den Initiativen der EU zum Gesundheitsschutz von Nichtrauchern sind u.a. die Brüsseler Bemühungen zu nennen, die die gesundheitliche Versorgung von Kindern oder die Erforschung von Medikamenten zur Behandlung seltener Krankheiten betreffen. Ferner trug die EU Sorge, aus Gründen des Gesundheitsschutzes Verfahrensstandards und Regularien für neuartige medizinische Verfahren und Technologien („advanced therapies") zu etablieren.

Die EU-Verordnung zur Anerkennung von Produkten der Gewebezüchtung als Arzneimittel für neuartige Therapien („advanced therapies") umfasst dabei auch Medizinprodukte oder Verfahren, die auf der Forschung an humanen embryonalen Stammzellen beruhen. Als die Verordnung im europäischen Parlament beraten wurde, intervenierten die Kirchen. Die Brüsseler Vertretung der Evangelischen Kirche in Deutschland (EKD) verschickte am 5. April 2007 sogar einen Brief an Abgeordnete des Parlaments, der sich gegen die Regelung wandte. Die Kirchen wollten verhindern (!), dass eventuell einmal Patienten in Deutschland gesundheitsdienliche Therapien in Anspruch nehmen könnten, die durch humane embryonale Stammzellforschung zustandegekommen sind.[176] Im Gegenzug machte der zuständige EU-Kommissar Günter Verheugen darauf aufmerksam, dass neben den moralischen Vorbehalten einzelner Länder, die für ihren nationalen Bereich solche neuartigen medizinischen Verfahren nicht tolerieren wollen, die anderen Staaten ernst zu nehmen sind, die Kranken den gesundheitlichen Nutzen neuer Therapieansätze zukommen lassen wollen.

Das EU-Parlament hat sich den Einwänden, die vor allem aus Deutschland kamen, im Jahr 2007 aus gutem Grund nicht angeschlossen. Um ihren Verordnungsentwurf für „advanced therapies" zu begründen, hatte die EU-Kommission ihrerseits hervorgehoben, maßgebend sei „die Gewährleistung eines hohen Gesundheitsschutzniveaus für europäische Patienten, die mit Produkten für neuartige Therapien behandelt werden."[177]

Eine Konsequenz der Verordnung wird darin bestehen, dass der deutsche Staat Patienten im Inland gesundheitsdienliche Ergebnisse der embryonalen Stammzellforschung auf Dauer nicht wird vorenthalten können – was ethisch auch ganz unhaltbar wäre. Hierauf hat im Jahr 2007 zu Recht der Präsident der von der EU-Kommission eingesetzten European Group on Ethics, Göran Hermeren, hingewiesen: „Nicht jeder hat genug Geld, um in ein Land zu fahren, das die Therapie anbietet, die er benötigt ... Der Moment der Wahrheit kommt für Deutschland und für vergleichbare Länder, sobald die erste Therapie für die Bürger verfügbar wird".[178] Unter Umständen wird dies auf dem Rechtsweg zu klären sein (zu weiteren Einzelheiten s.u. S. 141ff, S. 145).

Bahnbrechend im Sinn des Gesundheitsschutzes ist sodann die Chemikalienpolitik der EU. Am 01.06.2007 trat die EU-Verordnung Nr. 1907/2006 zur Registrierung, Bewertung, Zulassung und Beschränkung chemischer Stoffe REACH in Kraft („Registration, Evaluation, Authorisation of Chemicals"). Die Hersteller oder Importeure von Chemikalien müssen dieser Verordnung gemäß belegen, dass die von ihnen angebotenen Substanzen oder Produkte keine Gefährdung der Umwelt und kein Risiko für die menschliche Gesundheit mit sich bringen. Die Vorschrift betrifft neu auf den Markt gebrachte, aber auch „alte" Chemikalien, die nachträglich geprüft werden müssen, und zwar auch auf ihre Reproduktions-, Entwicklungs- und Neurotoxizität hin.

Hierdurch hat die REACH-Verordnung im Dienst des Gesundheitsschutzes und der gesundheitlichen Prävention eine Umkehr der Beweislast vorgenommen und faktisch einen Paradigmenwechsel bewirkt. Während in der Vergangenheit Verbraucher oder Behörden nachweisen mussten, dass bestimmte chemische Substanzen gesundheitliche Schäden ausgelöst haben, hat jetzt der Produzent seinerseits vorab zu belegen, dass ein in Verkehr gebrachter Stoff gesundheitlich unbedenklich ist. Dieser Durchbruch – die Umkehr der Beweislast – veranschaulicht, dass sich Fortschritte für den Gesundheitsschutz in hohem Maß ausländischen und europäischen Anstrengungen, namentlich der Rechts- und Gesundheitspolitik der EU, verdanken.

Dennoch ist zum Stellenwert des Gesundheitsschutzes im Inland festzuhalten, dass er auch hier integraler Bestandteil der Werteordnung der Verfassung ist. Obwohl das Bonner Grundgesetz den Gesundheitsschutz als solchen nicht in den Grundrechtsteil aufgenommen hat, entspricht er dessen Intentionen und ist er indirekt aus ihm ableitbar. Historische Erinnerungen bekräftigen diese Einschätzung. Schon in der Paulskirchenverfassung von 1849 sollte ein Recht auf Gesundheit verankert werden. Im Jahr 1919 war die Weimarer Reichsverfassung im Bemühen, das hohe Gut der menschlichen Gesundheit verfassungsrechtlich zu würdigen, recht weit gegangen. Sie postulierte eine Verpflichtung zum Gesundheitsschutz, die der Staat durch den Ausbau des Arbeitsschutzrechts und der Sozialversicherung umsetzen sollte. Die Weimarer Verfassung sah es als Staatsaufgabe an, „jedem Deutschen eine gesunde Wohnung … zu sichern" (Art. 155) und zum Zweck der „Erhaltung der Gesundheit" ein „umfassendes Versicherungswesen unter maßgebender Mitwirkung der Versicherten" einzuführen (Art. 161). In der Gegenwart wirken sich zusätzlich die politischen und rechtlichen Impulse aus der EU aus; innerstaatliches Recht muss im Licht der EU-Rechtsnormen ausgelegt werden.

Vor diesem Hintergrund sind nun normative Anschlussfragen zu bedenken, die sich aus dem Gesundheitsschutz ergeben. Vor allem geht es darum, ob dem Recht auf Gesundheitsschutz, das der Einzelne gegenüber Staat und Gesellschaft geltend machen kann, Pflichten korrespondieren, denen er hinsichtlich einer gesundheitsgemäßen Lebensführung Genüge leisten sollte.

VII. Vorbeugender Gesundheitsschutz im Gesundheitssystem. Notwendigkeit und Zielkonflikte

1. Pflicht zur Gesundheit als normativer Problempunkt

Erstens. Das Recht der Bürger auf Schutz der Gesundheit, das auch inländisch hohen Rang hat, erlegt dem Staat die Aufgabe auf, Maßnahmen zur Krankheitsvorbeugung zu treffen, z.B. arbeitsmedizinische Schutzvorschriften angesichts von Strahlenbelastung oder Belastung durch Chemikalien in der Industrie zu erlassen oder Programme zur gesundheitlichen Vorsorge, etwa zur Früherkennung von Herz-Kreislauf-Erkrankungen oder zur Krebsfrüherkennung in Gang zu bringen. Im Jahr 2003 erfolgte eine gesundheitspolitische Verständigung darauf, für Frauen zwischen 50 und 69 Jahren flächendeckend die Früherkennungs-Mammographie zur Verfügung zu stellen und eine Röntgenuntersuchung als Kassenleistung abzurechnen. Langzeitstudien hatten belegt, dass ein solches Brustkrebsscreening das Erkrankungsrisiko von Frauen signifikant verringert. Derartige Programme sind medizinisch sinnvoll und ethisch geboten, weil sie dazu beitragen, individuelles Leid zu vermeiden. Ihre Einzelbestimmungen bedürfen indessen steter Reflexion. Beim Brustkrebsscreening stellen sich kritische Rückfragen 1. angesichts der Beschränkung auf eine bestimmte Altersgruppe (50 bis 69 Jahre) und 2. deshalb, weil die bislang übliche Röntgenmammographie nicht alle Krankheitsfälle erfasst. Für die Brustkrebsdiagnostik wurde 2007 etwa die bildgebende Kernspintomographie (MRI) in die Debatte eingebracht.[179] Daher sind permanent Anschlussüberprüfungen erforderlich, die Kosten und Nutzen, Aufwand und Erfolgsaussicht von Präventionsprogrammen abwägen.

Der Fortschritt der modernen Medizin wird generell dazu führen, dass der gesundheitlichen Prävention zukünftig größere Bedeutung zufallen wird denn je. Dieser Sachverhalt wurde oben am Beispiel der prädiktiven genetischen Krebsdiagnostik erörtert. Zugleich wurden menschliche Probleme angesprochen, die sich verstärkt ergeben werden, darunter die Gefahr, dass Patientinnen oder Patienten durch die Kenntnis von Krankheitsdispositionen und die Last der Vorsorge für ihre persönliche gesundheitliche Zukunft psychisch und rational überfordert werden (s.o. S. 67ff). Ethisch resultiert hieraus die Schlussfolgerung, dass neben der medizinischen Diagnostik das Angebot kompetenter ärztlicher sowie psychosozialer Beratung auszubauen ist, und zwar in niedrigschwelliger Form, also ohne Hemmschwellen der Berührungsangst.

Es sind jedoch noch weitere Anschlussfragen zu bedenken. Wenn vorbeugende Untersuchungen oder vorsorgliches Gesundheitsverhalten *vorgeschrieben* würden und die Nichtbeachtung *sanktioniert* würde (etwa dadurch, dass die Kassen die Krankheitskosten nicht mehr vollständig übernähmen, sofern Patienten bestimmte Vorsorgemaßnahmen unterlassen), bräche ein Konflikt auf zwischen medizinisch sinnvoller und sachlich begründbarer Prävention einerseits, dem Recht auf Freiheit und Selbstbestimmung andererseits. Letztlich muss sich die oder der Einzelne selbst dazu entscheiden, präventionsmedizinische Angebote zu nutzen, vorsorgliche Untersuchungen etwa auf Brust-, Darm-, Prostata- oder Hautkrebs (Melanome) in Anspruch zu nehmen, das Alltagsverhalten oder Ernährungsgewohnheiten zu verändern, um ein erhöhtes Herzinfarkt- oder Schlaganfallrisiko zu senken, u.a. Wenn Einzelne sich an Vorsorgemaßnahmen nicht beteiligen und medizinisch ratsame Vorbeugung unterlassen – aus welchem Motiv heraus dies letztlich der Fall sein mag –, kann dies dazu führen, dass Krankheiten ausbrechen, die vermeidbar gewesen wären. Hierdurch wird persönliches Leid erzeugt. Darüber hinaus werden aber auch Kosten verursacht, die auf die Allgemeinheit, die Versicherung oder staatliche Finanzierungssysteme abgewälzt werden. Das heißt, ein bestimmtes Maß an Rationalität und Vorsorge im Umgang mit der Gesundheit liegt in der Regel im wohlverstandenen eigenen Interesse von Patienten. Aber es kann zusätzlich aus Gründen des Gemeinwohls und des Eingebundenseins in ein solidarisches Finanzierungssystem durchaus zumutbar sein, ärztlichen Rat oder staatliche Vorstellungen zu gesundheitlicher Vorsorge zu akzeptieren. Weil die finanziellen Ressourcen begrenzt sind, stellt sich die Frage, ob die Allgemeinheit, die Sozialversicherung und der Staat sämtliche Gesundheits- bzw. Behandlungskosten übernehmen müssen, deren Entstehung ohne allzu großes Opfer der Betroffenen, also im Rahmen der Zumutbarkeit und der Verhältnismäßigkeit, von diesen hätte abgewendet werden können.

Zu dem Thema sind sorgfältige Güterabwägungen geboten. Es kann in der Tat als zumutbar und verhältnismäßig gelten, einzelnen Menschen begrenzte Vorsorgepflichten aufzuerlegen, sofern sie gut begründet sind. Die individuelle Entscheidungsfreiheit wird hierdurch nicht über Gebühr eingeschränkt. Dies betrifft etwa die Gurtanlegepflicht im PKW, die Kariesvorsorge bei Kindern oder das Verbot des Rauchens in der Öffentlichkeit. Letzteres gilt schon allein deshalb, weil das Passivrauchen nachweislich Schäden verursacht. Die Fragestellung lässt sich jedoch noch zuspitzen. Sollte dem Recht auf Gesundheit als einem Schutzrecht des Einzelnen und einem Anspruchsrecht darauf, dass gesundheitliche Dienstleistungen zur Verfügung stehen, nicht ein Äquivalent gegenübergestellt werden, das in einer generellen Pflicht zur gesundheitsbewahrenden Lebensführung bestünde?

Zweitens. Der Einzelne nimmt den Staat und die Solidargemeinschaft für die Erhaltung seiner Gesundheit in Anspruch: Lässt sich daraus ableiten, dass er seinerseits zur Krankheitsvorbeugung, zur Inanspruchnahme von Präventionsmedizin und von Vorsorgeuntersuchungen moralisch und möglicherweise sogar rechtlich verpflichtet ist? Aufgrund der Finanzierungskrise des Gesundheitssystems bieten solche Fragen seit einigen Jahren wieder Diskussionsstoff. Es wurde freilich bereits gewarnt, hierdurch drohe eine Wiederbelebung der staatlichen „medizinischen Polizei" des absolutistischen Zeitalters. Wer gesundheitsschädigendes Verhalten bestrafe, müsse „die Menschen durch eine Gesundheitspolizei von morgens bis abends kontrollieren."[180]

Neu sind derartige Überlegungen jedenfalls nicht. Schon in den 1920er Jahren war neben dem Recht auf Gesundheit ebenfalls eine Pflicht zur Gesundheit statuiert worden. Einen Beleg bietet die Schrift des Physiologen Emil Abderhalden „Das Recht auf Gesundheit und die Pflicht, sie zu erhalten, die Grundbedingungen für das Wohlergehen von Person, Volk, Staat und der gesamten Nationen", Leipzig 1921.

> Das Buch unterstrich die Aufgabe des Staates, strukturelle Grundlagen für die medizinische Versorgung der Bevölkerung zu schaffen. Das „Recht auf Gesundheit" verpflichte den Staat, „Lebensbedingungen, die Geist und Körper gesund erhalten", zu sichern. Dies erfolge durch

die Schaffung entsprechender Wohnverhältnisse oder durch die Eindämmung von berufsbe-
dingten Krankheiten; die „höchste soziale Aufgabe" bestehe in „Maßnahmen, die Störungen
der Gesundheit verhüten". Ein derartiges Engagement von Staat und Öffentlichkeit lasse sich
dadurch rechtfertigen, dass es „unter allen Umständen zweckmäßiger, billiger und sicherer"
sei „als eingetretene Schäden zu heilen". Wenn der Staat die äußeren Bedingungen der Ge-
sunderhaltung absichere, folge daraus aber eine „Pflicht" der Bürger, „die gewährleistete Gesundheit zu erhalten". Abderhalden betonte vornehmlich die moralische Seite einer solchen
Pflicht, appellierte an die persönliche Einsicht und mahnte den Alkoholverzicht an, sprach jedoch auch eine rechtliche Dimension an. Darin ging er immerhin so weit, ein zumindest
fakultatives Gesundheitszeugnis vor der Eheschließung vorzuschlagen.[181]

Die Idee des Gesundheitszeugnisses anlässlich von Ehe und Fortpflanzung wird in der Gegenwart medizin- sowie sozialethisch neu brisant. Einige Staaten erwägen, Heiratswilligen
vor Eheschließung und Fortpflanzung einen genetischen Test aufzuerlegen, welcher die
Weitergabe bestimmter Krankheitsanlagen an Nachkommen ausschließt (voreheliches genetisches Screening auf den Überträgerstatus für Krankheiten). Auf Zypern ist ein solcher
Test auf Thalassämie obligatorisch, weil die griechisch-orthodoxe Kirche ihn vor der Eheschließung verlangt.[182] Ähnliches gilt für Israel (s.u. S. 155).

Als vor drei Jahrzehnten, in den 1970er Jahren, in der Bundesrepublik Deutschland die
Pflicht zur Gesundheitsvorsorge debattiert wurde, argumentierte man, der einzelne Mensch
sei gemeinschaftsgebunden; daher lasse sich eine „Pflicht zu gesundheitsgemäßer Lebensführung" postulieren.[183] Weitere Argumente lauten bis heute, Gesundheitspflichten könnten
eine erzieherische Wirkung ausüben; die Bürger würden hierdurch zu verantwortlichem
Gesundheitsverhalten angeleitet. Zudem sei dies ein Beitrag zur finanziellen Stabilisierung
des Gesundheitssystems.

In den 1990er Jahren wurde der Gedanke, gesundheitliche Pflichten einzufordern, noch in
eine ganz andere Richtung hin zugespitzt. In der Diskussion über Organverpflanzungen
wurde vorgeschlagen, der Staat solle es den Bürgern als Rechtspflicht auferlegen, sich nach
dem Hirntod Organe entnehmen zu lassen, so dass jeder nach dem eigenen Tod (Hirntod)
zugunsten der Gesundheit anderer Menschen als Organspender zur Verfügung zu stehen
habe: „So wie der Staat berechtigt ist, um sozialer Gerechtigkeit willen Steuern zu erheben
und das Selbstbestimmungsrecht und die Verfügungsmöglichkeiten der Einzelnen im Blick
auf ihr Eigentum zu beschränken, so wäre er nicht nur berechtigt, sondern sogar verpflichtet, seinen Bürgerinnen und Bürgern im Todesfall die Organentnahme zuzumuten." Insofern
bestehe eine „Pflicht zur Organgabe im Falle des Todes" (sog. Sozialpflichtigkeit des
Leichnams).[184] Auf diese Frage wird noch zurückzukommen sein (s.u. S. 228ff).

Darüber hinaus kam in den 1990er Jahren die Idee auf, *generell* Menschenpflichten zu kodi-
fizieren. Eine Aufsehen erregende Initiative strebte an, den international anerkannten Menschenrechten mit einer Proklamation von Menschenpflichten ein Gegenstück zu verleihen.
Durch die völkerrechtliche Proklamation von Menschenpflichten solle dem Egoismus, Individualismus und der Konsummentalität gewehrt werden, die in den westlichen Gesellschaften Überhand genommen hätten. Der Vorschlag besagte, die Vereinten Nationen sollten im
Jahr 1998, aus Anlass der fünfzigjährigen Wiederkehr der Verabschiedung der Allgemeinen
Erklärung der Menschenrechte 1948, nunmehr eine „Allgemeine Erklärung der Menschenpflichten" beschließen. Der Gedanke stammte vom InterAction Council ehemaliger Staats-

und Regierungschefs, unter ihnen der frühere US-Präsident Jimmy Carter, Michail Gorbatschow, Shimon Peres oder der frühere Bundeskanzler Helmut Schmidt.[185]

Nun fällt auf, dass der Entwurf des InterAction Council zu einer Allgemeinen Erklärung der Menschenpflichten einen verantwortungsvollen Umgang mit Eigentum und Reichtum forderte (in Artikel 11) oder von jedem Paar „vernünftige Familienplanung" verlangte (in Artikel 18), aber von der Statuierung individueller Gesundheitspflichten absah. Dass man ausgerechnet hierauf verzichtete, mag ein Anhaltspunkt dafür sein, dass gegenüber einer derartigen „Pflicht zur Gesundheit" oder einer „Pflicht zur persönlichen Gesundheitsvorsorge" durchaus Skepsis geboten ist, zumindest im Sinn einer Rechtspflicht. Zu den Problempunkten gehört, dass eine solche Pflicht in die Selbstbestimmung und in die Privatsphäre von Menschen tief einschnitte. Zudem wäre es außerordentlich schwierig, eine Abgrenzung zu ziehen zwischen solchen Gesundheitspflichten, die dem Einzelnen eventuell zugemutet werden könnten, selbst wenn sie „lästig" wären, und solchen Vorsorgepflichten, die den Kernbereich der Lebensführung und des Selbstverständnisses von Menschen beträfen, so dass sie jeder staatlichen Vorgabe entzogen sind. Ferner bestünde das Problem, ob oder wie die Einhaltung der Gesundheitspflichten zu überprüfen und mit welchen Mitteln und in welchem Maß eine Nichteinhaltung zu sanktionieren wäre.

> Sogar der InterAction Council sah spezielle Gesundheitspflichten also nicht vor. Davon abgesehen fand seine Initiative in den Vereinten Nationen und in der Rechts- und Verfassungslehre überhaupt wenig Anklang. Die Einwände gegenüber der Idee, Menschenpflichten zu proklamieren, wiegen schwer. Letztlich könnte hierdurch nämlich eine verhängnisvolle Akzentverlagerung im Verständnis der Menschenrechte ausgelöst und die Zuerkennung individueller Grund- und Menschenrechte davon abhängig werden, ob die einzelnen Menschen zunächst einmal bestimmte vom Staat auferlegte Pflichten erfüllen. Dies stünde aber im Widerspruch zur neuzeitlichen Menschenrechtsidee als solcher. Menschenrechte würden nicht mehr bedingungs- und voraussetzungslos gewährt, sondern wären eingeschränkt und konditioniert.

Dennoch lässt sich die Frage, ob sich Gesundheitspflichten postulieren lassen und der Gesetzgeber in gewissem, begrenztem Umfang das individuelle Gesundheitsverhalten lenken darf, nicht gänzlich abweisen. Dabei sind freilich zwei Kautelen zu beachten:

– Das Recht auf Freiheit und individuelle Selbstbestimmung ist so hochrangig, dass es – wenn überhaupt – auch zu gesundheitsrelevanten Fragen nur aus überaus starken Gründen und so wenig wie irgend möglich eingeschränkt werden darf (s.o. S. 73).
– Es ist Alternativen der Vorzug zu geben, die Einschnitte in das persönliche Selbstbestimmungsrecht vermeiden.

Darüber hinaus ist stets die kategoriale Unterscheidung zwischen Rechtspflichten und moralischen Pflichten im Auge zu behalten. Rechtspflichten werden vom Staat vorgegeben; ein Verstoß wird ggf. mit Sanktionen belegt und bestraft. Moralische Pflichten sind hingegen losgelöst von Vorgaben des Staates oder Dritter zu sehen; sie beruhen auf der eigenen, frei gewählten Überzeugung oder der Gewissensentscheidung des Einzelnen.

2. Gesundheitspolitische Konsequenzen

Erstens: Priorität gesundheitlicher Aufklärung und Stärkung gesundheitlicher Eigenverantwortung

Statt rechtlich verbindliche Pflichten zur gesundheitsgemäßen Lebensführung vorzuschreiben, sollte in der Bevölkerung gezielt die Bereitschaft zur Eigenverantwortung im Sinn der individuellen moralischen Selbstverpflichtung gestärkt werden. Strukturell lässt sich dergestalt ansetzen, dass die gesundheitliche Aufklärung und die Gesundheitserziehung in Schulen ausgeweitet wird, um die freiwillige Gesundheitsvorsorge und -vorbeugung zu verbessern. Als Instrument liegt die Einführung eines Schulfachs Gesundheitskunde oder Gesundheitserziehung nahe.

Staatliche Rechtsvorschriften, die spezielle gesundheitliche Präventionen oder eine bestimmte gesundheitsorientierte Lebensführung auferlegen, sollten hingegen eng begrenzt bleiben. Sie bedürfen der besonderen Begründung dadurch, dass es um den Schutz Dritter oder eventuell um die Abwehr erheblicher Gesundheitsgefahren für die Betroffenen selbst geht, ohne dass eine Alternative bestünde und ohne dass zu weitreichend in die Persönlichkeitssphäre eingegriffen würde. Prinzipiell sollte eine demokratische Gesellschaft aber auf die freiwillige, auf persönlicher Einsicht beruhende gesundheitliche Vorsorge und Vorbeugung der Bürger setzen. Um hierfür noch einen konkreten Ansatz zu nennen: Es ist legitim, ggf. sogar geboten, dass Ärzte die Initiative ergreifen und auf Patientinnen oder Patienten zugehen, um sie auf die Möglichkeit und Notwendigkeit der Gesundheitsprävention durch Impfung aufmerksam zu machen.

> Unter jungen Frauen wird inzwischen die Infektion mit Chlamydienbakterien zu einem verbreiteten Problem. Schätzungen zufolge könnten bis zu 10 Prozent der 17- oder 18-jährigen jungen Frauen von dieser bakteriellen Infektion betroffen sein, die durch sexuelle Kontakte entsteht. Die Infektion verläuft häufig asymptomatisch, so dass die Betroffenen hiervon nichts bemerken; die Folgen sind jedoch gravierend. Oft wird Sterilität die Konsequenz sein, so dass Fortpflanzung nur noch auf dem Weg der künstlichen Befruchtung möglich sein wird. Angesichts dessen ist es ratsam, dass Kinder- und Jugendärzte sowie Gynäkologen Jugendliche von sich aus informieren und durch Beratung auf Möglichkeiten der Vorbeugung hinweisen. Eine solche aktive, auf Betroffene zugehende Beratung kann erreichen, dass die Jugendlichen von ihrem Selbstbestimmungs- und Entscheidungsrecht Gebrauch machen, um sich selbst sowie andere nicht zu schädigen.
>
> Ähnlich gelagert empfahl das Robert Koch-Institut, zur Prävention von Gebärmuttererkrankungen bis hin zum Gebärmutterhalskrebs die „Bereitstellung von qualitativ hochwertigen und unabhängigen Beratungsangeboten für Frauen in allen Regionen Deutschlands", die „Absicherung von vorhandenen und Schaffung weiterer unabhängiger Einrichtungen (u.a. Frauengesundheitszentren, Patientinnenberatung)" sowie die „Verbesserung des Zugangs zu unabhängiger Beratung" zu organisieren.[186]

Hierin, und nicht in einer durch sozialen Druck bewirkten oder in einer *rechtlich* proklamierten Pflicht zur Gesundheit, ist das Äquivalent zum Recht auf Schutz der Gesundheit zu sehen. Die Relevanz der Beratung – angesichts medizinisch besonders dringlicher präventiver Maßnahmen ist auch an Pflichtberatung zu denken – und das Leitbild der Freiwilligkeit, d.h. die Inanspruchnahme des medizinischen Angebotes nur nach eigener Zustimmung, sind noch aus einem zusätzlichen Grund zu betonen. Vorsorgemaßnahmen können durchaus gewisse Risiken bergen (etwa Risiken bei Impfungen; Strahlenbelastung beim Röntgenscreening, die hinsichtlich des Mammographiescreenings altersgruppenspezifisch auch vom Bundesamt für Strahlenschutz überprüft wird). Ferner kann die Aussagekraft von Vorsorgeuntersuchungen limitiert sein (Möglichkeit falschpositiver oder falschnegativer Ergebnisse beim Mammographie-Screening oder bei Untersuchungen auf sonstige Krebsrisiken). Aufgrund verbleibender Risiken und methodischer Grenzen der jeweiligen Verfahren ist daher die Zustimmung, der „informed consent" der Patientin oder des Patienten wünschenswert. Die Ablehnung einer Untersuchung darf deshalb auch nicht pauschal mit Sanktionen belegt werden, z.B. in Form der Reduzierung der Kassenerstattung von Kosten im Krankheitsfall. Beratung, ggf. Pflichtberatung, sollte daher in aller Regel den Vorrang besitzen vor einer sanktionsbewehrten Rechtspflicht, die Bürgern bestimmte Vorsorgemaßnahmen auferlegt. Im Kern geht es darum, das persönliche Selbstbestimmungsrecht, den Gedanken des Gesundheitsschutzes und das Anliegen der Prävention in praktischer Konkordanz human- und sozialverträglich aufeinander abzustimmen.

> Deshalb ist aus ethischer und grundrechtlicher Sicht der am 20.07.2007 bekanntgegebenen Entscheidung des Gemeinsamen Bundesausschusses zuzustimmen, der bei Früherkennungsuntersuchungen von Brust-, Darm- und Gebärmutterhalskrebs für eine Beratungspflicht votierte. Eine sanktionsbewehrte Rechtspflicht zur Teilnahme an den Untersuchungen hat der Gemeinsame Bundesausschuss zu Recht abgelehnt.[187]

Gleichwohl ist einzuräumen: Nicht selten bleiben Appelle an die persönliche Einsicht und an die individuelle Verantwortungsbereitschaft ergebnislos. Dass gesundheitliche Aufklärung und Überzeugungsarbeit ins Leere laufen oder verhallen, belegt die geschichtliche und gesellschaftliche Erfahrung. Sind bestimmte staatliche Vorgaben zur gesundheitsorientierten Lebensführung daher doch legitimierbar?

Zweitens: Anreize sowie Sanktionen in bestimmten Fällen
Angesichts definierter Einzelsachverhalte ist zu erwägen, dass der Staat durch Anreize oder notfalls sogar durch finanzielle oder sonstige Sanktionen eine Lenkung des gesundheitlichen Alltagsverhaltens vornimmt. Nicht nur vertretbar, sondern geboten erscheinen eine Gesundheitsabgabe auf Alkohol und Nikotin, da hierbei für die Betroffenen nachweislich schwere Gesundheitsgefahren erzeugt werden, vor allem aber weil eine staatliche Schutzpflicht für unbeteiligte Dritte existiert (Problem des Passivrauchens) und zudem erheblicher volkswirtschaftlicher Schaden bewirkt wird. Nach Angaben der EU-Kommission vom Mai 2008 ist der Tabakkonsum jedes Jahr für über eine halbe Million Todesfälle in der EU verantwortlich; die EU-Kommission führt 25% aller tödlichen Krebserkrankungen und 15% aller Todesfälle allgemein in der Europäischen Union auf das Rauchen zurück. Ethisch war es wegweisend, dass 2003 die Weltgesundheitsorganisation eine Rahmenkonvention gegen das Rauchen vorgestellt hat, die sich gegen Nikotinwerbung, illegalen Zigarettenhandel und die Belästigung von Nichtrauchern richtete. Als Instrumente nannte die WHO Preise und Steuern. Ferner sollten Tabakwaren nicht mehr an Jugendliche verkauft werden, Zigarettenautomaten nicht mehr frei zugänglich sein, zollfreier Verkauf beschränkt werden. Heftige

Widerstände, die gesundheitsethisch unplausibel sind, kamen aus den USA und der Bundesrepublik Deutschland, besonders gegen das Verbot der Tabakwerbung. Die Konvention war der erste von der Weltgesundheitsorganisation verantwortete internationale Vertrag zum Schutz der Gesundheit. Er unternahm den Versuch, dem Recht auf Gesundheitsschutz paradigmatisch an einem einzelnen Punkt weltweit Geltung zu verschaffen.

Davon abgesehen ist es auf nationaler Ebene ethisch vertretbar, dass die Solidargemeinschaft nicht automatisch für sämtliche Kosten aufkommt, die auf freiwilligen Risikoentscheidungen Einzelner beruhen, etwa der Ausübung gefahrvoller Sportarten. Hier ist daran zu denken, für Folgeschäden eine eigene Beteiligung einzufordern und zum Abschluss zusätzlicher Versicherungen aufzufordern. Dabei muss gewährleistet sein, dass diese Information im Vorhinein erfolgt. Für solche Risiken könnte eine Versicherungspflicht eingeführt werden. Es kann als zumutbar und verhältnismäßig gelten, für bestimmte Sport- oder Freizeitrisiken oder für sonstige, z.B. modisch bedingte körperliche Eingriffe, die gesundheitsgefährdend sind, eine Rechtspflicht zur persönlichen Gesundheitsvorsorge, nämlich zur zusätzlichen ökonomischen Absicherung eventueller Gesundheitsschäden vorzusehen. In dieser Zuspitzung, d.h. für eigenverantwortete gesundheitliche Zusatzrisiken, lässt sich legitim in dem Sinne von einer „Pflicht zur Gesundheit" sprechen, dass Einzelne dazu veranlasst werden, durch einen Versicherungsabschluss eigenständig finanziell vorzusorgen.

Ungeachtet von privaten Zusatzversicherungen für bestimmte Risiken oder für weitergehende persönliche Wünsche sollten die gesundheitlichen Basisrisiken weiterhin auf solidarischer Grundlage abgesichert werden. Dies resultiert aus Gerechtigkeitsgründen (s.u. Kap. VIII).

Drittens: Hinlängliche Basisabsicherung
Bezogen auf die gesundheitlichen Basisrisiken der Menschen sind Staat und Gesetzgeber nach wie vor daran zu bemessen, dass die Absicherung durch die gesetzlichen Krankenkassen oder in anderer, z.B. steuerfinanzierter Form, die sich aus künftigen Reformen des Gesundheitssystems ergeben könnte, den folgenden Kriterien entsprechend erfolgt:
- hinlänglich,
- individuell bedarfsgerecht,
- dem aktuellen medizinischen Wissensstand gemäß.

Denn das Recht auf Schutz der Gesundheit stellt ein individuelles Schutzrecht dar, welches für einen jeden Menschen die finanzielle Abdeckung der krankheitsbedingten, zumal der unverschuldeten und der schicksalhaften Wechselfälle des Lebens garantieren und ihm in dieser Hinsicht Entlastung verschaffen soll. Dass Menschen in ihrer Alltagsexistenz *institutioneller* Entlastung bedürfen, hat die moderne Anthropologie und Gesellschaftstheorie, namentlich die Kultur- und Sozialtheorie des Philosophen Arnold Gehlen (1904–1976) aufgezeigt. Die Entlastung von elementaren Risiken, darunter dem „natürlichen" Risiko der Krankheit durch Sozial- und Krankenversicherung vermag die Lebensführung von Menschen zu stabilisieren. Denn hierdurch wird ihnen die Gewissheit vermittelt, dass die äußeren Rahmenbedingungen ihres Alltags so verlässlich und tragfähig sind, dass sie sich persönlichen Freiheits- und beruflichen Gestaltungsspielräumen aktiv zuwenden können.

Es versteht sich von selbst, dass die hinreichende, individuell bedarfsgerechte und medizinisch adäquate Absicherung der grundlegenden gesundheitlichen Risiken gerade auch Behinderten zugute zu kommen hat. Inzwischen sind auch in der Bundesrepublik Deutschland gesundheitsökonomische Trends sowie ein Mentalitätswandel zu beobachten, aus Kostengründen Behinderung im Vorhinein zu vermeiden. So wird bei Schwangerschaften oftmals quasi-routinemäßig eine genetische Diagnostik durchgeführt, die zur Abtreibung behinderter Feten führt.[188] Solche Tendenzen stehen im Widerspruch zu dem Schutzrecht, das jedem Einzelnen, auch dem vorgeburtlichen Leben zueignet. Daher sollte keine Sogwirkung entstehen, die zur Vermeidung behinderten Lebens oder zur Schlechterstellung von Menschen, die behindert geboren wurden, durch Versicherungen führt. Dem Recht auf Gesundheitsschutz gemäß dürfen Behinderte nicht diskriminiert werden, sondern sind in ihren gesundheitlichen Interessen individuell zu unterstützen. Es schlüge in inhumane Ideologie um, wenn durch sozialen Druck eine „Pflicht" zur Gesundheit Platz griffe, die einer Abwertung Behinderter Vorschub leistete.

Die Absicherung gesundheitlicher Basisrisiken sollte also das medizinisch Notwendige, Geeignete sowie Zweckmäßige umfassen. Unerlässlich und bislang zu wenig beachtet ist es, dieses dem Recht auf Gesundheitsschutz entspringende ethische Postulat zielgruppenorientiert zu operationalisieren. Soeben wurden der Versicherungsschutz und die gesundheitliche Versorgung Behinderter erwähnt. Darüber hinaus sind empirisch z.B. Desiderate bei der gesundheitlichen Versorgung von Kindern und Jugendlichen aufgewiesen worden. Als Ergebnis des Kinder- und Jugendgesundheitssurveys von 2007 wurde vom Robert Koch-Institut bilanziert, „dass Kinder aus sozial benachteiligten Familien nicht nur in einzelnen Bereichen von Gesundheit und Lebensqualität benachteiligt sind, sondern in durchweg allen".[189] Ein konkretes Desiderat bildet sodann die pädiatrische Schmerzforschung und die Schmerzversorgung, die Kindern als spezieller Zielgruppe zugute kommen sollte:

> „Kinder mit akuten Schmerzen haben ein Recht auf adäquate altersgerechte Schmerzerfassung und -therapie. Extrem starke akute sowie rezidivierende oder chronische Schmerzen bedrohen ihre Entwicklung. Flächendeckende Versorgungsstrukturen für eine suffiziente postoperative Akutschmerztherapie sowie multimodale Therapieangebote für chronische Schmerzen fehlen in Deutschland."[190]

Derartige strukturelle Verwerfungen sind ethisch nochmals umso bedenklicher, als dem Anrecht auf Gesundheitsschutz und Gesundheitsversorgung der Grundwert der Gerechtigkeit zugrunde liegt.

VIII. Gerechtigkeit in medizinethischer Perspektive: Partizipationsgerechtigkeit als Leitbild

1. Gesundheitsschutz im Horizont der Gerechtigkeit

In der Geistesgeschichte ist es tief verankert, die Wertschätzung von Gesundheit mit dem Motiv der Gerechtigkeit zu verknüpfen. In der neuzeitlichen Aufklärungsphilosophie hatte Gottfried Wilhelm Leibniz Gerechtigkeit und Gesundheit einander parallelisiert. Daraus resultierte seine sozialpolitische Konzeption, der Staat habe für das Gesundheitssystem Verantwortung zu übernehmen, so dass die ärztliche Versorgung auf staatlicher Grundlage breit auszubauen sei (s.o. S. 38f). Ferner hatten schon alte theologische Traditionen eine Zusammenschau von Gerechtigkeit und Gesundheit in religiöser, sogar in eschatologisch verklärender Hinsicht vorgenommen. Der Kirchenvater Augustinus (354–430) meinte, im Reich Gottes seien vollkommene Gerechtigkeit wie auch vollkommene Gesundheit anzutreffen:

> „Tunc ergo erit plena iustitia, quando plena sanitas; tunc plena sanitas, quando plena caritas … quando videbimus eum sicuti est" („Dann erst wird es vollkommene Gerechtigkeit geben, wenn es vollkommene Gesundheit gibt; dann erst vollkommene Gesundheit, wenn vollkommene Liebe …, wenn wir ihn – Gott – sehen, wie er ist") (Augustinus, De perfectione iustitiae hominis, 8).

Später verwendete Martin Luther das Wort „gesund" und den Schlüsselbegriff seines theologischen Denkens, „gerecht", als Wechselbegriffe, die einander gegenseitig erläuterten: „egrotus simul et sanus".[191] Zwischen Gesundheit und Gerechtigkeit besteht ein alter theologischer und philosophischer Motivzusammenhang.

Heutzutage geht es darum, diejenigen Aspekte des Begriffs Gerechtigkeit aufzuzeigen, die aktuell für den medizinischen Umgang mit Krankheit und Gesundheit und für politische Entscheidungen über die Struktur des Gesundheitssystems aussagekräftig sind. Neben der Schutzfunktion, die die Gerechtigkeit zugunsten des Einzelnen besitzt, und der Verteilungs- oder Allokationsgerechtigkeit ist die Partizipationsgerechtigkeit ins Licht zu rücken. Das Recht auf Gesundheitsschutz zielt auf eine Versorgung der Patienten ab, die ihrem individuellen gesundheitlichen Bedarf gerecht wird und das medizinisch Gebotene beachtet. Den oben erwähnten, auch von der Bundesrepublik Deutschland unterzeichneten Menschenrechtskonventionen zufolge hat der Staat ein solches Recht auf Gesundheit nicht nur auf minimaler Basis sicherzustellen. Ein Minimalkonzept kann man in Artikel 25 der japanischen Verfassung von 1946 finden: „Alle Bürger haben das Recht auf ein Mindestmaß eines gesunden und kultivierten Lebens." Demgegenüber haben die neueren europäischen und UN-Dokumente kodifiziert, dass der Staat den Schutz der Gesundheit „so weit wie möglich", d.h. nach Maßgabe seiner finanziellen Ressourcen, strukturellen Gestaltungsmöglichkeiten und gemäß sonstiger gesellschaftlich-kultureller Standards in bestmöglicher Weise sicherzustellen hat. Diese weitgehende Forderung hat ethisch ihren guten Grund: Denn in der Gesundheitspolitik wie auch bei alltäglichen ärztlichen Entscheidungen findet letztlich die Zuteilung von Lebenschancen statt. Diese sollte gerecht und fair erfolgen.

Für das heutige Gesundheitssystem sind freilich die ökonomischen Voraussetzungen und die Finanzierbarkeit zu Problempunkten geworden, aus denen latent oder manifest Ungerechtigkeiten, nämlich soziale Verwerfungen resultieren. Inzwischen werden im Gesundheitssystem nicht nur Rationalisierungen angestrebt, sondern wird darüber hinaus eine Begrenzung und Rationierung medizinischer Leistungen praktiziert – häufig in intransparenter Weise und ohne nachvollziehbare Begründung. Dieses Problem ist so gravierend, dass es die ideellen Fundamente des Rechtsstaates, nämlich die Rechtsakzeptanz und das Rechtsvertrauen, auszuhöhlen droht. Politisch wurde die Rationierung jahrelang in Abrede gestellt. Vorstöße, hierzu Transparenz herzustellen[192], sind beiseite gerückt worden. Insofern war wichtig, dass der 111. Deutsche Ärztetag in Ulm 2008 gegensteuerte und das Faktum der Rationierung, die Vorenthaltung medizinisch gebotener Leistungen gegenüber Patienten („Zweiklassenmedizin"), offen aussprach. Der Sache nach wird es immer dringlicher, dem Grundrecht auf Gesundheitsschutz in der Hinsicht Rechnung zu tragen, dass bei der Bereitstellung medizinischer Dienstleistungen „gerecht" verfahren wird und die Vergabe der knapper gewordenen Ressourcen möglichst fair und nachvollziehbar realisiert wird.

> Nun ist „Gerechtigkeit" – nicht anders als Freiheit – ein vielschichtiger und interpretationsoffener Begriff. Schon die antike und mittelalterliche Philosophie hatte dargelegt, dass die Allgemeinheit einem jeden „das Seine" zukommen lassen soll („suum cuique"), um unverschuldete Benachteiligungen sowie Ungerechtigkeiten auszugleichen. Die philosophische Tradition sprach von der zuteilenden Gerechtigkeit (iustitia distributiva), aufgrund derer die zentrale Instanz, der Staat, diesen gerechten Ausgleich zu vollziehen hat. Diese zuteilende Gerechtigkeit unterschied sie von der Tauschgerechtigkeit (iustitia commutativa), der ein Vertrags- oder Marktmodell zugrunde liegt. Ungerechte Nachteile, die in der Logik des Marktmodells entstehen, sollen mit Hilfe der zuteilenden Gerechtigkeit korrigiert werden.

Für den Umgang mit dem Rationierungsproblem, aber auch für weitere medizinethische Struktur- und Allokationsentscheidungen sind unterschiedliche Aspekte von Gerechtigkeit relevant. Daher soll nachfolgend das medizinethisch interessierende Begriffsspektrum der Gerechtigkeitsidee abgeschritten werden. Diese tour d´horizon legt auf das Leitbild der Partizipationsgerechtigkeit besonderes Gewicht. In der Debatte um Gerechtigkeit im Gesundheitswesen wird ihm bislang insgesamt noch zu wenig Rechnung getragen.

2. Partizipationsgerechtigkeit im Rahmen der Gerechtigkeitsidee

Erstens: Schützende Gerechtigkeit

Gerechtigkeit bedeutet zunächst, das Menschsein in seiner – theologisch gesagt – Geschöpflichkeit oder – generell gesagt – in seiner Personalität wahrzunehmen; zum Personsein gehören die Mündigkeit und das Freiheitsrecht sowie die Begrenztheit des Menschen.[193] Nun ist der Sachverhalt, dass das menschliche Personsein endlich und begrenzt ist, im medizinischen Alltag ständig präsent. Denn Krankheit bildet geradezu *das* Symbol für die Grenzen, Wechselfälle und Hilfsbedürftigkeit menschlicher Existenz. Der Grundwert der Gerechtigkeit verpflichtet Staat und Gesellschaft dazu, die besondere Schutzbedürftigkeit schwächerer, daher gerade auch der kranken und der schicksalhaft gesundheitlich benachteiligten

Menschen zu beachten. In der neueren Rechtsphilosophie wird dieser Gehalt von Gerechtigkeit als „iustitia protectiva" bezeichnet. Eine solche Schutzfunktion von Gerechtigkeit existiert zugunsten von Einzelpersonen, aber auch zugunsten von benachteiligten Kollektiven, konkret von vulnerablen Patientengruppen.

Zweitens: Chancengerechtigkeit
Der römische Jurist Ulpian (170–228) hatte den Kern der Gerechtigkeitsidee in die Worte gefasst, dass einem jeden das Seine zukommen soll („suum cuique"). Im 19. Jahrhundert geriet dieses Leitbild neu in das Bewusstsein, als Soziallehre und Politik die sozialen Missstände aufzuarbeiten hatten, die durch die Industrialisierung entstanden waren (materielle Armut, schlechte Wohnverhältnisse und Ernährung, Kinderarbeit und hohe Kindersterblichkeit, s.o. S. 81ff). Der in diesem Zusammenhang entwickelte Begriff der Chancen- oder Bedürfnisgerechtigkeit besagt, dass alle Menschen den gleichen Anspruch auf eine Grundausstattung mit materiellen und mit immateriellen Gütern besitzen, die sie für ein menschenwürdiges Dasein benötigen. Daraus resultiert das Recht des Bedürftigen auf öffentliche soziale Unterstützung und entspringen die sozialen Menschenrechte.

Ähnliches lässt sich aus der Gerechtigkeitsidee von John Rawls (1921–2002) ableiten, die den benachteiligten und hilfsbedürftigen Menschen in der Gesellschaft eine relative Begünstigung zugute kommen lassen möchte. Rawls' Gerechtigkeitstheorie enthält die Regel, dass „jedermann ... gleiches Recht auf das umfangreichste Gesamtsystem gleicher Grundfreiheiten (hat), das für alle möglich ist." Dabei sollen „soziale und wirtschaftliche Ungleichheiten" so beschaffen sein, dass sie „unter der Einschränkung des gerechten Spargrundsatzes den am wenigsten Begünstigten den größtmöglichen Vorteil bringen."[194]

Für das Gesundheitssystem heißt dies, dass der Staat und die Allgemeinheit den Bedarf der einzelnen Bürger an medizinischer Absicherung so weit abzudecken haben, dass sie ihre Lebensumstände und Lebensrisiken ihrerseits zu bewältigen vermögen. Daher sind für Patienten die notwendigen sowie zweckmäßigen Behandlungen sicherzustellen bzw. ist ihnen – um die Formulierung aus dem vorangegangenen Abschnitt (s.o. S. 103) aufzugreifen – die Absicherung der gesundheitlichen Basisrisiken hinreichend, individuell bedarfsgerecht und dem medizinischen Kenntnisstand gemäß zu garantieren.

Drittens: Billigkeit und Einzelfallgerechtigkeit
Gerechtigkeit ist ein ethisches Prinzip, das nicht isoliert für sich selbst steht, sondern relational, d.h. in der Zuordnung zu anderen Grundwerten, darunter der Solidarität, auszulegen ist. Hieraus erwächst das soeben erwähnte Postulat der hinreichenden Basisabsicherung für alle. Darüber hinaus ist Gerechtigkeit mit Epikie (griech.: *epieikeia;* lat.: aequitas; „Billigkeit", „Klugheit") zu verknüpfen. Die Epikie fragt danach, was in Anbetracht des jeweiligen Einzelfalls als gut und gerecht gelten kann.

> Eine Auslegung von Gerechtigkeit im Sinn von Epikie erfolgte bei Aristoteles, Thomas von Aquin oder in Anlehnung an die philosophische Tradition bei Martin Luther. In Luthers Überlegungen zur weltlichen Gerechtigkeit ging es um die Tätigkeit von Richtern, denen er den Rat erteilte, Epikie zu üben und ihren Ermessensspielraum auszuschöpfen. Sie sollten das allgemeine Gesetz beachten, das staatliche Recht anwenden und daher – wie Luther den Straf-

vorstellungen des 16. Jahrhunderts gemäß darlegte – letztlich sogar die Todesstrafe verhängen. Gleichzeitig sollten die Richter aber auf den Einzelfall blicken, die Epikie im Sinn von Einzelfallgerechtigkeit bedenken und das allgemeine Gesetz zugunsten der Angeklagten möglichst milde auslegen.[195] Luthers Gedanke ist bemerkenswert, weil er angesichts der damaligen drakonischen Strafpraxis für Milderungen plädierte, die aus der Wahrnehmung der Einzelperson und der Einzelumstände („circumstantiae") resultieren sollten.

Medizinethisch wird die Epikie heutzutage neu gehaltvoll. Sie bedeutet für den Arzt, Vorgaben des Staates oder der Krankenkassen, generelle evidenzbasierte Maßstäbe oder standesrechtliche Richtlinien nicht starr umzusetzen, sondern sich individuell patientenorientiert zu verhalten. Wenn Gerechtigkeit als Billigkeit verstanden wird, leitet dies dazu an, auf die Umstände des Einzelfalls, die Besonderheiten des individuellen Krankheitsbildes und die Komplexität der jeweiligen klinischen Situation Rücksicht zu nehmen. Angesichts dessen, dass Ärzte faktisch zunehmend in die Rolle von Rationierungsagenten oder Mangelverwaltern des Gesundheitssystems gedrängt werden, stellt dies für sie eine erhebliche Herausforderung dar. Gesundheitspolitisch ist die Konsequenz zu ziehen: Ärzten sollten keine detailliert verbindlichen oder quasi-verbindlichen Richtlinien, sondern Leitlinien vorgegeben werden, die ihnen für begründete einzelfallorientierte Therapieentscheidungen einen eigenen Ermessensspielraum offen halten. Eine Referenz bietet das schwedische Gesundheitssystem.[196] Wenn ein Arzt von den Normen oder Vorgaben abweicht, die in Behandlungsleitlinien enthalten sind, sollte dies nicht sanktionsbewehrt sein und für ihn keine finanziellen Nachteile bewirken. Die Idee der Gerechtigkeit erhält hiermit eine Ausrichtung, die patientenzentriert den Einzelfall, die „therapeutische Situation" des Arztes im Gegenüber zum individuellen Patienten sowie die Therapiefreiheit des Arztes ernst nimmt.

Viertens: Partizipationsgerechtigkeit: Soziale Gerechtigkeit im Einklang mit individueller Verantwortung
Ein patientzentriertes Verständnis von Medizin wird mit nochmals anderer Zuspitzung ins Licht gerückt, wenn man die Idee der Partizipationsgerechtigkeit rezipiert. Schon 1984 durchdachte der evangelische Wirtschafts- und Sozialethiker Arthur Rich Gerechtigkeit als Partizipation.[197] Auch katholische Voten interessierten sich hierfür; sie sprachen von „iustitia contributiva" (Beteiligungsgerechtigkeit).

> Die katholische Bischofskonferenz der USA brachte diese iustitia contributiva 1986 angesichts von Arbeitslosigkeit und sozialer Verwerfungen in die wirtschaftsethische Debatte ein. Die Gesellschaft sei verpflichtet, dem Einzelnen in dem Maß grundlegende Güter zuzuteilen, dass er befähigt werde, sich seinerseits, seinen persönlichen Möglichkeiten entsprechend, zugunsten des Gemeinwohls zu engagieren. Die US-Bischöfe leiteten hieraus eine Pflicht des Staates zur Bekämpfung der Arbeitslosigkeit und ein Recht auf Arbeit als soziales Menschenrecht ab; denn erst die Arbeit versetze den Menschen in die Lage, für sich selbst zu sorgen und dann auch aktiv am öffentlichen Leben teilzunehmen. Ihre Vorstellung von iustitia contributiva umschrieben sie wie folgt: „Die soziale Gerechtigkeit beinhaltet, dass die Menschen die Pflicht zu aktiver und produktiver Teilnahme am Gesellschaftsleben haben und dass die Gesellschaft die Verpflichtung hat, dem einzelnen diese Teilnahme zu ermöglichen."[198]

Von philosophischer Seite sind derartige Überlegungen programmatisch ausgearbeitet worden. Wegweisend sind die Schriften des Wirtschaftsnobelpreisträgers Amartya Sen oder der Philosophin Martha Nussbaum, bei denen auch Entwicklungspolitik sowie Frauenrechte eine Rolle spielen. Zur Umschreibung dieser gedanklichen Konzeption eignet sich im Deutschen wohl am besten der Begriff „Partizipationsgerechtigkeit". Er signalisiert, dass es darum geht, die einzelnen Menschen an den Gütern der Kultur teilhaben zu lassen und sie in die Lage zu versetzen, so weit wie möglich aus ihren *eigenen* materiellen und immateriellen Ressourcen heraus aktiv handeln zu können. Mit ähnlicher Zielrichtung werden die Begriffe Befähigungsgerechtigkeit[199] oder Ermöglichungsgerechtigkeit[200] verwendet. Der Terminus „Partizipationsgerechtigkeit" hat den Vorzug, dass er die beiden gerechtigkeitstheoretisch relevanten Aspekte, 1. die faire Beteiligung als Teilhaben*lassen* an Gütern sowie 2. die Chance zu eigener *aktiver* Entscheidung und Betätigung, gleichermaßen erfasst.

Was besagt die Partizipationsgerechtigkeit nun speziell medizinethisch? Ihr gemäß ist jedem Einzelnen eine gesundheitliche Versorgung zu gewähren, die seinen elementaren gesundheitlichen Bedarf umfänglich abdeckt, sich am medizinisch Notwendigen sowie Zweckmäßigen orientiert und ihn hierdurch in seiner Alltagsexistenz entlastet. Zugleich soll er in die Lage versetzt werden, angesichts seiner eigenen Gesundheit oder Krankheit eigenverantwortlich entscheiden zu können. Das Leitbild der Partizipationsgerechtigkeit integriert auf diese Weise den Autonomiegedanken; denn es verknüpft die Gerechtigkeit mit dem Recht auf Freiheit und Selbstbestimmung. In diese Richtung weist auch die einschlägige Deutung von Gesundheitsförderung und Befähigungsgerechtigkeit in der Ottawa-Charta der Weltgesundheitsorganisation vom 21. November 1986:

> „Gesundheitsförderung zielt auf einen Prozess, allen Menschen ein höheres Maß an Selbstbestimmung über ihre Gesundheit zu ermöglichen und sie dadurch zur Stärkung ihrer Gesundheit zu befähigen."

Wenn Partizipationsgerechtigkeit somit darauf abzielt, dass Staat und Kultur die individuelle Gesundheitsmündigkeit und die Eigenverantwortung im Umgang mit Krankheit und Gesundheit so weitgehend wie möglich fördern und stützen („empowerment"), entspricht dies im Übrigen ganz dem Ansatz, das Modell des Sozialstaates von dem des Wohlfahrtsstaates abzugrenzen. Der Wohlfahrtsstaat intendierte eine umfassende Fürsorge für die Bürger einschließlich einer gesundheitlichen Maximalversorgung. Das Wohlfahrtsideal hat aber Kehrseiten. Es droht zur Überbürokratisierung, u.U. zur Überversorgung und zur Verletzung der Prinzipien von Sparsamkeit und Wirtschaftlichkeit zu führen. Der Preis einer umfassend gewährleisteten sozialen Absicherung wäre zudem die Entmündigung oder Bevormundung der Einzelnen; sie ginge zu Lasten bürgerlicher Freiheit und Selbstbestimmung. Das Grundgesetz der Bundesrepublik Deutschland setzt sich von dem Modell eines überdehnten Wohlfahrtsstaates ab. Stattdessen kennt es das Sozialstaatsprinzip (Art. 20). Der Sozialstaat intendiert die soziale Sicherung, die Chancen- und Bedarfsgerechtigkeit für alle, unterstellt jedoch zugleich die Leistungsfähigkeit der Bürger und ihre Bereitschaft zu eigener Verantwortung. Dieser Logik des Sozialstaates korrespondiert das Prinzip der Partizipationsgerechtigkeit, welches sich seinerseits soziostrukturell abstützen lässt, indem im Schulsystem die Gesundheitserziehung zur Stärkung gesundheitlicher Entscheidungskompetenz Heran-

wachsender ausgeweitet oder Institutionen der gesundheitlichen Beratung und psychosozialen Begleitung ausgebaut werden.

> Beispielgebend ist es, dass Partizipationsgerechtigkeit in der Bundesrepublik Deutschland in
> bestimmter Hinsicht sozialpolitisch bereits realisiert wird, und zwar bei der Gesundheitsver-
> sorgung und Integration Behinderter. Dabei geht es um das Konzept des persönlichen Bud-
> gets. Anstelle einer Sachleistung wird Menschen mit Behinderung ein Geldbetrag zur Verfü-
> gung gestellt, der ihnen ermöglicht, selbstbestimmt und eigenverantwortlich zu entscheiden,
> welche Hilfen oder Pflegedienste sie in Anspruch nehmen. In der Umsetzung des Konzepts
> nimmt das Bundesland Rheinland-Pfalz eine Vorreiterfunktion ein. Dortige Erfahrungen
> führten zu der Schlussfolgerung: „Auf längere Sicht kann angenommen werden, dass – wenn
> der zusätzliche Bedarf im Betreuten Wohnen rechtzeitig gedeckt wird – eine Heimaufnahme
> erheblich hinausgezögert oder sogar vermieden werden kann. Der Forderung behinderter
> Menschen nach einem selbstbestimmten Leben wird somit Rechnung getragen.“[201]

Aus ethischer Sicht sind mithin Gestaltungsperspektiven in den Vordergrund zu rücken, die
bürger- und patientenorientiert sind und auf dem Selbstbestimmungsrecht aufbauen. Gleichzeitig bleibt aber das klassische Thema der Verteilungsgerechtigkeit relevant; zur Zeit gewinnt es sogar verstärkt Brisanz. Denn die Augen dürfen nicht davor verschlossen werden,
dass das Gesundheitssystem in der Bundesrepublik Deutschland seit vielen Jahren teilweise
ineffizient, kaum noch steuerbar, schwerfällig reformierbar und nur noch begrenzt durch-
finanziert ist. Wie lassen sich knapp gewordene Ressourcen annähernd gerecht verteilen?

3. Kriterien der Verteilungsgerechtigkeit

In der Wahrnehmung von Patienten, aber auch von Ärzten und medizinischen Fachgesellschaften haben sich die realen sowie die „gefühlten" Ungerechtigkeiten, die das Gesundheitssystem mit sich bringt, in den letzten Jahren erheblich vermehrt. Für den Sozialstaat ist
es eigentlich schon seit langem zur Daueraufgabe geworden, in der Zuteilung sozialer und
medizinischer Leistungen ein gerechtes Maß zu finden. Durch die Veränderung von demographischen und ökonomischen Rahmenbedingungen wird diese Aufgabenstellung heute
jedoch noch komplizierter als in den zurückliegenden Jahrzehnten. Zusätzlich ist das Paradox zu bewältigen, dass ausgerechnet die großen Erfolge der modernen Medizin, die human
wünschenswert sind – im 20. Jahrhundert etwa der medizinische Fortschritt bei der Dialyse
Nierenkranker oder bei der Therapie von Diabetes –, in Finanzierungsdilemmata hineinfüh-
ren, weil hierdurch die Anzahl dauerhaft behandlungsbedürftiger Mitbürgerinnen und Mit-
bürger ansteigt.[202]
Medizin- und sozialethisch ist die gegenwärtige Praxis allerdings unvertretbar, bestimmte
medizinisch notwendige oder zweckmäßige Leistungen stillschweigend vorzuenthalten und
die Entscheidung über Rationierungen, die einen einzelnen Kranken betreffen, faktisch dem
Arzt vor Ort aufzubürden.[203] Hierdurch gerät die Arztrolle ins Zwielicht, da er für den Patienten zum Rationierungsagenten des Gesundheitssystems wird; das Vertrauensverhältnis
zwischen Arzt und Patient wird schleichend ausgehöhlt. Deshalb wird darauf zu achten sein,
dass die Politik die notwendigen Grundsatzentscheidungen über die Zuteilung medizinischer

Leistungen auf der Makroebene vorausschauend trifft und dass sie diese offen ausspricht sowie nachvollziehbar begründet. Hierdurch würde ein Beitrag geleistet, das Systemvertrauen in das Gesundheitswesen wieder zu stabilisieren. Gleichzeitig sollte dem behandelnden Arzt offengehalten werden, um der Einzelfallgerechtigkeit willen von Vorgaben oder Leitlinien abweichen zu können.

Ohne im einzelnen auf Systemfragen des Gesundheitswesens einzugehen[204], sollen Kontrollfragen genannt werden, die bei Entscheidungen über das Spektrum kassen-, beihilfe- oder ggf. steuerfinanzierter medizinischer Handlungsoptionen der Verteilungsgerechtigkeit dienen. Medizinische Leistungen sind darauf zu prüfen,

– ob sie angemessen, geeignet und erforderlich sind

> Zur Erläuterung: Überflüssige oder untaugliche Maßnahmen, z.B. unwirksame Medikamente, brauchen durch das Versicherungssystem und den Staat gerechterweise nicht finanziert zu werden. Einer Studie der niederländischen Regierung aus dem Jahr 1992 zufolge waren beinahe zwei Drittel der niederländischen Ärzte der Auffassung, es würde zu viel an personellem Einsatz und an Sachaufwand für Behandlungen verwendet, deren medizinischer Erfolg geringfügig oder zweifelhaft sei ("low-chance medicine"). Man kann dies als Indiz nehmen, dass nach wie vor in gewissem Umfang Rationalisierungsreserven vorhanden sind und die Kriterien "angemessen, geeignet, erforderlich" bei der Bewertung medizinischer Handlungen nicht überspielt werden sollten.

– ob Alternativen erkennbar sind, die Patienten besser gerecht werden und die u.U. auch kostengünstiger sind,
– ob sie zweckmäßig sind, so dass der Nutzen einer gesundheitspolitischen oder medizinischen Maßnahme eventuelle Nachteile und unbeabsichtigte Negativfolgen überwiegt,
– ob sie in ökonomischer Hinsicht (Wirtschaftlichkeit und Sparsamkeit) vertretbar sind

> Dies bedeutet zugleich, dass die Finanzierung mancher, vor allem nichtmedizinischer Behandlungswünsche und die Abdeckung persönlich zu verantwortender Zusatzrisiken privat erfolgen, d.h. vorsorglich durch Zusatzversicherungen abgedeckt werden sollte (s.o. S. 103).

– ob die spezifischen Belange und ob die besondere Hilfsbedürftigkeit einzelner Patienten oder Patientengruppen, insbesondere vulnerabler Gruppen, beachtet werden.

> Aufgrund dessen, dass Einzelfälle und Einzelumstände fair berücksichtigt werden sollen, ist es z.B. geboten, Kinder in Kliniken altersgerecht zu betreuen.
> Auch solche Krankheiten, die nur schwer und aufwändig zu bekämpfen sind oder von denen nur wenige Menschen betroffen sind (orphan diseases), sollten medizinisch sachgemäß therapiert werden. In den zurückliegenden Jahren trat das Problem zutage, dass in der pharmazeutischen Industrie z.T. zu wenig Bereitschaft vorhanden war, Medikamente für seltene Krankheiten oder für kleinere Gruppen, darunter Kinder, zu erforschen, da solche Investitionen aufgrund des zu schmalen Absatzmarktes nicht rentabel waren. Aufgrund dessen, dass gegenüber jedermann Gerechtigkeit zu üben ist, ist freilich die Suche nach Auswegen zu forcieren. So sollten der Staat und die Wissenschaftsorganisationen Forschungsanreize setzen, um die ökonomischen Zwänge, denen die industrielle Pharmaforschung sicherlich unterliegt, aus ethischen Gründen zu korrigieren. – Weil die spezifischen Voraussetzungen der verschiedenen

Patientengruppen zu berücksichtigen sind, ist aus ethischer Sicht z.B. ebenfalls zu unterstreichen, dass gesundheitliche Forschung und Prävention unter Berücksichtigung des Geschlechts durchgeführt wird.[205]

Die voranstehenden Bemerkungen aufgreifend, sind für eine annähernd gerechte Mittelverteilung durch den Staat und die gesundheitspolitischen Verantwortungsträger, also auf der Makro- und Mesoebene[206], aus Sicht des Verfassers zusammenfassend folgende Kriterien hervorzuheben:
– Demokratieprinzip und Rechtsstaatlichkeit:
  Kürzungs-, Umverteilungs- oder Priorisierungsentscheidungen sind auf demokratischem Weg und in demokratisch strukturierten Verfahren zu treffen. Dies dient zugleich dazu, überdehnter Einflussnahme zu wehren, die von Lobbys, Interessenverbänden oder u.U. sogar von partikularen kirchlich oder weltanschaulich bedingten Interventionen ausgeht.
– Sozialstaatsprinzip/Gleichbehandlung/Nichtdiskriminierung/Zielgruppenorientierung:
  Für alle Patienten gelten grundsätzlich die gleichen Zuteilungsregeln und -kriterien, wobei ein besonderer Bedarf einzelner Gruppen aufgrund von Alter, Geschlecht o.a. angemessen zu berücksichtigen ist.
– Transparenz:
  Leistungsbegrenzungen müssen öffentlich bekannt gegeben und nachvollziehbar begründet werden.
– Wahrung medizinischer Plausibilität:
  Verteilungsentscheidungen sollen auf medizinischer Evidenz beruhen, den gesundheitlichen Nutzen und die zu erwartenden Kosten, d.h. die Effektivität (effectiveness) und die Effizienz (efficiency) von Behandlungen berücksichtigen.
– Revisionsbereitschaft/Korrekturoffenheit:
  Verteilungsentscheidungen sind im Licht neuer Erkenntnisse regelmäßig zu überprüfen; notwendige Nach- und Neujustierungen müssen daher in überschaubarem Zeitraum und zügig erfolgen.

  Dieses Kriterium bleibt oftmals unbeachtet; in einschlägigen Ausarbeitungen wird es durchweg nicht genannt. Wie wichtig es ist, tritt exemplarisch darin zutage, dass ungeachtet aller Gegenargumente die Begrenzung der Kostenerstattung in der Reproduktionsmedizin, die am 01.01.2004 in Kraft trat, bislang (August 2008) politisch nicht korrigiert wurde (s.u. S. 204f). Sofern überzeugende Argumente vorliegen, sind aber *zügige* Revisionen von Restriktionen und Verteilungsentscheidungen geboten, damit für Patienten ein Versorgungsniveau gewährleistet bleibt, das dem Stand der Wissenschaft entspricht. Sonst drohen mittel- oder langfristig Negativfolgen für die Versorgungsstruktur sowie ein Verlust an System- und Rechtsvertrauen.

– Partizipationsgerechtigkeit/Stärkung gesellschaftlicher Akzeptanz:
  Betroffenen Menschen, z.B. Patienten in Selbsthilfegruppen, sollte ermöglicht werden, zu Verteilungsentscheidungen Stellung zu nehmen.
– Einzelfallgerechtigkeit: Einzelfallorientierte ärztliche Entscheidungen – gemäß „patientzentrierter Medizin" – sollten möglich und legitim bleiben.
– Wahrung von Widerspruchsmöglichkeiten: Für Ärzte, Patienten, Pflegepersonal und andere Betroffene sollten Widerspruchsverfahren geregelt werden.

Hierbei handelt es sich um Kriterien zur Operationalisierung von Verteilungsgerechtigkeit, die permanent fortzuentwickeln sind, da sie aufgrund des hochdynamischen technischen Fortschritts und gesellschaftlicher sowie ökonomischer Umbrüche der Natur der Sache gemäß unvollständig bleiben. Die Voraussetzung für die voranstehend genannten Kriterien war der Grundsatz, harte Rationierungen auszuschließen: Medizinisch notwendige Behandlungen („necessary care"), dringliche Behandlungen sowie schwere Erkrankungen sind von Kürzungsentscheidungen auszunehmen.

Das Grundrecht auf Gesundheit gerecht zu handhaben, führt noch zu einer anders gelagerten Schlussfolgerung:

4. Nachhaltigkeit der medizinischen Versorgung in Entwicklungsländern

Hinausgehend über die ökonomischen und medizinischen Probleme, die hierzulande im Vordergrund stehen, ist dem Recht auf Gesundheitsschutz und dem Gebot der Gerechtigkeit in weltweitem Maßstab Rechnung zu tragen. Ethische Verantwortung und Gerechtigkeit besitzen eine globale Dimension. Verantwortung lässt sich heutzutage nicht mehr nur als Nächstenliebe deuten, die lediglich den Nahhorizont beträfe, sondern ist als Verantwortung im Fernhorizont zu verstehen (s.o. S. 21). Dass eine Entgrenzung der Nah- oder Gruppenmoral zur universalen ethischen Verantwortung erfolgen muss, ist im Zusammenhang der Friedens- und Sicherheitspolitik, der Ökologie und des Klimaschutzes unabweisbar geworden. Gedanklich lässt sich die Entgrenzung der Ethik damit begründen, dass die Menschenwürde und die Menschenrechte universal gelten, unteilbar sind und deswegen allen Menschen gleichermaßen zugute zu bringen sind. Amartya Sen wies darauf hin, wie bedeutsam im internationalen Maßstab für die Verwirklichung von Menschenrechten die Gesundheitsgerechtigkeit, der Gesundheitsschutz und die gesundheitliche Versorgung sind: „The relevance of health equity for social justice in general is hard to overstress."[207] Wiederum Amartya Sen aufgreifend, ist namentlich die Partizipationsgerechtigkeit für den Gesundheitsschutz global geltend zu machen. Würde diesem Leitbild Rechnung getragen und würde zudem die Korrelation der Rechte auf Gesundheitsschutz und auf Bildung berücksichtigt, käme dies der Zukunftsfähigkeit der Entwicklungsländer sehr zugute.

Nun sind die Pharmaindustrie, aber auch die staatliche Entwicklungspolitik angesichts der medizinischen Gegebenheiten in Entwicklungsländern mit einer Vielzahl von Zielkonflikten konfrontiert. Zu ihnen gehören folgende Punkte:

– Verfügbarkeit versus Sicherheit: Sollen in Entwicklungsländern Arzneimittel möglichst breit verfügbar sein oder besitzt die Arzneimittelsicherheit Vorrang, so dass in diesen Ländern zunächst die Verschreibungspraxis zu ordnen und eine kontrollierte Abgabe in Apotheken und Ambulanzen zu sichern wäre?

– Qualität versus Preis: Sollen bei der Medikamentenentwicklung für Länder der Dritten Welt die Qualität und Zuverlässigkeit oder der kostengünstige Preis im Vordergrund stehen?

– „High Tech" versus Basisdienste: Sind gehobene Medizintechnologie oder eine einfache Basisgesundheitsversorgung in Entwicklungsländern vorzugsweise zu fördern?

Seit Jahrzehnten erheben Entwicklungsorganisationen den Vorwurf, die Pharmaindustrie berücksichtige bei ihrer Forschung den Bedarf der Dritten Welt nicht genügend. Im Gegenzug weisen Pharmafirmen darauf hin, eine Ausweitung von Forschung zugunsten von Entwicklungsländern sei nicht realistisch, weil die Entwicklungskosten der Medikamente zu hoch seien und sie vom Markt nicht refinanziert würden.[208] Zu den drängenden gesundheitspolitischen Problemen gehört, wie sich die Verfügbarkeit lebensrettender Medikamente in Entwicklungsländern, insbesondere von AIDS-Medikamenten in Afrika sichern lässt. Die USA blockierten wiederholt das Vorhaben der Welthandelsorganisation (WTO), Entwicklungsländern, die über keine hinreichenden Finanzmittel verfügen, zu erlauben, Generika gegen lebensbedrohende Erkrankungen wie AIDS, Malaria oder Tuberkulose unter Umgehung des Patentschutzes zu nutzen. Schon seit vielen Jahren wird diskutiert, wie sich die finanziellen Interessen der Pharmaindustrie einerseits, die Gewährleistung einer zureichenden Medikamentenversorgung in Entwicklungsländern andererseits miteinander vereinbaren lassen. Denkbar sind Preisermäßigungen, Vorzugsregeln oder unentgeltliche Lizenzen zugunsten von Entwicklungsländern (freilich verfügen nur die wenigsten Entwicklungsländer über eine Pharmaindustrie, so dass diese Idee oft nicht greifen kann) oder der Verzicht auf Patentrechte seitens der Pharmaunternehmen. Seit 2007 ist in der EU europäischen Generikaunternehmen erlaubt, eine (Zwangs-)Lizenz für die Herstellung von Arzneimitteln zu beantragen, deren Patent noch nicht abgelaufen ist, sofern mit Hilfe dieser Zwangslizenz Nachahmerpräparate für die Ausfuhr in Entwicklungsländer hergestellt werden, um dort die öffentliche Gesundheitsversorgung zu sichern.

Ein konkreter Problempunkt der Gesundheitsversorgung in Entwicklungsländern ist laut Angaben der Weltgesundheitsorganisation und des Internationalen Suchtstoffkontrollrats von 2007 der Mangel an Schmerzmitteln. Die meisten Menschen müssen Entbindungen, chirurgische Eingriffe, Krebs und AIDS ohne Schmerzmittel ertragen. Gravierend sind Versorgungsmängel während der Schwangerschaft und der Geburt oder beim Schwangerschaftsabbruch, so dass jährlich ca. 500 000 Frauen in Entwicklungsländern während der Schwangerschaft oder Geburt sterben.[209] Darüber hinaus fehlt der Zugang zu Verhütungsmitteln und mangelt es an Aufklärung junger Frauen zur Familienplanung. Eigentlich gilt seit der Internationalen Konferenz für Bevölkerung und Entwicklung 1994 in Kairo das Anrecht von Frauen auf reproduktive Gesundheit als Bestandteil ihres Rechtes auf Gesundheitsschutz. Die Konferenz beschloss folgenden Passus:

> „Reproduktive Gesundheit wird nicht nur als Abwesenheit von Krankheit oder Störungen des Fortpflanzungsprozesses verstanden. Sie bedeutet auch die Fähigkeit des Menschen zur Fortpflanzung, sowie seine Wahlfreiheit zwischen den verschiedenen Handlungsalternativen, die sich ihm diesbezüglich bieten."[210]

Dies schließt den Anspruch von Frauen auf Medikamente ein, die der Empfängnisverhütung dienen. Was Empfängnisverhütung und Geburtenkontrolle anbelangt, so blockiert jedoch die katholische Kirche die gesundheitliche Versorgung von Frauen in der Dritten Welt so wirksam, dass dies in Wissenschaft, Publizistik und Politikberatung immer wieder zum Thema wird. Die katholische Amtskirche behindert in Entwicklungsländern überdies die AIDS-Prävention durch Verwendung von Kondomen.[211] Gesundheitsschutz und Gesundheitsversorgung geraten mithin auch aus religiös-moralischen, hier: katholischen Motiven heraus unter Druck.

Die religiöse und kulturelle Dimension darf für die gesundheitliche Versorgung in Entwicklungsländern generell nicht unterschätzt werden. Besondere Sensibilität erfordert der Umgang mit einheimischen gesundheitsbezogenen Traditionen, wobei es gilt, eine Balance zwischen Rezeption, Förderung und Nutzung einerseits, Abgrenzung, Kontrolle und Überwindung zugunsten westlicher Standards andererseits zu finden. Einschlägig ist z.B. die Publikation der Weltgesundheitsorganisation „Guidelines for Training Traditional Health Practitioners in Primary Health Care", 1995.[212]

Die Auseinandersetzung mit solchen globalen Fragen lässt keine Verschleppung zu. Diskussionsbedürftig ist keineswegs nur der Missstand, dass Medikamententests, die im Norden nicht statthaft sind, wiederholt auf Probanden in der Dritten Welt abgeladen worden sind. Voranstehend sollte angedeutet werden, dass im Bemühen um globale Gesundheitsgerechtigkeit vielmehr eine Vielfalt ganz unterschiedlicher Themen aufzuarbeiten ist. Auf der Grundsatzebene ist hervorzuheben, dass das Recht auf Gesundheitsschutz auch für die Dritte Welt gilt; zugleich ist sein innerer Zusammenhang mit weiteren Menschenrechten, dem Recht auf Entwicklung, auf Ernährung, auf Bildung, auf Frieden oder den Schutzrechten für Kinder, zu bedenken. So gravierend die ökonomischen, sozialen und gesundheitspolitischen Verwerfungen sein mögen, die im Inland entstanden sind: Das Menschenrecht auf Gesundheitsschutz verpflichtet dazu, die Interessen der benachteiligten Regionen und Kontinente zu beachten, das öffentliche Bewusstsein hierfür zu schärfen und zu ihren Gunsten die eigene, darunter die ökonomische Kompromissbereitschaft unter Beweis zu stellen.

5. Rechtsethisches Fazit zum Gesundheitsschutz in der Verfassung

Das Recht auf Gesundheitsschutz und gesundheitliche Versorgung ist mithin auch im Horizont von Gerechtigkeit, insbesondere der Verteilungs- und der Partizipationsgerechtigkeit zu entfalten – in nationaler und europäischer sowie in internationaler und entwicklungspolitischer Dimension. Was die Bundesrepublik Deutschland anbelangt, läge es der Sache nach nahe, dieses Grundrecht in den Grundrechtsteil des Grundgesetzes explizit aufzunehmen. Ende des Jahres 2007 war kurzzeitig erwogen worden, zumindest für Kinder das Recht auf den Schutz ihrer Gesundheit im Grundgesetz zu verankern. Der Vorschlag des Ministerpräsidenten des Landes Rheinland-Pfalz, Kurt Beck, vom 12. Dezember 2007 lautete: „Jedes Kind hat das Recht auf eine positive Entwicklung und Entfaltung sowie auf das erreichbare Maß an Gesundheit". Diese Formulierung wurde dann aber überraschend, schon im Dezember 2007, aus der politischen Initiative für Kinderrechte im Grundgesetz herausgenommen, die nach einem Beschluss des Bundesrates vom 19. September 2008 nun auch als Ganze nicht mehr weiterverfolgt wird (Ablehnung der Bundesrats-Drucksache 445/08).

Doch davon abgesehen: Juristen nennen das Recht auf Leben und auf körperliche Unversehrtheit in Artikel 2 Absatz 2 des Grundgesetzes sowie das Recht jedes Einzelnen – sei er Erwachsener oder Kind – auf den Schutz seiner Gesundheit oftmals in einem Atemzug.[213] Dass die Bundesrepublik Deutschland faktisch auf den Gesundheitsschutz verpflichtet ist, steht außer Frage (s.o. S. 91ff, S. 95f). Dennoch wäre es in der Perspektive einer Ethik der Rechtsordnung zu begrüßen, wenn der hohe Rang, den Gesundheit als elementares Gut des Menschseins besitzt, und die diesbezügliche Schutzpflicht des Staates im Grundgesetz *be-*

grifflich zum Ausdruck gebracht würden und, letztlich durch eine entsprechende Ergänzung des Grundgesetzes, das Grundrecht der Bürger auf Gesundheitsschutz *explizit* zum Bestandteil von Artikel 2 Absatz 2 erhoben würde. Auf diese Weise würde nochmals zusätzlich sichtbar, dass für die Beurteilung staatlichen Handelns und für die Stabilität des Rechtsstaates die Wahrung und Förderung von Gesundheit sowie die Aufrechterhaltung gesundheitsdienlicher Strukturen und Ressourcen heutzutage einen wesentlichen Prüfstein darstellen. –

Nachfolgend ist die Aufmerksamkeit auf einen gewichtigen Teilaspekt des Themas „Gesundheitsschutz/Gesundheitsversorgung" zu lenken, nämlich darauf, dass auch die medizinisch-naturwissenschaftliche *Forschung* – sei es die vom Staat getragene und geförderte oder gleichfalls die privatwirtschaftlich-industriell oder von Stiftungen finanzierte Forschung – im Licht des Rechts auf Schutz der Gesundheit zu deuten ist. Abgesehen von der Verantwortung des Staates für die Rahmenbedingungen von Forschung ist in dieser Hinsicht freilich vor allem die Medizin selbst herausgefordert. Daher ist nun die Verpflichtung der modernen, naturwissenschaftlich geprägten Medizin zur gesundheitsorientierten Forschung zu erörtern. Aus ihrer Forschungspflicht und -verantwortung erwachsen für die Medizin gleichzeitig bestimmte ethische Wertkonflikte, die ebenfalls zu reflektieren sein werden.

IX. Aufgaben und Konflikte medizinischer Forschung

1. Pflicht der Medizin zur Forschung als Konsequenz des Rechtes auf Gesundheitsschutz

In den voranstehenden Kapiteln sind der tradierte therapeutische Imperativ, d.h. die Pflicht des Arztes zur Heilung sowie die gesundheitspolitische Gestaltungsverantwortung des Staates betont worden. Sie bilden das Korrelat zum Grundrecht der Menschen auf den Schutz und die Förderung ihrer Gesundheit. Hieran anknüpfend ist zu bedenken, dass das Menschenrecht auf Gesundheitsschutz auch eine Pflicht der modernen Medizin als Ganzer zur therapeutisch orientierten Forschung impliziert. Seit der Antike gilt für den einzelnen Arzt zugunsten seines Patienten die Aufgabe der Erhaltung und Wiederherstellung der Gesundheit. Schon der hippokratische Eid kannte den therapeutischen Imperativ, der dem Arzt das Gebot der Schadensvermeidung und der Heilbehandlung auferlegte. Im heutigen Horizont, angesichts der naturwissenschaftlichen Erkenntnisdimension der Biomedizin, ist der therapeutische Imperativ über diese individualethische Komponente, d.h. über das Ethos des einzelnen Arztes hinaus auszuweiten und für die medizinische Wissenschaft insgesamt zur Geltung zu bringen. Ein solches Anliegen lässt sich zusätzlich auf die Freiheit der Wissenschaft stützen, die das Grundgesetz in Artikel 5 Absatz 3 verbürgt. Die Wissenschaftsfreiheit meint keine Willkürfreiheit, sondern ist im Licht weiterer Grundrechte und Grundwerte – darunter Gesundheitsschutz – auszulegen. Ihre tiefere Legitimation und ihre gesellschaftliche Akzeptanz gewinnt sie aus ihrer Funktion für die Verwirklichung von Humanität. Dies bedeutet für die Medizin, dass der Forschungsfreiheit, die ihr verfassungsrechtlich garantiert wird, eine gesundheitsdienliche Forschungs*pflicht* sowie eine spezifische Forschungs*verantwortung* korrespondieren. Sie hat verantwortlich abzuwägen, wie die Verpflichtung zur gesundheitsorientierten Forschung, der Schutz der Probanden, die Effektivität und Erfolgsaussicht von Projekten und andere Faktoren angemessen zu gewichten und in Beziehung zu bringen sind.

Um mit dem zuletzt genannten Aspekt einzusetzen: Was die Forschungs*verantwortung* – als Forschungsfolgenverantwortung (s.o. S. 19f) – anbelangt, so ist zu beachten: Heutige Medizinforschung ist naturwissenschaftlich geprägt, technikbezogen und anwendungsorientiert. Theoretischer Erkenntniszuwachs, seine Anwendung sowie die ökonomische Nutzung gehen untrennbar ineinander über. Hierin unterscheiden sich gegenwärtige naturwissenschaftliche Projekte von den Geistes-, Kultur- und Rechtswissenschaften, so wie sie schon seit dem 19. Jahrhundert unter dem Schutz der Wissenschaftsfreiheit standen. Für sie waren – mit Wilhelm von Humboldt gesagt – die „Einsamkeit" des einzelnen Wissenschaftlers sowie ein theoretisch-abstrakt sich vollziehender Erkenntnisgewinn die Basis. Seitdem hat sich die Struktur wissenschaftlicher Erkenntnisprozesse aber verändert. Angesichts des direkten Anwendungs- und Verwertungspotentials biomedizinischer Forschungsergebnisse greift es daher zu kurz, wenn Naturwissenschaftler sich zur Legitimation ihrer Vorhaben einfach auf wissenschaftliche Neugierde oder auf reines intellektuelles Erkenntnisstreben berufen. Medizinisch naturwissenschaftliche Forschung trägt Verantwortung für die Verwertung und auch für eventuelle problematische Anwendbarkeiten ihrer Resultate, etwa für abschätzbaren Missbrauch humangenetischer Erkenntnisse. Es ist deswegen die Aufgabe von Wissenschaftlern, hypothetisch die Nutzung ihrer Forschungsresultate von vornherein einzukalkulieren und vorsorglich so weit wie möglich Missbrauch einzudämmen. Weil Wissenschaft sich nicht mehr als abgeschotteter Bereich zweckfreier, rein theoretischer Erkenntnis auffassen lässt, dürfen die moralische, eventuell sogar eine rechtliche Haftung für negative Forschungsfolgen nicht externalisiert und anonymisiert, die Lasten bedenklicher Forschungsanwendungen nicht auf die Gesellschaft abgewälzt werden. Korrespondierend zur Forschungsfreiheit sind für die medizinische Wissenschaft also der Zuwachs an Forschungsfolgenverantwortung und die Präventionsverantwortung zu betonen.

Darüber hinaus ist jedoch auch eine Forschungs*pflicht* zu unterstreichen. Für die Medizin besteht sie zumal dann, wenn es um human erstrebenswerte, Leiden lindernde, gesundheitlich hochrangige Forschungsziele geht. Für Lebenswissenschaften und Medizin ist Forschung nicht nur ein Recht, das die Verfassung durch die Wissenschaftsfreiheit verbürgt. Dass in der Öffentlichkeit in Bezug auf diagnostische und therapeutische Forschungsprojekte eine hohe Erwartungshaltung besteht, ist gut verständlich. Es ist eine Vielzahl von Forschungszielen zu nennen, die aufgrund ihres therapeutischen und menschlichen Nutzens wünschenswert oder sogar ethisch verpflichtend sind. Hierzu gehört die Schmerzforschung. Seit den 1990er Jahren ist der Rückstand, der in Deutschland in der Schmerzforschung und im Ausbau palliativer Medizin bestand, ein gutes Stückweit aufgeholt worden. Dank der Fortschritte der medizinischen Schmerzforschung kann heutzutage häufig sogar extremer Krebsschmerz weitgehend kontrolliert werden. Weniger Beachtung fand z.B. das Chronische Erschöpfungssyndrom/Fatigue-Syndrom (Chronic Fatigue Syndrome), ein bei der Krebsbehandlung auftretender Zustand völliger Erschöpfung, verbunden mit einer Minderung der Aufmerksamkeit und geistigen Beweglichkeit. Das Fatigue-Syndrom tritt ebenfalls als Folge von Immunschwäche, chronischen Infektionen oder beruflichen und psychischen Belastungen auf. Schätzungen des Bundesgesundheitsministeriums sprachen 1994 von ca. einer Million Erkrankter. In den USA betrachtet man das Chronische Fatigue-Syndrom als gravierende Krankheit; in der Bundesrepublik Deutschland wurde diesbezüglich jedoch noch vor wenigen Jahren ein therapeutischer Nihilismus konstatiert. Hieran wird deutlich, dass angesichts von Krankheiten, die aktuell nicht hinreichend therapierbar sind, eine Forschungspflicht besteht.

Wenn man auf diese Weise eine ethische Pflicht zur Forschung hervorhebt, werden staatliche oder sonstige Behinderungen, z.B. durch bürokratische Überregulierungen, durch die Verschleppung von Entscheidungen über Forschungsförderung oder durch Fehlentscheidungen bei der Zuteilung von Ressourcen, nochmals problematischer. Aktuell kommt hinzu, dass Universitätsklinika privatisiert werden und private Investoren auf die Ziele der Forschung Einfluss nehmen. Die Privatisierung kann sich, wenn es um ökonomisch wenig aussichtsreiche Projekte oder um seltene Krankheiten (orphan diseases) geht, auf die Krankheitsforschung von Hochschulen kontraproduktiv auswirken – ein Strukturproblem heutiger Universitätsmedizin, das noch nicht genügend aufgearbeitet worden ist. In unserem Zusammenhang sind nun aber besonders die normativen Wertkonflikte zu beleuchten, die der medizinischen Forschung als solcher inhärent sind.

2. Wertkonflikte der Forschung

Die Wissenschaft selbst hat gegenüber der Öffentlichkeit über die zielstrebige Realisierung von Forschungszielen und über den sorgsamen Umgang mit ethischen Wertkonflikten Rechenschaft abzulegen. Der frühere Bundeskanzler Helmut Schmidt hatte in dieser Hinsicht von einer Bringschuld der Wissenschaft gesprochen. Der Stellenwert der ethischen Forschungspflicht und der Forschungsverantwortung ist auch deshalb so sehr zu betonen, weil sich in den letzten Jahren medizinische Forschungsskandale ereigneten. Es ist nicht zu leugnen, dass in der biomedizinischen Forschung tätige Personen von Karrierewünschen, ökonomischen oder medialen Interessen oder sonstigen Motiven geleitet sein können, die zur genuin ethischen Forschungsverantwortung und -pflicht in Widerspruch stehen. Dramatisch war der Forschungsskandal, den 2004 der koreanische Stammzellpionier Hwang Woo Suk auslöste (s.u. S. 179f). Universitäten, Forschungsinstitutionen und Industrieunternehmen zogen die Konsequenz, sich verstärkt an ethische Kodizes zu binden. International erhält die Selbstkontrolle medizinischer Wissenschaft immer größeres Gewicht. Einen Beleg bietet die „policy of responsible citizenship", die biomedizinische Fachzeitschriften aus Gründen des sicherheitspolitischen Gesundheitsschutzes initiierten. Im Februar 2003 hatten sich auf der Jahrestagung der American Society for the Advancement of Science in Denver Chefredakteure und Herausgeber der führenden biomedizinischen Fachzeitschriften, darunter „Science" und „Nature", darauf festgelegt, Aufsätze vor der Veröffentlichung künftig darauf zu kontrollieren, ob sie Informationen enthalten, die zur Verbreitung biologischer Waffen missbraucht werden könnten.

Solche Regelungen bergen freilich auch Probleme. So ist denkbar, dass Veröffentlichungen Informationen beinhalten, die unter Umständen für die Produktion von Biowaffen, andererseits aber für die Therapie relevant sind, etwa in Bezug auf Milzbranderreger. Zudem könnte eine Vorab-Überprüfung von Forschungsartikeln in Spannung zur Wissenschaftsfreiheit geraten. Im Wissen um diese Ambivalenz gaben die Herausgeber und Chefredakteure in ihrem 2003 in der Zeitschrift „Proceedings of the National Academy of Sciences of the USA" publizierten Text zu verstehen, dass ihre Selbstbindung in jedem Einzelfall eine Schaden-Nutzen-Abwägung einschließt: „Wenn der Herausgeber zu der Überzeugung gelangt, dass der potentielle Schaden einer Veröffentlichung den Nutzen übersteigt, dann sollte der entsprechende Artikel überarbeitet oder gar nicht veröffentlicht werden."

Als Zwischenbilanz ist daher festzuhalten,

– dass der therapeutische Imperativ nicht nur für den einzelnen Arzt, sondern gleichfalls für die medizinische Wissenschaft als scientific community unhintergehbar ist: Für die Medizin besteht eine therapieorientierte Forschungspflicht;

– dass diese – zumindest moralische – Forschungspflicht durch Bürokratie, verschleppte Strukturentscheidungen, Politik und private Investoren nicht blockiert werden darf;

– dass die Medizin ihre Forschungsfreiheit „mit Leidenschaft und Augenmaß zugleich" (so im Jahr 1919 Max Weber, damals in Bezug auf die politische Ethik [s.o. S. 19]) praktizieren sollte und sie sich ihrer Forschungsfolgenverantwortung zu stellen hat;

– dass die Wertkonflikte bewältigt werden müssen, die konkrete Forschungsvorhaben mit sich bringen.

Wertkonflikte bedürfen ethischer Abwägung. In der Bundesrepublik Deutschland fand die

Debatte über forschungsbedingte Wertkollisionen einen Brennpunkt darin, ob Forschung an menschlichen Embryonen zulässig sei. Dabei wird in Deutschland die *direkte* Forschung an Embryonen, die um der Verbesserung reproduktionsmedizinischer Methoden willen erfolgt, thematisch freilich vollständig ausgeklammert; von Gesetzes wegen ist sie verboten. Stattdessen wurde und wird nur über die *indirekte* Nutzung von Embryonen, nämlich die Forschung an humanen embryonalen Stammzellen gestritten; diese Zellen können aus frühen Embryonen wenige Tage nach der Befruchtung gewonnen werden. Zahlreiche Stimmen, vor allem aus den Kirchen, lehnen diesen Forschungszweig ab. Jedoch kann argumentiert werden, dass das Grundgesetz die Forschungsfreiheit garantiert und dass der Gesundheitsschutz gerade auch die Forschung zugunsten künftiger Patienten legitimiert. In etlichen Jahren werden Patienten von den Resultaten derzeitiger humaner embryonaler Stammzellforschung möglicherweise erheblich profitieren. So betrachtet lässt es sich als vertretbar, ja sogar als ethisch geboten ansehen, entsprechende Vorhaben durchzuführen. Allerdings ist ein Wert- und Zielkonflikt einzuräumen. Denn es sind außerkörperlich erzeugte Frühembryonen, denen die Stammzellen entnommen werden. Daher ist der Wertkonflikt zwischen therapieorientierter Forschung einerseits, dem Schutz der befruchteten Eizellen bzw. der Embryonen andererseits zu bewältigen, wobei aus der Sicht des Verfassers das Gewicht der gesundheitsorientierten Forschungsziele hoch einzuschätzen ist (s.u. Teil B Kap. I–III).

Überhaupt besitzt der Gesundheitsschutz für die Medizin als Wissenschaft eine heuristische Funktion; er vermag das Interesse medizinischer Forschung auf ganz unterschiedliche therapeutische Themen zu lenken. Dabei treten keineswegs durchgängig Wertkonflikte auf. Im Licht des Gesundheitsschutzes sind zahlreiche Forschungsziele ethisch evident, etwa die Schmerzbekämpfung. Als Forschungsziel, das es aktuell verstärkt zu fördern gilt, ist sodann die pharmazeutische Forschung zugunsten von Kindern zu nennen. Noch nach 2000 sind ca. 80 Prozent der in der Kinderheilkunde verwendeten Medikamente für Kinder nicht zugelassen gewesen; sie waren pharmakologisch nicht hinreichend getestet worden. Eine Untersuchung aus dem Jahr 2000 befasste sich mit fünf Kinderstationen in mehreren europäischen Ländern (England, Schweden, Deutschland, Italien, Niederlande). Sie dokumentierte, dass 624 Kindern im Alter von vier Tagen bis sechzehn Jahren insgesamt 2262 Medikamente verschrieben wurden, von denen 46% nicht zugelassen waren. Noch in der unmittelbaren Gegenwart trifft der Begriff zu, der 1968 geprägt wurde: Kinder sind „therapeutical orphans", von der Pharmaforschung vernachlässigte therapeutische Waisen.[214] Ein an einer Universitätskinderklinik tätiger Mediziner schilderte

> „die skurrile Situation, dass die Mehrzahl aller Medikamente, die zur Behandlung von Kindern im klinischen Alltag Verwendung finden, für Kinder nicht zugelassen sind, weil keine für die Zulassung notwendigen Studien in dieser Altersgruppe vorliegen. Grundsätzlich heißt das für uns Kinderärzte, dass wir bei allen diesen Medikamenten, zu denen zum Beispiel auch viele Antibiotika gehören, die Eltern über die Tatsache der fehlenden Zulassung aufklären müssten, obwohl sie seit vielen Jahren im Einsatz sind. In welche Konflikte wir dann viele Eltern stürzen würden, braucht man wohl kaum auszumalen."[215]

Dieses Dilemma von Kinderärzten und Kinderkliniken basiert auf Problemen der Forschungsökonomie bzw. der Forschungsfinanzierung und -refinanzierung, des Medizinrechts sowie der Forschungsethik.

Zum ökonomischen Aspekt sei angemerkt, dass Kindermedikamente zu den „orphan drugs"
gehören: Sie sind jenen Medikamenten zuzuordnen, die nur einer relativ kleinen Gruppe von
Patienten zugute kommen. Ihre Erforschung und Entwicklung war in Anbetracht des
schmalen Marktsegmentes für die pharmazeutische Industrie ökonomisch bislang nicht aus-
sichtsreich genug. Aufgrund von Anstößen aus den USA, darunter einem Gesetz aus dem
Jahr 1983, hat 2000 dann die Europäische Union die Initiative ergriffen und eine Richtlinie
beschlossen, durch die die Erforschung, Entwicklung und Zulassung von Arzneimitteln gegen seltene Krankheiten effektiv unterstützt wird (Verordnung [EG] 141/2000). Dabei geht
es um finanzielle Förderung der Medikamentenentwicklung und der klinischen Studien,
verlängerte exklusive Vermarktungsrechte, d.h. den Eigentumsschutz für neu entwickelte
Pharmaka, den Fortfall von Zulassungsgebühren u.a. Diese Instrumente haben sich schon in
den USA als wirksam erwiesen. Seit 2007 fördert die EU speziell die Erforschung und Zulassung von Arzneimitteln für pädiatrische Indikationen. Die Basis ist die Verordnung (EG)
Nr. 1901/2006, die am 26. Januar 2007 in Kraft trat. Aufgrund der Leitlinie 11 der „International Conference on Harmonisation" zur Prüfung von Arzneimitteln an Kindern werden
Kinder, für die Medikamente zu bewerten sind, in fünf Untergruppen eingeteilt (Frühgebo-
renes; Neugeborenes; Säugling und Kleinkind: 28 Tage bis 23 Monate; Kind: 2 bis 11 Jahre;
Jugendlicher: 12 bis 18 Jahre). Insofern zeichnet sich ab, dass dank der Anstöße aus Brüssel
der Rückstand der Medikamentenforschung zugunsten von Kindern in Europa, in der Folge
auch in Deutschland, jetzt langsam korrigiert wird.

Neben den ökonomischen und rechtlichen Aspekten ist hierzu freilich noch ein speziell medizinethischer Wertkonflikt zu sehen. Bei Medikamententests, die Kindern zugute kommen
sollen, sind es Kinder selbst, an denen die Prüfungen durchgeführt werden müssen. Dies
wirft Schwierigkeiten auf, da Kinder noch nicht einwilligungs- und zustimmungsfähig sind.
Überhaupt lässt jede medizinische Forschung an Menschen, die in ein an ihnen durchge-
führtes Forschungsvorhaben noch nicht (Kinder) oder nicht mehr (alte und demente Patienten) einwilligen können oder die nur zeitweise oder begrenzt einwilligungsfähig sind (psychiatrische Patienten), ethisch besonders großen Zweifel wach werden. Komplexe, bislang
zu wenig bearbeitete Abwägungsprobleme resultieren darüber hinaus aus der Frage, unter
welchen Bedingungen an Schwangeren Medikamentenforschung vorgenommen werden
darf.[216] Forschung an Menschen bildet stets eine ethische Gratwanderung.

Heute übliche medizinische Verfahren verdanken sich im Übrigen zum Teil sogar Experimenten, die nach den gegenwärtigen Standards der Medizinethik gar nicht tolerabel wären.
So geht die Pockenschutzimpfung und überhaupt die Methodik von Impfungen auf Versuche zurück, die aus heutiger Sicht inakzeptabel wären. Im Jahr 1796 impfte Edward Jenners
(1749–1823) einen achtjährigen Jungen und infizierte ihn nach sechs Wochen mit den Po-
ckenerregern. Den Maßstäben gemäß, die inzwischen etabliert sind, hätte das Experiment
äußerstenfalls an einem einwilligungsfähigen Erwachsenen durchgeführt werden dürfen.[217]

Dass Experimente wie dasjenige von Jenners im Nachhinein – ex post – als problematisch
gelten müssen, kann freilich nicht bedeuten, ihre Resultate zu ignorieren; dies wäre angesichts des Gesundheitsschutzes gegenwärtiger Patienten unvertretbar und würde ihre legitimen Interessen verletzen. Jedoch wird deutlich, dass es ex ante unverzichtbar ist, die
Schutz-, Persönlichkeits- und Selbstbestimmungsrechte der Probanden zu wahren.

3. Forschung am Menschen: Ethische Gratwanderung im Umgang mit Probanden

Die folgenden Erwägungen gehen auf verschiedene Fallkonstellationen ein, können aber nur einige wenige Aspekte beleuchten. Vergleichsweise geringer Zweifel bricht auf, wenn die Versuchspersonen (Probanden) Erwachsene sind und selbst zustimmen können.

Erstens: Forschung an einwilligungsfähigen Probanden

Grundsätzlich sind hierbei therapeutische Versuche zum Wohl der Betroffenen und fremdnützige Forschung voneinander zu unterscheiden. Letztere wird manchmal – missverständlich – als „nichttherapeutische" Forschung bezeichnet.[218] Aus Ersterer, der eigennützigen therapeutischen Forschung, soll dem Patienten selbst ein individueller Nutzen erwachsen. Dieser Form der Forschung, z.B. bei einem forschungskontrollierten individuellen Heilversuch, stehen keine prinzipiellen ethischen oder rechtlichen Bedenken entgegen, vor allem wenn es sich um erwachsene Patienten handelt, die über das betreffende Vorhaben informiert worden sind, so dass sie ihre Selbstbestimmungsrechte und Patientenautonomie wahrnehmen und ihre Zustimmung erklären können. So kann bei einem schwer Erkrankten ein noch nicht zugelassenes Medikament benutzt werden, in der Hoffnung, dass dieser Versuch ihm zugute kommt.

Hingegen ist im Fall des Humanexperimentes oder bei klinischen Prüfungen für hieran beteiligte Probanden selbst kein unmittelbarer Nutzen zu erwarten. Den Vorteil („benefit") haben diejenigen Kranken, denen das Medikament oder das Verfahren, das getestet wird, später nützlich sein soll. Dies gilt ungeachtet dessen, dass auch in dieser Hinsicht der Medikamentenforschung realistisch gewisse Grenzen gezogen bleiben: „Eine Nebenwirkung, die nur einmal bei 5.000 behandelten Patienten auftritt, bleibt im Regelfall vor der Zulassung unentdeckt."[219] Medizinethisch ist vor allem aber der Blick auf die Versuchsperson zu lenken, die von dem fremdnützigen Forschungsvorhaben, das an ihr durchgeführt wird, gesundheitlich nicht profitiert. Abgesehen davon, dass eine Ethikkommission einzuschalten ist, bestehen die Voraussetzungen für Versuche, die an erwachsenen Versuchspersonen erfolgen, im Kern in Folgendem:

– Es muss ein objektives Erfordernis medizinischer Forschung vorliegen, so dass das Forschungsziel dringlich und hochrangig ist.

– Es ist zu prüfen, ob das Forschungsziel auf keinem anderen Weg als mit dem in Aussicht genommenen Weg erreicht werden kann (Alternativlosigkeit).

– Die erforderlichen Vorklärungen (Tierexperimente, Prüfung an Zellkulturen usw.) müssen vorgenommen worden sein.

– Für die Versuchsperson müssen die Risiken vertretbar und zumutbar bleiben. Gemäß der Helsinki-Deklaration des Weltärztebundes in der Edinburgh-Fassung aus dem Jahr 2000 gilt, dass die „Überlegungen zum Wohl der Versuchspersonen Vorrang vor dem Interesse der Wissenschaft und der Gesellschaft haben".[220] Zwischen der Belastung, der die Versuchsperson ausgesetzt wird, und dem medizinischen Erkenntniszuwachs, den das Forschungsvorhaben erzielen soll, muss Verhältnismäßigkeit bestehen.

– Der Proband muss umfassend informiert sein und dem Experiment zugestimmt haben, wobei er diese Zustimmung jederzeit widerrufen kann.

– Weil die Zustimmung freiwillig erfolgen soll, ist auf Humanexperimente bei „leicht beeinflussbaren" oder „beschränkt zustimmungsfähigen" Menschen – geistig Behinderten, Gefangenen, Soldaten, Heimbewohnern – grundsätzlich zu verzichten bzw. ist die fremdnützige Forschung an Personen aus diesen Gruppen, etwa an geistig Behinderten, gesondert zu betrachten.

Solche Kriterien sind ihrerseits erläuterungs- und präzisierungsbedürftig. Denn es liegt keinesfalls eindeutig auf der Hand, was unter Hochrangigkeit, Dringlichkeit oder Alternativlosigkeit jeweils zu verstehen ist. Auch dann, wenn Probanden aus eigener rationaler Einsicht in die an ihnen vollzogene Forschung einwilligen, muss die Forschung, die Dritten zugute kommen soll, durch Kriterien eingegrenzt bleiben, die fortlaufend auszudifferenzieren sind. Dies gilt erst recht nach dem schweren, für die Probanden lebensbedrohlichen Zwischenfall mit dem Prüfpräparat TGN 1412, das von einer deutschen Firma als Medikament zur Behandlung von Immunerkrankungen, Blutkrebs u.a. entwickelt worden war und 2006 in London getestet wurde. Ausgehend von der Contergan-Katastrophe der 1950er Jahre und dem – wie es 2006 hieß – „collapse of science and ethics" in London zog der Pharmakologe Karl-Friedrich Sewing 2007 im Blick auf aktuelle Gegebenheiten folgende Bilanz:

> „Hatten wir es bei Thalidomid mit seinen katastrophalen Nebenwirkungen noch mit einem vergleichbar einfachen Molekül zu tun, so werden heute zunehmend komplizierte, hochmolekulare Stoffe, insbesondere monoklonale Antikörper, als Arzneimittel entwickelt. Dabei ist vermutlich der Schritt vom Tierexperiment zur klinischen Erprobung risikoreicher als bei den allermeisten synthetisch hergestellten Arzneimitteln. Um diese Risiken rechtzeitig zu erkennen, fehlt es uns heute noch an den entsprechenden Mechanismen – wissenschaftlich wie regulatorisch."[221]

Entsprechend hoch sind die Herausforderungen für medizinethische Folgenabschätzungen und für die Präventionsverantwortung.

Daneben ist eine weitere Problematik zu reflektieren, die anders gelagert ist. Sie betrifft klinische Studien mit erkrankten Personen unter Einbeziehung einer Kontrollgruppe. Unter Umständen ist vorab absehbar, dass Patienten, an denen die neuen Medikamente oder Verfahren erprobt werden, gegenüber der Kontrollgruppe, bei der die Standardtherapie angewandt wird, aufgrund der höchstwahrscheinlich stark verbesserten Therapiechancen faktisch bevorzugt werden. In den zurückliegenden Jahren trat dieses Problem bei der Erprobung neuer Therapieoptionen zur Behandlung von AIDS oder Leukämie auf. Die Patienten aus der Kontrollgruppe zu benachteiligen, steht aber in Spannung zur ärztlichen Verpflichtung auf das Wohl des Kranken („salus aegroti"). Wie mit diesem Dilemma insbesondere angesichts schwerer und tödlicher Krankheiten konkret umzugehen ist, bedarf eingehenderer Aufarbeitung, als es bislang der Fall ist.

Zweitens: Forschung an Nichteinwilligungsfähigen

Schwerwiegende Fragen ergeben sich sodann in Anbetracht von Forschung an nicht-einwilligungsfähigen Menschen. Das Menschenrechtsübereinkommen zur Biomedizin von 1996, das als Bioethikkonvention des Europarats bezeichnet wird, sieht in Artikel 17 vor, „in Ausnahmefällen" und unter engen Bedingungen auch an Nichteinwilligungsfähigen eine fremdnützige medizinische Forschung zuzulassen[222],

– wenn sie zu wesentlichen Erweiterungen der wissenschaftlichen Einsicht über die in
  Frage stehende Krankheit führt und Personen derselben Altersgruppe oder mit ähnlichen
  Störungen zugute kommen könnte,

– sofern die Forschung für die Versuchsperson „nur ein minimales Risiko und eine minimale Belastung mit sich" bringt.

Die letztere Eingrenzung ist sehr wichtig, bedarf aber der genaueren Definition. In den USA
umschrieben amtliche Texte ein minimales Risiko dahingehend, „dass die zu erwartende
Wahrscheinlichkeit und Größe einer Schädigung oder Unannehmlichkeit durch einen Versuch nicht größer ist als die Risiken des täglichen Lebens oder die Risiken von körperlichen
Routineuntersuchungen oder psychologischer Tests" (so das U.S. Department of Health and
Human Services im Jahr 1983). Als Beispiele für Routineuntersuchungen gelten Routine-
impfungen, körperliche Untersuchungen und die Gewinnung von Blut- oder Urinproben.
Die Dimension des Risikos, welches im Rahmen fremdnütziger Forschung toleriert werden
könne, entspreche einer Prellung nach einem Sturz beim täglichen Spielen.[223]
Indem die Biomedizinkonvention des Europarats neben dem „minimalen Risiko" noch die
„minimale Belastung" als äußerste Grenze erwähnt, gibt sie zu verstehen, dass neben physischen Gesichtspunkten ebenfalls die psychische Belastung von Versuchspersonen zu berücksichtigen ist. Bei fremdnütziger Forschung, die sich in diesem Rahmen bewegt, wird es
sich daher allenfalls um Blutentnahmen oder Vergleichbares handeln. Auf keinen Fall geht
es um weitgehende Eingriffe. Fremdnützige Forschung an dementen Patienten, etwa an
Alzheimer-Patienten, könnte darin bestehen, mit Hilfe bildgebender Verfahren Krankheitsverläufe zu dokumentieren. Die Zentrale Ethikkommission bei der Bundesärztekammer hat
in ihrer Stellungnahme „Schutz nicht-einwilligungsfähiger Personen in der medizinischen
Forschung" im Jahr 1997 Eingriffe, die ein minimales Risiko darstellen, dahingehend charakterisiert, dass

> „z.B. Körperflüssigkeit oder Gewebe in geringen Mengen im Rahmen von ohnehin notwendi-
> gen diagnostischen Maßnahmen oder Operationen gewonnen wird und deshalb kein zusätzli-
> ches Risiko für den Patienten beinhaltet. Auch bestimmte körperliche Untersuchungen (z.B.
> Sonographie, transkutane Gewebemessungen etc.) sowie bestimmte psychologische Untersu-
> chungen (z.B. Fragebogen-Interviews, Tests, Verhaltensbeobachtungen) fallen in diese
> Gruppe."

Die Debatte, die über fremdnützige Forschung an nichteinwilligungsfähigen Patienten geführt wird, verläuft hierzulande äußerst kontrovers, wobei hintergründig die historische Belastung durch die verwerflichen Menschenversuche des Nationalsozialismus eine Rolle
spielen. Die Einwände heben hervor, fremdnützige Forschung drohe nichteinwilligungsfähige Menschen in ihrer Würde zu verletzen. Es bestehe die Gefahr, dass sie für die Interessen anderer Patienten instrumentalisiert würden. Auf diese Weise würden hilflose Menschen verdinglicht und erniedrigt. Die Bundesrepublik Deutschland hat das Menschenrechtsübereinkommen des Europarats zur Biomedizin, die sog. Bioethikkonvention, nicht
unterzeichnet, weil etliche Stimmen die medizinische Forschung an Nichteinwilligungsfähigen für ausnahmslos unstatthaft hielten.
Gegenläufig ist ethisch aber zur Geltung zu bringen, dass eine Verantwortung der Gesellschaft und eine Forschungspflicht der Medizin für das gesundheitliche Wohl und die Hei-

lungsaussichten zukünftiger Kranker bestehen (Verantwortung als Fernverantwortung; s.o. S. 21). Durch fremdnützige Forschung, die verantwortlich durchgeführt wird, wird die betroffene Versuchsperson nicht in dem Sinn verdinglicht und instrumentalisiert, dass ihre Würde und ihr Eigenwert als Person in Abrede gestellt wären. Sofern normative Grenzen gezogen bleiben, liegen keine totale Verdinglichung und keine so weitgehende Instrumentalisierung vor, dass der betroffene Patient nichts anderes mehr als ein bloßes Versuchsobjekt wäre. Mit dem Kategorischen Imperativ Immanuel Kants ist fremdnützige Forschung grundsätzlich vereinbar; denn Kant hielt die Selbstzwecklichkeit und die Würde des Menschen – hier: des Probanden – erst dann für verletzt, wenn dieser *ausschließlich* zum bloßen Mittel zum Zweck degradiert wird. Aufgrund des Rechtes auf Gesundheitsschutz, das zukünftigen Kranken zugute zu halten ist, und aufgrund der medizinischen Therapiepflicht, die zu ihren Gunsten besteht, ist eine begrenzte, normierte Forschung sogar an nicht Einwilligungsfähigen legitimierbar,

– sofern das Kriterium „minimales Risiko, minimale Belastung" so ausgelegt wird, dass jede Erniedrigung und Verdinglichung von Versuchspersonen ausgeschlossen bleiben,
– wenn ihre Persönlichkeitsrechte gewahrt bleiben,
– und unter der Voraussetzung, dass wirksame Kontrollverfahren etabliert werden.

Für die Zukunft wäre wünschenswert, dass Menschen im Vorhinein Erklärungen (Vorauserklärungen) verfassen, durch die sie bekunden, für den Fall einer Krankheit, bei der sie sich nicht mehr äußern können (z.B. Demenzerkrankungen), bestimmten an ihnen durchgeführten Forschungen zuzustimmen. Derartige Vorauserklärungen wären einem Organspenderausweis oder einer Patientenverfügung, die die Umstände des eigenen zukünftigen Sterbeprozesses betrifft, vergleichbar. Organspenderausweise und Patientenverfügungen werden inzwischen ja breit akzeptiert. Die Möglichkeit, auf der Grundlage des persönlichen Selbstbestimmungsrechtes das Einverständnis auch für künftige medizinische Forschung an der eigenen Person zu erklären, müsste verstärkt bekanntgemacht und für sie geworben werden. Zusätzlich sollte überlegt werden, in welcher Weise und für welche Fälle fremdnütziger Forschung sich eine stellvertretende Einwilligung oder eine Erlaubnis („permission") von Angehörigen oder einem Betreuer einholen lässt. Dies könnte die Forschung an dementen Patienten betreffen. Dabei müsste freilich das Vetorecht gewahrt bleiben, das ein Patient auch im Zustand der Demenz aktuell stets besitzt.[224]

Die Forschung an Menschen, die selbst nicht einwilligen können, stellt eines der sensiblen medizinethischen Gegenwartsprobleme dar. Das Menschenrecht auf Gesundheitsschutz und gesundheitliche Versorgung rückt freilich auch die legitimen Belange künftiger Patienten ins Licht. Es gilt daher, 1. eventuelle Versuchspersonen in ihrer Integrität zu achten und 2. den Gesundheitsschutz zukünftiger Patienten hiermit in Einklang zu bringen. Dabei ist zu bedenken, dass zahlreiche Heilverfahren, von denen heutige Patienten profitieren, der Forschung zu verdanken sind, die an früheren Patientengenerationen erfolgten; medizinische Therapien sind in einen intergenerationellen Zusammenhang eingebunden. Diese intergenerationelle Gesundheitsverantwortung sollte ernst genommen und daher auch die Option, an Nicht-Einwilligungsfähigen zu forschen, nicht vorschnell abgewiesen werden. Der britische Nuffield Council of Bioethics hat 1998 speziell zur Forschung an geistig Behinderten folgendes Fazit gezogen:

> „Es wäre unethisch, Menschen mit geistiger Behinderung aus der genetischen Forschung aus-
> zuschließen, da die Erforschung verantwortlicher Gene zur Entwicklung besserer Therapien
> führen kann. Wir halten daher Grundlagenforschung auch unter Einbeziehung nicht-einwilli-
> gungsfähiger Personen für ethisch akzeptabel, wenn strikte Schutzmaßnahmen eingehalten
> werden.“[225]

Der Schweregrad der Eingriffe, um die es bei solcher Forschung geht, ist derjenige einer
Blutabnahme. Blutentnahmen, die in den 1990er Jahren an geistig Behinderten durchgeführt
wurden, haben dazu geführt, dass inzwischen das Smith-Lemli-Opitz (SLO)-Syndrom ärztlich behandelt werden kann. Es handelt sich um eine zahlenmäßig relevante Stoffwechsel-
störung (Häufigkeit von 1:20 000 bei Neugeborenen; in Deutschland leben mehrere tausend
Betroffene); der Schweregrad ist erheblich (Mehrfachbehinderung; hohe Kindersterblichkeit). Die Krankheit ist erblich; das Wiederholungsrisiko beträgt bei Eltern, bei denen bereits ein behindertes Kind geboren wurde, 25 Prozent (autosomal-rezessive Erblichkeit).
Heutige diagnostische Fortschritte und therapeutische Ansätze (Diättherapie) gehen auf
fremdnützige Forschung zurück: „Die Forschungen gingen von Blutproben betroffener
geistig behinderter Menschen aus und waren nicht zu ihrem unmittelbaren Wohl geplant.“
Bei den Blutproben wurde ein stark erniedrigter Cholesterinspiegel festgestellt. Von den
Resultaten dieser Blutentnahmen, die unter die fremdnützige Forschung einzuordnen sind,
profitieren nun – freilich unerwartet – sogar die Testpersonen selbst:

> „Unter einer Diättherapie, die seither weiterentwickelt wird, lassen sich bei betroffenen Kin-
> dern und sogar Erwachsenen quälende Bewegungs- und Sprachstörungen wesentlich bessern
> und zuvor unerreichbar scheinende Entwicklungsschritte vollziehen; ein Gewinn an Lebens-
> qualität, der eben doch auch jenen, die zuvor nur ‚Forschungsobjekte‘ zu sein schienen, un-
> mittelbar zugute kommt.“

Das Beispiel zeigt, dass „Grundlagenforschung zu Behinderungen einerseits nicht ohne die
Mitwirkung der Betroffenen selbst möglich ist, andererseits aber ihr unmittelbarer Nutzen
weder versprochen noch im voraus verneint werden kann“.[226] Es setzt Impulse, fremdnützige Forschung nicht vorschnell abzulehnen, sondern sich ihr, sorgfältige Abwägungen vorausgesetzt, zu öffnen.

Drittens: Forschung an Kindern
Zu fremdnütziger Forschung, die an Kindern durchgeführt wird, ist eine gesonderte Betrachtung notwendig. Diese Thematik ist von fremdnütziger Forschung an anderen Personengruppen abzuheben. Kinder können je nach Alter zumindest nach ihrer Zustimmung
(„assent“) gefragt werden. Sofern sie sich ablehnend verhalten oder spontan abwehrend reagieren, sollte dies bindende Wirkung besitzen. Manchmal wird argumentiert, die fremdnützige Forschung an Kindern könne sogar einen indirekten, nämlich einen pädagogischen,
zum Altruismus und zur Mitmenschlichkeit anleitenden Nutzen für sie selbst haben.[227] Was
Eingrenzungen anbelangt, so gilt, dass Forschung an Kindern gruppennützig angelegt, d.h.
Kindern selbst zugute kommen soll; überflüssige Mehrfachuntersuchungen sollten bei Kindern, die vulnerable Probanden sind, unterbleiben; und das Prinzip des minimalen Risikos
und der minimalen Belastung ist sorgsam zu beachten. Manche Kinder empfinden z.B.

einen Nadelstich zur Blutentnahme als furchterregend und bedrohlich. Eine weitere, entwicklungspsychologisch zu klärende Frage besteht darin, von welchem Alter an eine vollgültige „Einwilligung" von Jugendlichen („consent") in eine medizinische Behandlung oder ein Forschungsvorhaben vorliegen könnte. In der medizinethischen Literatur wird oftmals das Alter von 14 Jahren an aufwärts genannt. Jedenfalls ist bei Kindern zwischen Zustimmung (assent) und Einwilligung (consent) zu unterscheiden.[228] Zudem ist die Einwilligung der Erziehungsberechtigten, je nach Alter und Entwicklungsstand des Kindes in abgestuftem Maß, relevant. Da die eigene Zustimmungsfähigkeit des Kindes mit seinem Lebensalter anwächst und sie durch biographische Faktoren, etwa das eigene Erleben von Krankheit oder die Wahrnehmung von Krankheit bei Angehörigen geprägt sein kann, wird man in dieser Hinsicht keine starren Festlegungen treffen können, sondern gleitende Übergänge der Zustimmungsfähigkeit in Betracht zu ziehen und einzelfallbezogen zu entscheiden haben.

Sinn und Bedeutung der Forschung an Kindern sind so stark zu betonen, weil Kinder nach wie vor als therapeutische Waisen gelten müssen. Als die EU-Kommission am 28.02.2002 hierauf aufmerksam machte, zog sie die kritische Bilanz: „Over half the medicines used to treat children in Europe today have never been specially tested for them."[229] Zwischenzeitlich hat die Europäische Union, wie schon erwähnt wurde (s.o. S. 121), eine Forschungsförderungsinitiative in Gang gebracht, die über den Stillstand der Forschung, zumal in Deutschland, hinausführt. Der EU liegt daran, eine Balance zu finden zwischen Anreizen zur Erforschung von Kindermedikamenten einerseits und Schutzregeln andererseits. Das damalige Brüsseler Papier vom 28.02.2002 hatte die Notwendigkeit der Erforschung von Kindermedikamenten und die diesbezüglichen Defizite prägnant zur Sprache gebracht:

> „Doctors trying to adapt adult treatments to children face a tough dilemma. Children, and especially toddlers, are not just small adults. Inadequate dosing information, or calculation errors in adjusting the dose, can raise the risks of adverse reactions (overdose) or ineffective treatment (underdose). However careful the calculation, a child's metabolism differs from an adult's, and this can affect the way in which a medicine works. And in practice, many children cannot swallow adult tablets or hate the taste of adult medicines. Ad hoc dosing decisions are no substitute for child-specific design and testing. Without it, children may be denied the benefits of therapeutic progress."

Im Fazit: Aus dem menschlichen Grundrecht auf Gesundheitsschutz, gerade auch dem alters- und dem gruppenspezifischen Recht von Kindern auf bestmögliche Versorgung, resultieren Forschungspflichten zur Verbesserung von Therapien („therapeutic progress"), denen sich der Staat, die Universitäten, Wirtschaft und Pharmaunternehmen nicht entziehen können. Zu den Handlungsnormen, die dabei leitend sind, gehören die Verhältnismäßigkeit und Erforderlichkeit oder das Kriterium „minimales Risiko, minimale Belastung", das dem physischen und psychischen Schutz der Probanden dient. –

Auf Teil A des hier vorliegenden Buches insgesamt zurückblickend, ist festzuhalten: Angesichts des medizinischen Fortschritts wurden die Notwendigkeit einer Steigerung ethischer Verantwortung betont, kulturelle Grundlagen und normative Leitlinien der medizinischen Ethik zur Sprache gebracht und hierbei 1. das Grundrecht auf Freiheit und Selbstbestimmung, 2. das Recht auf Gesundheitsschutz sowie 3. die Partizipationsgerechtigkeit in den Mittelpunkt gestellt. Dabei sind bereits materialethische Einzelprobleme angeschnitten worden, weil normative Grundsatzüberlegungen und die konkreten Einzelfragen der Sache nach miteinander verschränkt sind.

Der nachfolgende Teil B wird sich – auf der Basis der normativen Leitideen aus Teil A – nun noch gezielter mit verschiedenen medizinethischen Wertkonflikten beschäftigen, die in der Zuspitzung, wie sie heutzutage erörtert werden müssen, neuartig sind. Sie betreffen Konstellationen an den Grenzen des menschlichen Lebens, nämlich 1. am Beginn des Lebens, 2. angesichts von Bedrohungen für Leben und Gesundheit, die sich nur durch eine Transplantation von Organen beheben lassen, sowie 3. am Lebensende. Einzuleiten ist mit den ethischen Abwägungsproblemen, die sich – im Rahmen der neuen Zweifelsfragen des Umgangs mit beginnendem menschlichem Leben in seinen ersten Entwicklungstagen – in Anbetracht der humanen embryonalen Stammzellforschung ergeben.

Zwar ist, auch in der Sicht des Verfassers, die kritische Rückfrage aufzuwerfen, ob die mehrjährige Konzentration von Politik und Öffentlichkeit auf dieses spezielle Einzelthema nicht eine Engführung darstellte, so dass von anderen relevanten Forschungsproblemen geradezu abgelenkt worden ist. Ungeachtet dessen ist im Folgenden auf diesen Forschungszweig genauer einzugehen. Denn er ist, zumal in Deutschland, faktisch zum Brennpunkt und zum Symbol biomedizinischer Wertkonflikte geworden.

B. Ethische Wertkonflikte an den Grenzen des Lebens

I. Forschung an humanen embryonalen Stammzellen: Das Stammzellgesetz und seine Probleme

1. Einführung: Fortpflanzungsmedizin und Stammzellforschung – Embryonenschutz versus Gesundheitsschutz als Wertkonflikt

Der Fortschritt der Biomedizin ermöglicht heutzutage einen Zugriff auf die früheste Phase des menschlichen Lebens, der vor wenigen Jahrzehnten nicht vorstellbar erschien. Dies bedeutet eine erhebliche Ausweitung medizinischer Handlungsmacht, aufgrund derer eine Profilierung und Steigerung verantwortungsethischer Normenbildung geboten ist (s.o. S. 19ff). Den Ausgangspunkt für die gegenwärtigen Kontroversen bildet die moderne Fortpflanzungsmedizin mit ihrer Technik der außerkörperlichen Befruchtung (In-vitro-Fertilisation/IVF). Sie war zur Behandlung von Sterilitätsproblemen, und zwar zunächst der Unfruchtbarkeit der Frau (Eileiterverklebung) entwickelt worden. Das erste „künstlich", genauer gesagt: außerkörperlich erzeugte Kind – damals sprach man von einem Retortenbaby – kam 1978 in England zur Welt. Die damals geborene Louise Brown brachte 2006 ein eigenes Kind zur Welt, das durch natürliche Zeugung entstand. Bei Sterilitätsproblemen von Frauen, aber auch von Männern ist die außerkörperliche Befruchtung/IVF inzwischen zu einer Routinebehandlung geworden. In Deutschland sind im Jahr 2003 vor dem Einschnitt, den die Gesundheitsreform mit ihrer Reduzierung der Kostenerstattung für IVF bewirkte, ca. 19 000 Kinder nach künstlicher Befruchtung geboren worden; im Jahr 2004 erfolgte dann ein Einbruch um etwa die Hälfte. Weltweit verdankt sich nach Angaben, die die European Society for Human Reproduction and Embryology 2006 vorlegte, die Geburt von mehr als 3 Millionen Kindern der IVF. In medizinisch fortentwickelten Staaten wie Frankreich oder Dänemark finden jährlich ca. 3% der Geburten aufgrund medizinisch assistierter Reproduktion/IVF statt. Davon abgesehen erzielt seit 1990 die Präimplantationsdiagnostik (PID; engl.: Preimplantation genetic diagnosis/PGD) besondere Aufmerksamkeit (s.u. S. 193ff).[*]

Für die Bewertung solcher Handlungsoptionen ist ein entscheidender Punkt, welcher moralische Status und welche Schutzwürdigkeit frühen menschlichen Embryonen in ihren ersten Entwicklungstagen zugesprochen werden. Denn es stellt sich die Frage, ob man für Fortpflanzungs- oder für Forschungszwecke embryonales Leben zur Disposition stellen darf. In den 1970er Jahren war die Erforschung und Entwicklung der IVF als neuer medizi-

---

[*] Abkürzungen, die in den folgenden Kapiteln verwendet werden: ESchG: Embryonenschutzgesetz; hES-Zellen: humane embryonale Stammzellen; iPS: induzierte pluripotente Stammzellen; IVF: In-vitro-Fertilisation; PID: Präimplantationsdiagnostik; StZG: Stammzellgesetz.

nischer Fortpflanzungstechnologie nur auf der Grundlage des Verbrauchs von Embryonen möglich gewesen. Neben der Fortpflanzungsmedizin und speziell der PID ist als andere Handlungsoption, die einen Zugriff auf das menschliche Leben in seinen ersten Entwicklungstagen darstellt und die in Deutschland, aber auch weltweit umstritten ist, die Forschung an humanen embryonalen Stammzelllinien (hES-Linien) zu nennen. Der Status und die Schutzwürdigkeit früher Embryonen, die sich noch außerhalb des Mutterleibes („in vitro") befinden, werden durch die Reproduktionsmedizin und die hES-Forschung jeweils in unterschiedlicher Weise berührt. In der Fortpflanzungsmedizin ist dies direkt der Fall, da der Arzt Embryonen außerhalb des Mutterleibes erzeugt und sie der Frau transferiert; gegebenenfalls können solche extrakorporalen Embryonen allerdings auch überzählig bleiben oder aus sonstigen Gründen, vor allem krankheitsbedingt, beiseite gelegt werden.

Durch die humane embryonale Stammzellforschung (hES-Forschung) sind Embryonen indirekt betroffen. Die hES-Linien, an denen geforscht wird, stellen zwar keine Embryonen dar; sie sind nichts anderes als menschliche Zellen. Jedoch besteht die Grundlage für die hES-Forschung, für eine potentielle Verwendung von hES-Linien in der Medikamenten- oder Toxizitätsprüfung oder – zur Zeit noch fernliegend – für eine direkte therapeutische Verwendung bei Patienten darin, dass die Zellen aus Frühembryonen entnommen worden sind, nämlich aus ca. fünf Tage alten Embryonen im Blastozystenstadium. Diese embryonalen Stammzellen können sich in vielfältige Richtungen hin ausdifferenzieren (Pluripotenz), sind aber nicht mehr totipotent; aus ihnen kann kein vollständiger Mensch, kein Individuum mehr entstehen.

Embryonen, aus denen sich pluripotente Stammzellen ableiten lassen, sind weltweit in sehr großer Anzahl vorhanden. Sie sind von Reproduktionsmedizinern erzeugt worden, um die Fortpflanzungswünsche unfruchtbarer Paare zu erfüllen. Weil zahllose, ursprünglich zum Zweck der Sterilitätsbehandlung hergestellte Embryonen für die Fortpflanzung dann doch nicht benötigt und von der potentiellen Mutter nicht ausgetragen werden, sind sie eingefroren worden, überzählig und verwaist. Weltweit sind viele Hunderttausende solcher verwaisten Embryonen vorrätig, die auf jeden Fall absterben werden. Allein in Australien belief sich im Jahr 2002 ihre Zahl auf 70 000, in den USA im Jahr 2004 auf ca. 400 000. Nach mehrjähriger Lagerung (ca. 5 Jahre) sind sie fortpflanzungsmedizinisch grundsätzlich nicht mehr verwendbar, da im Fall einer Geburt das Risiko von Fehlbildungen und Behinderungen zu groß wäre. Daher liegt es nahe, aus diesen verwaisten Embryonen pluripotente Stammzellen zu gewinnen, um die Zellen in der Forschung für langfristige medizinische Erkenntnisziele zu nutzen. Empirische Studien belegen auch für Deutschland sowie international, insbesondere für die USA, dass IVF-Patientinnen häufig – sogar in der Mehrzahl – bereit sind, überzählige Embryonen für die hES-Forschung zur Verfügung zu stellen.[230]

Zusätzlich hat es sich als vielversprechender Forschungsansatz erwiesen, an hES-Linien zu forschen, die Embryonen entnommen wurden, welche nach PID beiseitegelegt wurden. Die Forschung an solchen Zellkulturen (Krankheitszelllinien) könnte künftig der Therapie von Patienten zunutze kommen, die von den Krankheiten selbst betroffen sind (s.u. S. 140f).

In der Bundesrepublik Deutschland schreibt das Embryonenschutzgesetz (ESchG) von 1991 allerdings vor, dass durch künstliche Befruchtung keine Embryonen entstehen sollen, die der Mutter nicht eingepflanzt werden und daher überzählig wären. Nur in Not- und Ausnahmesituationen, etwa aufgrund von Unglücks- oder Krankheitsfällen oder aufgrund der

Verweigerung der Übertragung durch die Frau, kommen hierzulande sogenannte überzählige Embryonen zustande. In Deutschland werden daher nur wenige überzählige Embryonen kryokonserviert aufbewahrt (in der Größenordnung einer dreistelligen Zahl). Jedenfalls entstand der Gedanke, für Forschungszwecke in Deutschland auf Stammzellen bzw. Stammzelllinien zurückzugreifen, die von den im Ausland aufbewahrten kryokonservierten Frühembryonen stammen. Auf diesen Sachverhalt bezieht sich das Stammzellgesetz aus dem Jahr 2002, das im nachfolgenden Abschnitt dargestellt und hinsichtlich seiner restriktiven Tendenzen aus Sicht des Verfassers kritisch kommentiert werden wird.

An der hES-Forschung zeigt sich die hohe Dynamik der modernen Biotechnologie und Biomedizin. Das im Jahr 1998 erschienene dreibändige „Lexikon der Bioethik" (hg. v. Wilhelm Korff u.a.) enthielt noch gar keinen Artikel zu diesem Stichwort. Inzwischen ist die Forschung an embryonalen Stammzellen von Tieren und deren Nutzung zur etablierten Praxis geworden. Die „Entdeckung" und Isolierung *menschlicher* embryonaler Stammzellen erfolgte im Jahr 1998 durch James Thomson.[231] Die Möglichkeit, an ihnen zu forschen, kann als Schlüsselereignis für den jetzigen medizin- und bioethischen Diskurs gelten. Letztlich hat die hES-Forschung belangvolle, weitreichende Therapieziele vor Augen. Langfristig könnten für bislang unheilbare oder für weitverbreitete Krankheiten wie Multiple Sklerose, Parkinsonsche Krankheit, Tumorerkrankungen, Diabetes oder Herzinfarkt neue Therapieansätze entwickelt werden. Hypothetisch denkbar scheint, eines Tages Ersatzgewebe herzustellen, durch das sich herkömmliche Organtransplantationen vermeiden lassen. Zeitlich sehr viel näherliegend ist es, die Ergebnisse der hES-Forschung bei der Entwicklung von Arzneimitteln, der Verträglichkeitsprüfung von Medikamenten – auch von Medikamenten für Schwangere – oder beim Test toxischer Stoffe zu nutzen (Wirkstoffprüfung). Forschung an hES-Zellen gewinnt aktuell zusätzlich Relevanz für Blutpräparate.[232] Als dauerhaft unverzichtbar gilt die Beforschung von hES-Linien für den Erkenntniszuwachs in der Entwicklungsbiologie und für die Tumorforschung.

Ethisch und rechtlich sind Fortpflanzungsmedizin und hES-Forschung in enger Zuordnung zu betrachten, weil in beiden Bereichen ein Zugriff bzw. ein Rückgriff auf frühe Embryonen erfolgt. Darüber hinaus sind Reproduktionsmedizin und die Beforschung oder Nutzung von hES-Zellen aber noch in der Hinsicht vergleichbar, dass beides gleicherweise gesundheitsbezogenen Zielsetzungen verpflichtet ist. Die Forschung an den hES-Linien soll dem gesundheitlichen Wohl *künftiger* Patienten und der Gesundheitsversorgung *späterer* Generationen zugute kommen. Die Reproduktionsmedizin orientiert sich am gesundheitlichen Wohl von Patientinnen mit unerfülltem Kinderwunsch sowie am Wohl der durch medizinische Assistenz erzeugten Kinder in *gegenwärtigen* Handlungssituationen. Aufgrund solcher Zusammenhänge wäre es sinnvoll, in der Bundesrepublik Deutschland die hES-Forschung sowie die Reproduktionsmedizin gemeinsam zu betrachten und in einem umfassenden Fortpflanzungsmedizingesetz ein geschlossenes, kohärentes Regelungswerk zu schaffen.[233] Der ethische Wertkonflikt, der in Bezug auf Fortpflanzungsmedizin und hES-Forschung zu diskutieren ist, ist jedenfalls derjenige zwischen dem Embryonenschutz einerseits, dem Gesundheitsschutz sowie der gesundheitlichen Versorgung von Patienten andererseits.

2. Das deutsche Gesetz zur humanen embryonalen Stammzellforschung

Zur hES-Forschung fand in der Bundesrepublik Deutschland in den Jahren 2001/2002[234] und erneut 2006 bis 2008 eine heftige Auseinandersetzung statt. Am 30. Januar 2002 fasste der Deutsche Bundestag einen Grundsatzbeschluss, der zu dem Stammzellgesetz (StZG) führte, welches am 01. Juli 2002 in Kraft trat („Gesetz zur Sicherstellung des Embryonenschutzes im Zusammenhang mit Einfuhr und Verwendung menschlicher embryonaler Stammzellen" vom 28.06.2002). Vor 2002 war es rechtlich ungeregelt und daher grundsätzlich erlaubt gewesen, hES-Zellen aus dem Ausland zu importieren. Faktisch wurde hiervon allerdings so gut wie kein Gebrauch gemacht. In Österreich existiert sogar bis jetzt (August 2008) noch keine gesetzliche Bestimmung, so dass es dem Biochemiker Erwin Wagner möglich war, hES-Zellen nach Wien zu importieren. In Deutschland sind durch das Stammzellgesetz der Import von hES-Zellen und die Forschung an ihnen 2002 grundsätzlich untersagt und unter Strafe gestellt worden. Ebenso wie das Embryonenschutzgesetz von 1991 ist das Stammzellgesetz restriktiv angelegt. Dies zeigt sich deutlich, wenn man die deutsche Gesetzgebung mit anderen europäischen und internationalen Rechtsnormen vergleicht.[235] Das Stammzellgesetz bildet ein Straf- und Verbotsgesetz (Nebenstrafrecht) und enthält Strafandrohungen bis zu drei Jahren Gefängnisstrafe (§ 13). Während der Gesetzesberatung hatte die Evangelische Kirche in Deutschland sogar gefordert, die Strafandrohung noch zu verschärfen; sie sei „weitaus zu gering".[236] Das Stammzellgesetz stellt in § 4 (1) fest: „Die Einfuhr und die Verwendung embryonaler Stammzellen ist verboten". Nur Ausnahmen werden geduldet. Durch die Zulassung der Forschung im besonderen Ausnahmefall trägt das Gesetz dem Umstand Rechnung, dass – wie im Gesetz selbst in § 1 festgehalten wird – ein Wertkonflikt vorliegt. Als Güter, die gegeneinander abzuwägen sind, nennt es die Menschenwürde, das Recht auf Leben und die Forschungsfreiheit. Überraschend ist, dass der Gesundheitsschutz und das Recht von Patienten auf gesundheitliche Versorgung in § 1 des Stammzellgesetzes nicht als eigener Abwägungsgrund erwähnt werden.

Zahlreiche Stimmen, darunter die katholische Kirche oder evangelische kirchliche Gremien, hatten zuvor ihren Einfluss geltend gemacht und verlangt, noch nicht einmal eng gefasste Ausnahmen vom Verbot der Forschung zuzulassen. HES-Forschung stelle einen Dammbruch dar und sei mit der Menschenwürde, die sich im Embryonenschutz konkretisiere, unvereinbar. Daher müsse sie in Deutschland kompromisslos verhindert werden. Diese fundamentalen Einwände werden aus Sicht des Verfassers im nachfolgenden Buchkapitel, das den Status früher Embryonen erörtert, in Frage gestellt und relativiert werden (s.u. S. 146–174). Zunächst sind jetzt aber einzelne Bestimmungen des Stammzellgesetzes vorzustellen und zu kommentieren.

Das Gesetz lässt zu, dass für inländische Forschungsprojekte hES-Zelllinien aus dem Ausland im Ausnahmefall importiert werden. Die Regelungen hierzu finden sich in StZG § 4 (2) und § 5. Im wesentlichen besagen sie folgendes:

(a) Es dürfen hES-Zellen importiert werden, die im Ursprungsland vor einem in der Vergangenheit liegenden, starren Datum gewonnen worden sein müssen („Stichtagsregelung"). Der Stichtag, den das Gesetz zunächst fixierte, war der 1. Januar 2002. Am 11. April 2008 beschloss der Deutsche Bundestag, diesen Stichtag auf den 1. Mai 2007 zu verschieben.

Die Stichtagsregelung soll sicherstellen, dass lediglich solche Embryonen für die Herstellung von embryonalen Stammzelllinien verwendet werden, die überzählig und „verwaist" sind. Auf keinen Fall soll einer zusätzlichen Erzeugung weiterer Embryonen für deutsche Forschungszwecke Vorschub geleistet werden.

Über mehrere Jahre hinweg hatte die deutsche Bundesregierung versucht, einen solchen Stichtag für die gesamte Europäische Union durchzusetzen, und hat zeitweise Einschränkungen der EU-Forschungsförderung erreicht, die im Jahr 2006 aber ausgelaufen sind. Andere europäische Länder haben sich stets gegen die Begrenzung gewehrt, der zufolge nur an hES-Linien geforscht werden darf, die bereits seit längerer Zeit, d.h. vor einem länger zurückliegenden Stichtag gewonnen wurden. Denn hierdurch wird verhindert, neuere Stammzelllinien zu nutzen, die qualitativ sehr viel besser geeignet sein können.

Als Länder, aus denen hES-Zellen bzw. hES-Zelllinien nach Deutschland eingeführt werden, kommen vor allem die USA, aber z.B. auch Israel in Frage. Darüber hinaus waren und sind hES-Linien u.a. in Singapur, Südkorea, Australien, Schweden oder Großbritannien vorrätig. In Großbritannien wird seit 2003 mit staatlicher Unterstützung eine Stammzellenbank aufgebaut, die die Qualität sowie die Standardisierung von Stammzelllinien sicherstellen soll. In ihr werden embryonale, aber auch adulte Stammzellen kultiviert und der Forschung kostenfrei zur Verfügung gestellt. Inzwischen nimmt Großbritannien eine Führungsrolle in der Bereitstellung sowie Beforschung von hES-Zellen ein.

(b) Die Embryonen, denen die nach Deutschland importierten Stammzellen entnommen worden sind, müssen gemäß § 4 (2) 1. b) StZG im Ausland im Rahmen der Fortpflanzungsmedizin entstanden sein. Sie müssen endgültig überzählig sein. Es darf also keine Aussicht bestehen, dass sie einer Frau doch noch transferiert werden und sie in einer Schwangerschaft zum vollen Menschsein heranwachsen können.

Diese Bestimmung soll erneut, wie die Stichtagsregelung, verhindern, dass für deutsche Stammzellprojekte spezielle Forschungsembryonen verwendet werden.

(c) In § 4 (2) 1. c) StZG wird geregelt, dass finanzieller Vorteil für die Erzeuger der Embryonen ausgeschlossen sein muss.

(d) Gesetzliche Grundsätze, besonders das Embryonenschutzgesetz (ESchG), müssen beachtet werden (§ 4 [2] 2 StZG).

Trotz verschiedener Inkohärenzen, die zwischen dem ESchG von 1991 und dem StZG von 2002 existieren, bildet Ersteres die ideelle und normative Voraussetzung für Letzteres. Das ESchG hatte den Umgang mit dem frühen, noch außerhalb des Mutterleibes befindlichen Embryo für die Fortpflanzungsmedizin geregelt; die hES-Forschung war damals noch nicht bekannt gewesen. Dem StZG lag daran, die diesbezügliche Regelungslücke zu schließen.

(e) Die Einfuhr embryonaler Stammzellen und die Forschung an ihnen sind nur dann zulässig,
– sofern sie herausragenden Zielen der Grundlagenforschung oder der Erweiterung therapeutischer, diagnostischer oder präventiver Kenntnisse der Medizin dienen (§ 5, 1 StZG),
– sofern „so weit wie möglich" Vorklärungen mit tierischen Zellen oder Tierversuchen erfolgt sind (§ 5, 2. a] StZG),

– wenn die angestrebten wissenschaftlichen Einsichten durch andere Wege der Forschung nicht zu erzielen sind, sondern „sich voraussichtlich nur mit embryonalen Stammzellen erreichen" lassen (§ 5, 2. b] StZG).

Mit den unter (e) genannten Vorgaben wollte der Gesetzgeber im Jahr 2002 bewirken, dass in Deutschland vorrangig Forschung an adulten Stammzellen erfolgt, also an solchen Stammzellen, die nicht aus Embryonen entnommen wurden, sondern erwachsenen Menschen entstammen oder aus Nabelschnurblut gewonnen wurden. Die besonderen Bedingungen dafür, dass ein Import von hES-Zellen bzw. -Zelllinien ausnahmsweise genehmigt wird, sind gemäß § 5 StZG das Gewicht des Forschungsvorhabens und seiner medizinisch-therapeutischen Ziele („Hochrangigkeit"), die Vorklärung durch anderweitige Forschung, die aktuelle Unerreichbarkeit der Forschungsziele auf anderem Wege, d.h. die „Erforderlichkeit", hES-Linien zu benutzen – dies wird oftmals mit dem Begriff „Alternativlosigkeit" umschrieben, der als solcher, in dieser Absolutheit, im Gesetz jedoch nicht steht –, sowie gemäß § 6, 2 StZG die „ethische Vertretbarkeit" im Sinne des vorhandenen Gesetzes.

Für die Genehmigung der Einfuhr sind das Robert Koch-Institut in Berlin und die dort angesiedelte Zentrale Ethik-Kommission für Stammzellenforschung zuständig. Im März 2003, neun Monate nach Verabschiedung des Gesetzes, waren drei Anträge zum Import von hES-Zellen genehmigt worden. Gegenwärtig (August 2008) sind es 34 Projekte. Aufgrund der restriktiven Bedingungen, denen die Forschung in Deutschland unterliegt, war zwischenzeitlich, vor allem im Jahr 2006, das Interesse universitärer Forschungseinrichtungen oder – ohnehin ganz singulär – privater Unternehmen, Anträge zu stellen, praktisch zum Erliegen gekommen. Die Angaben über genehmigte Forschungsvorhaben sind im Stammzellen-Register auf den Internet-Seiten des Robert Koch-Instituts einsehbar.[237]

Wie sind die Bestimmungen des Gesetzes zu bewerten? Aus ethischer Perspektive ist es überzeugend, dass das Gesetz vorschreibt, Forschung an hES-Zellen dürfe nur zugunsten hochrangiger, d.h. für die Forschung wegweisender, medizinisch-therapeutisch relevanter Ziele erfolgen. Ein niedrigschwelliger oder beliebiger Gebrauch solcher Zellen – um ein Beispiel zu konstruieren: für kosmetische Zwecke – sollte in der Tat ausgeschlossen bleiben. Zugleich hat das Gesetz die Basis dafür geschaffen, dass solche Forschung in Deutschland, anders als etwa in den USA, vollständig unter öffentlicher Kontrolle stattfindet. Dies dient der Transparenz und kann der gesellschaftlichen Akzeptanz nur zugute kommen.

Andererseits fordert das Stammzellgesetz zu Rückfragen und zu Einwänden heraus. Bereits kurz nach seiner Verabschiedung 2002 zeichnete sich Klärungs-, Fortschreibungs- und Revisionsbedarf ab. Daher ist der Blick jetzt auf offene Fragen, Probleme und Desiderate des Gesetzes zu lenken.

3. Problempunkte und Desiderate des Stammzellgesetzes aus ethischer Sicht

Erstens: Begriffliche Unschärfen des Gesetzes
Im Gesetz finden sich Vorgaben, die unklar bleiben und Auslegungsprobleme erzeugen.
(a) Unscharf ist z.B. die in § 5, 2. a) StZG enthaltene Bestimmung, ein deutsches Forschungsvorhaben, das auf hES-Linien zurückgreift, solle „so weit wie möglich" an tieri-

schen Zellen vorgeklärt sein. Aus ethischer und verfassungsrechtlicher Sicht empfiehlt es sich, solche Formulierungen ad bonam partem im Sinn der Forschungsfreiheit zu interpretieren und davon auszugehen, dass der Gesetzgeber der Genehmigungsbehörde und der zuständigen Ethikkommission bestimmte Auslegungsspielräume offen halten wollte. Für die zitierte Bestimmung legt sich die Einschätzung nahe, dass der Gesetzgeber vage und deutungsoffen formuliert hat, um der hES-Forschung doch noch einen etwas breiteren Spalt zu gewähren – selbst wenn sie dem Gesetz zufolge als solche „verboten" ist und sie der Gesetzesintention gemäß ganz ausdrücklich „unerwünscht" war. Letzteres betonte z.B. der Bundestagsausschuss für Bildung, Forschung und Technikfolgenabschätzung am 16.04.2002 (Bundestags-Drucksache 14/8846). Die Wendung „so weit wie möglich … vorgeklärt" kann jedenfalls nicht bedeuten, dass *sämtliche* gegenwärtig oder zukünftig vorstellbare Vorklärungen vollständig durchgeführt sein müssen, ehe ein konkretes Vorhaben der Forschung an hES-Zellen in Deutschland tatsächlich umgesetzt werden darf.

> Eine solche maximalistische Auslegung wurde zwar gelegentlich vertreten. Sie liefe jedoch auf eine vollständige Blockade für die Forschung hinaus und wäre mit der Forschungsfreiheit, die das Grundgesetz in Artikel 5 garantiert, nicht vereinbar. In bestimmter Hinsicht engt die Bedingung „so weit wie möglich … vorgeklärt" Forschungsprojekte, die in Deutschland durchgeführt werden, ohnehin beträchtlich ein, ohne dass hierzu größerer Auslegungsspielraum bestünde. Sie schiebt innovativen, wissenschaftlich möglicherweise besonders interessanten Forschungsprojekten einen Riegel vor, da sie darauf hinausläuft, dass durch vorherige Experimente an Tieren oder an nichtmenschlichem Zellmaterial Zeitverzögerungen entstehen, die forschungslogisch eigentlich unplausibel sind.

(b) Die Formulierung in § 5, 2. b) StZG, dass der „angestrebte wissenschaftliche Erkenntnisgewinn sich voraussichtlich nur mit embryonalen Stammzellen erreichen lässt", bleibt ebenfalls vage. Der Begriff „voraussichtlich" lässt Beurteilungsspielräume offen. Letztlich mündet die Formulierung in eine Tautologie bzw. läuft leer. Denn bestimmte Forschungsprojekte – etwa ein Forschungsvorhaben zum Zweck der besseren Behandlung von Herzinfarkten auf der Basis von hES-Linien – können, wenn sie in dieser Weise definiert sind, ja überhaupt *nur* ausgehend von hES-Zellen durchgeführt werden.

Zu beachten ist, dass das Gesetz keine Regelungen über Zellmaterial vorgibt, welches seinerseits aus hES-Zelllinien abgeleitet worden ist. Weil das Gesetz hierzu schweigt, ist die Forschung und Verwendung solchen ausdifferenzierten biologischen Materials in der Bundesrepublik Deutschland straf- und genehmigungsfrei möglich – ein im Sinn der Wissenschaftsfreiheit zweifellos zu begrüßender Sachverhalt.

(c) Verständnisfragen wirft aber ein weiterer Einzelpunkt auf. Das Stammzellgesetz schreibt vor, dass die deutsche Forschung nur solche hES-Zelllinien benutzen darf, die im Ausland aus überzähligen Fortpflanzungsembryonen stammen. Das Beiseitelegen der Frühembryonen im Ausland darf dabei – laut § 4 (2) 1. b) StZG – nicht „aus Gründen" erfolgt sein, „die an den Embryonen selbst liegen". Mit dieser Bestimmung wollte der Gesetzgeber offenkundig verhindern, dass Embryonen als Quelle für hES-Zelllinien verwendet werden, bei denen durch eine Präimplantationsdiagnostik ein genetischer Defekt erkannt wurde. Diese Restriktion des Gesetzes bedarf als solche des kritischen Kommentars (s.u. S. 140f). Doch davon abgesehen: Es hat sich inzwischen als möglich und sinnvoll erwiesen, hES-Zellen aus

Embryonen zu gewinnen, die aus nochmals anderen Gründen, nämlich aufgrund von Chromosomenabweichungen, für fortpflanzungsmedizinische Zwecke ungeeignet sind („poor quality embryos").[238] Ethisch und forschungspragmatisch wäre es sinnwidrig, wenn die zitierte Vorschrift des Stammzellgesetzes so ausgelegt würde, dass auch diese Frühembryonen nicht als Ressource für hES-Zelllinien in Frage kämen, die nach Deutschland importiert werden dürfen.

Insgesamt sind einige begriffliche Unschärfen des Stammzellgesetzes in der Hinsicht, dass sie der Rechtssicherheit, der Planung von Forschungsprojekten und der Verfahrensklarheit entgegenstehen, ethisch, insbesondere rechtsethisch durchaus problematisch.

Zweitens: Adulte versus embryonale Stammzellen – eine Alternative?
Die soeben schon angesprochene Auflage des Gesetzes, hES-Forschung sei nur zulässig, wenn „der angestrebte wissenschaftliche Erkenntnisgewinn sich voraussichtlich nur mit embryonalen Stammzellen erreichen lässt", ist noch in weiterer Hinsicht von Interesse. An ihr zeigt sich die Intention des Gesetzgebers, Forschungslenkung vorzunehmen und in Deutschland den Schwerpunkt der Stammzellforschung gezielt anderweitig, nämlich im Bereich der adulten Stammzellforschung anzusiedeln. Diese Zellen, die sich Erwachsenen entnehmen lassen, sind ebenfalls pluripotent. Adulte Stammzellen besitzen im Fall der klinischen Anwendung an Patienten im Prinzip einen sehr großen Vorzug: Sofern man einem Patienten adulte Stammzellen überträgt, die aus seinem eigenen Körper gewonnen und dann für therapeutische Zwecke präpariert wurden (autologe Transplantation), werden die Probleme der Gewebeunverträglichkeit bzw. die Abstoßungsreaktion vermieden, die sich bei einer eventuellen klinischen Nutzung von hES-Zellen ergäben. Die Bewältigung dieses Problems auf der Basis von hES-Zellen ist Gegenstand intensiver Forschung.

Auf der anderen Seite sind die Grenzen der Nutzbarkeit auch der adulten Stammzellen zu beachten. Dies gilt in der Perspektive der Jahre 2006 bis 2008 noch mehr als zur Zeit der Gesetzesberatungen 2002. Schon damals zeichnete sich ab, dass sich auch bei der autologen Übertragung adulter Stammzellen Probleme der Tumorbildung nicht ganz ausschließen lassen.[239] Dies hob im Jahr 2007 dann sogar die Bundesregierung hervor.[240] Die Gefahr, Tumore zu erzeugen, dürfte, nicht anders als bei den hES-Linien, bei adulten Stammzellen mit davon abhängen, unter welchen Bedingungen sie kultiviert wurden. Vor allem wirft es Schwierigkeiten auf, für die medizinisch denkbaren Anwendungen solche adulten Stammzellen in erforderlichem Maß überhaupt zu gewinnen. Um sie medizinisch zu verwenden, müssen sie darüber hinaus vermehrbar sein, was bei adulten Stammzellen aber nur begrenzt gelingt. Zwar können adulte Stammzellen aus unterschiedlichen Geweben, darunter Knorpel oder Haut, in Zellkultur vermehrt werden; sie lassen sich daher klinisch nutzen. Vermehrbarkeit besteht für Knochenmarkstammzellen. Bei anderen adulten Stammzellen – aus dem Blutsystem, Pankreas, Herz – ist die Vermehrbarkeit jedoch nicht oder nur begrenzt gegeben, so dass humane *embryonale* Stammzelllinien in dieser Hinsicht große Vorzüge aufweisen.

Ein wesentlicher Punkt kommt hinzu: Die Möglichkeit gezielter Entwicklung adulter Stammzellen in andere Zelltypen hinein, d.h. eine Transdifferenzierung, mit der man bei den Beratungen zum Stammzellgesetz in den Jahren 2001/2002 fest gerechnet hatte, hat sich als unrealistisch erwiesen. Schon im Jahr 2002 war publiziert worden, dass die therapeutische Nutzbarkeit adulter Stammzellen viel begrenzter sein dürfte, als man es damals erhofft hatte. Denn adulte Stammzellen vermögen sich offenbar doch nicht so, wie man zeitweilig meinte, in andere Zell- und Gewebetypen zu wandeln (Transdifferenzierung); dies sei, wie schon 2002 festgestellt wurde, „an extremely rare event, if it occurs at all".[241] Die Behauptungen, ihnen „gehört die Zukunft"[242] und sie seien geradezu universal anwendbar, hätten schon 2002 eigentlich nicht mehr vorgetragen werden sollen. Adulte Stammzellen lassen sich nicht umfassend für den gezielten Gewebeersatz und die Regenerierung nutzen. Weil vielfältig belegt wurde, dass ihre Plastizität und Transdifferenzierungsfähigkeit sehr begrenzt ist, sind die Erwartungen, sie böten geradezu „die" Alternative zu embryonalen Stammzellen, enttäuscht worden.[243]

Zwar werden adulte Stammzellen für ganz bestimmte medizinische Zwecke lebensrettend und erfolgreich genutzt, besonders zur Leukämiebehandlung, zumal bei Kindern und seit wenigen Jahren sogar bei älteren Patienten, die über 50 oder 60 Jahre alt sind. Adulte Blutstammzellen sind 1963 entdeckt worden; die erste geglückte Transplantation fand 1985 in Heidelberg statt.[244] Realisierbar ist ferner die Behandlung von angeborenen Immundefiziten bei Kindern.[245] Daneben gab es Einzelerfolge. Nach einem Pionierprojekt, das 2003 in Freiburg/Br. bekanntgegeben wurde – Behandlung eines 36-jährigen Morbus-Crohn-Patienten durch autologe Stammzelltransplantation – wurde im August 2008 aus München über diesbezüglich Erfolg versprechende Versuche an Mäusen berichtet, die eventuell auf den Menschen übertragbar seien. Zur Therapie des Herzinfarkts mit Hilfe adulter Stammzellen wurde recht zuversichtlich berichtet (in Deutschland in Rostock, Düsseldorf und Frankfurt/M.).[246] Andererseits hat ein in Medien spektakulär präsentierter Einzelfall der Übertragung patienteneigener Stammzellen im Düsseldorfer Universitätsklinikum 2007 durch den Kardiologen Bodo-Eckehard Strauer den raschen Tod des Patienten nicht verhindert; die Verallgemeinerbarkeit des Versuchs an dem herzkranken Patienten wurde wissenschaftlich nachdrücklich bestritten.[247] Gegen ein Projekt in Innsbruck, das Inkontinenz auf der Basis adulter Stammzellen therapierte und in „The Lancet" publiziert wurde[248], wurden von der Österreichischen Agentur für Gesundheit und Ernährungssicherheit schwerste Vorwürfe erhoben. In „Nature" und „The Lancet" erfolgte eine scharfe Distanzierung; sie betraf die mangelnde Aufklärung der Patienten über das experimentelle Verfahren und die Validität der Studie. In Österreich findet eine juristische Aufarbeitung statt.[249]

Wissenschaftlich ist es nach wie vor offen, inwieweit adulte Stammzellen zukünftig für ein breiteres Spektrum von Krankheiten medizinische Alternativen zu humanen embryonalen Stammzellen eröffnen. Gleichzeitig ist zu betonen, dass die therapeutische Anwendbarkeit von hES-Linien ebenfalls noch ganz offen ist und hierzu weiterhin Grundlagenforschung benötigt wird, die ihrerseits zu enttäuschenden Ergebnissen führen kann. Aber es lässt sich schwerlich behaupten, dass adulte Stammzellen durchweg die therapeutische Alternative zu embryonalen Stammzellen schlechthin böten. Im Übrigen kommt die Forschung an embryonalen Stammzelllinien, die zelluläre Differenzierungs- und Entwicklungsprozesse erhellt, der medizinischen Nutzbarmachung adulter Stammzellen zugute.

Auf weitere Einzelheiten und auf andere Alternativen zu embryonalen Stammzellen, darunter die Stammzellen aus Nabelschnurblut[250] oder aus weit entwickelten Feten (primordiale Keimzellen), und auf deren jeweilige Probleme sei an dieser Stelle nicht genauer eingegangen. Im Kern zeigt sich aber: Die Grundidee des Stammzellgesetzes, adulte Stammzellen wären medizinisch eine sehr aussichtsreiche Alternative zu embryonalen Stammzellen, hat sich als nur begrenzt tragfähig erwiesen. Naturwissenschaftler betonen, nach heutigem Stand der wissenschaftlichen Einsicht sei es ratsam, an den *verschiedenen* Typen von Stammzellen zu forschen. So betrachtet besitzt die politische Entscheidung des Gesetzgebers, das Stammzellgesetz in Bezug auf hES-Forschung als Verbotsgesetz, als Strafgesetz und als forschungslenkendes Gesetz anzulegen, erhebliche Schwachpunkte. Die Notwendigkeit der Forschung an hES-Zellen als sogenanntem Goldstandard, zumal als Vergleichsforschung, hat sich auch nicht erübrigt, seitdem seit November 2007 neuartige adulte, nämlich die induzierten pluripotenten Stammzellen (iPS-Zellen) verfügbar sind (s.u. S. 182ff).

Drittens: Stichtagsproblem und Wissenschaftsfreiheit
Ein gravierendes Problem, das das Stammzellgesetz aufwirft, ist sodann die Stichtagsregelung in § 4 (2) 1. a). In der Fassung, die vom 01.07.2002 an galt, verbot das Gesetz, hES-Zellen oder hES-Zelllinien in die Bundesrepublik Deutschland einzuführen, die nach dem 1. Januar 2002 hergestellt worden waren. Mit diesem Stichtag wollte man absichern, dass im Ausland auf jeden Fall auf dort bereits vorhandene überzählige Embryonen zurückgegriffen würde und dass für die deutsche hES-Forschung auf keinen Fall zusätzliche, „neue" Embryonen vernutzt werden.
Diese Stichtagsregelung programmierte von Anfang an ein Dilemma vor. Das Motiv, das ihr zugrunde lag, war wenig tragfähig. Denn es war und ist unrealistisch zu unterstellen, in der Bundesrepublik Deutschland könne jemals ein derart hoher Bedarf an hES-Linien entstehen, dass hierdurch für das Ausland Anreize zur Herstellung von Stammzelllinien aus Frühembryonen gesetzt würden, die man hierfür eigens erzeugen müsste. Darüber hinaus existierte für die Festlegung des Stichtagstermins auf den 1. Januar 2002 keine Sachbegründung, die wissenschaftliche Plausibilität besessen hätte, sondern lediglich eine Zufalls- oder Willkürbegründung: Der Termin lag vor der Grundsatzdebatte, die im Deutschen Bundestag am 30. Januar 2002 stattgefunden hatte. Im Sommer 2002, unmittelbar nachdem Bundestag und Bundesrat das Stammzellgesetz verabschiedet hatten, wurde bekannt, dass im Ausland (Singapur) neue Verfahren entwickelt worden waren, durch die die bisherige Qualitätsbeeinträchtigung menschlicher embryonaler Stammzelllinien durch tierische Kultivierungsmaterialien überwindbar wurde. Über die Jahre hinweg zeigte sich immer deutlicher, dass die starre Stichtagsregelung des Stammzellgesetzes mit den Forschungsnotwendigkeiten und der Forschungsfreiheit allenfalls degressiv in Einklang stand. Sie war sukzessiv forschungshemmend und wurde daher im Blick auf Artikel 5 Absatz 3 des Grundgesetzes (Forschungsfreiheit) permanent ansteigend verfassungswidrig. In den Jahren 2006/2007 trat in der Bundesrepublik Deutschland in der hES-Forschung ein derart gravierender Forschungsrückstand ein, dass die Rückfrage unabweisbar wurde, ob der Staat seiner Schutzpflicht für die Wissenschaft und die Wissenschaftsfreiheit noch gerecht werde. Zahlreiche Stimmen aus Rechtswissenschaft, Ethik, Naturwissenschaften und aus den Forschungsinstitutionen machten darauf aufmerksam, dass die deutsche Forschung den Anschluss an die internationale wissenschaftliche Entwicklung faktisch bereits verloren habe.[251] Auch der Vierte Tätigkeitsbericht der Zentralen Ethikkommission für Stammzellenforschung, der den Zeitraum vom 01.12.2005 bis zum 30.11.2006 betraf, sprach dies an.[252]
Daher verschärften sich im Jahr 2006 in Deutschland die Kontroversen über die Stichtags-

regelung. Einen wichtigen Impuls vermittelte ein Votum der Deutschen Forschungsgemeinschaft (DFG) vom Oktober 2006.[253] Im Juli 2006 hatte die Bundesregierung endgültig ihre Absicht aufgeben müssen, eine restriktive, forschungshemmende Stichtagsregelung, die dem deutschen Stammzellgesetz entsprach, in der gesamten EU durchzusetzen. Im Zuge der EU-Forschungsrahmenprogramme ist in Europa seitdem nicht nur die Durchführung, sondern auch die öffentliche, mit EU-Mitteln realisierte Finanzierung von Projekten der hES-Forschung möglich, welche mit den Einschränkungen des deutschen Gesetzes nicht vereinbar sind. In anderen EU-Staaten konnten immer schon neue hES-Linien verwendet werden, die qualitativ geeigneter waren, wohingegen die älteren, nach Deutschland importierbaren Zelllinien durch tierische Kultivierungsmaterialien verunreinigt, genetisch und epigenetisch instabil und eventuell viral infiziert waren.[254] Seit dem 24.07.2006 durfte die EU die Forschung an den neuen, in Deutschland selbst verbotenen hES-Linien aber sogar mit deutschen EU-Beitragsgeldern finanzieren. Auf den Durchbruch, den der Ministerratsbeschluss der EU vom 24.07.2006 zugunsten der öffentlich geförderten europäischen hES-Forschung bedeutete, berief sich die DFG in ihrem Votum zur Stammzellforschung, das ebenfalls für Deutschland eine vollständige Abschaffung des Stichtags forderte. Die DFG löste hierdurch im Inland eine rechtspolitische Debatte zur Reform des Stammzellgesetzes aus.

Nachdem die DFG im Oktober 2006 für die Aufhebung des Stichtags plädiert hatte, rückten sogar der Rat der EKD und dessen Vorsitzender, Bischof Wolfgang Huber, von ihrer Position ab, hES-Forschung kompromisslos abzulehnen. In der Stichtagsfrage beharrte die EKD aber auf einer starken Restriktion: Der Gesetzgeber solle den Stichtag lediglich *einmalig* verschieben und wieder einen *starren, unbeweglichen* Stichtag – die EKD nannte hierfür den 31.12.2005 – festlegen.[255]

Am 11. April 2008 beschloss der Deutsche Bundestag schließlich, den Stichtag auf den 1. Mai 2007 zu verschieben. Darüber hinaus korrigierte der Bundestag die unhaltbar gewordene Regelung des § 13 StZG, die Forschungskooperationen inländischer mit ausländischen Forschergruppen mit Strafe bedroht hatte.

Der Bundestagsbeschluss (Mehrheitsabstimmung zugunsten der Bundestags-Drucksache 16/7981) hat der Forschung in Deutschland zweifellos wieder Bewegungsfreiheit verschafft, weil zwischen 2002 und 2007 ca. 500 Stammzelllinien neu erzeugt worden waren, die qualitativ höherwertiger sind als die vor dem 1. Januar 2002 generierten Zelllinien.[256] Dennoch ist die Verschiebung des Stichtags auf ein neues *starres* Datum, den 1. Mai 2007, unplausibel. Denn es ist absehbar, dass Forscher oder Forschergruppen im Ausland bald nochmals jüngere Zelllinien verwenden werden, von denen die inländisch stattfindende Forschung erneut ausgegrenzt sein wird. Die Vergleichbarkeit inländischer Projekte, Methoden und Resultate mit dem Ausland wird beeinträchtigt, wenn dort ganz neue Zelllinien benutzt werden. Einen Stichtag statisch oder starr zu fixieren – sei es ehemals der 1. Januar 2002 oder aktuell der 1. Mai 2007 – steht sachlogisch in Widerspruch zur Dynamik der Forschung und Entwicklung. Zudem erfolgt *jede* Festlegung eines *bestimmten* Stichtagsdatums willkürlich und unter Verzicht auf naturwissenschaftliche Plausibilität. Monatelang hatte die Idee im Raum gestanden, den 31. Dezember 2005 als neuen starren Stichtag zu nehmen. Dieses Datum war von der EKD ins Spiel gebracht worden – freilich ohne jede Sachbegründung. Das am 11. April 2008 festgelegte Stichtagsdatum, der 1. Mai 2007, erklärt sich daraus, dass es der Monatserste vor der vorletzten Anhörung war, die der Forschungsausschuss des

Deutschen Bundestages vor dem Beschluss zur Novellierung des Stammzellgesetzes durchgeführt hatte. Diese vorletzte Anhörung hatte am 9. Mai 2007 stattgefunden. Offen bleibt, warum nicht wenigstens die letzte Anhörung (3. März 2008) als ausschlaggebendes Datum genommen wurde.

Es ist zu befürchten, dass die Behinderung der inländischen Forschung mittel- oder langfristig sukzessiv wieder zunimmt. Nachdem im Jahr 2002 ein starrer Stichtag festgeschrieben worden war, hatte sich die Forschungsbehinderung schließlich sogar exponentiell vergrößert. Wenn man einen Stichtag unverrückbar („starr") festlegt, ist geradezu vorprogrammiert, dass das Spannungsverhältnis zur Forschungsfreiheit, die das Grundgesetz der Bundesrepublik Deutschland in Art. 5 Absatz 3 vorbehaltlos gewährt, permanent ansteigt. Hierdurch entsteht ein verfassungsrechtliches Dilemma, das der Gesetzgeber nicht hätte in Kauf zu nehmen brauchen. Denn es lagen Alternativen auf der Hand, nämlich der Verzicht auf einen Stichtag bei gleichzeitiger Einzelfallprüfung oder auch ein nachlaufender oder flexibler Stichtag, so dass es gestattet worden wäre, hES-Zelllinien zu importieren, die jeweils vor sechs oder zwölf Monaten hergestellt worden sind. Zumindest wäre eine Selbstfestlegung des Gesetzgebers wünschenswert gewesen, die Tragkraft des starren Stichtags regelmäßig zu überprüfen, um zur Wahrung der Forschungsfreiheit einen aktualisierten Stichtag gegebenenfalls zügig beschließen zu können.

Im Unterschied zum deutschen Gesetz hat die Schweiz auf eine Stichtagsregelung verzichtet. Ein derart gravierender Einschnitt in die Forschungsfreiheit und eine so weitreichende Beschränkung von Forschungsoptionen, wie sie durch einen starren Stichtag vorgenommen werden, müssten ethisch gesehen statt auf einer Zufalls- zumindest auf einer präzisen, nachprüfbaren Sachbegründung beruhen – und sind dann eigentlich gar nicht vorstellbar. Mit dem Thema „Stichtag" bricht genauso wie durch das zuvor herausgearbeitete Problem, dass das Gesetz faktisch eine einseitige Forschungslenkung zugunsten adulter Stammzellen vornahm, die Grundsatzfrage auf, ob die Forschungsfreiheit hinreichend gewahrt ist.

Viertens: Forschung an krankheitsspezifischen Stammzelllinien

Es ist ferner noch eine weitere, unscharf formulierte Bestimmung des Gesetzes, die die hES-Forschung substantiell und unverhältnismäßig einschränkt. Stammzelllinien dürfen nicht nach Deutschland importiert werden, wenn die Embryonen, denen sie entstammen, in der ausländischen Reproduktionsmedizin „aus Gründen" beiseite gelegt wurden, „die an den Embryonen selbst liegen" (§ 4 [2] 1. b] StZG). In Belgien, Großbritannien, Frankreich und zahlreichen anderen Staaten ist die Präimplantationsdiagnostik zulässig; hierauf wird bei der Erörterung reproduktionsmedizinischer Fragen noch einzugehen sein (s.u. S. 193ff). Im Zusammenhang der hES-Forschung ist nun von Interesse: Geschädigte Embryonen, deren Krankheitsdisposition durch PID erkannt wurde und die aufgrund ihrer Krankheitsanlage in keiner Schwangerschaft mehr ausgetragen werden, verwendet man im Ausland unter bestimmten Voraussetzungen, darunter der Zustimmung der genetischen Erzeuger, für Forschungszwecke. Aus solchen Frühembryonen lassen sich für eine beträchtliche Anzahl von Krankheiten, z.B. Mukoviszidose, schwere Muskelkrankheiten, Sichelzellanämie oder Chorea Huntington, Stammzellkulturen anlegen, die der Forschung zugunsten der Therapie künftiger Patienten dienen. Für die hES-Forschung wurden solche Zellkulturen zunehmend interessant.[257] Doch auch nach dem Beschluss des Bundestags vom 11. April 2008, der das

Stammzellgesetz novellierte, ist in Deutschland ein Rückgriff auf derartige Krankheitszelllinien nicht erlaubt – auch nicht auf *importierte* Krankheitsstammzelllinien. Bei den rechtspolitischen Debatten, die 2007/2008 über eine Novellierung des Stammzellgesetzes geführt wurden, war überhaupt nicht ernsthaft in Betracht gezogen worden, die dies verhindernde Bestimmung des Stammzellgesetzes abzuändern, obwohl gewichtige Argumente der Forschungsfreiheit, des Gesundheitsschutzes und der Gesundheitsversorgung künftiger Patienten dafür sprachen, solche Forschung auch im Inland zu realisieren. Dies ist unplausibel, und zwar erst recht, solange Alternativen – hierzu ist künftig ggf. an induzierte pluripotente Stammzellen zu denken – noch nicht zur Verfügung standen oder stehen.

Fünftens: „Forschung ja – Anwendung nein?": Zur Nutzung von Forschungsergebnissen im Inland

Noch gravierender ist ein weiteres Desiderat des Stammzellgesetzes. Es lässt lediglich „Forschung" an importierten hES-Zellen zu (bzw. es lässt diese Forschung „ausnahmsweise" zu). Jedoch enthält das Gesetz keine Bestimmungen, denen zufolge eventuelle therapeutische, pharmakologische oder toxikologische Anwendungen, also die konkrete Nutzung der Forschungs*ergebnisse,* statthaft wären. Die Umsetzung von in Deutschland erzielten Forschungsergebnissen muss, soweit hierfür wiederum hES-Zellen vonnöten sind, im Ausland geschehen; bzw. es wäre eine erneute Gesetzesnovellierung erforderlich. Weil das Stammzellgesetz – u.a. in § 4 (2) und in § 5 – *nur* die *Forschung,* aber nicht die Nutzung und Anwendung der Forschungs*resultate* duldet, drohen im Inland durchgeführte Forschungsprojekte weitgehend ins Leere zu laufen.

Diese Problematik ist bereits in der ersten Auflage dieses Buches im Jahr 2003 hervorgehoben worden.[258] Inzwischen ist nochmals verstärkt auf sie aufmerksam zu machen, weil sich erste Ergebnisse der hES-Forschung abzeichnen.

Dabei ist nicht so sehr an eine *direkte* klinische Nutzung von hES-Linien zu denken, die hypothetisch allenfalls im ferneren oder fernen zeitlichen Horizont vorstellbar ist. Gegebenenfalls könnten Übertragungen von Zellmaterial Patienten zugute kommen, welche an weit verbreiteten oder sehr schweren Krankheiten leiden, darunter Schädigung des Herzmuskels[259], Diabetes, Rückenmarksverletzungen, Morbus Parkinson, Multiple Sklerose, Makuladegeneration. Immerhin wurde über Erfolg versprechende Tierexperimente berichtet; in den USA sind erste klinische Versuche am Menschen, vor allem zur Behandlung der Querschnittslähmung, angekündigt worden.

Solche Vorhaben wären unter Umständen in Form individueller Heilversuche durchführbar, so wie sie in der somatischen Gentherapie praktiziert werden. In Deutschland wäre dies freilich wohl nicht zulässig. Denn der individuelle Heilversuch ist als *ärztliches* Handeln einzustufen[260] – und was die Verwendung von hES-Zellen anbetrifft, so duldet das Stammzellgesetz allein die bloße „Forschung". Medizinethisch ist zu ergänzen: Für den hypothetischen Fall, dass auf der Basis von hES-Zelllinien tatsächlich einmal ein Heilversuch an einem Einzelnen oder dass klinische Studien durchgeführt würden, wären Kriterien zu beachten, die denen bei der somatischen Gentherapie entsprechen: 1. umfassende tierexperimentelle und sonstige Vorprüfung; 2. patientenorientierte Schaden-Nutzen-Abwägung; 3. Fehlen einer therapeutischen Alternative für den Betroffenen; 4. höchstmögliche Patientensicherheit; 5. informed consent des Betroffenen; u.a.[261]

Vor allem ist jedoch zu unterstreichen: Losgelöst von einer Therapie-Anwendung direkt am Menschen sind anderweitige, nämlich pharmakologische und toxikologische Anwendungen von Ergebnissen der hES-Forschung sehr viel greifbarer[262]: Dies kann die Prüfung von Medikamenten zur Behandlung von Herzkrankheiten oder zur Neurotoxizität oder für die Etablierung von Zelltherapeutika bei Transplantationen sein; oder es kann um den Einsatz von Pharmaka in der Tumortherapie gehen. Darüber hinaus ist die Nutzung von hES-Zellen in Bioreaktoren im Blick, um auf diese Weise eine therapeutische Überbrückung bei akutem Leberversagen zu schaffen. Zudem liegt es nahe, auf der Basis von hES-Zellen Medikamente zu testen, die für Schwangere bestimmt sind. Die Erprobung von Medikamenten für die Schwangerschaft ist in vivo, an Versuchspersonen, in aller Regel nicht vertretbar. Auf der Basis von hES-Zellen könnte es bald jedoch „erstmals" (!) möglich werden, die Embryotoxizität von Medikamenten oder von Chemikalien zu testen.[263] Es wäre fahrlässig, auf solche Prüfungen zu verzichten, auch vor dem Hintergrund der Contergan-Katastrophe. Die den Embryo betreffenden Nebenwirkungen von Thalidomid konnten Anfang der 1960er Jahre im Tierversuch nicht aufgewiesen werden. Auf der Basis von hES-Zelllinien wäre dies möglich.

So betrachtet sollten Zellkulturen, wenn erforderlich auch hES-Linien, für die Wirkstoffprüfung eingesetzt werden (Toxikologie, Sicherheitspharmakologie). International verstärkt sich diesbezüglich das Interesse von Wissenschaftlern, Pharmaunternehmen und Regierungen.[264] Es kommt hinzu, dass die Entwicklung und Zulassung von Medikamenten hierdurch eventuell kostengünstiger gestaltbar sowie beschleunigbar wird. Der Zeitgewinn bei der Entwicklung und Erprobung neuer Medikamente ist unter dem Blickwinkel des Gesundheitsschutzes und der Gesundheitsversorgung zu bewerten und daher nicht nur ökonomisch, sondern ebenfalls ethisch relevant.

Zwar steht für die Entwicklung oder Testung von Pharmaka auch in Deutschland auf der Grundlage des Stammzellgesetzes bereits jetzt immerhin ein Spalt offen: soweit sie sich begrifflich nämlich noch unter „Forschung" subsumieren lässt. Als „Forschung" wäre die Wirkstoffprüfung – sofern die älteren, „stichtagsgerechten" hES-Linien genutzt werden – vom Stammzellgesetz gedeckt. In diesem Sinn äußerte sich 2007 ebenfalls die Bundesregierung. Zumindest mittelfristig greift dies aber zu kurz, weil sich abzeichnet, dass Auslegungsprobleme aufbrechen, wann die Testung von Pharmaka „noch" Forschung darstellt und ab wann es sich um die Anwendung und um die wirtschaftliche Nutzung von Forschungsergebnissen handelt. Die Zentrale Ethikkommission für Stammzellenforschung wies schon 2005 auf die Paradoxie hin, dass die „deutsche Forschung an humanen ES-Zellen darauf beschränkt ist, zur Schaffung von Grundlagen für eine spätere Verwendung der Zellen zu therapeutischen, präventiven und diagnostischen Zwecken außerhalb Deutschlands beizutragen."[265] Diese Inkonsequenz lässt sich rechtsstaatlich und ethisch nicht rechtfertigen. Stattdessen ist im Sinne eines argumentum a fortiori zu sagen: Wenn schon die Forschung an hES-Linien zulässig ist, dann sollte erst recht die Nutzung von Forschungsergebnissen, die der Gesundheit und Versorgung von Patienten, konkret z.B. der Medikamentensicherheit, zugute kommt, auch im Inland zugelassen werden.

Davon abgesehen: Die Ungewissheit und Rechtsunsicherheit über die Anwendbarkeit von Forschungsergebnissen im Inland und die Unsicherheiten über ökonomische Perspektiven, die die Forschung an hES-Linien inländisch mit sich bringt, drohen in ideeller und in materieller Hinsicht auf die Forschung selbst nachteilig zurückzuschlagen. Empfehlenswert wäre für den Rechtsstaat, für die Nutzung von Forschungsergebnissen Genehmigungs-, Kontroll- und Verfahrensregeln vorzusehen, die an Bestimmungen anknüpfen, die als solche schon jetzt eine Rolle spielen: 1. Hochrangigkeit der Handlungsziele; 2. Geeignetheit und Erforderlichkeit, hES-Zellen zu nutzen; 3. Transparenz bei Genehmigungen; 4. Missbrauchskontrolle; 5. Information der Öffentlichkeit.

Sechstens: Ersatz von Tierversuchen

In Verbindung mit den soeben angesprochenen pharmakologischen oder toxikologischen Optionen, hES-Linien zu nutzen, ist ein weiterer Aspekt ihrer Verwendung zu nennen. Es rückt näher, hES-Linien einzusetzen, um Tierversuche zu reduzieren, die für medizinische Krankheitsforschung und für die Medikamentenentwicklung erfolgen. Ferner ist zu berücksichtigen, dass die 2007 in Kraft getretenen Regulierungen der EU zur Testung von Chemikalien (REACH, „Rules on the Registration, Evaluation and Authorisation of Chemicals") vorschreiben, neu auf den Markt gebrachte chemische Substanzen sowie ca. 30 000 Alt-Chemikalien nachträglich auf ihre toxische Wirkung hin zu untersuchen (s.o. S. 95). Hierfür ist in den nächsten fünfzehn Jahren theoretisch der Verbrauch von bis zu 50 Millionen Versuchstieren erforderlich. Angesichts dessen gewinnt die Frage, wie sich Tierversuche ersetzen lassen, noch größeres Gewicht, als ihr ohnehin schon beizumessen ist. Denn Versuche, die an lebenden Tieren zu medizinischen Zwecken durchgeführt werden, etwa zur Tumorforschung, bewirken bei ihnen erhebliches Leiden. Um Experimente mit lebenden Tieren zu vermindern („reduce" / „replace"), sollte – neben anderen Alternativen – möglichst Zellmaterial in Anspruch genommen werden, das von Tieren oder Menschen stammt; und letztlich sollte – sofern erforderlich und geeignet – ein Zugriff auch auf hES-Linien statthaft sein.[266]

Für Versuchsanordnungen, die auf *menschlichem* Zellmaterial basieren, sprechen abgesehen von der Tierschutzethik überdies humanethische Argumente des Gesundheitsschutzes. Aufgrund der Differenz zwischen menschlicher und tierischer Physiologie und der Grenzen der Übertragbarkeit von Versuchsergebnissen zwischen den Spezies sind auf humanem Material beruhende Testverfahren nämlich aussagekräftiger als die Verwendung von Zellen tierischer Herkunft oder als Tierversuche.

Die Option, Tierversuche durch die Nutzung von Zellkulturen zu ersetzen, hat im Inland bislang wenig Resonanz gefunden. Dies mag sich u.a. daraus erklären, dass es sich in unserer Rechtsordnung geistesgeschichtlich erst verspätet durchgesetzt hat, Tiere nicht nur als Sachen, sondern sui generis als empfindungs- und leidensfähige Lebewesen zu betrachten. Das dingliche Verständnis von Tieren beruht auf der römischen Rechtstradition. Erst im Jahr 1990 wurde das Bürgerliche Gesetzbuch in § 90a dahingehend geändert, dass Tiere nicht nur bloße Sachen sind. Bahnbrechend ist allerdings, dass dem Tierschutzgesetz § 7 (2) zufolge Tierversuche nur dann zulässig sind, wenn sie alternativlos sind, d.h. wenn keine anderen Verfahren zur Verfügung stehen. Seit 2002 ist der Tierschutz im Grundgesetz in Artikel 20a verankert. Daher wird rechtspolitisch aufzuarbeiten sein, dass es in bestimmten Fällen wirtschaftlich sinnvoll, medizinisch und forschungspragmatisch sachgemäß sowie ethisch empfehlenswert ist, statt auf lebende Labor- und Versuchstiere auf Zellkulturen, ggf. auf hES-Linien zurückzugreifen.

Siebtens: Doppelstandards und Inkonsistenz auf gesetzlichem Niveau

Ein anderer Problempunkt des Stammzellgesetzes betrifft eine Grundsatzfrage der Ethik und des Rechtsstaats, nämlich den Sachverhalt, dass hier auf einem *sehr* hohen, nämlich auf gesetzlichem Niveau Doppelmoral bzw. moralische Doppelstandards etabliert werden. Zwar ist einzuräumen, dass der Verbrauch von Embryonen für die Erzeugung von Stammzelllinien ethischen Diskussionsbedarf aufwirft. Jedoch kann die Lösung dieses Dilemmas nicht darin bestehen, ethisch eventuell zweifelhafte Handlungen auf das Ausland abzuwälzen. Die Logik des Stammzellgesetzes lautet, ethisch möglicherweise Bedenkliches, nämlich die Stammzell*gewinnung* aus frühen Embryonen, an das Ausland zu delegieren. Die Gewinnung von hES-Zellen geht mit der Vernichtung der ca. fünf Tage alten kryokonservierten Embryonen einher (Herkunftsaspekt). Die nachfolgende *Forschung* an den hES-Zellen ist als solche, für sich betrachtet, ethisch gänzlich unproblematisch. Denn es werden keine Embryonen, sondern nur noch Zellen beforscht. Diese Forschung darf dem Gesetz gemäß im Inland realisiert werden (Handlungs-, Umsetzungsaspekt). Eine solche Aufspaltung von Handlungsarten – Bereitstellung des Forschungsmaterials einerseits, Durchführung der Forschung andererseits – auf das Ausland und auf das Inland ist unschlüssig und inadäquat, dient weder der eigenen Glaubwürdigkeit noch nutzt sie dem Embryonenschutz. Das Nachbarland Schweiz hat eine derartige moralische Inkonsistenz vermieden. Die gesetzlichen Regelungen, die in der Schweiz zur hES-Forschung getroffen worden sind, haben nicht nur auf eine Stichtagsregelung, sondern auch darauf verzichtet, die Nutzung inländisch in der Schweiz gelagerter überzähliger Embryonen für die hES-Forschung zu verbieten.

In der deutschen Biopolitik zeichnet sich hingegen ab, dass die Etablierung moralischer Doppelstandards anhält, ja zunimmt. Die Fortpflanzungsmedizin, die in Deutschland praktiziert wird, beruht auf Embryonenforschung, die im Ausland stattfand und weiterhin stattfinden wird, im Inland jedoch verboten ist. Zur hES-Forschung ist bemerkenswert, dass Bundesforschungsministerin Annette Schavan am 24.07.2006 dem Ministerratsbeschluss der EU zustimmte, dem zufolge europaweit Forschung an hES-Zellen ohne Stichtagsbegrenzung gefördert und finanziert werden darf. Die Ministerin gestand ferner zu, dass die Bundesrepublik sich an der Finanzierung europäischer hES-Forschung mit deutschen EU-Beitragszahlungen, d.h. mit deutschen Steuergeldern, beteiligt. Andererseits verlangte sie, mit den EU-Geldern dürfe nur die Forschung an hES-Linien, nicht aber deren Herstellung unterstützt werden. Letztere soll im gesamten Europa der nichtstaatlichen privaten Finanzierung überlassen bleiben. Dies bedeutet erneut eine Aufspaltung 1. zwischen der Herstellung von hES-Linien und ihrer Verwendung für die Forschung und erzeugt 2. eine Kluft zwischen öffentlichen und privaten Finanzierungsquellen. Kann es überzeugen, moralisch als bedenklich erachtete Handlungen – in diesem Fall: die Generierung von hES-Zelllinien – gezielt auf nichtstaatliche Einrichtungen und die Privatwirtschaft abzuwälzen?

Weitere Beispiele für Inkonsequenzen, die kaum mehr als ethisch hinnehmbarer Kompromiss, sondern letztlich als Doppelmoral zu charakterisieren sind, wären zu ergänzen. Stattdessen sei hier aber nur noch einmal die gravierende Inkohärenz ins Licht gerückt, dass in der Bundesrepublik Deutschland die Forschung an hES-Linien – wenngleich in eingeschränktem Umfang – geduldet wird, jedoch nicht die Anwendung und Nutzung von Forschungsergebnissen, sofern hierfür hES-Linien erforderlich sind. Diese der Sache nach unschlüssige Aufspaltung zwischen Forschung und Anwendung könnte sich in Zukunft für

universitäre Forschungseinrichtungen, biomedizinische Unternehmen, Medizin und Pharmakologie sowie vor allem für konkret betroffene, erkrankte Patienten sehr nachteilig auswirken. Bereits im Grundsatzteil dieses Buches, der auf das Grundrecht auf Gesundheitsschutz und gesundheitliche Versorgung einging, ist die aus Deutschland stammende Abwehr gegenüber der EU-Verordnung über „advanced therapies" kritisch kommentiert worden (s.o. S. 94f). Die Voten aus Deutschland liefen darauf hinaus, Medikamente oder Verfahren, die künftig auf der Grundlage von hES-Zelllinien verfügbar sein könnten, Patienten im Inland vorzuenthalten. Übereinstimmend mit der Auffassung, die im hier vorliegenden Buch vertreten wird, legt der bis 2008 im Gesundheitsministerium von Nordrhein-Westfalen tätige Staatssekretär Stefan Winter Wert darauf, dass Deutschland „keine Insel" ist; „als EU-Bürger" besitzen „Deutsche ... einen Rechtsanspruch auf die Anwendung erfolgreich – z.B. in London oder Paris – entwickelter Stammzelltherapieverfahren (etwa zu Herzinfarkttherapie) ..., der vor dem europäischen Gerichtshof einklagbar wäre. Letzteres unabhängig davon, ob es sich dabei um embryonale oder um adulte Stammzelltherapie handeln würde".[267]
Hiermit sind Unschärfen und ethisch-rechtliche Desiderate des deutschen Stammzellgesetzes angesprochen worden. Nach dem Blick auf einige Einzelheiten des Gesetzes ist nun aber die Kernfrage zu beleuchten, die in den zurückliegenden Jahren ethisch- und rechtlich-normativ einen oder sogar den Schlüssel der Bioethikdebatte in Deutschland ausmachte. HES-Forschung, Fortpflanzungsmedizin, PID und andere biomedizinische Handlungsoptionen stellen Staat, Gesellschaft und Wissenschaft vor die Frage, wie der moralische und rechtliche Status früher Embryonen zu beurteilen ist.

II. Der Status des Embryos: Kulturelle Traditionen, heutige Argumente

Seit dem ausgehenden 20. Jahrhundert ist ein kulturell zuvor unbekannter Wert- und Zielkonflikt entstanden, nämlich zwischen dem Schutz früher Embryonen einerseits und der Verpflichtung zugunsten menschlicher Gesundheit andererseits (s.o. S. 129ff). Sowohl die humane embryonale Stammzellforschung (hES-Forschung) als auch die Handlungsansätze der Reproduktionsmedizin lassen sich mit der Orientierung an der Gesundheit von Menschen begründen. Dass Gesundheit in der Hierarchie ethischer Güter und Werte zu den fundamentalen Gütern gehört, die vordringlich zu sichern sind, wurde in Teil A dieses Buches zur Sprache gebracht. Medizin und Forschung stehen in der Pflicht, die Gesundheit von Menschen zu stützen. Den therapeutischen Imperativ, den Heilungsauftrag des Arztes, kannte der Sache nach bereits der hippokratische Eid.

Den anderen Pol des aktuellen Wert- und Zielkonflikts bildet der Eigenwert von Embryonen. Aus ihnen zum Zweck gesundheitsbezogener Forschung und Nutzung pluripotente hES-Zellen zu gewinnen, bedeutet, sie zu verbrauchen. Im Zusammenhang der Fortpflanzungsmedizin können überzählige Embryonen entstehen, die eingefroren oder verworfen werden. Speziell bei der Präimplantationsdiagnostik (PID) werden nach künstlicher Befruchtung Frühembryonen in den ersten Entwicklungstagen, noch außerhalb des Mutterleibes, auf familiär bedingte genetische oder auf chromosomale Defekte hin untersucht. Nimmt man an einem frühen Embryo eine PID vor und stellt man an ihm die befürchtete Krankheitsanlage fest, wird man ihn beiseite legen und der Mutter nicht einpflanzen, ihn also dem Absterben preisgeben. Hieraus resultiert der Wertkonflikt Gesundheit versus Eigenwert der befruchteten Eizelle bzw. des frühen Embryos. Angesichts dessen ist der Frage nachzugehen, welcher moralische und rechtliche Status dem Embryo in den ersten Tagen seiner Entwicklung zukommt. Hierzu haben in den letzten Jahren heftige, ja kulturkampfähnliche Auseinandersetzungen stattgefunden. Zum Verständnis des frühen vorgeburtlichen Lebens werden im Folgenden religiöse und kulturelle Traditionen zur Sprache gebracht, um danach aus heutiger Sicht zu entfalten, warum der Schutz des frühen Embryos ernst genommen, aber nicht in der Weise überbetont werden sollte, dass er der Beforschung und Nutzung von hES-Zellen oder der Fortpflanzungsmedizin per se entgegenstünde. Dem Frühembryo ist demzufolge ein Sonderstatus („special status") zuzusprechen. In den späteren Phasen der Embryonal- und der Fetalentwicklung nimmt der Schutzanspruch vorgeburtlichen Lebens dann kontinuierlich zu.

1. Die Position des kompromisslosen Schutzes früher Embryonen

Zahlreiche Stimmen vertreten gegenüber hES-Forschung und gegenüber Therapieansätzen der Fortpflanzungsmedizin, insbesondere gegenüber der PID, ein kategorisches Nein. Zu ihnen gehören Natur- und Geisteswissenschaftler, z.B. Jürgen Habermas oder Wolfgang Frühwald (s.o. S. 16f), sowie Politiker, unter ihnen die bis 2002 amtierende Bundesjustizministerin Herta Däubler-Gmelin, der ehemalige Bundesjustizminister und Vorsitzende der SPD Hans-Jochen Vogel[268] oder der damalige Bundespräsident Johannes Rau, Kirchenvertreter oder – entgegen dem positiven Votum der Bundesärztekammer zugunsten der PID vom 24.02.2000 – der langjährige Präsident der Bundesärztekammer Jörg-Dietrich Hoppe. Wenn der Embryo durch hES-Forschung oder PID angetastet werde, handele es sich um einen Verstoß gegen die Menschenwürde; diese gerate *als solche* in Gefahr. Da hinsichtlich der Geltung und gesellschaftlichen Akzeptanz des Menschenwürdeprinzips ein Dammbruch drohe, seien hES-Forschung oder PID auf keinen Fall tolerabel.

Für die Legitimation der hES-Forschung könne man sich auch nicht auf die Forschungsfreiheit berufen. Für ethische und rechtliche Abwägungen sei kein Spielraum vorhanden. Diese Beurteilung hat z.B. das Leitungsgremium der Evangelischen Kirche in Deutschland, der Rat der EKD, zur Geltung gebracht. Im Jahr 2001 widersprach die EKD dem Vorschlag der Deutschen Forschungsgemeinschaft (DFG), in Deutschland eine begrenzte, normierte hES-Forschung zuzulassen. In seiner Erklärung vom 22.05.2001 schloss sich der Rat der EKD dem damaligen Bundespräsidenten Johannes Rau an, der kurz zuvor gesagt hatte, man solle „Tabus anerkennen". Die EKD wiederholte ihren älteren, im Jahr 1989 gemeinsam mit der katholischen Kirche formulierten Satz: „Schon die kleinste Bewegung in Richtung auf die Zulassung ‚verbrauchender' Forschung an Embryonen überschreitet eine wesentliche Grenze", und wandte sich gegen den Vorschlag der DFG, ethische und rechtliche Abwägungen zur hES-Forschung vorzunehmen:

> „Weil dem menschlichen Embryo der in den Grundrechten gewährleistete Schutz der Würde des Menschen und seines Lebens zukommt, kann es … eine solche Abwägung gar nicht geben. Die Freiheit der Forschung findet ihre Grenze an der von Art. 1 des Grundgesetzes geschützten Menschenwürde."[269]

Andere Voten urteilten, durch hES-Forschung oder PID werde die Gattung Mensch als solche in Mitleidenschaft gezogen; ein nicht- oder nachpersonales Zeitalter der Menschheit drohe eingeleitet zu werden; inhumanen Allmachtsphantasien werde der Weg bereitet (s.o. S. 16f).

Diese Einwände bleiben allerdings unscharf und vage. Ihnen liegt weniger daran, die Menschenwürde eines konkreten Individuums zu wahren – wobei ohnehin offen ist, inwieweit frühe Embryonen bereits als Individuen im engeren Sinn des Wortes anzusehen sind (s.u. S. 163–169) –, sondern sie laufen darauf hinaus, Menschenwürde lediglich als Abstraktum, als Idee oder als Symbolbegriff zu schützen. Im Gegenzug wird an späterer Stelle eine am Wohl einzelner Menschen orientierte und zugleich abwägungsoffenere, abwägungsfreundliche Bezugnahme auf die Menschenwürde zur Geltung gebracht (s.u. S. 169ff, S. 172ff).

Eindringlich wandte sich die katholische Kirche gegen hES-Forschung und PID. Im September 2001 eröffnete der langjährige Vorsitzende der deutschen Bischofskonferenz, Kardinal Karl Lehmann, die jährliche Herbst-Vollversammlung der katholischen Bischöfe mit einem Grundsatzreferat zum Thema: „Das Recht, ein Mensch zu sein. Die Grundfrage der gegenwärtigen bioethischen Probleme".[270] Demzufolge hält die katholische Kirche den Status des Embryos und den Umgang mit dem vorgeburtlichen Leben in seinem Frühstadium für den Kern der Bio- und Medizinethik überhaupt. Zu diesem Thema lägen päpstliche, lehramtlich verbindliche Entscheidungen vor. In den letzten Jahrzehnten des 20. Jahrhunderts, vor allem seit dem Jahr 1987 hat sich das katholische Lehramt darauf festgelegt, dass das Menschsein mit der Verschmelzung der Samen- und Eizelle beginnt und dass das vorgeburtliche Leben von dem ersten Tag an „absolut", d.h. ohne Einschränkung und ohne Berücksichtigung sonstiger Umstände und Argumente, zu schützen ist. Kardinal Lehmann zufolge äußert sich die katholische Kirche seit der päpstlichen Enzyklika „Evangelium vitae" von 1995 zur Abtreibung, damit aber auch generell zum Status und Schutz des Embryos „in einer lehramtlich nun noch stärker verbindlichen Form" als zuvor. Das Lehramt nehme hierfür sogar die „Begründung in der Offenbarung", also eine unüberbietbar starke Abstützung seiner formalen Autorität in Anspruch.

Auf diese Weise ist ein bestimmter Würde-Status des beginnenden menschlichen Lebens für die römisch-katholische Kirche jetzt zum Glaubensgegenstand geworden, für den dogmatische Autorität und amtskirchliche Verbindlichkeit gilt. Inzwischen hat es sich immer wieder bestätigt, dass sie in Deutschland sowie weltweit zur hES-Forschung und generell zur künstlichen außerkörperlichen Befruchtung (IVF) kompromisslos Nein sagt. So zog der Vatikan 2006 in Betracht, Naturwissenschaftler, die sich in der hES-Forschung betätigen, zu exkommunizieren.[271] Bevor in Australien 2007 das therapeutische Klonieren legalisiert wurde, wurde katholischen Politikern von der Kirche ihres Landes der Ausschluss von den kirchlichen Sakramenten, namentlich von der Heiligen Kommunion, angedroht.[272] Eine Fülle weiterer Belege und Einzelhinweise aus verschiedenen Ländern, u.a. aus den USA, ließe sich hinzufügen. Abgesehen von dem Versuch katholischer Bischöfe, auf die biopolitischen Entscheidungen der US-Regierung Einfluss zu nehmen, ist z.B. bemerkenswert, dass eine katholische Privatschule einer Lehrerin, die aufgrund künstlicher Befruchtung ein Kind erwartete, die Kündigung aussprach[273] – ein Vorgang, der in US-Medien 2007 Aufsehen erregte und innerkatholisch für Unruhe sorgte. Auf der gleichen Linie liegt es, dass der Vatikan im Juni 2007 Reproduktionsmediziner der katholischen Universität Löwen einbestellte. Da das Verfahren der künstlichen Befruchtung katholischer Lehre gemäß nicht statthaft ist, wird es in katholisch getragenen Kliniken nicht praktiziert; zu den wenigen Ausnahmen gehörte bislang die der katholischen Universität Löwen angeschlossene Klinik. Die Universität befürchtet, der Vatikan wolle nun auch in Löwen endgültig die Möglichkeit von IVF unterbinden: „The pressure of the Vatican on the Catholic universities in Belgium to abandon in vitro fertilisation is mounting."[274]

Zur religionswissenschaftlichen Klarstellung und zur konfessionellen bzw. religiösen Abgrenzung ist zu unterstreichen, dass sich der Protestantismus, aber auch der Islam oder das Judentum im Umgang mit bioethischen und mit sonstigen ethischen Themen von der katholischen Kirche völlig unterscheiden. Zwar haben sich Gremien deutscher evangelischer Kirchen gegenüber hES-Forschung, IVF und PID ebenfalls ablehnend geäußert. In den Jahren 2001/2002 entstand sogar der Eindruck, die evangelische und katholische Kirche verträten hierzu eine deckungsgleiche Position. Jedoch darf nicht übersehen werden, dass sich die evangelische akademische Ethik – schon allein auf der Basis der Wissenschaftsfreiheit und des protestantischen Freiheitsgedankens – unabhängig von den Kirchen äußert. Recht große Beachtung fand, dass neun Vertreter der akademischen evangelischen Ethik (darunter der Autor dieses Buches) im Januar 2002 kurz vor der entscheidenden Bundestagsdebatte des 30. Januar 2002 die neuen biotechnologischen Handlungsmöglichkeiten als vertretbar bezeichneten.[275] Von katholischer Seite wurde ihnen dies als kirchlich sowie ökumenisch „schädlich" und als kirchendistanzierter „vorauseilender Staatsgehorsam" vorgeworfen.[276]

> Seitdem haben sich einzelne Amtsträger und Gremien evangelischer Kirchen der forschungs- und medizinfreundlicheren Sicht akademischer evangelischer Ethiker aber sogar geöffnet oder sind zumindest von der Position des bloßen Nein abgerückt.[277] Speziell zur PID äußerte die Bischofskonferenz der Vereinigten Evangelisch-Lutherischen Kirche in Deutschland im Jahr 2001 Skepsis, stellte dann indessen fest, hierdurch bestehe „eine Chance, Leiden frühzeitig zu vermeiden", so dass sie die Methode lediglich „zum gegenwärtigen Zeitpunkt" ablehnte und sich eine zustimmende Positionierung offenhielt.[278] Im August 2002 erschien eine Schrift der EKD, in deren Vorwort der damalige Vorsitzende des Rates der EKD, Manfred Kock, seinerseits sagte, dass im evangelischen Bereich unterschiedliche Auffassungen vorhanden sind. Evangelischem Verständnis zufolge seien zur Bioethik genauso wie zu anderen Ethikthemen keine bindenden, schon gar keine lehramtlich verbindlichen Vorgaben vorstellbar. Es sei „nicht nur legitim, sondern geradezu notwendig, dass die kontroversen Standpunkte ... klar ausgesprochen werden".[279]
> Außerhalb Deutschlands, z.B. in der Schweiz, in Österreich oder in Großbritannien, haben sich evangelische Kirchen ohnehin sehr viel weniger restriktiv geäußert als Repräsentanten deutscher evangelischer Kirchen. So hat die österreichische evangelische Kirche das therapeutische Klonieren grundsätzlich akzeptiert.[280]

In Bezug auf lehramtliche Verbindlichkeit kirchlicher Äußerungen existieren zwischen dem Anspruch der römisch-katholischen Kirche, verbindliche Aussagen autoritativ vorzuschreiben, und dem protestantischen Christentum also unüberbrückbare Unterschiede, die im Zusammenhang der Bioethikdebatte jetzt stark zutage getreten sind.[281] Für den Protestantismus sind die Pluralität der Meinungsbildung, die Gewissensfreiheit, die Notwendigkeit der persönlichen Urteilsfindung und die individuelle Verantwortungsübernahme unverzichtbare Merkmale. Ausgelöst durch die Kontroversen über IVF und hES-Forschung gelangte dies neu ins Bewusstsein.

Was darüber hinaus den Islam anbelangt, kennt er zwar die Institution religiöser Rechtsgutachten („fatwa"). Diese besitzen jedoch keine formale Bindungswirkung, auf die die Gläubigen festgelegt wären, so wie dies in der katholischen Kirche der Fall ist; stattdessen wird kasuistisch argumentiert.[282] Ähnliches gilt für das Judentum und für weitere, darunter östliche Religionen. Mit ihrem Amts-, Autoritäts- und Verbindlichkeitsanspruch, der sich u.a. auf (bio-)ethische Themen erstreckt, steht die römisch-katholische Kirche bei konfessions- und religionsvergleichender Betrachtung singulär da.

Von Interesse ist, dass die römisch-katholische Kirche in der Frage des Embryonenstatus gegenüber ihrer eigenen Tradition eine rigoristische Normverschärfung vorgenommen hat. Im September 2001 musste Kardinal Lehmann einräumen, die Kirche sei „belastet", weil sie in der Vergangenheit noch nicht wie jetzt den strikten Schutz des Embryos vom ersten Tag an vertrat. Im Rahmen des „jüngeren Sprachgebrauchs" sei es 1987 die von Kardinal Ratzinger geleitete Kongregation für die Glaubenslehre gewesen, die in ihrer Instruktion über den Lebensbeginn „vielleicht am deutlichsten" betont habe, dass der nunmehr vertretenen Sicht gemäß der Embryo vom ersten Tag an im vollen Sinn Mensch sei. Diese römisch-katholische Instruktion von 1987 votierte in der Tat sehr rigoros bzw. normativistisch, indem sie die katholische Kirche auf die Einstiftung der Geistseele durch Gott am Tag 1 und auf einen „absoluten" Embryonenschutz festlegte.[283] Unzutreffend ist zweifellos die Aussage, die sich in der päpstlichen Enzyklika „Evangelium vitae" von 1995 (dort Nr. 60) findet, die katholische Kirche habe es „stets gelehrt", das volle Menschsein und die entsprechende Schutzwürdigkeit des Embryos bestünden „vom ersten Augenblick" an.

> Das Referat Lehmanns dürfte die erste namhafte katholische Äußerung darstellen, die öffentlich zugestand, dass die Kirche in der älteren Vergangenheit und auch noch im 20. Jahrhundert keinen so frühzeitigen Embryonenschutz gelehrt hatte wie heute. Kein Geringerer als der katholische Theologe Karl Rahner (1904–1984) hatte überhaupt die Beseelung durch Gott selbst in Frage gestellt. Darüber hinaus haben katholische Theologen noch im 20. Jahrhundert die Beseelung durch Gott am *ersten* Tag in Abrede gestellt. Sie wiesen darauf hin, dass sich ein Embryo nach der Befruchtung noch ca. zwei Wochen lang teilen und eine Zwillings- oder Mehrlingsbildung erfolgen kann. Daher sei es fraglich, ob er von Anfang an überhaupt als „Individuum" bezeichnet werden könne. Für die katholische Seelenlehre entstehe das Problem, wie die Beseelung von zwei oder mehr Embryonen zu deuten sei, die mehrere Tage nach der Verschmelzung von Ei- und Samenzelle durch embryonale Teilungsprozesse entstanden sind. Katholische Moraltheologen in Nordamerika und Europa legten dar, aufgrund des Phänomens der Zwillingsbildung lasse sich eine Beseelung durch Gott erst nach dem Ende der Teilbarkeit, ca. am Tag 14 der Embryonalentwicklung, behaupten. Für die ersten Entwicklungstage des Embryos könne von einer Individualität im engeren Sinne und vom Sein des Embryos als einer Person oder einem „real existierenden Menschen" noch nicht die Rede sein. Vielmehr sei lediglich „ein menschlicher Keim" vorhanden, „der sich im Entwicklungsprozess auf ein mögliches personales Dasein hin befindet".[284]

Im älteren katholischen Christentum hatte die Anschauung dominiert, der Embryo werde erst sehr spät, nach mehreren Wochen, zum wirklichen Menschen. Nachfolgend werden verschiedene religiöse Überlieferungen über den Beginn des menschlichen Lebens wiedergegeben, die zum Teil bis in die Gegenwart hinein nachwirken. Dabei wird sichtbar,
– wie vielschichtig die religiösen Traditionen sind
– und dass sie keineswegs durchgängig eine ablehnende Haltung gegenüber Embryonenforschung oder Fortpflanzungsmedizin nahe legen – ganz im Gegenteil.
Anschließend werden Argumente zu entfalten sein, die im Rahmen heutiger ethischer, rechtlicher und rechtspolitischer Abwägungen maßgebend sind und die ihrerseits dafür sprechen, hES-Forschung sowie Reproduktionsmedizin zu akzeptieren.

2. Späte Menschwerdung: Das vorgeburtliche Leben in der Religions- und Kulturgeschichte

2.1. Christliche Tradition, Islam, Judentum, Japan und ostasiatische Kulturen: Ein Überblick

Erstens: Christentumsgeschichtliche Sichtweisen
Herkömmlich kannte die katholische Theologie, kaum jedoch das evangelische Christentum eine eigene Theoriebildung zum Status des vorgeburtlichen Lebens. Aus diesem Grund ist nachfolgend vor allem die katholische Sicht zu beachten. Das Problem, für das sich das

Christentum bis ins Mittelalter und in die frühe Neuzeit im Blick auf vorgeburtliches Leben vorrangig interessierte, war allerdings ohnehin weniger das Diesseits, sondern das ewige Seelenheil von verstorbenen Feten und von Frühgeburten, also das Jenseits.

> Daher dachte man über die Nottaufe und das Schicksal ungetaufter Feten nach, da auch diese von der Erbsünde belastet seien, und wies ihnen im älteren Christentum den „limbus infantium" zu, also im Unterschied zur Hölle als dem Ort der Verdammten einen Ort der milderen Strafe. Die Theorie des limbus infantium oder limbus parvulorum wird bis in die Gegenwart hinein auf katholischer Seite aufrecht erhalten. Erst am 21.04.2007 hat Papst Benedikt XVI. nun einen Text der Internationalen Theologischen Kommission gebilligt, der sich unter dem Titel „Die Hoffnung auf Heil für ungetauft verstorbene Kinder" von der Idee des limbus infantium distanzierte.
> Auf evangelisch-lutherischer Seite nahm man seit dem 16. Jahrhundert an, auch das ungeborene Leben sei durch Christus erlöst; ungetauft verstorbene Neugeborene durften in lutherischen und in evangelisch-reformierten Gemeinden auf dem Friedhof beerdigt werden.[285] Durchgängig haben in der christlichen Tradition bei den Betrachtungen über vorgeburtliches Leben jedenfalls die speziell religiösen, das Jenseits betreffenden Gesichtspunkte im Vordergrund gestanden.

Soweit katholische Anschauungen den diesseitigen Status des vorgeburtlichen Lebens überhaupt reflektierten, waren sie von der griechischen Antike, nämlich von der spekulativen Seelenlehre des Aristoteles geprägt. Anknüpfend an Aristoteles vertrat Thomas von Aquin die Idee einer sukzessiven, fortschreitenden, stufenweisen Beseelung des Embryos. Zunächst, bei der Zeugung, erhalte der Embryo eine vegetative, pflanzliche Form der Seele, die „anima vegetativa". Aufgrund dieser niedersten pflanzlichen Seelenstufe sei der Embryo ein lebendiges Wesen. Sodann entstehe die sensitive Seele, vermöge derer er Empfindungen verspüre. Schließlich erhalte er die höchste Form der Seele, die Geistseele („anima intellectiva"). Dem männlichen Embryo werde sie am 40. Tag, dem weiblichen Embryo am 90. Tag nach der Befruchtung eingestiftet. Erst von diesem Zeitpunkt an handele es sich um einen vollgültigen Menschen.

Hingegen die Auffassung, das vorgeburtliche Leben sei sofort im Vollsinn menschliches Leben, ist in der katholischen Kirchen- und Theologiegeschichte nur randständig vertreten worden, z.B. durch Albert den Großen (gestorben 1280) oder in der von Papst Pius IX. stammenden Bulle „Apostolicae sedis" von 1869.[286] Erst im späten 20. Jahrhundert hat die katholische Kirche den Zeitpunkt des Vorhandenseins der Geistseele auf den ersten Tag des embryonalen Seins zurückverlegt. Das ausschlaggebende Dokument war, wie schon gesagt, die Instructio der Kongregation für die Glaubenslehre „Donum vitae" / „Über den Beginn des menschlichen Lebens und die Würde der Fortpflanzung" vom 10. März 1987. Sie ersetzte die traditionelle Lehre von der Sukzessivbeseelung endgültig durch die einer Simultanbeseelung. Ihr zufolge fallen die Entstehung des Lebens und die Einstiftung der Geistseele durch Gott zeitlich zusammen. Deshalb sei der Embryo vom ersten Tag an eine „Person". In neueren kirchlichen Verlautbarungen ist oft vom „embryonalen Menschen" die Rede. Hierauf basiert der Embryonenschutz, den die katholische Amtskirche heutzutage vom ersten Tag an kompromisslos und „absolut" einfordert – mit der Konsequenz, dass der Enzyklika „Evangelium vitae" vom 25. März 1995 gemäß (dort Nr. 58) ebenfalls jeder

Schwangerschaftsabbruch als „verabscheuungswürdiges Verbrechen" und „Mord" gilt. Auch die kriminologische Indikation, der Schwangerschaftsabbruch nach einem Sexualdelikt, wird abgelehnt.

Die früheren katholischen Spekulationen zur Spätbeseelung, die von der jetzigen Kirche nicht mehr geteilt werden, waren geistesgeschichtlich sehr wirkungsvoll. Aus ihnen leitet sich sogar noch heute die Dreimonatsfrist im Abtreibungsrecht (§ 218 StGB) ab. Aufgrund ihrer Theorie der Spätbeseelung hatte die katholische Kirche selbst die Abtreibung einer Leibesfrucht vor der Geistbeseelung, d.h. vor dem 90. Tag, jahrhundertelang erheblich weniger getadelt als die Abtreibung zu einem späteren Zeitpunkt. Im mittelalterlichen Kirchenrecht, dem seit dem 12. Jahrhundert entstehenden Corpus Iuris Canonici, hieß es: „Der ist kein Mörder, der eine Abtreibung vornimmt, bevor die Seele dem Körper eingegossen ist." Diese Sicht strahlte auf weltliches Recht aus. In der auf Kaiser Karl V. zurückgehenden Rechtsreform in der Constitutio Criminalis Carolina von 1532, die für die Neuzeit lange bedeutsam war, stand in Artikel 133 nur die Abtreibung der drei Monate alten beseelten Leibesfrucht, des „lebendigen Kindes" unter harter Rechtsstrafe, nämlich der Todesstrafe. Eine Abtreibung zu einem früheren Zeitpunkt sei milder zu beurteilen; hierzu sollten die „Rechtsverständigen Rat pflegen".

Zweitens: Islamische Zugangsweisen

Auch im Islam war – und ist – eine Lehre der Spät- und Sukzessivbeseelung maßgebend. Die Theorie der stufenweisen Beseelung wird islamisch bis heute für die Bewertung der Abtreibung geltend gemacht, und zwar sogar in islamischen Staaten, z.B. dem Iran, selbst.[287] In Deutschland macht der Zentralrat der Muslime die tradierte islamische Anschauung, der zufolge drei Stufen des Lebensbeginns zu unterscheiden seien, im Internet bekannt.[288] In der Phase der Schwangerschaft unterhalb von 42 Tagen besitze der Fetus noch keine Seele, so dass eine Abtreibung aus gesundheitlichen Gründen der Mutter – diese werden sehr weit gefasst und schließen physische wie psychische Aspekte ein – erlaubt sei. In einer zweiten Phase zwischen 42 und 120 Tagen seien die Meinungen der Gelehrten zur Abtreibung geteilt; von manchen Gelehrten würden die Vorstellungen zur ersten Phase auch auf die zweite Phase der Schwangerschaft angewendet. Während der dritten Phase, nach 120 Tagen, sei Abtreibung nur bei Lebensgefahr der Mutter statthaft. Noch heute, der aktuellen islamischen Anschauung gemäß, wird der Embryo bzw. der Fetus erst durch das „Einhauchen der Seele", die – spätestens – nach 120 Tagen erfolge, zum Menschen.

Es liegt auf der Hand, dass diese islamischen Ansichten für die derzeitigen bioethischen Kontroversen zur embryonalen Stammzellforschung Belang haben. Die Deutsche Muslim Liga Hamburg und die Türkisch-Deutsche Gesundheitsstiftung Gießen halten aufgrund der Spätbeseelungstheorie hES-Forschung für statthaft. Dies gelte schon allein deswegen, weil der Embryo noch kein „Mensch" sei:

> „Nach der Scharia ist zwischen tatsächlichem und potentiellem Leben zu unterscheiden. Ebenso muss man auch klar zwischen einer befruchteten Eizelle in einer Petrischale oder einem Reagenzglas im Labor und einem befruchteten Ei in der Gebärmutter der zukünftigen Mutter unterscheiden. In der Tat ist ein Embryo wertvoll, trägt es doch das Potenzial in sich, zu einem menschlichen Wesen heranzuwachsen, jedoch ist es (noch) kein Mensch. Ebenso

besteht ein großer Unterschied darin, ob man etwas in einem Reagenzglas bzw. einer Petrischale aufbewahrt oder ob es sich im Körper eines menschlichen Wesens befindet."[289]

Zur Bewertung embryonaler Stammzellforschung zieht der Islam sodann noch eine weitere tradierte Anschauung heran: Ein Embryo sei erst dann unter Schutz gestellt, wenn er sich im Uterus als „sicherem Ort" befände:

> „Der Ort der Fortpflanzung und Entwicklung der menschlichen Spezies ist die Gebärmutter. In der Sure 77, Ayet 21 bis 24 beschreibt der Koran, wie die Fortpflanzung und Entwicklung des Menschen an einem bestimmten ‚sicheren Ort' (womit die Gebärmutter gemeint ist) stattfindet." – Die betreffende Sure heißt: „Schufen Wir euch nicht aus einer verächtlichen Flüssigkeit, / Die Wir an sichere Stätte brachten / Für eine bewusste Frist? / So bemaßen Wir. Wie trefflich ist Unsere Bemessung!"

Aus muslimischer Perspektive wird die Schlussfolgerung gezogen, dass „Forschung an Stammzellen erlaubt und sogar förderungswürdig (‚fard kifayah')" ist, und zwar „unter der Voraussetzung, dass diese Forschung der Förderung des Gesundheitszustandes des Menschen und der Heilung von anderweitig nicht therapierbaren Krankheiten dient". Denn es gehe um „wissenschaftlichen Erkenntnisgewinn", die Diagnose und Therapie von Krankheiten sowie um Fortschritte bei Transplantationen. Als Einschränkung wird hinzugefügt, dass für embryonale Stammzellforschung verwaiste Embryonen zu nutzen seien, die der Reproduktionsmedizin entstammen, jedoch keine reinen Forschungsembryonen erzeugt werden sollen.[290] Es ist eine Vielzahl von Stimmen aus der gesamten islamischen Welt, die die Nutzung der Fortpflanzungsmedizin durch Ehepaare, hES-Forschung und Embryonenforschung bejaht. In einer Stellungnahme, die „The First International Conference on Bioethics in Human Reproduction Research in the Muslim World" 1991 verfasst hat, heißt es:

> „The excess number of fertilized eggs (pre-embryo) can be preserved by cryopreservation … These pre-embryos can be used for research purposes on methods of cryopreservation provided a free and informed consent is obtained from the couple."[291]

Im Islam werden mithin Güterabwägungen vorgenommen. Islamische Gremien oder Autoren arbeiten sowohl die Aussagen der eigenen religiösen Tradition als auch den heutigen biologisch-medizinischen Erkenntnisstand auf. Indem die tradierte Theorie der Spätbeseelung bis heute aufrecht erhalten bzw. aktualisiert wird, gelangt man zu einem liberaleren, forschungsfreundlicheren Standpunkt als die katholische Kirche.

> Es kann nicht verwundern, dass islamische Voten sich sogar explizit gegenüber heutigen katholischen Positionen abgrenzen. Seit der Enzyklika „Humanae vitae" (1968) untersagt die katholische Kirche bekanntlich eine Empfängnisregelung mit Hilfe hormoneller Kontrazeptiva („Pille"); seit 1987 ist ebenfalls die künstliche Befruchtung (In-vitro-Fertilisation) unstatthaft. Dieses Verbot gilt nicht nur für nichteheliche Lebensgemeinschaften, sondern auch für Ehepaare. Es beruht auf der amtskirchlichen Lesart des katholischen Naturrechts, die ethisch-methodisch freilich sehr problematisch ist: Die Kirche erklärt biologisch-physiologische Sachverhalte, in diesem Fall den „natürlichen" Vorgang von Zeugung und Fortpflanzung, für sitt-

lich verbindlich. Demgegenüber hält der islamische Zugang die künstliche Befruchtung für statthaft. Die Deutsche Muslim Liga Hamburg hielt fest:

„Ehepaare, die auf natürlichem Wege keine Schwangerschaft zustande bringen, können dies durch eine künstliche Befruchtung im Labor erreichen. Bedingung ist allerdings, dass das auf diese Weise befruchtete Ei in die Gebärmutter der Ehefrau eingepflanzt wird, aus der es entnommen wurde (eine ‚Leihmutter' als Spenderin ist nicht erlaubt). Die Befruchtung ist nur mit dem Sperma des Ehemannes zulässig, und zwar während der Dauer der Ehe und nicht etwa nach einer Scheidung oder gar nach dem Tod des Ehemannes. Dieses ist die allgemeine Schlussfolgerung islamischer Rechtsgelehrter ... Es steht fest, dass eine In-vitro-Befruchtung (d.h. außerhalb des Körpers der zukünftigen Mutter im Labor) im Islam erlaubt ist."[292]

Insgesamt ist die Debatte über den moralischen und rechtlichen Status des frühen Embryos in der islamischen Welt ganz im Fluss. Neben religiös geprägten Sichtweisen sind im Übrigen, zumal für die Türkei, die säkularisierten Argumentationen zu beachten, die neben dem Embryonenschutz zusätzlich die Autonomie der Frau ins Spiel bringen.[293]

Drittens: Jüdische Sichtweisen
Kulturgeschichtlich spielte neben der soeben dargestellten Lehre von der Stufen- oder Spätbeseelung die Anschauung eine Rolle, das Menschsein beginne erst mit der Geburt. In diesem Sinne deuteten das römische Recht oder die jüdische Tradition den Lebensbeginn. Im Babylonischen Talmud hieß es: „Ist der Kopf hervorgekommen, so darf man ihm nichts mehr tun." Für den Talmud und den Rabbinismus bestand die Begründung darin, das vorgeburtliche Leben sei noch keine eigenständige Person, sondern nur ein Teil der Mutter – eine Vorstellung, die nicht nur im Judentum, sondern auch im christlichen Denken bis in die Neuzeit und Moderne hinein maßgebend war.[294]

Die geborenen Kinder galten in der hebräischen Bibel und im Judentum dann freilich als göttlicher Segen, als Grund der Freude und Symbol der Hoffnung. Die rabbinische Tradition sprach von einer Verpflichtung zur Nachkommenschaft. Aufgrund dieser Hochschätzung von Kindern akzeptieren religiöse Autoritäten des heutigen Judentums die künstliche Befruchtung. Einzelne jüdische Stimmen halten sogar das reproduktive Klonieren für vorstellbar (s.u. S. 211).

Schon der alten jüdischen Tradition zufolge kommt bereits Kindern und nicht erst Erwachsenen die Gottebenbildlichkeit, also die volle Menschenwürde zu. Hierdurch hob sich das Judentum von der altorientalischen und griechisch-römischen Umwelt ab. Denn im antiken Griechenland und in Rom besaßen Kinder oft nur minderen Rang; missgebildete Kinder konnten ausgesetzt werden. Es war ganz wesentlich die jüdische Religion, von der die Idee eigener Kinderrechte und des Kindeswohls in das abendländische Denken eingebracht worden ist.

An der Frage allerdings, ob schon das vorgeburtliche Leben einen Eigenwert besitze, war das Judentum herkömmlich wenig interessiert. Abgesehen davon, dass man die Geburt als den entscheidenden Einschnitt für das Menschsein und den Fetus nur für einen Teil der Mutter hielt, galt im Babylonischen Talmud die Leibesfrucht vor dem 40. Tag als „pures Wasser". Daher wurde trotz des sonstigen strikten Verbotes der Abtreibung im Judentum ein Schwangerschaftsabbruch vor diesem Zeitpunkt oft geduldet. Folgerichtig ist hieraus im heutigen Judentum die Erlaubnis abgeleitet worden, befruchtete, aber nicht implantierte

Eizellen, also frühe Embryonen, für hES-Forschung oder PID nutzen zu dürfen. In Israel oder im amerikanischen Judentum werden hES-Forschung, genetische Screenings auf bestimmte Krankheiten, darunter das in jüdischen Familien gehäuft auftretende Tay-Sachs-Syndrom, PID sowie pränatale Diagnostik mit nachfolgendem, genetisch begründetem Schwangerschaftsabbruch akzeptiert und praktiziert. Dies erklärt sich aus der besonderen Hochschätzung von Gesundheit, ja der Verpflichtung zur Gesundheit, die im Judentum anzutreffen ist. Für den Fall, dass ein Paar mit dem Tay-Sachs-Krankheitsmerkmal belastet ist, empfehlen jüdische Rabbiner die PID.[295] In Israel bot man schon ab 1986 Ehewilligen und Neuverheirateten ein Screening an, ob sie Überträger für die Tay-Sachs-Krankheit sind, so dass dort praktisch kein Kind mehr geboren wird, das von der Krankheit betroffen ist.[296] Im Jahr 2007 wurde von Seiten des Medical Center in Jerusalem berichtet, dass wohl erstmals eine PID auf zwei Krankheiten gleichzeitig durchgeführt worden sei, die bei aschkenasischen Juden gehäuft auftreten, nämlich auf die Tay-Sachs-Krankheit und auf Morbus Gaucher. Dem Bericht zufolge ist nach der PID dann ein gesundes Kind geboren worden.[297]

Als vom Neurobiologen Oliver Brüstle an der Universität Bonn im Jahr 2001 die Initiative zur hES-Forschung ausging und hierdurch in Deutschland die Kontroversen zu diesem Thema ausgelöst wurden, ging es, mit Unterstützung des damaligen Ministerpräsidenten von Nordrhein-Westfalen Wolfgang Clement, um einen Import aus Israel; denn dort wirft die Entnahme dieser pluripotenten Zellen aus kryokonservierten Embryonen keine speziellen religiösen oder rechtlichen Probleme auf. Dem Judentum zufolge ist der Embryo nur „potenzieller", noch kein „wirklicher" Mensch, so dass sogar bei „Frühgeburten … keine Sterbegebete gesagt" werden, „da es sich nur um potenzielles Leben handelte."[298]

Weil auch im Judentum der USA auf der Basis von Tora und Mischna gelehrt wird, vor einer Frist von 40 Tagen sei das vorgeburtliche Leben noch kein Mensch im eigentlichen Sinn[299], und da das Judentum die Pflicht zur medizinischen Lebensrettung ganz ins Zentrum rückt, wandten sich die orthodoxen US-Rabbiner im Jahr 2001 an den damaligen Präsidenten George W. Bush und forderten ihn auf, therapeutisch orientierte hES-Forschung in den USA mit staatlichen Mitteln zu fördern. Der „Rabbinical Council of America", der für die „Union of Orthodox Jewish Congregations of America" spricht, schrieb am 26. Juli 2001 an den Präsidenten, ein isoliertes befruchtetes Ei besitze noch nicht den vollen Personstatus und sei daher nicht personal schutzwürdig. Im Brief der Rabbiner, der der christlich-evangelikal geprägten, restriktiven Politik des Präsidenten eine liberale religiöse Sichtweise entgegensetzte, heißt es:

> „Dear President Bush, We write to you on behalf of this nations's largest Orthodox Jewish synagogue umbrella organization and Orthodox Jewish rabbinical organization with regard to a serious matter you are currently considering – whether to permit federal funds to support embryonic stem cell research. On the basis of consultations with leading rabbinic authorities in our community as well as with scientists sensitive to traditional Jewish values, we write to express our support for federal funding for embryonic stem cell research to be conducted under carefully crafted and well-monitored guidelines."[300]

In Deutschland nehmen Angehörige des Judentums die gleiche Position ein. Im Jahr 2002 sagte auf einem interreligiösen Symposion in Frankfurt/M. ein jüdischer Mediziner, „im jüdischen Glauben (wird) nur das Leben wahrgenommen, das mit bloßem Auge sichtbar ist.

Ein Zellhaufen werde somit noch nicht als menschliches Wesen betrachtet; erst mit Austritt des Kopfes aus dem Mutterleib bei der Geburt gelte der Mensch als Mensch mit den damit verbundenen Rechten. Unter dem Gebot des Heilens sei die Forschung an embryonalen Stammzellen aus jüdischer Sicht sogar eine Pflicht."[301] Daher bejahen Vertreter des Judentums nicht nur in Israel und den USA, sondern auch in Europa die hES-Forschung.

In Israel selbst wurde darüber hinaus das therapeutische Klonen 2001 vom dort maßgebenden Bioethics Advisory Committee unter der Voraussetzung akzeptiert, dass eine klonierte Entität sich nicht über frühe Phasen hinaus bis zum Fetalstadium entwickelt.[302] Die Gegensätze zwischen religiösen und säkularen Sichtweisen, die in Deutschland aufgrund des „Nein" besonders der katholischen Kirche zu IVF und hES-Forschung offenbar wurden, sind in Israel nicht anzutreffen:

> „In the area of the pre-embryo outside of the mother's womb there has been little or no clash between the Jewish religious tradition and the practice of research scientists in the field."[303]

Viertens: Japan und ostasiatische Kulturen
In der fernöstlichen Kultur werden – der Logik der späten Menschwerdung gemäß – Embryonen und Feten ebenfalls noch nicht vollgültig als Menschen angesehen. Dies sei zunächst am Beispiel Japans erläutert.

Im heutigen Japan ist weltanschaulich ein Phänomen anzutreffen, das der westlichen europäischen Kultur fremd ist, nämlich ein *inner*individueller religiöser Pluralismus[304]; ein Japaner kann gleichzeitig mehreren Religionen folgen und shintoistisch, buddhistisch oder konfuzianistisch sowie atheistisch sein. Darüber hinaus ist in Japan das leibliche Symbol für die persönliche Identität der Bauch, nicht das Gehirn. Dem abendländischen Menschenbild, das einen Vorrang des Geistes vor dem Leib behauptete, steht die japanische Tradition fern. Das menschliche Leben bildet eine kollektive Realität; der Einzelne ist Teil seiner Familie und bleibt dies sogar noch nach seinem Tode („Wir-Individualität"). Ein neugeborenes Baby galt traditionell nicht als Person, bevor es nicht durch familiäre Rituale Mitglied der Gemeinschaft geworden war. Zuvor erhielt das Baby keinen Namen. Vorgeburtliches Leben hat in Japan herkömmlich keinen eigenen individuellen Stellenwert. Vorgeburtliches und sogar neugeborenes Leben wird – so der Philosoph Kyoichi Ozaki, Tokio – bis heute als „Schwebezustand zwischen diesseitiger und jenseitiger Welt", das sich in einem „Wachstumsstadium des Menschseins und zugleich Noch-nicht-Menschseins" befindet, oder als „Zwischenexistenz beider Welten" gedeutet. Vor diesem Hintergrund bestehe bis heute kein rechtlicher Schutz von Feten vor der 22. Woche: „Nach dem japanischen Strafrecht und den auf dem Mutterschutzgesetz beruhenden Vorschriften des Gesundheitsministeriums ist nur die Schädigung des Mutterleibs gegeben, wenn man Embryonen oder Feten bis zur zweiundzwanzigsten Woche sterben lässt". In Japan werden pränatale Diagnostik sowie PID praktiziert; Embryonen- und hES-Forschung sind zulässig. Eine Grenzziehung besteht darin, dass Forschungsembryonen in keinen Uterus eingepflanzt werden und sich nicht in Richtung auf die Geburt oder eines existenzfähigen Individuums weiterentwickeln dürfen. Die Regelungen sind im „Gesetz zur Regulierung der Klontechniken beim Menschen und anderer ähnlicher Techniken" enthalten, das 2001 in Kraft trat.[305]

Nun ist es hochkomplex, sich mit fernöstlichen Kulturen und Religionen zu befassen. Sich dieser Herausforderung zu stellen, ist aber nicht nur deshalb geboten, weil z.B. in Südkorea, China oder Singapur intensive biotechnologische Forschung durchgeführt wird, sondern auch aufgrund der zunehmenden Popularität buddhistischer und anderer östlicher Weltanschauungen in Deutschland. Dem Buddhismus zufolge ist menschliches Leben im Horizont des karmischen Wiedergeburtsgeschehens zu deuten, so dass sich für Buddhisten eigentlich „nicht die Frage stellt, ab wann Leben beginnt, sondern, ab wann es weitergeht".[306] Bei der Empfängnis gelangt ein Wesen in die Welt, das eine karmische Vorgeschichte besitzt. Insofern hält der Buddhismus das vorgeburtliche Leben von der Befruchtung an für „existent". Andererseits wird das Mensch*werden* betont[307] und wird die „Größe des Organismus" und das Maß der „Empfindungsfähigkeit des werdenden Lebewesens" berücksichtigt[308], so dass – sofern sich eine Vorstellung über den Status des Embryos aus Texten, die der fernöstlichen Debatte entstammen, überhaupt entnehmen lässt – eine gradualistische Sicht, d.h. die Idee der ansteigenden Schutzwürdigkeit vorgeburtlichen Seins, anzutreffen ist.

Davon abgesehen spielt für den Buddhismus sowie generell für fernöstlich geprägte Moralauffassungen die Intention des Handelns eine entscheidende Rolle, weil jede Tat für den Handelnden selbst karmische Konsequenzen besitzt und seine Fortexistenz berührt. Dies betrifft ggf. auch das Handeln von Kinderwunschpaaren und von Ärzten oder Forschern, die mit Reproduktionsmedizin oder Embryonenforschung zu tun haben. Innerbuddhistisch ist dann freilich strittig, ob die Entnahme pluripotenter Stammzellen aus Embryonen eher unter der handlungsleitenden Absicht der Tötung oder unter derjenigen der Heilung und des Mitgefühls zu sehen ist. Ferner legt buddhistisch geprägtes Denken Wert auf die Handlungs*umstände*. Hieraus erklärt es sich, dass der derzeitige Dalai Lama Abtreibung zwar als Tötung ansieht, andererseits aber angesichts von Überbevölkerung und Unterernährung Ausnahmen vom Verbot des Schwangerschaftsabbruchs für möglich hält; denn: „Ist das Positive vorherrschend, soll es getan werden, überwiegt das Negative, soll man es vermeiden."[309]

Mithin: Bei allen Binnendifferenzierungen und auch angesichts dessen, dass Vieles innerbuddhistisch noch nicht intensiv erörtert worden ist, laufen buddhistische Zugangsweisen darauf hinaus, im Umgang mit dem beginnenden Leben Güterabwägungen für statthaft zu halten und künstliche Befruchtung, hES-Forschung oder auch PID zu tolerieren. Eine Besonderheit der buddhistischen Sicht ist darin zu sehen, dass das therapeutische Klonen (Forschungsklonen) stärker abgelehnt wird als die Behandlung von Unfruchtbarkeit durch reproduktives Klonen, das die Qualität des „*giving of life*" besitze (so Somparn Promta, buddhistischer Bioethiker und Mitglied des Bioethics Advisory Board in Thailand).[310]

2.2.   Zwischenbilanz: Zum Stellenwert von Religion und Tradition für heutige Urteilsfindungen

Nun kann an dieser Stelle der Kulturvergleich nicht ausgedehnt werden. Im Kern tritt zutage: Schon in der Vergangenheit waren in Ethik, Kultur und Religionen eine erhebliche Bandbreite und Meinungspluralität dazu anzutreffen, ab wann, inwieweit und aus welchen Gründen das beginnende Leben tatsächlich „menschliches" Leben oder ein vollgültiger „Mensch" und ab wann es strikt zu schützen sei. Oftmals wurden und werden in Religionen Spätdatierungen des Beginns menschlichen Lebens vertreten. Zugleich lässt sich beobachten, dass das beginnende menschliche Leben kultur- und religionsgeschichtlich *stets* der Gegenstand von Zweifel und Deutungsunsicherheit war.

> Um hierfür nochmals ein konkretes Beispiel anzuführen: Noch im späten 19. (!) Jahrhundert war sogar in Mitteleuropa zweifelhaft, ob eine Fehlgeburt oder ein behindertes frühgeborenes Kind überhaupt ein „Mensch" sei. Diese Unsicherheit zeigt sich an den Vorschriften der katholischen Kirche über die Nottaufe an behinderten Neugeborenen. Im Jahr 1873 schrieb ein amtliches katholisches Dokument des Bischofs der Diözese Seckau in Österreich Hebammen vor, an behindert Geborenen, die sich in Todesgefahr befinden, vorsorglich die Nottaufe durchzuführen, obwohl *nicht* (!) sicher sei, dass tatsächlich ein Mensch zur Welt gekommen sei. Im Kirchlichen Verordnungsblatt der Diözese Seckau hieß es 1873: Sofern „die Miß-gestalt derart groß" ist, dass die Hebammen „Zweifel hätten, ob es ein Mensch sei, so sollen sie es dennoch taufen, wenigstens mit der Bedingung: Wenn du ein Mensch bist, so taufe ich dich im Namen des Vaters ... Denn nach der nun fast allgemeinen Überzeugung ist das, was vom Weibe geboren wird, immer ein Mensch, wenn auch der Anblick der Gestalt das Gegentheil zu beweisen scheint".[311]

Dieses katholische kirchenrechtliche Dokument veranschaulicht die Unsicherheiten, die religionsgeschichtlich bei der Definition von Menschsein und Lebensbeginn ständig bestanden haben. Es ist also Zweierlei festzuhalten:
– Religions-, christentums- und kulturgeschichtlich war eine große Spannbreite unterschiedlicher Standpunkte anzutreffen;
– es war stets ein hoher Grad an Unsicherheit vorhanden.

Heutzutage wird von niemandem mehr in Abrede gestellt, dass behinderten Neugeborenen die Würde und der Schutzanspruch des Menschseins gebühren; der Zweifel vergangener Jahrhunderte, noch des 19. Jahrhunderts, ist in dieser Hinsicht überwunden. Heutiger Zweifel bezieht sich auf Anderes, nämlich auf das vorgeburtliche Leben in seinen ersten Entwicklungstagen, insbesondere auf den *extrakorporalen* Embryo, der mit Hilfe künstlicher Befruchtung (IVF) oder auf anderem Wege (therapeutisches Klonen, Parthenogenese o.a.) erzeugt wurde. Nun wird gegenwärtig oftmals – von Politikern, auch von Juristen sowie in Medien – erwartet, von Kirchen, Religionen oder aus religiös überlieferter Weisheit Klarheit für die Bewältigung der Fragen des Umgangs mit vorgeburtlichem Leben zu erlangen. Die Einsicht in die große Spannbreite der religiösen und kirchlichen sowie der kulturellen Überlieferung und in die Unsicherheiten, Unschärfen, ja Fehlgriffe vergangener Urteilsfindungen, die soeben exemplarisch zur Sprache gebracht wurden, sollte in dieser Hinsicht jedoch zu größerer Zurückhaltung und Nüchternheit führen.

Sicherlich: Tradierte religiöse und kulturelle Anschauungen wirken bis heute nach. Ethisch und rechtlich ist es geboten, bei konkreten Entscheidungen über vorgeburtliches Leben, die im medizinischen, u.a. im reproduktionsmedizinischen Alltag aufbrechen, das Selbstbestimmungsrecht und die religiösen und weltanschaulichen Überzeugungen von Patientinnen und Patienten zu respektieren. Darüber hinaus ist festzuhalten, dass die religiösen und weltanschaulichen Überlieferungen auch für moderne Gesellschaften faktisch noch eine hohe Prägekraft besitzen. Dies zeigt sich an der Befürwortung von hES-Forschung und von vorgeburtlichen genetischen Untersuchungen im heutigen Judentum.

Andererseits ist zu unterstreichen: Religiöse, konfessionelle oder weltanschauliche Vorstellungen besitzen nur partikularen, u.U. sogar rein exklusiven Charakter. Sie sind keinesfalls ohne Weiteres universalisierbar. In der säkularen, weltanschaulich pluralistischen, werteplu-ralen Gesellschaft kann für sie keine generelle Geltung in Anspruch genommen werden; sie lassen sich auch nicht zur normativen Grundlage des positiven Rechtes erklären. Dies ist im Kern sogar schon im 16. Jahrhundert in der Zwei-Reiche-Lehre Martin Luthers erkannt worden, die für das sogenannte weltliche Regiment die „endliche", „weltliche" Vernunft, die Epikie und die Maßstäbe der weltlichen Gerechtigkeit für maßgebend hielt. Heutzutage ist es gerade angesichts bioethischer Fragen, zu denen religiös und weltanschaulich hoher Dissens herrscht, und in Bezug auf den biopolitischen Regelungsbedarf unerlässlich, den Blick auszuweiten, über die kulturellen sowie religiösen Traditionen hinauszugehen und die Argumente, die nach heutigem ethischem und wissenschaftlichem Erkenntnisstand für den Umgang mit dem beginnenden Leben genannt werden, auf ihre Plausibilität und rationale Nachvollziehbarkeit hin zu befragen.

3. Argumentationslinien für den Umgang mit frühen Embryonen in der Gegenwart

3.1. Gesellschaftliche Meinungspluralität und die Notwendigkeit rechtsstaatlicher Kompromisse

Zunächst ist zu verdeutlichen, dass in der Debatte über den Umgang mit dem beginnenden menschlichen Leben in den letzten Jahren äußerst gegensätzliche Bewertungen sichtbar wurden. Das Phänomen der *Vielfalt* von Einschätzungen, das soeben im Spiegel der Religions- und Kulturgeschichte angesprochen worden ist, kehrt in den gegenwärtigen ethischen und rechtspolitischen Denkansätzen wieder. Der Dissens zu bioethischen Themen ist prak-tisch zum Regelfall geworden.[312] Zusätzlich sind gegenwärtige Diskussionen davon geprägt, dass radikale Positionen einander gegenüberstehen. Dies sei vorab veranschaulicht.

Erstens. Auf der einen Seite wird die Auffassung vertreten, vom Zeitpunkt der „Verschmel-zung" der Samen- und Eizelle an sei ein kompromissloser, absoluter Schutz des Embryos geboten. Zur Sprecherin dieser Auffassung hat sich, wie erwähnt wurde, die katholische Kirche gemacht. Manchmal wird diese Position sogar noch radikalisiert. Der evangelische Landesbischof und spätere Vorsitzende des Rates der EKD, Wolfgang Huber, und einzelne katholische Autoren haben in die Debatte eingebracht, den Schutz des Menschseins noch früher, nämlich im Vorkernstadium vor Abschluss der Befruchtung, beginnen zu lassen.[313] Denn aus einer Samenzelle könne ein Genom entstehen, welches ggf. zum vorgeburtlichen und geborenen Leben werde.

Zweitens. Das gegenläufige Extrem besteht darin, die Notwendigkeit des Schutzes von Embryonen, ja sogar von weit entwickelten Feten mehr oder weniger weitgehend zu negie-ren. Die radikalste These lautet, der Mensch sei erst mit der Geburt oder im Umkreis der Geburt „als" Mensch schutzwürdig. Diese Vorstellung wird heute vor allem auf der Basis angelsächsisch geprägter utilitaristischer Philosophie vorgetragen und ist in Deutschland durch die Schriften des australischen Bioethikers Peter Singer bekannt geworden.

Demzufolge dürfen sogar Säuglinge getötet werden, die krank, aber lebensfähig und therapierbar sind. Als Beispiel nannte Singer Säuglinge, die an der Bluterkrankheit leiden. Sie dürften getötet werden, weil sie keine Aussicht auf ein glückliches Leben hätten und weil Säuglinge grundsätzlich noch keine schutzwürdigen „Personen" seien. Schutzwürdigkeit liege erst dann vor, wenn das betreffende menschliche Lebewesen über bestimmte Eigenschaften, nämlich Autonomie, Rationalität und Selbstbewusstsein verfüge.[314]

Innerhalb der deutschen Debatte kam der Philosoph Norbert Hoerster der Anschauung Singers relativ nahe. Das Recht auf Leben lasse sich nur „über ein schutzwürdiges Interesse am Überleben begründen. Das Neugeborene aber hat noch kein Interesse am Überleben."[315] Ein Überlebensinteresse des neugeborenen Menschen könne von seinem vierten Lebensmonat an unterstellt werden. Aus pragmatischen Gründen solle man den Menschen jedoch von der Geburt bzw. von der natürlichen Lebensfähigkeit an als schutzwürdig ansehen.

Hiermit macht auch Hoersters Argumentation das menschliche Lebensrecht davon abhängig, dass bestimmte Qualitäten oder Eigenschaften vorhanden sind, in diesem Fall die Eigenschaft, ein Überlebensinteresse zu entwickeln. Andere Autoren nennen Erinnerung, Gedächtnis, Kommunikationsfähigkeit (so der Philosoph Ernst Tugendhat) oder sonstige Attribute als Voraussetzung für das Lebensrecht.

Eine derartige Position setzt den vorgeburtlichen Lebensschutz weitgehend außer Kraft. Jedoch spricht schon allein die moralische Intuition zugunsten der Schutzwürdigkeit des vorgeburtlichen Lebens. Darüber hinaus lässt sich eine so weitgehende Infragestellung des vorgeburtlichen Lebensschutzes mit der neuzeitlichen Sicht von Menschenwürde und Menschenrechten nicht vereinbaren. Denn Menschenwürde und Lebensschutz kommen der Menschenrechtsidee gemäß jedem Menschen gleicherweise, ohne Vorbedingungen und ohne einschränkende Voraussetzungen zu. Dieser Konsens wird verlassen, wenn man den Schutz des vorgeburtlichen oder neugeborenen Lebens von Eigenschaften und Vorbedingungen abhängig macht, die willkürlich postuliert wurden und unscharf und vage bleiben. Denn was soll unter „Rationalität" oder „Kommunikationsfähigkeit" als Voraussetzung für den Schutz menschlichen Lebens zu verstehen sein? Schon ein Fetus, bei dem Kindsbewegungen, Stressreaktionen oder das Schmerzempfinden einsetzen, kann in bestimmter Hinsicht als kommunikationsfähig gelten.

Eine weitere radikale Position, die den frühembryonalen Lebensschutz praktisch verneint, findet sich – vielleicht überraschend – in der neueren evangelischen Theologie. Sie blendet die Frage nach dem „Sein" oder dem „Status" des frühen Embryos vollständig aus, der stattdessen *nur* aus der Außenperspektive, insbesondere von der potentiellen Mutter her gedeutet wird. Dies ergibt sich aus der Idee eines sog. relationalen Menschenbildes.

Seit Karl Barth interpretierten evangelische Theologen den Menschen einseitig als ein „Verhältniswesen", welches sich „niemals (!) bei sich selbst" finde und keine „Identität als Selbstidentifikation" besitze.[316] Ein derartiges Menschenbild lässt den Menschen vollständig in seinen Beziehungen aufgehen und rückt die Eigenständigkeit, das Selbst-Sein, das Werden des Einzelnen auch aus sich selbst heraus, seine Individuation und die kontinuitätsverbürgenden Daseinsstrukturen seiner Existenz (Leiblichkeit; Erinnerung; Gedächtnis) gedanklich ganz an den Rand. Für das Verständnis vorgeburtlichen Lebens führt dies dazu, die Eigenständigkeit und Selbstzwecklichkeit des Embryos, ja sogar des weit entwickelten Fetus faktisch zu leugnen. Vorgeburtliches Leben ist daher davon abhängig gemacht worden, von der Mutter akzeptiert zu werden: „Menschliches Leben ist nur dann menschliches Leben, wenn und sofern (!) es angenommenes Leben ist."[317]

Dieses Zitat mehrerer evangelischer Theologen stammt aus den 1970er Jahren, betraf den Schwangerschaftsabbruch und relativierte die Eigenständigkeit des Fetus hochgradig. Die ihm zugrunde liegende Logik ist in neueren evangelischen Äußerungen auf die frühembryonale Phase übertragen worden, so dass dem frühen Embryo praktisch gar kein intrinsischer Wert und kein in ihm selbst begründeter Schutzstatus gebührt.[318]

Diese Sicht ist aber schon allein deshalb problematisch, weil sie den theologischen Gedanken, dass der Mensch von Gott angenommen wird (Rechtfertigungslehre), in einer *metabasis eis allo genos* auf die Anthropologie, nämlich auf innerweltliche Relationen (Annahme durch die Mutter) überträgt. Aufgrund dieses logischen Sprungs wird die Interpretation des Menschen als Beziehungswesen derart überbetont, dass die eigene innerweltliche Identität und Kontinuität des Individuums sowie die Individuation, das Werden des vorgeburtlichen Lebens marginalisiert werden. Inzwischen wird das Denkmodell von seinen Vertretern z.T. differenzierter und zurückhaltender vorgetragen.

Drittens. Aus der Sicht des Verfassers ist hervorzuheben: Anstelle der einseitigen Positionen, die den vorgeburtlichen Lebensschutz entweder verabsolutieren oder ihn weitgehend außer Kraft setzen, wird der moderne Rechts- und Verfassungsstaat nach moderaten Lösungen suchen müssen, wenn er gesetzliche Regelungen zum Umgang mit dem vorgeburtlichen Leben und daher auch zur hES-Forschung, zur IVF oder zur PID trifft. Der Gesetzgeber, das Parlament, wird für Rechtsregelungen zu beachten haben, dass der Staat

– die Verfassungsprinzipien und die Grundrechte, darunter die Menschenwürde, den Lebensschutz, das Recht auf Schutz der Gesundheit und auf gesundheitliche Versorgung, die Forschungsfreiheit sowie darüber hinaus z.B. die Berufs- und Therapiefreiheit von Ärzten zu wahren hat,

– der weltanschaulichen Neutralität und Wertepluralität verpflichtet ist, so dass er den *unterschiedlichen* moralischen und religiösen Überzeugungen in der Bevölkerung Rechnung tragen muss,

– um des Rechtsfriedens und einer möglichst breiten Rechtsakzeptanz willen auf die rationale Plausibilität gesetzlicher Regelungen zu achten hat

– und sich daher auf rechtspolitische Abwägungen, ethisch vertretbare Kompromisse und „mittlere" Lösungen einlassen sollte, die die Einseitigkeiten und Engführungen extremer Positionen vermeiden,

– damit den Bürgerinnen und Bürgern ihrem Selbstbestimmungsrecht gemäß eigene, persönliche Entscheidungsspielräume offenstehen.

Nachfolgend wird, wie schon in der ersten Auflage des Buches von 2003, eine Argumentationslinie vorgetragen, die aus der Sicht des Verfassers „mittleren" Kriterien und einer ausgleichenden ethischen und rechtlichen Abwägung verpflichtet ist. Eine solche Argumentation tritt auch in dem Votum der Bioethik-Kommission Rheinland-Pfalz zutage, die von der Landesregierung eingesetzt wurde und unter dem Vorsitz des damaligen Justizministers Herbert Mertin am 12. Dezember 2005 ihren Bericht „Fortpflanzungsmedizin und Embryonenschutz" verabschiedet hat. Diesem zufolge gilt:

„Der Zugriff auf das beginnende Leben, den die Reproduktionsmedizin oder die Stammzellforschung vornehmen, bedarf eines normativen Rahmens und gesetzlicher Regelung. Aufgrund des heutigen religiös-kulturellen Pluralismus und der weltanschaulichen Neutralität des
Staates kann sich die Rechtsordnung hierbei jedoch auf keinen einzelnen weltanschaulichen
oder philosophischen Standpunkt festlegen. Um den gesellschaftlichen Zusammenhalt zu
wahren, darf sich die Rechtsordnung auch nicht die restriktivste moralisch-religiöse Position
zu eigen machen. Vielmehr steht der Gesetzgeber in der Pflicht, einen gesamtgesellschaftlich
tragbaren Handlungsrahmen zu schaffen."[319]

Daher werden nun in mehreren Schritten Erwägungen dargelegt, die auf einen Handlungsrahmen abzielen, welcher ethisch plausibilisierbar, rechtlich positivierbar und gesamtgesellschaftlich tragbar erscheint.

3.2. Die Deutung des frühen Embryos auf der Basis naturwissenschaftlicher Embryologie

In der Religions- und Kulturgeschichte wurde – wie oben angesprochen – häufig die Einschätzung vertreten, dass das vorgeburtliche Leben erst nach mehreren Wochen oder Monaten zum „menschlichen" Leben oder zum „Menschen" werde. Erst in der Moderne hat
sich dank der empirischen Naturwissenschaften und der Medizin die Einsicht durchgesetzt,
dass bereits mit der Zeugung oder Empfängnis „menschliches Leben" im eigentlichen Sinn
vorhanden ist. Sie hat im abendländischen Denken die frühere, besonders von der katholischen Kirche vertretene Spätbeseelungslehre abgelöst. Seit der modernen naturwissenschaftlichen Ära des 19. Jahrhunderts ist die Deutung des vorgeburtlichen Lebens nicht
mehr von naturphilosophischen, metaphysischen oder religiösen Spekulationen abhängig.
Stattdessen konnte es *naturwissenschaftlich-rational* belegt werden, dass der Embryo aus
seinem eigenen Genom heraus zum vollständigen Menschen wird. Die Entdeckung der
weiblichen Eizelle durch Karl Ernst von Baer erfolgte im Jahr 1827 (s.o. S. 49). Hierdurch
wurde die jahrhundertealte Streitfrage über das Ausgangsmaterial der Embryonalentwick-
lung geklärt und die Erkenntnis unabweisbar, dass der Beginn menschlichen Lebens nicht
von einem spekulativen Beseelungszeitpunkt bzw. von der späten Einstiftung einer menschlichen Geistseele (anima intellectiva) an, sondern mit der Vereinigung von Samen- und
Eizelle gegeben ist.[320] Wenn gegenwärtig oft – häufig von der katholischen Kirche – der
Vorwurf erhoben wird, der naturwissenschaftliche und technische Fortschritt der Moderne
leiste einem Wertverfall und Wertverlust Vorschub, kann dies pauschal ohnehin nicht überzeugen. Was speziell den Lebensbeginn und Embryonenschutz anbelangt, so hat der moderne medizinische und biologische Erkenntnisfortschritt sogar eine Normpräzisierung und
Normverschärfung bewirkt, indem er die Schutzwürdigkeit des Embryos von der Befruchtung bzw. der Auflösung der Zellkerne an sehen gelehrt hat.

Vor den medizinisch-*naturwissenschaftlichen* Denkanstößen des 19. Jahrhunderts hatte bereits
die Aufklärungsepoche den Impuls vermittelt, den Beginn des individuellen menschlichen
Lebens vorzudatieren. Weil man das vorgeburtliche Leben in seiner Eigenständigkeit wahrzunehmen begann, bezeichnete man den Fetus als „ungeborenen Bürger". Der Arzt Johann Peter
Frank (s.o. S. 47) meinte in seinem „System einer vollständigen medizinischen Polizey" (6

Bände, 1779–1819), die Geburt stelle lediglich einen Übergang dar und leite die „zwote Epoche des menschlichen Lebens" ein. Schon „die Kinder im Mutterleibe" seien „Theile des Staates", des staatlichen Schutzes „würdig" und dieses Schutzes auch „äußerst bedürftig".[321] Eine große Rolle spielten in der Aufklärungsepoche die Debatten über die Alternative zwischen Epigenese und schrittweiser Organentwicklung des vorgeburtlichen Lebens einerseits, Präformation von Embryonen, der gemäß ein vorgeformtes Individuum bereits im Urkeim anzutreffen sei, andererseits. Der Begriff „Keim", der auf die eigene Entwicklungsfähigkeit des Embryos hinlenkt, deutet sprachlich an, dass man über das vorgeburtliche Leben anders urteilte als in der Vergangenheit. Zuvor war oft von der „Frucht" die Rede gewesen. Als Johann Peter Frank den Embryo und Fetus als ungeborenen Bürger bewertete, verwendete er den Begriff des Keims und nicht mehr den der Frucht. Rechtlich fand es erstmals im Preußischen Allgemeinen Landrecht von 1794 seinen Niederschlag, dass der Embryo vom *ersten* Tag an als Mensch zu gelten hat. Dort hieß es in § 10, dass „die allgemeinen Rechte der Menschheit" „den noch ungeborenen Kindern schon von der Zeit ihrer Empfängnis an" zukommen.

3.3. Die SKIP-Argumente sowie zusätzliche Differenzierungen

Heutige philosophische Ethik hat die naturwissenschaftlich gestützte Ansicht, der zufolge der Embryo von vornherein, von der Auflösung der Samen- und Eizelle an, als genuin menschliches Leben anzusehen ist, mit Hilfe der sog. SKIP-Argumente auf den Begriff gebracht (S: Spezies; K: Kontinuität; I: Identität; P: Potentialität). Ihre Aussage lässt sich wie folgt zusammenfassen:
- S: Der frühe Embryo stellt gattungsspezifisch menschliches Leben dar.
- K: Die Entwicklung des Embryos zum geborenen Menschen vollzieht sich kontinuierlich. Kein weiterer Einschnitt ist für das Menschsein derart grundlegend wie die Entstehung des Genoms bei der Auflösung der Zellkerne von Samen- und Eizelle.
- I: Mit der Verschmelzung der Samen- und Eizelle ist die individuelle genetische Identität eines Menschen festgelegt. Der Embryo ist zumindest in dem Sinn ein Individuum, dass er „ungeteilt" ist.
- P: Aufgrund seines Genoms, seiner genetischen Disposition besitzt der Embryo von vornherein die Potentialität, sich zum vollen Menschsein zu entwickeln. Dabei handelt es sich nicht nur um eine „schwache", sondern um eine „starke", nämlich eine „subjektive", in ihm selbst verankerte „aktive" Potentialität. Denn er ist aufgrund seiner eigenen genetischen Anlagen aus sich selbst heraus dazu befähigt, zur geistig-leiblichen Einheit eines Menschen bzw. zu einer individuellen menschlichen Person zu werden.

Nun ist allerdings sofort zu ergänzen, dass Einzelaspekte dieser SKIP-Kriterien kritisch zu beleuchten und zu relativieren sind. Dabei ist erneut auf naturwissenschaftliche und embryologische Erkenntnisse zurückzugreifen. Im voranstehenden Abschnitt war dargelegt worden, dass der moderne naturwissenschaftliche Erkenntnisfortschritt für die Deutung des frühen Embryos eine Normpräzisierung bewirkt hat. Im Vergleich zur religiösen und moralischen Tradition ist zu der Frage, ab wann menschliches Leben schützenswert ist, eine angemessenere Auffassung entstanden, nämlich eine Zurückdatierung auf den ersten Tag (Ende des Befruchtungsprozesses) anstelle des traditionellen 40. oder 90. Tages. Nunmehr ist der heutige embryologische Erkenntniszuwachs nochmals aufzugreifen, jetzt jedoch in gegenläufiger Hinsicht. In seinem Licht stellt sich nämlich die Frage, ob der ganz frühe Embryo vor der Nidation, also vor der Einnistung in die Gebärmutter (ca. 6. bis 8. Tag), tatsächlich *präzis genauso* geschützt, auf *exakt demselben* Schutzniveau wie der Embryo nach der Nidation beurteilt werden muss. Dies ist zu verneinen. Denn folgendes ist zu beachten:

– Nach der Nidation, die im Umkreis des 6. bis 8. Tages stattfindet, ist der Embryo eindeutiger als zuvor ein Lebewesen, das sich zum vollen Menschsein fortentwickeln kann, da erst die Einnistung in die Gebärmutter hierfür die notwendigen Umgebungsbedingungen bietet.

– Zuvor differenziert sich der frühe pränidative Embryo noch in den Embryoblast (innere Zellmasse) und den Trophoblast (Plazenta, die schützende und nährende Hülle des Embryos). Nur ein Teil des frühen Embryos, nämlich die innere Zellmasse (Embryoblast), wird später zum Menschen.

– Der frühe Embryo kann sich ferner noch in zwei (oder mehr) Individuen aufteilen (Zwillingsbildung, Mehrlingsbildung). Er ist zwar un*geteilt*, aber prinzipiell noch teil*bar*. Daher kann man ihn noch nicht einlinig ein Individuum nennen; denn ein Individuum ist unteilbar (vgl. hierzu auch den griechischen Terminus „*atomos*"). Oftmals wurde und wird er daher als „Präembryo" charakterisiert. Die Umschreibung als Präembryo oder Vor-Embryo findet sich in medizinischen oder z.B. in jüdischen und – zumindest in der Vergangenheit, vor dem Einschnitt der lehramtlichen Festlegung in der Instructio „Donum vitae" vom 10. März 1987 – sogar in katholisch-moraltheologischen Äußerungen.

– In den ersten Entwicklungstagen sterben bis zu ca. 60% der Präembryonen aus natürlichen Gründen ab, so dass die Natur selbst keinen Anhalt dafür bietet, der Präembryo müsse unter allen Umständen am Leben erhalten werden. Diese hohe Verlustrate beruht vor allem auf Chromosomenfehlverteilungen, die mit dem Leben nicht vereinbar sind.

> Dieser natürliche „Embryozid" war im Übrigen sogar für die katholische Moraltheologie früher einer der Gründe, dem Präembryo noch nicht das volle Menschsein zuzusprechen (s.o. S. 150). Katholische Theologen äußerten, letztlich würden der Gottesgedanke bzw. die Güte und Gerechtigkeit Gottes in Frage gestellt, wenn – wäre der Präembryo ein Mensch im Vollsinne – so viele Menschen unschuldig ums Leben kämen: Wie könnte Gott dies zulassen? Dies sei ein Theodizeeproblem.[322] Die jetzigen Äußerungen des katholischen Lehramtes, die den „absoluten" Embryonenschutz vom ersten Tag an gebieten, übergehen diesen innerkatholisch traditionell wichtigen Einwand. Er wurde meist vor 1987 geäußert, also vor der autoritativen Festlegung der Glaubenslehrekongregation, dass vom Tag 1 an ein absoluter Embryonenschutz gelten soll.

– Erst die Ausbildung des Primitivstreifens bzw. der Körperachse, die nach der Nidation stattfindet, verleiht dem Embryo eine „Gestalt", die für seine Individualentwicklung unerlässlich ist. Erst von da an entwickelt sich der Embryo als leibliche Einheit. Zuvor handelt es sich um eine früheste Entwicklungsphase, in der Menschsein im Sinn von Leiblichkeit und Gestaltwerdung noch nicht vorhanden ist.

– Neuronale Strukturen, eine Empfindungs- oder vor allem eine Schmerzfähigkeit prägen sich erst mehrere Wochen später aus; die Gehirnbildung beginnt ansatzweise ca. in der siebten Schwangerschaftswoche.

Solche Sachverhalte sind ebenfalls normativ relevant. Es stellt keinesfalls – wie es gegen die Argumentation in der ersten Auflage dieses Buches eingewendet wurde[323] – einen naturalistischen Fehlschluss dar, sie aufzugreifen. Denn ethische Bewertungen gewinnen überhaupt erst dann Tragkraft, wenn sie sich aus Sachurteilen – in unserem Zusammenhang: aus der Wahrnehmung und Aufarbeitung medizinisch-naturwissenschaftlicher Sachverhalte – sowie aus normativen Werturteilen bzw. Wertbegriffen, darunter Lebensschutz, Freiheit oder Gerechtigkeit, zusammensetzen. Urteilsbildungen der Ethik besitzen einen gemischt-normativen Status; beide Komponenten, das Sach- und das Werturteil, sind miteinander zu vermitteln.[324] Insofern kann es nicht überzeugen, dem noch ganz unentwickelten Präembryo genau dieselbe Schutzwürdigkeit zuzusprechen, wie sie einem späteren Fetus zukommt, dessen Gehirn sich ausbildet und der schmerzempfindlich ist. Einerseits sind Embryonen von vornherein menschliches Leben; insofern haben sie von Anfang an als schutzwürdig zu gelten. Andererseits handelt es sich beim frühen Embryo aber noch nicht um einen „Menschen" im engeren Sinn oder um eine menschliche „Person" im Sinn der leiblich-geistigen Einheit; denn der Mensch ist mehr als sein Genom bzw. mehr als die Summe der Gene, die mit der Verschmelzung der Samen- und Eizelle vorhanden sind.

Dennoch wird in manchen ethischen und rechtswissenschaftlichen Stellungnahmen, und zwar auch losgelöst von der römisch-katholischen Kirche, ein Schutz des frühen Embryos „als" Mensch geltend gemacht. Zur Begründung wird vor allem das Argument angeführt, er besitze die Fähigkeit (Potentialität), sich aus sich selbst heraus zum vollen Menschsein zu entwickeln. Unter den SKIP-Argumenten galt und gilt die Potentialität bzw. die Entwicklungsfähigkeit als das gewichtigste Argument zugunsten einer starken Schutzwürdigkeit der befruchteten Eizelle außerhalb des Mutterleibes.[325] Weil dieser Gesichtspunkt in der neueren Literatur eine so große Rolle spielt, ist er nun gesondert anzusprechen. Dabei wird sich zeigen, dass er nicht die Überzeugungskraft besitzt, die ihm zugetraut wurde.

3.4. Wie tragfähig ist das Argument der Potentialität?

Sogar für die *gesetzlichen* Bestimmungen, die in der Bundesrepublik Deutschland gelten, ist das Argument der Potentialität ausschlaggebend geworden. Hiermit nimmt Deutschland im internationalen Rechtsvergleich allerdings eine Sonderstellung ein.[326] Gemäß Embryonenschutzgesetz (§ 8) und Stammzellgesetz (§ 3 Nr. 4) stehen pränidative Embryonen bzw. befruchtete Eizellen sowie totipotente Zellen unter Schutz, insofern diese die Fähigkeit haben, sich „zu einem Individuum zu entwickeln".

Inzwischen ist jedoch unklar, wie diese Norm auszulegen ist und ob sie sachlich überhaupt standhält. Unter Naturwissenschaftlern und im Embryonenschutzgesetz war mit „Entwicklungsfähigkeit" zunächst eigentlich nur die Fähigkeit des Embryos gemeint gewesen, sich in der Gebärmutter einzunisten, d.h. die Implantationsfähigkeit.[327] In der ethischen, philosophischen, theologischen und rechtswissenschaftlichen Debatte ist dann aber oft ein sehr viel weiter reichender, hintergründigerer Sinn von „Entwicklungsfähigkeit" unterstellt worden, nämlich ein dem Embryo innewohnendes Vermögen, sich aus sich heraus zum vollen Menschsein zu entfalten. Aus dieser Entwicklungsfähigkeit wurde und wird ethisch und rechtlich, auch in restriktiven Auslegungen des Embryonenschutzgesetzes und des Stammzellgesetzes, die Idee des „starken" Embryonenschutzes abgeleitet, der gemäß bereits dem frühen Embryo oder einer einzelnen totipotenten Zelle der Status und die Schutzansprüche des vollen Menschseins gebührten.

Im Gegenzug ist aber zu sagen, dass es sich um eine Überschätzung des menschlichen Genoms, um einen Genetizismus oder „Genmythos" oder anders gesagt um biologistischen Reduktionismus handelt, wenn man das Menschsein so einseitig vom Vorhandensein des Genoms bzw. von der Fähigkeit, sich aus der genetischen Disposition heraus fortzuentwickeln, her definiert. Andere Komponenten der embryonalen Individuation werden dabei zu sehr beiseite geschoben. Letztlich steht für diese Sicht eine Metaphysik Pate, die auf Aristoteles, Thomas von Aquin und das katholische Naturrecht zurückgeht. Dieser essentialistischen Tradition zufolge wohnen einem Lebewesen höhere oder göttlich eingestiftete Wirkkräfte inne, die dazu führen, dass es sich zielgerichtet – teleologisch – von innen, aus seiner Seele heraus zu seiner vollen Gestalt ausprägt. Der modernen Aktualisierung gemäß erfolgt diese wesenhafte zielgerichtete Selbstentfaltung innerweltlich aus dem Genom heraus – eine Anschauung, die jedoch nicht überzeugt. Schon allein im Rahmen der Logik, die dem klassischen Naturrecht selbst zugrunde lag, ist zu betonen, dass auch die mütterlichen Umgebungsbedingungen für die Entwicklung des Embryos „*wesentlich*" sind und dass er auch dann, nachdem im Vier- oder Achtzellstadium seine eigene genetische Aktivität einsetzte, *substantiell* auf sie angewiesen ist. Denn „(d)ass die Blastozyste ohne Implantation nicht zur Weiterentwicklung befähigt ist, hat seinen Grund … im Fehlen der geeigneten zellulären Kontakte."[328] Anders gewendet: Die oben aufgezählten Einschnitte in der frühen embryonalen Entwicklung, darunter die Nidation und das Ende der Teilbarkeit, markieren *substantiell* Veränderungen der embryonalen Entität.[329]

Begrifflich und modallogisch ist hervorzuheben, dass eine Aussage über die bloße Möglichkeit, sich zum Individuum oder Menschen zu entwickeln, noch nicht die Wirklichkeit dieses Seins besagt. Der Modalbegriff „Möglichkeit" bringt lediglich bestimmte Grade von Wahrscheinlichkeit zum Ausdruck. Davon abgesehen betonen, wie schon angesprochen wurde, insbesondere jüdische Autoren unter Rückgriff auf ihre *religiöse* Tradition, dass der Embryo als potentieller eben noch kein wirklicher Mensch ist.

Im Horizont heutiger Naturwissenschaft kommt hinzu, dass die Entwicklungsfähigkeit von menschlichem Leben technisch manipulierbar geworden ist. Sie kann einerseits künstlich konstruiert oder re–konstruiert werden, etwa durch die Reprogrammierung somatischer Zellen mit Hilfe eines Kerntransfers. Es wurde vorgeschlagen, menschliche Entitäten, die auf diese Weise gegebenenfalls entstehen – es geht um das therapeutische Klonen –, nicht als Embryo, sondern als Pseudozygote oder Pseudoembryo zu bezeichnen.[330] Man kann auch von Biofakten, Artefakten oder vom technogenen Embryo sprechen. Andererseits: Entwicklungsfähigkeit lässt sich umgekehrt künstlich de–konstruieren, etwa durch die Herstellung hominider Entitäten, die mit Hilfe einer Entwicklungsbremse („Terminator-Gen") von vornherein depotenziert worden sind und sich nicht über das Blastozystenstadium hinaus entwickeln (s.u. S. 181f). Nimmt man die oben erwähnten Punkte hinzu, dass die meisten frühen Embryonen auch nach natürlicher Zeugung gar nicht fortentwicklungs- und lebensfähig sind, sondern von selbst absterben, und dass nur ein Teil des frühen Embryos zum Individuum oder Menschen, der andere Teil zur Plazenta wird, lässt es sich erst recht nicht beibehalten, von einer Potentialität des frühen Embryos in dem Sinn zu reden, dass er als solcher von vornherein intrinsisch zur vollen Gestalt des späteren Individuums strebt. Vielmehr ist er lediglich fähig, sich im günstigen Fall auf eine weitere Stufe hin zu entwickeln, auf deren Basis sodann ein nachfolgender Schritt der Fortentwicklung oder Selbsttranszendierung stattfinden kann. Seine Entwicklung erfolgt stochastisch.

So betrachtet ist der frühe Embryo „ein entwicklungsfähiges Wesen, das in der Lage ist, weitere Entwicklungsschritte zu vollziehen und durch komplexe Interaktionen mit DNA und Umgebung die Informationen fortlaufend zu generieren, die für einen regelmäßigen Entwicklungsgang notwendig sind". Bei der embryonalen Individuation werden Informationen für eine nachfolgende Phase erzeugt; es geht um „die emergent-regelmäßige Hervorbringung des jeweils nächsten Schrittes" und um „die Weitergabe der Fähigkeit des Entwicklungssystems zur Ausübung dieser Transzendenz".[331]

Ein solches Potential heißt jedoch keineswegs, dass ein bestimmtes späteres Entwicklungsziel als solches von vornherein komplett vorgeformt wäre. Dabei ist zusätzlich unklar, welches Entwicklungsziel – Einnistung, Fetalstadium, Geburt, Kindsein, Erwachsensein – eigentlich präzis gemeint sein soll. Würde man bei der Sicht bleiben, dass in der befruchteten Eizelle intrinsisch bereits eine volle Gestalt des individuellen Menschen angelegt sei, müsste man erhebliche Plausibilitätslücken in Kauf nehmen und bliebe einer vormodernen Metaphysik und ihrem Essentialismus verhaftet. Die Idee der Potentialität wurzelt letztlich in einer ganz bestimmten, nämlich aristotelisch-thomanisch beeinflussten, katholisch-naturrechtlichen Metaphysik, die im heutigen weltanschaulichen und religiösen Pluralismus zum partikularen Standpunkt geworden ist, welcher keine allgemeine Geltung mehr beanspruchen kann. Die katholische Metaphysik hatte angenommen, dem Menschen werde von Gott eine Entwicklungsfähigkeit und Zielstrebigkeit eingestiftet, die ihn auf die Vollendung und Ewigkeit hin ausrichte. Ein am katholischen Lehramt orientierter Moraltheologe, Klaus Demmer, hat geäußert, dass die katholische naturrechtliche Deutung des Frühembryos ein „minimum biologicum" mit einem „maximum spirituale" kombiniere.[332] Gegen die Absicht Demmers vermag diese Erläuterung das Potentialitätsargument aber nicht zu stützen, sondern sie erschüttert es; denn sie lässt den spekulativen Charakter und die Nichtverallgemeinerungsfähigkeit dieses Argumentes massiv zutage treten.

Wichtig ist vor allem aber, dass die Begriffe „Potentialität" und „Entwicklungsfähigkeit" im modernen naturwissenschaftlichen Horizont als Abgrenzungskriterium unscharf geworden sind und sie dem naturwissenschaftlich-technischen Handlungsfortschritt, der gezielte menschliche Eingriffe in das Entwicklungsgeschehen ermöglicht, nicht mehr gerecht werden. Durch die Optionen der Re- oder der Deprogrammierung ist die Entwicklungsfähigkeit selbst zum technischen Konstrukt geworden.

Im Fazit: Die Kategorie der Potentialität oder der Entwicklungsfähigkeit vermag die Begründungslast dafür, den frühen extrakorporalen Embryo praktisch genauso wie einen weiter entwickelten Embryo oder Fetus oder wie einen geborenen Menschen zu bewerten, nicht zu tragen. Die Schlüsselrolle, die ihr in der deutschen Rechtsordnung (§ 8 ESchG; § 3 Nr. 4 StZG) zugefallen ist, sollte vom Gesetzgeber nicht länger aufrecht erhalten werden.

3.5. Der Embryonenstatus unter dem Aspekt der Epigenetik

Ein weiterer naturwissenschaftlicher Aspekt ist in den ethischen sowie rechtlichen Debatten über den Status des Embryos bislang durchgängig zu wenig aufgearbeitet worden, nämlich die Epigenetik. In der Epigenetik geht es um Einflüsse auf die Entwicklung des Organismus, die nicht direkt in der DNA oder im Genom angelegt sind, sondern auf Interaktionen zwischen genetischen Faktoren oder zwischen genetischen Faktoren und Umgebungsfaktoren beruhen. Als Ende der 1980er- und zu Beginn der 1990er-Jahre das Embryonenschutzgesetz beraten wurde, konnte das Phänomen der Epigenetik noch nicht berücksichtigt werden, da sich die naturwissenschaftliche Forschung hierzu erst nach 2000 intensivierte.[333] Nach der Befruchtung werden die genetisch inaktiven Genome aus Spermium und Eizelle für die somatische Entwicklung des künftigen Individuums erst reprogrammiert. Auch beim frühen Embryo, nach der Auflösung der Vorkerne, erfolgen weitreichende epigenetische Prozesse der Reprogrammierung, so dass es sich erst nach und nach entscheidet, welche Gene überhaupt aktiv sein werden: „Bei der Genomreprogrammierung im Präimplantationsembryo werden für die meisten (> 99 %) Gene identische epigenetische Modifikationen beider elterlichen Allele etabliert. ... Nur sehr wenige, schätzungsweise 100–200 Gene sind durch einen unbekannten Mechanismus vor der genomweiten Reprogrammierung in der Präimplantationsphase geschützt." Daher lässt sich sagen, „daß das neue diploide somatische Genom nicht einfach mit der Auflösung der Vorkernmembranen durch Verschmelzung von Eizell- und Samenzellgenom entsteht, sondern daß die Fähigkeit der embryonalen Zellen zur somatischen Entwicklung erst durch einen dramatischen Reprogrammierungsprozeß in der Präimplantationsphase hergestellt wird." Humangenetisch gesehen kann erst am Ende dieses Vorgangs, d.h. ab einem Zeitpunkt im Umkreis der Implantation, „vom somatischen Genom des neuen Organismus" die Rede sein.[334] – Zusätzlich hat die Zwillingsforschung belegt, dass die Individualität nicht nur genetisch, sondern unter anderem epigenetisch geprägt ist[335]; bei eineiigen Zwillingen kommt es in der Embryogenese zu Abweichungen.[336] Das Genom der befruchteten Eizelle bzw. des frühen Embryos stellt daher unverrückbar die Brücke zu seinen Erzeugern, zur vorangegangenen Generation, dar. Weil das Genom jedoch epigenetisch modifizierbar ist, kann nicht behauptet werden, die biologische Identität des künftigen Menschen sei bei Abschluss der Befruchtungskaskade eindeutig fixiert. Vielmehr ist das frühembryonale Werden auch aufgrund der Epigenetik ein entwicklungsoffener Prozess.

Auf Störungen des Prozesses der Reprogrammierung bzw. auf Imprinting-Schäden dürften die Verlustrate pränidativer Embryonen und die Gefahr ihrer Schädigung nach künstlicher Befruchtung/IVF zurückzuführen sein, die keineswegs ein risikofreies Verfahren bildet. Epigenetische Faktoren sind ferner für die Probleme beim therapeutischen Klonieren ursächlich.[337]

Doch hiervon abgesehen – was den Status des frühen Embryos anbelangt, so tritt zutage: Mit der „Verschmelzung" der Samen- und Eizelle ist die im Genom verankerte Identitätsbildung noch nicht endgültig festgelegt, weil die Genaktivierung bzw. die Entscheidung, welche Gene aktiv werden, erst nach und nach in einem hochkomplexen Prozess erfolgt. Dies ist medizinisch und naturwissenschaftlich, aber gleichfalls ethisch und rechtlich hochgradig relevant, weil nochmals verstärkt sichtbar wird, dass der „Beginn" der menschlichen individuellen Identität keinesfalls punktuell (mit der Auflösung der Vorkerne), sondern dynamisch und prozessual vorzustellen ist. Die Plastizität bzw. Bildbarkeit des Präimplantationsembryos, der Prozess der Identitäts*bildung* und die embryonale Individuation als *Werden* sind im ethisch-rechtlichen Diskurs der zurückliegenden Jahre unterschätzt worden. Die individuelle Identität ist beim frühen Embryo nicht einfach ex ante „vorgegeben", sondern entwicklungsoffen.

Das Ergebnis lautet: Tragende Bestandteile der SKIP-Argumentation – nicht nur das P-, sondern auch das I-Argument – haben an Aussagekraft und Nachvollziehbarkeit sehr verloren. Der „starke" Schutz des frühen Embryos lässt sich nicht so stringent begründen, wie oftmals angenommen worden ist. Dies ist nicht nur ethisch von Interesse, sondern auch für rechtliche Regelungen zu berücksichtigen.

4. Schlussfolgerung: Sonderstatus und abgestufter Schutz früher Embryonen

Weil gesetzliche Normierungen allgemein verbindlich sind und für alle Bürgerinnen und Bürger gelten, sind an die Konsistenz und Kohärenz von Gesetzen und Gesetzesbegründungen hohe Ansprüche zu erheben. Daher sollte der Rechtsstaat Partikularismen und weltanschauliche Einseitigkeiten vermeiden und sich auf Argumente berufen, die rational plausibilisierbar sowie generell nachvollziehbar sind. Von diesem Postulat sind die Bestimmungen zum Embryonenstatus und Embryonenschutz nicht auszunehmen. Aufgrund der soeben dargelegten Gründe – zuletzt: des Phänomens der epigenetischen Reprogrammierung – leuchtet es nicht mehr ein, dass der Gesetzgeber dem extrakorporalen frühen Embryo einen Status des Menschseins sowie einen Schutzanspruch in exakt derselben Weise wie dem weiter entwickelten vorgeburtlichen Leben oder dem postpartalen, geborenen Menschen zuspricht. Stattdessen ist es angemessen, im Rückgriff auf die wissenschaftsethische Begriffsbildung in den USA von einem „special status", d.h. von einem Sonderstatus des pränidativen Embryos und von einem Status und Schutzanspruch sui generis auszugehen.[338] Der frühe Embryo ist ein „Grenzwesen".[339] Er ist kein bloßes „etwas", aber auch noch kein „jemand"; er stellt „human life", aber noch kein „human being" dar, da er als Mensch noch ganz unentwickelt ist. Menschsein im engeren Sinn – im Sinn der leiblich-seelisch-geistigen Einheit oder Individualität – ist noch nicht existent, sondern bildet sich im günstigen Fall zunehmend im Verlauf des embryonalen und fetalen Werdens aus. Ethisch ist dem vorgeburtlichen Leben daher eine graduell ansteigende Schutzwürdigkeit zuzuschreiben. Im Verlauf der Embryonal- und Fetalentwicklung gewinnt sein Schutzanspruch zunehmend an Intensität. Es liegt nahe, diese Beurteilung auch rechtlichen Normierungen und gesetzlichen Bestimmungen zugrunde zu legen. Der frühe Embryo verdient Achtung und Schutz, ohne dass dies überbetont werden sollte.

Ähnliches wird inzwischen aus verfassungsrechtlicher Warte gesagt: „Ein für alle Stadien des menschlichen Lebens – vor und nach der Geburt – *völlig gleich laufender Schutz läßt sich schwer begründen*"; auch vom Bundesverfassungsgericht wird er „im praktischen Ergebnis nicht durchgehalten und wäre auch schwer zu rechtfertigen".[340] Bemerkenswert ist, dass der Europäische Gerichtshof für Menschenrechte am 10. April 2007 die Vorstellung *verneint* hat, einem tiefgefrorenen Frühembryo stünde in dem Sinn ein Recht auf Leben zu, dass eine Frau aus Großbritannien die Einpflanzung gegen den Willen ihres früheren Partners erzwingen dürfe.

In der Bundesrepublik Deutschland selbst sind in den gesetzlichen Bestimmungen zahlreiche Doppeldeutigkeiten und Inkohärenzen aufzufinden. Der starke Embryonenschutz, den der Gesetzgeber theoretisch vertritt, wird in deutschen Gesetzen schon jetzt praktisch nicht durchgehalten. Zwei Beispiele hierfür:

> *Erstens:* Im Rahmen einer fortpflanzungsmedizinischen Behandlung ist es zulässig, dass eine Frau die Einpflanzung eines außerkörperlich erzeugten Embryos verweigert (§ 4 [1] 2 ESchG). Dies hat seinen guten Grund; aus ethischer und grundrechtlicher Sicht ist diese Regelung gänzlich unabweisbar. Denn es geht hierbei um die Achtung vor dem Grundrecht der Frau auf Selbstbestimmung und auf körperliche Unversehrtheit; der Schutzanspruch des frühen Embryos tritt entsprechend in den Hintergrund.
> *Zweitens,* ein anders gelagertes Beispiel: Das am 1. August 2007 in Kraft getretene Gewebegesetz enthält in Art. 2 Nr. 3 b) den Satz, dass es über den Status des Embryos keine Aussage treffe und dass es den Embryo nicht als Arzneimittel erachte: „Menschliche Samen- und Eizellen, einschließlich imprägnierter Eizellen (Keimzellen), und Embryonen sind weder Arzneimittel noch Gewebezubereitungen."[341] Ungeachtet dessen regelt das Gesetz de facto den Umgang mit frühen Embryonen in der Fortpflanzungsmedizin – Untersuchung, Übertragung, Aufbewahrung von Embryonen u.a. – dann jedoch dergestalt, dass die Verwertung oder Verwendung des Frühembryos im Sinne des Arzneimittel- und des Transplantationsrechts geschieht: Pragmatisch betrachtet der Gesetzgeber ihn als bloßes Gewebe.[342]

Solche Inkohärenzen sind theoretisch und in ihren alltagspraktischen Konsequenzen allenfalls übergangsweise, aber nicht auf Dauer tragbar. Sie lassen sich befriedigend nur auflösen, indem Gesetze so angelegt werden, dass dem Frühembryo ein Sonderstatus, d.h. ein eigenständiger, jedoch abgeschwächter Schutzanspruch zukommt und das Schutzniveau des vorgeburtlichen Lebens sukzessive ansteigt. Zu den Konsequenzen gehört dann freilich auch, dass späte fetale Stadien stärker geschützt werden müssten, als es gesetzlich zur Zeit der Fall ist (s.u. S. 212ff).

Einen Ansatzpunkt für eine Positionierung, die in diesem Sinn angelegt ist, bietet die Grundlagenüberlegung, die von der beim Mainzer Justizministerium angesiedelten Bioethik-Kommission Rheinland-Pfalz in ihrem Bericht „Fortpflanzungsmedizin und Embryonenschutz" vom 12.12.2005 formuliert wurde:

> „Der pränidative Embryo soll am Leben erhalten werden. Denn schon vor der Einnistung in die Gebärmutter und der Ausbildung des Primitivstreifens handelt es sich um menschliches Leben, das sich im günstigen Fall zum vollen individuellen Menschsein weiterentwickeln kann. Da der Embryo in diesem frühen Stadium allerdings noch ganz unentwickelt ist, ist ihm ethisch nicht dasselbe Schutzniveau zuzuschreiben, auf das weiterentwickeltes vorgeburtliches Leben und der geborene Mensch Anspruch haben. Vielmehr besitzt der Embryo in dieser frühesten Phase seiner Existenz einen Sonderstatus (,special status') und eine eigenständig zu bestimmende, abgeschwächte Schutzwürdigkeit."[343]

Für den Umgang mit Embryonen eröffnet diese Sicht einen Abwägungsspielraum. Bei einer Abwägung, in der es um besonders belangvolle Güter und hochrangige Ziele geht, wie dies in der Fortpflanzungsmedizin oder der humanen embryonalen Stammzellforschung der Fall ist, lassen sich Ausnahmen von der Lebenserhaltung des frühen Embryos rechtfertigen. Deshalb sollte es für das Inland gesetzlich ermöglicht werden, Embryonen, die aus Gründen des medizinischen Verfahrens nach künstlicher Befruchtung überzählig sind, beiseite zu legen (s.u. S. 201ff), an Embryonen bei medizinischer Indikation eine PID durchzuführen (s.u. S. 193ff) oder ihnen, wie z.B. in der Schweiz, nach Zustimmung der genetischen Erzeuger pluripotente Stammzellen zu entnehmen. Wenn Frühembryonen abgestuft-relativierend einen „special status" besitzen, gewinnen in ethischer Betrachtung zusätzliche Gesichtspunkte um so größeres Gewicht, nämlich

- die Handlungsabsichten und die Legitimität der Handlungsziele bzw. die Zwecksetzungen des Zugriffs auf den Embryo,
- die Umstände und Zusammenhänge, in deren Rahmen ein Zugriff erfolgt,
- die Vertretbarkeit der Mittel und die Verantwortbarkeit der vorhersehbaren Folgen.

Eine solche umgangsanalytische Betrachtung berücksichtigt das Wechselverhältnis, das in der heutigen Epoche der Biotechnologie zwischen biologischen Prozessen – konkret: dem frühembryonalen Werden – einerseits und technisch-zweckhaften Handlungen des Menschen andererseits besteht. Sie vermeidet es, den „intrinsischen" Wert oder den Eigenwert des Frühembryos ganz beiseite zu schieben, wie es in einigen Denkansätzen der Fall ist, die oben erwähnt und kritisch kommentiert worden sind (s.o. S. 159ff). Jedoch hält sie es offen, sonstige handlungstheoretische Aspekte in die ethische Erwägung einzubringen.[344]

Viel zu kurzschlüssig bleibt hingegen, wenn bezogen auf die humane embryonale Stammzellforschung geäußert wird, der Schutz des Embryos einerseits und der gesundheitliche Vorteil, der für zukünftige Generationen erzielt werden könnte, andererseits seien Güter auf verschiedenen Ebenen, die sich gar nicht gegeneinander abwägen ließen; denn ein zukünftiger gesundheitlicher Nutzen sei als „Gut noch nicht da".[345] Diese Argumentation des katholischen Moraltheologen Dietmar Mieth wird zwar oft wiederholt.[346] Sie überspielt jedoch, dass bei ethischen Konflikten immer wieder Güter verschiedenen Ranges, unterschiedlicher Werthöhe und Wertdringlichkeit in einen Ausgleich gebracht werden müssen; und sie verkennt, dass die Orientierung am gesundheitlichen Wohl künftiger Patienten nicht nur ein erlaubtes und legitimes, sondern sogar ein ethisch gebotenes Handlungsziel ist. Ethisch ist es unabweisbar, sich dem Wertkonflikt zwischen dem Schutz des Frühembryos einerseits, medizinisch-therapeutischen Handlungszielen andererseits tatsächlich zu stellen.

Der Gedanke, dass auch der Gesetzgeber Verantwortung trägt, sich mit neuen therapeutischen Ansätzen zugunsten der Gesundheit heutiger oder künftiger Patienten ernsthaft und konstruktiv auseinanderzusetzen, wurde bereits in der ersten Auflage des hier vorliegenden Buches hervorgehoben, damals im Widerspruch gegen die Auffassung der Enquete-Kommission des Deutschen Bundestages „Recht und Ethik der modernen Medizin" (Zwischenbericht zur Stammzellforschung vom November 2001), die die gesundheitliche Versorgung zukünftiger kranker Patienten nur gering gewichtet hatte. Unter der Überschrift „Recht auf Therapie aus verfassungsrechtlicher Sicht" trug die Kommission die minimalistische Einschätzung vor, der Staat habe lediglich dafür zu sorgen, dass das öffentliche Gesundheitswesen „nicht offenkundig mangelhaft ist" (Bundestags-Drucksache 14/7546). Seitdem hat es sich in ethischen, rechtswissenschaftlichen und rechtspolitischen Diskussionen aber durchgesetzt, das Argument des Gesundheitsschutzes mehr zu beachten als noch vor wenigen Jahren. So heißt es im einschlägigen Bericht der Bioethik-Kommission Rheinland-Pfalz:

> „Die Abwägung zwischen dem Schutz des pränidativen Embryos und anderen Grundwerten –
> insbesondere mit dem in der Menschenwürde begründeten Gesundheitsschutz – ist erlaubt und
> geboten."
> „Forschungen zur medizinisch assistierten Reproduktion und ihre Weiterentwicklung sind
> ethisch zu rechtfertigen, sofern sie dem Gesundheitsschutz der Frau und dem Wohl der er-
> hofften Kinder dienen."
> „Die Forschung an humanen embryonalen Stammzelllinien gewinnt ihre ethische Legitima-
> tion wesentlich daraus, dass hochrangige Forschung zugunsten der Therapie künftiger Patien-
> ten erfolgt. Dabei ist immer vorauszusetzen, dass der Weg zum angestrebten Nutzen plausibel
> und das therapeutische Ziel prinzipiell erreichbar ist."[347]

So betrachtet ist es statthaft und ggf. sogar unerlässlich, im Licht der Güterabwägung „Emb-ryonenschutz versus Orientierung an menschlicher Gesundheit" moderne Verfahren der Reproduktionsmedizin oder der humanen embryonalen Stammzellforschung ethisch und rechtlich zu akzeptieren.

5. Differenzierung zwischen Menschenwürde und Lebensschutz

Abschließend ist ein weiterer Gedankengang zu erwähnen, der es rechtfertigt, um hochran-giger Forschung und Nutzung und um fortpflanzungsmedizinischer Handlungsoptionen willen den Schutz und die Erhaltung frühembryonalen Lebens zu relativieren. Es ist zu be-achten, dass sich Menschenwürde und Lebensschutz voneinander unterscheiden lassen. Die Ethik hat schon in der Vergangenheit immer wieder zugestanden, dass vom Lebensschutz unter bestimmten Umständen Ausnahmen möglich sind. Beispiele waren die Notwehr, die Nothilfe, der Verteidigungskrieg, der Opfersuizid, also die Hingabe des eigenen Lebens für andere, das Martyrium, die passive Sterbehilfe oder verschiedene Indikationen beim Schwangerschaftsabbruch. In extremen Ausnahmefällen darf sogar das Leben unschuldiger Menschen zur Disposition gestellt werden.

> Im Zusammenhang der Entführung des Arbeitgeberpräsidenten Hanns Martin Schleyer hatte
> das Bundesverfassungsgericht 1977 zu entscheiden, ob die Bundesregierung auf die erpresse-
> rischen Forderungen der Entführer eingehen müsse, um das akut bedrohte Leben Schleyers zu
> retten. Die Bundesregierung argumentierte, ein Nachgeben könne dazu führen, dass der Staat
> auch in Zukunft von Entführern terroristisch erpresst werde. Dem damaligen Bundeskanzler
> Helmut Schmidt zufolge war angesichts dessen eine „Risikoabwägung" vonnöten, die sogar
> „das Leben anderer", nämlich das Leben Schleyers, „riskieren muss".[348] Schleyer wurde da-
> her nicht ausgeliefert und von den Entführern ermordet. Das Bundesverfassungsgericht hatte
> der Bundesregierung am 16. Oktober 1977 in dieser Hinsicht einen Entscheidungsspielraum
> zugebilligt.[349]

Die einzelnen Sachverhalte – vom Schwangerschaftsabbruch, der Notwehr oder dem Opfer-suizid bis zur staatlichen Reaktion auf terroristische Erpressung oder zum finalen Rettungsschuss eines Polizisten – sind gänzlich unterschiedlich gelagert. Gerade in ihrer Heterogenität verdeutlichen sie die Last und die Uneindeutigkeiten, die Abwägungen über den Schutz des menschlichen Lebens mit sich bringen. Zugleich lassen sie sichtbar werden, dass im Ausnahme- und Konfliktfall der Lebensschutz relativiert werden darf. So sehr das Prinzip „in dubio pro vita" gilt und im Zweifel stets zugunsten von Schutz und Erhaltung des menschlichen Lebens entschieden werden soll, darf notfalls oder im Ausnahmefall sogar das fundamentale Gut des menschlichen Lebens zur Disposition gestellt werden. Die Menschenwürde als solche wird hierdurch nicht verneint: Denn zwischen Menschenwürde und Lebensschutz lässt sich unterscheiden.

Dies ist auch deswegen zu unterstreichen, weil in den vergangenen Jahren von zahlreichen Stimmen, u.a. von kirchlicher Seite, immer wieder erklärt wurde, durch hES-Forschung oder durch fortpflanzungsmedizinische Anwendungen werde die Menschenwürde *überhaupt* bedroht (s.o. S. 146ff). Forschung an hES-Zellen bedeute einen Dammbruch zu Lasten der Menschenwürde schlechthin und gefährde gleichzeitig den Schutz und die Würde, die z.B. behinderten, dementen oder sterbenden Menschen zukommt. Darauf ist nun aber zu entgegnen: Im Einzelfall, situationsbedingt, angesichts besonderer Umstände können die Menschenwürde, die auf jeden Fall und unbedingt gilt, und der Lebensschutz voneinander abgehoben werden. Das Grundgesetz bringt diese Abschichtung zum Ausdruck, indem es in Artikel 1 festhält, dass die Menschenwürde ein unbedingtes, unabänderbares Prinzip bildet: „Die Würde des Menschen ist unantastbar". Den Schutz des Lebens stellt das Grundgesetz indessen unter einen Vorbehalt. Gemäß Artikel 2 Absatz 2 ist es zulässig, „auf Grund eines Gesetzes" in das Recht auf Leben und körperliche Unversehrtheit einzugreifen, das der geborene Mensch besitzt. Vor diesem Hintergrund ist es vertretbar, erst recht den – wie oben dargelegt: abgeschwächten – Schutzanspruch des pränidativen, noch unentwickelten embryonalen Lebens in begründeten Fällen zur Disposition zu stellen. Die verfassungsrechtliche Geltung und die kulturelle Akzeptanz der Menschenwürde werden hierdurch nicht beeinträchtigt. Ähnlich argumentierte schon im Jahr 2003 und erneut 2007 der Präsident des Bundesverfassungsgerichts, Hans-Jürgen Papier. Der Lebensschutz des frühen Embryos ist ihm zufolge abwägbar. Er erörterte in diesem Zusammenhang,

> „ob Eingriffe in das Leben des Embryos auch seine Menschenwürde verletzen. In diesem Fall wären sie unter allen Umständen unzulässig, weil dieser Schutz der menschlichen Würde unbedingt gewährleistet ist, also eine Abwägung mit anderen Rechtsgütern gar nicht in Betracht kommt. Wenn ich dagegen den Schutz allein auf das Grundrecht des Art. 2 Abs. 2 stütze, also auf den Schutz von Leben, Gesundheit und körperlicher Integrität, dann muss und kann ich in Rechnung stellen, dass dieses Grundrecht unter einem Gesetzesvorbehalt steht und daher einer Abwägung mit gleichgewichtigen Rechtsgütern zugänglich ist, insbesondere eine(r) Abwägung mit den Grundrechten schwerkranker Menschen."[350]

Auf diese Weise tritt zusätzlich zu den anderen, voranstehend genannten Aspekten über den Sonderstatus des Frühembryos zutage, dass es legitim ist, seinen Lebensschutz ausnahmsweise, aufgrund besonders gewichtiger Begründungen zu relativieren: nämlich dann, wenn es um weitreichende therapeutische Anliegen, um die Heilbehandlung von Menschen bzw. um das Gut und den Schutz menschlicher Gesundheit geht. Der Grundsatz der Menschenwürde oder ihre alltagsweltliche Geltung werden hierdurch nicht außer Kraft gesetzt. Konkrete Gefährdungen der Menschenwürde drohen dagegen an anderen Stellen, etwa bei einer gravierenden Verletzung des genetischen Datenschutzes oder bei der Diskriminierung von Behinderten im Lebensalltag, so dass in *dieser* Hinsicht sozialethisch, kulturell und rechtspolitisch große Sensibilität geboten ist. Weil die Idee der Menschenwürde deutungsoffen sowie abwägungsfreundlich oder – mit dem früheren Bundesverfassungsrichter Winfried Hassemer gesagt – entwicklungsoffen und argumentationsrelativ auszulegen ist, ist es sogar *geboten,* eine Abwägung zwischen frühembryonalem Lebensschutz und dem Gesundheitsschutz heutiger Patienten (im Fall der Reproduktionsmedizin) oder künftiger Patienten (im Kontext der humanen embryonalen Stammzellforschung) zu durchdenken. Denn *beide* Normen, der embryonale Lebensschutz und der Gesundheitsschutz, besitzen *gleicherweise* ihr Fundament in der Menschenwürde, so dass es um einen Normkonflikt und das Bemühen um schonenden Ausgleich *innerhalb* der Menschenwürdekonzeption geht.[351]

III. Der Zugriff der Forschung auf das beginnende Leben: Neue Forschungsansätze und ihre ethischen Implikationen

1. Ethische Kriterien und Notwendigkeit der Transparenz

Die voranstehenden Reflexionen zum Status früher Embryonen zugrunde legend, sind nun einige Forschungstrends anzusprechen, die sich aktuell im Umgang mit dem beginnenden menschlichen Leben zeigen. Sie sollen auf ihre normativen Implikationen hin befragt werden. Vorab ist als Resümee festzuhalten: Geht man von den soeben entfalteten Gesichtspunkten aus, erscheint es ethisch legitim, indirekt (d.h. zum Zweck der embryonalen Stammzellforschung) oder direkt (d.h. in der Fortpflanzungsmedizin) auf frühe Embryonen zurückzugreifen, sofern dies unter eingrenzenden Bedingungen erfolgt. Zu den Bedingungen gehören

- die Hochrangigkeit des jeweiligen Handlungsziels, vor allem ein hochrangiger Zweck des Gesundheitsschutzes, der gesundheitlichen Vorsorge und Versorgung,
- die Notwendigkeit des Zugriffs auf pränidative Embryonen, weil keine Erfolg versprechende Handlungsalternative verfügbar ist,
- Transparenz, wissenschaftliche und ethische Selbstkontrolle sowie öffentliche Kontrolle,
- gleichzeitig die Suche nach Alternativen, damit der Zugriff oder Rückgriff auf frühe Embryonen quantitativ eingegrenzt bleibt.

Vor diesem Hintergrund liegt es aus ethischer Sicht dann nahe, dass in der Bundesrepublik Deutschland eine Reihe von Handlungsoptionen gesetzlich zugelassen werden, die zur Zeit untersagt oder rechtlich zweifelhaft sind. Dies betrifft insbesondere die Nutzung von Ergebnissen der hES-Forschung für ethisch erstrebenswerte Ziele der Sicherheitspharmakologie und Toxikologie, darunter der Embryotoxikologie (s.o. S. 142f). Im nachfolgenden Kapitel wird sodann auf Verfahren der Fortpflanzungsmedizin einzugehen sein, u.a. auf künstliche Befruchtung mit dem Ziel der Einlingsschwangerschaft (S. 201ff) oder auf PID (S. 193ff). Auch in dieser Hinsicht wären aus ethischer Perspektive bestimmte gesetzliche Öffnungen zu wünschen.

Aus rechtsethischen und rechtsstaatlichen Gründen sind angesichts biopolitischer Entscheidungsprobleme der öffentliche Diskurs und ein möglichst hohes Maß an Transparenz anstrebenswert.

Um ein oft im Dunklen bleibendes Thema zu erwähnen: In der Bundesrepublik Deutschland ist Forschung an Embryonen vollständig verboten. Auf Dauer kann es aber nicht überzeugen, dieses Thema aus dem ethischen, rechts- und biopolitischen Diskurs ganz auszuklammern. Noch in den 1980er Jahren war dies, damals vor allem in Voten der Bundesärztekammer, anders gewesen.[352] Jedenfalls greift es zu kurz, wenn gegenwärtig apodiktisch und ohne Begründung erklärt wird: Dies „scheidet von vornherein aus".[353] Denn die Verfahren der Fortpflanzungsmedizin, die in der Bundesrepublik Deutschland routinemäßig und legal, auf der Grundlage gesetzlicher Regeln, durchgeführt werden, gehen auf Embryonenforschung zurück, die in anderen Staaten in der Vergangenheit stattfand und die weiterhin stattfindet. Es ist eine Ausnahme, dass dieser Sachverhalt überhaupt ausgesprochen wird, so wie es durch den im Jahr 2007 aufgelösten Nationalen Ethikrat in seiner letzten Stellungnahme erfolgte: „Auch die mittlerweile in Deutschland fest etablierte assistierte Reproduktion beruht auf Erkenntnissen, denen verbrauchende Embryonenforschung zugrunde lag und liegt.“[354]

Präzisierend gesagt: Soweit für die Entwicklung neuer, verbesserter Verfahren der Fortpflanzungsmedizin Embryonenforschung unerlässlich ist, ist diese in Deutschland nicht möglich. So werden im Ausland neue Methoden der künstlichen Befruchtung entwickelt, die auf hormonelle Stimulationen verzichten, so dass IVF für die Patientinnen sehr viel schonender sowie gesundheitsverträglicher zu verlaufen verspricht („minimal stimulation IVF", „natural cycle IVF", „friendly IVF"). Im Fall von Forschungserfolgen des Auslands, auch aufgrund von Embryonenforschung, werden die Ergebnisse ebenfalls deutschen Patientinnen und Patienten zugute kommen. Eine solche Inkohärenz bzw. ein solcher moralischer Doppelstandard – Forschung nein, Nutzung der Forschungsergebnisse ja – ist sicherlich zumindest diskussionsbedürftig (vgl. auch die Problementfaltungen oben S. 141ff, S. 144f).

Im Folgenden ist aber auf andere Themen hinzuweisen, die mit der hES-Forschung zusammenhängen. Zu ihnen besteht in ethischer, zum Teil auch in rechtlicher Hinsicht Bedarf an Aufarbeitung.

2. Optionen zwischen Forschungsklonen, parthenogenetisch gewonnenen und induzierten pluripotenten Stammzellen

Erstens: Zellkernreprogrammierung

In Verbindung mit der hES-Forschung ist das sog. therapeutische Klonieren, anders gesagt das „Forschungsklonen" zu erörtern. Präziser ist von gezielter Zellvermehrung, Zellkerntransplantation, somatischem Zellkerntransfer oder Zellkernreprogrammierung zu sprechen. Hierbei wird die Körperzelle eines ausgewachsenen Menschen in eine entkernte Eizelle eingefügt, ohne dass ein Individuum entstehen wird. Vielmehr sollen pluripotente Stammzellen gewonnen werden, die Forschungszwecken dienen. Hypothetisch könnte das Verfahren künftig sogar einzelnen schwer erkrankten Menschen zu Heilungszwecken zugute kommen, da auf diese Weise patientenspezifische Stammzellen herstellbar und bei schwerkranken Patienten Abstoßungsreaktionen vermeidbar wären. Theoretisch ist, wie mit Versuchen an Tieren gezeigt wurde, medizinische Hilfe z.B. bei Querschnittslähmungen denkbar.

In Deutschland wurde und wird das therapeutische Klonieren in der Regel abgelehnt. Ein Beschluss des Deutschen Bundestages (Bundestags-Drucksache 15/463) besagte, dieses Verfahren müsse zusammen mit dem reproduktiven Klonieren betrachtet werden. Der fraktionsübergreifende Antrag von SPD, CDU/CSU und Bündnis 90/Die Grünen vom 18.02.2003 begründete das kategorische Nein zu beidem mit dem Argument, beides beruhe auf derselben Technik:

„Die jetzt bekannten Formen des Klonens von Menschen und menschlichen Embryonen, das reproduktive Klonen und das so genannte therapeutische Klonen, sind bis zu dem Zeitpunkt identisch, in dem die Entscheidung getroffen wird, ob der neu entstandene Embryo eingepflanzt oder zur Gewinnung von Stammzellen verwendet werden soll. Dies lässt keine Unterscheidung des reproduktiven Klonens einerseits und des so genannten therapeutischen Klonens andererseits zu."

Nun ist es strittig, ob aus dem Embryonenschutz- und Stammzellgesetz zu entnehmen ist, dass das therapeutische Klonieren in der Bundesrepublik Deutschland gegenwärtig tatsächlich verboten ist.[355] Faktisch wird es im Inland nicht praktiziert. Demgegenüber wird von anderen Staaten, darunter Großbritannien, Belgien, Spanien, Australien oder Singapur, die Option der Zellkernreprogrammierung bzw. des therapeutischen Klonierens offengehalten und sogar ausdrücklich gefördert.

Das Verfahren wirft ethische Probleme auf, insbesondere in der Hinsicht, wie sich die erforderlichen Eizellen gewinnen lassen und wie sich im Blick auf die Eizellspende einer Frau Information, Aufklärung und Freiwilligkeit sichern lassen. Trotz gravierender Problempunkte sollte die Zellkernreprogrammierung aber nicht kategorisch oder voreilig abgelehnt werden, auch nicht mit einem undifferenzierten Hinweis auf den Embryonenschutz. Dies gilt zumal dann, wenn man den Sonderstatus des frühen Embryos berücksichtigt, von dem oben die Rede war. Es kommt hinzu, dass sich das therapeutische oder Forschungsklonen vom reproduktiven Klonieren eben doch eindeutig abgrenzen lässt. Wenn man beim therapeutischen Klonen frühe Stufen des menschlichen Lebens erzeugt, aus denen hES-Zellen gewonnen werden sollen, wird keine Herstellung genetisch identischer Nachkommen (Klone) intendiert. Der präembryonale Entwicklungsprozess wird nach wenigen Tagen, noch vor der Nidation, abgebrochen; es findet keine Individualentwicklung statt. Daher wandten sich z.B. die evangelische Kirche Österreichs (s.o. S. 149), die Bioethik-Kommission Rheinland-Pfalz[356] oder die Zentrale Ethikkommission bei der Bundesärztekammer („Forschungsklonen mit dem Ziel therapeutischer Anwendungen"[357]) gegen ein zu rasches Nein.

Zur Realisierbarkeit des Verfahrens beim Menschen und zu seiner Effizienz besteht naturwissenschaftlich allerdings große Skepsis. Wahrscheinlich werden die induzierten pluripotenten Stammzellen, die seit 2007 beforscht werden (s.u. S. 182ff), auf Dauer eine Alternative bieten.

Zweitens: Chimärismus im Zusammenhang der hES-Forschung

Eine andere ethisch-rechtliche Anschlussfrage, die sich aus der hES-Forschung ergibt, betrifft das Verhältnis zwischen Mensch und Tier. Im Rahmen der hES-Forschung werden menschliche embryonale Stammzellen oder deren Derivate in Tiere injiziert; ihre Wirkung wird im Tiermodell getestet (z.B. zur Behandlung von Querschnittslähmungen oder des Herzinfarkts). In Zukunft könnten solche Tierexperimente theoretisch sogar einmal im Vorlauf von Heilversuchen an Menschen notwendig werden, sofern es spruchreif werden sollte, hES-Zelllinien klinisch direkt am Menschen anzuwenden. Bei derartigen Tierexperimenten wird ein Chimärismus von Mensch und Tier erzeugt.

In der Bundesrepublik Deutschland hatte schon 2005 eine Kontroverse stattgefunden, die in dem Vorwurf gipfelte, im Göttinger Max-Planck-Institut für biophysikalische Chemie seien Chimärenexperimente durchgeführt worden, die ethisch fragwürdig seien. Die Bundestagsfraktion der CDU/CSU erklärte am 2. Mai 2005, dies sei eine „gezielte ‚Züchtung' von

Mischwesen aus Mensch und Tier", die „völlig inakzeptabel" sei. Der öffentliche Streit gipfelte in dem Einwand, Forscher hätten einen Chimärismus zwischen Mensch und Tier erzeugt, der die Würde des Menschseins verletze.

Es handelte sich um ein Forschungsprojekt, das 2003 vom Robert Koch-Institut genehmigt worden war. Der strittige Sachverhalt konnte 2005 rasch geklärt werden. Die Versuche hatten zum Ziel, Erkenntnisse für die Therapie der Parkinson-Krankheit beim Menschen zu gewinnen. Versuche an Primaten, die zu diesem Zweck durchgeführt werden, gelten naturwissenschaftlich als sinnvoll. In Göttingen waren in das Gehirn von Affen keine undifferenzierten hES-Zellen injiziert worden, sondern *differenzierte* Nervenzellen, die aus den hES-Zellen abgeleitet worden waren. Naturwissenschaftlich ist auszuschließen, dass das Gehirn der Tiere hierdurch erheblich beeinflusst wird; es werden keine komplexe Vernetzung neuronaler Strukturen und keine umfassende funktionale Integration solcher transplantierter menschlicher Zellen in das Zentralnervensystem der Tiere bewirkt.[358] Eine Steigerung der Leistungsfähigkeit des Gehirns des Empfängertiers, das die Eigenart der tierischen Spezies überstiege, ist bei solchen Experimenten nicht vorstellbar. Es erfolgt auch keine „Übertragung" von menschlichem Bewusstsein auf das Tier.

Dennoch handelt es sich um die Erzeugung von Chimärismus. Hierbei ist zwischen Intra- und Interspezieschimärismus zu unterscheiden. Ein Chimärismus innerhalb einer Spezies liegt z.B. vor, wenn ein Patient aufgrund einer Organtransplantation das Herz oder die Niere eines anderen Menschen erhält. Eine Xenotransplantation, bei der ein Organ eines Tieres auf einen Menschen übertragen würde, bewirkt einen Interspezieschimärismus. Bei der Verwendung von hES-Zellen kommt es nun vor allem auf das Ausmaß des Chimärismus an, so dass der springende Punkt darin besteht, Normen und Grenzziehungen zu nennen. Hierzu kann an Kriterien angeknüpft werden, die die US-amerikanische National Academy of Sciences entfaltet hat.[359] Vor allem zwei Aspekte sind relevant.

1. Menschliche embryonale Stammzellen dürfen nicht in das frühe tierische Embryonalstadium eingebracht werden und dürfen nicht die Keimzellen oder Spermien eines Tieres prägen. Auf diese Weise lässt sich sicherstellen, dass kein Tier heranwächst, welches in nennenswertem Umfang von menschlichen Genen geprägt wäre und das aus Zellen unterschiedlicher, darunter menschlicher genetischer Herkunft bestünde. Hierdurch wird auch verhindert, dass Tiere mit menschlichen Eigenschaften entstehen, die sich fortpflanzen könnten. Aufgrund solcher Gesichtspunkte war im Jahr 2003 in Korea ein Experiment abgebrochen worden, bei dem hES-Zellen in eine frühembryonale Maus eingebracht worden waren. Die Möglichkeit, eine menschlich geprägte Entität als Embryoblast in einer tierischen Ammenmutter heranwachsen zu lassen, wird kulturübergreifend abgelehnt. Eine solche Handlung ist auch in China verboten.[360]

2. Es darf keine umfassende Vernetzung und keine Humanisierung im Zentralnervensystem eines Tieres erfolgen. Zugespitzt gesagt darf kein „Wesen mit menschenähnlichen Empfindungen bzw. sogar menschenähnlichem Denken" entstehen, „das in dem Körper eines Tieres leben müsste".[361]

Beim Göttinger Experiment waren *spezialisierte* Nervenzellen in das Gehirn von Affen eingebracht worden, die aus humanen embryonalen Stammzellen abgeleitet worden waren. In einem solchen Fall kann von einer „Vermenschlichung" im Gehirn des Tieres keine Rede sein.

Gegen Forschungsprojekte, die einen Chimärismus zwischen Mensch und Tier bewirken, ist vor allem aber der prinzipielle Einwand erhoben worden, hierdurch gerate die Menschenwürde, nämlich die Würde der „Gattung" Mensch, als solche in Gefahr. Diese Kritik wurde verstärkt angesichts der sogenannten Hybridembryonen („Mensch-Tier-Embryonen"; „Mensch-Kuh-Chimären") vorgetragen, die in Großbritannien für Forschungszwecke erzeugt worden sind; die gesetzliche Legalisierung wurde im britischen Parlament am 20. Mai 2008 beschlossen.

Was die Grundsatzfragen des Mensch-Tier-Verhältnisses anbelangt, ist indessen zu bedenken, dass die Identität unterschiedlicher Spezies, auch diejenige der Gattung Mensch, biologisch gesehen nicht starr oder fixiert („fixed") vorgegeben ist. Der Versuch, eine Spezies essentialistisch zu identifizieren, und das Bemühen, einen „locus of humanity" aufzuzeigen, sind aus evolutionsbiologischer Perspektive nicht angemessen.[362] In Anbetracht von höhergradigem Chimärismus können allerdings emotionale Verunsicherungen entstehen, wie die menschliche von der nichtmenschlichen Existenz abzugrenzen ist. Selbst wenn es gar nicht darum geht, dass die Würde eines einzelnen Menschen konkret verletzt wäre, könnte die Würde des Menschseins symbolisch und kulturell in Zweifel geraten. Deshalb sollte die Verwendung von hES-Zellen keinen Mensch-Tier-Chimärismus in dem Ausmaß bewirken, dass der gesellschaftliche Konsens über die Menschenwürde in Gefahr gerät, indem „confusion about human versus nonhuman identity" wachgerufen würde.[363]

Die Projekte der hES-Forschung, die zur Zeit bekannt sind, sind bei näherer Betrachtung durchweg weit davon entfernt, solche Verunsicherungen real oder symbolisch begründen zu können. Möglicherweise stellen diesbezüglich – Herstellbarkeit von Mensch-Tier-Chimären – die induzierten pluripotenten Zellen, die oftmals als „ethisch unbedenklich" bezeichnet werden, eine viel größere Gefahr dar. Das japanische Wissenschaftsministerium hat am 21. Februar 2008 deshalb einen Erlass herausgegeben, der Chimärismus durch die Verwendung von iPS-Zellen verhindern soll.[364]

Bevor die iPS-Zellen angesprochen werden, ist noch eine andere neuere Forschungstendenz zu erwähnen.

Drittens: Parthenogenetisch gewonnene Stammzellen

In den zurückliegenden Jahren fand das Thema Beachtung, ob es möglich sei, humane pluripotente Stammzellen, die den embryonalen Stammzellen nahe kommen, mit Hilfe sogenannter alternativer Verfahren zu erzeugen.[365] Die Intention war, an pluripotente Stammzellen zu gelangen, ohne hierfür Embryonen vernutzen zu müssen (Gedanke des Embryonenschutzes). Ein Ansatz, der hierbei Bedeutung besitzt, ist die Herstellung von Stammzellen auf parthenogenetischer Basis.

Nun ist soeben bereits das therapeutische Klonen erwähnt worden. Beim therapeutischen Klonen sollen somatische Zellen, also Körperzellen von herangewachsenen Menschen, durch den Transfer in entkernte Eizellen reprogrammiert werden. Es entstehen frühe Embryonen (Blastozysten), denen sich dann pluripotente embryonale Stammzellen entnehmen lassen. Der Südkoreaner Hwang Woo Suk hatte 2004 behauptet, ihm sei dieses Verfahren mit *menschlichen* Zellen gelungen. Jedoch stellte sich heraus, dass der Durchbruch, der 2004 in „Science" publiziert worden war, auf Fälschungen beruhte. Es kam hinzu, dass bei den koreanischen Experimenten in hochproblematischer Weise Druck auf Frauen ausgeübt und eine sehr viel größere Zahl menschlicher weiblicher Eizellen in Anspruch genommen worden war, als Hwang zunächst gesagt hatte. Der Vorgang ist einer der gravierendsten Wissenschaftsskandale der zurückliegenden Jahre.[366] Im August 2007 geriet er aus einem ganz anderen Grund wieder in Erinnerung: Es wurde nachgewiesen, dass Hwang pluripotente Stammzellen nicht – wie von ihm behauptet – durch therapeutisches Klonen, sondern auf dem Weg der Parthenogenese erzeugt hatte (Parthenogenese: „Jungfernzeugung"; eingeschlechtliche Vermehrung, bei der kein männlicher Erzeuger bzw. kein männliches Erbgut beteiligt ist). Anscheinend war es Hwang 2004 unbeabsichtigt geglückt, nicht durch therapeutisches Klonen, aber auf dem Weg der Parthenogenese pluripotente Stammzellen zu erhalten. Aufgrund einer Überprüfung seiner Ergebnisse erklärte am 2. August 2007 der renommierte US-Forscher George Q. Daley, in Korea habe seinerzeit „die erste erfolgreiche Isolierung parthenogenetisch erzeugter menschlicher Stammzellen" stattgefunden. Daley nannte dies eine Ironie der Wissenschaftsgeschichte: „It becomes an historic irony that Hwang was the first to produce the parthenogenetic stem cell but didn't appreciate what he had."[367]

Die Parthenogenese ist eines der alternativen Verfahren, embryonale bzw. pluripotente Stammzellen zu gewinnen. Eine unbefruchtete Eizelle wird mit Hilfe biotechnologischer Manipulation künstlich zur Teilung angeregt, um ihr im Blastozystenstadium, also im frühen Embryonalstadium, pluripotente Stammzellen zu entnehmen. Der Parthenot wird sich jedoch nicht weiter entwickeln und zu keinem Individuum werden, weil paternal regulierte Gene (z.B. IFG2) nicht ausreichend exprimiert und maternale Gene (z.B. H19) überexprimiert werden („differential imprinting"). Daher kommt es zu keiner Ausbildung extraembryonalen Gewebes, das für die Einnistung eines Embryos in den Uterus vorhanden sein muss. Die hominide Entität, die auf diese Weise entsteht und aus der die Stammzellen entnommen werden – also der Parthenot –, ist deshalb eigentlich gar nicht als Embryo zu bezeichnen, sondern als Quasi-Embryo. Die Fortentwicklung von Parthenoten in eine spätere Embryonalphase hinein, von der manchmal die Rede ist[368], beruht auf *zusätzlicher* biotechnischer Intervention und Stimulation; sie ist von Natur aus nicht möglich. Zwar entstehen – abgesehen von der künstlichen Generierung von Parthenoten zur Erzeugung von Stammzellen, um die es in unserem Zusammenhang geht – auch „natürlicherweise" Parthenoten. Diese sind aber nicht entwicklungsfähig, sondern werden vaginal oder urethral ausgeschieden; andernfalls kämen Ovarialteratome zustande.[369]

Theoretisch könnte die Methode, aus Parthenoten pluripotente Stammzellen zu gewinnen, nicht nur Forschungszwecken dienen. Vielmehr ist sie sogar für therapeutische Zwecke denkbar. Genetische und funktionelle Analysen vorausgesetzt, sind parthenogenetisch gewonnene pluripotente Stammzellen hypothetisch als Basis für therapeutische Verwendungen bis hin zu Gewebeersatztherapien vorstellbar. Bei Frauen könnte im Krankheitsfall auf autologer Basis, d.h. mit Hilfe von Eizellen, die sie selbst bereitgestellt haben, also mit körpereigenem Material (Eigenspende), eine Zelltransplantation vorgenommen werden. Hierdurch wären Abstoßungsreaktionen vermeidbar, die bei der Verwendung von hES-Zellen zu befürchten sind, da diese fremdes biologisches Material sind. Inzwischen verdichten sich Indizien, dass für Männer eine analoge Handlungsoption auf der Grundlage von pluripotenten Stammzellen denkbar ist, die aus Hodengewebe gewonnen werden (spermatogoniale Stammzellen).[370]

Bei diesen alternativen Verfahren kann ethisch – je nach dem Standpunkt, der zum Status des Frühembryos eingenommen wird – von Interesse sein, dass der Umweg über Embryonen vermieden wird: Es erfolgt kein Embryonenverbrauch, um Stammzellen zu erhalten (Herkunftsaspekt der pluripotenten Stammzellen). Vor allem sind aber die Zweckbestimmung, der Verwendungsaspekt und die Nutzenabwägung zu betonen. So besitzt die Aussicht, Immunverträglichkeit zu erreichen, einen hohen Stellenwert, gerade auch im Licht einer Ethik des Gesundheitsschutzes. Deswegen sind entsprechende Forschungsvorhaben, die zur Zeit in Gang kommen, ethisch wünschenswert.

Viertens: De-Konstruierung/Depotentialisierung von Frühembryonen
In Deutschland fand in den letzten Jahren freilich ein völlig anderer Verfahrensvorschlag Resonanz, der gleichfalls den „alternativen" Methoden zur Gewinnung embryonaler Stammzellen zuzurechnen ist. Es sollen Embryonen – besser: Quasi-Embryonen – geschaffen werden, die sich nur bis zum Blastozystenstadium, also bis zu einer frühen Phase vor der Einnistung in die Gebärmutter (ca. 5. Tag), entwickeln können – und zwar auf der Basis, dass diese Entitäten im Vorhinein künstlich depotenziert worden sind. Ihnen soll eine Entwicklungsbremse („Terminator-Gen") eingefügt werden, aufgrund derer ihre Fähigkeit zur weiteren Fortentwicklung als implantationsfähiger Embryo *vorab* verhindert wird. Sie können sich also, aufgrund einer vorherigen biotechnischen Manipulation, auf keinen Fall in einer Gebärmutter einnisten. Die Erzeugung künstlich depotenzierter Quasi-Embryonen soll der Gewinnung humaner pluripotenter Stammzellen dienen, ohne dass hierbei „echte" menschliche Embryonen vernutzt oder zerstört werden müssen, die sich zur Geburt oder zum Menschsein entwickeln könnten.
Nun ist die – theoretische – Option, solche depotenzierten Quasi-Embryonen herzustellen, in der Bundesrepublik Deutschland zügig befürwortet worden, nämlich schon 2004 von einem Ethikbeirat der CDU/CSU-Fraktion.[371] Für die Bewertung solcher Initiativen spielte zum Teil eine Rolle, den Einwänden gerecht zu werden, die vor allem von der katholischen Kirche gegen die hES-Forschung erhoben werden. Von wissenschaftlicher Seite wurde im Gegenzug geäußert: „It will be a sad day when scientists use genetic manipulation to deliberately create crippled embryos to please the Church".[372]
Später wurde dann sogar aus der Logik der katholischen Morallehre selbst heraus gegen die Erzeugung künstlich depotenzierter Embryonen Einspruch erhoben. Das katholische Gegenargument lautete nun, deren Erzeugung bedeute eine willkürliche Schädigung menschlichen Lebens und laufe darauf hinaus, menschlichem Leben die Lebensfähigkeit, die man ihm „schulde", willentlich „vorzuenthalten". Es werde „lediglich ein Gen ausgeschaltet". Davon abgesehen sei bei den depotenzierten Embryonen aber ein Genom vorhanden, so dass sie Menschen seien. „Ein analoger Fall wäre ... die absichtliche Erzeugung eines behinderten Kindes oder eines Kindes, dessen Tod wenige Monate nach seiner Geburt vorprogrammiert ist."[373] In der Perspektive der katholischen Kirche besteht gegenüber den vorab depotenzierten Embryonen letztlich eine Hilfeleistungs- und Rettungspflicht.
Diejenigen, die aus religiösen Gründen einen absoluten oder unbedingten Embryonenschutz vertreten, sind durch das Verfahren mithin keineswegs „beruhigt" worden. Die katholischen Einwände des absoluten Lebensschutzes tragen allerdings religiös partikularen Charakter und können nicht per se allgemeine Geltung beanspruchen. Dennoch wirft es Rückfragen

auf, ob man zur Gewinnung von Stammzellen auf solche künstlich depotenzierten Gebilde zurückgreifen sollte. Abgesehen von Ungewissheiten über die Erfolgsaussicht[374] bedarf die Option, depotenzierte, nicht entwicklungsfähige Quasi-Embryonen künstlich zu schaffen, ethisch, ja anthropologisch der Aufarbeitung. Hier zeigt sich nämlich beispielhaft besonders krass, dass neuerdings die Grenze zwischen „natürlich" und „technisch" verschwimmt.

Um die depotenzierten Lebensformen zu charakterisieren, wurde das Kunstwort „blastozystenartiges Gebilde" geschaffen.[375] Anders gesagt: Es handelt sich um Artefakte oder Biofakte, um menschliches Leben als technisches Konstrukt oder um technogene Embryonen, d.h. um ein ens compositum und eine neuartige synthetische Form lebendigen menschlichen Seins. Anders als beim Chimärismus verschwimmt jetzt nicht die Grenze zwischen Lebewesen unterschiedlicher Spezies (Mensch und Tier), sondern die Grenze zwischen menschlichem Leben und technischem Produkt bzw. technischem Konstrukt. Daher ist genauer zu bedenken,

– ob die Herstellung solcher Artefakte, die bewusst und vorsätzlich geschädigt wurden, Grundlagenfragen des menschlichen Selbstverständnisses symbolisch berührt,
– ob die Konstruktion derartigen hominiden Lebens oder synthetischer Lebensformen die Grenze zwischen menschlichem Leben und technischem Produkt in bedenklichem Maß undeutlich werden lässt
– und ob solche biotechnologischen Optionen bejaht werden sollten, sofern Alternativen verfügbar sind.

Fünftens: Induzierte pluripotente Stammzellen

Zu den Alternativen, die gegenüber den klassischen humanen embryonalen Stammzellen ins Spiel gebracht werden, gehören sodann die induzierten pluripotenten Stammzellen (iPS-Zellen). Sie wurden im menschlichen System erstmals im November 2007 geschaffen. Das Verfahren, das vor allem die Forschergruppe um Shinya Yamanaka/Universität Kyoto aufgezeigt hat, besteht darin, Zellen eines erwachsenen Menschen, etwa eine Hautzelle, so zu reprogrammieren, dass sich pluripotente Stammzellen gewinnen lassen. Ein Jahr zuvor war dies Yamanaka im Maussystem gelungen.

Nun haben katholische und evangelische Kirchenvertreter oder Politiker, unter ihnen Forschungsministerin Annette Schavan, die iPS-Zellen als geradezu „den" künftigen Ersatz für hES-Zellen bewertet, der „ethisch unproblematisch" sei. Oft lautete die Schlussfolgerung, die hES-Zellen sollten in Deutschland überhaupt nur noch eine begrenzte Zeit in Anspruch genommen werden dürfen.

Hierzu ist aber eine differenziertere Betrachtung erforderlich. Falls iPS-Zellen medizinisch einmal verwendbar werden sollten, würden sie zweifellos große Vorzüge besitzen. Bestenfalls würde, ebenso wie bei parthenogenetisch oder spermatogonial erzeugten Stammzellen, bei einer Therapie mit patienteneigenen iPS-Zellen kein Immunabwehrproblem entstehen. Darüber hinaus könnten iPS-Zellen generell für die Erforschung von Krankheiten eine Rolle spielen, dabei auch die bisherigen, im Ausland benutzten Krankheitszelllinien aus PID-Embryonen partiell oder weitgehend ersetzen (s.o. S. 140f), für Medikamenten- und Toxizitätstests eingesetzt werden oder für die patientenspezifische Medikamentenentwicklung sehr nützlich sein. So gesehen wäre wünschenswert, wenn sich die auf sie gesetzten Erwartungen in einem überschaubaren Zeitraum erfüllen würden.

Auf der anderen Seite sind Problempunkte zu sehen. Unklar ist zur Zeit noch, wie die Pluripotenz der iPS-Zellen einzuschätzen ist, wie nahe sie den herkömmlichen humanen *embryonalen* Stammzellen tatsächlich kommen und in welcher Hinsicht sie ggf. konkret nutzbar
sind. Z.B. ist noch „nicht geklärt, ob induzierte pluripotente Zellen bezüglich ihres neuronalen Differenzierungspotentials humanen ES-Zellen vergleichbar sind."[376]

> Vereinzelte Stimmen behaupten, die iPS-Zellen seien nicht nur pluri-, sondern omnipotent, so
> dass aus ihnen theoretisch ein Individuum entstehen könnte.[377] Dann wäre ihre Verwendung
> sogar in rechtlicher Hinsicht, im Sinn von § 8 ESchG, hochproblematisch. Jedoch dürfte die-
> ser Einwand nicht haltbar sein.

Wichtig ist, dass – trotz verschiedener Erfolge, darunter der Herstellung von iPS-Zellen aus
Hautzellen einer Patientin mit dem Nervenleiden Amyotrophe Lateralsklerose im Juli 2008
durch die Gruppe um Kevin Eggan in der Harvard-Universität – diese Zellen noch nicht
standardisiert sind und ihre Generierung zur Zeit verfahrenstechnisch hochgradig risikobe-
haftet ist. Wenn man die Zellen bei Patienten zur Anwendung brächte, würden Tumore erzeugt. Im Vergleich zu den herkömmlichen pluripotenten Stammzellen aus frühen Embryonen ist derzeit ferner ganz offen, welche Bedeutung die altersbedingten Veränderungen der
Hautzellen haben, die reprogrammiert werden. Aufgrund des Problems der Zellalterung, der
altersbedingten Zunahme von Mutationen, darf bei der Zellreprogrammierung nach gegen-
wärtigem Erkenntnisstand (August 2008) die „black box" nicht unterschätzt werden.
Schließlich ist ein weiterer Problempunkt zu unterstreichen. Theoretisch kann aus iPS-Zellen jeder Zelltyp gewonnen werden, darunter Gameten, männliche und weibliche Keimzellen, Spermien und Eizellen; hypothetisch sind Keimbahnmanipulationen oder gar Klonie-
rungen der eigenen Person möglich. Vor dem Hintergrund, dass prominente Forscher wie
Rudolf Jaenisch oder der japanische iPS-Pionier Shinya Yamanaka selbst in dieser Hinsicht
ethische Bedenken vorgetragen haben, hat das japanische Wissenschaftsministerium im
Februar 2008 einen Erlass verschickt. Diesem zufolge ist in Japan verboten „die Implantation von Embryonen, die mit iPS-Zellen hergestellt wurden, in eine menschliche oder tierische Gebärmutter, die Erzeugung eines Individuums in irgendeiner anderen Weise aus iPS-
Zellen, die Einfügung von iPS-Zellen in einen Embryo oder Fetus und die Herstellung von
Keimzellen aus iPS-Zellen".[378] Ähnliche Vorbehalte gab eine Gruppe prominenter internationaler, an sich keinesfalls fortschrittsskeptischer Naturwissenschaftler, die „Hinxton
Group", in ihrem „Consensus Statement: Science, Ethics and Policy Challenges of Pluripotent Stem Cell-Derived Gametes" vom 11. April 2008 zu bedenken. Die Autoren schrieben,
dass zur Testung von iPS-Zellen möglicherweise ein Ausmaß an Embryonenforschung erforderlich wäre, welches unverhältnismäßig sei, und legten dar:

> „Advances in PSC-derived gamete research may facilitate applications directed towards ends
> that will be socially controversial, such as germ line genetic modification for the correction of
> disease mutations, introduction of disease resistance, other forms of biological enhancement,
> increased possibilities for embryo selection or the birth of genetic offspring of same-sex pa-
> rents."[379]

Die iPS-Zellen sind ethisch also keineswegs so problemfrei, wie es 2007/2008 oftmals dar-

gestellt wurde. Wenn sie in Medien oder von Politikern als „ethisch unbedenklich" bezeichnet werden, trifft dies allenfalls auf den *Herkunfts*aspekt zu, da sie nicht aus Embryonen
stammen (vorausgesetzt dass man die übliche Herstellung der hES-Zellen aus Frühembryonen, die überzählig sind, als ethisch per se unakzeptabel ansieht). Zum *Verwendungs*aspekt
besteht jedoch medizinethischer Diskussionsbedarf und möglicherweise rechtlicher Regelungsbedarf. Falls klinische Anwendungen am Menschen einmal spruchreif werden sollten,
wären diese im Licht der Kriterien für Humanexperimente oder Heilversuche zu durchdenken (s.o. S. 141). Darüber hinaus sind die genannten missbräuchlichen Nutzungen nicht von
der Hand zu weisen. Sofern es gelänge, potentiellen Missbrauch von iPS-Zellen vorsorglich
einzudämmen – durch Selbstverpflichtungen der Wissenschaft oder, wie in Japan, durch
staatliche Vorgaben –, würde dies dazu beitragen, dass der therapeutische Sinn, den sie nach
heutiger Einschätzung einmal besitzen können, tatsächlich zum Zuge gelangt. Freilich
zeichnet sich nicht ab, dass die iPS-Zellen die Beforschung und Verwendung herkömmlicher hES-Zelllinien vollständig ersetzen, schon allein deshalb, weil die „klassischen" hES-
Zelllinien für Vergleichsforschung, darüber hinaus wohl auch für pharmakologische und
sicherheitstoxikologische Verwendungen (s.o. S. 95, S. 141ff) wichtig bleiben.

IV. Entscheidungskonflikte in der Fortpflanzungsmedizin

In den Kapiteln B I. und B III. sind – im Umkreis des Themas „embryonale Stammzellen" – Ansätze heutiger *Forschung* genannt worden, die das beginnende menschliche Leben betreffen. Jetzt ändert sich der Schwerpunkt: Es geht um den Zugriff auf frühe Embryonen in der *alltäglich* praktizierten Medizin. Die Fortpflanzungsmedizin hat sich zum Ziel gesetzt, Paaren, die unter Sterilitätsproblemen leiden oder in anderer Hinsicht belastet sind (etwa durch genetische Defekte), auf ihren Wunsch hin zu einem eigenen Kind zu verhelfen (s.o. S. 129). Dies geschieht durch das Verfahren der außerkörperlichen Befruchtung (In-vitro-Fertilisation). Der außerhalb des Mutterleibes erzeugte Frühembryo wird der Frau dann vom Arzt in die Gebärmutter eingesetzt (Embryotransfer; „Zurücksetzen" des Embryos).

1. Fortpflanzungsmedizin im Spannungsfeld von Embryonenschutz, Selbstbestimmungsrecht, Gesundheitsschutz und Kindeswohl

1.1. Normative Grundlagen

In Kapitel B. II (S. 146–174) wurde die ethische Grundlagenfrage erörtert, welcher moralische und rechtliche Status dem frühen Embryo zukommt. Die Fortpflanzungsmedizin gelangte dabei implizit, an einigen Stellen bereits explizit in den Blick. Seit Ende der 1970er Jahre hat sich die ärztlich assistierte Reproduktion dynamisch fortentwickelt; inzwischen ist ärztlich unterstützte Fortpflanzung/außerkörperliche Befruchtung/In-vitro-Fertilisation (IVF) zum eigenständigen Segment medizinischer Angebote geworden. Nachfolgend werden ausgewählte Fragestellungen beleuchtet und gegenwärtig strittige Themen angesprochen. Die Positionsbestimmungen zur ethischen Abwägung im Umgang mit dem frühen Embryo und zum Embryonenstatus, die in diesem Buch entfaltet worden sind – abwägbarer Schutzstatus des frühen Embryos vor dem Transfer in die Gebärmutter; sukzessive ansteigender Schutzanspruch von Embryonen und Feten im Verlauf der Schwangerschaft –, werden dabei vorausgesetzt.

Ethische sowie rechtliche Erwägungen zur Fortpflanzungsmedizin sind deswegen so komplex, weil unterschiedliche ethische Normen und Grundrechte in Ausgleich zu bringen sind. Neben dem Frühembryonenschutz sind dies insbesondere (a) das Selbstbestimmungsrecht der Frau und ihres Partners, (b) der Gesundheitsschutz der Frau sowie (c) der Gesundheitsschutz des mit ärztlicher Assistenz erzeugten Kindes und das Kindeswohl.

(a) Anknüpfend an das individuelle Selbstbestimmungsrecht bzw. an die Patientenautonomie sind das Recht der Patientinnen und der Kinderwunschpaare auf reproduktive Selbstbestimmung (Fortpflanzungsfreiheit) sowie das persönliche Entscheidungsrecht der Patientin zu betonen, ohne das eine ärztliche reproduktionsmedizinische Behandlung und der Embryotransfer, d.h. die Übertragung des außerkörperlich erzeugten Embryos in die Gebärmutter, nicht denkbar sind. Der Wunsch von Patientinnen und Paaren nach einem eigenen Kind ist menschlich nachvollziehbar sowie ethisch legitim. In der philosophie-, theologie- und

religionsgeschichtlichen Überlieferung wurde der Kinderwunsch durchgängig als besonders hohes Gut, modern existenzphilosophisch gesagt: als ein Existential, d.h. als eine Grundbestimmtheit des Menschseins, interpretiert. Das philosophische und theologische Naturrecht ordnete den Fortpflanzungswunsch in die „natürlichen Neigungen" („inclinationes naturales") ein, die im menschlichen Sein angelegt sind, so dass die Menschen in ihrer Lebensführung hieran Anhalt nehmen und sie mit Hilfe der praktischen Vernunft ethisch gestalten können.[380] Die jüdische Tradition hatte die Fortpflanzung sogar als sittlich-religiöse Pflicht angesehen (s.o. S. 154).

In der Gegenwart ist zwar gegenläufig das Phänomen der gewollten Kinderlosigkeit beobachtbar. Kultur- und medizingeschichtlich betrachtet ist dies im heutigen Ausmaß ein Novum; „noch in den 70er Jahren" des 20. Jahrhunderts war dieses Phänomen „praktisch unbedeutend" gewesen.[381] Einer neueren Erhebung aus dem Jahr 2006 zufolge äußern in Deutschland 8,4% der zwischen 25- und 59-Jährigen, „dass sie weder jetzt noch früher Kinder haben wollten". Hierbei zeigte sich eine Differenz zwischen den Voten von Männern und Frauen (11,2% vs. 5,6%).[382] Andere Untersuchungen nennen noch höhere Zahlen. Dass gewollte Kinderlosigkeit seit wenigen Jahrzehnten vermehrt eine Rolle spielt, ist auch auf soziokulturelle Faktoren, z.B. die Anforderungen an die Lebensführung in einer hochmodernen mobilen Gesellschaft zurückzuführen, in der Familiengründungen aufgrund von gesellschaftlichen, familien- und bildungspolitisch bedingten Rahmensetzungen und überdies aufgrund finanzieller Aspekte – in der Bundesrepublik Deutschland bis hin zum verstärkten Armutsrisiko durch Kinder – strukturell erschwert werden. Die derzeitige durchschnittliche Reproduktionsrate je Frau in Deutschland (weniger als ca. 1,5 Kinder) unterschreitet signifikant die für die Stabilität einer Bevölkerung als notwendig erachtete Zahl (2,1 Kinder).[383]
Hiervon bleibt aber gänzlich unberührt, dass ein Kinderwunsch grundsätzlich zu den Existentialien und die Verwirklichung dieses Wunsches zu den sogenannten fundamentalen Zielgütern menschlicher Lebensführung gehören.

Deshalb ist es legitim, ärztliche Unterstützung in Anspruch zu nehmen, sofern der eigenen Perspektive gemäß ein Kinderwunsch besteht und die extrakorporale Befruchtung medizinisch indiziert ist. Dies gilt erst recht angesichts dessen, dass ungewollte Kinderlosigkeit, zumal in der Sicht der Betroffenen selbst, Krankheitswert besitzt.
(b) Für die ethische Reflexion der Fortpflanzungsmedizin ist neben dem Selbstbestimmungsrecht das Recht auf Gesundheitsschutz eine ausschlaggebende Norm. In dessen Licht steht die Reproduktionsmedizin vor der Aufgabe, den Patientinnen, die sich einer IVF-Behandlung unterziehen, und den mit medizinischer Hilfe erzeugten Kindern verfahrensbedingte gesundheitliche Lasten nach Möglichkeit zu ersparen. Zu den Problemen der Behandlung gehört die Belastung durch die Hormonstimulation, die bei der Patientin zur Gewinnung der Eizellen durchgeführt wird. Auf Dauer ist theoretisch deren Reduzierung oder sogar Vermeidung vorstellbar („minimal stimulation IVF", „natural cycle IVF", „friendly IVF"; im Einzelfall bereits jetzt: die in-vitro-Maturation von Eizellen[384]).
Forschungsansätze zur Verbesserung der IVF, die die Frühembryonenforschung einschließen, sind im Inland aufgrund gesetzlicher Verbote nicht umsetzbar (s.o. S. 175f). Andere, im Inland realisierte Forschungsprojekte, die der verbesserten gesundheitlichen Versorgung von Frauen durch die Reproduktionsmedizin verpflichtet sind, betreffen z.B. die Erhaltung

der Fortpflanzungsmöglichkeit vor einer onkologischen Therapie und einer Chemotherapie.[385]

(c) Das Ziel des Gesundheitsschutzes und der bestmöglichen gesundheitlichen Versorgung ist sodann im Blick auf die Kinder zu beachten, die mit ärztlicher Assistenz erzeugt werden. Das Recht auf den Schutz der Gesundheit, genauer: auf „das erreichbare Höchstmaß an Gesundheit" steht gemäß der Kinderrechtskonvention der Vereinten Nationen von 1989 (Artikel 24) jedem geborenen Kind zu. Nun war diese Formulierung ursprünglich nicht auf die Reproduktionsmedizin zugeschnitten. Heute ist aus der erweiterten Handlungsmacht der Medizin jedoch die Konsequenz zu ziehen, dass für die Reproduktions- und die Pränatalmedizin die Gesundheit des Kindes auch prospektiv, in vorausschauender Hinsicht zum normativen Kriterium wird. Es greift zu kurz, dass sich die Ethik- und Rechtsdebatte, die in Deutschland zur Fortpflanzungsmedizin geführt wird, oft nur auf den Lebensschutz und die Lebenserhaltung des frühen extrakorporalen Embryos konzentriert, die Auswirkungen des reproduktionsmedizinischen Handelns auf die Gesundheit und das Wohl des erhofften Kindes aber mehr oder weniger unbeachtet lässt. Der Begriff „Kindeswohl" schließt das physische und ggf. – soweit sich dies vorab beurteilen lässt – auch das psychosoziale Wohlergehen ein.

Ethisch ist daher zu begrüßen, dass auf europäischer Ebene reproduktionsmedizinische Fachgesellschaften das Kindeswohl hervorheben. So erklärte die European Society of Human Reproduction and Embryology (ESHRE), die Reproduktionsmedizin müsse neben normativen Standards des Umgangs mit dem frühen Embryo – in Bezug auf Embryonenspende, Kryokonservierung, Embryonenforschung usw. – die Verantwortung für das geborene Kind im Auge behalten:

> „It is in the public interest to establish boundaries that respect this special biological entity, the embryo, and reflect a responsible attitude, especially towards the child resulting from assisted reproductive technology. Thus the child's welfare and our responsibility are of utmost concern".[386]

Jetzt ist auch in Deutschland zu diesem Thema ein Fortschritt in der öffentlichen Bewusstseinsbildung zu beobachten. Die ältere Fassung der Richtlinien der Bundesärztekammer zur Durchführung der assistierten Reproduktion aus dem Jahr 1998 hatte das Kindeswohl nur singulär und beiläufig erwähnt („Der Arzt soll im Rahmen einer Unfruchtbarkeitsbehandlung darauf hinwirken, dass dem Paar eine kompetente Beratung über dessen mögliche psychische Belastung und die für das Wohl des Kindes bedeutsamen Voraussetzungen zuteil wird"). Lediglich an einer einzigen Stelle berief sie sich konkret auf das Kindeswohl, und zwar um medizinisch assistierte Reproduktion bei gleichgeschlechtlichen Partnerinnen abzulehnen.[387] Im Jahr 2006 hat die Bundesärztekammer in ihrer neuen Musterrichtlinie zur assistierten Reproduktion den Gedanken, dass das Grundrecht des Kindes auf Gesundheitsschutz auf die Fortpflanzungsmedizin ausstrahlt, dann aber ganz ins Zentrum gerückt: „Der hohe Anspruch an das Kindeswohl gilt auch für den Umgang mit dem noch nicht geborenen Kind." Die Richtlinie betont die präventive Verantwortung, die eine Ärztin oder ein Arzt „für das Wohl des mit ihrer/seiner medizinischen Assistenz erzeugten Kindes" tragen, und unterstreicht: „Die ärztliche Pflicht, zum Wohl der Patienten zu handeln und Schaden zu

vermeiden, bezieht sich auf die Mutter und auf die erwünschten Kinder." Falls es im Einzelfall absehbar ist, dass sich für ein Kind ein erhöhtes physisches oder auch ein soziales oder
psychisches Risiko abzeichnet, müssen der Kinderwunsch des Paares und das Risiko für das
Kind vom Arzt „gegeneinander abgewogen werden".[388]
Nun ist die Betonung des Kindeswohls in der neuen Richtlinie als zu „absolut" kritisiert
worden.[389] Sicherlich treffen anderweitige Vorbehalte gegenüber der Richtlinie zu. Da das
IVF-Verfahren für die Patientin und für das erhoffte Kind jedoch keineswegs risikofrei ist
und weil auf fortpflanzungsmedizinische Verfahren manchmal überdehnte Erwartungen
projiziert werden, sollte der Gedanke nicht abgewiesen werden, dass Ärzte im Problemfall
beides, 1. das Selbstbestimmungsrecht und das Recht auf Fortpflanzungsfreiheit einer Frau
und eines Kinderwunschpaares sowie 2. ihre eigene ärztliche Verantwortung für das Wohl
des mit ihrer Hilfe erzeugten Kindes, berücksichtigen sollen. Ggf. wird einem Kinderwunschpaar im Rahmen eines prozedural geregelten Beratungs- und Entscheidungsverfah-
rens und auf der Basis nachvollziehbarer Kriterien zu erläutern sein, warum eine von ihm
gewünschte reproduktionsmedizinische Behandlung aus Gründen des Gesundheitsschutzes
des Kindes bzw. des Kindeswohls nicht durchgeführt wird.
In manchen Fällen kann es nämlich ethisch fraglich sein, welches Maß an gesundheitlichen
Lasten des Kindes in Kauf genommen werden darf, wenn trotz Sterilitäts- oder Spermien-
qualitätsproblemen, erhöhten mütterlichen oder – wie inzwischen als Problemfaktor zunehmend erkannt wird – erhöhten väterlichen Alters oder anderer, darunter familiärer oder sozialer Gegebenheiten ein Kinderwunsch erfüllt werden soll. Zu durchdenken ist, von welcher Grenzlinie ab der legitime, nachvollziehbare und medizinisch zu unterstützende in
einen ethisch bedenklichen Kinderwunsch umschlägt. Vor dem Hintergrund, dass inzwischen vermehrt Analysen über verfahrensbedingte Risiken der extrakorporalen Befruchtung
vorliegen, sollten das Wohl und der Gesundheitsschutz des erhofften Kindes als des Dritten,
der seine potentiellen Interessen selbst nicht zur Geltung bringen kann, von allen Beteiligten
– dem Kinderwunschpaar, von Ärztinnen und Ärzten und von Beraterinnen und Beratern –
vorrangig im Auge behalten werden. Die Erfüllung eines Kinderwunsches kann schwerlich
um den Preis erfolgen, dass für das Kind von vornherein gesundheitliche Schäden hingenommen werden, die unverhältnismäßig sind. Hier greift die Handlungsregel, dass das Prinzip des Nichtschadens (hier: Nichtschaden im Hinblick auf das erhoffte Kind) Vorrang besitzt vor dem Prinzip des Nutzens, wobei es hier überdies um den eigenen Nutzen geht
(Verwirklichung des persönlichen Kinderwunsches). Für Fortpflanzungsmediziner gilt daher das Gebot, das Wohl der erhofften und durch medizinische Unterstützung gezeugten
Kinder schon prospektiv, vorausschauend zu berücksichtigen. Darüber hinaus gehört es generell zur gesellschaftlichen Verantwortung der Fortpflanzungsmedizin, ihre soziokulturel-
len Folgewirkungen zu bedenken und keine überzogenen Erwartungen zu wecken.

1.2. Grenzziehungen

Im medizinischen Alltag können schwierige Entscheidungssituationen entstehen. Konkret:
Darf IVF/ICSI (ICSI: intrazytoplasmatische Spermieninjektion) bei einem Paar durchgeführt werden, wenn bei der Frau die genetische Disposition zur Chorea Huntington vorhan-

den ist, einer Krankheit, die im Alter von ca. 50 Jahren ausbricht, bislang nicht heilbar ist und tödlich verläuft? Das mit Hilfe von In-vitro-Befruchtung gezeugte Kind hat zu 50% die Aussicht, selbst von dieser Krankheit betroffen zu sein (falls keine PID durchgeführt wird, was im Inland rechtlich nicht statthaft ist). Es würde das Leidens- und Sterbeschicksal seiner Mutter miterleben und für sich selbst, sofern es die Anlage geerbt hat, unabwendbar das Gleiche zu erwarten haben. Auf der anderen Seite hätte es die Aussicht, vor dem Ausbruch der Krankheit zunächst ca. fünf Jahrzehnte physisch unbeeinträchtigt und gesund zu sein. Nochmals ausgeweitet gesagt: Extreme Situationen treten ein, wenn behinderte Eltern mit Hilfe von Pränataldiagnostik die Geburt eines ebenfalls behinderten, z.B. tauben Kindes erreichen wollen. Dieser Sachverhalt ist aus humangenetischer Perspektive zu Recht folgendermaßen kommentiert worden:

> „Hier stoßen wir wohl an die Grenze des ethisch Tragbaren. So uneingeschränkt der Anspruch auf Akzeptanz einer Behinderung und so verständlich deren subjektive Definition als individueller Normalzustand auch sein mag, so bewegt sich eine solche völlig vom intuitiven Verständnis losgelöste Beliebigkeit des Gesundheitsbegriffes gefährlich weit in Richtung auf einen *consumerism*, dem nachzugeben die Glaubwürdigkeit ärztlichen Handelns gefährden würde."[390]

Die Fortpflanzungsmedizin wird darauf zu achten haben, in *keine* Richtung hin überdehnte Erwartungshaltungen zu wecken. Sie sollte keine willkürlichen Selektionen fördern, sondern sich daran bemessen lassen, dass der von ihr bewirkte Handlungsfortschritt human- und sozialverträglich bleibt. Daher sollte sie auch illusionären Erwartungen entgegentreten, sie vermöge ausgefallene Wünsche zu erfüllen (bis hin zur lifestyle-Medizin), die medizinisch nicht indiziert sind, oder die Gesundheit von Kindern gleichsam zu „garantieren". Faktisch hat der Ausbau der Reproduktionsmedizin seit den 1980er Jahren der Vorstellung freilich durchaus Vorschub geleistet, durch medizinischen Fortschritt lasse sich die Gesundheit von Kindern geradezu gewährleisten. Manchen Eltern wird von Dritten vorgehalten, die Geburt ihres behinderten Kindes sei vermeidbar gewesen, da der medizinische Fortschritt dies mehr oder weniger auszuschließen vermöge (das behinderte Kind als „wrongful life" oder als sozialer oder ökonomischer „Schaden").

Nun ist die Meinung, Fortpflanzungsmedizin sowie vorgeburtliche Diagnostik könne Krankheitsanlagen umfassend vorbeugen, schon allein statistisch unrealistisch. Selbst wenn an einem Fetus eine vorgeburtliche genetische Diagnostik auf einzelne erbliche Belastungen oder Chromosomenschäden hin erfolgt, bleibt das normale Basisrisiko von ca. 3% erhalten, dass ein Kind behindert geboren wird. Es kommt hinzu, dass die meisten Behinderungen erst mit oder nach der Geburt, also im Verlauf des Lebens, entstehen. Daher sollte die Reproduktions- und die Pränatalmedizin stets auf ihre Grenzen aufmerksam machen. Psychologen empfehlen, vor Beginn oder während einer Schwangerschaft den potentiellen Eltern in individuellen Beratungsgesprächen folgendes zu verdeutlichen:

> „Nur ein Bruchteil möglicher Behinderungen kann durch vorgeburtliche Diagnostik erfasst werden. Auch ein negatives Ergebnis kann Ihnen nicht die Sicherheit geben, ein gesundes Kind zu bekommen. Auch durch das erhöhte Frühgeburtsrisiko bei künstlicher Befruchtung können gesundheitliche Komplikationen bei Ihrem Kind auftreten. Wenn Sie ein gesundes

Kind auf die Welt bringen (der wahrscheinlichste Ausgang Ihrer Schwangerschaft), kann es jederzeit durch einen Unfall bzw. eine schwere Erkrankung ein ‚Sorgenkind' werden. ... Neuere Untersuchungen weisen darauf hin, dass die meisten Eltern, die ein behindertes Kind bekommen haben, sich langfristig gut an diese Situation anpassen können und dieses Kind als Bereicherung für ihr Leben empfinden."[391]

Der Sachverhalt, dass die Reproduktionsmedizin ihrerseits Bedürfnisse weckt, die kritisch überdacht werden sollten, lässt sich an einer US-amerikanischen Publikation aus dem Jahr 2002 veranschaulichen.[392] Sie hielt eine Schwangerschaft von Frauen, die über 50 Jahre alt sind, auf der Grundlage einer Eizellspende für medizinisch vertretbar, obwohl im Berichtszeitraum in erhöhtem Maß Schwangerschaftserkrankungen (Gestose, Präeklampsie, Schwangerschaftsdiabetes), medizinisch problematische Mehrlingsschwangerschaften und durchweg Entbindung durch Kaiserschnitt festzuhalten waren. Über die Gesundheit der geborenen Kinder und über Langzeitaspekte gibt der Bericht keinen Aufschluss. Grundsätzlich rufen solche Berichte die Rückfrage hervor, ob der fortpflanzungsmedizinische Fortschritt hier wirklich nur den tatsächlichen medizinisch-gesundheitlichen Bedarf abdeckt oder ob er nicht sekundäre Bedürfnisse wachruft. Ethische Einwände sind für den Fall geltend zu machen, wenn bestimmte Bedürfnisse – etwa nach Fortpflanzung in deutlich erhöhtem Lebensalter (im Jahr 2007 fand z.B. eine Eizellspende und IVF bei einer 60jährigen Japanerin statt) – zulasten der erhofften Kinder realisiert zu werden drohen, indem für sie präkonzeptionell von vornherein Gesundheitsschäden oder prekäre familiäre Bedingungen in Kauf genommen werden.

Es kann auch nicht immer davon ausgegangen werden, dass Kinderwunschpaare ihrerseits sachgerecht vorinformiert sind oder dass sie sich stets völlig unanfechtbar verhalten. Eine im August 2002 publizierte Untersuchung belegte, dass in den USA Paare, die für die künstliche Befruchtung selbst zahlten, also keine Kassenerstattung erhielten (diese erfolgte nur in den Bundesstaaten Illinois, Massachusetts und Rhode Island), zur Inkaufnahme eines höheren Risikos für das Kind bereit waren. Pro Zyklus wurden bei Selbstzahlern mehr Embryonen übertragen, woraus die Gefahr der Mehrlingsbildung und entsprechender Folgeschäden für geborene Kinder erwächst.[393] Dass im Inland, in der Bundesrepublik Deutschland, nach IVF eine zu hohe Zahl von Mehrlingsschwangerschaften mit der Folge von Gesundheitsschäden festzustellen ist, beruht im wesentlichen freilich auf anderen Ursachen, nämlich auf Vorschriften des Gesetzgebers, die abzuändern schon seit mehreren Jahren eingefordert wird (s.u. S. 201ff).

Für die Medizin selbst ergeben sich Konsequenzen der ethischen Selbstverpflichtung, die nun zusammenfassend angesprochen werden.

1.3. Ethische Verantwortung der Medizin

Weil die außerkörperliche Befruchtung (IVF/ICSI) kein risikofreies Verfahren darstellt, sollte sie zur Erfüllung eines Kinderwunsches erst dann angeboten werden, wenn schonendere, weniger invasive Methoden nicht greifen. Für jede Behandlung ist eine individuelle Begründung und eine medizinische Indikation erforderlich. Jedoch sollte von Seiten der

Reproduktionsmedizin nicht suggeriert werden, sie könne einen signifikanten Ausweg aus der demographischen Krise eröffnen. Dies gilt auch dann, wenn in Nachbarländern wie Dänemark nicht nur 1 bis 2%, sondern ca. 4% der Geburten nach IVF erfolgen (im Jahr 2002 4,2%, im Jahr 2003 3,9%).[394] Ebenso wenig sollte der technische Fortschritt der Fortpflanzungsmedizin die Suggestion erzeugen, die Erfüllung eines Kinderwunsches lasse sich relativ problemlos auf ein höheres Lebensalter der Frau aufschieben. Dies Letztere gilt schon deshalb, weil die Erfolgsaussichten der assistierten Reproduktion bei höherem Alter (ca. 40. Lebensjahr der Frau) deutlich absinken.

Auf der Basis von Daten, die in Dänemark verfügbar sind, wurde inzwischen belegt, dass – auch losgelöst vom Verfahren der extrakorporalen Befruchtung – ebenfalls ein höheres Alter des Vaters (über 45 Jahre) mit einer erhöhten Fehlbildungs- und Sterblichkeitsrate bzw. mit verminderter Aussicht auf die Lebendgeburt von Kindern korreliert. Für die Fortpflanzungsentscheidungen von Paaren wurde dies ärztlich-ethisch dahingehend kommentiert: „Mögliche ökonomische Vorteile einer späten Vaterschaft sollten gegen die Risiken für das Kind abgewogen werden."[395]

Besondere Verantwortung der Fortpflanzungsmedizin besteht in Bezug auf das seit den 1990er Jahren übliche Verfahren der ICSI (intrazytoplasmatische Spermieninjektion). Mit Hilfe von ICSI lassen sich Sterilität oder Fruchtbarkeitsstörungen des Mannes kompensieren, indem Spermien mit einer Pipette direkt in die Eizelle injiziert werden. Zu Beginn des ersten Jahrzehnts des 21. Jahrhunderts wurden in Europa jährlich ca. 230 000 reproduktionsmedizinische Therapien durchgeführt, von denen beinahe die Hälfte ICSI-Anwendungen waren. Für das Jahr 2005 wird für Europa dann die Zahl von rund 200 000 ICSI-Zyklen genannt. Andererseits häuften sich in den Jahren nach 2000 die Berichte über Spätschäden, über Verzögerungen der geistigen Entwicklung von Kindern oder z.B. über Herzfehler. Bei einem erheblichen Teil der Männer, die keine für die Zeugung geeigneten oder nur wenige Spermien zu produzieren vermögen, seien kleine genetische Veränderungen, Deletionen am männlichen Geschlechtschromosom anzunehmen. Sofern bei ICSI solche Gendefekte durch Spermieninjektion in eine Eizelle eingebracht werden und eine Befruchtung stattfindet, drohe ein männlicher Nachkomme mit einem erhöhten Risiko der Unfruchtbarkeit belastet zu werden. Chromosomenschäden könnten an die nächste Generation weitergegeben werden; zudem bestünden weitere Risiken (Turner-Syndrom, Pseudohermaphroditismus). Im Jahr 2002 hieß es: „Infants conceived with use of intracytoplasmic sperm injection or in vitro fertilization have twice as high a risk of a major birth defect as naturally conceived infants".[396] Auf dem Kongress der Europäischen Gesellschaft für menschliche Fortpflanzung im Juli 2002 in Wien wurde für ICSI daher eine strenge Selektion und Qualitätskontrolle der Spermien verlangt.

Ferner verdichteten sich zu Beginn des Jahrzehnts Berichte über ein erhöhtes Fehlbildungsrisiko, das abgesehen von ICSI generell nach IVF bestehe. Die Daten stammten weitgehend von Pädiatern. Hierdurch wird deutlich, wie notwendig es ist, dass die medizinisch assistierte Fortpflanzung/IVF auch von Seiten der Kinderheilkunde beleuchtet und in externer Perspektive evaluiert wird. In die Diskussion geriet eine erhöhte Fehlbildungsrate, die Neugeborene nach künstlicher Befruchtung aufwiesen, mit dem Epispadie-Ekstrophiekomplex, der als schwerste Fehlbildung des Urogenital- und Darmtraktes gilt (Offenliegen von Harnblase und Harnröhre).[397] Bei IVF-Kindern wurde eine fast sechsfach erhöhte Rate des Beckwith-Wiedemann-Syndroms festgestellt; dieses bringt ein erhöhtes Risiko für verschiedene Tumore mit sich.[398] Eine Ursache könnte darin bestehen, dass bei der IVF und Embryonenkultivierung verwendete Chemikalien das genetische Imprinting beschädigen. Darüber hinaus wurde in den Niederlanden eine Häufung des Retinoblastoms, also eines Augentumors, bei durch IVF gezeugten Kindern wahrgenommen (damals errechnetes erhöhtes Risiko: 5- bis 7-fach).[399]

In absoluten Zahlen ausgedrückt, treten diese speziellen Krankheiten nach natürlicher Zeugung und auch nach künstlicher Befruchtung allerdings sehr selten auf. Für ihre Entstehung spielen epigenetische Faktoren eine Rolle. In den zurückliegenden Jahren sind umfassendere Analysen vorgenommen worden, die die Risiken durch IVF und ICSI beziffern. Gefährdungen können vom reproduktionsmedizinischen Verfahren selbst ausgelöst werden, aber auch – in Kombination hiermit – auf persönlichen, darunter genetischen Faktoren bei den (potentiellen) Eltern beruhen. Im Vergleich zu Kindern, die auf natürliche Weise gezeugt wurden, dürfte derzeitigen Studien zufolge die Fehlbildungsrate bei IVF/ICSI insgesamt geringfügig, nämlich um den Faktor 1,2 bis 1,3, erhöht sein.[400] Häufig ist auch die Zahlenangabe zu finden, dass die Fehlbildungsrate bezüglich Herzfehler, Down-Syndrom u.a. nach natürlicher Zeugung 6,8%, nach ICSI 8,6% betrage.[401] Die in der Fachliteratur oft anzutreffende Aussage, die erhöhte Fehlbildungsrate vor allem bei ICSI sei gar nicht durch das Verfahren als solches verursacht, da sie auf den persönlichen Faktoren bei den Eltern beruhe, die das Verfahren in Anspruch nehmen, ist freilich wenig hilfreich. Denn im Ergebnis geht es ja um die Gesundheit des geborenen Kindes, das mit ärztlicher Assistenz extrakorporal erzeugt wird. Medizinethisch und verantwortungsethisch ist entscheidend, dass bei jeder einzelnen fortpflanzungsmedizinischen Behandlung die Risikofrage vorab abgeklärt und mit dem Kinderwunschpaar erörtert wird.

> Aus ethischer Sicht stimmt es deshalb bedenklich, dass die European Society of Human Reproduction anlässlich ihres Kongresses in Barcelona im August 2008 bekanntgab, in Europa, namentlich auch in Deutschland, hätten sich die Zahlen der ICSI-Behandlung im Vergleich zur weniger aufwändigen IVF-Standardbehandlung fast verdoppelt, obwohl dies medizinisch nicht begründet sei. Das Mitglied des ESHRE-Kontrollgremiums Anders Nyboe Andersen wurde wie folgt zitiert: „Mehr als die Hälfte aller ICSI-Zyklen werden an Paaren vorgenommen, bei denen keine rein männlich bedingte Infertilität vorliegt." Hierdurch werde „die Behandlung unnötig kompliziert und kostenintensiver". Als Staaten, in denen, anders als in Deutschland, diese problematische Ausweitung nicht erfolgte, wurden die Niederlande und Großbritannien genannt.[402]

Ethisch ist im Übrigen nicht nur die tägliche Anwendung reproduktionsmedizinischer Methoden in den Blick zu nehmen. Vielmehr sind die gesundheitsbezogenen Forschungspflichten zu betonen, die für diesen Zweig der Hochleistungsmedizin gelten. Ein ethisch wichtiger Forschungsansatz ist es, das Problem aufzuarbeiten, inwieweit ICSI oder die von der Fortpflanzungsmedizin durchgeführte außerkörperliche Kultivierung früher Embryonen (Blastozystenkultivierung) ihrerseits Imprinting-Schäden/epigenetische Schäden verursachen.[403] Aus medizinethischer Sicht sollte die reproduktionsmedizinische Forschung darauf achten,

– zugunsten des gesundheitlichen Wohls der Frau und der Kinder, die mit medizinischer

Assistenz erzeugt werden, auch vorlaufende Forschung, Begleit- und Risikoforschung zu
etablieren,
- Langzeitbeobachtungen durchzuführen
- sowie permanent Sicherheitsstandards und Grenzziehungen zu formulieren, um iatrogenen, durch das medizinische Verfahren bedingten Schäden so weit wie möglich vorzubeugen.

Nach diesen generellen Erwägungen sind nun Einzelthemen der Fortpflanzungsmedizin zu
erörtern, die gegenwärtig in der Öffentlichkeit strittig sind. Hierzu gehört die Präimplantationsdiagnostik. In die nachfolgende ethische Erwägung werden Aspekte aus europäischen
Nachbarländern mit einbezogen.

2. Präimplantationsdiagnostik. Abwägung zwischen Embryonenschutz und Gesundheitsschutz

2.1. Die ethischen Argumente

Bei der Präimplantationsdiagnostik (PID) erfolgt eine genetische Analyse an einem Embryo
in seinen ersten Entwicklungstagen. Er ist durch künstliche Befruchtung (IVF) erzeugt worden und befindet sich noch außerhalb des Mutterleibes. In Familien, in denen schwere Erbkrankheiten vorhanden sind, kann die PID dazu dienen, an dem Embryo die betreffende
familiär bedingte Krankheitsanlage bereits sehr früh zu erkennen, und zwar mit Hilfe einer
Untersuchung einzelner embryonaler Zellen in den ersten Entwicklungstagen. Wenn festgestellt wird, dass der Embryo von der befürchteten Krankheit nicht betroffen ist, wird er der
Mutter eingesetzt; nach dem Transfer findet eine normale Schwangerschaft statt. Im anderen
Fall, wenn der Embryo genetisch geschädigt ist, wird man ihn nicht übertragen, sondern
absterben lassen. Das Verfahren ist erstmals 1990 praktiziert worden. Der erste Fall, aufgrund dessen in Deutschland eine ethische und öffentliche Auseinandersetzung zur PID erfolgte, betraf im Jahr 1996 in Lübeck eine familiäre Belastung durch Mukoviszidose.

Die Bioethik-Kommission des Landes Rheinland-Pfalz („Präimplantationsdiagnostik",
1999[404]), der Richtlinienentwurf der Bundesärztekammer vom 24.02.2000 („Diskussions-
entwurf zu einer Richtlinie zur Präimplantationsdiagnostik"[405]) oder ein Gesetzentwurf der
FDP-Fraktion vom 09.11.2001 (Bundestags-Drucksache 14/7415) haben eine Anwendung
der PID, die familiäre erbliche Belastungen ausschließen soll, frühzeitig befürwortet. Prognosen der Bundesärztekammer besagten, auf dieser Basis seien in Deutschland wenige hundert Fälle von PID pro Jahr zu erwarten. Das Verfahren ist vorherrschender juristischer
Meinung zufolge mit dem Embryonenschutzgesetz vom 01.01.1991 jedoch nicht vereinbar,
so dass es im Inland nicht praktiziert wird.

Im Ausland ist die PID zum medizinisch-technischen Standard geworden. Sie wird mit wenigen Ausnahmen – vor allem: Bundesrepublik Deutschland, Schweiz, Österreich, Irland –
durchweg in allen europäischen Staaten praktiziert. In Italien war das Verfahren bis 2003
statthaft gewesen, ehe ein unter dem Einfluss der römisch-katholischen Kirche zustande
gekommenes Gesetz die Fortpflanzungsmedizin in verschiedener Hinsicht scharf beschnitt.
Hiergegen haben innerhalb und außerhalb Italiens zahlreiche Stimmen Einspruch erhoben.

Schätzungen besagen, dass bis zum Jahr 2003 in den USA und in fünf europäischen Staaten – Belgien, Dänemark, Italien, Frankreich und Großbritannien – mindestens 1600 Kinder nach einer PID geboren worden sind; die tatsächliche Zahl dürfte jedoch höher sein, da die dieser Ziffer zugrunde gelegten Dokumentationen nicht vollständig waren.[406] Die Argumente, die gegen oder für PID sprechen, sind seit dem Votum „Präimplantationsdiagnostik" der Bioethik-Kommission Rheinland-Pfalz von 1999 oder der Stellungnahme des Nationalen Ethikrates „Genetische Diagnostik vor und während der Schwangerschaft" vom Januar 2003[407] auch in Deutschland umfassend dargestellt und erörtert worden.[408] Die Einwände sind unterschiedlicher Art und lassen sich wie folgt zusammenfassen:

– Voraussetzung für PID ist eine „Zeugung auf Probe". Denn ein Embryo, bei dem die befürchtete Krankheitsanlage diagnostiziert wird, wird vor dem Transfer in die Mutter, d.h. vor dem Beginn der eigentlichen Schwangerschaft, dem Absterben preisgegeben. Eventuell kann dabei auch einmal die Situation entstehen, dass sogar ein unbelasteter Embryo beiseitegelegt wird. Denn es müssen vorsorglich mehrere Embryonen erzeugt werden, und nicht alle werden für den Transfer in die Gebärmutter ausgewählt.

– Embryonen werden auf diese Weise instrumentalisiert, als bloßes genetisches Testmaterial verwendet und selektiert (Selektion nach gesundheitlichen Merkmalen).

– Dabei besteht die Gefahr des Missbrauchs, die bis zur Selektion des Geschlechts reicht (Auswahl, ob ein Mädchen oder ein Junge gewünscht wird).

– Es wird gegen die Menschenwürde verstoßen. Gesundheit wird zur Ideologie; behindertes Leben wird abgewertet; Behinderte werden diskriminiert. Die alte Ideologie von unwertem Leben kehrt in neuem Gewand wieder.

Im Gegenzug sind freilich die Argumente zu beachten, die für eine normierte Zulassung der PID sprechen. Der Wunsch eines Paares nach einer PID kann auf einem authentischen, aufrichtigen Kinderwunsch und ernster Besorgnis um das Wohl des erhofften Kindes beruhen. Das Verfahren der PID dürfte zumal dann ethisch vertretbar sein, wenn es in erblich belasteten Familien, angesichts schwerer und schwerster Krankheiten, etwa bei einem Wiederholungsrisiko für schwere Erkrankungen praktiziert wird. In solchen Familien, die durch eine schwere Erbkrankheit belastet sind, wird im Fall einer Schwangerschaft heute ohnehin in aller Regel eine vorgeburtliche genetische Untersuchung vorgenommen. Die pränatale Diagnostik durch Fruchtwasseruntersuchung (PND/PD) erfolgt im Umkreis bzw. nach der zwölften Schwangerschaftswoche, ist inzwischen üblich und wird gesellschaftlich akzeptiert. Die Schwangerschaft auf Probe ist in solchen Fällen geradezu zur Regel geworden. Sie stellt faktisch eine Sekundärfolge der pränatalen Diagnostik dar. Sogar schon länger zurückliegenden empirisch-soziologischen Untersuchungen zufolge wird das vorgeburtliche Kind von einer schwangeren Frau oft erst dann wirklich angenommen, wenn sich nach der 12. Schwangerschaftswoche durch pränatale Diagnostik bestätigen ließ, dass bestimmte, befürchtete Krankheiten nicht vorhanden sind: „66% der Frauen, die sich einer invasiven PD unterzogen haben, bestätigen die Erfahrung, dass die PD die Schwangerschaft in zwei sehr unterschiedliche Phasen einteilt: in die Zeit vor dem Untersuchungsergebnis und in die Zeit der Schwangerschaft danach."[409]

Die Ethik kann an solchen Sachverhalten nicht vorübergehen. Ethisch-normativ ist von Belang, dass die üblich gewordenen pränatalen Untersuchungen an Feten, die drei Monate alt und älter sind, eine Schattenseite haben. Sofern ein Gendefekt festgestellt wird, führt dies

meist zur Abtreibung der Feten, und zwar zu einem Zeitpunkt, an dem bereits die Gehirnbildung eingesetzt hat und bei dem vorgeburtlichen Kind Stress-, ja Schmerzempfinden
vorhanden ist. Schmerzen, die Neugeborene erlitten haben (durch Blutentnahmen kurz nach
der Geburt), bleiben ihnen im Gedächtnis haften.[410] Doch schon lange zuvor bilden sich die
Ansätze zur Schmerzempfindlichkeit aus. Beim Fetus ist sie eine „werdende Funktion". Vor
der 8. Schwangerschaftswoche ist ein Schmerzempfinden noch nicht anzunehmen. Von der
8. bis zur 21. Woche prägt es sich zunehmend aus. Daher legte die Stellungnahme des Wissenschaftlichen Beirates der Bundesärztekammer „Pränatale und perinatale Schmerzemp-
findung" vom 21.11.1991 nahe (dort Punkt 8.3), bei medizinischen Eingriffen aus Achtung
vor dem Fetus und um seiner anwachsenden Schmerzempfindlichkeit willen schon von der
8. Schwangerschaftswoche an „die Gabe von geeigneten Hypnotika oder Sedativa" vorzunehmen – ein Anliegen, das erst recht bei späten Schwangerschaftsabbrüchen beachtet werden sollte.

Für die Frage der Schmerzempfindlichkeit vorgeburtlichen Lebens ist sodann die Studie von
Glover/Fisk von 1999 relevant. Die Verbindungen zwischen Thalamus und Neokortex, die
für eine bewusste Wahrnehmung von Schmerz als Voraussetzung gelten, existieren ab ca.
der 20. Schwangerschaftswoche. Jedoch ist realistisch, dass schon zuvor Schmerzimpulse in
das zentrale Nervensystem vordringen, welches sich ca. von der 12. Woche an entwickelt,
und Schmerz auf niedrigerem, vorbewusstem Niveau empfunden wird.[411] Die Schmerz-
wahrnehmung des vorgeburtlichen Lebens ist ein ethisch so relevanter Tatbestand, dass es
unverständlich ist, wenn sie in der gesellschaftlichen, politischen und parlamentarischen
Diskussion über den Schwangerschaftsabbruch durchweg ausgeblendet wird. Ethisch ist es
schon allein aus diesem Grund dringend geboten, die Abtreibung von Feten möglichst zu
vermeiden.

Die PID ermöglicht es, dem Dilemma später Abtreibungen in bestimmten Fällen vorzubeugen. Denn durch PID lassen sich manche (Erb-)Krankheiten frühzeitig am noch ganz unentwickelten Frühembryo feststellen. Daher kann die PID dazu beitragen, eine späte Abtötung eines Embryos, der bereits weiter entwickelt ist, oder gar eines weitentwickelten,
schmerzempfindlichen Fetus zu vermeiden. Im Grunde handelt es sich nur um die zeitliche
Vorverlegung jener Abtreibung und Selektion, die ansonsten mehrere Wochen oder Monate
später stattfindet. Die PID erspart der Mutter und den Eltern sowie dem vorgeburtlichen
Kind eine ethisch problematische späte Abtreibung, die ihrerseits ja ebenfalls eine Selektion
darstellt. Insofern ist die PID ein „kleineres Übel" und als solches tolerierbar. Der moral-
theoretischen Tradition gemäß darf ein geringeres Übel hingenommen oder seine Hinnahme
sogar angeraten werden. Diese ethische Handlungsregel ist zugunsten der sozialethischen
und rechtlichen Legitimierbarkeit der PID anzuführen. Jedenfalls ist es widersprüchlich, mit
dem Gedanken der Einheit der Rechtsordnung unvereinbar und läuft auf moralische Doppelstandards hinaus, dass die deutsche Gesetzeslage Spätverhütungsmittel (Nidations-
hemmer), Abtreibungen sowie späte Abtreibungen von weit entwickelten Feten, ja sogar
Spätabtreibungen von Feten nach der 21./22. oder gar der 24. Woche zulässt, die bereits
außerhalb des Mutterleibes überleben können. Das ganz frühe Aussondern von defektiven
Embryonen, denen schwerste Erkrankungen bevorstehen, durch PID ist jedoch faktisch untersagt. Inzwischen wird auch aus der Perspektive von Behinderten – und zwar im Ausland,
aber auch im Inland, konkret: von Seiten der Deutschen Gesellschaft für Muskelkranke –

unterstrichen, dass aus Achtung vor dem Selbstbestimmungsrecht der potentiellen Eltern und in der Würdigung ihrer Intention, schweres Leiden zu verhindern, eine Entscheidung zugunsten der PID akzeptabel ist: „Ihre Haltung sollte aus ihrer Sicht gesehen und respektiert werden; der Wert des Lebens (behindert oder unbehindert) wird dadurch nicht infrage gestellt."[412]

Die soeben erwähnten und eine Reihe weiterer Argumente führen dazu, die PID als „ethisch erlaubt" zu charakterisieren. Für betroffene Paare sind der Verzicht auf eigene Kinder oder der Verzicht auf frühzeitige Untersuchungen unter Inkaufnahme der Geburt eines eventuell schwer behinderten Kindes sowie die pränatale Diagnostik mit später Abtreibung potentielle Handlungsalternativen, über die sie individuell entscheiden müssen. Als weitere Alternative zur PID ist die Polkörperdiagnostik (PKD) zu nennen, also eine Untersuchung an der Eizelle vor Abschluss der Befruchtung, wohingegen die PID erst nach der Auflösung der Zellkerne erfolgt. Die PKD ist jedoch nach wie vor experimentell, kann nicht breit angeboten werden und ist – so sehr sie beforscht und fortentwickelt wird – sehr viel weniger aussagekräftig, weil sich auf ihrer Basis nur Schädigungen untersuchen lassen, die auf dem mütterlichen Erbgut beruhen.[413] Soziologisch ist belegt worden, dass in Deutschland in der Bevölkerung, bei Medizinern und vor allem bei den betroffenen Kinderwunschpaaren selbst eine hohe Akzeptanz der PID anzutreffen ist; für die Ablehnung stehen Vertreter der Politik und der großen Kirchen.[414] Sollte PID hierzulande dauerhaft verboten bleiben, dürften daraus eine Zweiklassenmedizin und eine weitere Verstärkung des medizinischen Tourismus ins Ausland resultieren. Bis 2005 haben allein im benachbarten Belgien 250 Paare das Angebot der PID in Anspruch genommen[415] – mit steigender Tendenz; denn im Jahr 2006 waren es dann 80 Paare.[416]

2.2. Rahmenbedingungen bei Zulassung der PID

Ethisch wünschenswert ist, dass im Fall der Zulassung von PID in der Bundesrepublik Deutschland Rahmenbedingungen geschaffen würden, die einen verantwortlichen Umgang mit ihr fördern. Denn ein ethischer Zwiespalt bleibt insofern bestehen, als die PID den Schutzanspruch menschlichen Lebens relativiert. Dies ist zwar in geringerem Maß der Fall als bei der späten pränatalen Diagnostik mit nachfolgender Abtreibung, weil die Blastozyste, an der die PID erfolgt, noch nicht implantiert, ganz unentwickelt und stricte dictu noch kein Individuum oder Mensch im eigentlichen Sinn ist, so dass die PID im Zweifel einer späten Abtreibung sogar vorzuziehen wäre. Dennoch müsste die Rechtsordnung einen Weg finden, die PID auf Einzelfälle zu begrenzen, nämlich auf schwere erbliche Belastungen und im Einzelfall auf den Sachverhalt der chromosomal bedingten Nicht-Lebensfähigkeit des Embryos.

Inzwischen belegt die Praxis, die aus Großbritannien, Belgien und Frankreich berichtet wird, dass derartige Eingrenzungen tatsächlich realisiert und durchgehalten werden. Der oft geäußerten Befürchtung, dass sich zwangsläufig eine unkontrollierte, willkürliche Ausweitung von Indikationen oder eine sprunghafte Zunahme von Fallzahlen ereigneten (Argument des „slippery slope"), lässt sich aufgrund der Erfahrungen in diesen anderen Ländern entkräften. Dies gilt ebenfalls für Belgien, wo gar keine gesetzliche Regelung, sondern lediglich eine ärztliche Selbstbindung vorhanden ist. Eine Ausweitung des Verfahrens auf „triviale Erkrankungen ist in Belgien – dem Land mit der freiwilligen Selbstbeschränkung durch die medizinische Profession – nicht zu beobachten."[417] In Frankreich wird das Verfahren ca. 100-mal im Jahr durchgeführt. In Großbritannien wurden – so der Sachstand im Jahr 2006 – seit 1990 nicht mehr als 500 PID-Untersuchungen durchgeführt, so dass in diesen beiden Ländern von einer Ausuferung nicht die Rede sein kann. Es ist auch zu beachten, dass es sich um ein für die betroffene Frau sehr belastendes, medizinisch aufwändiges und zudem relativ kostenintensives Verfahren handelt. In Belgien betrugen nach Auskunft des Brüsseler Reproduktionsmediziners Peter Platteau aus dem Jahr 2007 die Kosten für künstliche Befruchtung 3700 € bzw. 4200 € (IVF bzw. ICSI) und für die PID zusätzlich 1400 € sowie nochmals 600 € für vorbereitende Maßnahmen bei ICSI mit PID. Würde man sich in Deutschland dazu entschließen, die PID gesetzlich zu tolerieren, wäre dies daher keine Weichenstellung, die zwangsläufig Ausuferungen nach sich zöge oder soziokulturell unverträglich wäre. Im Gegenteil, eine Zulassung im Inland hätte den Vorteil, sinnvolle Standards und Kriterien etablieren sowie kontrollieren zu können.

Es gibt überdies keinen Automatismus, aufgrund dessen eine Zulassung der PID zu einem breiten Präimplantations-*Screening*, d.h. zu einer routinemäßigen Untersuchung auf verschiedene Chromosomenschäden nach jeder IVF oder zumindest nach IVF bei älteren Patientinnen führen würde. Es fällt auf, dass gerade in Ländern, in denen PID praktiziert wird, darunter Belgien, zum Präimplantations- oder Aneuploidiescreening schon allein aus medizinischen Gründen frühzeitig Skepsis geäußert wurde.[418] Dieses Thema ist medizinisch bislang nicht abschließend geklärt. Jedenfalls vermag der Einwand nicht zu greifen, eine Zulassung der PID führe eigendynamisch zu Ausweitungen.

Unerwünschtem Ausufern kann man im Übrigen durch institutionelle Vorkehrungen, durch Verfahrensregeln und Verfahrenskontrolle wehren. Unerlässlich sind Dokumentationspflichten, Qualitätskontrolle und Langzeitstudien, d.h. die Langzeitbegleitung von nach PID geborenen Kindern, um genauere Daten über eventuelle Risiken des Verfahrens (Spätfolgen; Krankheitsbilder) zu erhalten. Genau so wie in anderen Staaten sollte PID im Inland nur an qualifizierten, zertifizierten Zentren durchgeführt werden. Sinnvoll wäre es, ein nationales Ethikgremium zu etablieren, das die Einrichtung solcher Zentren und deren Angebote genehmigt sowie Zweifelsfragen klärt, so dass in der Öffentlichkeit Transparenz besteht, welche Krankheitsbilder an welchem Ort einer Analyse durch PID zugänglich sind. Ein Vorbild für ein derartiges Gremium könnte die jetzige Zentrale Ethikkommission für Stammzellenforschung beim Robert Koch-Institut sein.

Einer gesonderten Erörterung bedarf die Frage, in welchem Maß das Verfahren durch Kassenleistungen finanziert werden soll. Während in Frankreich eine sehr großzügige Kostenübernahme erfolgt, ist die britische Regelung relativ zurückhaltend, weil angesichts knapper Ressourcen die Dringlichkeit, Notwendigkeit und Erfolgsaussicht einer PID gegen andere medizinische Leistungen abgewogen wird, die aus diagnostischen oder therapeutischen Gründen unabweisbar und vordringlich sind. In Großbritannien werden Finanzmittel für die PID auch aus privaten Quellen organisiert.[419]

Sollte der deutsche Gesetzgeber die PID zulassen, käme es im medizinischen Alltag darauf an, dass interessierte Paare bereits *vor* der Inanspruchnahme des Verfahrens medizinisch und darüber hinaus ethisch und psychosozial beraten werden. Auch auf diese Weise lässt sich ein Trend verhindern, dass frühe Embryonen ohne schwerwiegenden Grund beiseite gelegt werden. Letztlich ist freilich das Grundrecht auf Selbstbestimmung ausschlaggebend, zu dem die reproduktive Selbstbestimmung (Fortpflanzungsfreiheit) gehört, so dass es die höchstpersönliche, eigenverantwortlich getroffene Entscheidung, die eigene Gewissensentscheidung von Frauen bzw. von Paaren bleibt,

– ob sie eine PID durchführen lassen
– oder ob sie darauf verzichten, also die Möglichkeit eines kranken Kindes von vornherein akzeptieren
– oder ob sie bei familiären erblichen Belastungen überhaupt auf die Verwirklichung eines Kinderwunsches verzichten
– oder die Adoption von Kindern – unter Umständen, sofern die Voraussetzungen zukünftig deutlicher geklärt wären, eine pränatale Adoption – als Alternative vorziehen.

Die psychosoziale Beratung sollte neben medizinischen Risiken also moralische Probleme, die sich mit der PID verbinden, sowie Alternativen mit ansprechen. Aus Achtung vor dem Selbstbestimmungsrecht der Patientinnen und Patienten müssen Beratungen aber ergebnisoffen erfolgen: Die *eigenen* Entscheidungen der Betroffenen sind zu achten.

> Ausweitend ist hinzuzufügen: Die neue Musterrichtlinie der Bundesärztekammer zur assistierten Reproduktion hat den Beratungsgedanken rezipiert. Sie konnte sich zwar nicht zur PID äußern, da diese in Deutschland nicht praktiziert werden darf. Aber sie hat generell, für IVF und ICSI im allgemeinen, auf ärztliche und psychosoziale Beratung viel größeren Wert gelegt, als es früher der Fall war.[420] Inzwischen sind in Deutschland wegweisende Initiativen entstanden, die der kompetenten psychosozialen Beratung bei IVF zugute kommen.[421]
>
> Aktuell ist wichtig, dass psychosoziale Beratung gleichfalls stets bei pränataler Diagnostik erfolgen sollte. Anders als PID wird pränatale Diagnostik in Deutschland routinemäßig praktiziert. Wenn gegenwärtig geradezu ein Quasi-Automatismus von pränataler Diagnostik und später Abtreibung entstanden ist (s.o. S. 194), lässt sich dies mit den Schutzansprüchen des Fetus, der viele Wochen alt, weit entwickelt und zunehmend schmerzempfindlich ist, schwer in Einklang bringen. Darüber hinaus sind die inneren Konflikte der Schwangeren zu sehen, die mit einem belastenden Untersuchungsergebnis der vorgeburtlichen Untersuchung konfrontiert werden. Daher ist auch die pränatale Diagnostik ein Anlass für psychosoziale Beratung. Gleiches gilt für den Fall, dass – wie sich jetzt abzeichnet – die Diagnose von Krankheiten des Embryos oder Fetus künftig durch Blutuntersuchungen bei der Mutter schon zu einem früheren Zeitpunkt der Schwangerschaft geschehen kann.[422] Selbst wenn eine Abtreibung zeitlich früher erfolgt, bleibt ein moralischer Zwiespalt, mit dem sich die Schwangere und ihr Partner innerlich auseinandersetzen sollten. Eine psychosoziale Beratung, die das Selbstbestimmungsrecht der Betroffenen stets respektiert, kann hierbei Hilfestellung bieten.

2.3. Präimplantationsdiagnostik aus Anlass der Lebensrettung eines Dritten

Nachdem voranstehend entfaltet wurde, dass PID ethisch als „erlaubt", in manchen Fällen als vergleichsweise sogar vorzugswürdig gelten kann und dass sie daher standesrechtlich sowie auf der Ebene der Gesetzgebung zugelassen werden sollte, sei ein spezielles Problem erwähnt, das in den kommenden Jahren eingehend zu diskutieren sein wird.

Ethischer Zweifel bricht angesichts dessen auf, ob PID dazu genutzt werden darf, aus familiärer bzw. elterlicher Verantwortung heraus ein Kind zur Welt zu bringen, das als Spender – etwa zur Übertragung von Stammzellen aus Nabelschnurblut oder zur Knochenmarkübertragung – zugunsten eines bereits geborenen, erkrankten Geschwisterkindes fungieren kann (Verfahren der PID-HLA-Typisierung). Dieser Sachverhalt ist in den USA, Großbritannien (Fall Whitacker[423]), Belgien, Frankreich, der Schweiz (Fall „Elodie und Noah" im Jahr 2006) oder anderen Ländern bereits aus konkreten Anlässen erörtert worden. Ethisch ist es unvertretbar, ein Kind *nur* als potentiellen Spender, d.h. als biologisches Spendematerial und als Objekt des Zugriffs für fremdnützige Zwecke der regenerativen Medizin zu erzeugen. Allerdings darf die ethische Reflexion mit dieser Feststellung nicht abgebrochen werden. Vielmehr ist der differenzierte Standpunkt zu bedenken, den der französische nationale Ethikrat schon 2002 vorgetragen hat: Wenn ein Kind um seiner selbst willen bejaht und gewollt wird und *zusätzlich* „dazu beigetragen werden soll, dass ein gewolltes Kind darüber hinaus auch noch die Hoffnung einer Heilung für sein älteres Geschwister darstellt, so ist diese Absicht als sekundäre Zielstellung akzeptabel".[424] Diese Sicht entspricht der ethischen Logik des Kategorischen Imperativs. Ihr gemäß ist es statthaft, einen Menschen *auch* als Mittel zum Zweck zu erachten, solange gewährleistet ist, dass er gleichzeitig und grundsätzlich als Selbstzweck, in seinem Eigenwert und seiner Würde anerkannt wird. Eine PID, die – außer zur Geburt eines Kindes zu führen – ebenfalls der Lebensrettung eines bereits existierenden Kindes zugute kommt, ist vom Gesundheitsschutz motiviert; sie entspringt der Intention der Eltern und behandelnden Ärzte, nach Wegen der Lebensrettung für ein schwer erkranktes, bereits geborenes Kind zu suchen.

Andererseits ist es unerlässlich, Kriterien für die PID-HLA zu durchdenken. Folgende Aspekte sind relevant.

– Die künstliche Befruchtung und Analyse eines künftigen Kindes auf HLA-Marker hin (PID-HLA) sollte ultima ratio bzw. alternativlos sein; sie sollte also erst nach Ausschöpfung aller anderen Handlungsoptionen realisiert werden.

– Der Schweregrad der Krankheit des bereits geborenen Kindes, d.h. die Verhältnismäßigkeit und die Erfolgsaussichten sind zu beachten.

– Das Risiko für das nach der PID geborene Kind ist zu bedenken. Zahlreiche Stimmen, darunter im Jahr 2004 die britische Genehmigungsbehörde HFEA (Human Fertilisation and Embryology Authority), haben die Gefahr einer verfahrensbedingten Schädigung des PID-Kindes zwar verneint. Davon abgesehen geht es aber auch um das Ausmaß des Eingriffs, der an dem Kind im Umfeld oder nach der Geburt vorgenommen wird. Denn es stellt durchaus einen Unterschied dar, ob die Stammzellen bei der Geburt aus Nabelschnurblut gewonnen werden oder ob mit Hilfe eines – wenngleich geringfügigen – invasiven Eingriffs zu einem späteren Zeitpunkt Knochenmark entnommen wird.

– Die Eltern eines kranken Kindes sollten nicht unter Druck gesetzt werden, ein weiteres Kind durch PID zu erzeugen, nur weil diese Möglichkeit als solche verfügbar ist. Das neue Verfahren kann nämlich unter Umständen zum technologischen Imperativ oder zum technologisch-moralischen Imperativ werden, der geradezu dazu nötigt, ihm gemäß zu verfahren. Wäre dies der Fall, würden die neue technische Handlungsmöglichkeit und das ärztliche Behandlungsangebot das Selbstbestimmungsrecht bzw. eine echte Wahlfreiheit der Eltern faktisch außer Kraft setzen.[425]

– Die persönlichen moralischen Vorstellungen der Eltern sind zu respektieren. Es ist denkbar, dass sie eine PID aus religiösen, ggf. aus katholischen Gründen prinzipiell ablehnen. Hierdurch würde sich diese Handlungsoption aus Gewissensgründen erübrigen.

– Wenn eine Familie eine PID-HLA durchführen lässt, ist eine kompetente psychologische Begleitung und Beratung zu gewährleisten. Dies gilt auch angesichts dessen, dass nach der Gewebeübertragung die therapeutischen Erwartungen enttäuscht werden oder familiäre und soziale Konflikte aufbrechen können.

– Bereits vorab sollte geklärt werden, was mit den nicht verwendeten befruchteten Eizellen geschieht. Sowohl krankheitsbelastete als auch unbelastete Embryonen werden voraussichtlich überzählig bleiben. Sollen sie beiseitegelegt werden oder der Embryonen- oder Stammzellforschung zur Verfügung gestellt werden? Zu Letzterem besteht bei Paaren, die eine IVF durchgeführt haben, generell große Bereitschaft.[426]

– Sozialethisch ist auf Grenzziehungen zu achten. Um dies zu veranschaulichen: Die britische Genehmigungsbehörde legte Wert auf die Feststellung, dass das Verfahren der PID-HLA ggf. nur für ein erkranktes Geschwisterkind, aber nicht für andere, erwachsene Angehörige genutzt werden darf.[427]

– Nach der Durchführung einer PID-HLA sollten Langzeitbeobachtung und Dokumentation gewährleistet werden – sowohl im Blick auf die gesundheitlichen Folgen als auch auf die psychische und soziale Verträglichkeit des Verfahrens.

– Sozialethisch sowie gesundheitspolitisch ist zu prüfen, inwieweit sich durch strukturelle Maßnahmen schonende Alternativen eröffnen lassen, die eine Ent-Individualisierung des Problems mit sich bringen, so dass den Betroffenen private Entscheidungslasten erspart würden. So wäre zu bedenken, in Biobanken die Einlagerung und breite Verfügbarkeit von Stammzellen aus Nabelschnurblut zu fördern, die für solche Zwecke genutzt werden könnten. Auf diese Weise würden Eltern von der individuellen Entscheidung entlastet, ob sie zu dem Verfahren der PID-HLA Zuflucht nehmen sollen.[428] In der Schweiz wurde dies aus Anlass des Falles „Elodie und Noah" diskutiert.

Angesichts einer PID, die einem erkrankten Geschwister zugute kommen soll, sind also verschiedene medizin-, individual- und sozialethische Gesichtspunkte zu berücksichtigen. Grundsätzlich stehen Ärzte, aber auch Psychologen, Seelsorger oder die Mitglieder von Ethikkommissionen sowie die betroffenen Patienten selbst – in diesem Fall die Eltern des erkrankten Kindes – moralisch sicherlich in der Pflicht, sich der Entscheidungslast zunächst einmal zu stellen und den Zielkonflikt aufzuarbeiten, den der medizinisch-technische Fortschritt in Form der PID-HLA mit sich bringt. Abgesehen von der persönlichen moralischen Intuition, die bei betroffenen Familien zugunsten einer PID-HLA sprechen könnte, ist rechts- und medizinethisch die Norm des Gesundheitsschutzes in Anschlag zu bringen. Der deutsche Gesetzgeber sollte daher in Betracht ziehen, in einem Fortpflanzungsmedizingesetz das Verfahren für begründete Fälle zuzulassen. In Großbritannien ist dies auf der Basis eines Parlamentsbeschlusses vom 19. Mai 2008 jetzt der Fall. Die Medizin sowie Staat und Gesellschaft als ganze dürfen der Fragestellung nicht ausweichen.

Bei den Kontroversen, die in Deutschland zur Fortpflanzungsmedizin geführt werden, geht es allerdings keineswegs nur um die Präimplantationsdiagnostik. Strittig sind vielmehr auch Handlungsoptionen, deren Legitimität und deren Legalität in anderen Staaten noch eindeutiger als die PID ganz außer Frage stehen. Hierzu ist die morphologische Beobachtung früher Embryonen mit anschließendem Single-Embryo-Transfer (SET) zu nennen.

3. Morphologische Beurteilung von Embryonen mit Single-Embryo-Transfer:
   Medizinischer Fortschritt – Stillstand der Gesetzgebung

Erstens: Der medizinische Sachverhalt

Anders als die PID, die im Fall ihrer Zulassung in Deutschland voraussichtlich nur von einer geringen, dreistelligen Zahl von Patientinnen genutzt werden würde, betrifft die morphologische Beobachtung potentiell einen sehr hohen Anteil, ja die Mehrzahl der durchgeführten außerkörperlichen Befruchtungen/IVF-Behandlungen. Seit Ende der 1990er Jahre ist die Fortpflanzungsmedizin in der Lage, nach künstlicher Befruchtung frühe extrakorporale Embryonen in den ersten Tagen, bevor sie der Mutter übertragen werden, auf ihre Zellteilungen, Entwicklungsgeschwindigkeit und Differenzierungsprozesse hin zu beobachten. Eine solche morphologische Betrachtung geschieht, anders als die PID, ohne invasiven Eingriff, nämlich lichtmikroskopisch; sie stellt keine genetische Untersuchung des frühen Embryos dar. Ihr Sinn besteht darin abzuschätzen, ob ein Embryo überhaupt implantations- und weiterentwicklungsfähig ist, damit der Frau ein solcher Embryo übertragen wird, der sich in einer Schwangerschaft voraussichtlich überhaupt fortzuentwickeln vermag. Ein großer Teil der frühen Embryonen stirbt – auch nach natürlicher Zeugung – von allein rasch ab.

Das Verfahren lässt sich so verstehen, dass es sich an den natürlichen Abläufen, nämlich an der Selbstselektion früher Embryonen, orientiert. In der Kulturschale wird ihr Selektionsprozess beobachtet, der sich hinsichtlich ihres Absterbens bzw. ihrer Weiterentwicklung von Natur aus vollzieht. Wenn der Arzt einen Embryo für voraussichtlich entwicklungsfähig hält, wird er ihn der Frau übertragen. Entscheidend ist, dass auf der Grundlage dieser morphologischen Beurteilung dann nur *ein* Embryo transferiert wird (Single-Embryo-Transfer [SET]/elektiver Single-Embryo-Transfer [eSET]). Seit mehreren Jahren belegen Studien, dass nach einem derartigen eSET relativ gute Aussicht auf einen erfolgreichen Verlauf der Schwangerschaft besteht und dass Mehrlingsschwangerschaften vermieden werden.[429]

> Unter Umständen kann es zur besseren Abschätzung der Entwicklungs-Chancen auch sinnvoll sein, den Embryo eine etwas längere Zeit in Kultur zu halten, nicht nur bis zum Tag 2–3, sondern bis zum Tag 5, an dem bereits seine eigene genetische Aktivität eingesetzt hat (Blastozystenkultivierung und Blastozystentransfer).[430] Eine Kehrseite besteht indessen in eventuellen Schädigungen durch die Kultivierungsbedingungen und -materialien.

In der Bundesrepublik Deutschland sind Mehrlingsschwangerschaften zu einem gravierenden Problempunkt, ja zur crux der Fortpflanzungsmedizin geworden. Nach wie vor kommen sie in Deutschland nach In-vitro-Fertilisation (IVF) sehr viel häufiger als in anderen europäischen Staaten zustande. Vor allem höhergradige Mehrlingsschwangerschaften mit Drillingen sind überaus belastend. Zwischen 1998 und 2002 sind 38 Prozent aller in Deutschland nach assistierter Reproduktion geborenen Kinder Mehrlinge – Zwillinge sowie höhergradige Mehrlinge – gewesen, wohingegen bei natürlicher Zeugung die Mehrlingsrate knapp 1,2 % beträgt. Im Jahr 2004 waren unter den nach künstlicher Befruchtung geborenen Kindern (8036 Geburten) immer noch ca. 19,5% Zwillinge und ca. 1% Drillinge.[431] Für die Kinder, die als Mehrlinge geboren werden, drohen gravierende gesundheitliche Gefährdungen, darunter Frühgeburtlichkeit, vermehrte Morbidität der Frühgeborenen, Entwicklungsstörungen, Wachstumsretardierung und neuronale Dysfunktionen. Schon in den 1990er Jahren haben Mediziner auf dieses Problem aufmerksam gemacht[432]; und noch nach heutigem Stand ist festzuhalten: „Nur 70 Prozent der Drillingskinder werden nach z.T. wochenlanger Intensivbetreuung (Klinik der Maximalversorgung) den Eltern gesund übergeben."[433] Auch bei Zwillingsschwangerschaften existiert gegenüber Einlingsschwangerschaften ein teilweise mehrfach erhöhtes Risiko: für die Frau in Bezug auf Bluthochdruck, Präeklampsie, nachgeburtliche Blutungen, Notwendigkeit eines Kaiserschnitts, intensivmedizinische Betreuung; und für die geborenen Kinder, was Frühgeburtlichkeit, niedriges Geburtsgewicht, frühkindliche Hirnschädigung, Atemnotstand des Frühgeborenen, Sepsis, Behinderung anbelangt. Ferner deuten Forschungsergebnisse aus den USA, die im Februar 2008 publiziert wurden, auf erhöhte Anfälligkeit für Herzkrankheiten bei IVF-Zwillingen hin.

Notfalls greifen Mediziner zu dem Mittel, bei einer Mehrlingsschwangerschaft Feten abzutöten. In späten Phasen der Schwangerschaft ist der Fetus indessen ein werdender Mensch, bei dem die Organ- und Gehirnentwicklung so weit fortgeschritten ist, dass seine Existenz der Logik der ansteigenden Schutzwürdigkeit vorgeburtlichen Lebens gemäß eigentlich nicht zur Disposition gestellt werden dürfte. Im Jahr 2004 sind im Zusammenhang von Mehrlingsschwangerschaften in Deutschland 222 Fetozide durchgeführt worden (wobei die Zahl aufgrund von Interpretationsproblemen der vorliegenden Daten als ungefähre Angabe genommen werden sollte). Zurückhaltender – oder beschönigend – wird dieser Sachverhalt als „fetale Reduktion" umschrieben. Die Tötung von Feten – und zwar u.U. auch von gesunden Feten! – erfolgt, um zumindest einem übrig bleibenden Fetus eine Lebenschance zu eröffnen. Der Zugriff auf den zu tötenden Fetus geschieht umständebedingt in der Weise, dass nicht nach medizinischen, sondern lediglich nach technischen Gesichtspunkten der Erreichbarkeit des Kindes vorgegangen wird. Auf diese Weise wird ein unselektiver Fetozid durchgeführt, der in ethischer Perspektive, unter dem Aspekt des Schutzes von weit entwickeltem vorgeburtlichem Leben, kaum rechtfertigbar ist. Weil die Injektion des tödlichen Mittels in das Herz des Fetus nicht immer einen Sekundenherztod bewirkt, empfehlen Mediziner, zumindest von der 20. Schwangerschaftswoche an in die Nabelschnurvene ein Anästhetikum einzuführen. Der abgetötete Fetus wird erst dann, wenn das verbleibende Kind geboren wird, „mazeriert mit ausgestoßen".[434]

Ob die Abtötung eines Fetus sich auf die Überlebens- oder Gesundheitsaussichten der verbleibenden Feten oder des verbleibenden Fetus tatsächlich positiv oder u.U. sogar zusätzlich risikoerhöhend auswirkt, ist medizinisch zur Zeit strittig. Neben der medizinischen und der normativ-ethischen Ambivalenz des Fetozids sind die belastenden psychischen, ja sogar traumatisierenden Folgen dieser Handlung für die Beteiligten zu bedenken.

Nun könnte in Deutschland wie in anderen europäischen Staaten, z.B. Schweden, die Zahl der Mehrlingsschwangerschaften nach künstlicher Befruchtung gegen Null tendieren. Schwedischen Autoren zufolge ist die Übertragung nur *eines* Embryos in die Gebärmutter der Frau, der Single-Embryo-Transfer (SET), nicht nur dem Dreiertransfer, sondern auch dem Double-Embryo-Transfer (DET) vorzuziehen.[435] Eigentlich *waren* Mehrlingsschwangerschaften ein iatrogenes, ärztlich bedingtes Risiko; es handelte sich um eine ungewollte Neben- und Negativfolge der Fortpflanzungsmedizin. Nach künstlicher Befruchtung wurden in der Vergangenheit mehr als zwei Embryonen transferiert – gleichsam „blind", ohne Wissen um die Entwicklungschancen der Embryonen –, um überhaupt einen akzeptablen Erfolg der künstlichen Befruchtung und eine annehmbare „baby-take-home"-Rate zu erzielen. Dass die extrakorporale Befruchtung ein relativ ineffektives und ein stets risikobelastetes Verfahren ist, räumen inzwischen auch Reproduktionsmediziner ein. Der heutige Stand der Fortpflanzungsmedizin hat immerhin einen gewissen Fortschritt erbracht: Durch die morphologische Beurteilung lässt sich – selbst dann, wenn sie als solche eine relativ unsichere, prognostisch unscharfe Methode ist – die Fortentwicklungsfähigkeit außerkörperlich erzeugter Embryonen schon ganz früh, in den ersten Entwicklungstagen, wenigstens in etwa abschätzen. Daher ist es realistisch geworden, nur einen einzelnen Embryo zu übertragen, der dann recht gute Aussicht besitzt, zur Geburt zu gelangen. Nach einem ersten, eventuell fehlgeschlagenen Versuch könnte im Anschluss ein zweiter, zunächst kryokonservierter Embryo transferiert werden, was nach deutscher Rechtslage freilich nicht möglich ist (faktisches Verbot der Kryokonservierung von Embryonen). Hierdurch würde eine akzeptable Erfolgsaussicht der IVF, nämlich eine Lebendgeburtrate oder „baby-take-home"-Rate erreicht, die derjenigen des (bisherigen) Mehrembryonentransfers entspricht.

Die medizinische und ethische Legitimation der morphologischen Beobachtung ergibt sich daher 1. daraus, dass zugunsten der Schwangeren das Recht auf Gesundheitsschutz und auf bestmögliche gesundheitliche Versorgung geltend zu machen ist, und 2. aus der Verpflichtung auf den Gesundheitsschutz des erhofften Kindes. Die gesundheitlichen Schäden, die Zwillings- sowie höhergradige Mehrlingsschwangerschaften für die Frau und für die geborenen Kinder verfahrensbedingt mit sich bringen, sind vermeidbar geworden.

Zweitens: Die rechtliche Problematik in Deutschland

In Deutschland steht der morphologischen Beobachtung mit Ein-Embryo-Transfer (eSET) das Embryonenschutzgesetz entgegen, das am 01.01.1991 in Kraft trat. Als es beraten wurde, war die Methode noch nicht bekannt, so dass das Gesetz auf sie nicht zugeschnitten ist. Seinem Wortlaut zufolge (ESchG § 1.1. Nr. 3 in Verbindung mit Nr. 5) dürfen bei IVF bis zu drei Embryonen erzeugt werden, die der Frau dann vollzählig übertragen werden sollen – woraus die Gefahr der Mehrlingsschwangerschaften resultiert. Eine Kryokonservierung nicht verwendeter Frühembryonen ist in Deutschland zur Zeit grundsätzlich nicht statthaft. Im Jahr 2005 hielt eine fachwissenschaftliche Publikation aus einem europäischen Nachbarland, nämlich der Schweiz, zugespitzt fest: „In Deutschland werden noch immer in fast 50 Prozent der Fälle drei Embryonen übertragen, und entsprechend findet man hier die höchste Drillingsrate Europas".[436] Zum Vergleich: In anderen europäischen Staaten, namentlich Schweden, Belgien oder Finnland, ist ein solcher Mehrlingstransfer sogar untersagt. Gesetzliche Normen regeln den Einzelembryotransfer. Auch in Großbritannien zog die staatliche Aufsichtsbehörde 2007 in Betracht, den Transfer von mehr als einem Embryo zu unterbinden; seit 2008 wird dies umgesetzt.

Nun ist zu unterstreichen, dass in Deutschland Reproduktionsmediziner selbst, die medizinischen Fachgesellschaften oder die Bundesärztekammer von einem Drei-Embryo-Transfer dringend abraten.[437] Die Deutsche Gesellschaft für Gynäkologie und Geburtshilfe schlug 2005 dem Gesetzgeber vor, das Embryonenschutzgesetz dahingehend zu novellieren, dass die Übertragung von mehr als zwei Embryonen gesetzlich untersagt wird, und dies damit zu verbinden, die morphologische Beobachtung früher Embryonen mit nachfolgender Übertragung nur eines – und zwar entwicklungsfähigen – Embryos statthaft werden zu lassen.[438] Im

Jahr 2006 hat die Bundesärztekammer nachgezogen und ihrerseits dem Gesetzgeber nahegelegt, europäische Standards aufzugreifen und das deutsche Gesetz zu revidieren.[439]
Parlament oder Regierung sind bislang aber nicht tätig geworden. Inzwischen sind Schäden, die durch Mehrlingsschwangerschaften entstehen, kein iatrogenes, medizinisch verfahrensbedingtes Risiko mehr, sondern nomogen: Sie resultieren aus den Vorgaben des Gesetzes.
Juristisch betrachtet ist die morphologische Beobachtung mit nachfolgendem Single-Embryo-Transfer mit dem Embryonenschutzgesetz deshalb nicht vereinbar, weil bei diesem Verfahren vorsorglich mehrere (zumindest ca. sechs) Eizellen befruchtet werden müssen, in der Hoffnung, aus ihnen *einen* entwicklungsfähigen Embryo bestimmen zu können, um dann allein diesen der Frau zu übertragen. Unter Umständen könnte aber die Situation eintreten, dass unter den ca. sechs erzeugten Embryonen noch ein weiterer Frühembryo entwicklungsfähig erscheint, der der Frau um des Ein-Embryo-Transfers willen nicht eingesetzt würde. Er müsste kryokonserviert oder beiseitegelegt, d.h. dem Absterben preisgegeben werden. Das Gesetz lässt dies nicht zu; aus Gründen des Embryonenschutzes schreibt es vor, einer Frau alle Embryonen zu transferieren. Dies schließt auch den Transfer solcher Embryonen ein, die prognostisch nur eine eingeschränkte Entwicklungsfähigkeit besitzen.[440] Gleichzeitig entstehen hierdurch die Mehrlingsschwangerschaften.

> Noch sehr viel rigoristischer als in Deutschland ist die Gesetzeslage in Italien, die auf Druck der katholischen Kirche 2004 durch einen Parlamentsbeschluss zustande kam. Seit 2004 nimmt in Italien die Zahl der Mehrlingsschwangerschaften und der Gesundheitsschäden nach IVF daher zu.[441]

Aus ethischer Sicht vermögen die Vorgaben des deutschen Gesetzes nicht zu überzeugen; Ethik und positives Recht geraten hier in einen Widerspruch. Ethisch kann es als hinnehmbar gelten, wenn – an sich ungewollt und in möglichst geringer Zahl – Embryonen überzählig bleiben. Die Begründung ergibt sich aus den oben dargelegten Gesichtspunkten, die den abgeschwächten Schutzanspruch früher Embryonen und die Notwendigkeit der Güterabwägung zwischen Embryonenschutz und Gesundheitsschutz darlegten. Zudem beschneidet das Gesetz gegenüber der betroffenen Frau das Selbstbestimmungsrecht bzw. ihr Recht auf reproduktive Selbstbestimmung – eine Restriktion, die ethisch und rechtswissenschaftlich fragwürdig ist. Hierauf hat die Bioethik-Kommission Rheinland-Pfalz aufmerksam gemacht, indem sie formulierte: „Durch die gesetzlich angeordnete Vorenthaltung medizinisch möglicher Diagnose- und Behandlungsmethoden wird in das Grundrecht der Frau auf körperliche Unversehrtheit und auf Selbstbestimmung über den eigenen Körper eingegriffen."[442] Außerdem wird in die Berufsfreiheit von Ärzten eingegriffen. Daher sollte der Gesetzgeber Rechtsklarheit sowie Rechtssicherheit herstellen und um des gesundheitlichen Wohles der Patientin sowie der erhofften Kinder willen die morphologische Beobachtung früher Embryonen mit nachfolgendem Single-Embryo-Transfer erlauben.

> Von den ethischen Gesichtspunkten des Gesundheitsschutzes und Kindeswohls abgesehen ist das Verfahren ferner unter ökonomischem Blickwinkel vorzugswürdig. In der Bundesrepublik Deutschland wurde die Kostenerstattung für künstliche Befruchtung im Jahr 2004 stark abgesenkt (Erstattung von nur noch drei Behandlungszyklen, und zwar lediglich zu 50%, und nur bei Frauen im Alter zwischen 25 bis 39 Jahren). Interesse verdient das belgische Modell: Er-

stattung von bis zu 6 Zyklen; bei Frauen unter 37 Jahren wird bei den ersten beiden Versuchen nur ein Ein-Embryo-Transfer durchgeführt – mit der Folge, dass in Belgien die Mehrlingsschwangerschaftsrate deutlich zurückging und die auf diese Weise eingesparten Finanzmittel ausreichen, um die vollständige Kostenübernahme der IVF-Behandlungen tatsächlich zu gewährleisten. So sehr die ethischen Argumente im Vordergrund stehen, sprechen ebenfalls ökonomische Argumente – Reduktion der Kosten, die für Behandlungsmaßnahmen bei einer Mehrlingsschwangerschaft anfallen; Vermeidung von Kosten für neonatologische Intensivmedizin und für die Therapie späterer Krankheitsverläufe bei Mehrlingen – für eine Änderung des deutschen Gesetzes.

Zur Zeit können die Augen aber nicht davor verschlossen werden, dass die Gesetzgebung zum Stillstand gekommen ist. Trotz mehrjähriger Initiativen medizinischer Fachgesellschaften, Rechtswissenschaftler und Ethiker hat sich der Gesetzgeber mit der Materie nicht mehr befasst. Um der ärztlichen Verpflichtung gerecht zu werden, zum Wohl der Patienten zu handeln, haben in den zurückliegenden Jahren Reproduktionsmediziner unter Zuhilfenahme von Juristen[443] versucht, auf dem Weg der Gesetzes*auslegung,* also mit Hilfe einer Neuinterpretation des Embryonenschutzgesetzes in seiner vorliegenden unrevidierten Fassung, ihren Handlungsspielraum zu erweitern. Einzelheiten können an dieser Stelle nicht entfaltet werden. Konservative juristische Stimmen beharren freilich darauf, dass schlechthin *keinerlei* Auslegungsspielraum bestünde[444] – eine Position, die aus Sicht des Verfassers ethisch, aber gleichfalls juristisch nicht überzeugt. Dennoch ist einzuräumen, dass letztlich der Gesetzgeber Klarheit schaffen und die morphologische Beobachtung legalisieren müsste.[445]

Dies gilt umso mehr, als die Indizien zunehmen, dass das neue Verfahren in der Bundesrepublik Deutschland in mehreren Bundesländern bereits praktiziert wird, obwohl seine Gesetzeskonformität strittig ist. Die Motive dürften sein, dass Reproduktionsmediziner die Kinderwunschpaare „lege artis", dem Stand der medizinischen Wissenschaft gemäß behandeln möchten. Darüber hinaus geht es darum, dem sich verstärkenden Tourismus von Patientinnen und Kinderwunschpaaren in das benachbarte Ausland oder in das entfernte Ausland – dort mit z.T. hinterfragungsbedürftigen Behandlungs- und Beratungsstandards – zu wehren. Über den Ärzten schwebt indessen die Bedrohung, wegen Verstoßes gegen das Embryonenschutzgesetz strafverfolgt zu werden. Erste Gerichtsurteile sind unterschiedlich ausgefallen.

Im Fazit ist festzuhalten: In der Bundesrepublik ist ein gravierender Konflikt aufgebrochen, und zwar zwischen dem positiven Recht einerseits, der Ethik des Gesundheitsschutzes sowie der ärztlichen Pflicht, Schaden zu vermeiden, andererseits. Aus medizinischen und ethischen Gründen sollte der Rechtsstaat die morphologische Beobachtung von Embryonen mit anschließendem Ein-Embryo-Transfer zulassen. Eine generelle rechtsethische Konsequenz lautet, im Medizinrecht Überprüfungsfristen, Verfahrenswege und institutionelle Regelungen zu etablieren, die sicherstellen, dass neu entwickelte medizinische Methoden – nicht nur in der Reproduktionsmedizin – tatsächlich genutzt werden können. Neue medizinische Ansätze, die dem Gesundheitsschutz und der gesundheitlichen Versorgung dienen, sollten nicht an sukzessiv veraltenden gesetzlichen Bestimmungen scheitern.

V. Weitere Wertkonflikte im Umgang mit vorgeburtlichem Leben

Im vorliegenden Buch lassen sich nur ausgewählte Wert- und Zielkonflikte des Umgangs mit vorgeburtlichem Leben behandeln, und dies wiederum nur in knapper und zugespitzter Form. Die Erörterung erfolgt in der Weise, dass der Schutzanspruch des vorgeburtlichen Lebens, das Selbstbestimmungsrecht der Eltern sowie Aspekte des Gesundheitsschutzes und Kindeswohls gegeneinander abgewogen werden. Im folgenden Abschnitt 1 werden beispielhaft Einzelprobleme der Fortpflanzungsmedizin zur Sprache gelangen, die bislang noch nicht erwähnt wurden. Dies sind durchweg ethisch, rechtspolitisch und gesellschaftlich strittige Themen. Dabei werden zunächst diejenigen Fragestellungen genannt, die aus Sicht des Verfassers geringere Rückfragen aufwerfen; bei ihnen ist rechtspolitisch sowie ärztlichstandesrechtlich an Liberalisierungen zu denken. Sodann werden Handlungsoptionen dargestellt, die ambivalent erscheinen oder ethisch abzulehnen sind.

Der Abschnitt 2 befasst sich mit einer Frage, die das weiter entwickelte vorgeburtliche Leben und das Umfeld der Geburt betrifft, nämlich die Spätabtreibung von Feten.

1. Themen der Fortpflanzungsmedizin

Erstens: Reproduktionsmedizinische Behandlung lesbischer Paare

Zunehmend bemühen sich lesbische Paare um medizinische Assistenz, um einen Kinderwunsch zu erfüllen. Standesrechtlich bestehen jedoch nach wie vor Hürden; die 2006 novellierte Musterrichtlinie der Bundesärztekammer zur assistierten Reproduktion äußert sich – wenngleich sehr viel weniger schroff als die ältere Version der Richtlinie – ablehnend. Eine genauere ethische Analyse lässt die tradierte Auffassung jedoch fragwürdig erscheinen, die unter Berufung auf das Kindeswohl eine reproduktionsmedizinische Therapie lesbischer Paare prinzipiell verneint. Empirische Sozialforschung sowie psychologische Reflexionen haben belegt, dass „die Kinder lesbischer Familien in einer geborgenen und geschützten familiären Umgebung aufwachsen" und negative verhaltens- oder entwicklungspsychologische Folgen nicht befürchtet werden müssen.[446] Wenn follow-up-Studien dies bestätigen und weil das Gebot ernstzunehmen ist, sich mit der heutigen Pluralisierung der Lebensformen und Lebensstile soziokulturell konstruktiv auseinanderzusetzen, werden praktizierende Mediziner und das Standesrecht dem Thema auch im Inland nicht ausweichen können. Bei einem Behandlungswunsch lesbischer Paare sollte auf ärztlicher Seite eine Einzelfallabwägung erfolgen; und es ist zu beachten, dass aus Gründen des Kindeswohls, genauer: des Rechtes des Kindes auf Kenntnis seiner genetischen Herkunft, eine *anonyme* Samenspende an ein lesbisches Paar auszuschließen ist. In Großbritannien ist im April 2005 ein Gesetz in Kraft getreten, das Samenspenden anonymer Herkunft, die dort zuvor möglich waren, unterbindet. Zudem sollen in Großbritannien nur Frauen in festen Partnerschaften Spendersamen erhalten.

Inzwischen kann aber nicht mehr pauschal eingewendet werden, bei einer reproduktionsmedizinischen Therapie lesbischer Paare werde das Kindeswohl gefährdet. Zwar ist einzuräumen, dass Heranwachsende mit Vorurteilen in ihrer Umgebung oder bei Gleichaltrigen konfrontiert sein können. Andererseits sind im Rahmen der lesbischen Lebensform große Zuwendung sowie besonderes Bemühen um das heranwachsende Kind, insbesondere auch um seine Eigenständigkeit nachgewiesen worden. In verschiedenen europäischen Staaten – Schweden, Belgien, Spanien – werden lesbische Paare daher reproduktionsmedizinisch behandelt, unter ihnen Frauen aus Deutschland. Im Ausland hat sich auch der Gesetzgeber diesem Thema geöffnet. In Belgien erfolgte die Zustimmung des Abgeordnetenhauses am 15. März 2007, in Norwegen und Großbritannien im Jahr 2008.

Zweitens: Eizellspende aus medizinischen Gründen

Ein weiteres Thema, das im Licht von Selbstbestimmungsrecht, Gesundheitsschutz und Kindeswohl grundsätzlich befürwortend zu durchdenken ist, ist die Eizellspende zugunsten einer Frau im normalerweise gebärfähigen Alter, die in einer Ehe oder in einer stabilen heterosexuellen Partnerschaft lebt. Das Verfahren ist in der Bundesrepublik Deutschland zur Zeit nicht statthaft, beträfe aber eine erhebliche Anzahl von Patientinnen. Die Inanspruchnahme einer Eizellspende kann aus verschiedenen Gründen (genetische Disposition, Patientinnen ohne Ovarien oder mit vorzeitiger Menopause o.a.) medizinisch erwägenswert sein. Auch hierzu sind Einzelprobleme zu erörtern, darunter die Frage, wie sich die Freiwilligkeit der Eizellspende oder das Anliegen, dass diese eine altruistische Handlung ohne Gewinnerzielungsabsicht sein soll, sichern lassen. Für das erhoffte Kind ist das Recht auf Kenntnis der genetischen Herkunft essentiell. Derzeitigem Erkenntnisstand zufolge sind gesundheitliche, psychische, familiäre oder entwicklungspsychologische Beeinträchtigungen von Kindern nach einer Eizellspende nicht zu befürchten.[447]
Für die Bundesrepublik Deutschland ist wünschenswert, dass ein Reproduktionsmedizingesetz die verschiedenen Themen der Fortpflanzungsmedizin kohärent und widerspruchsfrei reguliert. Daher wäre in Korrelation zur Samenspende, die schon jetzt zulässig ist, die Eizellspende mit zu regeln. Rechtssystematisch gehört dieses Thema nicht in das Embryonenschutzgesetz, weil bei der altruistischen Spende von Eizellen der Embryonenschutz und Embryonenstatus nicht berührt sind.
Die ethische Bewertung anderer fortpflanzungsmedizinischer Behandlungsangebote fällt uneindeutiger oder grundsätzlich kritisch aus.

Drittens: Präkonzeptionelle Geschlechtswahl

Ethisch zumindest ambivalent ist die präkonzeptionelle Geschlechtswahl eines künftigen Kindes. Rechtssystematisch korrekt müsste sie ebenfalls im Rahmen eines Reproduktionsmedizingesetzes und nicht, wie bislang, im Embryonenschutzgesetz normiert werden. Sofern die Geschlechtsbestimmung bzw. die Wahl des weiblichen oder männlichen Geschlechts bereits vor der Bildung des Embryos, nämlich durch Spermienselektion erfolgt, ist auch in diesem Fall das Schutzrecht von Embryonen gar nicht betroffen.
In West- und Mitteleuropa wären den vorliegenden Untersuchungen gemäß bei einer Geschlechtsauswahl keine gesellschaftlich relevante Diskriminierung eines bestimmten Geschlechts und keine bemerkenswerte Verschiebung im quantitativen Geschlechterverhältnis zu erwarten.[448] Würde man die Methode zulassen, entstünde freilich eine argumentative

Schieflage gegenüber fernöstlichen Ländern, in denen genau dies in hochproblematischem Ausmaß der Fall ist. Bei der Geschlechtswahl verschöbe sich ferner die Grenzlinie zur „positiven" Wahl bestimmter Nachkommen; denn es geht ja nicht darum, bestimmte Krankheitsbilder und Belastungen abzuwenden. Für ein solches „gender balancing" liegen allenfalls familiäre, lebensstilbedingte oder soziale Wünsche vor, z.B. dahingehend, dass in einer Zweikindfamilie sowohl ein Junge als auch ein Mädchen aufwächst. Eine spezifisch medizinische oder gesundheitsschutzbasierte Begründung, d.h. eine medizinische Indikation, ist nicht vorhanden, sofern es nicht um den Ausschluss geschlechtsabhängiger schwerer Krankheitsanlagen in erblich belasteten Familien geht. Insgesamt sprechen keine triftigen Argumente dafür, das Verfahren ethisch zu befürworten und es rechtlich oder standesrechtlich für statthaft zu erklären. Dies gilt erst recht, wenn hierfür keine präkonzeptionelle Spermienselektion, sondern eine PID in Betracht gezogen wird.

Viertens: Pränatale Adoption
Genauerer ethischer Analyse bedarf die pränatale Adoption. Bereits vorgeburtliches Leben, auch der frühe Embryo, besitzt ein Recht auf Leben. Weltweit sind Hunderttausende von Embryonen kryokonserviert, die in keiner Schwangerschaft mehr ausgetragen werden. In den voranstehenden Kapiteln ist dargelegt worden, dass und warum die Entnahme embryonaler Stammzellen aus solchen verwaisten Embryonen, die ohnehin absterben werden, zum Zweck der Stammzellforschung ethisch legitim ist. Zusätzlich sollte aber bedacht werden, ob und unter welchen Bedingungen überzählige Embryonen zur Adoption freigegeben werden dürfen (pränatale Adoption/Embryonenspende). Die deutsche Rechtsordnung enthält hierzu kein Verbot, sondern eine Regelungslücke, so dass die pränatale Adoption formal statthaft ist. Überzähligen Embryonen, die entwicklungsfähig sind, könnte hierdurch zum Leben verholfen werden. Der Embryo würde dann von einer anderen Frau ausgetragen und wüchse nach der Geburt bei einem Paar auf, mit dem er genetisch nicht verwandt ist. Die Idee der Embryonenspende wird in zahlreichen Ländern, darunter Österreich, diskutiert. Ein damaliges Mitglied der Bioethik-Kommission der österreichischen Bundesregierung, Johannes C. Huber, bezeichnete schon 2002 die pränatale Adoption als einen Ausweg, um Frauen bei Erkrankungen oder Insuffizienz der Ovarien zu einem Kind zu verhelfen.[449]
Andererseits sind Schwierigkeiten zu sehen. Hierzu zählt, ob, wann und in welcher Form das Kind später von seiner genetischen Herkunft erfahren soll, die – anders als bei der Eizellspende – von derjenigen der sozialen Eltern vollständig abweicht. Sodann ist zu durchdenken, ob es ein Recht besitzt, seine genetische Mutter, die es nicht ausgetragen hat, und seine genetischen Eltern, bei denen es nicht aufwuchs, persönlich kennen zu lernen – eventuell sogar angesichts dessen, dass die genetischen Erzeuger selbst dies nicht wünschen.[450] In den Niederlanden existiert die Regelung, dass ein Kind im Alter von 16 Jahren den Namen seiner genetischen Eltern erfahren kann, der von einer zentralen Institution gespeichert wird. Embryonenspenden zugunsten ausländischer Eltern möchte man in den Niederlanden verhindern. Ethisch ist unerlässlich, nicht nur gegenüber der abgebenden Mutter und dem adoptierenden Paar, sondern auch für das heranwachsende Kind psychologische Beratung und Begleitung anzubieten, und zwar über einen langfristigen Zeitraum hinweg.
Die Idee der pränatalen Adoption oder Embryonenspende wird von manchen Stimmen propagiert, die einen „starken", kompromisslosen Embryonenschutz befürworten. Allerdings

hat auch die Bioethik-Kommission Rheinland-Pfalz, die liberale Ansätze und einen abgeschwächten Schutz des Frühembryos vertritt, dem Bundesgesetzgeber empfohlen, die Regelungslücke zur pränatalen Adoption zu schließen: „Der Gesetzgeber sollte die Möglichkeit der Adoption von Embryonen unter Festlegung der dafür erforderlichen Voraussetzungen eröffnen."[451] Wenn man pränatale Adoption medizinethisch und rechtlich für vorstellbar hält, sollte man im gleichen Atemzug aber klarstellen, dass auf Paare, die eine extrakorporale Befruchtung durchführen lassen, keinesfalls Druck ausgeübt werden darf, überzählige Embryonen zur sogenannten Adoption freizugeben. Diese Tendenz ist aufgrund moralischer, moralisierender oder religiöser Motive (z.B. katholischer Gedanke des absoluten Lebensschutzes) durchaus vorhanden. Im September 2007 erklärte sogar die italienische Gesundheitsministerin Livia Turco, das „Verschenken" eines Embryos sei eine „starke Geste" und ein Weg, „ethische Prinzipien zu stabilisieren".

Als medizinische Voraussetzung für eine Embryonenspende müsste geklärt sein, dass die genetische Differenz zwischen dem Embryo und der Schwangeren keine gesundheitlichen Gefährdungen des Kindes bewirkt. Pränatale Adoptionen erscheinen im Einzelfall durchaus erwägenswert, insoweit es um die Erfüllung eines Kinderwunsches und um die Lebenserhaltung entwicklungsfähiger Embryonen geht. Unter dem Blickwinkel des psychosozialen Kindeswohls ergibt sich indessen ein uneindeutigeres Bild, so dass diese Option als „hinnehmbar"[452] oder als ethisch vertretbar, aber nicht als individualethisch geboten oder als rechtsethisch generell empfehlenswert zu bezeichnen ist.

Auf dem Weg der pränatalen Adoption/Embryonenspende wird sich auch nicht – wie manche Stimmen behaupten – das Problem lösen lassen, dass in der Reproduktionsmedizin Frühembryonen überzählig bleiben. Auch in Deutschland wird verstärkt mit überzähligen Embryonen zu rechnen sein, wenn das Verfahren der morphologischen Beobachtung von Frühembryonen mit Ein-Embryo-Transfer praktiziert wird. Was die Abnahme überzähliger Embryonen durch Frauen anbelangt, die sie auszutragen bereit wären, sind aber quantitative Grenzen zu sehen. Es ist nicht vorstellbar, dass eine hinreichend große Anzahl von Paaren zur Verfügung steht, eine Embryonenspende in Anspruch zu nehmen, so dass die Anzahl überzähliger kryokonservierter Embryonen in Deutschland aufgrund dessen gegen Null tendieren würde.

Darüber hinaus ist es aus Gründen des Gesundheitsschutzes und Kindeswohls nicht vertretbar, Frühembryonen an Dritte freizugeben, die für die Erzeuger selbst aus qualitativen Gründen (schlechte Prognose; mangelnde Entwicklungsfähigkeit; „poor quality") für den Transfer in die Gebärmutter und für die Schwangerschaft nicht in Frage gekommen waren.

Fünftens: Extrakorporale Befruchtung zwecks embryonaler Stammzellgewinnung
Ganz anders gelagert ist eine Handlungsidee, die 2006 großes Aufsehen erregte und in Deutschland aus dem Motiv des strikten Frühembryonenschutzes heraus zum Teil begrüßt worden war. Sie überschneidet sich mit den im vorigen Kapitel erörterten alternativen Verfahren zur Gewinnung pluripotenter Stammzellen. Aus einem ansatzweise gelungenen Experiment einer Forschergruppe um Robert Lanza war die Schlussfolgerung gezogen worden, es sei vorstellbar, aus frühen Embryonen pluripotente Stammzellen zu entnehmen, ohne die Embryonen hierdurch zu verbrauchen. Auf diesem Weg werde eine Herstellung embryonaler Stammzellen ohne die Zerstörung von Embryonen ermöglicht.[453]

Für eine Frau ist es aber unzumutbar, im Rahmen eines aufwändigen Verfahrens, das der künstlichen Befruchtung mit PID vergleichbar ist, einen extrakorporalen Embryo zunächst bereitzustellen, um diesem Stammzellen entnehmen zu lassen – und zwar für abstrakte fremdnützige Forschungszwecke –, und den Embryo dann fortexistieren zu lassen, d.h. ihn auszutragen. Es ist unverhältnismäßig und nicht hinnehmbar, einen Frühembryo in dieser Weise vorab, vor der eigentlichen Schwangerschaft, fremdnützig für eine Zellspende zu instrumentalisieren und dabei sogar eventuellen späteren Schaden für ihn in Kauf zu nehmen, selbst wenn man die verfahrensbedingten Risiken für gering hält. In der abstrakten Fremdnützigkeit liegt der entscheidende Unterschied zu der oben dargestellten Handlungskonstellation der PID-HLA, bei der in besonders begründeten Fällen, als ultima ratio, ein Embryo erzeugt wird, welcher peri- oder postnatal zugleich als Zellspender für ein konkret schwer erkranktes Geschwisterkind geeignet ist (s.o. S. 198ff).

Ganz abwegig sind Vorschläge, Embryonen für Gesundheitszwecke zu nutzen, die völlig hypothetisch bleiben. Ein krasses Beispiel bietet das Angebot einer US-Firma (in Kooperation mit IVF-Kliniken) von 2007, aus überzähligen Fortpflanzungsembryonen „personalized stem cell lines" zu generieren, und zwar für künftige familiäre Therapiezwecke, die diffus und spekulativ sind. Pro Stammzelllinie würden – so die Firma – zehn überzählige Embryonen benötigt.[454] Hier ist die Grenzlinie zur Vernutzung von Frühembryonen, die kommerziell motiviert ist und sich ethisch nicht begründen lässt, deutlich überschritten.

Sechstens: Reproduktives Klonieren

Neben dem bereits erörterten therapeutischen Klonieren (s.o. S. 176f) findet seit mehreren Jahren das reproduktive Klonen, die Herstellung eines genetisch quasi-identischen Nachkömmlings, international Aufmerksamkeit. Weltweit herrscht durchgängig Konsens, diese Handlungsweise abzulehnen. Zu Weihnachten 2002 behauptete die Sekte der Raelianer in einer Aufsehen erregenden Medieninszenierung, es sei ihr gelungen, erstmals einen Menschen zu klonen. Die Behauptung der Raelianer löste den Bundestagsbeschluss vom Februar 2003 aus, der nicht nur das reproduktive, sondern sogleich auch das therapeutische Klonieren zu verbieten forderte (s.o. S. 176f). Sie beruhte allerdings nicht auf Tatsachen. Die Begründung, die die Sekte vortrug, war Ausdruck quasi-religiöser Ideologie; es gehe – so der Sektengründer Rael in einem Interview der Frankfurter Allgemeinen Zeitung am 31.12.2002 – um „ewiges Leben durch Klonen". Medizintechnologische Visionen, die auf dieser Linie liegen, reichen bis zur nanotechnologischen und transhumanistischen Utopie, „sich selbst in den Computer herunterzuladen", um Unsterblichkeit sowie „schrankenlose Freiheit" zu erlangen.

Die Ablehnung des reproduktiven Klonens resultiert aus einer Vielzahl von Gründen. Die Individualität und die unbefangene, freie Entfaltung und Selbstentdeckung des Klonierten, dessen genetische Disposition im Vorhinein bekannt wäre – denn er wäre der genetische Doppelgänger eines bereits vorhandenen Menschen –, würden von vornherein überfremdet. Diesen Einwand hatte bereits vor mehr als zwanzig Jahren Hans Jonas vorgetragen: „das Klonierungsprodukt ist im voraus der *Freiheit* beraubt, die nur unter dem Schutz des Nichtwissens gedeihen kann"; der Klonierte wäre betrogen um die Unbefangenheit seiner Zukunftserwartungen und um die Chance, „eine Überraschung für sich selbst zu sein". Zudem ist der Erfolg eines Klonierungsexperiments höchst unsicher; Fehlschläge sind um ein Vielfaches wahrscheinlicher als Erfolge. Aus Tierexperimenten ist bekannt, dass mehrere hundert Fehlversuche in Kauf genommen werden müssen, um einen Klonierungserfolg zu erzielen. Dies ist für den Umgang mit menschlichen Embryonen nicht vertretbar. Jonas' schon lange zurückliegende Kritik am Klonieren hat darin recht behalten, dass man beim reproduktiven Klonieren „missgebildete Embryos" in Kauf nehmen müsste, „die zu liquidieren wären, oder bleibende Missgeburten, deren Dasein zu verantworten wäre".[455]

D.h.: Selbst dann, wenn ein klonierter Mensch wirklich geboren würde, wäre bei ihm mit erheblichen Fehlbildungen und Entwicklungsstörungen zu rechnen. Bei klonierten Tieren waren fehlerhafte Reprogrammierungen, genetische Fehlregulierungen, ein fehlerhaftes Imprinting und verkürzte Chromosomenenden (Telomere) keine Ausnahme, sondern der Regelfall. Auf solche Gefahren des reproduktiven Klonierens haben renommierte Naturwissenschaftler, unter ihnen Rudolf Jaenisch oder Ian Wilmut, der Erzeuger des ersten klonierten Schafes, frühzeitig aufmerksam gemacht. Das im Jahr 1996 geborene Schaf Dolly – damals eine wissenschaftliche Sensation – war 2003 vorzeitig gestorben. An Dolly waren 1999 verkürzte Chromosomenenden festgestellt worden. Dass das reproduktive Klonieren mit hohen Risiken behaftet ist, wurde durch den Tod des Klonschafes Dolly nochmals ins Bewusstsein gerückt. Würde man Menschen klonieren, wäre dies ein Humanexperiment, dessen Risiko unkalkulierbar und unvertretbar wäre.

Aufgrund dieser Risikoabwägung verbietet sich das reproduktive Klonieren von Menschen. Zudem ist kein Argument erkennbar, das sich eindeutig zugunsten dieser Handlungsoption anführen ließe (Nutzenabwägung). Zwar haben Autoren, die aus dem Judentum stammen, anders votiert. Jüdisch gesehen bestehe ein Zwiespalt: Einerseits sei das Gebot vorhanden, zugunsten eines „betterment of mankind" zu handeln; andererseits dürfe die Individualität des Menschseins, „the singularity of every human being", nicht beeinträchtigt werden. Aus jüdischer Perspektive wurde es dennoch als sinnvoll angesehen, die Technik des reproduktiven Klonierens bei Problemen der Spermienqualität anzuwenden, um einen Kinderwunsch zu erfüllen. Ein konkretes Fallbeispiel, welches zugunsten des reproduktiven Klonierens konstruiert wurde, besagte, dass ein letzter Überlebender einer Familie, der im Konzentrationslager kastriert worden sei, auf ein eigenes Kind hoffe; dies sei legitim und solle durch reproduktives Klonieren erfüllt werden. Zusammengefasst lautet die Position des Rabbiners und Juristen Yitzchok Breitowitz, von dem die zitierten Erwägungen stammen, aus der Perspektive der jüdischen Tradition seien „many positive benefits" dieser biomedizinischen Handlungsweise zu sehen. Daher wandte er sich gegen die Absichten im US-amerikanischen Senat und Repräsentantenhaus, sie zu verbieten.[456]

Das Fallbeispiel eines letzten Überlebenden mag Suggestionskraft besitzen. Jedoch kann aus einem extremen Einzelfall keine generelle Legitimation abgeleitet werden. Es sind allerdings eine ganze Reihe jüdischer Medizinethiker, die in den Vordergrund stellen, reproduktives Klonen lasse sich als Ausdruck menschlicher Freiheit und des Schöpfertums deuten, zu dem der Mensch als Gottes Ebenbild und als Gottes Nachahmer geradezu verpflichtet sei. Abgesehen von der Nachahmung der Schöpfertätigkeit Gottes, die zum Zweck der „Verbesserung" der menschlichen Existenz erfolge, finde beim Klonen eine legitime Nachahmung der Natur statt: Das Klonen „verdoppelt … lediglich existente und bekannte natürliche Wesen, im Gegensatz zu anderen Arten der Biotechnologie, die neue möglicherweise gefährliche Organismen erschaffen könnten".[457]

Ebenso halten buddhistische Gelehrte das reproduktive Klonen für vorstellbar, und zwar aufgrund der Hochschätzung von Nachkommenschaft sowie aufgrund der Familienbezogenheit buddhistischen Denkens. Im Buddhismus findet sich eine Bewertungstendenz, die der europäisch-westlich geprägten exakt entgegengesetzt ist: Da es um die Behebung von Unfruchtbarkeit geht, wird das reproduktive Klonen stärker befürwortet als das therapeutische Klonen; Letzteres wird durchweg negativ kommentiert.[458]

Dennoch: Die Argumente gegen das reproduktive Klonieren sind durchschlagend. Es handelt sich um ein unkalkulierbares, extrem risikobehaftetes Humanexperiment, welches gesundheitlichen Schaden bewirkt und zudem die unbefangene Selbstbestimmung und Selbstentfaltung des potentiell Betroffenen, des klonierten Kindes, zutiefst in Frage stellen würde. Ferner besteht, wie sich am Gedankengang der Raelianer zeigt, die Gefahr des ideologiebedingten Missbrauchs.

Siebtens: Resümee

Die voranstehenden Darlegungen zeigten auf, dass die verschiedenen Behandlungsangebote der Reproduktionsmedizin je für sich abzuwägen und abzuschätzen sind. Manche Restriktionen, die in Deutschland gelten – zur morphologischen Beobachtung früher Embryonen und zur Blastozystenkultivierung, zur PID oder auch zur Therapie lesbischer Paare oder zur medizinisch indizierten Eizellspende – lassen sich von der Sache her schwerlich dauerhaft aufrecht erhalten.

In der deutschen öffentlichen Debatte wurde und wird der Lebensschutz des wenige Tage alten Frühembryos oftmals sehr nachdrücklich eingefordert; das Embryonenschutzgesetz von 1991 und das Stammzellgesetz von 2002 sichern ihn sogar strafrechtlich ab. Um so mehr fällt auf, dass die Rechtsordnung die Schutzansprüche von Feten, die weit entwickelt, schmerzempfindlich und sogar schon außerhalb des Mutterleibes lebensfähig sind, weniger berücksichtigt. Aus ethischer Sicht kommt dem weiter entwickelten Fetus, dessen zentrales Nervensystem zu funktionieren beginnt, der schmerzempfindlich ist (s.o. S. 195) und der als menschliches Individuum im engen Sinn des Wortes anzuerkennen ist, jedoch in verstärktem Sinn, ja im Vollsinn Schutzwürdigkeit zu. Sein Lebensrecht darf nur aus äußerst schwerwiegenden Gründen beschnitten werden, da es unter die Garantie des Artikels 2 Absatz 2 des Grundgesetzes (Recht auf Leben und körperliche Unversehrtheit) zu subsumieren ist. Exemplarisch ist auf die Problematik der Spätabtreibungen aufmerksam zu machen.

2. Spätabtreibungen

In der Bundesrepublik Deutschland ist 1995 eine Rechtslage geschaffen worden, aufgrund derer Feten dann, wenn sie geschädigt sind, bis kurz vor der Geburt abgetrieben werden dürfen. Die frühere eugenische Indikation, aufgrund derer aus Gründen der Behinderung des Fetus eine Abtreibung bis zur 22. Woche möglich war – sie wurde auch als genetische, embryopathische oder kindliche Indikation bezeichnet[459] –, ist im Jahr 1995 nominell abgeschafft worden. Faktisch hat man die eugenische Indikation durch die jetzt geltende medizinische Indikation jedoch nicht nur beibehalten, sondern sie sogar ausgeweitet. Denn 1995 wurde die medizinische Indikation als Begründung für einen Schwangerschaftsabbruch definitorisch erheblich ausgedehnt; und sie gilt ohne zeitliche Begrenzung. Wenn heute aufgrund von pränataler Diagnostik in einer späten Phase der Schwangerschaft Defekte des Kindes erkannt werden, können unter Berufung auf Gefährdungen „des körperlichen oder seelischen Gesundheitszustandes der Schwangeren" (medizinische Indikation gemäß § 218 a [2] StGB) Abtreibungen, genauer gesagt: künstlich eingeleitete Frühgeburten von Feten erfolgen, die außerhalb des Mutterleibes bereits lebensfähig sind. Vor einem solchen Eingriff ist keine psychosoziale Beratung erforderlich, so wie sie für frühe Schwangerschaftsabbrüche innerhalb der Dreimonatsfrist vorgeschrieben ist.

Begrifflich sind Spätabtreibungen an vorgeburtlichen Kindern, welche beträchtliche oder auch weniger schwere Anomalien aufweisen, als aktive Euthanasie zu charakterisieren. Im Unterschied zur aktiven Sterbehilfe, die in Bezug auf Erwachsene diskutiert wird und in einigen Staaten legal ist, handelt es sich hierbei um die sogenannte nichtfreiwillige Euthanasie. Die aktive Sterbehilfe an urteilsfähigen Erwachsenen geschieht – sofern sie nicht, wie in Deutschland, als Tötung auf Verlangen strafrechtlich verboten ist (§ 216 StGB) – aufgrund einer eigenen selbstbestimmten Entscheidung des betroffenen Patienten („freiwillige Euthanasie"). Eine derartige Entscheidung kann ein Fetus naturgemäß nicht treffen; er wird weder mit seinem Einverständnis noch gegen sein Einverständnis („unfreiwillige Euthanasie"), sondern ohne sein Einverständnis („nichtfreiwillig") getötet.

In Deutschland erfolgt die Tötung der Feten vor dem eigentlichen Schwangerschaftsabbruch vorab mit Hilfe einer Injektion von Kaliumchlorid in das Herz durch die Bauchwand und Gebärmutterwand der Schwangeren hindurch. Denn wenn sie die Abtreibung lebend überstünden, wären sie geborene Menschen, die medizinisch betreut werden müssen. Zeitweise war von jährlich mehr als 600 Fällen der Abtreibung nach der 21. Woche die Rede. Die Dunkelziffer ist erheblich. Für das Jahr 2007 werden aufgrund von Zahlen des Statistischen Bundesamts 330 Fälle von Spätabtreibungen genannt, die nach der 22. Woche nach der Empfängnis durchgeführt worden seien. Die statistischen Daten sind freilich zusätzlich deswegen ungenau, weil die Zählweisen voneinander abweichen und die Schwangerschaftswochen z.T. von der letzten Regelblutung („post menstruationem"), z.T. von der Empfängnis („post conceptionem") an gerechnet werden.[460] Die Unklarheit betrifft gleichfalls Daten, die aus anderen europäischen Staaten vorliegen.[461]

Ethisch ist es naheliegend, dass in Deutschland die Bestimmungen von 1995 revidiert und für Spätabtreibungen eine zeitliche Frist eingeführt wird; denn den weit entwickelten, extrauterin lebensfähigen und bereits schmerzempfindlichen Feten gebührt Würde- und Lebensschutz. Abbrüche, bei denen es nicht um das Leben und die Gesundheit der Mutter, also um eine medizinische Indikation im früheren, eigentlichen oder engeren Sinne geht, sollten möglichst reduziert werden. Indessen besteht wenig Aussicht, dass der Gesetzgeber eine ethisch überzeugende Lösung herstellt. Ein Antrag aus dem Jahr 2001 (Bundestags-Drucksache 14/6635) wurde beiseite gelegt.[462] Spätere Initiativen sind ebenfalls beiseitegeschoben worden; dies gilt trotz der Verhandlungen zwischen den Regierungsfraktionen CDU/CSU und SPD über dieses Thema auch gegenwärtig (August 2008). Die Bundesärztekammer hatte schon 1998 eine Eindämmung von Spätabtreibungen verlangt.[463] Wie sensibilisiert Mediziner angesichts dieser Problematik sind, zeigt sich ferner an der Initiative der Deutschen Gesellschaft für Gynäkologie und Geburtshilfe (DGGG) von 2004, die eine Eingrenzung der Spätabtreibungen einforderte und eine Beratungspflicht sowie eine Bedenkzeit der

Schwangeren ins Gespräch brachte. Zudem schlug die DGGG vor, dass – auch zur Entlastung des betroffenen Arztes hinsichtlich seines Entscheidungs- oder Gewissenskonfliktes – ein interdisziplinäres Konsil, das Vertreter der Kinderheilkunde oder Psychotherapie einschließt, über solche Fälle berät.[464]

Bei einem Vergleich der Rechtslage in europäischen Staaten fällt auf, dass die Möglichkeit des Abbruchs, der aus Gründen fetaler Fehlbildungen bzw. der Behinderung des Kindes erfolgt, in der Regel bis spätestens zur 24. oder 22. Woche befristet ist. In Großbritannien wurde 2007 erwogen, die Frist von der 24. auf die 20. oder 22. Woche zurückzuverlegen. Auf eine Befristung vollständig zu verzichten, wie dies in der Bundesrepublik Deutschland seit 1995 der Fall ist, ist im europäischen Rechtsvergleich, abgesehen von Österreich, praktisch singulär. Der Verzicht auf eine Frist (in Deutschland vor 1995: die 22. Woche) ist daraus zu erklären, dass die embryopathische oder eugenische Indikation, d.h. der Abbruch aus Gründen von Fehlbildungen des vorgeburtlichen Kindes, begrifflich nun als medizinische Indikation gilt, die ihrerseits definitorisch entgrenzt wurde. Dies erfolgte um den Preis, den *eigenständigen* Schutzanspruch des weit entwickelten Fetus auszublenden und den Fetus im Gesetzestext auch gar nicht mehr zu erwähnen.

Rechtsstaatlich und medizinethisch kann der Widerspruch nicht einleuchten, dass die inländische Rechtsordnung den ganz frühen Embryo, und zwar ausdrücklich auch den genetisch behinderten Frühembryo, explizit um seiner selbst willen schützt. Daher ist PID inländisch nicht statthaft. Einem geschädigten Frühembryo, nämlich einem durch PID als krank erkannten und todgeweihten Embryo, lassen sich humane embryonale Stammzellen entnehmen, die für gesundheitsbezogene Forschungszwecke relevant sind; solche Zellen dürfen aber noch nicht einmal importiert werden (§ 4 [2] 1. b) StZG; s.o. S. 140f). Ganz andere Akzente setzt der Gesetzgeber in Hinsicht auf den späten Fetus. Bei der früher geltenden sogenannten eugenischen Indikation war wenigstens beim Namen genannt worden, dass die Spätabtreibung geschädigte, weit entwickelte Feten betrifft. In Österreich ist dies nach wie vor der Fall; dort ist von embryopathischer oder eugenischer Indikation die Rede. § 97 des österreichischen Strafgesetzbuches gesteht die unbefristete Abbruchsmöglichkeit zu, wenn „eine ernste Gefahr besteht, daß das Kind geistig oder körperlich schwer geschädigt sein werde". Der Wortlaut des deutschen Gesetzes verschleiert hingegen den Sachverhalt, dass ein weit entwickelter Fetus, ggf. ein extrauterin lebensfähiges Kind aufgrund von erkannter oder auch vermuteter Behinderung getötet wird.

Aus medizin- und rechtsethischen Gründen sollte in der Bundesrepublik Deutschland wieder begriffliche Klarheit und normative Kohärenz hergestellt werden. Juristisch wird die Position vertreten, die Lebensfähigkeit sei der pränatale „Wendepunkt", von dem ab der Fetus strafrechtlich vollumfänglich zu schützen sei.[465] Nun ist zu bedenken, dass die extrauterine Lebensfähigkeit als Wende-„Punkt" medizinisch nicht *exakt* datierbar ist (sei es auf den Beginn der 20., 21. oder einer anderen Woche post conceptionem). Die Übergänge sind vielmehr fließend; und die vorgeburtliche Symbiose zwischen Mutter und Fetus sowie das Selbstbestimmungsrecht der Frau besitzen eigenes Gewicht. Dies in Rechnung stellend, liegt es nahe, in der gesetzlichen Norm 1. die medizinische und die embryopathische Indikation wieder voneinander abzugrenzen, 2. für Letztere eine Frist einzuführen, die derjenigen in anderen Ländern entspricht (z.B. 22. Woche), darüber hinaus 3. Sonderkonstellationen der Spätabtreibung nach der 22. Woche bei schwersten Behinderungen unter

Ausnahmeregelungen zu fassen oder sie dem Notstandsparagraphen des Strafgesetzbuchs zu subsumieren. Ohnehin sollte 4. eine behandlungsunabhängige ärztliche sowie psychosoziale Beratung (Pflichtberatung) vorgeschrieben werden (dies Letztere wird zur Zeit [August 2008] in der CDU/CSU-Fraktion erwogen). Oft wird dabei freilich der besondere Stellenwert der speziell kinderärztlichen Beratung übersehen. Weil in erster Linie Kinderärzte über die Sachkenntnis hinsichtlich der Prognose und der Langzeitverläufe bei schweren Behinderungen verfügen, sind sie auf jeden Fall mit zu Rate zu ziehen. – Jedenfalls besteht gesetzlicher Reformbedarf zum Schutz des späten vorgeburtlichen Lebens – schon allein aufgrund seiner fortgeschrittenen neuronalen Entwicklung und seiner Schmerzempfindlichkeit.

3. *Fazit: Advokatorische Ethik – Medizinethik als Anwalt des Kindes vor und nach der Geburt*

An den Überlegungen, die in den beiden voranstehenden Kapiteln dargelegt wurden, lässt sich ablesen, dass die Themen der Reproduktions-, aber auch der Pränatal- oder Perinatalmedizin und Neonatologie wesentlich in der Perspektive und im Interesse der Kinder selbst durchdacht werden sollten. Medizinethik wird hierdurch zur advokatorischen Ethik zugunsten des Gesundheitsschutzes von Kindern und des Kindeswohls.

> Veranschaulichend sei noch eine Problematik erwähnt, die im Schnittfeld zwischen Medizinethik, Sozialethik und Rechtsordnung angesiedelt ist. Um das Leben neugeborener Kinder zu retten, wurde in den letzten Jahren die Idee der Babyklappe propagiert. Es geht darum, in Not geratene Frauen dazu zu bewegen, ihr Kind doch noch auszutragen. Neugeborene sollen davor bewahrt werden, ihr Leben zu verlieren. Wenn sie nach der Geburt anonym abgegeben werden, sollen sie versorgt und adoptiert werden können.
> So sehr die guten Absichten zu befürworten sind: Zu den Problemen der Babyklappe gehört, Anreize zu erzeugen, ein geborenes Kind vorschnell abzugeben. Diese Kritik wurde auch in Japan geäußert, als ein katholisches Krankenhaus dort 2007 eine Babyklappe installierte. Es kommt hinzu, dass anderweitige Hilfsangebote, die vorhanden sind oder ausbaufähig wären, möglicherweise konterkariert werden. Ferner lässt sich nicht belegen, dass Babyklappen die Zahl der Kindstötungen reduzieren.[466] Den betroffenen Kindern bleibt die Kenntnis der eigenen genetischen Herkunft verwehrt. Dass Kinder ein Anrecht auf Kenntnis ihrer genetischen Abstammung haben, ist in der kulturellen Tradition verankert, besitzt den Rang eines Menschenrechtes und spielt in der Kinderrechtskonvention der Vereinten Nationen eine Rolle. Im Licht des Kindeswohls bestehen daher Zweifel, wie tragfähig die Babyklappen-Projekte sind.

Konzeptionell ist das Resümee zu ziehen, dass der Medizinethik in der Gegenwart eine neue, zusätzliche Funktion zufällt, nämlich die des Anwaltes der Kinder und der Kindergesundheit vor und nach der Geburt. Angesichts dessen, dass Kinderrechte, darunter gesundheitsbezogene Rechte des Kindes, in der Ethik und Rechtsordnung herkömmlich oft ganz am Rand standen, ist dies aus Sicht des Verfassers ein zentrales Anliegen (s.o. S. 13f).[467] Geistesgeschichtlich hat vor allem das Judentum Impulse gesetzt, die eigene Würde von Kindern anzuerkennen (s.o. S. 154); ansonsten galten sie bis in die Neuzeit hinein als defizitär, als „unfertig" und als „Noch-nicht-Erwachsene". Ausdifferenziert sind die gesundheitlichen Rechte von Kindern heutzutage in dreifacher Hinsicht zur Geltung zu bringen:

– als Schutzrechte (Abwehr von Gesundheitsgefahren),
– als Selbstbestimmungsrechte, die dem Alter und der Reife von Heranwachsenden gemäß
  beständig zunehmen,
– als Partizipationsrechte, aus denen sich das Recht Heranwachsender auf Förderung, auf
  Bildung und in der Konsequenz auf Mitentscheidung, auch zu Fragen des Umgangs mit
  Gesundheit und Krankheit, ergibt. Dies entspricht dem Leitbild der Befähigungs- und
  Partizipationsgerechtigkeit (s.o. S. 108ff).

> Dass sich in der Bundesrepublik Deutschland in der Gesundheitsversorgung, Gesundheitsbil-
> dung und -erziehung heranwachsender Kinder und Jugendlicher hohe Defizite aufgebaut ha-
> ben, ist im Kinder- und Jugendgesundheitssurvey dokumentiert worden (publiziert im Bun-
> desgesundheitsblatt 50: 2007, Heft 5/6).

Was das *vorgeburtliche* Leben angeht, sind im Licht des Schutzes der Gesundheit von Kindern und des Kindeswohls im Übrigen noch Akzente zu setzen, die anders gelagert sind als
die bereits zur Sprache gebrachten. So ist zu unterstreichen, dass die Fürsorge gegenüber
dem ungeborenen Leben, die Schwangere von sich aus üben, medizinisch und gesundheitspolitisch gezielter unterstützt werden sollte als bislang. Die flächendeckende Finanzierung
präventiver Tests auf Schwangerschaftsdiabetes durch die Krankenkassen kam nur schlep-
pend in Gang. Eine unerkannte Schwangerschaftsdiabetes kann für das spätere Kind Über-
gewicht, Lungenschäden, erhöhte Sterblichkeit und Diabetesgefährdung mit sich bringen, so
dass, abgesehen von den Gefahren für die Schwangere, das Kindeswohl in Mitleidenschaft
gerät. Präventivmedizinisch lässt sich dies verhindern. Überhaupt ist anzustreben, die gesundheitliche Aufklärung, Information und Beratung von Schwangeren zu verstärken, damit
sie um ihres Kindes und seiner Gesundheit willen z.B. den Nikotin- oder Alkoholkonsum
vermeiden und auch den Koffeinkonsum reduzieren. Alkohol in der Schwangerschaft stellt
eine der häufigsten nichtgenetischen Ursachen für geistige Retardierung von Kindern oder
für Herzfehler dar. Selbst ein moderater Alkoholkonsum kann Langzeitfolgen für die geistige und körperliche Gesundheit des Fetus besitzen. Gesundheitspolitisch ist ferner zu bedenken, die Folsäureprophylaxe vor und während der Schwangerschaft zu verbessern, um
Neuralrohrdefekten beim Kind vorzubeugen, u.a.
Insofern das Recht von Kindern auf Gesundheitsschutz bereits auf den Umgang mit dem
Fetus ausstrahlt, ist Prävention daher individualethisch (Verhaltensprävention; der Gesundheit des Kindes gemäßes Verhalten der Schwangeren), aber auch sozialethisch, d.h. gesund-
heitsstrukturpolitisch, z.B. mit Hilfe von Bildungs- oder Aufklärungsinitiativen erforderlich
(Verhältnisprävention). Prävention zugunsten von Kindern ist zudem forschungsethisch
geboten. In der Perspektive einer advokatorischen Ethik, die den Schutz der Gesundheit von
Kindern geltend macht, sind aktuell die Gesichtspunkte wichtig, die zur Förderung von Forschung zur Embryotoxizität, Neurotoxizität oder Entwicklungstoxizität von Medikamenten
oder von Umweltchemikalien (s.o. S. 142) sowie zur Medikamentenforschung zugunsten
von Kindern und Jugendlichen (s.o. S. 121, S. 127) genannt wurden.

VI. Transplantationsmedizin. Abwägungen zugunsten von Lebens- und Gesundheitsschutz

In den nachfolgenden Kapiteln bildet nicht mehr der Lebensbeginn den Fokus, sondern es geht um Wertkonflikte, die die Organtransplantation und das Lebensende betreffen. Dabei sind erneut die normativen Leitgedanken tragend, die der erste Buchteil herausgearbeitet hatte, d.h. das Selbstbestimmungsrecht, das Recht auf Gesundheitsschutz – insbesondere auch der Gesundheitsschutz von Kindern – und die Partizipationsgerechtigkeit.

1. Heilung und Lebensrettung als Handlungsziel

Die Organtransplantation ist seit den 1980er Jahren zum bedeutenden Zweig der Medizin geworden. Schon lange vorher hatten mit Hilfe von Organübertragungen erste Heilversuche stattgefunden. Einzelne Transplantationen, etwa die erste Herzverpflanzung 1967 in Kapstadt, erregten großes Aufsehen. Doch erst 1984, durch die klinische Einführung des Medikaments Cyclosporin A, konnten die Abstoßungsreaktionen, die durch das fremde Organ ausgelöst werden, wirksam unterdrückt werden. Eine Kehrseite immununterdrückender Substanzen bestand in einer Erhöhung des Krebsrisikos für den Organempfänger. So ernst das Problem der Immunsuppression nach wie vor zu nehmen ist, sind andererseits Forschungserfolge zu verzeichnen; im besten Fall könnte dieses Risiko künftig sogar in hohem Maß eingedämmt werden.[468] Schon vor mehreren Jahren wurden in Bezug auf Nierentransplantationen Hoffnungen geäußert, dass sich das individuelle Risiko der Organabstoßung vorab ermitteln lasse.[469] Inzwischen tritt z.B. zutage, dass bei der Nierentransplantation das Geschlecht von Spender und Empfänger eine Rolle spielt. So haben Frauen ein signifikant höheres Risiko, eine männliche Spenderniere abzustoßen.[470]

Seit der Einführung des Cyclosporin stieg die Zahl der Transplantationen jedenfalls exponentiell an. Die häufigsten Organübertragungen betreffen Niere, Leber und Herz. Seltener werden Bauchspeicheldrüsen-, Lungen-, Herz-Lungen- oder Dünndarmtransplantationen durchgeführt. In Deutschland erfolgten zwischen 1990 und 2000 jährlich ca. 2300 Nierentransplantationen. Die Zahl der Herztransplantationen betrug zwischen 1994 und 1999 jährlich ca. 800–900. Die Zahl der Lungentransplantationen stieg an: in Deutschland von 36 im Jahr 1990 auf 158 im Jahr 2000. Im Jahr 2007 wurde in Deutschland 4000 Menschen mit einer Spende geholfen; dies steht freilich im Kontrast zu den rund 12 000 Erkrankten, die vergeblich auf ein Organ, meist eine Niere, warten.

Der medizinisch-therapeutische Erfolg von Organverpflanzungen lässt sich nach Angaben aus dem Jahr 2002 wie folgt quantifizieren[471]: Zwischen 1985 und 1999 betrug nach Nierenübertragungen die Fünf-Jahres-Funktionsrate ca. 65%. Ähnlich hoch war die Fünf-Jahres-Überlebensrate bei Herztransplantationen – mit weiter ansteigender Tendenz, was die Erfolgsaussicht anbetrifft. Für Herztransplantationen in Deutschland wurden für das Jahr 2006 folgende Angaben gemacht: Transplantation von 412 Herzen; Funktionsfähigkeit der transplantierten Organe nach einem Jahr: 78%; nach 5 Jahren: 69%.

Die soeben erwähnte Funktionsrate von 65% bezog sich auf Nieren, die aufgrund einer Organentnahme aus hirntoten Menschen gewonnen wurden (postmortale Organspende) (Zahlenangabe für das Jahr 2005: 71%). Da die Niere ein paariges Organ ist, kann sie auch einem lebenden Spender, etwa einem Ehepartner entnommen werden, der nach dem Eingriff in aller Regel dauerhaft problemlos und gesund weiterlebt; auch das unmittelbare Operationsrisiko selbst ist niedrig. Zwischen Spender und Empfänger braucht keine besondere genetische Kompatibilität zu bestehen. Die Fünf-Jahres-Erfolgsrate nach einer solchen Nieren-Lebendspende ist noch höher als bei postmortaler Spende, nämlich inzwischen bei 84%.[472]

Sogar in Deutschland haben die Lebendspenden in den letzten Jahren zugenommen. Bei der Niere betrug der Anteil der Lebendspenden an den gesamten Nierentransplantationen im Jahr 1995 6,4%, im Jahr 1997 12,4%, 2002 19,1%, 2003 16,1%[473]; von 2006 stammt die Angabe ca. 20%.[474] Dieser Anstieg fand statt, obwohl die deutsche Gesetzgebung gegenüber einer Lebendspende von Organen äußerst restriktive Normen festgelegt hat und eine breitere Durchführung der Lebendspende verhindert, so wie sie in anderen Ländern, darunter den USA oder skandinavischen Ländern praktiziert wird. Auf die ethische Bewertung der Lebendspende von Organen wird noch einzugehen sein. Zunächst ist der Regelfall der Transplantation, nämlich die Entnahme des lebensrettenden Organs aus einem hirntoten Menschen zu erörtern.

2. Das Hirntodkriterium vor dem Hintergrund des abendländischen Menschenbilds

Erstens: Das Ganzhirntodkriterium in medizinischer Hinsicht

Das Hirntodkriterium war in der Bundesrepublik Deutschland überaus strittig gewesen. Teilweise ist dies immer noch der Fall, so dass es in jüngster Zeit ausdrücklich in Schutz genommen und philosophisch-ethisch verteidigt wurde.[475] Es wurde in den 1960er Jahren in Anbetracht der sich damals neu abzeichnenden Möglichkeiten der Transplantationsmedizin sowie der Intensivmedizin festgelegt. Für die Intensivmedizin stellte sich die Frage, wann man bei einem Sterbenden die lebensstützenden Apparate abstellen darf. 1968 entwickelte eine ad hoc eingesetzte Harvard-Kommission diagnostische Kriterien zur Feststellung des Hirntods. Ihre Stellungnahme gewann sofort internationale Bedeutung. Was die Intensivmedizin bei Sterbenden anbelangt, so darf nach der Diagnose des Hirntodes die technische Aufrechterhaltung von Lebensfunktionen, die durch künstliche Stabilisierung von Atmung oder von Organfunktionen erfolgt, beendet werden. Für die Transplantationsmedizin gilt seitdem, dass aus verstorbenen hirntoten Menschen Organe zugunsten der Lebensrettung anderer entnommen werden können.

Durch das Hirntodkriterium soll, bevor aus einem Menschen Organe entfernt werden, der tatsächlich erfolgte Eintritt des Todes belegt werden. In Deutschland, aber auch in anderen Ländern war es kontrovers, ob der Hirntod wirklich den „Tod" eines Menschen repräsentiere. Nun ist von Seiten der Medizin keinesfalls intendiert worden, dass das Hirntodkriterium das Sterben oder den Tod in einem tieferen, metaphysischen oder religiösen Sinne erfasst. Es bietet keine „Definition" des Todes, sondern lediglich ein „Kriterium" zur medizinischen Feststellung des Lebensendes, welches durch diverse diagnostische Verfahren methodisch abgesichert wird. Das medizinische Hirntodkriterium kann und soll die philosophische, rechtliche und theologische Todesdeutung nicht überfremden oder ersetzen; vielmehr soll es ihr auf naturwissenschaftlicher Ebene entsprechen.

In Deutschland ist das Kriterium des Ganzhirntodes maßgebend. Demzufolge sind das Großhirn, dem die Bewusstseinsprozesse zugeordnet werden, sowie das Kleinhirn und der Hirnstamm (Steuerung der Atmungs- und weiterer Integrations- bzw. Vitalprozesse des menschlichen Körpers) nicht mehr funktionsfähig und erloschen. Ein solches Ganz- oder Gesamthirntodkriterium stellt eine strengere Fassung des Hirntodes dar, als dies bei Teilhirntodkonzepten der Fall ist. Die Bundesärztekammer hat den Ganzhirntod im Jahr 1982 als den „vollständige(n) und irreversible(n) Zusammenbruch der Gesamtfunktion des Gehirns bei noch aufrechterhaltener Kreislauffunktion im übrigen Körper" bezeichnet. Näherhin hieß es: „Mit dem Organtod des Gehirns sind die für jedes personale menschliche Leben unabdingbaren Voraussetzungen, ebenso aber auch alle für das eigenständige körperliche Leben erforderlichen Steuerungsvorgänge des Gehirns endgültig erloschen." Mit dem Tod des Gesamthirns ist daher ein Zweifaches gegeben:

– das Erloschensein des Gehirns als biologischer und neuronaler Grundlage für das Bewusstsein und Empfinden des Menschen, da das Gehirn „die unersetzliche physische Voraussetzung seines Gefühls- und Geisteslebens" bildet,

– das Ende der ganzheitlichen Integration des Organismus und der leiblichen Einheit des menschlichen Lebens.[476]

Wenn der Ganzhirntod als Voraussetzung der Organentnahme gilt, finden deshalb sowohl das personal-geistige Sein wie auch die geistig-leibliche Einheit der menschlichen Existenz Berücksichtigung. So betrachtet wird es der modernen Anthropologie und der abendländisch geprägten Ethik gerecht. Tragend für abendländisches Denken ist nämlich ein Menschenbild, das 1. die Besonderheit, die individuelle Identität sowie die geistige Existenz und 2. die Leib-Seele-Einheit der menschlichen Person hervorhebt, die in die zwischenmenschliche Kommunikation, in die „dialogische Begegnung" (Martin Buber) von Menschen eingeht (s.o. S. 29). Das Ganzhirntodkriterium bietet zu diesen beiden philosophisch und theologisch verwurzelten Aspekten auf naturwissenschaftlicher Ebene ein Korrelat.

Zweitens: Kulturelle Voraussetzungen des Hirntodkriteriums

Genauso wie die generellen Vorstellungen von Krankheit und Gesundheit kulturell geprägt und historisch wandelbar sind (s.o. S. 58ff, S. 62ff), sind die soeben genannten gedanklichen Voraussetzungen für das Hirntodkriterium – Betonung des Stellenwertes des Gehirns für die menschliche Ich-Identität und für die leibliche Einheit – keineswegs „selbstverständlich" oder überzeitlich gültig, sondern kulturrelativ.

Dies zeigt sich am interkulturellen Vergleich. Eine Kultur, die zum Menschsein und Tod andere Akzente setzt als die hiesige, findet sich in Japan. Die Identität von Menschen wird dort nicht durch das Gehirn, sondern vom Herzen oder vom Bauch symbolisiert. Zudem gilt die einzelne Person als Teil der Gemeinschaft, vor allem der Familie, so dass vor der Ich-Identität oder der Individualität vorrangig eine Wir-Identität leitend ist, welche die Toten und Ahnen und auch die Seelen abgetriebener Kinder einschließt.[477] Japaner leben in einer „kontextuellen Existenz", die einem „mystischen Erlebnis" vergleichbar ist: „Ich bin in dir, du bist in mir". Daher kennt die japanische Geschichte auch keine bedeutende eigene Tradition *individueller* Menschenrechte.[478] Der Tod wird, nicht anders als der Lebensbeginn (s.o. S. 156f), prozessual aufgefasst; er ist nichts Endgültiges. Nach dem Tod bleibt der Verstorbene in der Gemeinschaft aufgehoben; das Entweichen der Seele aus dem Verstorbenen vollzieht sich über Jahre oder gar Jahrzehnte. Bis heute wirken außer dem Konfuzianismus shintoistische und buddhistische Auffassungen über Leben und Tod nach, denen zufolge

> „das Jenseits ... mit dem Diesseits verknüpft (ist). Der Tote sei neunundvierzig Tage lang in einem halblebendigen Zustand, wo seine Familie ihn aus schweren Strafen retten könne. Selbst danach könne sie es noch bis zum hundertsten Jahr nach dem Tod. Und die Familie könne von dem Toten vor dem Hausaltar Rat erbitten. Daher bleibt der Tote auch nach dem Tod ein Mitglied seiner Familie, und der Tod schneidet nur die unmittelbare Kommunikation miteinander ab. Der buddhistische Ich-Begriff ist auch kein Substanzbegriff, sondern ein Verhältnisbegriff, insbesondere ein Familienbegriff."

Das Sein nach dem Tode schließt es ein – und zwar auch in der Sicht eines dem Atheismus verpflichteten Japaners –, nach wie vor Mitglied der Gemeinschaft und „ein bewusster oder bewusstloser Teil des mütterlichen Kosmos" oder der „großen Natur" zu sein.[479]
Hieraus resultieren kulturelle Vorbehalte Japans gegenüber der Entnahme von Organen aus einem soeben verstorbenen hirntoten Menschen. Weitere Hemmnisse für eine breite medizinische Nutzung der Transplantation der Organe hirntoter Verstorbener basieren auf einem Verständnis des Schenkens, das an der Reziprozität und am Geben und Nehmen orientiert ist. Dass bei der Organtransplantation der Organspender und seine Familie anonym bleiben, lässt sich hiermit schwer vereinbaren. Zudem bestand in Japan offenbar ein gesellschaftlich verwurzeltes Misstrauen gegenüber der Ärzteschaft.
Jedenfalls ist in Japan, genauso wie in der Bundesrepublik Deutschland, erst sehr spät, nämlich 1997, ein Transplantationsgesetz zustande gekommen. Dieses enthält eine doppelt enge Zustimmungsregelung: Die Voraussetzung dafür, dass nach Eintritt des Todes ein Organ entnommen werden darf, ist die vorherige schriftliche Zustimmung des betreffenden Menschen sowie darüber hinaus die Einwilligung seiner Angehörigen. Hiermit ist das japanische Gesetz noch restriktiver als das in Europa bereits besonders restriktive deutsche Transplantationsgesetz mit seiner erweiterten Zustimmungslösung.
Das deutsche Gesetz sieht vor, dass die Voraussetzung für die Organentnahme beim Hirntoten seine vorherige Zustimmung zu Lebzeiten ist. Diese wird in einem Organspendeausweis schriftlich dokumentiert. Dabei kann differenziert werden, für welche Organe man eine Entnahme gestattet und für welche nicht. Sofern keine Erklärung vorliegt, soll eine stellvertretende Einwilligung der Angehörigen im Sinne des Willens des Verstorbenen erfolgen, welcher aus früheren Äußerungen zu entnehmen ist oder gemutmaßt werden kann. Lässt sich eine – und sei es nur: vermutete – frühere Willensoption des Hirntoten nicht rekonstruieren, können die Angehörigen auf der Grundlage des Totensorgerechtes entscheiden.[480]
Jedoch haben sie kein Recht zur eigenständigen Stellungnahme – vor allem nicht zur Verweigerung der Organentnahme –, die gegen den expliziten Willen des Verstorbenen erfolgt.
Zwar wird manchmal die Auffassung vertreten, Angehörige dürften durchaus eine Organentnahme verweigern, obwohl der Hirntote in sie eingewilligt hatte. Hierauf hätten sie ein Anrecht, da die „Beziehung" zwischen ihnen und dem Verstorbenen höherwertiger sei als das Selbstbestimmungsrecht des Verstorbenen. So hätten sie moralischen Anspruch darauf,

„einen möglichst ‚natürlichen' Tod eines geliebten Menschen zu erleben".[481] Diese Sicht beruft sich auf das relationale Menschenbild, das in der neueren evangelischen Theologie öfter vertreten und gegen den Autonomiegedanken und gegen das Recht auf individuelle Selbstbestimmung ausgespielt wird. Sie ist mit der Achtung vor dem Selbstbestimmungsrecht des Verstorbenen, das ethisch unhintergehbar ist und vom Grundgesetz geschützt wird (s.o. S. 73ff), sowie mit dem Gesundheitsschutz, der dem potentiellen, schwerst kranken Organempfänger zugute kommt, nicht vereinbar und lässt sich weder ethisch noch rechtlich aufrecht erhalten.

In Japan ist – vor dortigem kulturellem Hintergrund und auf rechtlich gesicherter Basis – ein Einspruchsrecht der Angehörigen freilich vorhanden. Dort kann die Familie eine Organentnahme verhindern, obwohl der Verstorbene selbst zu Lebzeiten eingewilligt hatte. Dies wird auch tatsächlich praktiziert; es „weisen die Nahestehenden trotz des Willens der Verstorbenen oft die Organtransplantation ab", da „jemand nicht einfach autonom für sich selbst … entscheiden kann."[482] Eine Organübertragung an Kinder unter 15 Jahren ist in Japan nicht vorgesehen, so dass lebensrettende Operationen an Kindern dort unterbleiben müssen. Eine Besonderheit in Japan besteht ferner darin, dass ein Patient in seiner Willensverfügung sagen kann, welchem Todeskonzept er folgt: dem traditionellen Herzkreislaufversagen oder dem Ganzhirntodkonzept, wobei Ersteres die Möglichkeit der Organentnahme weitgehend ausschließt.[483]

Die europäisch-abendländische Kulturgeschichte hat hingegen Akzente gesetzt, die das Hirntodkriterium moralisch akzeptabel erscheinen lassen. Denn auf der Basis von jüdischer und christlicher Theologie sowie abendländischer Philosophie bedeutet „Menschsein" bzw. „Person"-Sein, dass der Mensch ein geistiges, vernünftiges, von seiner „intelligiblen Existenz" geprägtes Wesen ist und dass er eine geistig-leibliche Einheit und Ganzheit bildet. Beiden Komponenten des Personseins, dem geistigen Sein und der ganzheitlichen Existenz, trägt das Ganzhirntodkriterium, so wie es von der Bundesärztekammer formuliert wurde, Rechnung.

Wichtig für die hiesige kulturelle Plausibilität des Hirntodkriteriums ist sodann, dass die abendländische Tradition und auch das Judentum, anders als die japanische Sicht, ein punktuelles Todesverständnis kannten. So legte der jüdische Religionsphilosoph Maimonides (1138–1204), der seit 1170 in Kairo lebte und Arzt am Hof Saladins war, auf den Todeszeitpunkt Wert:

> „Der sterbende Mensch, siehe, er ist in jeder Hinsicht eine lebende Person. … Jeder, der die Augen eines Sterbenden schließt während dieser stirbt, siehe, er vergießt Blut. Er solle nur ein wenig warten, denn vielleicht ist dieser ja nur ohnmächtig."[484]

Solche Gedankengänge lassen erkennen, dass der jüdische Zugang am punktuellen Todesmoment interessiert war, selbst wenn man über den genauen Zeitpunkt dann unsicher war. Das Christentum deutete den Tod ebenfalls punktuell, nämlich als „Trennung von Leib und Seele"[485] sowie als Ereignis, das als „letzter Augenblick" des Lebens die Möglichkeit zur Buße und Reue biete. Noch heutiger katholischer Theologie gemäß ist der „Moment des Todes" die Gelegenheit für eine „letzte" „unwiderrufliche" religiöse „Entscheidung", für eine „Endentscheidung" gegenüber Gott.[486] Im Katechismus der katholischen Kirche von

1993 heißt es (Nr. 1022): „Jeder Mensch empfängt im Moment des Todes in seiner unsterblichen Seele die ewige Vergeltung." Solche religiösen Traditionen dürften hintergründig dazu beigetragen haben, dass die heutige westliche Rechtsordnung den Ganzhirntod als punktuellen Einschnitt akzeptiert, und zwar ungeachtet dessen, dass auch nach diesem Zeitpunkt vitale Funktionen und Reaktionen fortbestehen und äußere Todeszeichen (Leichenstarre u.a.) noch nicht vorhanden sind. – Andererseits wurde das Ganzhirntodkriterium hierzulande heftig kritisiert. Die Vorbehalte werden nun in der Form zusammengefasst, dass ihnen jeweils sogleich befürwortende Argumente entgegengehalten werden.

3. Die ethische Kontroverse zum Hirntodkriterium

Idealtypisch auf den Punkt gebracht, spielen bis heute sechs Argumente eine Rolle.[487] Im Vorfeld des Transplantationsgesetzes („Gesetz über die Spende, Entnahme und Übertragung von Organen"), das 1997 vom Deutschen Bundestag verabschiedet worden ist, waren sie Gegenstand heftiger Auseinandersetzungen.

Erstens: Dammbruch im Lebensschutz?
Ein erster Einwand lautete, das Hirntodkriterium drohe einen Dammbruch auszulösen, durch den der Schutz menschlichen Lebens *prinzipiell* in Frage gestellt werde. In der Konsequenz werde auch dem beginnenden, dem sterbenden oder schwer behindertem, geschädigtem menschlichen Leben der Schutz entzogen.
Diese Befürchtung wurde in den 1990er Jahren sehr lebhaft vertreten. Durch die Entwicklung, die seitdem faktisch stattfand, ist sie widerlegt worden. In der Bundesrepublik Deutschland ist das Ganzhirntodkriterium keinesfalls aufgeweicht und ist es in kein weniger striktes Teilhirntodkonzept transformiert worden. Der Schutz menschlichen Lebens wurde auch nicht anderweitig außer Kraft gesetzt.

Zweitens: Überschätzung des Gehirns?
Ein weiterer, von Naturwissenschaftlern vorgetragener Einwand gegen das Hirntodkriterium besagt, dieses überschätze das Gehirn und laufe auf eine „falsche(.) ‚Verherrlichung' des Gehirns" hinaus[488], da dieses letztlich „ein Organ wie jedes andere" sei und andere Lebewesen ohne Gehirn auskämen.[489]
Dieses Votum enthält eine Fundamentalkritik an der Organentnahme nach dem Hirntod, vermag aber nicht zu überzeugen, da es biologistisch angelegt ist und die Eigenart des Menschseins gänzlich unterläuft. Dass das Gehirn und nicht das Herz physiologisch das Zentrum des Menschen ist, wurde medizinisch-naturwissenschaftlich seit dem 17. Jahrhundert erkannt. Ethisch werden in der Neuzeit das Personsein des Menschen und die Menschenwürde damit begründet, dass der Mensch ein Vernunftwesen ist und er – so Kant – auf dieser Basis als „Persönlichkeit" zu deuten ist. Sicherlich darf das menschliche Personsein nicht allein vom Gehirn und der geistigen Existenz des Menschen her ausgelegt werden. Die leibliche Seite gehört zum Menschen hinzu. Über die Lebenszeit hinaus sind der sterblichen Hülle eines Menschen Pietätspflichten entgegenzubringen. Doch so sehr die körperliche Dimension des menschlichen Seins hervorzuheben ist, darf die konstitutive Bedeutung des

Gehirns nicht eingeebnet werden. Sogar Hans Jonas – ansonsten einer der prominenten Kritiker des Hirntodkriteriums – legte philosophisch auf die Differenz zwischen nichtmenschlichem und menschlichem Leben großen Wert. Er sah die Eigenart des menschlichen Seins in der Fähigkeit zur Imagination, also zur Herstellung von Bildern, und damit in der Abstraktionsfähigkeit. Auf diese Weise zeichne den Menschen eine unvergleichliche „geistige und leibliche Freiheit" aus. Deshalb bestehe zwischen menschlichem und nichtmenschlichem Leben eine „metaphysische Kluft", die mehr sei als nur eine graduelle Differenz.[490] Die physische Basis hierfür ist jedoch das menschliche Gehirn.

Daher greift es zu kurz, den Rang des Gehirns biologisch einzuebnen und auf dieser Basis das Hirntodkriterium in Abrede zu stellen.

Mit anderem Zungenschlag argumentiert der folgende Einwand:

Drittens: Dualismus auf neuem Niveau?

Auch diesem Argument zufolge wird beim Hirntodkriterium das leibliche Sein des Menschen vernachlässigt. Das Gehirn sei der Träger der kognitiven Funktionen des Menschseins. Wenn man das Hirntodkriterium vertrete, betone man zu sehr die Geistexistenz des Menschen. Man missachte seine Leiblichkeit und – so ein Einwand, den evangelische Theologen vertraten[491] – die leibliche Auferstehung. Vor allem ist auf den Philosophen Hans Jonas hinzuweisen. Er sah im Hirntodkriterium „eine seltsame Wiederkehr – die naturalistische Reinkarnation sozusagen – des alten Leib-Seele-Dualismus. Seine neue Gestalt ist der Dualismus von Körper und Gehirn."[492] Dies bedeute eine Neubelebung des christlichen und philosophisch-idealistischen Dualismus, der in der abendländischen Kulturgeschichte anzutreffen war und in verhängnisvoller Weise zu Leibfeindlichkeit und zur Abwertung von körperlicher Existenz, Sinnlichkeit und Sexualität geführt hatte.

Jonas' Argument ist zu entgegnen, dass – nachdem der Hirntod eingetreten ist – von einem „Leib", einer leiblichen Existenz des betroffenen Menschen begrifflich präzis nicht mehr zu sprechen ist, sondern allenfalls von einer *früheren, vormaligen* leiblichen Existenz. Für den hirntoten Menschen selbst sind die Organe und Körperfunktionen kein wahrnehmbarer, erlebbarer Leib mehr; denn eine solche Wahrnehmung seiner selbst müsste wiederum durch das Gehirn vermittelt werden. Zudem ist die vom Gehirn geleistete Integration des gesamten Organismus, die vom Gehirn koordinierte Einheit von Geist und Leib erloschen. Der Einwand, durch das Hirntodkriterium werde die Leiblichkeit des Menschen abgewertet, greift erst recht nicht, wenn man sich die Unterscheidung zwischen „Leib" und „Körper" vor Augen führt. Sie geht auf Max Scheler (1874–1928) zurück.[493] Der Leib gehört untrennbar zum „Ich", zur „Person", zur „Individualität" eines lebendigen Menschen, während der Körper die physischen und organischen Funktionen repräsentiert. Der Mensch „ist" Leib, aber er „hat" einen Körper. Wenn nun dem Hirntoten ein Organ entnommen wird, erfolgt kein Zugriff auf seinen „Leib", sondern auf den Körper eines verstorbenen Menschen, der kein integriertes Ich bzw. kein integrierter lebendiger Mensch mehr ist.

Viertens: Missachtung der Beziehungsdimension des Menschseins?

Gegen das Hirntodkriterium ist sodann der Vorwurf erhoben worden, es überspiele den Sachverhalt, dass sich menschliches Leben in Beziehungen vollziehe. Der Mensch existiere nicht aus sich selbst heraus. Menschliches Personsein werde vielmehr durch die Begegnung mit dem jeweils Anderen, aus der Wahrnehmung durch eine andere Person heraus konstituiert. Vor diesem Hintergrund wird zur Geltung gebracht, auch die Todesfeststellung resultiere eigentlich „aus unserer praktischen Erfahrung, aus unserem Umgang mit dem menschlichen Gegenüber, dem ‚Anderen'". Es könne daher „vom Tode des Anderen so lange nicht die Rede sein, wie er uns als leibliche Einheit entgegentritt" bzw. wie er als leibliche Einheit wahrnehmbar ist. „Solange sich das äußere Erscheinungsbild eines Hirntoten nicht eindeutig vom Anblick einer Leiche unterscheidet, hat dieser Mensch als lebend zu gelten."[494] Sofern er noch wie ein lebender Mensch „wirke", „sei" er auch eine lebende Person.

Der Einwand des Eingebundenseins in ein Wir spielt vor ganz anderem kulturellem Hintergrund in Japan eine Rolle (s.o.). Hierzulande haben ihn einige Rechtswissenschaftler sowie evangelische Theologen vorgetragen. Maßgebend ist dabei die bereits mehrfach erwähnte These evangelischer Theologen, der Mensch sei ein „Verhältniswesen".[495] Das Sein des Menschen sei nicht von seiner eigenen Individualität und Identität und nicht von den existentiellen Fähigkeiten her zu verstehen, die ihm als einer Einzelperson zu eigen seien.

Diese theologische Position, die sich selbst als „beziehungsontologisch" charakterisiert, ist allerdings überaus problematisch. Sie engt das Menschenbild auf eine relationale Dimension ein und macht das Personsein des Menschen von der Wahrnehmung und der Anerkennung durch Andere geradezu abhängig. Die Problematik dieser Sichtweise zeigt sich krass an ihrer Deutung des vorgeburtlichen Lebens. Für den Embryo oder Fetus wird keine Eigenständigkeit und Selbstzwecklichkeit akzeptiert, sondern sein „Mensch"-Sein wird davon abhängig gemacht, dass er von der Mutter angenommen wird: „Menschliches Leben ist nur dann menschliches Leben, wenn und sofern es angenommenes Leben ist."[496] Ohne die Zukunft, die die Mutter ihm gewähre, sei der Embryo „menschlich tot"[497] (s.o. S. 160f).

Nun ist weder in Abrede zu stellen, welche Bedeutung die Mutter-Kind-Beziehung für den Embryo und Fetus besitzt; noch ist in Frage zu stellen, dass die Interpersonalität, das Leben in den Beziehungen zum Mitmenschen, für das Menschsein konstitutiv ist. An die dialogische Anthropologie Martin Bubers ist oben ausdrücklich angeknüpft worden. Jedoch ist es kategorial zu kurzschlüssig, die menschliche Existenz *nur* in ihrer Beziehungsdimension und überhaupt nicht in ihrer Eigenständigkeit, individuellen Identität und diachronischen Kontinuität zu betrachten. Vielmehr sind beide Aspekte, die Relationalität und die individuelle Identität, für die menschliche Existenz konstitutiv. Daher führt es in die Irre, den Todeszeitpunkt davon abhängig zu machen, ob der betroffene Mensch von Anderen, von Dritten als tot empfunden wird. Zudem bleibt die äußere Wahrnehmung des Leibes für die exakte Todesfeststellung zu ungenau und bieten die Anhaltspunkte, die allein das äußerliche Erscheinungsbild eines Sterbenden oder Verstorbenen vermitteln, lediglich unscharfe Kriterien für den Tod. Demgegenüber trägt das Ganzhirntodkriterium dazu bei, den Todeszeitpunkt präzis benennen und methodisch gesichert überprüfen zu können.

Davon abgesehen sollte freilich nicht verkannt werden: Das Hirntodkriterium bringt kulturell durchaus Verschiebungen des Verständnisses von Sterben und Tod mit sich.[498] Durch das Ganzhirntodkriterium braucht sich zwar nicht die weltanschauliche, metaphysische oder religiöse Einstellung zu verändern, die die Menschen auf der Basis ihrer jeweiligen Kulturen und Religionen über den Tod oder über Tod und Fortleben haben. In bestimmter Hinsicht führt es jedoch zu einer Differenzierung, die kulturgeschichtlich ein Novum darstellt. Herkömmlich wurde unter einer „Leiche" ein lebloser, starrer Körper verstanden. Geht man

vom Hirntodkriterium aus, dann ist der Hirntote als Leiche zu begreifen, obwohl die Leichenstarre noch nicht eingetreten ist und sogar die Kreislauffunktionen noch vorhanden
sind, weil sie – um durchblutete, funktionsfähige Organe entnehmen zu können – technisch
von außen her gestützt werden.

> Aus diesem Phänomen resultiert eine der Aporien, die sich mit dem Fall des „Erlanger Babys"
> verbinden. Im Jahr 1992 wurden in der Universitätsklinik Nürnberg-Erlangen die Lebens-
> funktionen der tödlich verunglückten, hirntoten Marion Ploch apparativ aufrecht erhalten, die
> in der 15. Woche schwanger war. Den Erlanger Ärzten und dem Rechtsmediziner Hans-Bern-
> hard Wuermeling lag daran, dass die Verstorbene den Fetus noch austrägt. In der 19. Schwan-
> gerschaftswoche ereignete sich dann jedoch ein Spontan-Abort, wonach die Apparate abge-
> schaltet wurden. Abgesehen von zahlreichen anderen Problemen stellt sich die Frage, welche
> Bedeutung es ggf. für das Selbstverständnis und die Entwicklung des Kindes gehabt hätte, von
> einer Hirntoten geboren worden zu sein, d.h. die Frucht einer „Leiche" zu sein.

Vom Hirntodkriterium ausgehend ist daher zwischen einem toten Körper und dem Körper
eines Toten zu unterscheiden. Der Hirntote ist eine Leiche in dem Sinn, dass es sich bei ihm
um den Körper eines Toten handelt, aber nicht in dem Sinn, dass ein toter Körper vorhanden
sei. Eine solche Begriffsbildung, die auf dem technischen Fortschritt der Intensivmedizin
basiert, ist kulturell neuartig und ungewohnt. Es ist sehr verständlich, wenn die Wahrnehmung eines Hirntoten, der wie ein lebendiger Mensch wirkt, aber nur noch der Körper eines
Toten ist, Angehörige, Pflegende und Mediziner emotional belastet. Das Verständnis dessen, was eine Leiche ist, hat durch das Hirntodkriterium eine Abänderung erhalten.

Fünftens: Das Subjekt des Hirntodes
Eine weitere Kritik am Hirntodkriterium besagt, es lasse unklar, „wer" überhaupt sterbe
bzw. welches „Subjekt" von Sterben und Tod bei ihm zugrunde gelegt werde. Denn es gehe
von zwei Sachverhalten aus, dem Erlöschen des personal-geistigen Lebens sowie dem Ende
der Integration des Organismus. Hierdurch sei es „disqualifiziert". Es greife „auf eine Kon-
junktion zweier Todesdefinitionen zurück" und unterstelle „zwei Subjekte des Todes",
nämlich „die Person und de(n) Organismus als Ganzes". „Ein stimmiges Todeskonzept"
könne aber „nur *ein* Subjekt des Todes setzen."[499]
Diesem Einwand ist entgegenzuhalten: Das Ganzhirntodkriterium gewinnt daraus gerade
seine Überzeugungskraft, dass ihm ein weit gefasstes Menschenbild zugrunde liegt. Es konstruiert keineswegs unscharf oder inkohärent zwei „Subjekte" des Todes, sondern legt das
Sterben des Menschen umfassend aus und verfährt insofern besonders sorgsam. Es bildet
keine „Unstimmigkeit", sondern macht vielmehr die Stärke des in Deutschland gültigen
Ganzhirntodkriteriums aus, dass es die menschliche Existenz als ganze – also die geistige
Existenz und die leibseelisch integrierte Einheit der menschlichen Person – berücksichtigt.
In naturwissenschaftlicher Hinsicht liegt ihm der Sachverhalt zugrunde, dass sowohl das
geistige Sein wie auch die zentral koordinierte geistig-leibliche Integration des Menschen
irreversibel erloschen sind. Der Organismus „lebt" nur noch deswegen – selbst wenn er als
Leiche, als Körper eines Toten anzusehen ist –, weil bzw. insofern er künstlich von außen
stabilisiert wird. Dieser Aspekt wird nachfolgend erneut relevant.

Sechstens: Der Hirntote – ein Lebender?

Im Vorfeld der Bundestags-Entscheidung über das Transplantationsgesetz von 1997 stand ein bestimmter Einspruch ganz im Zentrum. So sehr das Transplantationsgesetz zum Rechtsfrieden beigetragen und die kulturelle Akzeptanz der Organentnahme nach dem Hirntod gefördert hat, wirkt dieser Einwand bis heute. Er lautet, dass der hirntote Mensch noch „lebt". Der Hirntod stelle noch nicht den „Tod des Menschen" dar, sondern sei eine „Zäsur intra vitam". Eine Organentnahme an einem hirntoten Menschen sei deshalb eine Tötungshandlung an einem noch lebenden Menschen. Zur Begründung wird auf vitale Funktionen und Interaktionen des Organismus hingewiesen, die nach dem Hirntod noch vorhanden sind, vor allem auf das Blutgerinnungs- und Immunsystem, auf das Rückenmark, das subcerebral eine neuronale Integration leistet, auf muskuläre Steuerungen sowie auf Reflexe und auf Reaktionen auf die Umwelt. Hierzu gehören Schwitzen oder die Möglichkeit des Blutdruckanstiegs bei einer Organentnahme.

Hiervon ausgehend wurde am 17.12.1996 im Bundestag ein fraktionsübergreifender Antrag über „Eckpunkte für die Spende, Entnahme und Übertragung von Organen" vorgelegt. Zu den Antragstellern gehörte der damalige Bundesjustizminister Edzard Schmidt-Jortzig. Der Hirntod bedeute „nicht sicher" den Tod des Menschen, sondern bilde einen „Schwebezustand". Der Tod sei lediglich „sehr nahe". Auf diese Weise stellte man den Hirntod als Todeskriterium in Abrede. Irritierend war es, dass der Antrag andererseits die Organspende, wenngleich eng begrenzt, dennoch befürwortete. Es sei sogar die „Bürgerpflicht" eines jeden, sich vorab, für den Fall des Eintritts des Hirntodes bei sich selbst, „für oder gegen die Bereitschaft zur Organspende" zu entscheiden. Auf der Grundlage ihrer vorherigen Zustimmung („enge Zustimmungslösung") könnten hirntoten Menschen, die freilich noch Lebende seien, Organe entnommen werden. Der explantierende Arzt führt dieser Sicht zufolge eine Tötung durch. Daher stand der Bundestagsantrag vor der Schwierigkeit, die Tötung des Hirntoten durch den Arzt von aktiver Sterbehilfe bzw. der Tötung auf Verlangen, die in Deutschland durch § 216 StGB untersagt ist, abzugrenzen. Hierzu hieß es in dem Antrag: „Im Falle eines Hirntoten liegt … die Lebensbeendigung durchaus im Bereich zulässigen ärztlichen Handelns".[500]

Ähnlich votierten damals evangelische Theologen und Kirchenvertreter. Bei der Entnahme eines Organs aus einem Hirntoten nehme der Arzt eine „Verlängerung des Sterbeprozesses und Beendigung des Lebens" vor; beide Handlungen „verbinden sich bei der Organentnahme in eigentümlicher Weise".[501] So gesehen akzeptieren Menschen, die einer Organexplantation nach dem Hirntod im Vorhinein zustimmen, eine Streckung des eigenen Sterbeprozesses; sie verzichten auf die Integrität ihres Sterbens und wählen eine andere Todesart, nämlich den Tod durch Organentnahme.

Theologisch wurde dies sogar, an ein singuläres Bibelwort anknüpfend, als Hingabe des Lebens in der Nachfolge Jesu gedeutet, der sein Leben für andere preisgegeben hat (Joh 15,13), und als „Opfer" bezeichnet, d.h. in Analogie zum Kreuzestod Christi bewertet.[502]

Letzteres ist schon allein theologisch-dogmatisch äußerst fragwürdig. Denn dem Neuen Testament zufolge ist Christi Kreuzestod „ein für allemal" erfolgt (Röm 6,10). Hiermit hat das Neue Testament kultisch-religiöse Aufforderungen zur rituellen Sühne und zum Lebensopfer, die religionsgeschichtlich anzutreffen waren, überwunden.[503] Die Bereitschaft von Menschen, nach ihrem Hirntod Organe zur Verfügung zu stellen, beruht auf einer freiwilligen, eigenverantwortlichen ethischen Entscheidung, die nicht vorschnell in religiösen Kategorien gedeutet und nicht religiös überhöht werden sollte. Der Begriff „Opfer" und die assoziative Verknüpfung mit dem Opfertod Christi sind besonders problembeladen.

Darüber hinaus verwickeln sich diese Ideen, die den Hirntod als Todeskriterium verneinen und trotzdem eine Organentnahme bejahen, ethisch in schwere Zwiespältigkeiten. Dem explantierenden Arzt wird zugemutet bzw. es wird ihm unterstellt, bei der Organentnahme eine fremdnützige aktive Euthanasie durchzuführen, nämlich eine Tötungshandlung zugunsten eines Dritten, des Organempfängers. Sodann ist zu bedenken, welche Empfindungen Empfänger von Organen eigentlich haben sollen, wenn ihnen suggeriert wird, die Rettung ihres Lebens resultiere aus der Tötung einer anderen Person. Die Belastungen, denen Organempfänger schon allein durch ihre Krankheit und ggf. durch die Organtransplantation selbst ausgesetzt sind, wird durch die moralische Ambivalenz, die diese Position behauptet – eine Organentnahme sei denkbar, falls der Organspender zuvor zugestimmt habe; die Organentnahme erfolge jedoch in Form einer direkten Tötungshandlung – nochmals verschärft. Kein Geringerer als Hans Jonas führte die Unhaltbarkeit dieser Position vor Augen: Sie schlage vor, „einem Gehirntoten … ‚bei lebendigem Leibe' Organe zu entnehmen". Sofern man den Hirntod für unplausibel hält, ist es Jonas zufolge gedanklich zwingend, die Organentnahme an Hirntoten ganz zu unterbinden.[504]

Der Sache nach, auf der Basis heutiger naturwissenschaftlicher Einsicht, kann diese Position freilich nicht überzeugen. Die körperlichen Reaktionen und die Organfunktionen, die nach dem Hirntod noch vorhanden sind, lassen sich nicht mehr als aktives Handeln eines menschlichen Subjekts, sondern nur als Ausdruck des bereits desintegrierten, nicht mehr zentral von innen heraus gesteuerten und geformten menschlichen Lebens bewerten. Die Reflexe und Reaktionen des Hirntoten sind kein Indiz für personales menschliches Leben oder für eine geistig-leiblich integrierte Existenz. Sicherlich ist zu bedenken, dass das Ende des Lebens insgesamt einen Prozess darstellt. Sich auf fließende Übergänge einzustellen, ist heutzutage analog ja auch in Bezug auf den Lebensbeginn unerlässlich geworden (s.o. S. 168f). Beim Prozess des Sterbens markiert das Ganzhirntodkriterium dann allerdings punktuell einen relevanten Einschnitt; vom Eintritt des Hirntods an ist nur noch der Körper eines Toten existent. Ethisch und anthropologisch ist das Ganzhirntodkriterium deshalb plausibel, weil es den Grundideen des abendländischen Menschenbilds – der Deutung des Menschen als geistige und empfindende Existenz und als ganzheitliches, leib-seelisch integriertes Sein – auf naturwissenschaftlicher Ebene entspricht und mit ihnen konvergiert. Ein Neurologe umschrieb das Ganzhirntodkriterium folgendermaßen:

> „Die wechselseitige Abstimmung von Atmung, Kreislauf, sympathischer Aktivierung oder parasympathischer Ruhe-Einstellung mit der unser Handeln ermöglichenden Muskelaktivität erfolgt über das Gehirn und die zentrale vegetative und hormonelle Regelung. … Im Hirntod ist zwar der (übrige) Körper noch organinteraktiv integriert – ein noch überlebender Körper. Im entscheidenden Bereich seiner organismischen Gesamtfunktion, der zentralen Integration seiner inneren Organe mit seiner Reaktions- und Handlungsfähigkeit, ist der Mensch desintegriert – nicht mehr ein lebendiger Mensch."[505]

So gesehen sind mit dem Tod des gesamten Gehirns Geist, Bewusstsein und Empfindungen, auch das Schmerzempfinden des Menschen erloschen; der „mentale Tod" ist unwiderruflich eingetreten; und die Leistung des Gehirns, den menschlichen Leib, den Organismus zu einer Einheit zentral zu integrieren, ist verloren gegangen. Das Hirntodkriterium berücksichtigt somit ein umfassendes Verständnis von Personsein und Tod. Daher hat es gute Gründe, dass der Deutsche Bundestag der Auffassung des fraktionsübergreifenden Antrags, der hirntote Mensch sei noch nicht tot, mehrheitlich nicht folgte. Ethisch kann geurteilt werden, dass das Ganzhirntodkriterium dem Anliegen der Menschenwürde und des Lebensschutzes Genüge leistet.

Die genaueren Rahmenbedingungen für die Organentnahme am hirntoten Menschen bedürfen indes der weitergehenden ethisch-normativen Reflexion.

4. Kriterien für die Organentnahme nach dem Hirntod

Erstens: Das Ganzhirntodkriterium als Voraussetzung

Die voranstehende Darlegung und die in Deutschland geltenden Regelungen gehen vom Ganzhirntodkriterium aus. Hiervon zu unterscheiden sind die Organentnahme nach einem Herztod, die u.a. in den USA statthaft ist, medizinisch aber als unsicher gilt[506], und nach einem Teilhirntod. In Großbritannien wurde 1995 von der Conference of Medical Royal Colleges das Konzept des Erloschenseins des Hirnstamms verabschiedet, das sich selbst als „eine Reformulierung (im Sinne der modernen Neurophysiologie) des älteren kulturellen Konzepts vom Verlassen des Körpers durch die ‚bewusste Seele'" bezeichnete. Entscheidend sei der „Verlust der Bewusstseinsfähigkeit" („loss of the capacity for consciousness").[507] Es sollen – abhängig vom Hirnstammtod – diejenigen Hirnareale abgestorben sein, die für die geistigen Aktivitäten des Menschen relevant sind. Das Hirnstammtodeskonzept nimmt bei kritischer Betrachtung aber eine, wenngleich geringe, Restunsicherheit in Kauf, dass im Einzelfall ein Wahrnehmen und Erleben theoretisch doch noch möglich sein könnte, und nimmt eventuelle Großhirnrestfunktionen hin.[508] Demgegenüber ist das Ganzhirntodkriterium sehr viel vorsichtiger angelegt; zudem lässt es sich methodisch gesichert diagnostizieren.

Zweitens: Selbstbestimmung und Gesundheitsschutz als normative Basis: Welche Schlussfolgerungen sind für gesetzliche Regelungen zu ziehen?

In Anbetracht von Organentnahmen ist es ethisch unverzichtbar, dass gegenüber dem hirntoten Menschen die Pietätspflichten gewahrt werden und dass nach dem Tod die Fortgeltung seiner individuellen Persönlichkeitsrechte beachtet bleibt. Nach Eintritt des Hirntods ist die Personwürde als individuelles Schutzrecht nicht völlig außer Kraft gesetzt. Der Körper des Hirntoten ist keine Sache, kein bloßes „Es", das beliebig instrumentalisiert oder ohne weiteres in den Dienst eines Gesamtnutzens, z.B. eines sogenannten gesellschaftlichen Gesamtorganismus gestellt werden dürfte. Weil die Persönlichkeits-, Freiheits- und Selbstbestimmungsrechte eines Menschen postmortal, nach dem Hirntod fortwirken, hat der Deutsche Bundestag Organentnahmen nur unter der Voraussetzung für zulässig erklärt, dass der hirntote Mensch zu Lebzeiten selbst zugestimmt hat oder dass ersatzweise Angehörige möglichst in seinem Sinne eine Zustimmung bekunden.

Diese „erweiterte Zustimmungslösung" findet sich in dem 1997 beschlossenen Transplantationsgesetz. Dem deutschen Gesetz zufolge ist eine „Organentnahme mit Einwilligung des Organspenders", also auf der Grundlage seiner Zustimmung zu Lebzeiten (§ 3), oder aufgrund der „Zustimmung anderer Personen" möglich. Im letzteren Fall muss es sich um „nächste Angehörige" handeln, die bei ihrer Einverständniserklärung „einen mutmaßlichen Willen des möglichen Organspenders zu beachten" haben (§ 4).

Zumeist gelten in Europa freilich andere Regelungen, nämlich Varianten der Widerspruchslösung: Organe dürfen explantiert werden, sofern der Hirntote zuvor, zu seinen Lebzeiten, nicht explizit widersprochen hat. In Österreich wird generell die Zustimmung von Toten zur Entnahme ihrer Organe unterstellt und ist keine Zustimmung der Angehörigen vorgeschrieben. In Frankreich gilt das „principe du consentement présumé", das Prinzip der vermuteten Einwilligung. Auch hierbei geht man bei fehlendem Widerspruch zu Lebzeiten von der Bereitschaft zur Organspende aus. Die Angehörigen müssen über die geplante Entnahme unterrichtet werden. Ein Einspruchsrecht steht ihnen nicht zu („Informationslösung").

Nun lassen sich die Augen nicht davor verschließen, dass in der Bundesrepublik Deutschland die Anzahl der Organspenden (15 Organspender pro 1 Million Einwohner) im europäischen Vergleich niedrig ist. Der Deutschen Stiftung Organtransplantation zufolge wurden in Österreich im Jahr 2006 über 25 Organspenden pro eine Million Einwohner verzeichnet, in Spanien waren es über 30. Ungeachtet dessen, dass Patienten in deutschen Kliniken Organe aus anderen europäischen Staaten erhalten, sterben in der Bundesrepublik Deutschland jährlich 1000 bis 1500 Patienten aufgrund des Mangels an Spendeorganen.

Um die Verfügbarkeit von Spenderorganen im Inland zu verbessern, sind organisatorische und administrative Ansatzpunkte denkbar (Maßnahmen zur Stärkung der Meldebereitschaft von Kliniken und zur Entschädigung für den finanziellen Aufwand, der in einer Klinik durch Hirntoddiagnostik und Organentnahme anfällt; Stärkung der Stellung des Transplantationsbeauftragten in einer Klinik; Umstrukturierungen angesichts der personellen Unterbesetzung in kleineren oder mittleren Kliniken, an Wochenenden oder nachts; Schulung des Personals für Gespräche, die mit den Angehörigen zu führen sind, wenn keine schriftliche Einverständniserklärung des Hirntoten vorliegt). Prinzipiell ist aus ethischer Sicht indessen zu fragen, ob die in der Bundesrepublik Deutschland geltende gesetzliche Voraussetzung für die Organentnahme, die erweiterte Zustimmungslösung, auf Dauer zu überzeugen vermag. Diese Rückfrage warf 2007 sogar der Nationale Ethikrat auf. In der Bundesrepublik Deutschland ist die Bereitschaft der Bevölkerung zur Organspende eigentlich sehr hoch. Dem Nationalen Ethikrat zufolge bejahen mehr als 80% der Bevölkerung die Organspende, und zwei Drittel sind grundsätzlich bereit, als Organgeber zur Verfügung zu stehen.[509] Diese theoretische Zustimmung führt allerdings nicht immer dazu, dass praktisch dann auch ein Organspenderausweis ausgefüllt wird.

Der gute Sinn der Zustimmungslösung besteht darin, dass sie dem Grundrecht auf Freiheit und Selbstbestimmung Rechnung trägt. Ungeachtet aller naturwissenschaftlichen oder ethischen Argumente sind bei vielen Menschen weltanschauliche, religiöse, sachliche oder subjektiv-emotionale Vorbehalte gegenüber dem Hirntodkriterium und der Organtransplantation vorhanden, die es auf jeden Fall zu respektieren gilt, und zwar auch im Sinn des postmortal nachwirkenden Würdeschutzes und Selbstbestimmungsrechtes. Individuelle Bedenken gegenüber dem Hirntodkriterium lassen sich aber ebenfalls im Rahmen der sogenannten Widerspruchslösung angemessen beachten. Der Vorteil der Widerspruchslösung ist es, dass auf ihrer Basis voraussichtlich eine größere Zahl von Spendeorganen zur Verfügung steht. In Österreich fanden sich im Jahr 2003 nach neunjährigem Bestehen im Widerspruchsregister nur 9025 Eintragungen. Die Widerspruchsregelung kann in einer Form organisiert werden, dass dem Recht auf Freiheit und Selbstbestimmung ausdrücklich und hinreichend Genüge geleistet wird: indem der Staat für eine breite Information der Öffentlichkeit sorgt und sicherstellt, dass jeder die Möglichkeit hat, ohne Aufwand, ohne Kosten, niedrigschwellig und ohne hierfür irgendeine Rechtfertigung oder Begründung nennen zu müssen, seinen Widerspruch gegen eine Organentnahme dokumentieren oder registrieren zu lassen.

Normativ kommt hinzu, dass zur Organtransplantation neben dem Selbstbestimmungsrecht der potentiellen Organspender (Donoren) das Grundrecht der potentiellen Organempfänger auf den Schutz ihrer Gesundheit zu bedenken ist. Dem Staat obliegt eine Schutzpflicht für Leben und Gesundheit. Darüber hinaus sind der abendländischen ethischen Überlieferung gemäß die einzelnen Menschen moralisch verpflichtet, sich aktiv für das Leben und die Gesundheit anderer einzusetzen (moralische Hilfeleistungspflicht; religiös gesagt: Nächstenliebe oder Fürsorge). Daher „lässt sich sagen, dass es die Pflicht zur Hilfeleistung verletzt, ohne gewichtigen Grund eine postmortale Organentnahme auszuschließen".[510] Dies gilt zwar nicht im rechtlichen, sondern „nur" im moralischen Sinn. Jedoch geht auch die Rechtsordnung in anderem Zusammenhang ihrerseits so weit, unterlassene Hilfeleistung unter bestimmten Umständen sogar als strafbar zu erachten (§ 323c StGB). Nun stellen Leben und Gesundheit fundamentale oder konditionale Güter des Menschseins dar (s.o. S. 39, S. 87 u.ö.). Bei Menschen, die auf ein Spendeorgan warten, sind Leben und Gesundheit hochgradig in Gefahr; und zur Organübertragung ist für sie keine tragfähige Alternative vorhanden, da Überbrückungsmaßnahmen, etwa die Dialyse, oftmals nur eine begrenzte Zeit und in begrenztem Umfang nutzen. Daher sind sie auf die Hilfe Dritter angewiesen. Wenn man ethisch und rechtlich zusätzlich in die Abwägung einbezieht, dass die Organentnahme nach dem Hirntod nicht mehr den „Leib", sondern nur den „Körper" betrifft, kann es als verhältnismäßig und als vertretbar gelten, dass einem Hirntoten Organe entnommen werden, falls er nicht zu Lebzeiten widersprochen hat (Widerspruchslösung).

> Denkbar wäre, noch eine zusätzliche Absicherung zu schaffen. Man könnte zusätzlich den Angehörigen das Recht zuerkennen, im vermuteten Sinn des Hirntoten Widerspruch gegen eine Organentnahme einzulegen („erweiterte Widerspruchsregelung").
> Gegen eine solche zusätzliche Bestimmung spricht freilich das Argument, dass Angehörige eigentlich davon entlastet werden sollten, in Unglücksfällen, angesichts tragischer Schicksalsschläge Entscheidungen über die Organentnahme treffen zu sollen. Dies stellt ja auch eines der Probleme der erweiterten Zustimmungslösung dar, die in der Bundesrepublik Deutschland seit 1997 gilt. Die enge Widerspruchslösung dürfte ausreichen, um das Verfügungsrecht der Donoren angemessen zu wahren.

Aus der Zusammenschau der soeben erwähnten Gesichtspunkte – besonders in Anbetracht dessen, dass bei einer Organentnahme der Zugriff nur noch auf den „Körper", nicht aber auf

den „Leib" erfolgt und dass dem elementaren Lebens- und Gesundheitsschutz der potentiellen Organempfänger anders nicht Rechnung getragen werden kann – ergibt sich ethisch
die Schlussfolgerung: In Deutschland sollte die derzeitige erweiterte Zustimmungslösung in
Richtung einer Widerspruchslösung hin fortgeschrieben werden.

Das Recht auf Gesundheitsschutz lässt sich im Übrigen noch mit anderer Stoßrichtung durchdenken. Der einzelne Bürger ist berechtigt, *vorsorglich* für seine eigene Gesundheit Sorge zu
tragen: „Mit dem Recht auf Leben verbunden ist das Recht jedes Einzelnen, für seine Gesundheit zu sorgen." Gleichzeitig ist zu berücksichtigen, dass Organe – auch die Organe nach
dem Hirntod – keine öffentlichen, sondern private Güter darstellen. Greift man diese beiden
Aspekte auf, könnte die Schlussfolgerung lauten, dass einzelne Menschen vorab ihre Bereitschaft bekunden, nach dem Hirntod Organe zur Verfügung zu stellen, und damit die Erwartung verbinden, im Notfall selbst bevorzugt behandelt zu werden (Reziprozitätsmodell).
Spendewillige würden eine Erklärung abgeben, in der es heißt: „Ich verfüge, dass meine Organe nach meinem Tod insbesondere an ebenfalls spendebereite Kranke gehen sollen."[511]
Ein solches Modell würde sicherlich Anstöße vermitteln, dass in der Gesellschaft intensiver
über die Hergabe von Organen nach dem Hirntod nachgedacht wird. Es berücksichtigt 1. das
individuelle Selbstbestimmungsrecht, 2. die moralische Pflicht zur Hilfeleistung, 3. den Gesundheitsschutz und 4. ebenfalls den Solidaritätsgedanken, weil die zitierte Formulierung es
offenhält, dass im Prinzip auch diejenigen ein Organ erhalten können, die selbst nicht spenden
wollen. Jedoch entfernt es sich recht weit von den derzeit geltenden gesetzlichen Bestimmungen. Daher ist es hier nur erwähnt worden, weil es den Blick auf für die Transplantationsmedizin wichtige zusätzliche Punkte lenkt, 1. auf die Verknüpfung des Themas mit dem Vor-
sorgeprinzip und 2. auf den Status von Spendeorganen als privater Güter.
Pragmatisch liegt es näher, dem Mangel an Organen mit Hilfe der Widerspruchsregelung entgegenzuwirken.

Drittens: Gerechtigkeit bei der Organverteilung
Als weitere ethische Norm, die für die Transplantationsmedizin essentiell ist, ist die Wahrung von Gerechtigkeit bei der Organverteilung zu nennen. Daran dass für behandlungsbedürftige Patienten zu wenig Organe zur Verfügung stehen, wird sich dauerhaft wenig än-
dern. Alternative Handlungsoptionen, darunter die Xenotransplantation, die Verpflanzung
tierischer Organe in den Menschen, die Nutzung künstlicher Organe oder die Generierung
von Organen mit Hilfe von Stammzellen sind bislang nur begrenzt oder noch gar nicht an-
wendungsreif. Bei der Xenotransplantation ist neben Tierschutzfragen die Gefahr von spe-
ziesübergreifenden Krankheitsübertragungen nach wie vor, trotz wesentlicher Forschungs-
fortschritte, ein Hindernis. Um so wichtiger wird es, die Organe, die hirntoten Menschen
entstammen, die aber nur begrenzt verfügbar sind, möglichst gerecht zu verteilen.
Die Kriterien für die Organzuteilung (Organallokation) sollten zunächst formaler Art (Wartefrist; Dringlichkeit) sowie medizinische Maßstäbe im engeren Sinne sein, nämlich immu-
nologische Daten und die Organverträglichkeit (Blutgruppen-, Gewebeverträglichkeit;
Größe des Organs) sowie die medizinische Erfolgsprognose, der größtmögliche therapeutische Erfolg als Zielnorm.
Freilich liegen dem letzteren Kriterium keine *rein* medizinischen Faktoren zugrunde. Denn
ein therapeutischer Erfolg hängt auch von sonstigen biographischen Umständen (Alkohol-,

Nikotinkonsum; Bereitschaft des Patienten zur aktiven Beteiligung an der Therapie) oder von konkreten familiären Konstellationen oder anderen situativen Bedingungen mit ab. Keinesfalls lässt sich die Organverteilung allein aufgrund immanent medizinischer Kriterien, gleichsam wissenschaftlich wertneutral, „objektiv" oder sachlich unanfechtbar regeln. Vielmehr sind ebenfalls ethische Kriterien von Belang.

Zur gerechtigkeitsethischen Basis für die Organallokation gehören auf jeden Fall der Gleichheitsgrundsatz und die gleiche Würde einer jeden Person. Deshalb ist eine Bevorzugung potentieller Empfänger aufgrund ihrer sozialen oder wirtschaftlichen Stellung oder ihres gesellschaftlichen Prestiges nicht vertretbar. Ebenso ist die pauschale Ausgrenzung ganzer Menschengruppen, z.B. aufgrund von höherem Alter, also eine Altersrationierung unzulässig und willkürlich. In Großbritannien ist ein fortgeschrittenes Lebensalter faktisch ein Ausschlussgrund für aufwändige Behandlungen wie die Nierendialyse. Dies kann jedoch schon allein aus Gerechtigkeitsgründen nicht überzeugen:

> „Denn jenen, die während ihres Erwerbslebens regelmäßig für die Gesundheitsversorgung bezahlt und selber nur in geringem Umfang Leistungen in Anspruch genommen haben, muss es unfair erscheinen, wenn ihnen ausgerechnet dann der Zugang zu Ressourcen verweigert wird, wenn sie ihn am dringendsten brauchen. Hinzu kommt, dass der Wert eines Lebens mit zunehmendem Alter nicht abnimmt."[512]

Aus ethischen Gründen ist daher ebenfalls das Nichtdiskriminierungsprinzip aufzugreifen. Aufgrund dessen gilt in der Schweiz, dass „Schweizer Bürger und Bürgerinnen und in der Schweiz wohnhafte Ausländerinnen und Ausländer … bei der Zuteilung gleich behandelt" werden.[513] Sodann sind normativ bedeutsam:

– die Verfahrenstransparenz bei der Organverteilung,
– der sorgsame Umgang mit den begrenzt vorhandenen Organen in Hinsicht auf Transportwege und Transportzeiten (Ischämiezeit),
– die Schutzrechte Schwächerer.

Zum letztgenannten Aspekt ist zu sagen, dass der Gerechtigkeitsgrundsatz es zulässt, die Eigenart von Einzelfällen zu berücksichtigen und ernst zu nehmen. Aus Gründen der Gerechtigkeit und Billigkeit (Epikie) kann es legitim sein, einen unverschuldet schlechter gestellten oder einen schwächeren Menschen, dem ebenfalls „das Seine" zukommen soll („suum cuique") und dessen elementare Interessen zu schützen sind (Bedarfsgerechtigkeit), relativ zu bevorzugen. Der Gerechtigkeitsbegriff enthält als Teilaspekte die „iustitia distributiva" und die „iustitia protectiva" (s.o. S. 106ff). Die protektive Seite der Gerechtigkeit lenkt den Blick auf die legitimen Ansprüche schwächerer oder der Fürsorge bedürftiger Menschen. Konkret kann dies bedeuten, dass bei der Verteilung z.B. von Nieren oder Lebern im Zweifelsfall Kindern ein Vorrang einzuräumen ist, um ihnen das für sie individuell erreichbare Maß an Gesundheit (s.o. S. 89f) zugute kommen zu lassen.

Das Warten auf Organe wirkt sich bei Kindern oft ungleich schädlicher aus als bei älteren Menschen. Bei Kindern können irreversible Schäden und Wachstumsretardierungen entstehen, denen durch die rechtzeitige Organübertragung vorgebeugt würde. Deshalb wäre es ratsam, durch frühe Transplantation einer Niere die Dialyse zu vermeiden. Für eine rasche Versorgung von Kindern mit Spenderorganen, auch mit Teilorganen, sprechen die Argumente der Prävention und der vorsorglichen Schadensvermeidung. Durch zu lange Wartefristen drohen die gesundheitlichen Entwicklungs- und Zukunftsaussichten von Kindern, aber auch ihre psychosoziale Entwicklung[514] überproportional beeinträchtigt zu werden:

> „Die Wartezeit auf ein Transplantat ist ein allgemeines Grundproblem der Organtransplantation. Beim Kind und Jugendlichen hat sie ein zusätzliches Charakteristikum: Auch wenn die Wartezeit effektiv überbrückt werden kann, wie beim Nierenversagen durch Dialyse, oder wenn bei Lebererkrankungen noch keine unmittelbare Dringlichkeit für eine Transplantation vorliegt, so führen doch die dabei vorliegenden chronischen Krankheitszustände generell zu einer Verlangsamung oder gar zu einem Stillstand wichtiger Entwicklungen. Problematisch dabei ist besonders, dass solche Rückstände auch nach erfolgreicher Transplantation häufig nicht mehr voll reversibel sind.“[515]

Vor diesem Hintergrund, letztlich wegen des Grundrechts des Kindes auf Schutz seiner Gesundheit, ist eine bevorzugte Berücksichtigung von Kindern legitim, ggf. sogar geboten.

Viertens: Resümee
Um nun ein normatives Fazit zu ziehen: Als Rahmenbedingungen der Organtransplantation nach dem Hirntod sind folgende Kernpunkte herauszuheben: das Ganzhirntodkriterium als Voraussetzung; Wahrung des postmortalen Selbstbestimmungsrechtes der Organgeber; Orientierung am Gesundheitsschutz zugunsten der Organempfänger; Gerechtigkeit der Organverteilung.

Zur Gerechtigkeit bei der Organallokation besteht anhaltend Diskussionsbedarf. Eingehenderer Erwägung, als es in den letzten Jahren der Fall war, bedarf die Zweifelsfrage: Soll – auch abgesehen von einer relativen Bevorzugung von Kindern, von der soeben die Rede war – stets derjenige ein Organ erhalten, der auf das Organ zur Lebensrettung dringend angewiesen ist, selbst wenn die Erfolgsprognose ungünstig ist? Oder kann das Organ stattdessen einem anderen zugeteilt werden, der es auf diese Weise rechtzeitig erhält, so dass aufgrund der frühzeitigen Transplantation die Aussicht auf Gesundung günstig bleibt oder ansteigt und vermeidbare Spätschäden abgewendet werden? Der Konflikt „Dringlichkeit versus Erfolgsaussicht" oder „Dringlichkeit versus Prävention und Nutzen" wird in den kommenden Jahren genauer zu durchdenken sein.

Für den Alltag der Transplantationsmedizin sind noch weitere ethische Postulate tragend. Zu ihnen gehören
– der pietätvolle Umgang mit dem Leichnam des Explantierten,
– die Notwendigkeit der personalen, mitmenschlichen Begleitung der Angehörigen von hirntoten Menschen,
– die über die medizinische Behandlung hinausgehende mitmenschliche und ggf. psychologische Betreuung von Organempfängerinnen und -empfängern,
– die Begleitung des Pflegepersonals.
Gesonderte medizinethische und rechtspolitische Beachtung verdient sodann die Lebendspende von Organen.

5. Die Lebendspende von Organen im Licht von Selbstbestimmung, Altruismus und Gesundheitsschutz

Erstens: Gesetzliche Vorgaben in Deutschland

Das im Jahr 1997 verabschiedete Transplantationsgesetz hat in § 8 ebenfalls die Lebendspende von Organen geregelt. Hierbei wird nicht das Organ eines verstorbenen hirntoten Spenders übertragen, sondern das einer lebenden Person, z.B. eines Elternteils oder Lebenspartners. Grundsätzlich kann aber auch einem fernstehenden oder anonymen Spender ein entbehrliches Organ, vor allem eine Niere oder ein Teil der Leber entnommen werden, um einem Kranken Heilung oder Lebensrettung zu gewähren. Dies Letztere, die Lebendspende eines Organs als Fremdspende, ist in Deutschland aufgrund des Transplantationsgesetzes unstatthaft. Das Gesetz hat die Lebendspende von Organen im Vergleich zu dem Zustand, der vor 1997 ohne Vorhandensein eines Gesetzes faktisch gegolten hatte, stark eingeschränkt. Nur zwischen Menschen, die einander unmittelbar nahe stehen – gemäß Transplantationsgesetz § 8 (1): Verwandte ersten oder zweiten Grades, Ehegatten, Verlobte, Personen „in besonderer persönlicher Verbundenheit" –, wird eine Lebendspende zugelassen. Die Spende an Fernerstehende, die anonyme Spende eines Organs an Unbekannte oder die Überkreuz-Spende – wenn zwischen Partnern wegen immunologischer Unverträglichkeit eine Lebendspende nicht praktikabel ist, könnte ein anderes Paar gesucht werden, mit dem ein solches Organ getauscht wird – sind nicht vorgesehen. Allerdings bemühen sich schon seit längerem Juristen und Mediziner, die Überkreuz-Spende als mit dem Transplantationsgesetz vereinbar zu interpretieren.[516] Ein Aufsehen erregender Fall einer lebensrettenden Überkreuzspende fand im März 2003 zwischen einer jüdischen und einer arabischen Familie in Israel statt.

Das deutsche Transplantationsgesetz schränkt die Lebendspende von Organen formal ferner dadurch ein, dass es sie überhaupt nur ersatzweise, subsidiär für zulässig erklärt: Zum Zeitpunkt der Organübertragung darf ein geeignetes Organ eines Hirntoten nicht vorhanden sein. Faktisch ist dies freilich keine wirkliche Beschränkung; denn Organe von Hirntoten sind dauerhaft in zu geringem Umfang verfügbar.

In § 8 (2) regelt das Gesetz die Informations- und Aufklärungspflichten gegenüber Erwachsenen, die zu einer Lebendspende bereit sind. Die Aufklärung soll umfassender als bei anderen medizinischen Eingriffen sein, weil die Lebendspende für den Geber keinen Heileingriff, sondern einen fremdnützigen Eingriff bedeutet. Die Aufklärung muss schriftlich dokumentiert werden. Die schriftliche Erklärung hat Angaben über die versicherungsrechtliche Absicherung potentieller gesundheitlicher Negativfolgen beim Geber zu enthalten. Er kann seine Einwilligung jederzeit widerrufen. Ob die Einwilligung tatsächlich freiwillig erfolgte und kein Organhandel vorlag, haben Lebendspendekommissionen zu prüfen, die gemäß dem Recht der einzelnen Bundesländer zu bilden sind. Gemäß § 8 (3) Transplantationsgesetz müssen sich Spender und Empfänger des Organs an einer vom Arzt empfohlenen Nachbetreuung beteiligen. – Wie ist die Lebendspende von Organen ethisch zu beurteilen?

Zweitens: Unterschiedliche Einschätzungen

Um voneinander abweichende Standpunkte zu verdeutlichen, wird zunächst auf drei unterschiedliche Dokumente aufmerksam gemacht, nämlich (a) auf eine kirchliche Erklärung aus dem Jahr 1990, (b) einen Beschluss des Bundesverfassungsgerichts von 1999 sowie (c) eine Gesetzesinitiative der Schweiz aus dem Jahr 2001.

(a) Schon frühzeitig, im Jahr 1990, hatte sich eine gemeinsame Erklärung der katholischen und der evangelischen Kirche in Deutschland nicht nur mit der Organentnahme aus Verstorbenen, sondern auch mit der Lebendspende von Organen befasst und diese für zulässig und sinnvoll erachtet. Vor diesem Hintergrund überrascht es, dass große Teile der evangelischen Kirche – in diesem Fall nicht die katholische Kirche – später generelle Skepsis gegenüber der Transplantationsmedizin bekundeten. Was speziell die Lebendspende anbetrifft, argumentierte die Erklärung von 1990, aus christlicher Sicht seien Leib und Leben ein Geschenk Gottes an den Menschen; daher könne er hierüber „nicht nach Belieben verfügen". Dennoch dürfe der Einzelne seinen Leib „nach sorgfältiger Gewissensprüfung aus Liebe zum Nächsten einsetzen". Die Kirchen konzedierten also einen individuellen Freiheits- und Ermessensspielraum zugunsten der Lebendspende und erwähnten die Möglichkeit der materiellen Entschädigung des Spenders. So sehr die kirchliche Erklärung sich gegen jede Kommerzialisierung der Organspende und gegen jeden Organhandel wandte, zog sie eine finanzielle Entschädigung des Spenders durchaus in Betracht: Teile des eigenen Körpers zur Verfügung zu stellen, „schließt eine Entschädigung von Aufwendungen für die Gewebe- und Organspende nicht aus".[517]

(b) Zu den Zweifelsfragen der Lebendspende gehört es, ob diese nur zwischen Verwandten oder Nahestehenden zugelassen werden soll. Das deutsche Transplantationsgesetz nimmt diese Einschränkung vor. Hiergegen wurden Verfassungsbeschwerden erhoben. Im Jahr 1999 hat das Bundesverfassungsgericht die Beschwerden aber abgewiesen:

> Es „begegnet keinen verfassungsrechtlichen Bedenken, dass der Gesetzgeber die Entnahme von Organen, die sich nicht wieder bilden können, nur zum Zweck einer Übertragung auf Verwandte, Ehegatten, Verlobte oder andere Personen, die dem Spender in besonderer persönlicher Verbundenheit offenkundig nahestehen, erlaubt hat."

Der Gesetzgeber habe 1997 zulässig entschieden. Falls ein Fremder ein Organ spende, sei nicht gewährleistet, dass er sein Organ freiwillig, ohne Druck von außen, hergebe. Bei der Fremdspende drohe eine Kommerzialisierung von Organen. Bei Organübertragungen zwischen nahen Angehörigen lasse sich hingegen annehmen, dass das Organ wirklich freiwillig zur Verfügung gestellt werde. Überdies sei der Staat befugt, Bürger, die einem Unbekannten oder Fernstehenden ein eigenes Organ verfügbar machen möchten, vor sich selber zu schützen. Dies gelte auch dann, wenn sie die Entnahme eines Organs aus humanitären, altruistischen Gründen selbst wünschten und von sich aus vorschlügen. Die Entnahme eines Organs aus einem gesunden Menschen sei kein Heileingriff; die Lebendspende bedeute eine (Selbst-)Schädigung des Spenders. Zwar sei die persönliche Handlungsfreiheit eines jeden als Grundrecht verbürgt. Dennoch dürfe der Staat Menschen von der Fremdspende von Organen abhalten; der „Schutz des Menschen vor sich selbst" als „Rechtfertigungsgrund staatlicher Maßnahmen" bleibe möglich. Es sei ein „legitimes Gemeinwohlanliegen ..., Menschen davor zu bewahren, sich selbst einen größeren persönlichen Schaden zuzufügen".[518]

(c) Ganz anders urteilte ein Schweizer Gesetzentwurf zur Transplantationsmedizin aus dem Jahr 2001. Er befürwortete die Lebendspende von Organen und plädierte für die Öffnung

der Lebendspende über den Kreis von Verwandten und Angehörigen hinaus. Erläuternd
hieß es:

> „Die Lebendspende von Organen, Geweben und Zellen wird grundsätzlich positiv beurteilt.
> An sich kann jede Person für eine Lebendspende in Frage kommen. Eine verwandtschaftliche
> Beziehung zwischen spendender und empfangender Person oder eine besonders enge emotio-
> nale Bindung wird nicht vorausgesetzt. Ein besonderer Schutz soll urteilsunfähigen oder un-
> mündigen Personen zukommen. Ihnen dürfen nur in Ausnahmefällen regenerierbare Gewebe
> oder Zellen unter genau definierten, restriktiven Voraussetzungen entnommen werden.“[519]

In der Schweiz ist die Lebendspende, auch die sogenannte nichtgerichtete Spende (Fremd-
spende), seit 2007 durch Gesetz legalisiert. Zur Umsetzung liegt seit 2008 die Richtlinie
„Lebendspende von soliden Organen“ der Schweizerischen Akademie der Medizinischen
Wissenschaften vor.
Ausgehend von diesen differierenden Voten sind nun grundlegende ethische Aspekte zu
beleuchten.

Drittens: Einschränkung der Lebendspende auf Verwandte und nahe Angehörige?
Das Bundesverfassungsgericht hat, wie soeben erwähnt, die Restriktionen, die der deutsche
Gesetzgeber gegen eine Fremdspende von Organen zugunsten fernstehender oder unbekannter Dritter vorgenommen hat, gebilligt. Das Gericht argumentierte, die Freiwilligkeit
einer Lebendspende sei nur dann gesichert, wenn Ehepartner, Verwandte oder nahe Angehörige die Spender seien; Fremdspender müssten vor sich selbst geschützt werden.
Diese Argumentation wirft erhebliche Rückfragen auf. Denn gerade zwischen einander nahestehenden Menschen kann die freie, selbstgewollte Bereitschaft, ein Organ zu spenden,
durch emotionale Beweggründe, psychischen, eventuell subtilen Druck und familiäre
Konstellationen beeinträchtigt sein. Hingegen werden – umgekehrt – bei einer Spende, die
ein fernstehender, ja anonym bleibender Dritter aus einer altruistischen Motivation heraus
vornimmt, die Freiwilligkeit und eigenständige, innere Bereitschaft unter Umständen größer
sein. Ein Vorteil der Fremdspende könnte auch darin bestehen, dass im Unterschied zur
Spende zwischen Angehörigen persönliche Dankbarkeits-, Abhängigkeits- oder ggf.
Schuldgefühle keine Rolle zu spielen brauchen. Für den potentiellen Organempfänger kann
dies eine erhebliche Entlastung bedeuten.
Sicherlich bleibt zu prüfen, ob die Bereitschaft eines Menschen, sich zugunsten eines fernstehenden oder unbekannten Dritten eine Niere entnehmen zu lassen, auf psychopathologischen Hintergründen, etwa auf neurotischen Schuldgefühlen oder auf einem überzogenen
Helfersyndrom beruht. Sofern man dies durch psychologische Evaluation ausschließen
kann, dürfte die Freiheit der Willensentscheidung bei einem Fremdspender oftmals aber
sogar höher sein als bei einem potentiellen Spender innerhalb der eigenen Familie, „denn
von ihm *erwartet* niemand – wie es zwischen Verwandten oder Angehörigen der Fall sein
könnte – eine Organspende.“[520] – Aus der Feder eines Juristen stammt ein Einzelbeispiel,
das die Sinnhaftigkeit einer Fremdspende illustriert:

> „Wie wenig das Näheverhältnis von Personen in manchen Kontexten eine Rolle spielt, zeigt
> folgender (tatsächlicher) Sachverhalt: Bei einem Autounfall hatte der Fahrer eine Fußgängerin

schuldhaft so schwer geschädigt, dass diese dann Rollstuhlfahrerin war. Er wurde dafür mit einer Strafe belegt. Nach einem Jahrzehnt erfuhr der Schädiger, der kein Näheverhältnis zur Geschädigten hatte, zufällig, dass die Geschädigte dringend einer Niere bedürfe. Es war sein innigster Wunsch, er war gewiss nicht mehr von Schuldgefühlen determiniert, dieser von ihm geschädigten Person eine Niere zu spenden. Das deutsche Recht verbietet ihm dieses."[521]

Der Gefahr, dass ein Entschluss zu einer Lebendspende unbedacht oder voreilig fällt, lässt sich durch ethische, psychologische und rechtliche Beratung vorbeugen. Diese hätte auch auf eventuelle gesundheitliche Risiken und versicherungsrechtliche Fragen hinzuweisen. Wenn zudem vorgesehen würde, dass einer endgültigen Organentnahme eine Bedenk- und Wartefrist vorausgeht, würde dies ebenfalls voreiligen Entscheidungen zur Lebendorganspende wehren. Die Kommerzialisierung der Lebendspende lässt sich im Rechtsstaat durch institutionelle Vorkehrungen und Verfahrensregeln verhindern. In diese Richtung zielt auch der Vorschlag, einen öffentlich kontrollierten Pool von Lebendspendern zu bilden.

Viertens: Altruismus als Handlungsmotiv
Sieht man von Unfreiwilligkeit oder psychopathologischen oder neurotischen Hintergründen ab, kann die Entscheidung zur Lebendspende eines Organs, einschließlich einer Fremdspende, auf ethisch hochrangigen Motiven des Altruismus beruhen. Diese mögen ihrerseits unterschiedlich bedingt sein. Im Fall der Lebendspende zugunsten naher Angehöriger werden dies oftmals die persönliche Mitbetroffenheit und Hilfsbereitschaft sein. Oder es sind religiöse Impulse, das Ethos der Nächstenliebe, soziale Verantwortlichkeit oder eigene Lebenserfahrungen, die zur Dankbarkeit und Hilfsbereitschaft, auch in Form einer Lebendspende, anleiten. Moraltheoretisch und theologisch gesehen stellt die Lebendspende zweifellos „mehr" dar als die Hilfeleistung, zu der jeder Mensch üblicherweise moralisch verpflichtet ist. Es handelt sich um eine „übergebührliche", superobligatorische oder supererogatorische Tat, die auf einer besonderen intrinsischen Motivation basiert.[522]
Was potentielle religiöse Motive speziell zur Fremdspende anbelangt, so ist an das neutestamentliche Gleichnis vom barmherzigen Samariter (Lk 10,30–37) zu erinnern. Dort war der „Nächste", auf den die Nächstenliebe bzw. die moralische Liebespflicht sich bezog, gerade nicht der nahestehende Mitmensch, sondern der Fremde, der Fernstehende; das Gleichnis hat die Nächstenliebe entschränkt und einer „Grenzenlosigkeit"[523] von Nächstenliebe das Wort geredet. Die moderne philosophische Ethik hat die Idee einer Verantwortung im Fernhorizont ins Licht gerückt, die dem fernen Nächsten zugute kommen soll. Hiermit soll die moralische Intuition, für die die Hilfe und der Altruismus im Nahbereich wichtig ist, überboten und ausgeweitet werden (s.o. S. 21). Eine solche Entgrenzung von Verantwortung über den Nahhorizont hinaus lässt auch eine Lebendspende von Organen an Fernerstehende denkbar erscheinen.
Formal gesagt kann sie nicht als ethisch verboten gelten. Sie ist umgekehrt auch nicht als moralische Handlungspflicht, als „normale" moralische Hilfeleistungspflicht oder – mit Kant gesagt – als Tugendpflicht zu klassifizieren. Vielmehr ist sie prinzipiell als „ethisch erlaubt" sowie, im Licht der Individualethik, als Realisierung eines persönlichen Hochethos bzw. als supererogatorisch zu bezeichnen. Letztlich handelt es sich um eine individuelle Gewissensentscheidung und um persönlichen Altruismus.

Fünftens: Die Lebendspende – (Selbst-)Schädigung des Spenders?

Das Bundesverfassungsgericht betonte in seiner Entscheidung, die zu Ungunsten der Lebendspende als Fremdspende ausfiel, der Staat dürfe Menschen davon abhalten, sich durch die Lebendspende eines Organs selbst zu schädigen. Damit griff das Verfassungsgericht das arztethische Prinzip „non nocere" auf. Dieser Grundsatz des Nichtschadens ist für Kritiker der Lebendspende, insbesondere der Fremdspende von Organen oft das Kernargument.[524]

Nun ist das Verbot, Menschen zu schädigen, medizinethisch fundamental. Aber es darf nicht verabsolutiert und nicht isoliert zum alleinigen Handlungsprinzip erhoben werden, sondern es ist zusammen mit anderen medizinethischen Handlungsnormen zu betrachten und in eine Güterabwägung einzustellen. Für ärztliches Handeln, das die Lebendspende betrifft, ist das negativ formulierte Prinzip „non nocere" in der Relation zum positiven Gebot zu erörtern, dem Wohl des Patienten zu dienen (in der Tradition des hippokratischen Eides: „salus aegroti suprema lex").

Eine Lebendorganspende dient dem Gesundheitsschutz, ja der Lebensrettung Schwerkranker. Für den Spender bringt die Organentnahme Risiken mit sich. Diese bleiben aber kalkulierbar und begrenzt. Bei einer Lebendspende einer Niere beträgt das Mortalitätsrisiko durch die Operation 0,03%[525] oder – von der Schweizer Regierung ganz vorsichtig ausgedrückt – „unter 1%". In der Schweiz hat sich nach Angaben von 2001 noch kein Todesfall ereignet (Anzahl der Lebendnierenspenden in der Schweiz z.B. im Jahr 1999: 63).[526] Ein „größerer persönlicher Schaden", vor dem laut Bundesverfassungsgericht der Staat den Einzelnen zu schützen hätte, ist nicht zu erwarten. Was über das unmittelbare Operationsrisiko hinaus eventuelle Spätfolgen betrifft (Bluthochdruck, Proteinurie oder Probleme der Nierenleistung, wenn der Spender nur noch eine Niere besitzt), wird ebenfalls über günstige Erfahrungen berichtet.[527] Zur Lebendspende von Lebern sind die Daten ungünstiger. Das Risiko für den Spender, an den Folgen der Operation (Entnahme aus dem rechten Leberlappen) zu sterben, wird zwischen 0,2% und 0,5% angegeben, abgesehen von weiteren Risiken (darunter erneuter Krankenhausaufenthalt, Bluttransfusion, Gallengangsprobleme, Infektion). Wichtig ist indessen, dass im Fall der Lebendspende zugunsten von Kindern in der Regel ein Teil des linken Leberlappens eines Elternteils ausreicht, wobei das Risiko des Eingriffs für den Spender deutlich niedriger ist.[528]

Vor allem: Die medizinischen Erfolgsaussichten aufgrund von Lebendspenden, namentlich von Nierenlebendspenden, sind generell höher als die Heilungserfolge, die bei der Transplantation von Organen Verstorbener erzielt werden. Einer der Gründe dürfte die kurze Frist zwischen der Entnahme des Organs und der Implantation in den Empfänger sein. Zu den Ländern, in denen die Lebendspende von Nieren zur Alltagspraxis geworden ist, gehören die USA (im Jahr 1999: 8097 Transplantationen von Nieren Verstorbener, 4432 Transplantationen von Nieren aufgrund einer Lebendspende) sowie skandinavische Länder (z.B. Schweden im Jahr 1999: 196 Nierenübertragungen von Verstorbenen, 105 Lebendspenden). Über den medizinischen Erfolg dokumentierten Angaben aus den USA „bezüglich der 1-Jahres-Überlebensrate von transplantierten Nieren eine Differenz von 6,7 Prozent, bezüglich der 5-Jahres-Überlebensrate eine Differenz von 15,5 Prozent zugunsten der Lebendspende" im Vergleich zur Leichenspende.[529] Dass für die Empfänger einer Lebendspende relativ günstige medizinische Prognosen bestehen, ist breit belegt.

Daraus resultieren dann noch Anschlussüberlegungen, die hier nicht genauer diskutiert werden können. Um die Aussicht des Organempfängers auf Gesundung zu verbessern, könnte in Betracht gezogen werden, im begründeten Einzelfall eine Lebendspende nicht erst bei akuter Lebensgefahr, sondern bereits recht frühzeitig, präventiv und präemptiv, zu planen und zu realisieren:

> „Bei vielen chronischen Nierenkrankheiten lässt sich der Zeitpunkt des terminalen Nierenversagens schon Jahre zuvor ziemlich gut berechnen. Wenn sich eine irreversible Progression abzeichnet, kann der betreuende Arzt schon gut zwei Jahre vor terminalem Nierenversagen beginnen, die Frage der zukünftigen Nierenersatz-Therapie zu besprechen und die Verfügbarkeit eines Lebendspenders abzuklären."[530]

Zur ethischen Bewertung der Lebendorganspende ist zweifellos die Handlungsregel zu beachten, dass das Prinzip des Nichtschadens Vorrang vor dem des Nutzens hat; Abwehrrechte besitzen Vorrang vor Anspruchsrechten. Anders gesagt: Verbote, die auf Schutzrechten beruhen bzw. die dem Schutz von Menschen dienen sollen, sind vorrangig gegenüber Geboten zu positiver Hilfeleistung. Aufgrund dessen wären Lebendspenden, vor allem Fremdspenden, als sehr bedenklich oder unstatthaft anzusehen. Dem Spender wird durch die Entnahme eines Organs durch den Arzt ja tatsächlich ein Schaden zugefügt; die körperliche Integrität wird verletzt; insofern verstößt der Arzt gegen das Prinzip des Nichtschadens. Bei differenzierterer Betrachtung ist zur Lebendspende aber festzuhalten: Es handelt sich für einen gesunden Spender um ein begrenztes Schadensrisiko. Dies gilt vor allem für die Lebendspende von Nieren. Sofern der Organspender sich freiwillig, aus altruistischen Motiven zur Organspende bereit erklärt hat und weil der Nutzen der Lebendspende sehr hoch ist – er bedeutet, mit großer Erfolgsaussicht, die Heilung bzw. Lebensrettung für einen Mitmenschen –, kann die Lebendspende von Organen einschließlich der Fremdspende ethisch als zulässig gelten. Dies müsste dann eigentlich auch vom Gesetzgeber berücksichtigt werden: „Eine Rechtsordnung sollte den Gesundheitsschutz von Organempfängern nicht untergraben".[531] Ethisch vertretbares, altruistisches Handeln sollte vom Gesetz nicht so stark eingeschränkt werden, wie dies im deutschen Transplantationsgesetz der Fall ist.

Es gibt zu denken, dass sogar die katholische Morallehre in der Frage der Lebendspende von Organen tradierte Verbote hinter sich ließ. Herkömmlich hat die katholische Moraltheologie jede Verstümmelung des eigenen Körpers absolut untersagt. Dieses strikte Verbot ist für die Lebendspende jedoch aufgegeben worden, weil deren Rechtfertigungsgrund die Lebensrettung ist und weil das Risiko für den Spender begrenzt bleibt: „Das Wohl des Nächsten, bei dem es in den meisten Fällen um das hohe Gut seines Lebens geht, rechtfertigt solche Vorgehen, solange der Organismus des Spenders nicht ernsten Schaden nimmt."[532]

> Für die westliche, europäische Perspektive mag es überraschend sein, dass andere Kulturen und Religionen die Lebendspende gegenüber der Organentnahme aus einem Hirntoten sogar präferieren. Für buddhistische Ethiker kommt es aus Gründen der Handlungsintention und der Heilsbedeutung einer Tat auf die persönliche Beziehung zwischen Spender und Empfänger an. Entscheidend ist, dass sich das persönliche Mitgefühl des Spenders auf den Empfangenden richten kann. Anders als bei einer anonymen Hirntodspende und der anonymen Lebendspende wird dieser Ethik der Spende im Rahmen der Lebendspende Genüge geleistet, wenn der Empfänger bekannt ist.[533]

Jüdisch wird argumentiert, dass der menschliche Körper zwar eigentlich Gott gehört; deshalb könne der Mensch nicht frei über seinen Körper entscheiden. Andererseits erlaubt es die Halacha, alle sonstigen Gebote oder Verbote der Thora außer Kraft zu setzen, wenn es um die Rettung menschlichen Lebens geht. Daher gilt eine Lebendspende jüdisch-religiös grundsätzlich als akzeptabel.[534] In Israel wird die anonyme Lebendspende an Nichtverwandte unter staatlicher Kontrolle praktiziert.

Sechstens: Resümee zur Lebendspende

Voranstehend ist vorausgesetzt worden, dass eine Lebendspende freiwillig erfolgt. Wenn das Bundesverfassungsgericht 1999 darlegte, der Staat dürfe erwachsene, urteilsfähige Menschen vor sich selbst – nämlich vor ihrem Willen, ein Organ zu spenden – schützen und ihnen die freie Willensbestimmung zugunsten einer Lebendspende untersagen, fällt es hinter die normative Grundentscheidung zurück, die im Grundrecht auf Freiheit und Selbstbestimmung (Art. 2 Abs. 1 des Grundgesetzes) angelegt ist (s.o. S. 73). Eine Aufsicht des Staates über Leben und Gesundheit von Menschen entspricht der liberalen Verfassungsordnung nicht mehr. Historisch ist daran zu erinnern, dass das Strafgesetzbuch bereits 1871 für einen Suizidversuch keine Strafe mehr vorsah. Der Beschluss des Verfassungsgerichtes von 1999 bleibt einem eigentlich der Vergangenheit angehörenden staatlich-medizinischen Paternalismus verhaftet. Aufgrund der Sensibilität, mit der die Lebendspende – sowohl die Lebendspende zwischen Angehörigen als auch die Fremdspende – zu betrachten ist, sind jedoch eingrenzende Rahmenbedingungen und transparente Verfahrensvorschriften wichtig. Hierzu gehören folgende Gesichtspunkte:

– Grundsätzlich ist der unproblematischeren und risikoärmeren Alternative der Vorzug zu geben, so dass oftmals der Transplantation eines Organs, das von einem Hirntoten stammt, der Vorrang zukommt.
– Sofern äußerer, psychischer, familiärer oder sonstiger Druck auf Menschen ausgeübt wurde, ein Organ herzugeben, darf kein Organ entnommen werden.[535]
– Im Fall der – in Deutschland zur Zeit unzulässigen – Fremdspende sollte eine psychologische Begutachtung psychopathologische Motive des potentiellen Spenders ausschließen.
– Menschen, die zu einer Spende bereit sind, sollten in der Weise informiert werden, dass ihnen potentielle negative Folgen deutlich sind. Hierdurch werden sie vor voreiligen Entscheidungen geschützt. Die Aufklärung muss versicherungsrechtliche Fragen umfassen; und die versicherungsrechtlichen Konditionen müssten generell präziser abgeklärt sein, als es in Deutschland bislang der Fall ist. Theoretisch könnte ein Risiko entstehen, falls die verbleibende Niere später unerwartet versagt. Solche – statistisch geringen – Gefahren betreffen freilich nicht nur die Fremdspenden, die in Deutschland zur Zeit nicht erlaubt sind, sondern genauso die Lebendspende zwischen Verwandten und Nahestehenden, die das Transplantationsgesetz zulässt. Gegenstand der Information müssten ferner eventuelle arbeitsrechtliche Folgen sein. Denn obgleich „Transplantationsmediziner äußern, dass es zu keiner Minderung der Leistungsfähigkeit der Spender kommt, so wird im Sozialversicherungsrecht bei Verlust einer Niere eine Erwerbsminderung von 10–30% bejaht."[536]
– Die kompetente psychologische Begleitung von Spendern und Empfängern sollte vor sowie nach der Operation gewährleistet sein.

– Die altruistisch motivierte Entscheidung zur Lebendspende eines Organs darf nicht durch
finanzielle Anreize und erst recht nicht durch Gewinnerwartungen unterlaufen werden.
Jedoch lässt sich zwischen Gewinn und zulässiger Entschädigung, etwa einer Entschädigung des Spenders für den operationsbedingten Erwerbsausfall, differenzieren.

> Inzwischen setzt eine Debatte ein, ob sich die Bereitschaft von Menschen zur *postmortalen*
> Organspende, also zur Organgabe nach dem Hirntod, durch bestimmte, moralisch seriöse An-
> reize erhöhen lasse (ein konkreter Vorschlag: Es könnte die Zusage gegeben werden, dass
> nach der postmortalen Organentnahme im Namen des Organgebers eine Spende an eine
> wohltätige Organisation erfolgt, die der Organgeber zu Lebzeiten benannt hatte. Die Spenden-
> zahlung könnte unter staatlicher Kontrolle erfolgen[537]). Im Unterschied hierzu sollte zur Le-
> bendorganspende jedweder zusätzlicher Anreiz, der mehr darstellt als eine bloße Entschädi-
> gung, ausgeschlossen bleiben.

– Unter dem Gesichtspunkt der Freiwilligkeit und Autonomie sollten Minderjährige von
der Möglichkeit der Lebendspende ausgenommen bleiben. Da es um einen Eingriff in die
körperliche Integrität des Spenders geht, sollte erst recht keine stellvertretende Einwilligung der Sorgeberechtigten statthaft sein. Dies gilt um so mehr, als Sorgeberechtigte sich
möglicherweise in einem Interessenkonflikt befinden, wenn es nämlich um eine Spende
zwischen Geschwistern oder Familienangehörigen geht. Die Entscheidungskompetenz
über altruistisch motivierte Eingriffe in die eigene körperliche Integrität ist daher vorsorglich auf einsichts- und urteilsfähige volljährige Menschen zu beschränken.
– Registrierung und Dokumentation von Lebendspenden sind zu gewährleisten. Dies dient
der Einschätzbarkeit von Risiken, der Fortentwicklung und Präzisierung von Handlungs-
kriterien und der Verfahrenstransparenz.

Bei der ethisch und rechtlich sensiblen Thematik der Lebendspende besteht ein Konflikt
zwischen einer Schadenszufügung, die zulasten des Organspenders erfolgt, und der Wiederherstellung der Gesundheit bzw. der Lebensrettung auf Seiten des Organempfängers. Wenn
die soeben aufgezählten Gesichtspunkte beachtet werden, dürfte sich ein ethisch vertretbarer
Kompromiss, ein schonender Ausgleich zwischen den unterschiedlichen Normen und Zielen
erreichen lassen. Die Voraussetzung für die Lebendspende – einschließlich des Sonderfalls
der Fremdspende oder ungerichteten Spende – ist der Altruismus des Organgebers. Ein solcher Altruismus kann nur auf eigener, freiwilliger Überzeugung beruhen und darf auf keinen
Fall von Dritten eingefordert oder aufgenötigt werden. Weil die Lebendspende, auch die
Fremdspende an Fernerstehende und besonders die Überkreuzspende, den humanen Sinn
besitzt, den Mangel an Spenderorganen partiell zu lindern, sollte die staatliche Rechtsordnung sie weniger einschränken als bislang.

VII. Sterbehilfe und Sterbebegleitung.
Das Lebensende zwischen Schicksal, medizinischem Fortschritt und Selbstbestimmung

1. Die verschiedenen Formen von Sterbehilfe heute

Bei der Sterbehilfe geht es – erneut – um Wertkonflikte, die die Humanität im Umgang mit dem Leiden von Mitmenschen, den Lebensschutz und die persönliche Freiheit oder Selbstbestimmung berühren. In der Bundesrepublik Deutschland ist die Diskussion über Sterbehilfe in den 1990er Jahren durch Gerichtsurteile angestoßen worden, deren Gegenstand der Abbruch lebensverlängernder intensivmedizinischer Maßnahmen war. Ein wesentlicher Einschnitt resultierte aus Gesetzesänderungen in den Niederlanden und Belgien. In den Niederlanden haben gesetzliche Regelungen aus den Jahren 1994 und 2001 es ermöglicht, dass unter bestimmten Bedingungen aktive Sterbehilfe, nämlich die direkte Tötung eines sterbenden oder leidenden, schwerkranken erwachsenen Menschen, unter Umständen auch eines Jugendlichen durchgeführt werden kann. Die Debatte zur Sterbehilfe ist sehr komplex, schon allein weil sie sich auf mehrere Lebens- und Altersphasen bezieht. Betroffen sind
- erwachsene Menschen, die sich zu den Umständen ihres Sterbens selbst äußern können, also urteils- und entscheidungsfähig sind,
- erwachsene oder alte Menschen, die nicht ansprechbar sind und daher nicht mehr selbst über sich zu entscheiden vermögen,
- neugeborene Kinder oder kleinere Kinder, die noch nicht entscheidungsfähig sind und die ein Recht auf Selbstbestimmung noch nicht ausüben können,
- ältere Kinder, die bereits ahnen und intuitiv oder begrifflich verstehen, dass sie an einer tödlich verlaufenden Krankheit leiden.

In Deutschland bildet die Sterbehilfe an erwachsenen und alten Menschen den Schwerpunkt der Debatte. Probleme des Sterbens von Säuglingen und von Kindern stehen noch immer zu sehr im Hintergrund. Impulse zu diesem Thema setzte 2008 freilich ein Papier der Deutschen Akademie für Kinder- und Jugendmedizin.[538] Ethische Zweifelsfragen brechen sodann in der Neugeborenenmedizin, der Neonatologie auf. Hier stellt sich die Problematik der Sterbehilfe in einer Weise, die vor wenigen Jahrzehnten noch nicht vorstellbar erschien. Dank der Erfolge der Neonatologie ist in Deutschland zwischen 1960 und 1995 die Sterblichkeitsrate im Umkreis der Geburt von damals ca. 35 auf unter 7 von 1000 Geburten gesunken (Mitte der 90er Jahre: 6,8‰ perinatale Sterblichkeit zwischen der 28. Schwangerschaftswoche bis zum 7. Lebenstag des Neugeborenen; 5,29‰ Säuglingssterblichkeit). Zahlreiche früh- und neugeborene Kinder lassen sich heute, anders als in der Vergangenheit, retten. Unter Zuhilfenahme der neonatologischen Intensivmedizin kann sogar extrem kleinen Frühgeborenen mit einem Gewicht ab 500 g das Leben gerettet werden. Die Kehrseite besteht darin, dass diesen Kindern unter Umständen schwere Spätschäden drohen, nämlich Sehfähigkeitsstörungen, chronische Lungenerkrankungen, Folgen von Hirnblutungen und neurologische Schäden. Diese Spätschäden lassen sich im Vorhinein nicht genau abschätzen. Und wie soll man mit moribunden, unrettbar dem Tod verfallenen Neugeborenen umgehen – intensivmedizinisch-lebensstützend oder in der Weise, dass man Therapien abbricht und sie ihrem Sterben überlässt, also Sterbehilfe (in Form von passiver Sterbehilfe) an ihnen durchführt? Solche Entscheidungskonflikte bilden den Preis für den lebensrettenden Fortschritt, den die Intensivmedizin an Neugeborenen ansonsten mit sich gebracht hat.

Was die Sterbehilfe an Erwachsenen anbelangt, so sind ethisch das Selbstbestimmungsrecht und die Würde des Betroffenen in den Vordergrund zu rücken. Der Begriff „Sterbehilfe" als solcher ist vielschichtig. Er betrifft unterschiedliche Gruppen von Menschen – Kinder, urteilsfähige Erwachsene oder alte, nicht mehr ansprechbare Personen – und umfasst disparate Handlungsweisen. Zwei gegenläufige, einander diametral entgegenstehende Handlungen bilden angesichts des Sterbens heute die Extreme.

Das eine Extrem ist die intensivmedizinische Aufrechterhaltung der Lebensfunktionen eines Sterbenden, die ungeachtet aller Einzelumstände durchgeführt wird, obwohl dem Maße der Natur und dem „natürlichen" Schicksal gemäß der Patient eigentlich sterben würde. Die Intensivmedizin verlängert dann letztlich nur das Leiden eines Menschen. Schon in den 1960er und 1970er Jahren wurde in dieser Hinsicht von dem evangelischen Theologen Helmut Thielicke (1908–1986) vor der Gefahr eines „Terrors der Humanität" gewarnt. Auf der anderen Seite steht die aktive Sterbehilfe. Hier wird das Leben eines sterbenden oder auch eines schwerkranken Patienten durch einen direkten tötenden Eingriff des Arztes zu Ende gebracht. Die nichtgewollte, menschlich nicht mehr wünschenswerte und als entwürdigend empfundene künstliche Lebensverlängerung einerseits, die direkte Tötung eines Patienten andererseits stellen im Umgang mit dem Sterbevorgang wohl die Extreme dar.

Im einzelnen lassen sich unter den Begriff „Sterbehilfe" sechs Handlungsoptionen fassen.

Erstens: Reine Sterbehilfe/Sterbebegleitung
Hiermit sind Schmerzlinderung und Basisversorgung eines Patienten gemeint, also die Zuwendung und die Körperpflege, die Freihaltung der Atemwege oder das Stillen von Hunger- und Durstgefühlen. Eine solche reine Sterbehilfe ist für den Arzt verpflichtend. Der Sache nach geht es hier um medizinische und pflegerische Sterbebegleitung, um eine Betreuung beim Sterben oder Hilfe im Sterbeprozess sowie um Schmerztherapie. Weil das menschenwürdige Sterben zur Würde eines jeden Menschen hinzugehört, ist eine solche Sterbebegleitung rechtlich und ethisch geboten. Abgesehen von Ärzten und Pflegepersonal ist die sogenannte reine Sterbehilfe, d.h. die mitmenschliche Sterbebegleitung für Familienangehörige und Nahestehende menschlich naheliegend. Sie ist den Pflichten zur Hilfeleistung zuzuordnen, die moralisch geboten sind.

Allerdings können sich unterschiedliche – persönliche, emotionale sowie äußere oder ökonomische – Umstände hierbei hemmend auswirken. Um zumindest die äußeren Bedingungen für eine mitmenschliche Sterbebegleitung zu verbessern, hat die Republik Österreich im Jahr 2002 einen wegweisenden Schritt vollzogen: Am 01.07.2002 trat das Gesetz zur Familienhospizkarenz in Kraft. Hierdurch sollen Angehörige besser in die Lage versetzt werden, Sterbende zu begleiten und vor allem auch schwerst erkrankte Kinder zu betreuen. Pflegende Angehörige werden vom österreichischen Bundesministerium für soziale Sicherheit und Generationen aus Mitteln des Familienlastenausgleichs unterstützt (damals: monatlicher Anspruch auf Pflegegeldvorschuss von 413 €; ggf. in Stufe 4 Pflegegeldanspruch in Höhe von 620 €; Möglichkeit zusätzlicher Mittel aus einem Härtefonds). Der Anspruch besteht für ein halbes Jahr. Darüber hinaus regelte das Gesetz die Freistellung (Karenz) von der Arbeit oder die Herabsetzung der Arbeitszeit. Kranken- und Rentenversicherungsansprüche der Pflegenden werden gewährleistet; ein besonderer Schutz vor Kündigung oder Entlassung ist verbrieft.

Diese Regelung, die der Humanität im Umgang mit Sterbenden zugute kommt, hat rechts-politisch Neuland betreten, wird durch den österreichischen Gesetzgeber im Lauf des Jahr 2008 voraussichtlich nochmals ausgeweitet und wird in Ansätzen nun auch in der Bundes-republik Deutschland realisiert (Pflegerechtsreform 2008).

Zweitens: Indirekte Sterbehilfe

Bei indirekter Sterbehilfe steht die Problematik der Schmerzbelastung Sterbender im Vor-dergrund. Für die indirekte Sterbehilfe ist charakteristisch, dass in der letzten Lebens- bzw. Sterbephase eines Menschen schwere Schmerzen gelindert werden sollen, und zwar mit hohen Medikamentierungen (Morphin, Schmerzmedikamente). Dabei wird eine eventuelle Verkürzung der verbleibenden Lebenszeit in Kauf genommen. Eine solche indirekt herbei-geführte Lebensverkürzung gilt ethisch und rechtlich als statthaft. Ethisch resultiert ihre Legitimation daraus, dass sie eine actio duplici effectus (Handlung mit doppelter Wirkung) darstellt. Die Motivation und die Intention ist die Schmerzlinderung. Bei der Schmerzbe-handlung wird ein etwas rascheres Lebensende in Kauf genommen; doch die Lebensverkür-zung ist nicht die gewollte oder intendierte Handlungsfolge. Vielmehr wird die eventuelle Abkürzung der verbleibenden Lebenszeit als Nebenfolge hingenommen – und zwar im Rahmen einer Güterabwägung, für die die Linderung schwerster Schmerzen das erstrebte humane Ziel darstellt. Zur Legitimation der indirekten Sterbehilfe sind frühzeitig, in den Jahren 1957 und 1958, Äußerungen von Papst Pius XII. wegweisend geworden.[539] Ihre heu-tige Position des „absoluten" Lebensschutzes bzw. der absoluten Pflicht zur Lebenserhal-tung hat die katholische Kirche damals noch nicht vertreten.

Die Güterabwägung zur indirekten Sterbehilfe beachtet, dass das menschliche Leben grund-sätzlich zu schützen ist. Denn das Leben stellt einen fundamentalen Wert dar und ist die Basis dafür, dass ein Mensch andere, geistige oder moralische Werte (Freiheit, Glück, Mit-menschlichkeit usw.) überhaupt verwirklichen kann. Daher ist der Lebensschutz ein vorran-giges Gebot. Gleichwohl können Situationen entstehen, in denen der Schutz und die Erhal-tung des Lebens ausnahmsweise, um der Menschlichkeit selbst willen, in eine Abwägung eingestellt werden dürfen (s.o. S. 172f). Das Leben ist ethisch und rechtlich ein fundamen-tales, aber kein absolutes Gut, so dass seine rein quantitative Verlängerung nicht unter allen Umständen, um jeden Preis angestrebt werden muss. Deshalb ist es statthaft, um der Linde-rung extremer Schmerzen willen eine gewisse Verkürzung der quantitativen Lebenszeit in Kauf zu nehmen.

Hierzu hat sich in neuerer Zeit in medizinischer Hinsicht jedoch eine Verschiebung ereignet, die meist unbeachtet und unerwähnt bleibt. Die Fortschritte der Schmerzforschung ermögli-chen jetzt so genaue Medikamentierungen, dass der unerwünschte Nebeneffekt der Lebens-verkürzung durchweg vermeidbar geworden ist. Daher ist die sogenannte indirekte Sterbe-hilfe eigentlich, zumindest theoretisch, heute kaum noch relevant. Schon 2004 hielt die Schweizerische Akademie der Medizinischen Wissenschaften fest:

„Der ,lebensverkürzende Effekt' zentral wirkender Substanzen ist lange Zeit überschätzt worden. Es ist heute bekannt, dass Schmerzmittel und Sedativa, wenn sie ausschliesslich zur Symptomkontrolle in der letzten Lebenswoche korrekt eingesetzt werden, nicht mit einer Verkürzung der Überlebenszeit assoziiert sind."[540]

Dies wird von Medizinern oder Juristen auch in Deutschland durchaus eingeräumt. Oft wird dann aber ergänzt, eine wirklich adäquate Schmerztherapie, aufgrund derer indirekte Sterbehilfe verzichtbar ist, sei nur „für optimal ausgestattete und geleitete Palliativstationen" möglich.[541] Flächendeckend seien die Ausstattung der medizinischen Einrichtungen und die Fachkenntnis behandelnder Ärzte nicht so gut, dass man auf das Konstrukt der indirekten Sterbehilfe verzichten könne.

Diese Auskunft vermag freilich nicht wirklich zu überzeugen. Die Handlungsoption der indirekten Sterbehilfe, die – damals zu Recht – von Pius XII. moralisch für legitim erklärt worden ist, ist heute allenfalls noch als völlige Ausnahme notwendig. Begrifflich korrekt ist im Übrigen von indirekt-aktiver Sterbehilfe zu sprechen, weil die zum Tode führende Handlung bewusst initiiert und realisiert wird. Hierauf wies auch die Schweizerische Akademie der Medizinischen Wissenschaften hin.

Davon abgesehen ist zu befürchten, dass unter dem Mantel der indirekten oder der indirekt-aktiven Sterbehilfe manchmal aktive Sterbehilfe geleistet wird, die unerkannt bleibt. Schätzungen nehmen für Deutschland pro Jahr eine vierstellige Größenordnung an. Der Präsident der Deutschen Gesellschaft für Rechtsmedizin, Wolfgang Eisenmenger, hat in den zurückliegenden Jahren wiederholt betont, dass aufgrund der Überlastung oder Schließung rechtsmedizinischer Institute zu wenig Obduktionen stattfinden, die aufklären könnten, ob bei alten und kranken Menschen, die mit einer Überdosis getötet wurden, ein natürlicher Tod vorlag oder nicht.

Drittens: Aktive oder direkte Sterbehilfe

Bei der aktiven oder direkten Sterbehilfe liegt eine gewollte, gezielte Lebensverkürzung vor, nämlich die direkte Tötung eines schwerstkranken oder sterbenden Patienten durch den Arzt. Der Eintritt des Todes ist in diesem Fall keine unintendierte Handlungsnebenfolge wie bei der herkömmlich sogenannten indirekten Sterbehilfe. Nach der deutschen Rechtslage ist aktive Sterbehilfe bzw. die Tötung auf Verlangen unzulässig, und zwar sowohl an erwachsenen Patienten wie auch an entscheidungsunfähigen Personen, d.h. an Säuglingen, Kindern oder alten, dementen Menschen. In ihren „Grundsätzen zur ärztlichen Sterbebegleitung" von 1998 hielt die Bundesärztekammer fest: „Aktive Sterbehilfe ist unzulässig und mit Strafe bedroht, auch dann, wenn sie auf Verlangen des Patienten geschieht." Auf die Diskussionen über die aktive Sterbehilfe, die in der Öffentlichkeit oftmals im Vordergrund des Interesses steht, wird ausführlicher zurückzukommen sein (s.u. S. 268ff).

Viertens: Ärztlich assistierter Suizid

Der aktiven Sterbehilfe ist der ärztlich assistierte Suizid, die Beihilfe des Arztes bei einem vom Patienten selbst vollzogenen Suizid, vergleichbar. Anders als bei der Tötung auf Verlangen, die z.B. aufgrund der Lähmung eines Patienten von einem Dritten, ggf. vom Arzt vorgenommen wird, verbleibt beim ärztlich assistierten Suizid die Durchführung der Lebensbeendigung, d.h. die Tatherrschaft beim Patienten selbst. Durch die Beschaffung des Medikaments leistet der Arzt lediglich Beihilfe (zu ethischen und rechtlichen Aspekten s.u. S. 278ff).

Fünftens: Palliative oder terminale Sedierung
Diese Form der Sterbehilfe spielte in den USA schon vor 2000 eine Rolle. In Deutschland wird sie erst seit einigen Jahren relevant, allerdings in stark zunehmendem Maß. Die Erkenntnisse der Schmerztherapie werden dergestalt genutzt, dass ein Patient schmerz- und symptomkontrolliert, unter Ausschaltung des Bewusstseins, in den Tod gleiten kann. Es ist dringend geboten, dass zu einer solchen Sedierung medizinische und ethische Kriterien entwickelt und bekanntgemacht werden. Diese neue Form der Sterbehilfe ist ethisch grundsätzlich legitim und darf auch in Deutschland legal praktiziert werden. Freilich bestehen Abgrenzungsprobleme. Denn es existiert nicht nur eine Schnittmenge mit der passiven Sterbehilfe; vielmehr ist auch die Überschneidung mit aktiver Sterbehilfe, der direkten Tötung durch den Arzt, und der indirekten Sterbehilfe zu durchdenken (s.u. S. 282f).

Sechstens: Passive Sterbehilfe/Sterbenlassen
Der Begriff passive Sterbehilfe ist als solcher missverständlich. Er hat sich eingebürgert, um zwei verschiedene Handlungsoptionen zu umschreiben:
– den Verzicht auf weitere medizinische Maßnahmen und zusätzliche Behandlung mit Hilfe von Medikamenten, Operationen o.a.
– und den Abbruch einer Behandlung, wenn durch die Fortsetzung bereits begonnener medizinischer Maßnahmen ein leidvolles Leben, das absehbar enden wird, nur noch künstlich verlängert würde.
Manchmal wird die passive Sterbehilfe als Therapiebegrenzung oder – z.B. in den „Grundsätzen der Bundesärztekammer zur ärztlichen Sterbebegleitung" von 2004 – als Änderung des Therapieziels bezeichnet. Die letztere Umschreibung ist missverständlich, da unter Therapie (griech.: „*therapeía*") ja herkömmlich die Heilung oder Heilbehandlung verstanden wird. Bei der passiven Sterbehilfe geht es hingegen um das Unterlassen einer ärztlichen Behandlung, damit ein Mensch seinem natürlichen Sterbeschicksal überlassen wird und sterben „darf". Die US-amerikanische Diskussion kennt den Begriff der „futility", der vorhersehbaren Nutzlosigkeit medizinischer Maßnahmen. Die passive Sterbehilfe zielt darauf ab, dass keine quantitative Lebensverlängerung um jeden Preis durchgeführt, sondern auf zusätzliches Tun zur Lebenserhaltung verzichtet wird. Sie hat den Sinn, einen Menschen sterben zu „lassen". Der schicksalhafte, natürliche Sterbeprozess soll seinen Lauf nehmen können und nicht technisch überfremdet, nicht von außen her durch medizintechnische Maßnahmen überlagert werden. Denn die Würde des Sterbens ist heutzutage als integraler Bestandteil der individuellen Menschenwürde zu betrachten. Wenn gegen den erklärten Willen eines Patienten eine Behandlung fortgeführt wird, stellt dies einen Eingriff in seine körperliche Integrität dar, die als Körperverletzung unter Strafe steht. Im österreichischen Strafgesetzbuch § 110 ist, begrifflich präziser, von „eigenmächtiger Heilbehandlung" des Arztes die Rede.
Ethisch und rechtlich wird die passive Sterbehilfe inzwischen durchweg als legitim anerkannt. Dabei gilt die Voraussetzung, dass für schwerstkranke, sterbende Patienten, die

ihrem Sterbeprozess überlassen werden, die Basisversorgung – Hygiene, Bettung, menschliche Zuwendung, das Stillen von Hunger- und Durstgefühlen, Schmerzlinderung – gewährleistet bleibt.

Gleichwohl wird, auch aus Rechtsunsicherheit, im Klinikalltag die Möglichkeit der passiven Sterbehilfe nicht immer hinreichend beachtet, so dass Patienten sogar unter Missachtung ihres Selbstbestimmungsrechtes weiterbehandelt und am Leben gehalten werden. Auf dieses Problem machen Mediziner, Ethiker oder Juristen seit langem aufmerksam. Im Jahr 2002 publizierte Wilhelm Uhlenbruck, ein Gründungsmitglied der Deutschen Gesellschaft für Medizinrecht, exemplarisch einen Fall, der sich in Berlin ereignet hatte[542]:

> „Eine 70 Jahre alte Patientin mit diabetischem Spätsyndrom befand sich seit zwei Jahren in Dauerdialyse. Sie war seit einem Jahr bettlägerig. Die Situation wurde noch komplizierter, als sich Nekrosen an beiden Füßen bildeten. Eine Amputation der Gliedmaßen kam wegen des desolaten Gesamtzustandes der Patientin nicht in Betracht.
> Die Frau gab zu erkennen, dass sie die Fortsetzung der Behandlung nicht wünschte. Sie sträubte sich auch körperlich gegen die Dialyse. Die Ärzte entschieden schließlich, die Dialyse nicht fortzusetzen, konnten darüber aber kein Einvernehmen mit dem Betreuer erzielen. Dieser rief das Vormundschaftsgericht an, das ohne Anhörung der Patientin und der Ärzte in einer einstweiligen Anordnung beschloss, dass die Dialysebehandlung auch unter körperlichem Zwang durchgeführt werden müsse. Es kam danach unter Einsatz von Beruhigungsmitteln noch einmal zur Dialysebehandlung, die aus medizinischen Gründen abgebrochen werden musste. Die Patientin starb wenige Stunden später. Der Betreuer erstattete wegen des Verdachts unterlassener Hilfeleistung Anzeige gegen die Ärzte. Die Ermittlungen blieben ohne Ergebnis."
> Der Kommentar Uhlenbrucks lautete:
> „Oft wird ein Wunsch des Patienten, in Würde zu sterben, als krankhafter Wille zur Selbsttötung aufgefasst."
> „Angehende Ärzte lernen nicht, wie sie angemessen mit Sterbenden umgehen könnten: in aussichtslosen Fällen der Natur ihren Lauf zu lassen und sich auf menschlichen Beistand und Leidenslinderung zu beschränken. Die Mediziner und das Pflegepersonal sind oft überfordert. Mangelnde Erfahrung oder Angst vor juristischen Auseinandersetzungen führen nicht selten zu überflüssigen therapeutischen Bemühungen. Entsetzliche und unbeherrschbare Schmerzen sind die Folge für die Patienten."

Daher ist zu unterstreichen: Die passive Sterbehilfe ist zulässig, ja geboten. Von der aktiven Sterbehilfe bzw. der Tötung auf Verlangen, die in Deutschland strafrechtlich untersagt ist, lässt sie sich abgrenzen, obwohl im medizinischen Alltag bis heute zumindest intuitiver Zweifel, Unsicherheiten der Interpretation und der Zuordnung anzutreffen sind. So ist der sogenannte technische Behandlungsabbruch, das Abschalten des Respirators oder der Herz-Lungen-Maschine bei einem Sterbenden, von außen betrachtet ein Phänomen in der Schnittmenge zwischen aktiver und passiver Sterbehilfe. Beim Abschalten eines Gerätes wird aktiv gehandelt, indem auf einen Knopf gedrückt und eine Maschine ausgeschaltet wird. Dennoch liegt hier legitime passive Sterbehilfe vor. Denn der Handlungssinn ist das Unterlassen, nämlich das Unterlassen der tätigen Weiterbehandlung in hoffnungslosen Fällen. Es erfolgt keine direkte, irreversible Tötung. Der Patient wird vielmehr seinem eigenen Sterben überlassen. Eventuell können sogar Lebensfunktionen wieder spontan einsetzen.

Direkt und intentional zielt der technische Behandlungsabbruch nicht auf den Tod des Patienten ab, sondern dient dazu, dass ein Patient sterben „kann" oder „darf" und er seinem
eigenen „natürlichen" Sterbeprozess überlassen wird, den es zu achten gilt. Ethisch und juristisch ist diese Handlungsweise deshalb der zulässigen passiven Sterbehilfe als Sterbenlassen zuzurechnen.

2. Veränderte Umstände des Sterbeprozesses

2.1. Der Bruch mit religiösen Traditionen: Säkularisierung und Pluralisierung

Die heutigen Unsicherheiten und der Zweifel in der Bewältigung von Sterben beruhen entscheidend darauf, dass dieses unter Bedingungen stattfindet, die gegenüber der Vergangenheit stark verändert sind. Aufgrund der gegenwärtigen Technikbestimmtheit von Krankheit
und Sterben ist es letztlich sogar unscharf geworden, was unter „Sterben" oder unter einem
„natürlichen" Sterben eigentlich zu verstehen ist. Dies trat bereits hervor, als im voranstehenden Kapitel das Hirntodkriterium erörtert wurde. Intuitiver Zweifel erwächst ebenfalls
angesichts des apallischen Syndroms („Wachkoma"). In den USA war Terri Schiavo gegen
den Willen ihres Ehemanns jahrelang künstlich ernährt worden; sie starb am 31. Mai 2005,
nachdem aufgrund gerichtlicher Erlaubnis die lebenserhaltenden technischen Maßnahmen
schließlich doch abgebrochen werden konnten (passive Sterbehilfe). Auf ihrem Grabstein
findet sich indessen die Inschrift „Hingeschieden von dieser Welt am 25. Februar 1990";
das war der Tag, an dem sie den Hirnschaden erlitt. Hieran zeigt sich, dass heutzutage der
soziale Tod, der mentale und der kommunikative Tod, der biologische und der medizinisch
feststellbare Tod auseinandertreten können. Hierdurch komplizieren sich konkrete Entscheidungen zur Sterbehilfe.
Eine fundamentale Frage besteht sodann darin, welche Wertigkeit Sterben und Tod für das
Selbstverständnis der Menschen in der Gegenwart überhaupt besitzen. Zu Beginn des 20.
Jahrhunderts meinte der Philosoph Georg Simmel: Der Tod „begrenzt, d.h. er formt unser
Leben nicht erst in der Todesstunde, sondern er ist ein formales Moment unseres Lebens,
das alle seine Inhalte färbt: die Begrenztheit des Lebensganzen durch den Tod wirkt auf
jeden seiner Inhalte und Augenblicke vor".[543] Simmel machte darauf aufmerksam, dass die
Sterblichkeit und der Tod jeden Lebensweg *von vornherein* und zu *jedem* Zeitpunkt prägen.
Dass das Menschsein ein „Vorlaufen" zum Tode und ein „Sein zum Tode" (Martin Heideg-
ger) ist, gilt seit dem 20. Jahrhundert schroffer, härter und auf jeden Fall in einem anderen
Sinn als in früheren Zeiten. Denn seit der Aufklärung und vor allem im 20. Jahrhundert fand
in Europa ein Schub der Säkularisierung, der Entfremdung von religiösen Traditionen statt
(s.o. S. 35ff). Überlieferte Jenseitshoffnungen, tradierter religiöser Trost über ein Leben
nach dem Tode sind in den Hintergrund getreten; und auch frühere Überzeugungen, wie
man sich auf das eigene Sterben religiös vorbereiten könne, sind verblasst. Im Folgenden ist
daher zu beleuchten, wie sich die Einstellungen zum Sterben sowie die Umstände des Sterbens in der Moderne verändert haben. Hierbei handelt es sich um tiefgreifende Umbrüche
und weitreichende Einschnitte, die für den jetzigen medizinischen und den menschlichen
Umgang mit dem Lebensende die Rahmenbedingung bilden.

In früheren Jahrhunderten bot die Religion, im hiesigen Kulturkreis vor allem das Christentum, Vorgaben und Anhaltspunkte, an denen Menschen sich orientierten, um zum Sterben und zum Tod eine innere Einstellung zu finden. Im Mittelalter hat sich sogar eine eigene Literaturgattung ausgebildet, die die „Kunst des heilsamen Sterbens", die „ars moriendi" erörterte. Zu den Theologen, die diese Kunst des Sterbens thematisch auf den Weg gebracht haben, zählte der Reformpriester und Professor an der Pariser Universität Sorbonne Jean de Gerson (1363–1429). Er nannte vier Stufen für den geistlichen Sterbeprozess.[544] Priester und Laien sollten beim Sterben und im Angesicht des Todes vier Stufen berücksichtigen:

- Ermahnungen (lat.: exhortationes): Der Sterbende soll sich Gottes allmächtigem Ratschluss unterwerfen und das von Gott gesandte Leiden geduldig ertragen;
- Fragen (lat.: interrogationes): Bereut der Kranke seine Sünden und bittet er Gott um Vergebung?
- Gebete (lat.: orationes): Es soll der helfende Beistand Gottes, der Jungfrau Maria, der Schutzengel und Schutzheiligen, insbesondere der Sterbepatrone St. Christophorus und St. Barbara erfleht werden;
- Vorschriften für den Priester (lat.: observationes) zur Beichte und Letzten Ölung.

Die Letzte Ölung hatte angesichts der Todesstunde den Sinn der Sündenvergebung. Sie wurde seit dem 4./5. Jahrhundert nach Christus üblich, ist im Mittelalter zum Sakrament geworden und im 19. Jahrhundert von katholischen Theologen emphatisch das „Sakrament der Todesweihe" genannt worden. Vor allem seit den 1970er Jahren hat die katholische Kirche von dem Begriff Letzte Ölung Abstand genommen und spricht von Krankensalbung. Sie soll während einer schweren Erkrankung in ritueller, sakramentaler Form geistlichen Zuspruch gewähren. Im jetzigen katholischen Kirchenrecht, dem Codex Iuris Canonici von 1983 heißt es, die Krankensalbung könne jedem katholischen Gläubigen gespendet werden, „der nach Erlangung des Vernunftgebrauchs aufgrund von Krankheit oder Altersschwäche in Gefahr gerät" (Canon 1004 § 1). Die Krankensalbung stellt – wie früher im Sterbefall die Letzte Ölung – ein Sakrament dar. Traditionelle Anschauungen zur Spendung des Sakraments wirken bis heute nach. Die Spendung der Krankensalbung darf nur durch den Priester erfolgen und darf keinen Kranken gewährt werden, „die in einer offenkundigen schweren Sünde hartnäckig verharren" (Canon 1007). Das Öl, das für die Krankensalbung verwendet wird, soll im Regelfall vom Diözesanbischof selbst geweiht oder gesegnet worden sein.

Diese heutigen Vorstellungen der katholischen Kirche basieren letztlich noch auf der mittelalterlichen Letzten Ölung. Damals war das Sterben religiös eingerahmt; den Abschluss der Sterbevorbereitung bot die Letzte Ölung. Ratschläge wie die vier Stufen des geistlichen Sterbeprozesses bei Jean de Gerson fanden sich über Jahrhunderte hinweg in den Sterbe- oder Stundenbüchern; durch die Lektüre dieser weit verbreiteten Bücher konnten sich Menschen auf ihr Sterben einstellen. Heutzutage ist die traditionelle geistliche Sterbebegleitung durch den Priester in den Hintergrund getreten. Ein literarisches Symbol für den Abschied von religiösen Traditionen bietet der Roman „Buddenbrooks" von Thomas Mann, und zwar die Passage (im X. Teil, V. Kapitel), in der sich – dem Roman zufolge in den 1870er Jahren – die Schlüsselfigur des Romans, der Kaufmann Thomas Buddenbrook, mit Sterben und Tod auseinandersetzt:

„Sobald er nämlich sein zeitliches Ende nicht mehr als eine ferne, theoretische und unbeträchtliche Notwendigkeit, sondern als etwas ganz Nahes und Greifbares betrachtete, für das es unmittelbare Vorbereitungen zu treffen galt, begann er zu grübeln, in sich zu forschen, sein Verhältnis zum Tode und den unirdischen Fragen zu prüfen … und bereits bei den ersten derartigen Versuchen ergab sich ihm als Resultat eine heillose Unreife und Unbereitschaft seines Geistes, zu sterben. Der Buchstabenglaube, das schwärmerische Bibelchristentum, das sein Vater mit einem sehr praktischen Geschäftssinn zu verbinden gewusst und das später auch seine Mutter übernommen hatte, war ihm immer fremd gewesen. Sein Lebtag vielmehr hatte er den ersten und letzten Dingen die weltmännische Skepsis seines Großvaters entgegengebracht; zu tief aber, zu geistreich und zu metaphysisch bedürftig, um in der behaglichen Oberflächlichkeit des alten Johann Buddenbrook Genüge zu finden, hatte er sich die Fragen der Ewigkeit und Unsterblichkeit historisch beantwortet und sich gesagt, dass er in seinen Vorfahren gelebt habe und in seinen Nachfahren leben werde."

Doch auch diese Vorstellung des Fortlebens in den Nachfahren sank „vor dem nahen und durchdringenden Auge des Todes dahin". Metaphysische Gewissheit konnte dem grübelnden Senator Thomas Buddenbrook – trotz aller intuitiver Zustimmung hierzu – auch nicht die Lektüre der Philosophie Schopenhauers bieten. Ebenso wenig verschaffte die resignierte Rückbesinnung auf die kirchliche Predigtaussage und die kirchliche Jenseitslehre Befriedigung: „Ach, auch hierin gelangte er nicht zum Frieden". Es blieb nur übrig, „alles aufzugeben" und wenigstens die irdischen Verhältnisse durch ein Testament zu ordnen: „Da er aber mit der Ordnung seiner ewigen Angelegenheiten zu einem so unbefriedigenden Schluss gekommen war, so beschloss er, zum wenigsten einmal seine irdischen gewissenhaft zu bestellen."

Diese von Thomas Mann konzipierte literarische Szene veranschaulicht den Verlust herkömmlicher Orientierung und Jenseitshoffnungen in der Moderne. Die innere emotionale Verunsicherung, die dies für zahlreiche Menschen mit sich bringt, führt heute oft zur Mystik oder wird manchmal durch nicht unproblematische Wege in Esoterik, Inkarnationslehren oder andere „neue" Weltanschauungen oder Ideologien kompensiert.

Nun sollte man die kulturelle Vergangenheit, die Praxis der früheren religiösen Sterbevorbereitung und geistlichen Sterbebegleitung, also die alten Anschauungen zur „Kunst des Sterbens" nicht verklären und ihre Schatten- und Kehrseiten nicht verkennen. Zum Sterben und zum Tod hat Religion keineswegs nur Hoffnung und Vertrauen, sondern auch Furcht und Angst erzeugt. Seit den Pestepidemien des 14. Jahrhunderts (s.o. S. 46) war der Tod für das religiöse Empfinden schroff angstbesetzt: Religiös stellte man sich den Tod personifiziert, als Sensenmann, als allverschlingendes Ungeheuer, als Teufel vor und empfand ihn als feindliche Macht. Dies lässt sich an der damaligen Kunst, etwa an den mittelalterlichen Totentanzdarstellungen ablesen. Überhaupt haben die Religionen, auch das Christentum, mit dem Tod immer wieder die Motive von Teufel, Hölle oder ewiger Verdammnis verknüpft. Krankheit, Sterben und Tod galten in der christlichen Dogmatik als Strafe Gottes für die Sünde der Menschen. Die Lehre vom strafenden Gott und die Aussage, Gott schicke den Menschen Krankheit und Sterben als Sündenstrafe, haben bis weit in die Moderne hinein gewirkt und Menschen über ihr physisches Leiden hinaus seelisch belastet. Zu den religiösen Angstmotiven zählte – z.B. in der Epoche Martin Luthers – darüber hinaus die apokalyptische Furcht vor einem unmittelbar bevorstehenden Weltenbrand und Weltende. Die Literatur zur Kunst des Sterbens und die Ratschläge zur Sterbevorbereitung waren ihrerseits eine religiöse Reaktion auf die Pestkatastrophen, die die Todesfurcht im Diesseits und die Furcht vor Verdammnis im Jenseits dramatisch verstärkt hatten.

Zur kulturgeschichtlichen Vergangenheit sind daher zwei Seiten zu sehen. Angesichts des Todes erzeugten die Religionen – keineswegs nur das Christentum – zusätzliche Ängste, auch in Bezug auf ewiges Unheil im Jenseits. Andererseits spendete die Religion Trost und vermittelte sie Hoffnung auf ein Leben nach dem Tod. Beide Seiten von Religion sind noch in der Gegenwart relevant. Aus der Perspektive eines Psychotherapeuten gesagt:

> „Die Daten sind so deutlich …, dass Psychologen und Soziologen Religiosität nicht mehr länger als Realitätsflucht interpretieren oder in unmittelbare Nähe zu neurotischen Verhaltensdispositionen rücken können. Dementsprechend scheint regelmäßiger Gottesdienstbesuch mit größerer Lebenszufriedenheit einherzugehen. Andererseits neigen Menschen, die in der Furcht leben, für ihre Sünden von einem strengen Gott bestraft zu werden und die diese Strenge auch in ihrer Glaubensgemeinschaft als ‚emotionales Klima' erleben, … sogar stärker zu Depressionen, Ängsten und psychosomatischen Störungen als Nicht-Religiöse."[545]

Insgesamt ist heutzutage gegenüber den früheren konfessionellen und kirchlichen Einbindungen jedenfalls ein Bruch erfolgt (s.o. S. 35ff). Neben der Säkularisierung ist die religiöse und weltanschauliche Pluralisierung zu sehen.

> Säkularisierung und Pluralisierung im Umgang mit Sterben und Tod spiegeln sich ebenfalls in den Veränderungen der Bestattungskultur wider: Anstieg anonymer Bestattungen; Zunahme des Wunsches nach einer Bestattung im Friedwald; vor allem signifikante Zunahme von Feuerbestattungen, die anstelle der herkömmlichen Erdbestattung jetzt ca. die Hälfte der Bestattungen in der Bundesrepublik Deutschland bilden. Wie dramatisch in dieser Hinsicht die Abkehr von religiösen Traditionen ist, zeigt sich daran, dass die römisch-katholische Kirche 1963 ein Zugeständnis machen musste und sie ihr kirchenrechtliches Verbot der Feuerbestattung aufhob. Nach wie vor gilt kirchenamtlich aber, dass die Erdbestattung vorzuziehen ist, um die Ebenbildlichkeit mit dem Begräbnis Christi zu wahren. Dennoch nimmt die Präferenz der Feuerbestattung quer durch die Bevölkerung, auch unter Katholiken, weiter zu.

Für den Umgang mit Sterbenden und ihren Angehörigen ergeben sich aus der Säkularisierung und religiös-weltanschaulichen Pluralisierung zwei Konsequenzen:

- In der heutigen wertepluralen Gesellschaft gewinnt ein kultursensibler Umgang mit Sterben und Tod einen ganz neuen Stellenwert. Daher ist in Kliniken und Pflegeeinrichtungen z.B. dafür Sorge zu tragen, dass islamische Patientinnen und Patienten sowie ihre Angehörigen angesichts von Sterben und Tod ihrer Religion gemäß begleitet werden.[546]
- Eine spirituelle, besser gesagt: eine an existentiellen Sinnfragen ausgerichtete Betreuung wird heutzutage faktisch ebenfalls zur Aufgabe von Ärzten. Daher sollten sich Mediziner dieser zusätzlichen Dimension der Arzt-Patient-Beziehung bewusst stellen. Auf der Basis empirischer Studien und der Erfahrungen im Zentrum für Palliativmedizin der Universität München zog der Palliativmediziner G.D. Borasio die Bilanz:

> „Insgesamt nimmt in unserer Gesellschaft die Suche nach spiritueller Erfahrung zu (z.B. Esoterik), während die Bedeutung formalisierter religiöser Bindungen eher abnimmt (‚believing without belonging') … Bemerkenswert war, dass die Patienten es sehr begrüßten, wenn Fra-

gen zu ihrer Spiritualität von Ärzten statt von Seelsorgern gestellt wurden – sie schätzten es, von den Ärzten als ‚ganze Menschen' gesehen und gefragt zu werden."[547]

Zu den religiösen und weltanschaulichen Verschiebungen, die in der Gegenwartsgesellschaft eingetreten sind, kommt hinzu, dass sich die Alltagsumstände des Sterbens als solche in einer recht kurzen Zeitspanne von wenigen Jahrzehnten zutiefst verändert haben.

2.2. Alltagsbedingungen des Sterbens: Privatisierung und Medikalisierung

Bis in das frühe 20. Jahrhundert hinein verstarben die Menschen in der Regel in der Familie. Das 20. Jahrhundert erbrachte in dieser Hinsicht ebenfalls einen Einschnitt: Sterben ereignet sich mehr und mehr im Krankenhaus; das Sterben wurde aus der Familie und überhaupt aus dem Alltag ausgegliedert, nämlich in das Krankenhaus verlagert und hospitalisiert, und an die Medizin delegiert, d.h. medikalisiert. Sterben ist dabei zu einem privaten Vorgang geworden, an dem nicht mehr – wie oft noch zu Beginn des 20. Jahrhunderts – die gesamte Umgebung, das Lebensumfeld, das Dorf oder die Wohnstraße teilnehmen. Eine Privatisierung des Sterbens fand statt. In der Gesellschaft des 20. Jahrhunderts, deren Leitbilder Wettbewerb, Konsum oder Erlebnis waren, sind Sterben und Tod dysfunktional geworden; sie ließen sich in den Lebensalltag kaum noch integrieren, so dass sie kulturell verdrängt und als Thema tabuisiert wurden.[548]

Zusammen mit Privatisierung und Hospitalisierung ist es besonders relevant, dass das Sterben medikalisiert worden ist. Der Sterbeprozess selbst bzw. die Struktur des Sterbens veränderten sich. Noch vor wenigen Jahrzehnten erfolgte zumeist ein rascher Tod, z.B. durch Infektionen oder Lungenödem. Heutzutage vollzieht sich das Sterben hingegen oftmals langsam – vor allem bei älteren Menschen mit Tumor, Schlaganfall, Herz- oder Lungenkrankheiten – und geht mit Demenz, Multimorbidität oder chronischen Krankheitsverläufen einher. Anstelle des früher gefürchteten raschen, plötzlichen Todes, gar ohne die religiöse Möglichkeit der letzten Beichte und Buße, löst heute genau umgekehrt die Aussicht auf ein langes Sterben und Siechtum Angst und Besorgnis aus – ein tiefer Bruch und ein erheblicher Bewusstseinswandel.

Zumal seit den 1960er Jahren vermag die Intensivmedizin den Sterbeprozess aufzuhalten, zu verlangsamen oder zu verzögern. Die neuen intensivmedizinischen Eingriffsmöglichkeiten besitzen zwei Seiten. Einerseits kommt die moderne Medizin der Lebensrettung und Lebenserhaltung zugute. Vielen Menschen sind durch intensivmedizinische Betreuung zusätzliche Lebensjahre geschenkt worden; der medizinische Fortschritt ist deshalb human unverzichtbar. Andererseits droht durch Medikamente oder durch Intensiv- und Apparatemedizin das menschliche Sterben überfremdet, medizinisch-technisch entfremdet zu werden. Die technisch gestützte künstliche Lebensverlängerung kann inhuman, nämlich zur belastenden, rein quantitativen Ausdehnung der Lebenszeit werden und in eine bloße Leidensverlängerung umschlagen. Zur Zeit tritt dieses Problem u.a. anhand der Frage nach Sinn und Grenzen von künstlicher Ernährung (Sondenernährung, PEG-Sonden) zutage.

2.3. Ethische Konsequenz: Selbstbestimmung und Präventivverantwortung. Patientenverfügungen als Paradigma

Lässt man die genannten Faktoren – religiös-weltanschaulich, sozial, lebensgeschichtlich und medizinisch-technisch – Revue passieren, wird die Tiefe des Einschnitts erkennbar, der sich in der zweiten Hälfte des 20. Jahrhunderts ereignet hat. Vor allem der Sachverhalt, dass das Sterben lange andauert und medizintechnisch überfremdet zu werden droht, führt bei vielen Menschen zu existentiellen Verunsicherungen. Angesichts drohender Übertherapie am Lebensende und künstlicher Lebensverlängerung stellen sie sich oftmals vorab die Frage, ob ihr eigenes künftiges Sterben sich überhaupt noch in Würde vollziehen wird. Die Konsequenz sollte eine Steigerung persönlicher ethischer Vorsorge-Verantwortung sein (s.o. S. 20). Hierzu eröffnen inzwischen Patientenverfügungen die Chance.

Solche Verfügungen enthalten persönliche Bestimmungen über den Abbruch einer Behandlung, über das Unterlassen zusätzlicher medizinischer Maßnahmen und über die Schmerzmedikation für den Fall, dass ihre Verfasser in einer eventuellen künftigen Situation der Krankheit und des Sterbens aktuell nicht mehr ansprechbar und nicht mehr äußerungsfähig sind. Auf diese Weise setzen Patientenverfügungen – auf heutigem Niveau und den gegenwärtigen medizinisch-technischen Rahmenbedingungen gemäß – den Gedanken um, den der Philosoph Georg Simmel 1910 formuliert hatte: „in jedem einzelnen Momente des Lebens *sind* wir solche, die sterben werden".[549] In Anbetracht dessen, in einer späteren Krankheitssituation den eigenen Willen vielleicht nicht mehr bekunden zu können, enthalten sie vorab Klarstellungen. Hierdurch wird Präventiv- oder Präventionsverantwortung realisiert. Ethisch und juristisch beruhen Patientenverfügungen auf dem Grundrecht jedes Einzelnen auf Freiheit und Selbstbestimmung.

Zahlreiche Einzelfragen, die heute für den Umgang mit Krankheit und Sterben, Sterbehilfe und Sterbebegleitung relevant sind, treten am Beispiel der Patientenverfügung brennglasartig zutage. In Anbetracht der Medikalisierung des Sterbens kann eine Patientenverfügung vorsorgen, dass das Sterben menschengemäß und menschenwürdig bleibt. Der Idee der Menschenwürde kommt für das Ende des Lebens inzwischen eine normative Aussagekraft zu, die sie in dieser Hinsicht in der Vergangenheit noch nicht besaß. Es geht darum, für die Zeitspanne, die einem Schwerkranken und Sterbenden noch verbleibt, Humanität zu wahren und den Sterbeprozess so erträglich wie möglich zu halten. Letztlich geben der persönliche Wille, die Überzeugung, die Religion und Lebens- bzw. die Werteinstellung der Betroffenen selbst den Ausschlag dafür,

– was für sie unter „erträglich", human oder unter menschenwürdig zu verstehen ist,

– dass und in welchem Maß Schmerztherapie, bis hin zur palliativen Sedierung, anzuwenden ist,

– wann Maßnahmen der Lebensverlängerung nicht mehr fortzusetzen sind (passive Sterbehilfe)

– oder ob umgekehrt bestimmte lebenserhaltende Maßnahmen, etwa künstliche Ernährung oder künstliche Beatmung (Respiration), längere Zeit auf jeden Fall durchgeführt werden sollen. Ein solcher Wunsch könnte religiös motiviert sein, z.B. vor dem Hintergrund der islamischen Vorstellung, dass das Leben Eigentum Gottes ist. Er kann aber auch deshalb entstehen, weil ein Mensch Sorge vor Rationierung oder unlauteren ökonomischen Motiven Dritter hat oder er aufgrund mangelnden Vertrauens gegenüber einer Klinik oder Angehörigen eine Unterversorgung und ein zu frühzeitiges Sterbenlassen befürchtet.

Angesichts der Vielfalt von Handlungsoptionen und der hohen Spannbreite subjektiver Wertvorstellungen ist es sinnvoll, wenn möglichst viele Menschen rechtzeitig Patientenverfügungen verfassen. Indem sie für die Situation, dass sie sich während eines Krankheits- und Sterbeprozesses nicht mehr äußern können, präventiv ihren Willen und ihre Wünsche dokumentieren, sichern sie sich selbst ab. Zudem entlasten sie Dritte von der schwierigen Aufgabe, stellvertretende Entscheidungen zu treffen. Dem behandelnden Arzt ermöglichen Patientenverfügungen eine Orientierung an den authentischen Wertvorstellungen der Patienten selbst; sie kommen der Wertanamnese zugute, die für den Arzt neben der klinisch-medizinischen Anamnese einen eigenen Rang besitzen sollte (s.o. S. 26f, S. 29f).

Nach wie vor ist freilich der Regelfall, dass bei Patienten, die nicht mehr ansprechbar sind, keine solche vorher verfasste, explizite Willensbekundung vorliegt. Dritten – dem Arzt, Angehörigen, ggf. einem Vormundschaftsrichter – bleibt dann nur der unsicherere Weg, sich aus der Außenperspektive heraus am Wohl und am vermuteten Interesse der Patienten zu orientieren und – aus Achtung vor dem Selbstbestimmungsrecht – ihren mutmaßlichen, vermuteten Willen wenigstens so gut wie möglich zu ergründen. Um Ärzten und Angehörigen solche Balance-Akte zu ersparen, ist es ratsam, dass Menschen ihre Freiheits- und Selbstbestimmungsrechte selbst aktiv in Anspruch nehmen und ihren persönlichen Werten und ihrem Willen, der im Fall schwerster Krankheit und des Sterbens gelten soll, durch Patientenverfügungen vorab so präzis wie möglich Ausdruck verleihen. Sie konkretisieren hiermit zugleich das Prinzip „salus ex voluntate aegroti lex" (das Wohl, so wie es sich aus dem Willen des Kranken ergibt, soll das Gesetz des ärztlichen Handelns sein). Medizin-ethisch besitzt dieser Grundsatz inzwischen den Vorrang vor der alten paternalistischen Formel „salus aegroti suprema lex" (das Wohl des Kranken – und zwar vorrangig in der Sicht des Arztes – sei das höchste Gesetz medizinischen Handelns). In dieser Hinsicht sind neue Wertpräferenzen gesetzt worden und hat eine Wert-Verschiebung stattgefunden. Indem Patientenverfügungen für den eigenen zukünftigen Sterbeprozess Freiheit und Selbstbestimmung nutzen, profitieren sie von den Normen neuzeitlicher Ethik und einem Rechtsstaat sowie einer Verfassungsordnung, die auf die Menschenwürde, die individuellen Menschenrechte und die Achtung vor der persönlichen Entscheidung verpflichtet sind.

Sicherlich: Es ist kulturell neu und individuell unvertraut, in Bezug auf das eigene Sterben, erst recht auf das künftige Sterben, das Recht auf Freiheit und Selbstbestimmung aktiv in Anspruch zu nehmen. In der Gegenwart ist daher eine Schieflage zwischen Freiheit und Notwendigkeit entstanden. Denn das sachlich Gebotene, die Wahrung des Selbstbestimmungsrechts und die vorsorgende Patientenverfügung, ist im Alltagsethos noch nicht hinreichend verankert. Entscheidungen über den Verlauf des Sterbens zu treffen, bildet zweifellos eine hohe Anforderung an die eigene Autonomie. Nun lassen sich Beispiele dafür nennen, dass Menschen schon in der Vergangenheit im Umgang mit dem eigenen Sterben Autonomie und Selbstbestimmung tatsächlich praktiziert haben. Früher ging es freilich noch nicht um vorsorgliche Patientenverfügungen, die eventuelle Umstände des eigenen *künftigen* Sterbens betreffen. Dies letztere Thema ist erst seit den 1980er Jahren langsam in den Vordergrund getreten; den ersten Anstoß hatte in Deutschland 1978 die Anregung des Juristen Wilhelm Uhlenbruck vermittelt, einen „Patientenbrief" anzufertigen. Jedoch stellte sich schon zuvor für Patienten die Herausforderung, zu den Umständen des eigenen Sterbens *aktuell* Stellung zu nehmen, sofern und so lange sie urteils- und äußerungsfähig waren. Ein historisches Beispiel bietet Sigmund Freud. Nach jahrelangem Leiden an einem unheilbaren quälenden Gaumenkrebs bat er am 21.09.1939 seinen Arzt und Freund Max Schur um die schon lange verabredete Beihilfe zum Lebensende. Im Rückblick berichtete sein Arzt:

> „Am … 21. September ergriff Freud, als ich an seinem Bett saß, meine Hand und sagte zu mir: Lieber Schur, Sie erinnern sich wohl an unser erstes Gespräch. Sie haben mir damals versprochen, mich nicht im Stich zu lassen, wenn es soweit ist. Das ist jetzt nur noch Quälerei und hat keinen Sinn mehr. Ich sagte ihm, ich hätte das Gespräch nicht vergessen. Er seufzte erleichtert auf, hielt meine Hand noch einen Augenblick fest und sagte: Ich danke Ihnen. Nach einem Augenblick des Zögerns fügte er hinzu: Sagen Sie es Anna. All das sagte er ohne eine Spur von Gefühlsüberschwang oder Selbstmitleid und in vollem Bewusstsein der Realität. Ich teilte Anna unsere Unterhaltung mit, wie Freud es gewollt hatte. Als er von neuem schreckliche Schmerzen hatte, gab ich ihm eine Injektion von zwei Zentigramm Morphium. Er spürte schon bald Erleichterung und fiel in friedlichen Schlaf. Der Ausdruck von Schmerz und Leiden war gewichen. Nach ungefähr zwölf Stunden wiederholte ich die Dosis. Freud war offensichtlich so am Ende seiner Kräfte, dass er in ein Koma fiel und nicht mehr aufwachte. Er starb um 3 Uhr morgens am 23. September 1939."[550]

An Freud zeigt sich, wie ein Mensch nach vorheriger Überlegung, bei infauster Prognose und angesichts des nahen Todes aus wohlbedachter, freier Entscheidung heraus kein längeres Leben mehr wünschte und den Arzt um einen Leiden lindernden, zugleich lebensverkürzenden Eingriff bat. Es war eine Entscheidung in Verantwortlichkeit gegenüber sich selbst, aber auch in der Verantwortung vor anderen; denn die Tochter Anna wird in dem Gespräch mit dem Arzt ausdrücklich erwähnt. Freilich setzt dies ein hohes Maß an psychischer Stabilität und an Autonomie voraus.

Genau darin besteht ein Kernproblem. Heutzutage hat immerhin eine Minderheit von Menschen von ihrem Freiheitsgrundrecht Gebrauch gemacht und Patientenverfügungen unterzeichnet, die das Sterbenlassen, die passive Sterbehilfe zum Gegenstand haben. Bis 2003 hatten nach Aussagen der Deutschen Hospiz-Stiftung 7 Millionen Menschen in Deutschland eine Verfügung verfasst bzw. ein vorformuliertes Verfügungsformular genutzt; gegenwärtig (2008) ist von 9 Millionen die Rede. Auch von den beiden christlichen Kirchen stammt eine Vorlage, nämlich die vom Kirchenamt der Evangelischen Kirche in Deutschland und dem Sekretariat der Deutschen Bischofskonferenz herausgegebene „Christliche Patientenverfügung". Sie wurde 1999 erstellt (erweiterte 2. Auflage 2003) und war schon 2002 in einer Höhe von 1,3 Millionen Exemplaren nachgefragt worden. Jedoch besitzt diese Christliche Patientenverfügung die Schattenseite, zu knapp, unpräzis und juristisch wenig verlässlich zu sein. Im Zweifelsfall bietet sie für behandelnde Ärzte keinen ausreichenden Anhalt. Überdies sind wichtige Themen ganz ausgeklammert worden, etwa der Behandlungsabbruch beim apallischen Syndrom. Kirchlicher Auskunft zufolge wurde die Christliche Patientenverfügung auch deswegen so vage angelegt, um sie möglichst eingängig und verständlich zu halten. Interessierte sollen nicht verunsichert oder überfordert werden.

Diese Vorgehensweise kann nicht überzeugen. Stattdessen gilt es, das Problem individueller Überforderung aufzuarbeiten und es aufzufangen. Im Sinn der Befähigungs- oder Partizipationsgerechtigkeit, auf die oben konzeptionell abgehoben wurde (s.o. S. 108ff), sollte man nach Wegen suchen, möglichst viele Menschen in die Lage zu versetzen, von ihrem Recht auf Freiheit und Selbstbestimmung umfassend Gebrauch zu machen – auch mit Hilfe einer Patientenverfügung. Hierzu ist nun ein gedanklicher Ansatz zu nennen.

3. Selbstbestimmung mit Hilfe von Patientenverfügungen: Einzelaspekte

3.1. Narrative Ethik als Zugang

Inzwischen sind Entwürfe von Patientenverfügungen vorhanden, die sachlich tragfähig und fundiert sind. Zu ihnen gehört der Vordruck, den das Bayerische Staatsministerium der Justiz anbietet („Vorsorgevollmacht, Betreuungsverfügung, Patientenverfügung", München, Verlag C.H.Beck, 10. Auflage 2008). Auch das Zentrum für Medizinische Ethik der Universität Bochum hat eine Patienten- und Betreuungsverfügung entworfen, die differenziert ist, Entscheidungs- und Alternativfragen stellt und dem Arzt über den Willen eines Patienten, der umstände- und krankheitsbedingt selbst nicht mehr ansprechbar ist, handhabbare Anhaltspunkte vermittelt („Vorsorgliche Verfügung für die Medizinische Betreuung", verfasst von Hans-Martin Sass und Rita Kielstein). Mit Hilfe dieser Verfügung kann man, auch durch die Beantwortung von Alternativfragen, detailliert Auskunft erteilen über individuelle, persönliche Wünsche zur Therapie und Medikamentenversorgung sowie zum Therapieverzicht im Fall schwerer Krankheit und des Lebensendes, zum Ja/Nein in Bezug auf bestimmte Wiederbelebungsmaßnahmen, zur künstlichen Beatmung, Ernährung und Flüssigkeitszufuhr, zur Anwendung von Schmerztherapie und Betäubungsmitteln oder über eine eventuelle Lebensverkürzung im Sinn der herkömmlichen indirekten Sterbehilfe.
Gleichzeitig sind Vorbereitungsmaterialien entwickelt worden für Menschen, die eine solche – relativ komplizierte – Patientenverfügung ausfüllen möchten. Diese Materialien sind narrativ, in Form von Erzählungen angelegt: Es handelt sich um Beispielgeschichten mit Krankheitsfällen und Krankheitsverläufen, in die jeder Interessierte sich eindenken kann. Er kann sich dann fragen, welche Handlungsoption er für sich selbst am ehesten wünschen würde. Hierdurch werden interessierte Menschen zu einer Selbstanamnese, einer Vergewisserung ihrer eigenen Wertüberzeugungen, ihres „Wertstatus" angeleitet. Wesentliche Impulse zu dieser Konzeption stammen von dem Philosophen Hans-Martin Sass, der sich auf den Satz des französischen Philosophen Paul Ricoeur beruft: „das, was in einem Text interpretiert wird", ist „der Vorschlag einer Welt ..., in der ich wohnen und meine eigenen Möglichkeiten entwerfen könnte."[551]
Weiter ausgreifend gesagt: In seinem Werk „Das Selbst als ein Anderer" (München 1996) hatte Ricoeur den Gedanken entfaltet, dass das Selbst eines Menschen ständig im Werden sei und sich zeitlich verändere (der Mensch in seiner Identität als „ipse"); trotzdem bleibe jeder Mensch „derselbe" und behalte seine personale Identität und seine Selbigkeit (der Mensch als „idem"). Das Ineinander dieser beiden Seiten des Menschseins – Wandel und Kontinuität – lasse sich dadurch umschreiben, dass Menschen in „Geschichten" leben und selbst eine Geschichte erleben, die sich erzählen lasse, so dass sie eine narrative Identität besäßen. Die Kategorie der narrativen Identität lenke den Blick auf die Vielfältigkeit und

den Wandel und zugleich auf das Selbst-Sein der menschlichen Person; das Leben sei als Gewebe erzählter Geschichten zu begreifen.

Mit Blick darauf, dass Menschen auch für die Zukunft und angesichts des Sterbens nach persönlicher Identität suchen, präsentiert Sass nun Beispielgeschichten, die hilfreich sind, um sich auf das Abfassen oder das Unterzeichnen einer Patientenverfügung vorzubereiten. Es sind Krankengeschichten, die „zur Bewertung und Selbstbestimmung" dienen sollen. Sie schildern sieben unterschiedliche Konstellationen von Krankheit und Sterben: Demenz, infauste Prognose, künstliche Ernährung, maschinelle Beatmung, langanhaltendes Koma, schwere und fortgeschrittene chronische Erkrankung, Suizid. Die verschiedenen Fallbeispiele, die sich auf jeweils einen der sieben Sachverhalte beziehen, sollen es ermöglichen, Krankheitsverläufe aufzuarbeiten, und zu der Frage anregen, welche Behandlung man für eigene Angehörige oder für sich selbst am ehesten wünschen würde. Eine der Beispielgeschichten lautet:

> „Herr B. ist 79 Jahre alt und benötigt für alle Verrichtungen des täglichen Lebens die Hilfe anderer. Er kann zunehmend schlechter hören und sehen, er hat keine Interessen mehr und ist häufig geistig verwirrt. Weil er früher starker Raucher war, ist die Durchblutung seiner Beine gestört; er kann immer nur jeweils wenige Meter ohne Schmerzen laufen. Durch eine größere Gefäßoperation könnten seine Bewegungsfähigkeit erhöht und die Schmerzen beim Gehen verringert werden. Herr B. ist aber nicht in der Lage, sich zu den Vorteilen und Risiken des Eingriffs sinnvoll zu äußern. Seine Kinder halten den geplanten Eingriff für problematisch und neigen dazu, ihrem Vater die Risiken einer Operation zu ersparen, da sie meinen, dass seine Lebensqualität nur unwesentlich verbessert werden würde. Herr B. selbst hat sich früher nie, als er noch Situationen klar verstehen und auch in ihnen entscheiden konnte, zu Fragen medizinischer Behandlung geäußert."

Zu dieser Erzählung werden dann drei Leitfragen angeboten:

> „1. Wenn Sie einmal in einer vergleichbaren Situation nicht entscheidungsfähig sein sollten, wer sollte stellvertretend für Sie entscheiden, der Arzt, Ihre Kinder, Ihr Partner, oder wer sonst? 2. Wie hätten Sie gewünscht, dass entschieden worden wäre, wenn Sie in Herrn B.s Situation gewesen wären? 3. Wenn jemand ‚in gesunden Tagen' erklärt, dass er bestimmte Behandlungen in bestimmten Situationen ablehnen oder vorziehen würde, sollten Ärzte und Familie sich nach Ihrer Meinung daran halten?"

Darüber hinaus werden auf der Basis der Beispielgeschichten Fragestellungen dargelegt, die für die konkrete Entscheidungsfindung eines behandelnden Arztes aussagefähig sind. Sie betreffen individuelle Wünsche und Vorstellungen in Bezug auf Lebensverlängerung, Schmerz, die Abhängigkeit von Dritten, den Aufenthalt im Krankenhaus und die Sterbebegleitung. – Solche exemplarischen Erzählungen und die daran anknüpfenden Fragen zur Interpretation und Reflexion sind in dreifacher Hinsicht bemerkenswert:

- didaktisch: Der narrativ-ethische Ansatz eröffnet einen Zugang zum Umgang mit dem Sterben, der die Freiheit und Selbstverantwortlichkeit von Menschen unterstützt. Der narrative Zugang trägt dazu bei, rationale oder emotionale Überforderungen zu vermeiden;
- hermeneutisch: Die narrative Konzeption überträgt den alten mittelalterlichen Gedanken der „Kunst des Sterbens" oder die alten religiösen Sterbevorbereitungsbücher in den Ho-

rizont der Gegenwart hinein. Die religiöse Tradition der Sterbevorbereitung wird auf diese Weise existential aufgearbeitet, aktualisiert und in die Moderne transformiert;
– kulturell: Die Krankengeschichten und die darauf bezogenen Fragen zielen darauf ab, dass interessierte Menschen zur Klarheit über ihre eigenen Perspektiven und persönlichen Wertüberzeugungen im Umgang mit Krankheit und Sterben gelangen. Die auf diese Weise vollzogene Wertanamnese trägt dem heutigen Pluralismus Rechnung – nämlich dem weltanschaulichen Pluralismus, der religiösen und weltanschaulichen Offenheit der heutigen Gesellschaft – und ist dem Leitbild der Toleranz verpflichtet. Denn es wird beachtet, dass die Wertüberzeugungen der Menschen in unserer Gegenwartskultur individuell und vielfältig sind.

3.2. Normative Kontroversen zu Patientenverfügungen

Nun sind in den zurückliegenden Jahren in Deutschland zu Patientenverfügungen erhebliche Kontroversen ausgetragen worden. Sie haben dazu geführt, dass der Deutsche Bundestag bislang (August 2008) keine Grundlage geschaffen hat, in der die Geltung, Reichweite und Verbindlichkeit von Patientenverfügungen auf *gesetzlichem* Niveau bekräftigt worden wäre. Von zahlreichen Stimmen aus der Medizin, den Rechtswissenschaften und der Ethik, vom Deutschen Juristentag des Jahres 2006[552] und von Ethikgremien war dies eingefordert worden – einsetzend mit dem Bericht der Bioethik-Kommission Rheinland-Pfalz „Sterbehilfe und Sterbebegleitung" vom 23. April 2004 bis hin zur Stellungnahme des Nationalen Ethikrates „Selbstbestimmung und Fürsorge am Lebensende" von 2006. Nachfolgend wird 1. nochmals das Selbstbestimmungsrecht als Basis für Patientenverfügungen hervorgehoben, wobei nun aber die Rechtsprechung, das Richterrecht den Bezug bildet. Sodann ist 2. die seit 2004 aufgebrochene normative Kontroverse „Selbstbestimmung versus Fürsorge" zu beleuchten und 3. der Grundrechtskonflikt zu erwähnen, den die Vorgaben der katholischen Kirche für konfessionell getragene Einrichtungen auslösen. Abschließend wird 4. auf normativ relevante Einzelprobleme von Patientenverfügungen einzugehen sein.

Erstens: Selbstbestimmungsrecht und Patientenverfügungen in der Rechtsprechung
Die Motivation von Menschen, eine Patientenverfügung zu verfassen, erwächst in der Regel daraus, dass angesichts der Medikalisierung von Krankheit und Lebensende und der Gefahr einer medizinisch-technischen, apparativen Überfremdung des Sterbens künstliche lebensverlängernde Maßnahmen bewusst abgelehnt werden. Die gesellschaftliche Tabuisierung des Sterbens, die im 20. Jahrhundert zu beobachten war, scheint teilweise zu Ende zu gehen – sicherlich ein kultureller Fortschritt. Für zahlreiche Menschen gewinnen das Sterbenlassen (passive Sterbehilfe) und die Vorstellung, dass an einem natürlichen Ablauf des Sterbegeschehens Maß zu nehmen sei, hohe Plausibilität. Selbst wenn ein „natürliches" Sterben in der technikbestimmten Moderne kaum noch definierbar ist, wird doch eine rein quantitative Lebensverlängerung, deren Preis die Abhängigkeit von der Intensivmedizin ist, als Widerspruch gegen die Würde des Sterbens empfunden. Bemerkenswert ist, dass nicht nur die Ethik, sondern auch die Rechtsprechung dies unterstützt und das Grundrecht auf Selbstbestimmung bzw. die Achtung vor den persönlichen Anschauungen und Willensbekundungen

von Patienten normativ in das Zentrum rückt. Dies entspricht der neuzeitlich-modernen Einsicht, dass Freiheit und Selbstbestimmung Ausdruck der Menschenwürde sind.

Rechtlich ist es ohnehin nicht statthaft, dass ein Arzt medizinische Eingriffe gegen den Willen eines Patienten durchführt, der ansprechbar und entscheidungsfähig ist. Dem Selbstbestimmungsrecht des Patienten – und damit auch seinen religiösen, weltanschaulichen Wertvorstellungen – gebührt der Vorrang vor den Einschätzungen oder Therapiepräferenzen des Arztes. Eine komplizierte Situation entsteht freilich, wenn ein Patient in einer akuten Krankheits- und Sterbephase nicht mehr entscheidungs- oder äußerungsfähig ist. Wie sollen die Ärztin oder der Arzt dann handeln? In solchen Situationen wird der „mutmaßliche" Wille des Patienten belangvoll, hinter den der Ethik sowie der Rechtsprechung zufolge der unbedingte Lebensschutz zurücktreten kann. Schon 1991 hieß es in einer Urteilsbegründung des Bundesgerichtshofs:

> „Kann der todkranke Patient nicht mehr selbst entscheiden und wird für ihn auch kein Pfleger bestellt ..., so ist sein mutmaßlicher Wille und nicht das Ermessen der behandelnden Ärzte rechtlicher Maßstab dafür, welche lebensverlängernden Eingriffe zulässig sind und wie lange sie fortgesetzt werden dürfen ... Die Ausschöpfung intensivmedizinischer Technologie ist, wenn sie dem wirklichen oder anzunehmenden Patientenwillen widerspricht, rechtswidrig."[553]

Zu dieser Formulierung des BGH ist zu ergänzen, dass nach heutiger Rechtslage nicht mehr ein Pfleger, sondern ein Betreuer bestellt wird. Der Bundesgerichtshof und andere Gerichte haben die zitierte Rechtsauffassung wiederholt bekräftigt. 1994 entschied der BGH, eine Nahrungszufuhr durch Sondenernährung dürfe – bei mutmaßlichem Einverständnis der betroffenen Person – „ausnahmsweise" sogar bereits *vor* dem eigentlichen Sterbeprozess abgebrochen werden:

> „Bei einem unheilbar erkrankten, nicht mehr entscheidungsfähigen Patienten kann der Abbruch einer ärztlichen Behandlung oder Maßnahme ausnahmsweise auch dann zulässig sein, wenn die Voraussetzungen der von der Bundesärztekammer verabschiedeten Richtlinien für die Sterbehilfe nicht vorliegen, weil der Sterbevorgang noch nicht eingesetzt hat. Entscheidend ist der mutmaßliche Wille des Kranken."[554]

Bei diesem Entscheid („Kemptener Fall") ging es um das Sterbeschicksal einer über siebzigjährigen, schwer hirngeschädigten Frau. Einen schwerst kranken Menschen tatsächlich sterben zu lassen, ist ggf. auch dann statthaft, wenn der Tod noch nicht unmittelbar bevorsteht. Bereits 1988 hatte der Bundesgerichtshof, freilich auf einen anderen Sachverhalt bezogen, formuliert:

> „Im Hinblick auf den Vorrang des Selbstbestimmungsrechts des Patienten ist der Inhalt des mutmaßlichen Willens in erster Linie aus den persönlichen Umständen des Betroffenen, aus seinen individuellen Interessen, Wünschen, Bedürfnissen und Wertvorstellungen zu ermitteln. Objektive Kriterien, insbesondere die Beurteilung einer Maßnahme als gemeinhin vernünftig und normal sowie den Interessen eines verständigen Patienten üblicherweise entsprechend, haben keine eigenständige Bedeutung, sondern dienen lediglich der Ermittlung des individuellen hypothetischen Willens."[555]

In manchen Fällen wird es jedoch schwer fallen, einen mutmaßlichen Willen komatöser oder sterbender Patienten sachgerecht und nachvollziehbar zu ermitteln. Möglicherweise lassen sich die Werteinstellungen oder religiösen Überzeugungen eines Patienten, der nicht mehr äußerungsfähig ist, nicht so präzise rekonstruieren, dass sich hieraus tragfähige Rückschlüsse auf seinen anzunehmenden Willen ergeben. Deswegen erlangen Patientenverfügungen einen so hohen Rang. Dem Bundesgerichtshof zufolge stellt eine solche Verfügung nicht nur ein bloßes Indiz für den Patientenwillen dar. Vielmehr ist sie rechtlich bindend und besitzt Vorrang vor „objektiven" medizinischen, rationalen oder sonstigen Kriterien. Dies hat der Bundesgerichtshof am 17.03.2003 erneut bestätigt.[556] Dem Urteil zufolge binden die Willenserklärungen, die sich in einer Patientenverfügung finden, auch das Vormundschaftsgericht, falls dieses eingeschaltet werden muss. In dem 2003 verhandelten Fall ging es um das Beenden der künstlichen Ernährung durch eine Magensonde bei einem 72-jährigen Mann, der nach einem Herzinfarkt aufgrund eines Gehirnschadens im Wachkoma lag.

Ohne weitere Belege auflisten zu können, dürfte in der Substanz deutlich geworden sein, dass die Rechtsprechung das Selbstbestimmungsrecht als Basis für Patientenverfügungen durchgängig bestätigt hat. Juristisch und ethisch war hierzu großer Konsens vorhanden. Umso irritierender ist es, dass im Parlament jahrelang Vorbehalte dominierten, so dass die Bindungswirkung von Patientenverfügungen nicht durch ein Gesetz abgesichert wurde.

Zweitens: Selbstbestimmung versus Fürsorge – ein neu aufgebrochener Wertkonflikt

Der weitgehende Konsens, der in der Bundesrepublik Deutschland zur Hoch- und Vorrangigkeit des Selbstbestimmungsrechts im Umgang mit dem Lebensende existierte, ist seit einigen Jahren zerbröckelt. Dies geht auf die Stellungnahme zu Patientenverfügungen zurück, die die Enquete-Kommission des Deutschen Bundestages „Ethik und Recht der modernen Medizin" am 13.09.2004 vorlegte (Bundestags-Drucksache 15/3700). Mitglieder der Kommission argumentierten, die passive Sterbehilfe oder das Sterbenlassen, die in Patientenverfügungen geregelt werden, seien letztlich eine direkte Tötung durch den Arzt und daher der aktiven Sterbehilfe zuzuordnen, die rechtlich unzulässig ist. Deswegen sei geboten, einer „Legalisierung der gezielten Tötung durch Unterlassen der medizinischen Maßnahmen" Einhalt zu gebieten. Wenn man Patientenverfügungen respektiere, die den Behandlungsabbruch, konkret z.B. die Beendigung der künstlichen Ernährung und das Abnehmen einer PEG-Sonde einfordern, lasse sich das Verbot der aktiven Sterbehilfe bzw. der Tötung auf Verlangen in § 216 StGB nicht mehr durchhalten. Auf diese Weise wurde die Überschneidung, die zwischen aktiver und passiver Sterbehilfe in der Tat besteht (s.o. S. 247f), einseitig in den Vordergrund gerückt und mit dem Dammbruchargument kombiniert, welches methodisch freilich anfechtbar ist.[557] Hieraus resultierte die Forderung, das Selbstbestimmungsrecht von Patienten einschneidend zu beschränken. Die Juristin Ulrike Riedel, die Mitglied der Enquete-Kommission war, postulierte, es sei an der Zeit, sich „unbegrenzter Vorfahrt für Patientenverfügungen grundsätzlich entgegenzustellen und dem Prinzip der ärztlichen Fürsorge und den Pflichten der Betreuung wieder mehr Raum zu verschaffen".[558] Ähnlich äußerte der evangelische Theologe Wilfried Härle, ebenfalls Mitglied der damaligen Enquete-Kommission, der Patient solle auf den Tod „warten". Den Vorschlag des Bundesjustizministeriums von 2005, gesetzlich klarzustellen, dass Patientenverfügungen mit ihren vorsorglichen Bestimmungen zur passiven Sterbehilfe statthaft sind, ordnete er der aktiven Sterbehilfe zu.[559] Die frühere Vorsitzende der Enquete-Kommission Margot von Renesse nannte das Selbstbestimmungsrecht, das in Patientenverfügungen seinen Niederschlag findet, sogar abschätzig ein „Autonomie-Placebo". Ein Patient, der aktuell nicht mehr äußerungs- und entscheidungsfähig ist, sei doch ohnehin „der verantwortlichen Entscheidung Dritter anheimgegeben".[560]

Solche Voten laufen darauf hinaus, ein Arzt solle die Lebensfunktionen eines Patienten sogar dann künstlich aufrecht erhalten, wenn dies dessen vorher erklärtem und in einer Patientenverfügung dokumentierten Willen widerspricht. In die gleiche Richtung wies die von der Evangelischen Kirche in Deutschland (EKD) im Jahr 2005 publizierte Schrift: „Sterben hat seine Zeit. Überlegungen zum Umgang mit Patientenverfügungen aus evangelischer Sicht". Sie wurde von der Kammer der EKD für öffentliche Verantwortung erstellt, deren Mitglieder z.T. der seinerzeitigen Enquete-Kommission des Deutschen Bundestages angehörten. Das „Abwarten des Todes" oder das „Warten auf den Tod" waren Leitmotive der Schrift. Das Dokument der EKD schillerte zwischen zwei Polen. Das Selbstbestimmungsrecht und die Patientenautonomie wurden durchaus respektiert. Daneben betonte der EKD-Text jedoch die ärztliche Entscheidungsbefugnis über den Patienten. Mit diesem zweiten Akzent unterlief er den ersten Gesichtspunkt, das Selbstbestimmungsrecht, in beträchtlichem Maß. Indem er Patientenverfügungen nur sehr eingeschränkt befürwortete, verließ er die Linie, die seit 2004 die Bioethik-Kommission Rheinland-Pfalz und danach die Arbeitsgruppe „Patientenautonomie am Lebensende" des Bundesjustizministeriums, der Nationale Ethikrat („Patientenverfügung – Ein Instrument der Selbstbestimmung", 2005, „Selbstbestimmung und Fürsorge am Lebensende", 2006) und sogar die Bundesärztekammer vorgeschlagen haben.

In bestimmter Hinsicht ist es sachlich berechtigt, dass ethische und rechtspolitische Reflexionen sich bei der Bewertung von Patientenverfügungen schwer tun. Denn es liegt in der Tat ein Normkonflikt vor. Auf der einen Seite ist das Recht des Patienten auf Selbstbestimmung zu sehen, das in einer Patientenverfügung zur Ablehnung bestimmter medizinischer Maßnahmen führen kann. Auf der anderen Seite sind der Lebensschutz und die ärztliche Pflicht, das Leben von Patienten zu erhalten, zu berücksichtigen. Daher sprach der Bericht „Sterbehilfe und Sterbebegleitung" der Bioethik-Kommission Rheinland-Pfalz vom 23.04.2004 in seinem Untertitel vom „Spannungsverhältnis zwischen ärztlicher Lebenserhaltungspflicht und Selbstbestimmung des Patienten". Neuere Texte, unter ihnen die Schrift der EKD, haben diesen Normkonflikt – Selbstbestimmung versus Pflicht zur Lebenserhaltung – freilich dahingehend abgeändert, es gehe um Selbstbestimmung versus „Fürsorge". Oftmals wird dann votiert, die Fürsorge solle dominieren. Der theologischen Einschätzung Wilfried Härles gemäß ist „das Prinzip der Fürsorge dem Prinzip der Selbstbestimmung überlegen und darum *vorzuordnen*".[561] Auch der EKD-Text tendierte in diese Richtung. Er relativierte das Prinzip der Selbstbestimmung, weil „Selbstbestimmung Fürsorge auch zur Voraussetzung hat".[562]

In evangelischen Voten lässt sich die starke Betonung der Fürsorge aus einer relationalen Ontologie heraus erklären. Dieser zufolge ist der Mensch ein „Verhältniswesen"; er wird substantiell von außen bestimmt. Vor diesem Hintergrund kommen dann überdehnte Formulierungen zustande, die eine Demenz oder andere Einschränkungen als geradezu para-

digmatisch für das (evangelische) Menschenbild schlechthin deuten. Der evangelische
Theologe Peter Dabrock meint, dass „u.a. an Dementen, oder allgemeiner: den Normalitäts-
standards nicht Genügenden die grundlegende Passivität jeder Lebensführung sichtbar"
werde.[563] Zu Patienten, die sich selbst aktuell nicht mehr äußern können, rückten evangelische Äußerungen deswegen in den Vordergrund, diese seien der wohlmeinenden Betrachtung bzw. der „Fürsorge" Dritter, d.h. der Ärzte, des Pflegepersonals und der Angehörigen,
anzuvertrauen. Frühere Willensbekundungen, die Menschen in ihrer persönlichen Patientenverfügung niedergelegt haben, gelten nur noch in zweiter Linie als relevant.

Die grundsätzlichen Schwächen der relationalen Ontologie sind bereits angesprochen worden. Individualität, Individuation, die Kontinuität des menschlichen Personseins, das Recht
auf Selbstbestimmung und Autonomie sowie die moralische Pflicht zu eigenständig verant-
worteten Entscheidungen werden in der Logik dieser Position, die sich auf das Werk Karl
Barths stützt, gedanklich beiseitegerückt. Einsichten der Ethik, des Verfassungsrechts und
auch der Theologie selbst, die den Stellenwert des individuellen Selbstbestimmungsrechtes
bekräftigen (s.o. S. 73ff), werden marginalisiert. Was Patientenverfügungen sowie weitere
Fragen des Umgangs mit dem Lebensende anbelangt, so ist zu befürchten, dass diese Sicht,
die so sehr auf das relationale Eingebundensein der menschlichen Existenz und auf die Fürsorge Dritter abstellt, einer Rückkehr zu einer hierarchischen Betrachtung von Patienten
Vorschub leistet. Der Begriff der Fürsorge besitzt eine patriarchale, heteronome Dimension
und leistet einem problematischen quasi-ethischen Paternalismus Vorschub. Er geht von
einer Außenperspektive aus (Sorge Dritter „für" den Betroffenen) und enthält eine hierarchische Komponente (Fürsorge als Entscheidung Dritter „anstelle" des Betroffenen und
„über" ihn). Vor diesem Hintergrund ist es dann durchaus folgerichtig, die Geltung und
Reichweite von Patientenverfügungen, die ja die subjektive Perspektive der Betroffenen
abbilden, einschränken zu wollen.

Evangelische Äußerungen ordnen sich hiermit in eine breitere, neuere rechts- und gesundheitspolitische Tendenz ein, die neopaternalistische Züge trägt und die Patientenautonomie
relativiert. Im Gegenzug hat der frühere Vizepräsident des Bundesverfassungsgerichtes
Ernst Gottfried Mahrenholz ganz zu Recht unterstrichen, inzwischen sei darauf zu achten,
dass es „das Selbstbestimmungsrecht des Menschen ... zu schützen gilt auch gegen fürsorg-
liche Bevormundung".[564]

Einzeleinwände, die sich gegenüber dem Votum der EKD über den Umgang mit Patientenverfügungen ergeben, hat der frühere Vorsitzende Richter am Bundesgerichtshof Klaus Kutzer
prägnant auf den Punkt gebracht. Er zitiert die „Regel 1" des EKD-Textes, die lautet: „Wenn
es nach medizinischer Einschätzung therapeutische Möglichkeiten gibt, die dem Patienten
neue Lebensperspektiven eröffnen, dann kann sein vorgreifend geäußerter oder in einer
Patientenverfügung hinterlegter Sterbewunsch nicht maßgebend sein, und es ist alles zu tun,
um sein Leben zu erhalten." Hierzu erhebt Kutzer den Vorbehalt: „Da Eingriffe in die körperliche Integrität gegen den Willen des Betroffenen als rechtswidrige Körperverletzungen zu
werten sind, kann ein solcher Leitsatz der Sache nach eine Aufforderung zur Begehung von
strafbaren Körperverletzungen bedeuten."

In der Tat: Es ist schon allein erläuterungsbedürftig, was unter „neuen Lebensperspektiven"
und unter „alles zu tun" eigentlich genau zu verstehen ist. Gegenüber der nachfolgenden
zweiten Regel des EKD-Textes lautet die Kritik Kutzers: „Es ist nach unserem Recht allein

Sache des Patienten zu entscheiden, ob er das Risiko einer Wiedererlangung des Bewusstseins, z.B. durch eine Reanimation, auf sich nehmen will oder nicht. Viele Reanimationen führen zu irreversiblen schwersten Hirnschädigungen, wenn sie vorgenommen werden, nachdem das Gehirn zu lange ohne ausreichende Sauerstoffversorgung geblieben ist." Es vermag – so Kutzer zutreffend – nicht zu überzeugen, warum sich ein Arzt über eine Willensbekundung, vor allem über eine eindeutige schriftliche Erklärung eines Patienten hinwegsetzen können soll, wenn dieser selbst im Wissen um die realen Gefährdungen „das Risiko der Verschlechterung seines gegenwärtigen Zustandes zugunsten der Chance, seine aktuelle Entscheidungsfähigkeit wiederherzustellen", nicht eingehen wollte.[565]

Nachdrücklicher noch als der EKD-Text hat die Enquete-Kommission des Deutschen Bundestages vorgeschlagen, die Reichweite und die Verbindlichkeit von Patientenverfügungen einzuschränken. Sie sollen nur für die unmittelbare Sterbephase, in der Nähe des Todes, bei sog. Irreversibilität des Krankheitsverlaufs oder bei „unumkehrbar tödlichem Verlauf" gelten.

Diese restriktive Position ist unplausibel. Begrifflich und handlungspragmatisch lässt sich eine Begrenzung auf die unmittelbare Sterbephase oder einen irreversiblen Krankheitsverlauf trennscharf gar nicht erreichen. Patientenverfügungen verlören bei einer solchen Eingrenzung zudem weitgehend ihren Sinn. In einer terminalen Phase von Krankheit oder Sterben, in der kurative medizinische Eingriffe ohnehin keine Aussicht auf Erfolg mehr haben, werden Ärzte oftmals von sich aus, aus Gründen der medizinischen Indikation, auf Maßnahmen der künstlichen, rein quantitativen Lebenszeitverlängerung verzichten. Im Übrigen ist es aufgrund des persönlichen Grundrechtsschutzes nicht vertretbar, bestimmte Phasen einer Krankheit vom Selbstbestimmungsrecht auszunehmen. Das Lebensrecht, das jeder Mensch vorbehaltlos besitzt, würde in diesem Fall umschlagen in eine von außen auferlegte Lebenspflicht bzw. in einen Zwang, gegen den eigenen Willen weiterbehandelt zu werden. Letztlich können hieraus tragische Konsequenzen resultieren – bis zum bewusst durchgeführten Suizid, um einem als menschenunwürdig erachteten Sterben vorab zu entgehen, oder dem Suizid als Verzweiflungstat. Ein Palliativmediziner schrieb: „Einige Patienten haben mir gegenüber geäußert, dass sie ernsthaft einen Suizid erwägen, wenn die Einhaltung ihrer Patientenverfügung nicht gesichert werden kann."[566]

Noch sehr viel schroffer als evangelische Voten oder die Enquete-Kommission stellt allerdings die katholische Kirche Patientenverfügungen in Abrede. An einem bestimmten Punkt scheint sich ein gravierender Grundrechtskonflikt zu entzünden.

Drittens: Patientenverfügungen in katholisch getragenen Einrichtungen – ein neuer Grundrechtskonflikt

Seit dem Jahr 2004 haben sich der Vatikan und die katholische Kirche mehrfach zum lang andauernden, irreversiblen Wachkoma geäußert. Konkret gab der Vatikan vor, bei einem Wachkoma-Patienten dürfe eine PEG-Sonde auch dann nicht entfernt werden, wenn der Patient selbst dies zuvor verlangt habe.[567] Diesen Standpunkt des Vatikans haben in Deutschland Amtsträger der katholischen Kirche übernommen. Z.B. erklärte der Essener Weihbischof Franz Vorrath 2005: „Wenn ein Patient in seiner Verfügung den Wunsch äußert, im Fall einer bestimmten Krankheit, die nicht zwangsläufig zum Tode führt, auf künstliche Ernährung, Beatmung oder Flüssigkeitsversorgung verzichten zu wollen, kann der behandelnde Arzt auf der Grundlage des christlichen Menschenbildes diesem Wunsch nicht entsprechen."[568]

Vor Ort führt dies oftmals zu belastenden Dilemmasituationen. Auch in katholischen Institutionen wollen Ärzte, Angehörige oder Betreuer den Willen des Patienten, den dieser in der Patientenverfügung niedergelegt hat, oft nicht missachten. Die im Mainzer Justizministerium verortete Bioethik-Kommission Rheinland-Pfalz hatte zu diesem Punkt schon 2004 kritisch angemerkt: So sehr die „ethische, religiöse oder weltanschauliche Ausrichtung von Krankenhäusern und Heimen … zu achten" ist, darf dies „nicht dazu führen, dass es zur Missachtung der Selbstbestimmung und der körperlichen Integrität von Patientinnen und Patienten kommt".[569] In einer weltanschaulich pluralistischen Gesellschaft und in einer an Freiheitsrechten orientierten Staatsverfassung ist es nicht vertretbar, das Selbstbestimmungsrecht von Patienten – auch das in einer Patientenverfügung konkretisierte Selbstbestimmungsrecht – derart beiseitezuschieben, wie es die katholische Kirche verlangt und in Einrichtungen, deren Träger sie ist, durchsetzt.

Darüber hinaus ist es überaus problematisch, wenn manche Pflegeheime, z.T. aufgrund ihrer konfessionellen, namentlich katholischen Bindung, bereits vor der Aufnahme eines Patienten eine Erklärung verlangen, später einmal mit dem Legen einer PEG-Sonde zur künstlichen Lebenserhaltung einverstanden zu sein. Eine solche Aufnahmebedingung steht – erneut – im Widerspruch zum individuellen Selbstbestimmungsrecht. Nicht jeder Pflegebedürftige wird eine solche künstliche Lebensverlängerung im Vorhinein bejahen wollen. Auch hierzu hatte die Bioethik-Kommission Rheinland-Pfalz Stellung genommen: „Die Forderung nach genereller Vorabeinwilligung kann im Einzelfall rechtsmissbräuchlich sein, wenn die Maßnahme zu diesem Zeitpunkt medizinisch nicht indiziert ist."[570] Ethisch und grundrechtlich gilt, dass die individuelle Selbstbestimmung eines Patienten vor den Leitbildern eines Pflegeheims den Vorrang besitzt. Dies ist auch dann der Fall, wenn eine Pflegeeinrichtung oder Klinik sich auf die korporative Religionsfreiheit beruft und zum Beispiel darlegt, das katholische Verständnis von Lebensschutz und Lebenserhaltung gebiete es, mit Hilfe einer PEG-Sonde künstliche Ernährung und Lebensverlängerung vorzunehmen. Demgegenüber besagt die Logik der Grundrechte eindeutig, dass die Grund- und Selbstbestimmungsrechte der Einzelperson dominieren.

Es ist zu erwarten, dass sich in Zukunft Gerichte vermehrt mit dieser Frage befassen müssen. Inzwischen sind erste Gerichtsurteile vorhanden, die klarstellen, dass die Selbstbestimmungsrechte eines Patienten höheres Gewicht haben als die moralischen Einstellungen des Pflegepersonals oder die Überzeugung, die der Träger einer Institution vertritt.[571] Letztlich ist es allerdings die Aufgabe des Gesetzgebers, Rechtssicherheit herzustellen und für solche Fälle im Rechtsstaat den individuellen Grundrechtsschutz von Patienten vor den Vorgaben Dritter zu garantieren. Juristisch und ethisch, aber auch aus der dem Freiheitsgedanken verpflichteten protestantischen Perspektive (s.o. S.74f) ist dem katholischen Standpunkt, der das persönliche Selbstbestimmungsrecht hintan rückt, zu widersprechen.

Gegenläufig zur Tendenz der Relativierung des Selbstbestimmungsrechtes, der in den voranstehenden Abschnitten wiedergegeben wurde, vollzieht sich im Übrigen die Meinungsbildung im Islam. Bei Angehörigen des Islam nimmt die Akzeptanz von Patientenverfügungen zu. Dies ist deshalb so bemerkenswert, weil eine vorsorgliche Verfügung über passive Sterbehilfe mit der tradierten islamischen Gottesvorstellung – Betonung der Allmacht Gottes, der Ergebung in Gottes Willen und des Verfügungsrechtes Gottes über Leib und Leben – nicht ohne weiteres in Einklang steht.[572]

Viertens: Resümee im Blick auf Patientenverfügungen

Zur Zeit (August 2008) ist offen, ob der Deutsche Bundestag einen am Selbstbestimmungsrecht orientierten Gesetzentwurf über Patientenverfügungen vom 06.03.2008 (BundestagsDrucksache 16/8442) in absehbarer Zeit beschließen wird. Möglicherweise bleibt es weiterhin der Rechtsprechung überlassen, den Rechtsunklarheiten, die vor Ort oft vorhanden sind, entgegenzuwirken. Ausgehend von den voranstehenden Überlegungen sind medizinethisch folgende Leitgesichtspunkte zur Begründbarkeit, zu den Voraussetzungen, zur Reichweite und zur Verbindlichkeit von Patientenverfügungen festzuhalten:

1. Die normative Voraussetzung von Patientenverfügungen ist das Grundrecht auf Freiheit und Selbstbestimmung. Wenn Menschen in einer Patientenverfügung auf authentischer, gut informierter und wohldurchdachter Grundlage den Wunsch nach Behandlungsverzicht oder -begrenzung geäußert haben (insbesondere in Schriftform), sind Dritte hieran gebunden. Liegt keine schriftliche Erklärung vor, ist nach dem mutmaßlichen Willen zu fragen. Die Achtung vor dem Selbstbestimmungsrecht gehört zu den tragenden Elementen der abendländischen Ethik und Rechtskultur.

2. Patientenverfügungen eröffnen ihren Verfassern die Möglichkeit, die nachlassende Autonomie oder den Verlust an Autonomie bei schwerer Krankheit und beim Sterbeprozess vorsorglich zu kompensieren.

3. Die persönlichen Wertüberzeugungen, die in Patientenverfügungen zum Ausdruck gelangen, haben stets den Vorrang vor den Normen, die innerhalb der Gesellschaft allgemein gelten, und vor den generellen Lehren oder Dogmen, die von Religionen oder Konfessionen vertreten werden.

4. Die Bestimmungen einer Patientenverfügung können von ihrem Verfasser jederzeit widerrufen werden, auch in verbaler Form oder durch nonverbale Gesten. Dem Grundrecht auf Selbstbestimmung gemäß besitzt der jeweils aktuelle Wille Vorrang vor zurückliegenden Äußerungen. Im Grenzfall ist es ggf. die Aufgabe medizinischer und psychologischer Begutachtung oder eines psychiatrischen Konsils, das Verhalten oder die Äußerungen von hochgradig dementen Menschen zu deuten.

5. Interessierte Menschen sollten durch Beratung, insbesondere durch kompetente ärztliche Beratung, durch Bildungsangebote und durch didaktische Materialien (s.o. S. 256f) bei der Abfassung einer Patientenverfügung unterstützt werden. Eine geeignete Beratungsinfrastruktur zu schaffen, ist ein Gebot, das sich aus dem Leitbild der Befähigungs- oder Beteiligungsgerechtigkeit ergibt (s.o. S. 108ff).

6. Kompetente Beratung hat zugleich die Funktion, die Verfasser von Patientenverfügungen davor zu schützen, dass sie von Dritten aus unlauteren, z.B. finanziellen Motiven unter Druck gesetzt werden.

7. Um Menschen davon abzuhalten, in einer Patientenberatung *voreilig* Festlegungen zu treffen, wäre denkbar, eine Beratungspflicht einzuführen. Der Nachweis, dass eine Beratung stattgefunden hat, würde für die strikte Rechtsverbindlichkeit der Patientenverfügung dann als Voraussetzung gelten. Die Bioethik-Kommission Rheinland-Pfalz hatte 2004 die Institutionalisierung einer Pflichtberatung für die Bundesrepublik Deutschland vorgeschlagen.[573]

In Österreich ist die Vorschrift, dass als Bedingung für eine verbindliche Patientenverfügung eine umfassende ärztliche Aufklärung durchgeführt und dokumentiert wird, 2006 gesetzlich eingeführt worden.[574] Vom September 2008 stammt die Meldung, im Deutschen Bundestag werde interfraktionell ein von Wolfgang Bosbach/CDU und Katrin Göring-Eckart/Bündnis 90-Die Grünen initiierter Gesetzentwurf auf den Weg gebracht, der ebenfalls eine Beratungspflicht enthalte.

Eine rechtlich zwingende Verpflichtung, sich beraten zu lassen, steht jedoch in Spannung zum Recht jedes Einzelnen auf freie Entscheidung über seinen Körper und seine eigene leibliche Existenz. Deshalb sollte denen, die an einer Patientenverfügung interessiert sind, die Inanspruchnahme kompetenter, vor allem ärztlicher Beratung dringend *empfohlen* werden. Erwägenswert bleibt, eine Beratungspflicht für Grenzfälle, z.B. für vorsorgliche Verfügungen über den Behandlungsabbruch in der Spätphase einer Demenz, vorzusehen.

8. In der heutigen werteipluralen Gesellschaft ist zunehmend zu beachten, dass die Beratung über Patientenverfügungen kultur-, religions- und weltanschauungssensibel erfolgt.

9. Beratungen über Patientenverfügungen sollten verdeutlichen, dass Krankheit und Sterben prozessual zu verstehen und dass die Übergänge fließend sind. So ist das irreversible apallische Syndrom noch nicht der Sterbephase zuzurechnen. Wachkomapatienten, bei denen Hypothalamus- und Stammhirnfunktionen, Hirn- und Rückenmarksreflexe erhalten sind, sind keine Sterbenden. Trotzdem ist es aufgrund mangelnder Aussicht auf Rückkehr zu einer bewussten, kommunikativen Existenz sinnvoll, für den Fall des irreversiblen apallischen Syndroms den Abbruch künstlicher Lebensverlängerung zu verfügen.

10. Darüber hinaus sind im Beratungsgespräch Unwägbarkeiten, Risiken von Vorabentscheidungen und die Gefahr des Irrtums zu thematisieren. Dies gilt erst recht, weil Patientenverfügungen das Leben betreffen, das ein fundamentales Gut ist, und weil die Folge einer Verfügung, letztlich der Tod, irreversibel ist.

11. Der Verfasser einer Patientenverfügung sollte nach Möglichkeit zugleich einen Beauftragten oder Bevollmächtigten benennen, der gegenüber den behandelnden Ärzten Erläuterungen abgeben und stellvertretende Entscheidungen treffen darf. Hierdurch können Unschärfen, die in keiner Patientenverfügung vermeidbar sind, ausgeglichen werden. Einen persönlichen Bevollmächtigten – z.B. einen Angehörigen, einen Anwalt, Arzt oder Geistlichen – einzusetzen, lässt sich als zusätzliche Konkretisierung des Grundrechts auf Freiheit und Selbstbestimmung verstehen.

Dem Bevollmächtigten wird ein hoher Vertrauensvorschuss gewährt und u.U. eine erhebliche Entscheidungslast auferlegt. Weil er vom Patienten persönlich bestimmt worden ist, liegt es nahe, dass ihm rechtlich eine größere Entscheidungskompetenz zugebilligt wird als einem Fremdbetreuer, sofern es um die situationsbezogene Auslegung einer Patientenverfügung geht. Das Patientenverfügungsgesetz Österreichs enthält eine solche Bestimmung.

Jedoch sollten Entscheidungen, denen der Verfasser einer Patientenverfügung ausweichen und die er selbst nicht treffen möchte, auf den persönlichen Bevollmächtigten nicht abgewälzt werden. Vielmehr sollte mit ihm eine eingehende Aussprache stattgefunden haben.

12. Unschlüssig sind rechtspolitische Überlegungen, die Geltung von Patientenverfügungen auf die unmittelbare Sterbephase einzugrenzen („Reichweitenbegrenzung"). Hierdurch würde ihr Sinn ausgehöhlt, der darin besteht, das Nachlassen oder das Nichtmehrvorhandensein von Autonomie vorsorglich auszugleichen. Daher kann es nicht überzeugen, z.B. das

irreversible apallische Syndrom aus dem Geltungsbereich von Patientenverfügungen herauszunehmen. Patientenverfügungen sollten ferner den Sachverhalt regeln können, dass „alte Menschen … mit ihrem Leben in Frieden abgeschlossen haben und jedwede lebenserhaltende Behandlung ablehnen"[575] oder dass ein älterer Mensch vor dem Hintergrund seiner persönlichen Krankheitsgeschichte nicht mehr in Kauf nehmen möchte, nach einer eventuellen Reanimation mit schwersten neurologischen Folgeschäden weiterleben zu müssen.

Patientenverfügungen sind ebenfalls für die Situation der Demenz vorstellbar. Sie können dann Vorausentscheidungen über den Verzicht auf Reanimation, den Abbruch künstlicher Ernährung oder der Respiration enthalten. Rechtsethisch sowie juristisch lässt sich hierfür sogar ein Erst-recht-Argument, ein argumentum a fortiori, geltend machen: „Wenn Menschen in einem mittleren Lebensalter mit sonst guter Gesundheit lebensrettende Maßnahmen rechtswirksam ablehnen können, auch wenn sie dann unmittelbar sterben, dann darf das Selbstbestimmungsrecht mit der Folge des Todes erst recht für den Fall ausgeübt werden, dass man unumkehrbar schwerst dement ist."[576]

Der Nutzen von Sondenernährung bei fortgeschrittener Demenz ist ohnehin medizinisch bestreitbar. Im Endstadium einer Alzheimer-Demenz droht die Sondenernährung sogar zusätzliche, unerwünschte Belastungen zu erzeugen: „Die Gabe von Flüssigkeit über eine Magensonde oder über eine intravenöse Infusion führt … eher zu Komplikationen und kann den Sterbeprozess beschleunigen", wohingegen das Gefühl von Durst oder Hunger nach Absetzen der Zufuhr von Flüssigkeit oder Nahrung rasch „nicht mehr vorhanden ist".[577] Sofern im Einzelfall medizinisch und pflegerisch über das Ja oder Nein von künstlicher Ernährung Zweifel besteht, wird Ärzten durch den Rückgriff auf Patientenpräferenzen eine sicherere Entscheidung ermöglicht. Denn die Patientenverfügung kann erkennbar werden lassen, dass der Demenzkranke selbst die Eventualität einer etwas längeren Lebenszeit um den Preis des medizinisch-technischen Eingriffs (z.B. PEG-Sonde) abgelehnt hatte.[578]

13. Nützlich sind deswegen auch Patientenverfügungen, die im Dialog und in der „Verantwortungspartnerschaft" von Arzt und Patient während einer frühen Phase der dementiellen Erkrankung, d.h. im Zustand noch erhaltener Urteils- und Einwilligungsfähigkeit erarbeitet werden. Sie gewinnen dadurch an Gewicht, dass dem Patienten die Krankheitssituation bereits vor Augen steht und es sich nicht, wie bei einer in gesunden Tagen abgefassten Verfügung, um eine fernliegende, abstrakte Situationsbeschreibung handelt.[579]

14. Sofern die Verantwortungsträger einer Klinik oder einer Pflegeeinrichtung im besonderen Ausnahmefall einmal in Betracht ziehen sollten, die Vorgaben einer Patientenverfügung zu übergehen, wäre dies begründungspflichtig. Diese Zuordnung der Begründungspflicht und Beweislast ergibt sich schon allein aus dem Grundsatz, dass nicht die Inanspruchnahme von Freiheit und Selbstbestimmung – hier: in einer Patientenverfügung –, sondern ihre Einschränkung der Rechtfertigung bedarf (s.o. S. 73). Für solche Ausnahmekonstellationen müssten Verfahrenswege („Grundrechtsschutz durch Verfahren") und institutionalisierte Kontrolle geschaffen werden. Denn das Vertrauen von Menschen, dass Patientenverfügungen *beachtet* werden, darf nicht beeinträchtigt werden.

15. Aus ethischer Sicht steht jeder Mensch grundsätzlich in der moralischen Pflicht zur Hilfeleistung für Dritte. Kant sprach von einer Tugendpflicht (s.o. S. 237). Nimmt man dies ernst, dann liegt es nahe, in eine Patientenverfügung zusätzlich die Erklärung aufzunehmen,

dass ihr Verfasser in der Situation des apallischen Syndroms oder der Demenz bereit ist, zum Zweck der Krankheitsforschung an klinischen Studien teilzunehmen. Solche Forschungen bedeuten für den Betroffenen keinerlei Schaden, werden ihm persönlich voraussichtlich aber auch keinen Nutzen bringen (s.o. S. 125). Die Beratung, die zu Patientenverfügungen angeboten wird, sollte auf diese Option, für andere Verantwortung zu übernehmen, aufmerksam machen. –

Im Fazit: Am Beispiel der Patientenverfügung sind normative Gesichtspunkte zutage getreten, die gleichfalls für weitere Themen des Umgangs mit dem Lebensende zu bedenken sind: 1. die Achtung vor dem menschlichen Leben und die Schutzpflichten zugunsten von Menschen, 2. das Selbstbestimmungsrecht oder die Patientenautonomie, 3. das Anliegen der Partizipations- oder Beteiligungsgerechtigkeit, dem gemäß Menschen durch Dialog, Beratung und Begleitung so weit wie möglich in die Lage versetzt werden sollen, authentische, eigenverantwortete Entscheidungen treffen zu können. In diesem Licht sind ebenfalls andere Formen der Sterbehilfe abzuwägen sowie die Palliativmedizin zu erörtern.

4. Aktive Sterbehilfe? Wertkonflikt zwischen Selbstbestimmung und Lebensschutz

4.1. Rechtliche Regelungen in den Niederlanden und in Belgien

In der Öffentlichkeit findet der Gedanke der präventivverantwortlichen Patientenverfügung inzwischen durchaus Akzeptanz. Daneben spielt in der gesellschaftlichen Diskussion eine völlig anders gelagerte Option eine beträchtliche Rolle, nämlich die aktive Sterbehilfe, die in sonstiger, zum Beispiel in den Niederlanden üblicher Begrifflichkeit aktive Euthanasie genannt wird. Umfragen zufolge wird sie von großen Teilen der Bevölkerung, im Jahr 1977 von 55% oder 2000 von 64% der Bevölkerung der Bundesrepublik Deutschland befürwortet. Die Niederlande dulden aktive Sterbehilfe an erwachsenen Menschen und in eingeschränktem Maß auch an Jugendlichen. Dort ist es seit 1994 straffrei gestellt, wenn ein Arzt an einem Erwachsenen aktive Sterbehilfe durchführt. In anderen Ländern – im Northern Territory von Australien oder in einzelnen US-Bundesstaaten, u.a. Washington, in Korea[580] oder Japan[581] – wurde eine Legalisierung aktiver Sterbehilfe konkret erwogen bzw. ist sie erlaubt. Luxemburg bejahte im Februar 2008 in erster Lesung ein Gesetz, das aktive Sterbehilfe und assistierten Suizid zulässt. In der Schweiz wird die Beihilfe zum Suizid praktiziert. Im Jahr 1999 war in der Schweiz ferner eine Ergänzung des Strafrechts ins Gespräch gebracht worden, aufgrund derer eine auf Wunsch des Betroffenen durchgeführte aktive Sterbehilfe unter bestimmten Bedingungen straffrei bleiben solle. Die „Arbeitsgruppe Sterbehilfe zur Revision des Schweizerischen Strafrechtsartikels" schlug der Schweizer Regierung als Ergänzung zu Art. 114 „Tötung auf Verlangen" des Strafgesetzbuches der Schweiz vor:

> „Hat der Täter eine in ihrer Gesundheit unheilbar beeinträchtigte, kurz vor dem Tod stehende Person getötet, um sie von unerträglichen und nicht behebbaren Leiden zu erlösen, so sieht die zuständige Behörde von der Strafverfolgung, der Überweisung an das Gericht oder der Bestrafung ab."[582]

In den Niederlanden ist aktive Sterbehilfe straffrei gestellt, also partiell legalisiert; dies ist aber an Bedingungen geknüpft. Vorausgegangen war eine langjährige gesellschaftliche Erörterung. Der Ausgangspunkt war 1984 eine Entscheidung des Hohen Rates, des obersten Gerichtshofes der Niederlande, ein Arzt dürfe der Bitte um Sterbehilfe entsprechen, wenn ein Patient unerträglich leide und er niemals wieder genesen werde. Der Hohe Rat akzeptierte die Begründung, dass der Arzt sich in diesem Fall auf den Notstand berufen könne, von dem in Artikel 40 des Strafgesetzbuches der Niederlande die Rede ist. Konkret gehe es bei dem ärztlichen Notstand um einen Konflikt zwischen der Pflicht des Arztes, Leben zu erhalten, und seiner Pflicht, alles zu tun, um einem Patienten, der keine Aussicht auf Genesung hat, unerträgliches Leiden zu erleichtern. Der Hohe Rat hatte 1984 formuliert, dass ein Arzt einen Notstand namhaft machen kann, wenn er

> „die Pflichten und Interessen, die im konkreten Fall einander gegenüberstehen, sorgfältig – insbesondere gemäß den Normen der Medizinethik und mit dem Sachverstand, den man von ihm aufgrund seines Berufes als Arzt erwarten kann – gegeneinander abgewogen und dabei eine Entscheidung getroffen hat, die – objektiv betrachtet und unter Berücksichtigung der besonderen Umstände des konkreten Falles – gerechtfertigt war".

Sofern ein niederländischer Arzt in den 1990er Jahren einem Patienten das Leben genommen hatte, musste er dies in einem Meldeverfahren der Justiz bekannt geben. Diese Meldepflicht wurde 1994 im Bestattungsgesetz verankert. Der damalige christdemokratische Justizminister Ernst M. H. Hirsch Ballin bezeichnete die Meldepflicht, die der staatlichen Kontrolle dienen sollte, rückblickend als „das Herz der Regelung" von 1994: „die verbesserte Überprüfungsmöglichkeit" war „ein Ziel der Vorschläge, die ich zusammen mit meinem damaligen Kollegen vom Gesundheitsministerium gemacht habe. Wir knüpften bei der schon längst bestehenden Verpflichtung des Arztes an, einen Totenschein auszustellen." Der Politik lag daran, die Thematik der Sterbehilfe einschließlich der aktiven Sterbehilfe in der Öffentlichkeit zu enttabuisieren und jede verdeckte, verheimlichte Praktizierung aktiver Sterbehilfe, die in den Niederlanden wie in anderen Ländern zu vermuten war und ist, zu beenden. Diese Intention, Transparenz herzustellen, hatte der damalige Justizminister 1994 schon im Vorhinein betont: Die geplante Regelung, die die Meldung, also die Offenlegung aktiver Sterbehilfe durch den Arzt bewirken sollte, habe den Sinn, dass „eine Struktur geschaffen" wird, „in deren Rahmen der Arzt gegenüber der Gemeinschaft Verantwortung über sein Handeln ablegen kann. Gleichzeitig lässt diese Struktur den einzigartigen, individuellen Charakter ärztlichen Handelns unberührt." Zugleich berief er sich auf den Vordenker katholischer Theologie im 20. Jahrhundert, Karl Rahner, man solle sich veränderten geschichtlichen Gegebenheiten stellen; Rahner habe vor dem „Rückzug auf die kleine Herde, in das Ghetto" gewarnt und gemahnt: „Wir haben einfach kein Recht, uns in den Windschatten der Geschichte zurückzuziehen."[583]
Am 12.04.2001 ist in den Niederlanden schließlich ein Sterbehilfegesetz verabschiedet worden („Gesetz über die Kontrolle der Lebensbeendigung auf Verlangen und der Hilfe bei der Selbsttötung"). Aktive Euthanasie ist gemäß dem niederländischen Strafrecht nach wie vor strafbar. Auf diese Weise dokumentieren die Niederlande, dass sie das in den Menschenrechtskonventionen kodifizierte Recht auf Leben, das ein jeder Mensch hat, nicht antasten. Auf diesen Punkt legte der im Jahr 2001 amtierende Justizminister der Niederlande Benk

Korthals Wert. 2001 hob er hervor, dass die Europäische Konvention zum Schutze der Menschenrechte und Grundfreiheiten das Recht jedes Menschen auf Leben schützt, und unterstrich: „Die Niederlande erfüllen diese Vertragsverpflichtung: Sterbehilfe ist nach Artikel 293 Absatz 1 Strafgesetzbuch nach wie vor strafbar." Das niederländische Gesetz berücksichtige, dass die staatliche Schutzpflicht zugunsten des Lebens „nicht a priori hinter den Willen des Betroffenen zurücktreten darf". Die Niederlande hätten daher „kein Individualrecht auf Sterbehilfe" kodifiziert, sondern lediglich – dies im Einklang mit der Europäischen Menschenrechtskonvention – festgelegt, dass der Schutz des Lebens für den Einzelnen keine unbedingte „Pflicht zu leben" nach sich ziehe. Daher enthalte das niederländische Strafgesetzbuch seit dem Jahr 2001 einen Strafausschließungsgrund (Art. 293 Abs. 2), der dann gegeben ist, wenn der Arzt aktive Sterbehilfe auf der Grundlage bestimmter Pflichten der „äußersten Sorgfalt" durchgeführt hat.[584] Der Arzt kann darauf rechnen, dass nach einer aktiven Sterbehilfe keine staatsanwaltliche Untersuchung erfolgt, wenn er der Meldepflicht genügt und er sich an die Richtlinien gehalten hat.

Der aktiven Euthanasie wird hiermit eine gesetzliche Bewertung zuteil, die an die deutsche Rechtskonstruktion zum Schwangerschaftsabbruch erinnert. Der Schwangerschaftsabbruch, der ja ebenfalls eine ärztlich vollzogene Tötungshandlung darstellt, ist in Deutschland rechtswidrig, bleibt aber unter bestimmten Bedingungen straffrei (Abbruch in der Drei-Monats-Frist nach vorausgegangener Beratung). Eine solche Straffreiheit gilt in den Niederlanden nun auch für die Lebensbeendigung hoffnungslos Kranker durch ärztlichen Eingriff. Die sieben Bedingungen der „äußersten Sorgfalt", an die der Arzt sich halten muss, besagen:

– die Bitte des Patienten muss freiwillig sein und auf reiflicher Überlegung beruhen;
– der Zustand des Patienten muss aussichtslos, sein Leiden unerträglich sein;
– ärztliche Aufklärung des Patienten über seine Situation und die Heilungschancen;
– der Arzt muss gemeinsam mit dem Patienten zu der Überzeugung gelangt sein, dass es für dessen Situation keine andere annehmbare Lösung als die aktive Beendigung des Lebens gibt;
– Hinzuziehung mindestens eines anderen, unabhängigen Arztes;
– Untersuchung und schriftliche Stellungnahme durch diesen Arzt;
– fachgerechte Durchführung der Lebensbeendigung bzw. der Hilfe bei der Selbsttötung durch den Arzt.

Über diese Sorgfältigkeitskriterien hinaus sind einige weitere Punkte von Belang:

– in prozeduraler Hinsicht: die Meldepflicht. Nach Durchführung einer aktiven Sterbehilfe muss der Vorgang an eine regionale Kontrollkommission geleitet werden, die die Einhaltung der Sorgfaltskriterien überprüft und für den – der Erfahrung gemäß gänzlich seltenen – Fall, dass dies sich nicht so verhielt, die Justizbehörde einschaltet. Die Etablierung der dreiköpfigen regionalen Kommission (Arzt, Ethiker, Jurist) durch das Gesetz von 2001 bedeutet eine nochmalige Entkriminalisierung bzw. Entpönalisierung aktiver Sterbehilfe, da nicht mehr automatisch die Staatsanwaltschaft eingeschaltet wird. Bis 1998 mussten Antworten auf einen Katalog mit ca. 50 Fragen an den Leichenbeschauer der Gemeinde erteilt werden, der ihn zur Prüfung an die Staatsanwaltschaft weiterschickte;
– zur Reichweite des Gesetzes: Das Gesetz lässt aktive Sterbehilfe auch an Minderjährigen im Alter von 16 bis 17 Jahren zu, die sich im Prinzip eigenständig an den Arzt wenden

können. Die Eltern müssen in den Entscheidungsprozess einbezogen werden. Bei Minderjährigen zwischen 12 und 15 Jahren ist die Zustimmung der Eltern erforderlich. Hierüber fanden in den Niederlanden sehr kontroverse Debatten statt;

– was die intentio legis, die Absicht und den Sinn der gesetzlichen Regelungen von 1994 und danach vor allem von 2001 anbelangt: Die Voten der Justizminister Ernst M. H. Hirsch Ballin und Benk Korthals lassen Anliegen zutage treten, die für die Niederlande hohe Relevanz besitzen:

1. Rechtssicherheit für den Patienten, aber auch für den Arzt;

2. freie Entscheidung der Patienten und gleichzeitig Wahrung des Lebensschutzes. Dazu dass man einen tragbaren Ausgleich zwischen den einander widerstreitenden Werten Freiheit/Selbstbestimmung und Lebensschutz schaffen wollte, schrieb Korthals im Jahr 2001: „Nicht jedem Sterbewunsch wird entsprochen. Das Gesetz begründet keine Verpflichtung für den Arzt, Sterbehilfe zu leisten, wenn er darum gebeten wird. Unabhängige Untersuchungen haben … ergeben, dass niederländische Ärzte solche Bitten häufiger ablehnen als erfüllen." Zahlen von 1995 besagen, dass Ärzte dem Wunsch von Patienten nach aktiver Sterbehilfe in 3600 von 9760 Fällen nachkamen;

3. Transparenz und Nachvollziehbarkeit, um den Grauschleier einer verdeckten Praxis aktiver Sterbehilfe zu überwinden;

4. Berücksichtigung der veränderten gesellschaftlich-kulturellen Auffassungen über das Sterben.

In Belgien ist am 28.05.2002 ein Gesetz beschlossen worden, das im Kern den niederländischen Bestimmungen ähnelt. Die Voraussetzung ist wie in den Niederlanden, dass ein Patient „freiwillig, überlegt und wiederholt" um Sterbehilfe gebeten haben muss. Deswegen gilt das Gesetz nicht für Kinder, geistig Behinderte und Demenzkranke. Damit auf Schwerkranke oder Leidende kein verwerflicher Druck ausgeübt wird und um dem Einwand vorzubeugen, die Duldung aktiver Sterbehilfe erfolge aus ökonomischen oder medizinischen Rationierungsgründen, hat das belgische Parlament gleichzeitig ein Gesetz über die Ausweitung der Palliativmedizin und den Rechtsanspruch hierauf behandelt. Über die niederländische Gesetzgebung geht es hinaus, dass Belgien eine Lebensbeendigung regelt, die aufgrund eines unerträglichen physischen oder psychischen Leidens auch bereits vor der unmittelbaren Sterbephase durchgeführt werden darf. In den Niederlanden besteht hierzu eine Grauzone. Das belgische Gesetz enthält eigene Bestimmungen über Sterbehilfe an noch nicht direkt im Sterbeprozess befindlichen Personen (in Art. 3 § 3 des Gesetzes vom Mai 2002):

„Wenn der Arzt der Meinung ist, dass das Ableben offenkundig nicht in einem kurzen Zeitraum eintreten wird, muss er …

1. noch einen weiteren psychiatrischen oder in jener Krankheit spezialisierten Mediziner hinzuziehen und ihm die Gründe für die Hinzuziehung näher darlegen. Der hinzugezogene Mediziner verschafft sich Kenntnis von der Krankenakte, untersucht den Patienten, vergewissert sich von der Dauerhaftigkeit, der unerträglichen Situation und Unheilbarkeit des körperlichen und seelischen Leidens und dem freiwilligen, wohl durchdachten und wiederholten Charakter des Verlangens. Er fertigt einen Bericht über seine Feststellungen an. Der hinzugezogene Arzt muss in Hinsicht auf den Patienten, den behandelnden Arzt und den ersten hinzugezogenen Arzt unabhängig sein. Der behandelnde Arzt informiert den Patienten über die Ergebnisse dieser Konsultation;

2. mindestens einen Monat zwischen dem schriftlichen Verlangen des Patienten und der Sterbehilfe verstreichen lassen."

Über die Handlungsoption einer Lebensbeendigung für Nichtsterbende ist in Belgien intensiv diskutiert worden. Zwar haben die katholischen Bischöfe die aktive Sterbehilfe abgelehnt. Katholische Krankenhäuser haben allerdings sofort 2002 den Entschluss bekanntgegeben (die Caritas Flandern oder das Krankenhaus der Katholischen Universität Leuven), durch ihre Ethikkommissionen Kriterien hierfür ausarbeiten zu lassen.[585]

Der niederländische und belgische Weg der aktiven Sterbehilfe war und ist außerordentlich umstritten. Daher werden nun, auch angesichts des Interesses der deutschen Öffentlichkeit an dem Thema, Gesichtspunkte der ethischen Bewertung vor Augen geführt.

4.2. Ethische Aspekte

Erstens. Zunächst sollen Aspekte genannt werden, die zum Verständnis der gesetzlichen Bestimmungen in den beiden westlichen Nachbarländern beitragen.

(a) Das Argument der Selbstbestimmung

Vorab sind ideengeschichtliche Sachverhalte zu erwähnen. Eine ideologische Motivation zur aktiven Euthanasie bestand in der Unterscheidung zwischen lebenswertem und lebensunwertem Leben, also in der rassistischen, biologistischen Abstufung des Wertes von menschlichem Leben im NS-Staat. Die historische Hypothek der NS-Euthanasieaktionen mit ihrer wissenschaftlich verbrämten Entmenschlichung und den Massentötungen ist für Deutschland bis heute vorhanden und bedarf nach wie vor der Aufarbeitung.[586]

Die beiden Nachbarländer sind hiervon jedoch nicht belastet. Die dortigen Beweggründe sind die Verminderung von Leiden und menschenunwürdigem Sterben, das Anliegen kultureller Toleranz („gedoog-cultuur") und der gesellschaftliche Konsens, der „klar geregelte Bedingungen für Ausnahmen lieber akzeptiert als radikale Verbote, die zu unkontrollierten Verstößen … einladen".[587]

In der Geistesgeschichte sind der Alterssuizid und die Idee der ärztlichen Tötung immer wieder erörtert worden; diese Vorstellungen sind in der abendländischen Ideengeschichte seit der Antike verankert. Für das neuzeitliche Europa ist auf die Philosophie der Renaissance oder auf die Lebensphilosophie Friedrich Nietzsches zu verweisen. Nietzsche legte 1888 in seiner Schrift „Götzen-Dämmerung" (dort: Streifzüge eines Unzeitgemäßen, Nr. 36) dar, es sei entwürdigend und beeinträchtige Selbstachtung, Freiheit und Ehrgefühl, wenn ein Mensch durch Krankheit und Hilflosigkeit gezwungen würde, in bloßer Abhängigkeit von Dritten zu sterben. Aus der Epoche der Renaissance kann man exemplarisch an den englischen Lordkanzler, Märtyrer und Heiligen der katholischen Kirche Thomas Morus (1478–1535) erinnern. Sein Staatsroman „Utopia" aus dem Jahr 1516 entfaltete die Vision eines Vernunftstaates und enthielt einen Abschnitt zur aktiven Euthanasie. Eine Besonderheit seiner Darlegung bestand darin, dass bei unheilbarer Krankheit sogar Geistliche zur Euthanasie anraten sollen und ihnen „gehorcht" werden soll: Wen – so schrieb Thomas Morus – die Priester „damit überzeugt haben, der endigt sein Leben entweder freiwillig durch Enthaltung von Nahrung oder wird eingeschläfert und findet Erlösung, ohne vom Tode etwas zu merken".[588]

Auch heutige katholische Denker halten aktive Sterbehilfe für rechtfertigbar. Hans Küng thematisierte das menschenwürdige Sterben und akzeptierte die aktive Sterbehilfe. Dabei machte er religiöse Motive geltend, nämlich das Vertrauen auf Gott angesichts des Todes, so dass „der Tod des sterblichen Lebens zur Transzendenz in Gottes ewiges Leben" führe. Vor allem unterstrich er aber die Freiheit und Selbstverantwortung des Menschen angesichts des Sterbens: „Mit der Freiheit hat Gott dem Menschen auch das Recht zur vollen Selbstbestimmung gegeben."[589] Wenn Küng so emphatisch Freiheit, Selbstverantwortung und aktiven Vernunftgebrauch hervorhob, ist dies vor dem Hintergrund alter theologischer Überzeugungen zu erklären: Der Vordenker scholastischer katholischer Philosophie, Thomas von Aquin, deutete das menschliche Sein dahingehend, dass die Vernunft es sei, durch die der Mensch zum Bild Gottes werde; als Gottes Ebenbild partizipiere der Mensch an Gottes Vorsehungsvernunft. Thomas zufolge ist der Mensch als Ebenbild Gottes „selbst seiner Werke Ursprung und, im Besitz eines freien Willens, Herr über sein Tun."[590] Solche theologischen Überlieferungen aktualisierend, brachte Küng zur Geltung, das Lebensrecht könne kein Lebenszwang sein. Angesichts von Tumor- oder Demenzerkrankungen sei die Freiheit, sterben zu wollen, moralisch legitim. Für den Arzt stelle sich ggf. die Frage „in dubio pro vita aut pro conscientia"? – „im Zweifel für das Leben oder für das Gewissen"? Soll der behandelnde Arzt unter allen Umständen das Leben verlängern oder soll er die Gewissensentscheidung eines Menschen, sterben zu wollen, anerkennen? Aufgrund seiner Hochschätzung von Freiheit und Selbstbestimmung plädierte Küng für Letzteres.[591]

> Zu ergänzen ist, dass die offizielle katholische Lehre heute aktive Sterbehilfe absolut verbietet. Die Kongregation für die Glaubenslehre verneint individuelle Freiheitsrechte; auf der Grundlage der Heiligen Schrift sei „klar jede Form der Selbstbestimmung der menschlichen Existenz" verboten; „diese aber liegt der Praxis und der Theorie der Euthanasie zugrunde"; Papst Johannes Paul II. halte die aktive Euthanasie für eine „schwere Verletzung des göttlichen Gesetzes".[592] – Andererseits hatte Papst Pius XII. freilich die indirekte, präziser: die indirekt-aktive Sterbehilfe in den Jahren 1957/1958 frühzeitig für erlaubt erklärt (s.o. S. 244).

Der Gedankengang Küngs lenkt den Blick darauf, dass die heutige Ethik generell auf Freiheit und Menschenwürde Bezug nimmt, sofern sie aktive Sterbehilfe akzeptiert. Der philosophische Rückgriff auf die Menschenwürde führt zu einer Abwägung, die zugunsten eventueller aktiver Sterbehilfe sprechen kann. Menschenwürde wird als individuelles Schutz- und als Freiheitsrecht verstanden. Es ist dann der Einzelne selbst, dem die Deutungskompetenz darüber zusteht, was er für seine eigene Person unter Würde versteht. Die Argumentation lautet: Aufgrund seiner Menschenwürde ist jeder Mensch gegen Erniedrigung und Verletzung zu schützen und sind sein Wille, seine Gewissensüberzeugung und sein persönliches Selbstverständnis zu respektieren. Wenn ein Mensch aus eigener freier Einsicht heraus meine, er könne sein Leben aufgrund von Schmerzen oder extrem entwürdigenden Umständen nicht mehr ertragen, dann bedeute es keine Verletzung seiner Menschenwürde, sondern entspreche es seinem Selbstverständnis und daher seiner Würde, wenn ein Arzt ihn beim Suizid unterstützt oder wenn dieser sogar direkte aktive Sterbehilfe durchführt. Philosophisch-ethisch wird daher das Resümee gezogen:

„Wir sind in der Tat nicht berechtigt, über die Würde des Lebens eines anderen zu befinden
… Das heißt aber nicht, dass wir die Auffassung eines anderen, seine Würde sei beeinträchtigt, nicht nachvollziehen dürfen. … Warum sollte man das Urteil eines Menschen, dass ihm
aus Gründen seines physischen Zustandes ein Leben in Würde unwiderruflich unmöglich sei,
nicht nachvollziehen dürfen?"[593]

(b) Gleichheitsgedanke und Folgenethik

Zur Legitimierung der aktiven Sterbehilfe lässt sich zudem der Gleichheitsgedanke nennen.
Konkret kann es darum gehen, dass Schwerstkranke in extremen Situationen nur noch den
Ausweg sehen, einen Suizid durchzuführen. Bei bestimmten Krankheitsbildern, etwa weit-
gehender Lähmung oder einem Locked-in-Syndrom (extrem hohes Querschnittssyndrom
mit vollständiger Lähmung, auch der Gesichtsbewegungen, bei erhaltenem Denkvermögen),
ist dieser Weg aber nicht möglich, da die Betroffenen, die urteils- und entscheidungsfähig
sind, einen Suizid physisch nicht realisieren können. Der einzige Ausweg bestünde dann in
der Tötung auf Verlangen, bei der ein Dritter tätig würde. Die in Deutschland und in anderen Staaten gegebene Rechtslage – Zulässigkeit des Suizids und der Beihilfe zum Suizid;
Verbot der aktiven Sterbehilfe – verhindert diese allein verbliebene Alternative, so dass die
Rechtsordnung aus Gründen der Generalprävention eine Ungleichbehandlung Einzelner
bewirkt.

Ferner wird eine folgenethische Argumentation in die Waagschale gelegt. Wenn man davon
ausgehe, dass eine menschliche Tat von ihren Folgen her zu bewerten ist (Ethik der Handlungsfolgenverantwortung; s.o. S. 19f), dann mache es keinen Unterschied aus, ob ein Arzt
einen Patienten direkt töte (aktive Sterbehilfe) oder ob er lediglich darauf verzichte, den
Patienten weiterhin intensivmedizinisch zu betreuen (passive Sterbehilfe). Das Letztere, die
passive Sterbehilfe, das Sterbenlassen und Nicht-mehr-Eingreifen des Arztes, werde ethisch
und rechtlich geduldet; das Erstere, die aktive Sterbehilfe, sei untersagt. Folgenethisch sei
dies unschlüssig. Denn bei der aktiven und bei der passiven Sterbehilfe seien das Hand-
lungsresultat, nämlich der Tod des Patienten, identisch. Aufgrund der Gleichheit des Hand-
lungsresultates könne es nicht angehen, die passive Sterbehilfe zu akzeptieren und die aktive
zu verwerfen. Die aktive Sterbehilfe erspare dem Patienten unter Umständen sogar noch
schweres Leiden und unwürdige Abhängigkeit von anderen. Daher sei sie legitimierbar.

Zweitens. Im Gegenzug ist nun die andere Seite der ethischen Reflexion zur Sprache zu
bringen und sind skeptische Argumente zu erwähnen.

(a) Die Differenz zwischen Tun und Unterlassen

Ein gewichtiges Argument besagt, dass aktive und passive Sterbehilfe nach wie vor als
Handlungsakte voneinander zu unterscheiden sind. Daher greift die soeben erwähnte fol-
genorientierte Betrachtung, der gemäß die aktive und passive Sterbehilfe faktisch gleicherweise auf den Tod des Patienten hinauslaufen, in bestimmter Hinsicht zu kurz; sie überspielt
eine relevante Differenz. Die passive Sterbehilfe stellt ein Unterlassen der Weiterbehandlung dar, die den Patienten sterben „lässt". Dabei bleibt offen, dass Lebensfunktionen
eventuell spontan wiederkehren. Anders als dieser Therapieverzicht ist die aktive Sterbehilfe eine Tötungshandlung, die ein Dritter, ggf. der Arzt direkt vollzieht und die per se irreversibel, nicht korrigierbar ist.

(b) Die Arztrolle und der Vertrauensschutz

Gegen die Freigabe aktiver Sterbehilfe lässt sich sodann einwenden, dass der Arzt prinzipiell nicht in die Rolle des Tötenden geraten sollte. Sicherlich könnte sich im Falle einer Freigabe aktiver Sterbehilfe jeder Arzt immer noch auf sein persönliches Gewissen berufen und sich als Einzelner der Durchführung einer aktiven Sterbehilfe verweigern. Dies hat der belgische Gesetzgeber 2002 ausdrücklich vorgesehen (im Gesetz zur Sterbehilfe, Art. 14). Doch darüber hinaus stellt sich die Grundsatzfrage nach der Rolle des Arztes. Für das Arztethos sind traditionell die Prinzipien „nil nocere" (nicht schaden) und „salus aegroti suprema lex", also die Orientierung am Wohl des Patienten und die therapeutische Verpflichtung leitend. Direkte Tötungshandlungen, die von Ärzten vollzogen würden, könnten so verstanden werden, dass sie der so definierten Arztrolle zuwiderlaufen. Mit der Arztrolle verbindet sich eine therapeutische, am Leben orientierte Funktion, mit der – so lautet das Argument – die direkte Tötung menschlichen Lebens, also die aktive Sterbehilfe nicht vereinbar ist. Zudem sei es für das Arzt-Patienten-Verhältnis fundamental, dass das Grundvertrauen in die das Leben erhaltende Tätigkeit von Ärzten gewahrt bleibt.

(c) Weitere Gesichtspunkte

Darüber hinaus wird geltend gemacht, dass die staatliche Rechtsordnung das Tötungsverbot an keiner Stelle zusätzlich außer Kraft setzen und – über den Schwangerschaftsabbruch und anderes hinaus – keine weiteren Ausnahmetatbestände schaffen sollte. Ein weiterer Einwand lautet, die Freigabe aktiver Sterbehilfe könnte eine Sogwirkung sowie Unklarheiten erzeugen und der Entstehung von Grauzonen Vorschub leisten.

In der Tat: In den Niederlanden scheint aktive Sterbehilfe oftmals allzu rasch, ohne hinreichende Bedenkzeit auf Seiten des Patienten, praktiziert worden zu sein. Zwischen dem Zeitpunkt, zu dem ein Patient den Wunsch nach Lebensbeendigung äußerte, und der Durchführung durch den Arzt soll in den 1990er Jahren oftmals (in 13% bzw. 50% der Fälle) nur ein Tag oder bis zu einer Woche verstrichen sein.[594]

Die Sogwirkung könnte überdies darin bestehen, dass aktive Sterbehilfe quantitativ ausgeweitet wird. Dies ließ sich in der Vergangenheit an Zahlen aus den Niederlanden auch belegen. Im Jahr 1990 wurde aktive Euthanasie in 1,8% der Todesfälle, im Jahr 1995 in 2,4% der Fälle gewährt. Hinzu kamen jeweils 0,3% der Todesfälle, bei denen Hilfe zum Suizid geleistet wurde. Überdies wurde in den Niederlanden auch unfreiwillige Euthanasie durchgeführt, zu der der betreffende Patient keine Bitte geäußert hatte (1990: 0,8%; 1995: 0,7%). Abgesehen davon besteht die Gefahr, dass einem Patienten der Sterbewunsch von Dritten, eventuell von Angehörigen, suggeriert wird, wobei unlautere Motive eine Rolle spielen können. Dass ein problematischer Trend zur Ausweitung aktiver Sterbehilfe Platz greifen könnte, zeigt sich exemplarisch daran, dass in den Niederlanden zwischen 1994 und 1999 an fast 20% aller Patienten mit Amyotropher Lateralsklerose – einer schweren Nerven- und Muskelerkrankung, die zum langsamen Siechtum führt – aktive Sterbehilfe oder auch assistierter Suizid durchgeführt wurde. Angesichts der Qualitätsverbesserungen in der palliativen Medizin hielten medizinische Kommentare diese Rate für unnachvollziehbar hoch.[595] Oft scheinen Patienten in den Niederlanden am Lebensende eher die Untertherapie und nicht, wie in Deutschland, die Übertherapie zu befürchten, so dass in Patientenverfügungen dort der Wunsch nach Maximaltherapie anzutreffen ist.[596]

Gegenwärtig ist indessen festzuhalten, dass die Durchführung aktiver Sterbehilfe in den Niederlanden deutlich abgesunken ist, wodurch der Einwand des Dammbruchs oder der eigengesetzlich sich vollziehenden Ausweitung relativiert wird. Nach amtlichen Angaben wurde 2005 in den Niederlanden in 2297 Fällen aktive Sterbehilfe geleistet (1,7% der insgesamt 136 000 Todesfälle) – im Vergleich zu 2,6% (ca. 3500 Fälle aktiver Sterbehilfe) im Jahr 2001 ein signifikanter Rückgang, selbst wenn auch diese Zahl immer noch sehr hoch ist.[597]

Sodann stellt sich im Rahmen ethischer Reflexion die Frage, ob zur aktiven Sterbehilfe Handlungsalternativen vorhanden sind, die unproblematischer und daher vorzugswürdig sind. In dieser Hinsicht wird zunehmend die palliative oder terminale Sedierung genannt, also die Herstellung finaler Bewusstlosigkeit, verbunden mit dem Verzicht auf Nahrungs- und Flüssigkeitszufuhr. Solche Sedierungen werden in den USA schon länger praktiziert; inzwischen spielen sie auch in Deutschland und in den Niederlanden eine Rolle. Hieraus erklärt sich weitgehend der Rückgang aktiver Sterbehilfe in den Niederlanden.

So sehr die palliative Sedierung als Ausweg ins Licht zu rücken ist, ist freilich andererseits auch zu ihr die Notwendigkeit der Grenzziehung und der Kriterienbildung zu unterstreichen. Hierauf wird noch zurückzukommen sein (s.u. S. 282f).

Drittens: Rechtliches und ethisches Resümee. Der Aspekt des rechtfertigenden Notstands in Grenzfällen

In der Bundesrepublik Deutschland ist aktive Sterbehilfe bzw. die Tötung auf Verlangen durch § 216 StGB strafrechtlich untersagt. Allerdings ist, auch aufgrund der Schnittmenge zwischen indirekter und aktiver Sterbehilfe und wegen der bereits erwähnten Defizite bei der Durchführung von Obduktionen, eine erhebliche Dunkelziffer anzunehmen: „aktive Sterbehilfe findet statt, sie ist – geleugnete – Realität. Nicht nur in den Niederlanden und Belgien, den Ländern, in denen aktive Sterbehilfe unter bestimmten Voraussetzungen nicht bestraft wird, sondern auch in anderen Ländern und auch in Deutschland leisten Ärzte aktive Sterbehilfe, obwohl sie strafbar ist und von der Bundesärztekammer als ärztlicher Standesorgansiation ausdrücklich als unethisch gebrandmarkt wird."[598] Schätzungen nannten Zahlen von sogar 3000 Fällen pro Jahr.[599] Jedenfalls haben namhafte Autoren, unter ihnen der Straf- und Medizinrechtler Hans-Ludwig Schreiber, davor gewarnt, die Wertkonflikte, die sich angesichts der aktiven Sterbehilfe stellen, vorschnell beiseite zu schieben und die Regelungen der Nachbarländer als unmoralische Infektion oder als ethische Abwärtsspirale (so der Präsident der Bundesärztekammer Hoppe auf dem 105. Deutschen Ärztetag 2002 in Rostock) zu diskreditieren: „Wenn gesagt wird, die holländische Lösung erzeuge eine schwindende gesellschaftliche Bereitschaft zu kostspieliger Pflege und Behandlung Schwerstkranker, so muss sich diese Frage an die eigene Praxis in der Bundesrepublik richten, die auf diesen Gebieten schwere Defizite aufweist, die man nicht durch formale Bekenntnisse zur Unantastbarkeit allen Lebens überdecken sollte."[600]

Schreiber macht darauf aufmerksam, dass es damit nicht sein Bewenden haben kann, nur die Einwände gegen aktive Sterbehilfe zu betonen, so gravierend sie sind. Es bleiben vielmehr Fragen offen. Zweifellos bilden – zumal für Tumorpatienten – Palliativmedizin und Schmerztherapie humane Alternativen zur aktiven Sterbehilfe. In Belgien und 2008 in Luxemburg wurde daher die Konsequenz gezogen, parallel zum Sterbehilfegesetz den Ausbau der Palliativbetreuung zu beraten. Dies dürfte auch eine Reaktion auf die Kritik gewesen sein, man habe sich in den Niederlanden um Palliativmedizin nicht hinreichend bemüht. In extremen Fällen vermag allerdings sogar die sehr fortgeschrittene moderne Schmerztherapie nicht mehr zu greifen. Im Jahr 1997 äußerte der frühere Vorsitzende Richter am Bundesgerichtshof Klaus Kutzer: Auch dann, wenn die moderne Schmerztherapie genutzt werde, könne u.U. eine unerträgliche Belastung bleiben, so dass ein Patient in nachvollziehbarer Weise den Wunsch habe, der Arzt möge sein Leben aktiv beenden. Dies seien freilich „eng begrenzte und nicht verallgemeinerungsfähige Ausnahmefälle", die – ggf. unter Beachtung von § 34 StGB zum rechtfertigenden Notstand – rechtlich als Einzelfälle betrachtet werden müssten. Eine generelle rechtliche Freigabe der aktiven Sterbehilfe lasse sich aus ihnen nicht herleiten.[601] Die gleiche Auffassung vertrat der frühere Bundesjustizminister Edzard Schmidt-Jortzig, seit 2008 Vorsitzender des Deutschen Ethikrates, wobei er den Gewissenskonflikt von Ärzten in solchen Situationen betonte:

> „Die Alternative, den anvertrauten Mitmenschen sich weiter so quälen zu lassen, ihn auch vielleicht immer animalischer, menschenungleicher, ja, nur mehr vegetativ funktionieren zu sehen, erscheint einfach unerträglich, unzumutbar. Wer wollte in einer solchen Ausnahmesituation ‚den ersten Stein werfen'? Auch die Strafgerichte kennen für solche Ausnahmelagen den sog. ‚übergesetzlichen entschuldigenden Notstand'. Er lässt die Tötungshandlung zwar eindeutig tatbestandsmäßig und rechtswidrig sein, kann dem Täter in seiner extremen Sonderlage aber keinen Verfehlungsvorwurf machen."[602]

Der Schmerztherapeut Michael Zenz meinte, sofern Schmerzpatienten mit einer adäquaten Schmerzbehandlung betreut werden, „verblasst in der Regel der Wunsch zu sterben. Falls ein Patient dennoch sagt, er wolle so nicht weiterleben, liegt es oft daran, dass man sich nicht genügend bemüht hat, seine Lebensqualität zu verbessern".[603] Diese behutsame Formulierung schließt nicht aus, dass in extremen Grenzfällen, auch in Anbetracht von AIDS oder schwerer neurologischer Krankheitsbilder die Schmerz- und die Palliativmedizin auf Schranken stoßen. Schmerztherapeutische Lehrbücher legen dar, bei „fast allen" oder „nahezu allen" Tumorpatienten (ca. 96%) sei bis kurz vor dem Tod eine wirksame medikamentöse Schmerzdämpfung erreichbar. Es bleiben aber tragische Fälle (ca. 3%–10%) unerträglichen Leidens.[604] Unter Umständen werden Patienten auch aus anderen Gründen ihr Schicksal als derart unerträglich und mit ihrer Würde so unvereinbar ansehen, dass sie nicht weiterleben möchten. Beispiele sind der „Fall eines vom Ersticken bedrohten Menschen, der vom Halswirbel abwärts querschnittsgelähmt war" oder der „Fall einer jungen Frau, deren Krebsleiden dazu geführt hatte, dass sich ihr Gewebe an der Scheide, dem Darm und der Blase, sogar am Damm auflöste, so dass alle innen liegenden Organe nach unten durchfielen".[605] Ferner ist an seltene Schicksale, etwa an Patienten mit Locked-in-Syndrom zu denken, die reflektiert ein Ende ihres Lebens wünschen.[606]

In der Bundesrepublik Deutschland ist die rechtspolitische Debatte zu diesem Thema abgebrochen worden. Im Jahr 1986 hatte der Alternativentwurf eines Gesetzes über Sterbehilfe versucht, für besondere Ausnahmesituationen die Notstandskategorie aufzugreifen, so dass die Tötung auf Verlangen (§ 216 StGB) nach wie vor strafbar bleibt, aber singulär, nach gerichtlicher Nachprüfung Straffreiheit möglich wäre. Der Vorschlag einer Neufassung von § 216 lautete[607]:

„(1) Ist jemand durch das ausdrückliche und ernstliche Verlangen des Getöteten zur Tötung bestimmt worden, so ist auf Freiheitsstrafe von sechs Monaten bis zu fünf Jahren zu erkennen. (2) Das Gericht kann unter den Voraussetzungen des Abs. 1 von Strafe absehen, wenn die Tötung der Beendigung eines schwersten, vom Betroffenen nicht mehr zu ertragenden Leidenszustandes dient, der nicht durch andere Maßnahmen behoben oder gelindert werden kann. (3) Der Versuch ist strafbar."

Auch ethisch handelt es sich um Grenz- und Notstandssituationen. Um die Dunkelziffer einer verdeckten Praxis aktiver Sterbehilfe zu verringern und um einzelnen betroffenen Patienten, Angehörigen und den Entscheidungs- und Gewissenskonflikten von Ärzten gerecht zu werden, sollte das Thema in Deutschland nicht verschwiegen oder verdrängt und im begründeten extremen Ausnahmefall vom Gericht Straffreiheit gewährt werden.[608]
Mehr beachtet wird in der deutschen rechtspolitischen Diskussion der ärztlich assistierte Suizid. Darüber hinaus ist nachfolgend die terminale oder palliative Sedierung von Patienten anzusprechen. Beide Handlungsoptionen haben, je unterschiedlich, eine Schnittmenge mit der aktiven Sterbehilfe.

5. Medizinisch assistierter Suizid und palliative Sedierung

Erstens: Assistierter Suizid

Der medizinisch assistierte Suizid wird ggf. von Patienten erbeten bzw. durchgeführt, die angesichts extremer Belastung und auswegloser Krankheitssituation auf eigenen Wunsch nach längerer Überlegung zum Suizid als letztem Ausweg greifen möchten, weil sie für sich keine andere Perspektive mehr sehen. Die medizinische Assistenz oder Beihilfe besteht darin, dass der Arzt das tödlich wirkende Medikament verschreibt oder überbringt. Die Handlung selbst wird aber, anders als bei der aktiven Sterbehilfe oder der Tötung auf Verlangen, vom Patienten selbst vollzogen.
In der Bundesrepublik Deutschland erregte das Thema durch spektakuläre Aktionen Aufmerksamkeit, die sich u.a. mit dem früheren Hamburger Justizsenator Roger Kusch verbanden und 2007/2008 so zwielichtig waren, dass sie sich per se diskreditierten. Davon abgesehen machen Patienten aus Deutschland aber davon Gebrauch, dass im Nachbarland Schweiz zum begleiteten Suizid liberalere Regelungen geschaffen wurden und dort Sterbehilfeorganisationen tätig sind, die von Nichtmedizinern getragen werden. Was eventuelle *ärztliche* Beihilfe anbelangt, muss den Leitlinien der Schweizerischen Akademie der Medizinischen Wissenschaften gemäß alles getan werden, einen suizidwilligen Patienten menschlich zu begleiten und ihn zu beraten, um ihn von seinem Entschluss abzubringen und zum Weiterleben zu bewegen. Wenn es sich aber tatsächlich um eine dauerhafte eigenverantwortete Entscheidung handelt, sich angesichts des Krankheitsschicksals das Leben zu nehmen, darf ein Arzt im Ausnahmefall Hilfe leisten.[609]
Diese Abwägung berücksichtigt neben dem Schutz des menschlichen Lebens das Selbstbestimmungsrecht von Patienten. Zugleich läuft sie darauf hinaus, einer Kommerzialisierung oder missbräuchlichen Ausweitungen der Beihilfe zum Suizid Schwerkranker oder Sterbender zu wehren.

Die deutsche Rechtslage zum assistierten Suizid ist hingegen uneindeutig. Grundsätzlich geht sie davon aus, dass der moderne demokratische Staat kein Zugriffs- oder Eigentumsrecht auf Leib und Leben der Bürger mehr in Anspruch nehmen kann, wie dies in früheren patriarchalen oder obrigkeitlichen Staatsordnungen der Fall war. Angestoßen von der neuzeitlichen rationalen Naturrechtslehre und der Aufklärungsphilosophie, die das Grund- und Menschenrecht des Einzelnen auf Eigentum zur Geltung gebracht haben, respektiert der Verfassungsstaat das Selbstbestimmungsrecht der Bürger über Leib und Leben. Daher ist die Selbsttötung im deutschen Strafgesetzbuch seit 1871 straffrei. Folgerichtig ist die Beihilfe, etwa die Beschaffung eines tödlich wirkenden Medikamentes durch den Arzt, gleichfalls nicht strafbar. Unschlüssig ist es, dass das deutsche Strafrecht dann aber eine Garantenstellung und Hilfeleistungspflicht Dritter vorsieht (§ 13 StGB, § 323c StGB). Ein Arzt oder ein sonstiger Beteiligter, der einem Patienten auf dessen Wunsch ein tödlich wirkendes Mittel übergeben hat, muss lebensrettend eingreifen, nachdem der Suizidversuch eingesetzt hat. Dies führt zu paradoxen, ja inhumanen Konsequenzen. Im Jahr 1984 hatte der Mediziner Hackethal Beihilfe zum Suizid verübt, indem er einer 69 Jahre alten Frau, die an einem fortgeschrittenen Tumor im Kiefer- und Gesichtsbereich litt, Kaliumcyanid beschaffte. Eine Lebensrettung ist bei Zyankali nicht möglich; das Gift führt aber zu qualvollem Sterben. Hätte der Arzt seiner Patientin ein schonenderes Mittel übergeben, wäre eine Verurteilung wegen unterlassener Hilfeleistung realistisch gewesen, da er nach dem Beginn des Suizidversuchs hätte lebensrettend intervenieren müssen.

Dem Gesetzgeber ist wiederholt nahegebracht worden, eine Klarstellung vorzunehmen, der zufolge eine Garanten- oder Hilfeleistungspflicht dann nicht besteht, wenn ein Suizidversuch nach längerer Überlegung und aufgrund eines selbstverantworteten Entschlusses zur Beendigung schweren unheilbaren Leidens erfolgte. In diesem Sinn haben sich 2004 die Bioethik-Kommission Rheinland-Pfalz, 2005 der neue, von Rechtswissenschaftlern verfasste Alternativ-Entwurf Sterbebegleitung[610], 2006 der Deutsche Juristentag oder 2006 der Nationale Ethikrat geäußert. Es steht außer Frage, dass der Lebensschutz und das Lebensrecht vorbehaltlos gelten. An eine – insbesondere ärztliche – Beihilfe zum Suizid ist nur in äußersten Grenzfällen zu denken. Dabei ist vorauszusetzen, dass der Wunsch eines Patienten, sein Leben zu beenden, weder auf Depression noch auf einer problematischen Beeinflussung durch Dritte beruht.[611] Trotz der Fortschritte in der Schmerztherapie können die Schmerzbelastung einzelner Patienten aber so unerträglich oder ihre Lebenssituation derartig entwürdigend und belastend werden, dass sie auch nach längerer reiflicher Überlegung keinen anderen Ausweg mehr sehen, auch nicht den der terminalen Sedierung.[612]

Im US-Bundesstaat Oregon ist ärztlich begleiteter Suizid seit 1997 statthaft. Letztlich haben nur relativ wenige Menschen hiervon tatsächlich Gebrauch gemacht (zwischen 1997 und 2005 246 Personen). Für die ethische Einschätzung ist von Interesse, dass mehr als ein Drittel der Patienten das ihnen ausgehändigte Rezept schließlich gar nicht verwendeten. Ihnen genügte die Gewissheit, für den schlimmsten Fall ein Medikament überhaupt verfügbar zu haben. Entgegen der Vermutung, der krankheitsbedingte Suizid erfolge vor allem aufgrund finanzieller oder sozialer Notlagen, zeigen die Berichte aus Oregon, dass es zumeist gebildete, finanziell besser gestellte und – in den USA ein wichtiger Aspekt – krankenversicherte Patienten waren, die diese Möglichkeit nutzen. In Oregon wurden Kriterien und Verfahrensregeln entwickelt, die Ärzte zu beachten haben: Volljährigkeit des Patienten und Urteilsfähigkeit, die ggf. durch ein psychologisches Gutachten zu klären ist; Unbehandelbarkeit der Krankheit, die voraussichtlich in weniger als sechs Monaten zum Tod führt; Konsultation eines zweiten Arztes; Bedenkfrist vor dem Aushändigen des Medikaments; Information durch den Arzt über Alternativen der palliativmedizinischen Betreuung; u.a.[613] In der Deutsch-Schweiz erfolgen jährlich ca. 0,4% der Todesfälle durch begleiteten Suizid (200 Fälle pro Jahr). Weil die Bevölkerung von Oregon und der Deutschschweiz quantitativ vergleichbar ist, fällt auf, dass in der Schweiz sehr viel häufiger assistierte Suizide stattfinden. In aller Regel, nämlich in 92% der Fälle, erfolgt die Begleitung des Suizids in der Schweiz durch Sterbehilfe-, d.h. Laienorganisationen.[614] Die Rückfrage liegt auf der Hand, ob es nicht der Transparenz, dem Schutz von Patienten, dem Grundrechtsschutz durch Verfahren und der Abwehr von Fehlentwicklungen zugute kommt, wenn stattdessen die Ärzteschaft sich der Herausforderung der Suizidbegleitung stellt, so belastend und ethisch konfliktträchtig dies ist. Die Schweizerische Akademie der Medizinischen Wissenschaften ist dem Thema nicht ausgewichen. Beihilfe zum Suizid sei „nicht Teil der ärztlichen Tätigkeit". Jedoch könnte eine „Dilemmasituation" entstehen, angesichts derer es legitim sei, wenn der Arzt aufgrund einer persönlichen Gewissensentscheidung mit einer Suizidbeihilfe reagiere.[615]

Angesichts dieser Argumente werden auch in der Bundesrepublik Deutschland die Rechtspolitik sowie das ärztliche Standesrecht dem Thema des medizinisch assistierten Suizids in Zukunft nicht ausweichen können. Ihn unter eingrenzenden Bedingungen durch Gesetz zu tolerieren, legt sich aus verschiedenen Gründen nahe:

– Die in der Bundesrepublik Deutschland geltende Rechtslage ist binnenwidersprüchlich;
– suizidwillige Patienten fahren in das Ausland, vor allem in die Schweiz, so dass die Bewältigung moralischer Zweifelsfragen Nachbarländern aufgeladen wird;
– in der säkularen, wertepluralen Gesellschaft der Bundesrepublik Deutschland sind unterschiedliche persönliche Standpunkte zum Suizid anzutreffen;
– herkömmliche religiöse, philosophische oder moralische Einwände sind nicht mehr haltbar oder sind verblasst.

Geistesgeschichtlich wurden gegen den sogenannten Selbstmord die Einwände erhoben, er sei ein Vergehen 1. gegen sich selbst, 2. gegen die Gemeinschaft und 3. gegen Gott. Die Vorstellung, ein Selbstmord verletze die Ansprüche der Gemeinschaft, geht auf die griechische Antike zurück. Demzufolge besaß die Gemeinschaft, die polis, ein Anrecht auf den einzelnen Bürger, dem dieser sich nicht entziehen dürfe. Daher meinte Aristoteles, dass derjenige, der die Gemeinschaft durch Selbstmord schädigte, kein ehrenhaftes Begräbnis erhalten solle. Die christlichen Kirchen haben diesen Gedanken für ihre sakrale Ordnung, nämlich für die kirchliche Bestattung übernommen, lösen sich aber seit dem 20. Jahrhundert von ihm.

Innerhalb der Theologie und der Amtskirchen, vor allem katholisch, ist freilich nach wie vor der Einwand wirksam, die Selbsttötung bilde eine Auflehnung gegen Gott, der Schöpfer, Herr und Eigentümer des Lebens sei.[616] Hieraus mag sich erklären, dass die katholischen Bischöfe der Niederlande im November 2005 festlegten, nach aktiver Sterbehilfe dürfe keine kirchliche Beerdigung erfolgen; außerdem dürften den Sterbewilligen keine Sakramente gegeben werden. Der religiöse Vorbehalt, ein Selbstmord bedeute Auflehnung gegen Gott, kehrte im 20. Jahrhundert ebenfalls in der evangelischen Theologie wieder, z.B. bei

Dietrich Bonhoeffer. Andererseits hielt Bonhoeffer es für denkbar, das eigene Leben bewusst als Opfer für andere einzusetzen (Opfersuizid). Er zog sogar in Betracht, dass ein unheilbar Kranker aus Rücksicht auf seine Angehörigen eine Selbsttötung erwägen könnte, um ihnen wirtschaftliche oder seelische Lasten zu ersparen. Dabei vermied er moralische Verurteilungen und sprach an dieser Stelle nicht, wie er es sonst tat, von Selbstmord, sondern von Selbsttötung. Ihm zufolge ist das Leben nicht als das „höchste" Gut anzusehen; der Einzelne steht „in Freiheit seinem leiblichen Leben gegenüber".[617]

Bonhoeffers Reflexionen aus den 1940er Jahren sind interessant, weil sich in ihnen – relativ frühzeitig – auf theologischer Seite die Einsicht anbahnte, dass das „Recht" auf Leben, das jeder Mensch vorbehaltlos besitzt, nicht mit einer unbedingten „Pflicht zum Leben" oder mit einem von außen auferlegten Lebenszwang verwechselt werden sollte.

Dies gilt letztlich sogar in Anbetracht der Beziehung zwischen Gott als dem Schöpfer und dem Menschen als Geschöpf. Von Plato bis zu dem evangelischen Theologen Karl Barth dominierte die Auffassung, der Mensch dürfe das Leben, das eine Gabe oder ein Geschenk Gottes sei, nicht zurückweisen. Hierdurch würden Undankbarkeit und eine sündige Missachtung der Güte Gottes zum Ausdruck gebracht. In den 1980er Jahren hielt der niederländische Theologe Harry M. Kuitert diesem Argument entgegen:

> „Man kann zwar bekennen, dass das menschliche Leben durch Gott als Geschenk gemeint ist, aber das schließt nicht ein, dass wir es immer und überall als ein Geschenk annehmen *müssen*, auch wenn wir nichts mehr von dem Geschenkcharakter in unserem Leben fühlen. Es würde bedeuten, dass das Geschenk uns als Geschenk aufgezwungen wird", was „nicht mehr dem allerwesentlichsten Kennzeichen eines Geschenks entspricht, nämlich dass wir es als Geschenk *erleben*".[618]

Auch im engeren theologischen Sinn nötigt das Verständnis des Lebens als Geschenk und Gabe Gottes also nicht dazu, ein Leben, das zur unerträglichen Last geworden ist, unter allen Umständen auf sich nehmen oder verlängern zu müssen. Aus dem Gabe-Charakter des Lebens ist keine absolute Lebenspflicht abzuleiten. Bei ihren Reflexionen zum Thema des Suizid greifen dies in den Niederlanden und der Schweiz jetzt auch evangelische *kirchliche* Voten auf.[619] Einen ähnlichen Impuls setzte der Medizinrechtler Hans-Ludwig Schreiber:

> „Ich kann mir eigentlich nicht vorstellen, dass prinzipiell die Theologie gegen eine Lebensbeendigung in absolut hoffnungslosen Fällen Grundsätzliches einwenden kann. Ich kann mir Gott nicht anders vorstellen, als dass er dafür Verständnis haben wird, wenn ich ihm das mir gegebene Leben in hoffnungsloser Leidenssituation vorzeitig zurückgebe, mich zu ihm flüchte, wenn meine Krankheit unerträglich wird. Ich hoffe, dass er mich dann nicht zurückweisen wird, wenn ich Hilfe suchend früher zu ihm zurückkomme, als das nach normalem Lebensablauf der Fall wäre."[620]

Aktive Sterbehilfe und ärztlich assistierter Suizid gehören zu den tragischen Grenzsituationen, über die die Medizinethik und das Medizinrecht nachdenken. Eine Überschneidung zwischen beiden Handlungsarten besteht darin, dass der Tod des Patienten herbeigeführt wird. Jedoch unterscheiden sie sich insofern, als beim Suizid der Patient selbst die Handlung verwirklicht („Tatherrschaft"), während die direkte Sterbehilfe vom Arzt durchgeführt wird.

Auch zwischen der palliativen Sedierung, die zunehmend praktiziert wird, und der aktiven Sterbehilfe sind Überschneidungen zu konstatieren.[621]

Zweitens: Terminale Sedierung

Palliative Sedierung bedeutet die zeitweise oder kontinuierliche Gabe von Medikamenten, um einen Patienten vor als unerträglich empfundenem Leiden abzuschirmen. In zahlreichen Fällen läuft sie darauf hinaus, dass der Patient unter vollständiger Abdämpfung seines Bewusstseins dann verstirbt. Der Tod wird freilich nur indirekt, als Nebenfolge der Leidenslinderung, bewirkt. Insofern besitzt die palliative Sedierung eine Schnittmenge mit der herkömmlichen indirekten oder indirekt-aktiven Sterbehilfe (s.o. S. 244f) und darüber hinaus mit der passiven Sterbehilfe.

Die Analogie zur passiven Sterbehilfe ergibt sich dadurch, dass sich die Einstellung von Ernährung und Flüssigkeitszufuhr als „Unterlassen" der Weiterbehandlung deuten lässt. Das Subjekt der Handlung ist aber auf jeden Fall der Arzt – wodurch die Vergleichbarkeit zur indirekten, indirekt-aktiven oder aktiven Sterbehilfe entsteht: „In many cases, terminal sedation amounts to euthanasia because the sedated patient often dies from the combination of two intentional acts by the physician – the induction of stupor or unconsciousness and the withholding of food and water."[622] Indem im angloamerikanischen Schrifttum die „terminal sedation" oft dem „medical assisted suicide" zugeordnet wird, werden Definition und Deutung nochmals komplizierter.[623] US-amerikanische Stimmen gaben zu bedenken, die terminale Sedierung sei verglichen mit der Suizidbeihilfe sogar anfälliger für Missbrauch, da sie ohne informed consent durchführbar sei; sie beeinträchtige die Kontrolle des Betroffenen über sein Sterben und könne als „unwürdiger" betrachtet werden.[624] Andere Stimmen ergänzen, dass das Missbrauchspotential bei der terminalen Sedierung geradezu größer als dasjenige bei der aktiven Sterbehilfe sein könnte.[625]

Das Motiv für eine gezielte palliative Sedierung ist die Linderung von Schmerzen, die sich auf anderem Weg nicht mehr hinreichend dämpfen lassen. Abgesehen von extremem Schmerz können schwere Agitation, Selbst- und Fremdgefährdung bei Bewusstseinsminderung oder psychotischem Zustand, Angst, Luftnot, unerträgliche Destruktion des Körpers der Beweggrund sein. Sofern die palliative Sedierung eingesetzt wird, um einen schwerst leidenden Patienten symptomkontrolliert, unter Ausschaltung des Bewusstseins in den Tod gleiten und ihn „einschlafen" zu lassen, ist präzisierend eigentlich von direkter, kontinuierlicher, finaler oder terminaler Sedierung zu sprechen. Im Rahmen der terminalen Sedierung werden die künstliche Ernährung oder Flüssigkeitszufuhr oder die Respiration abgebrochen. Daraus kann eine Lebensverkürzung resultieren; umgekehrt ist aber auch nicht ausgeschlossen, dass die Sedierung das physische Leben faktisch sogar verlängert. Gegebenenfalls bleibt es uneindeutig und wird es zur Frage der Interpretation, ob die Patienten an ihrem Grundleiden oder aufgrund der Sedierung versterben.

So schwierig sich die Bestimmung des Verhältnisses zwischen terminaler Sedierung, passiver, aktiver und indirekter Sterbehilfe darstellt, ist diese Behandlungsform in Deutschland ethisch sowie rechtlich grundsätzlich legitim.[626] Im Unterschied zur aktiven Sterbehilfe ist sie reversibel, da der Tod des Patienten nicht direkt eintritt. Nun lassen sich hier keine medizinischen Einzelheiten oder einzelne Situationen erörtern. Stattdessen sei das Anliegen in den Vordergrund gerückt, dass für die Anwendung von palliativer/terminaler Sedierung das

Gebot der Offenheit und Transparenz gelten sollte und dass Kriterien etabliert werden sollten. Ethisch ist im Kern hervorzuheben: Eine palliative/terminale Sedierung darf nur durchgeführt werden

– mit Einwilligung, mindestens mit mutmaßlicher Einwilligung des Patienten
– und im wohlverstandenen Interesse des Patienten,
– nach vorheriger Information und Aufklärung der Angehörigen über den Sachverhalt, in Absprache mit ihnen und mit kontinuierlicher Begleitung der Angehörigen, die möglicherweise psychisch stark belastet werden,
– unter der Voraussetzung, dass anderweitige Behandlungsalternativen ausgeschöpft sind,
– nach Abklärung der Tiefe der Sedierung,
– unter Klärung der Frage, wann die Sedierung unterbrochen wird, so dass der Patient noch einmal die Möglichkeit zur Willensäußerung und zur Kommunikation erhält,
– nach Erörterung dessen, ob und wann die Beendigung der Zufuhr von Nahrung und Flüssigkeit gewünscht wird,
– unter der Voraussetzung der Konsensfindung zwischen Ärzten und Pflegenden,
– unter der Voraussetzung, dass die Entscheidungsgründe für Dritte nachvollziehbar sind und dass sie dokumentiert werden.

Die Steigerung ethischer Verantwortung, von der einleitend (s.o. S. 20) die Rede war, steht derzeit angesichts der palliativen oder terminalen Sedierung auf dem Prüfstand. Ob zur terminalen Sedierung neben der Reflexion durch die Medizin und ihre Fachgesellschaften – die Schweiz ist hierin beispielgebend[627] – gesetzlicher Regelungsbedarf besteht, wird auf Dauer zu klären sein. Zur Zeit ist vordringlich, über das Thema überhaupt offener zu diskutieren und ethische Kriterien zu entfalten, so wie dies voranstehend erfolgte.

6. Palliativmedizin und Gesundheitsschutz bei Schwerkranken und Sterbenden

Anders als die Handlungsoptionen, die voranstehend erörtert wurden, wirft die palliative Medizin als solche grundsätzlich keinen ethischen Zweifel auf. In ihrem Ansatz und ihren Leitbildern ist sie ethisch uneingeschränkt zu befürworten. Davon bleibt unberührt, dass bestimmte Fall- und Entscheidungskonstellationen genauer betrachtet werden müssen, z.B. die soeben erwähnte palliative oder terminale Sedierung als Teil der Palliativmedizin.

Die palliative (= lindernde) Medizin betreut Menschen, die sich in einem unheilbaren Zustand von Krebs, Immunschwäche oder fortgeschrittenen neurologischen Krankheiten befinden. Anders als die im klinischen Alltag dominierende kurative Medizin verfolgt die palliative Medizin nicht mehr das Ziel der Heilung. Vielmehr liegt ihr an der humanen Begleitung bei Krankheit und Sterben, an Schmerzlinderung, körperlicher symptomatischer Betreuung und seelischer Zuwendung. Diese Aufgaben werden durch ein Team wahrgenommen, dem mehrere Berufsgruppen – Mediziner, Pflegepersonal, Psychologen, Sozialarbeiter, Geistliche – angehören. In der Gegenwart steigt nicht nur die Lebenserwartung der Menschen, sondern damit verbunden nimmt die Zahl der Krankheitszustände, vor allem der Krebskrankheiten zu, die sich nicht mehr kurativ, heilend behandeln lassen. Die Hospizbetreuung und die palliative Medizin haben Schmerzlinderung und ein mitmenschlich begleitetes Sterben, d.h. eine integrierte Sterbebegleitung zum Ziel.[628] Der Sache nach sind für sie die Würde des Sterbens als Teil der Menschenwürde, die humane Begleitung von Schwerkranken und Sterbenden, also die Solidarität und die schützende Gerechtigkeit, sowie die Befähigungs- und Partizipationsgerechtigkeit die normativen Leitideen. Die Befähigungsgerechtigkeit konkretisiert sich auch durch Unterstützung und Begleitung der Angehörigen.

Medizin- und kulturgeschichtlich ist es keine Selbstverständlichkeit, dass Ärzte selbst sich für eine humane Sterbebegleitung engagieren. Vielmehr verdankt sich dies einem moralischen Fortschritt der Moderne. Erst seit der Aufklärung kennt die Arztethik die ganzheitliche Betreuung Sterbender. Im antiken hippokratischen Arztethos war sie noch nicht verankert. Traditionell endete der Auftrag des Arztes, wenn seine Hilfe sich als erfolglos erwies. In „hoffnungslosen Fällen" sollte – so Hippokrates – der Arzt von weiterer Behandlung absehen, „denn wenn er den Patienten weiter behandele und dieser stirbt, könne das von anderen als Versagen des Arztes ausgelegt werden". Den Gedanken, dass auch gegenüber Sterbenden eine genuin ärztliche Verpflichtung besteht, entwickelte die Medizin letztlich erst im 18. Jahrhundert, und zwar im Horizont der Aufklärungsphilosophie. Im deutschen Sprachraum war der Mediziner Christoph Wilhelm Hufeland (1762–1836) hierfür ein Vordenker. Bei dem englischen Mediziner Thomas Percival (1740–1804), Verfasser einer „Ärztlichen Ethik" oder „Medizinethik" (1803), wird ersichtlich, dass sogar noch die Aufklärungsethik zurückhaltend war, den Arzt mit der Aufgabe zu betrauen, den nahenden Tod mitzuteilen. Der Arzt soll – so Percival – „für den Kranken der Träger von Hoffnung und Trost sein" und daher mit medizinischen Methoden „gegen den niederdrückenden Einfluss" der Krankheiten „streiten, die dem Philosophen seine Seelenstärke und dem Christen seine Zuversicht rauben." Angesichts des Sterbens sah Percival für ärztliches Handeln einen Wert- und Zielkonflikt zwischen der Vermittlung von Hoffnung und der Mitteilung der Wahrheit. Als Ausweg schlug er vor, nicht der Spitalarzt selbst, sondern der jüngere Assistenzarzt solle den Kranken auf das nahe Ende vorbereiten, wozu dann auch praktische Ratschläge über die Niederschrift eines Testamentes und Vergleichbares gehörten. Das Verdienst der Aufklärungsethik, ein Ethos der ärztlichen Sterbebegleitung gefördert zu haben, kommt vor allem dem Mediziner und Philosophen John Gregory (1724–1773) zu. Er war Vertreter einer *Common Sense Philosophy*, die christlich-abendländische Traditionen, liberal-aufgeklärte Ideale und empirisch-psychologische Motive kombinierte. Gregory forderte ärztliche Sterbebegleitung auch für aussichtslose Fälle:

> „Ich muss hier die jungen Ärzte vor der Gewohnheit einiger Praktiker warnen, welche ihre Kranken verlassen, wenn sie ihr Leben aufgeben, weil es nun nicht länger schicklich sei, ihnen weitere Unkosten zu verursachen. Es gehört sich nicht nur für den Arzt, Krankheiten zu heilen, sondern auch, Schmerzen zu lindern, und, wenn der Tod unvermeidlich ist, wenigstens den Weg dazu zu ebnen."[629]

Die Verpflichtung des Arztes zur humanen Sterbebegleitung, die in der Aufklärungsepoche erkannt wurde, wird von der heutigen Palliativmedizin nun in institutioneller Form verwirklicht. Palliativmedizin repräsentiert eine neue Stufe ärztlicher Sterbebegleitung. In Deutschland wurden anfangs Einwände erhoben. Die deutschen katholischen Bischöfe lehnten am 30.06.1978 in einer Stellungnahme an den Bundesminister für Jugend, Familie und Gesundheit die ärztliche Sterbebegleitung ab („Eine medizinische und pflegerische

Betreuung, die es ausschließlich mit Sterbenden ohne Aussicht auf Genesung zu tun hat, bedeutet geradezu eine Verkehrung ärztlicher Aufgaben und Standespflichten") und widersprachen der Einrichtung von damals sogenannten Sterbekliniken oder Sterbeheimen. Inzwischen werden Hospize und Palliativstationen aber breit unterstützt. Palliativeinrichtungen stehen unter ärztlicher Leitung und sind an Kliniken angeschlossen. Darin unterscheiden sie sich von den Hospizen, für die das 1967 von Cicely Saunders gegründete Londoner St. Christopher's Hospice zum Modell geworden ist. Sinnvollerweise verstärkt sich jetzt das Zusammenwirken von Hospizbetreuung und Palliativmedizin. Im Unterschied zur reinen Hospizbetreuung sterbender Menschen schließt die palliative Medizin ggf. Chemotherapie, Bestrahlung oder operative Eingriffe ein. Die stationäre palliative Behandlung orientiert sich daran, dass Patienten wieder zu Hause leben können: Neben der stationären Behandlung stellt der ambulante Hausbetreuungsdienst einen Schwerpunkt der palliativen Medizin dar.

Das Anliegen palliativer Medizin bildet gemäß der Begriffsbestimmung der Weltgesundheitsorganisation (WHO) von 1990 die „aktive Gesamtbehandlung von Kranken, deren Leiden auf kurative Behandlung nicht anspricht": „Kontrolle von Schmerzen, von anderen Symptomen sowie von psychischen, sozialen und spiritualen Problemen ist von entscheidender Bedeutung. Das Ziel der palliativen Behandlung ist es, die bestmögliche Lebensqualität für Patienten und deren Familien zu erreichen."[630] Zugleich liegt der Weltgesundheitsorganisation daran, durch palliative Behandlung den Tod weder zu beschleunigen noch zu verzögern. Es geht um Sterbenlassen; aktive Sterbehilfe ist ausgeschlossen. In einer Überarbeitung ihrer Definition führte die WHO 2002 zwei weitere Begriffe ein: Vorbeugung und frühzeitige Erkennung. Hierdurch wird zum Ausdruck gebracht, dass nicht nur die Betreuung in der Endphase von Krankheit und Sterben, sondern generell die Wahrung von Lebensqualität bei einer lebensbedrohlichen Erkrankung im Blickfeld stehen soll.[631]

Großen Wert legt die Palliativmedizin auf Schmerzbehandlung. In Deutschland hatte 1996 sogar der Bundesgerichtshof durchblicken lassen, dass sich die Schmerztherapie erheblich verbessern lasse. In einer Urteilsbegründung verwies der BGH auf ein gutachtliches Votum, dem zufolge „die neuere Schmerzforschung zu einer Streubreite von indizierten Opiatdosen geführt habe, die vor einigen Jahren noch nicht vorstellbar gewesen seien".[632] In anderen Ländern, darunter Dänemark, werde schon länger eine sehr viel höhere Morphindosierung vorgenommen als in Deutschland. Den Einwand, hierdurch werde Sucht und Abhängigkeit erzeugt, hat die schmerztherapeutische Forschung entkräftet. Bei sachkundiger Anwendung, d.h. wenn Mittel mit morphinartigen Wirkungen nicht situativ nach Bedarf, sondern in festen zeitlichen Abständen verabreicht werden, kommt es nicht zur Sucht. Tumorpatienten verlangen nach den schmerzstillenden und nicht nach den psychischen Effekten von Mitteln mit morphinartigen Wirkungen. Die Weltgesundheitsorganisation hat zur Schmerzbehandlung einen Stufenplan vorgelegt, der von nicht opiathaltigen Analgetika über schwächere bis zu starken Opiaten reicht. Zur Schmerzbekämpfung ist ein individuell angepasster Einsatz dieser Substanzen medizinisch sinnvoll, ethisch geboten und rechtlich zulässig. Aufgrund dessen kann die heutige palliative Medizin leidende Menschen, unter Kontrolle der Nebenwirkungen, von ihren Schmerzen in der Regel weitgehend entlasten. Aus den Grenzfällen therapieresistenter Schmerzen resultiert die Problematik der palliativen oder terminalen Sedierung, von der oben die Rede war.

An die Motive der Palliativmedizin anknüpfend und namentlich das Anliegen des Gesundheitsschutzes aufgreifend, sind hier abschließend exemplarisch drei Fragestellungen zu nennen, die unter den schwer Kranken oder Sterbenden verschiedene Gruppen betreffen.

1. Patienten, die unter chronischen, postoperativen oder präfinalen Schmerzen leiden, besitzen in moralischer und sogar in rechtlicher Hinsicht einen *Anspruch*, dem Stand der Schmerzforschung entsprechend in wirksamer Form von ihren Schmerzen entlastet zu werden. Dies ergibt sich letztlich aus dem Grundrecht auf Gesundheitsschutz. Aus ihm lassen sich Schutzrechte von Schmerzpatienten und ihr Anrecht auf eine ihrer Lebenssituation gemäße bestmögliche gesundheitliche Versorgung ableiten. „Auch aus Rechtsgründen", d.h. aufgrund positiv-rechtlicher Vorgaben, ist ein Arzt verpflichtet, die wissenschaftlich belegten Methoden der Schmerzreduktion auszuschöpfen bzw. den Patienten an einen Spezialisten weiterzuleiten.[633]

2. Es gilt, das Grundrecht auf Gesundheitsschutz und gesundheitliche Versorgung ebenfalls in Pflegeeinrichtungen umzusetzen. In diesem Licht ist die Fixierung von Patienten, das Festbinden im Bett durch Gurte o.a., häufig hochproblematisch – erst recht, wenn dies ohne Einwilligung geschieht.[634] Die Stuttgarter Robert-Bosch-Gesellschaft und die Evangelische Fachhochschule Freiburg/Br. konzipierten ein Modellprojekt mit verschiedenen Interventionsmöglichkeiten, um Fixierungen zu vermeiden (Dokumentation, Hüftschutzhosen, um Oberschenkelhalsbrüche zu verhindern, „Pflegenester" am Boden, Sensoren, die dem Pflegepersonal das Aufstehen oder die Strangulierungsgefahr von Demenzkranken signalisieren).[635] Die Initiative bietet ein Beispiel dafür, dass sich der Gesundheitsschutz und die Persönlichkeitsrechte von Pflegebedürftigen besser wahren lassen, als es faktisch oft der Fall ist.

3. Besondere Förderung verdienen Palliativstationen und Hospizeinrichtungen speziell für Kinder. In der Einrichtung von Kinderhospizen war wiederum England Wegbereiter.[636] In Deutschland leiden nach Angaben von 2007[637] ca. 22 600 Kinder und Jugendliche an lebensverkürzenden Krankheiten; jährlich sterben mehr als 1500. Aufgrund der besonderen Situation und der Bedürfnisse der Kinder, angesichts der Belastungen für ihre Eltern und Familienangehörigen und im Blick auf den notwendigen Kontakt zwischen dem kranken Kind und den Angehörigen ist eine ambulante sowie eine wohnortnahe Kinderhospizversorgung unerlässlich. Die gesundheitliche Versorgung schwerkranker oder sterbender Kinder in Hospizen und die Unterstützung ihrer Angehörigen ist flächendeckend noch nicht umfassend gesichert, besonders noch nicht in östlichen Bundesländern.[638]

Ausblick. Patientzentrierte Medizin und das Recht auf Schutz der Gesundheit
in sozialethischer Hinsicht

Die voranstehenden Bemerkungen haben nochmals zutage treten lassen, dass die Medizinethik heutzutage zielgruppenorientiert denken und sie die legitimen, im einzelnen oft divergierenden Interessen verschiedener Patientengruppen ins Licht rücken sollte. Besondere Verantwortung trägt die Medizinethik für die Gruppe der vulnerablen Patienten, die ihre Interessen selbst nicht zur Geltung zu bringen vermögen. So gesehen wird die Ethik der Medizin zur advokatorischen Ethik z.B. zugunsten des Gesundheitsschutzes und der gesundheitlichen Versorgung von Kindern, die eine herkömmlich vernachlässigte Patientengruppe bilden (s.o. S. 215f).

Insgesamt hat Teil B des Buches medizinische Entscheidungskonflikte „an den Grenzen des Lebens" erörtert. Der Begriff der Grenze lenkt auf eine Mehrzahl von Gesichtspunkten die Aufmerksamkeit. Die in Teil B entfalteten Einzelthemen der humanen embryonalen Stammzellforschung, der Fortpflanzungs- und Transplantationsmedizin oder des Umgangs mit schwerster Krankheit und Sterben berühren die Anfangs- und Endphase der menschlichen Existenz, auf die heutzutage in sehr viel höherem Maß medizinischer Zugriff möglich ist als noch vor wenigen Jahrzehnten. Gleichzeitig wird inzwischen deutlich, dass die Übergänge zwischen dem Noch-nicht- oder Nicht-mehr-Sein des Menschen und dem „realen" Sein gleitend sind. Schon in der älteren Medizin- und Kulturgeschichte war man sich darüber im Klaren gewesen, wie fließend die Grenzen zwischen „krank" und „gesund" sind (s.o. S. 57, S. 61). Diese Einsicht ist heute dahingehend zu ergänzen, dass die Grenzen des menschlichen Lebens selbst, nämlich sein Anfang und sein Ende, prozesshaft zu deuten sind. Konkret wird dies u.a. daran ersichtlich, dass vorgeburtliches embryonales Leben *zunehmend* zum Individuum wird (s.o. S. 168f u.ö.) oder dass das Hirntodkriterium lediglich einen – als solchen zweifellos gut begründeten, verlässlichen – kriterialen Einschnitt im Rahmen des verlöschenden Lebens darstellt (s.o. S. 218ff, S. 248).

Von „Grenzen des Lebens" ist noch in anderer Hinsicht zu sprechen. Die in Teil B behandelten Themen repräsentieren „Grenzsituationen" der menschlichen Existenz, an denen Grundfragen des menschlichen Selbstverständnisses, des Transzendenzbezugs und der Sinndeutung aufbrechen. Der Arzt und Philosoph Karl Jaspers bezeichnete solche „Grenzsituationen" als „Grundsituationen". Wenn Menschen sich mit Krankheit und dem Ende des Lebens auseinandersetzen müssen, werden sie sich ihrer Endlichkeit bewusst, fragen nach religiöser oder weltanschaulicher Sinngebung und stehen vor der Aufgabe, zu sich selbst zu finden: „Die Größe des Menschen liegt in dem, was er in der Erfahrung der Grundsituationen wird."[639] Angesichts dessen, dass der medizinische Fortschritt in ganz neuartiger Weise mit Grenzsituationen konfrontiert, erlangen Reflexionen im Schnittfeld zwischen Medizin einerseits, Philosophie, Theologie, Religions- und Kulturwissenschaften andererseits einen neuen Stellenwert.[640] Die gedankliche Befassung mit solchen Grenzfragen führt zur Inter- und Transdisziplinarität und überdies zum interkulturellen Dialog sowie zur Toleranz. Denn im ärztlichen und klinischen Alltag wird zunehmend bedeutsam, in Anbetracht existentieller Grenzsituationen unterschiedliche religiöse und weltanschauliche Überzeugungen von Patienten zu achten.

Für die Ethik selbst ist hervorzuheben: In der Auseinandersetzung mit den „Grenzen" des

Lebens vor oder im Umkreis der Geburt, bei schwerster Krankheit und beim Sterben stoßen ethisch-normative Urteilsfindungen ihrerseits auf bestimmte Grenzen. In Teil B des Buches wurden medizinethische Abwägungen u.a. zur Fortpflanzungsmedizin, zur embryonalen Stammzellforschung, zu Themen der Sterbebegleitung oder Sterbehilfe vorgetragen. Solche Abwägungen müssen fortlaufend überprüft und auf der Basis veränderter medizinischer, natur-, sozial- oder geisteswissenschaftlicher Erkenntnisse ggf. revidiert und präzisiert werden. Religiös und kulturell überlieferte Normen sind auf die heutigen medizinischen Problemstellungen nur bedingt zugeschnitten. Daher ist die Verantwortung gegenwärtiger Ethik „für" Normen und Werte bzw. für eine patientzentrierte, humane und sachgerechte Fortentwicklung normativer Standards zu betonen (s.o. S. 20f).

Analog gilt für die Rechtswissenschaften und den Gesetzgeber, dass juristische oder gesetzliche Normierungen permanent zu überprüfen und, sofern erforderlich, zügig zu korrigieren sind (s.o. S. 112, S. 205). In Teil B des Buches sind Beispiele für die Notwendigkeit, vorhandene Gesetze kritisch zu überdenken und sie fortzuentwickeln, genannt worden (s.o. S. 140, S. 141, S. 145, S. 196, S. 200, S. 204f, S. 214f, S. 229ff, S. 241, S. 264ff, S. 280, S. 283 u. passim). Im modernen Rechtsstaat sollten medizinrechtliche Normierungen, die sach- und zeitbedingte Grenzen haben, von vornherein revisionsoffen angelegt werden.

Auf diese Weise gelangt abschließend die rechts- und sozialethische Dimension heutiger Medizinethik in das Blickfeld. So sehr die Patienten selbst sowie Angehörige, Ärzte oder Pflegende sich individuell mit konkreten Entscheidungen zu Fragen von Gesundheit und Krankheit beschäftigen müssen und so sehr in diesem Zusammenhang der Stellenwert des Patientenrechts auf Freiheit und Selbstbestimmung zu betonen ist: Gleichzeitig ist der Rechts- und Sozialstaat als Ganzer in die Pflicht genommen, institutionell und strukturell zur Entlastung der einzelnen Menschen beizutragen. Dies betrifft nicht nur die Gerechtigkeit in der Verteilung von Ressourcen oder den Ausbau von Institutionen zur medizinischen und psychosozialen Beratung. Vielmehr ist auch in Betracht zu ziehen, das Fach Gesundheitserziehung/Gesundheitsbildung in Schulen verstärkt einzuführen. Ethisch-normativ steht hierfür die Idee der Partizipationsgerechtigkeit Pate (s.o. S. 108ff). Sie zielt darauf ab, dass Staat und Gesellschaft die einzelnen Menschen in die Lage versetzen sollten, mit hochkomplex gewordenen gesundheitsbezogenen Entscheidungsfragen – bis hin zur prädiktiven Medizin – eigenständig umgehen und eigenverantwortlich Gesundheitsvorsorge bzw. Verhaltensprävention üben zu können. Hierdurch verschränken sich im Übrigen die Grundrechte auf Gesundheitsschutz und auf Bildung.

Neben der individuellen Verhaltensprävention ist daher die Notwendigkeit institutioneller Verhältnisprävention zu unterstreichen. Die Institutionalisierung gesundheitlicher und psychosozialer Beratung sowie gesundheitsbezogener Bildung stellen hierfür wichtige Bausteine dar. Breiter ausgreifend wären Aufgaben staatlicher und öffentlicher Verhältnisprävention im Bereich der Arbeitswelt, der Abfederung des Klimawandels (Infektionsschutz; Vorsorgemaßnahmen zugunsten Älterer und Pflegebedürftiger in Hitzesommern u.a.) und weitere Themen zu entfalten. Die in diesem Buch in den Mittelpunkt gerückten normativen Leitideen – Gesundheitsschutz; Selbstbestimmungsrecht; Partizipationsgerechtigkeit – lassen sich auch in dieser Hinsicht konkretisieren und umsetzen.

Anmerkungen

1 Zit. nach Neumann 1991, 348.
2 Stock 2002, 13, 21.
3 Frühwald 2002, A 1284.
4 Habermas 2001, 122f; cf. ders., in: Sandel 2008, 7–14.
5 Foucault 1978, 75.
6 Schweitzer Bd. II, 113, 399.
7 Schweitzer Bd. II, 391.
8 Cf. Schweitzer Bd. II, 108f.
9 Schulz 1989, 330f.
10 Zu Einzelnachweisen: cf. Kreß 2005b, 228.
11 Böckenförde 2003, 811.
12 Baeck 1921, 166, 168.
13 Cf. Kreß 1999, 11–35.
14 So Kant in seiner „Metaphysik der Sitten", cf. Kreß 1997, 159.
15 Löwith 1928, 170. Cf. Kreß 1985, 187–192.
16 Wieder abgedruckt in: von Weizsäcker GS V, 9–26.
17 Cf. von Weizsäcker GS VII, 370.
18 Von Weizsäcker GS V, 26.
19 Von Weizsäcker GS V, 56ff.
20 Cf. von Weizsäcker GS VI, 176.
21 Cf. von Weizsäcker GS IX, 525.
22 Von Weizsäcker GS V, 295.
23 Von Weizsäcker GS V, 309.
24 Von Weizsäcker GS V, 20.
25 Cf. von Weizsäcker GS V, 189, 115.
26 Zit. bei Engelhardt 1999, 118.
27 Cf. Engelhardt 1999, 15.
28 Buber 1962, 285. Ausführlicher zu den Kriterien des Dialogs bei Buber: Kreß 1985, 173–187.
29 Schweninger 1906, 23, 28.
30 Cf. Schaeffer / Schmidt-Kaehler 2006.
31 Cf. Simmel 1901 / 1902, 401.
32 Cf. Engelhardt 1999, 150ff. Zitat: Ders., in: notabene medici 4/2001, 185.
33 Böckle 1995, 264.
34 Sass 2000, 110.
35 Zit. nach Ärzte-Zeitung 11.09.2007; cf. Schmidtke et al. 2007.
36 Henn / Schindelhauer-Deutscher 2007, 179.
37 Krones / Richter 2008, 824f; cf. Klemperer 2003.
38 Cf. Kürzl 2004.
39 Cf. Kreß / Küpker 2007; Thorn / Wischmann 2008.
40 Cf. Kettner (ed.) 1998.
41 Cf. Hildt 2008, 832f.
42 Cf. Mackenbach et al. 2008; Robert Koch-Institut 2008.
43 Ilkilic 2001, 79, 81.
44 Cf. Ilkilic 2008a, 40ff.
45 Cf. Aichberger et al. 2008.
46 Cf. Gesang 2007.
47 Seusing 1986, 35.
48 Cf. Antes 2002.
49 Von Harnack 1924, 136, 148.
50 Ausführlicher Kreß 1997, 147ff.
51 Leibniz, in: Hartmann / Krüger 1976, 60.
52 Cf. Krüger 1973, 230.
53 Cf. z.B. Gesundheit – höchstes Gut? Woche für das Leben. Eine Initiative der katholischen und der evangelischen Kirche, 5. bis 12. April 2008, Themenheft, download unter www.woche-fuer-das-leben.de, dort u.a. die Beiträge von Karl Kardinal Lehmann, 6ff, Klaus Fleischer, 18, Manfred Lütz, 23f.

54   Wanke 2005, 143.
55   Zit. nach aerzteblatt.de 25. März 2008: „Huber kritisiert Unsterblichkeits-Streben in der Medizin"; cf. Huber 2006.
56   Staats 1999, 175.
57   Cf. Lehmann 2006, 23ff.
58   Cf. Knoepffler 2006, 85 Fn. 12.
59   Engelhardt 2003, 2697. Cf. Science Daily April 10, 2007: „Most physicians believe that religion influences patients' health".
60   Cf. Engelhardt 2003; Ärzte-Zeitung 07.11.2007: „Kann Religiosität kranken Menschen schaden?"; Benson 2006 (hierzu Ärzte-Zeitung 07.06.2006: „Richten Gebete für kranke Menschen Schaden an?").
61   Cf. Sölle 1973; Moltmann 1993.
62   Cf. Koios 2006, 133.
63   Sekretariat der Deutschen Bischofskonferenz (ed.) 1987, 30; cf. Sekretariat (ed.) 1984.
64   Cf. Kriele 2007, 102ff.
65   Cf. Dethlefsen / Dahlke 1990, 342ff; Beck 2000, 367ff.
66   Aus der Fülle der Studien: Dalton 2004, Bergelt 2005.
67   Cf. Engelhardt 2005a.
68   Download unter www.bundesaerztekammer.de.
69   Foucault 1978, 94.
70   Zit. nach Labisch 1992, 253; Mann 1991, 209.
71   Cf. Labisch 1992, 51–60.
72   Cf. Kreß 1997, 141.
73   Cf. Labisch 1992, 88ff.
74   Cf. Herzlich / Pierret 1991, 29.
75   Zit. nach Labisch 1992, 89.
76   Pettenkofer 1873, 6.
77   Illich 1977, 93, 94f, 96.
78   Ausführlicher: Kreß 1997, 145f.
79   Cf. Beier 2002.
80   Cf. Lehmann 2006, 238–244; ethische Überlegungen: Bockenheimer-Lucius 2002.
81   Cf. Lerchl 2008.
82   Zit. bei Waller 1995, 157.
83   British Medical Journal 324: 2002, 885 (Richard Smith); in dieser Ausgabe des BMJ zahlreiche Beiträge zum Problem der Medikalisierung.
84   Cf. New Scientist 12th March 2003: „World's first brain prosthesis revealed".
85   Cf. Kreß 1997, 190–197, Zitat ebd. 195; cf. Freed et al. 2001.
86   Linke 1993, 57.
87   Cf. Winkler et al. 2005; Lindvall / Björklund 2004.
88   Cf. Schlaepfer et al. 2008.
89   Deuschl 1998, 254.
90   Cf. Lindvall / Björklund 2004.
91   Nietzsche, Die fröhliche Wissenschaft Nr. 120 = Werke II 123.
92   Cf. von Engelhardt 1998, 112.
93   Cf. Paul 2006, 134f.
94   Descartes 1870, 111.
95   Leibniz, abgedruckt in: Hartmann / Krüger 1976, 51.
96   Zit. nach Hess 2000, 160f, 276f; cf. ebd. 208ff.
97   Hierzu z.B. Forschungsergebnisse der Programmgruppe „Mensch, Umwelt, Technik" des Forschungszentrums Jülich unter www.emf-risiko.de/sitemap.html.
98   Leinmüller 2003.
99   Simmel 1892, 163; cf. Simmel 1890, 100ff (Kap. 5: „Über die Kreuzung sozialer Kreise").
100   Cf. Kivimäki et al. 2002; Robert Koch-Institut 2003.
101   Cf. Sachverständigenrat 2005.
102   Cf. Aichberger et al. 2008, 436f.
103   Cf. Payer 1996.
104   Cf. Berlin-Institut 2007.
105   Böckle 1995, 234.
106   Von Engelhardt 1998, 112.
107   Robert Koch-Institut 2006, 17.

108 Zit. nach Ilkilic 2005, 1.
109 Zit. nach Loth 2005, 133.
110 Cf. Yildirim-Fahlbusch 2003.
111 Antes 2002, 211.
112 Hippokrates, De morbo sacro, I, zit. nach Weisser 1991, 14.
113 Zit. nach Schipperges 1995, 46.
114 Zit. nach Mann 1991, 214.
115 Reischle 1899, 75.
116 Cf. Schlegelberger 2000; dort auch die nachfolgend wiedergegebenen Zahlenangaben.
117 Cf. aerzteblatt.de 26.09.2007: „Brustkrebs-Gene beeinflussen Überleben bei Lungenkrebs".
118 Cf. Easton et al. 2007 sowie weitere Publikationen.
119 Zubieta et al. 2003, 1240.
120 Cf. AbdelMalik et al. 2003.
121 Cf. Jerrard-Dunne et al. 2003.
122 Cf. Cawthon et al. 2003.
123 Henn 2000b, 342, aufgegriffen im Schlussbericht der Enquete-Kommission „Recht und Ethik der modernen Medizin", Bundestags-Drucksache 14/9020, 14.05.2002, 129.
124 Cf. Genetik und Gesundheitsforschung, Teil 1, in: Bundesgesundheitsblatt – Gesundheitsforschung –
Gesundheitsschutz 49: 2006, 961–1019, Teil 2, in: Bundesgesundheitsblatt – Gesundheitsforschung –
Gesundheitsschutz 50: 2007, 133–208.
125 Propping 2001, 99.
126 Cf. Band et al. 2002.
127 Cf. Hamer 2002.
128 Cf. Plomin / Kosslyn 2001.
129 Cf. Propping 2001, 91.
130 Cf. Simmel 1968, 174–230.
131 Cf. Kerr et al. 2003.
132 Cf. Kürzl 2004.
133 Cf. Bundesminister für Forschung und Technologie 1991, 135f.
134 Cf. Kukk 2000, 61ff, 68f.
135 Münch 2002, 184.
136 Cf. Hufen 2007, 224ff.
137 Zit. nach Kobusch 1993, 24.
138 Cf. Böckle 1977, 86ff.
139 Cf. Tillich 1958, 298f.
140 Luther 1991, Bd. 4, 285.
141 Cf. Henn 2000a, 172.
142 Henn 2000a, 175, 174.
143 Cf. Bischoff 2005.
144 Cf. Heinrichs 2007, 170f.
145 Cf. Lindner 2007.
146 V. d. Daele 2007, 149.
147 Cf. Gesang 2007; Hildt 2008.
148 Virchow 1992, 364f.
149 Zit. nach Böhme 1993, 173.
150 Virchow 1992, 478f.
151 Virchow 1992, 479.
152 Cf. Jung 1982, 32f.
153 Child Soldiers Global Report 2008, download unter http://www.childsoldiersglobalreport.org/.
154 Noguchi 2005, 41.
155 Zit. nach Jung 1982, 33f. Cf. Art. Gesundheitspflege, in: Meyers Großes Konversations-Lexikon, 6. Aufl.
1905–1909, Bd. 7, 752ff.
156 Cf. Brennecke 2007, 248.
157 Cf. Jankrift 2003, 19f.
158 Soussan 2004, 196.
159 Cf. Nordmann 2006a.
160 Cf. Kreß 2008b, 814f.
161 Zit. bei Jung 1982, 66; Übersicht über internationale Erklärungen und Verfassungstexte zum Recht auf
Gesundheit ebd. 57–93.

162 Cf. Böckle 1977, 286f.
163 Cf. Murswiek 1992, 261, 262, 266ff.
164 Cf. Verselyté 2005, 25.
165 Cf. Bloch 1959, Kap. 35, 526–546.
166 Grönemeyer 2005, 19f.
167 Cf. Mack 2000, 187; einschränkend: Jung 1982, 74; zusammenfassend: Verselyté 2005, 102ff.
168 Cf. Seewald 1981, 54f, 60, 68; Hufen 2007, 211.
169 Seewald 1981, 116.
170 Seewald 1981, 114. – Cf. auch den Beschluss des Bundesverfassungsgerichts vom 02.08.2001 1 BvR 618/93.
171 Cf. Kirchenamt der EKD 1999.
172 Cf. OLG Frankfurt a. M.: Schmerzensgeld für Jungen wegen Beschneidung, Beschluss vom 21.08.2007, 4 W 12/07, in: Neue Juristische Wochenschrift 2007, 3580.
173 Seewald 1981, 114.
174 Seewald 1981, 103.
175 Bundesverfassungsgericht, 1 BvR 2822/07 vom 14.01.2008; 1 BvR 3262/07, 1 BvR 402/08, 1 BvR 906/08 vom 30. Juli 2008.
176 Cf. EKD-Büro Brüssel, Europäisches Parlament nimmt Verordnung über „Arzneimittel für neuartige Therapien" an, in: EKD-Europa-Informationen Nr. 118, 2007, 7f.
177 Kommission der Europäischen Gemeinschaften, Vorschlag für eine Verordnung des Europäischen Parlaments und des Rates über Arzneimittel für neuartige Therapien und zur Änderung der Richtlinie 2001/83/EG und der Verordnung (EG) Nr. 726/2004, Brüssel 2005, Kom (2005) 567 endgültig, 3.
178 Forschung aktuell, 20.04.2007. Download http://www.dradio.de/dlf/sendungen/forschak/617354/.
179 Cf. Kuhl 2007.
180 Bundesgesundheitsministerin Ulla Schmidt, zit. nach FAZ, 10.05.2002, 15.
181 Cf. Jung 1982, 51.
182 Cf. v. d. Daele 2007, 151.
183 Cf. Jung 1982, 252f.
184 Knoepffler 2000, 124, 122.
185 Cf. Schmidt 1998; ausführlicher: Kreß 1999, 35–59.
186 Robert Koch-Institut 2007, 32.
187 Download http://www.g-ba.de/informationen/aktuell/pressemitteilungen/191/.
188 Cf. Nippert 1998.
189 Kurth 2007, 542.
190 Zernikow / Hechler 2008, 520
191 Cf. Kreß 1997, 147 (unter Bezug auf M. Luther, WA 56, 272, 7f, 17).
192 Cf. Zentrale Kommission zur Wahrung ethischer Grundsätze 2000 und 2007.
193 Cf. Rich 1984, 172–200.
194 Rawls 1975, 336.
195 Cf. Luther 1991, Bd. 7, 59.
196 Cf. Raspe 2006.
197 Cf. Rich 1984, 196f.
198 Bischofskonferenz der Vereinigten Staaten von Amerika 1986, Nr. 71.
199 Cf. Nass 2006; s. auch die EKD-Denkschrift „Gerechte Teilhabe", 2006.
200 Cf. Paul 2007, 501.
201 Ministerium für Arbeit, Soziales, Familie und Gesundheit Rheinland-Pfalz 2003, 36.
202 Cf. Nationaler Ethikrat 2007a, 39 (Walter Krämer).
203 Cf. Huster et al. 2007.
204 Cf. Gethmann et al. 2004; Huster 2008.
205 Cf. Jahn / Koch 2008.
206 Cf. Choices in Health Care. A report by the Government Committee on Choices in Health Care, Rijswijk/ Niederlande 1992, wiedergegeben von Birnbacher 2002, 160; Zentrale Kommission zur Wahrung ethischer Grundsätze 2007; Marckmann 2008.
207 Zit. nach Rauprich 2006, 64.
208 Gemeinsame Konferenz 1999, 11, 36.
209 Cf. The Lancet 370: 2007, 1283 (Editorial).
210 Zit. nach Kleinschmidt 2004, 12.
211 Cf. Replogle 2005.
212 Cf. Bruchhausen 2004.

[213] Anstelle zahlreicher Einzelnachweise: cf. das Zitat des Präsidenten des Bundesverfassungsgerichts H.-J. Papier u. S. 173.

[214] Cf. Dahl / Wiesemann 2001, 88, 93.

[215] Niethammer 2002, 208.

[216] Cf. Biller-Andorno / Wild 2003; Wild 2007.

[217] Cf. Knoepffler 2008, 882.

[218] Cf. Pöltner 2002, 113–126; Vollmann 2000; Fangerau 2006.

[219] Sewing 2007, 160.

[220] Introduction, 5. Cf. Taupitz 2001.

[221] Sewing 2007, 160.

[222] Cf. Doppelfeld 2007; kritische Darstellung: Boomgaarden 2002.

[223] Cf. Dahl / Wiesemann 2001, 95.

[224] Cf. Maio 2001a, 146.

[225] Zit. nach Henn 1999, 69.

[226] Henn 1999, 69.

[227] Cf. Maio 2001b, 180.

[228] Cf. Kölch / Fegert 2007, 77f.

[229] Download ec.europa.eu/enterprise/pharmaceuticals/pharmacos/docs/doc2002/feb/od_pediatrics_en.pdf; cf. Deutsche Akademie für Kinder- und Jugendmedizin 2004.

[230] Cf. Krones et al. 2006; Lyerly / Faden 2007; Maio (ed.) 2007, 412.

[231] Cf. Thomson et al. 1998.

[232] Cf. Lu et al. 2008; cf. 34. Genehmigung des Robert Koch-Instituts vom 21.08.2008 zum Import humaner embryonaler Stammzellen nach dem Stammzellgesetz, download unter www.rki.de.

[233] Cf. Kreß 2007b; Diedrich et al. 2008, 7 u.ö.

[234] Cf. PID, PND, Forschung an Embryonen. Aufsätze, Berichte, Diskussionsbeiträge, Kommentare im Deutschen Ärzteblatt. Beiträge aus 2000, 3., erweiterte Auflage der Dokumentation, download http://www.bundesaerztekammer.de/downloads/20PID.pdf.

[235] Cf. Koch 2008.

[236] Stellungnahme der EKD von 2002, zit. bei Tanner 2007, 86.

[237] Download unter http://www.rki.de/ → Gesundheit → Stammzellen → Genehmigungsverfahren → Register genehmigter Anträge nach § 11 Stammzellgesetz.

[238] Cf. Ach et al. 2006, 279; Lerou et al. 2008.

[239] Cf. Twardzik / Rapp 2002, 82.

[240] Cf. Zweiter Erfahrungsbericht der Bundesregierung über die Durchführung des Stammzellgesetzes, 2007, 14, download unter www.bmg.bund.de/.

[241] Cf. Wagers et al. 2002.

[242] Herzog 2002, 82.

[243] Cf. Wobus et al. 2006, 77f.

[244] Cf. Steinhoff et al. 2008, 973.

[245] Cf. Antoine et al. 2003.

[246] Cf. Steinhoff et al. 2008, 974.

[247] Cf. Nature 449: 2007, 377 (27 Sept 2007): „The long and winding road", doi:10.1038/449377a.

[248] Cf. Strasser et al. 2007.

[249] Cf. Editorial, in: Nature 454: 2008, 917–918: „Scandalous behaviour"; NZZ online 15.08.2008, „Forschungsskandal in Innsbruck".

[250] Cf. Wils 2002; Troeger et al. 2005.

[251] Cf. z.B. Deutsche Akademie der Naturforscher (ed.) 2007.

[252] Cf. Zentrale Ethik-Kommission für Stammzellenforschung, Vierter Bericht nach Inkrafttreten des Stammzellgesetzes (StZG) für den Zeitraum vom 01.12.2005 bis 30.11.2006, 5f, download unter http://www.rki.de/.

[253] Cf. Deutsche Forschungsgemeinschaft 2006.

[254] Cf. Löser / Wobus 2007, 232ff; Taupitz 2007, 116ff.

[255] „EKD warnt vor Aufweichung des Embryonenschutzes", 10. Nov. 2006, download unter www.ekd.de/.

[256] Cf. Löser / Hanke / Lerch 2007, 292.

[257] Cf. Löser / Hanke / Lerch 2007, 295ff.

[258] Weitere, bereits ältere Hinweise auf diese Problematik: cf. Kreß 2006a, 222f; Müller-Terpitz 2006; Wobus et al. 2006, 174–176; Deutsche Forschungsgemeinschaft 2006, 61.

[259] Cf. Zimmermann 2008.

260 Cf. Deutsche Akademie der Naturforscher (ed.) 2007, 7; generell zur Einordnung des Heilversuchs: cf. Heinemann et al. 2006, bes. 153, 154 Fn.1, 186ff.

261 Cf. Kreß 2008c, 967.

262 Cf. Klemm / Schattenholz 2004; Sartipy et al. 2006; Zweiter Erfahrungsbericht der Bundesregierung über die Durchführung des Stammzellgesetzes vom 10.01.2007, 11f, download unter www.bmg.bund.de; Harding et al. 2007; Löser / Wobus 2007, 229f; McNeish 2007; Pouton / Haynes 2007; Sartipy et al. 2007; Améen et al. 2008; Klemm et al. 2008; Kreß 2008c.

263 Wobus et al., 2006, 105.

264 Ein einzelnes Beispiel: cf. The Guardian, Science, Oct 3, 2007: „Stem cell bank for drug testing may cut animal experiments", download http://www.guardian.co.uk/science/2007/oct/03/stemcells.animalrights. Cf. Wobus / Löser 2008, 1000f.

265 Zentrale Ethik-Kommission für Stammzellenforschung, Dritter Bericht nach Inkrafttreten des Stamm-zellgesetzes (StZG) für den Zeitraum vom 01.12.2004 bis 30.11.2005, 6, download unter http://www.rki.de/.

266 Cf. Löser / Wobus 2007, 229f; Klemm et al. 2008; Kreß 2008c, 970. Von Interesse: die Projekte der Stiftung zur Förderung der Erforschung von Ersatz- und Ergänzungsmethoden zur Einschränkung von Tier-versuchen (http://www.stiftung-set.de/home.html) und des European Centre for the Validation of Alternative Methods ECVAM (http://ecvam.jrc.it/).

267 Winter 2007, 85.

268 Cf. Vogel 2002.

269 In: epd-Dokumentation Nr. 26 / 2001, 18.06.2001, 2.

270 Download http://dbk.de/imperia/md/content/schriften/dbk4.vorsitzender/vo_22.pdf.

271 Cf. Ned Stafford, Cardinal condemns stem-cell researchers, in: news@nature.com, published online 4 July 2006, doi:10.1038/news060703-7.

272 Cf. Catholic pols defy stem cell communion threat, in: catholic news 6 Jun 2007, download http://www.cathnews.com/news/706/27.html.

273 Cf. Women's eNews 05/06/07: Catholic Teachers Test Dogma and Discrimination, download http://www.womensenews.org/article.cfm/dyn/aid/3156/.

274 Brosens 2007, 43.

275 FAZ, 23.01.2002, 8: „Pluralismus als Markenzeichen". Unter dem Originaltitel „Starre Fronten überwinden" abgedruckt in: Anselm / Körtner (ed.) 2003, 197–208; dort auch Aufsätze der neun Verfasser des FAZ-Artikels .

276 Bormann 2007, 683 Fn. 42.

277 Cf. Landeskirchenamt der Evangelischen Kirche von Westfalen (ed.) 2007; epd-Dokumentation Nr. 7 / 2008, 12.02.2008, 32f, 35.

278 Grünwaldt / Hahn (ed.) 2001, 155.

279 Kirchenamt der EKD (ed.) 2002, 4. Hierzu auch Barth 2003, 8f, 15f, 92.

280 Cf. die Voten des Evangelischen Oberkirchenrates A. und H.B. in Österreich „Verantwortung für das Leben. Stellungnahme zu aktuellen Fragen der Biomedizin", 24.03.2004 (download unter http://www.evang.at/), des Schweizerischen Evangelischen Kirchenbundes zur Volksabstimmung in der Schweiz über das Stammzellenforschungsgesetz am 28.11.2004 (download http://www.sek-feps.ch/media/pdf/stellung nahme/st_stammzellenforschungsgesetz_dt.pdf), oder der Church of Scotland (download unter http://www.srtp.org.uk/srtpage3.shtml).

281 Cf. Körtner 2008; Kreß 2008a.

282 Cf. Ilkilic 2008b.

283 Cf. Sekretariat der Deutschen Bischofskonferenz 1987, 12.

284 Böckle 1993, 43; ähnlich in zahlreichen Publikationen der Jesuit Christian Kummer; ausführlicher: cf. Peschke 1995, 352ff.

285 Cf. Duden 2002, 31ff, 35.

286 Zur Übersicht cf. Demel 1995, 16–29; Demmer 2005, 104; Maio (ed.) 2007, 158–163; Neidert 2008, 842f.

287 Cf. Hedayat et al. 2006.

288 Cf. die Internet-Seite des Zentralrates der Muslime in Deutschland http://www.islam.de, dort die Informationen zur Abtreibung unter: „Rat und Hilfe, Fragen zum Islam und Muslime aller Art".

289 Deutsche Muslim Liga Hamburg 2002, 206.

290 Bilgin 2002, 201, 200, cf. 204.

291 Zit. nach Ilkilic 2006, 150. Cf. Andrea Saleh, Islamische Sichtweisen zum Thema Reproduktionsmedizin, 07 July 2006, download unter http://www.islaminitiative.at/ → Veröffentlichungen.

292 Deutsche Muslim Liga 2002, 206.

293 Cf. Arda 2007.
294 Cf. Herweg 1994, 67; Loth 2005, 25.
295 Cf. Daniel Eisenberg, Stem Cell Research in Jewish Law, 2001, dort bei Anm. 42–44, download http://jlaw.com/Articles/stemcellres.html#b42.
296 Cf. Nordmann 2006a, 15f.
297 Cf. Altarescu 2007.
298 Nathan Peter Levinson, in: FAZ, 03.07.2000, 14. Cf. Steinberg 2004, 85f.
299 Cf. Eisenberg 2001, dort bei Anm. 32ff.
300 Download http://www.ou.org/public/statements/2001/nate34.htm.
301 Schimon Staszewski, in der Wiedergabe durch das Hessische Ärzteblatt 2002, H. 6, 336; cf. Staszewski 2005.
302 Cf. Report of the Bioethics Advisory Committee of the Israel Academy of Sciences and Humanities, The Use of Embryonic Stem Cells for Therapeutic Research, August 2001.
303 Glick 2004, 95
304 Cf. Ozaki 1997, 4f.
305 Cf. Körner 2005, 157ff.
306 Schlieter 2006a, 183.
307 Cf. Döring 2005, 136ff.
308 Schlieter 2006a, 190.
309 Dalai Lama, zit. nach Schlieter 2006a, 189.
310 Cf. Schlieter 2006a, 198, bes. Fn. 67; Promta 2005.
311 Zit. nach Paarhammer 2004, 115f.
312 Cf. Weber-Hassemer 2008, 898.
313 Cf. W. Huber, Darf der Mensch einen Menschen nach eigenem Bilde schaffen?, in: FAZ, 11.01.2003, 41; cf. Informationsdienst Wissenschaft, Diagnose nach der Befruchtung statt Abtreibung, 20.09.2001. – Kritische Einwände gegen diese Position bei Knoepffler 2007, 181.
314 Cf. Singer 1984, 179–188, 100–106.
315 Hoerster 1995, 20.
316 Jüngel 1975, 351f.
317 Jüngel et al. 1973, 171.
318 Cf. z.B. Jüngel 2002; Fischer 2003.
319 Bioethik-Kommission Rheinland-Pfalz 2005, 47 (2. Teil, Ethik, These 2); Übersicht über den Bericht der Kommission: cf. Kreß 2006b, 2006c.
320 Cf. Rager 1997, 15f.
321 Zit. nach Filippini 2002, 114.
322 Cf. Demmer 1985, 154 Fn. 52; Peschke 1995, 354.
323 Cf. Dabrock 2006, 84.
324 Cf. Schüller 1980, 313.
325 Cf. Damschen / Schönecker 2003, 5; Clausen / Schmitt, in: Maio (ed.) 2007, 89.
326 Cf. Koch 2008, 986.
327 Cf. Neidert 2007a, 284f; ders. 2007b, 215ff.
328 So der Jesuit Christian Kummer 2003/04, 134.
329 Cf. Knoepffler 2007, 183f.
330 Cf. Nielsen 2001.
331 Rehmann-Sutter 2006a, 363, 367.
332 Cf. Demmer 2005, 105.
333 Cf. Reik et al. 2001; Jaenisch / Bird 2003.
334 Haaf 2006, 137, 138, 139.
335 Cf. Craig 2007, 265.
336 Cf. Bruder et al. 2008.
337 Cf. Herrler et al. 2003.
338 Cf. National Research Council of the National Academies 2005, 39–40; Kreß 2005b, 245; Ach et al. 2006, 315, Rehmann-Sutter 2006a, 369.
339 Cf. Rehmann-Sutter 2008.
340 Alleweldt 2006, 446.
341 Gesetz über Qualität und Sicherheit von menschlichen Geweben und Zellen (Gewebegesetz), 20. Juli 2007, in: Bundesgesetzblatt Jg. 2007 Teil I Nr. 35, ausgegeben zu Bonn am 27. Juli 2007, 1586.
342 Cf. Diedrich et al. 2008, 17, 20f; Kentenich 2007, 49.
343 Bioethik-Kommission Rheinland-Pfalz 2005, 51 (2. Teil, Ethik, These 3).

[344] Cf. Ach et al. 2006, 267ff; Beckmann 2007, 296ff.

[345] So der katholische Moraltheologe Dietmar Mieth, in: FAZ, 18.08.2000, 43.

[346] Cf. Elisabeth von Lochner, in: Maio (ed.) 2007, 175f.

[347] Bioethik-Kommission Rheinland-Pfalz 2005, 58, 60, 61 (2. Teil, Ethik, These 6, 7, 8).

[348] Helmut Schmidt, Weggefährten. Erinnerungen und Reflexionen, Berlin 1996, 398.

[349] Bundesverfassungsgericht 1 BvQ 5 / 77; cf. Dokumentation der Bundesregierung zur Entführung von Hanns Martin Schleyer, erschienen im Wilhelm Goldmann Verlag 1977.

[350] Hans-Jürgen Papier, in: FAZ, 25.04.2003, 8; cf. Papier 2007, 379ff.

[351] Cf. Kreß 2005b, 227–235, 248f; Hassemer 2005, 77; Dreier 2004, 179–205.

[352] Cf. Hepp / Diedrich 2007, 162ff.

[353] Ulrike Riedel, in: Diedrich et al. 2008, 110.

[354] Nationaler Ethikrat 2007b, 19.

[355] Cf. Neidert 2007b, 213, unter Bezug auf den Klonbericht der Bundesregierung von 1998.

[356] Bioethik-Kommission Rheinland-Pfalz 2005, 116 (Empfehlung 7).

[357] Download http://www.zentrale-ethikkommission.de/downloads/TherapKlonen.pdf.

[358] Zentrale Ethikkommission für Stammzellenforschung zur öffentlichen Debatte über die Chimären-Problematik, 12.05.2005. Download http://idw-online.de/pages/de/news111950.

[359] National Research Council of the National Academies 2005, 87 u. passim. Zusätzliche Belegangaben: cf. Kreß 2005b, 235–241.

[360] Ethical Guiding Principles on Human Embryonic Stem Cell Research. Promulgated by the Ministry of Science and Technology and the Ministry of Health, People's Republic of China on December 24, 2003. Download: http://www.chinaphs.org/bioethics/regulations_&_laws.htm#EGPHECR.

[361] Joerden / Winter 2007, 149.

[362] Cf. Robert / Baylis 2003; Nationale Ethikkommission 2006, 50.

[363] Greenly 2003, 19.

[364] Cf. Cyranoski 2008, 408.

[365] Übersicht: cf. Ach et al. 2006, 275–284; Greber / Schöler 2008.

[366] Cf. Beier 2006.

[367] Zit. nach spektrumdirekt 03. August 2007, download http://www.wissenschaft-online.de/artikel/896351, und The New York Times, August 3, 2007. Cf. Kim et al. 2007; Wobus / Löser 2008, 996.

[368] Cf. Ach et al. 2006, 311; Nationale Ethikkommission 2006, 35; Reinke 2008, 33.

[369] Genauere Informationen verdanke ich Prof. Dr. Wolfram-Hubertus Zimmermann, Institut für Experimentelle und Klinische Pharmakologie und Toxikologie, Universitätsklinikum Hamburg-Eppendorf.

[370] Cf. Conrad et al. 2008.

[371] Wissenschaftlicher Beirat „Bio- und Gentechnologie" 2004.

[372] Holden / Vogel 2004, 2175.

[373] Schockenhoff 2004, 92; Ricken 2006, 325. Cf. Ach et al. 2006, 307f (dort Hinweise auf Kritik an dem Verfahren auch vor nichtkatholischem Hintergrund).

[374] Cf. Ach et al. 2006, 281.

[375] Cf. Wissenschaftlicher Beirat „Bio- und Gentechnologie" 2004, 3f.

[376] Zitiert aus der 24. Genehmigung des Robert Koch-Instituts vom 16.01.2008 zum Import humaner embryonaler Stammzellen nach dem Stammzellgesetz für das Forschungsvorhaben „Entwicklung und Charakterisierung von Modellsystemen für die neurotoxikologische Sicherheitsprüfung von Arzneimitteln und Chemikalien mit In-vitro-Methoden", download unter www.rki.de.

[377] Cf. Denker 2008.

[378] Cf. Cyranoski 2008, 408.

[379] Download unter http://www.hinxtongroup.org/. Cf. auch Wobus 2008, 225.

[380] Cf. Böckle 1977, 250.

[381] Stauber 1998, 380.

[382] Berlin-Institut 2007, 19, cf. 18.

[383] Cf. Kreß 2008d, 151ff; Stöbel-Richter / Brähler 2006.

[384] Cf. von Wolff et al. 2007.

[385] Cf. Felberbaum et al. 2007.

[386] ESHRE 2001, 1046.

[387] Bundesärztekammer 1998b, A 3167, cf. A 3170.

[388] Bundesärztekammer 2006, A 1393.

[389] Cf. Thorn / Wischmann 2008, 40.

[390] Henn 2000a, 175.

[391] Wischmann / Stammer 2001, 102.

392 Cf. Paulson et al. 2002.
393 Cf. Jain et al. 2002.
394 Cf. Berlin-Institut 2007, 42, 49ff.
395 Kurt Malbert, Erhöhte Kindersterblichkeit bei älteren Vätern, in: gynäkologie + geburtshilfe 5 – 2008, 8.
396 Hansen et al. 2002, 725; cf. Feige / Gröbe 2002.
397 Cf. Wood et al. 2003.
398 Cf. DeBaun et al. 2003; Paoloni-Giacobini / Chaillet 2004.
399 Cf. Moll et al. 2003.
400 Cf. Ludwig 2007.
401 Cf. Berlin-Institut 2007, 32.
402 gynäkologie + geburtshilfe-Newsletter, 13.08.2008.
403 Cf. Martin 2004; Wrenzycki et al. 2005; Haaf 2006.
404 Cf. Caesar (ed.) 1999.
405 Download http://www.bundesaerztekammer.de/page.asp?his=0.7.45.3274.3277.
406 Cf. Deutscher Bundestag 2004, 67.
407 Download unter http://www.ethikrat.org/ → Publikationen NER →Stellungnahmen.
408 Cf. Kollek 2002; Schwinger 2003; Dabrock et al. 2004, 224–233; Gethmann-Siefert / Huster (ed.) 2005; Kreß 2007a.
409 Nippert 1998, 169.
410 Cf. Taddio et al. 2002.
411 Cf. Glover / Fisk 1999; Lowery et al. 2007; Report of the MRC Expert Group on Fetal Pain, 28 August 2001. – Für detaillierte Informationen bin ich dem Neurologen Marcel Dihné, Universität Düsseldorf, zu Dank verpflichtet.
412 Deutsche Gesellschaft für Muskelkranke, Ethische Grundsätze, 2005, zit. bei Kreß 2007a, 162.
413 Cf. Hehr et al. 2007; darüber hinaus: Bundesärztekammer 2006, A 1394, A 1395, A 1399.
414 Cf. Krones 2005, 120f.
415 Cf. Bioethik-Kommission Rheinland-Pfalz 2005, 136f.
416 So die Information des Brüsseler Reproduktionsmediziners Peter Platteau an den Vf.
417 Nippert 2006, 87f.
418 Cf. Staessen et al. 2004; Mastenbroek et al. 2007; jetzt auch: Preimplantation genetic testing: a Practice Committee opinion. The Practice Committee of the Society for Assisted Reproductive Technology, Practice Committee of the American Society for Reproductive Medicine, in: Fertility and Sterility 88: 2007, 1497–1504.
419 Cf. Nippert 2006, 46, 76f.
420 Cf. Bundesärztekammer 2006, A 1395f.
421 Cf. Thorn / Wischmann 2008, 43; Beratungsnetzwerk Kinderwunsch Deutschland (BKiD), Richtlinien „Psychosoziale Beratung bei unerfülltem Kinderwunsch", download http://www.bkid.de/richtlinien.pdf.
422 Cf. Fan et al. 2008.
423 Cf. Nippert 2006, 64ff.
424 Comité Consultatif National d'Ethique pour les Sciences de la Vie et de la Santé, Überlegungen zur Ausweitung der Präimplantationsdiagnostik, 2002, 16, download http://www.ethikrat.org/texte/pdf/ Avis_ 72_ DPI_dt_Uebersetzung.pdf.
425 Cf. Rehmann-Sutter 2007, 134ff.
426 Cf. Krones 2006; abgesehen von anderen bereits erwähnten Belegen: cf. Cortes et al. 2007.
427 Cf. Nippert 2006, 66.
428 Cf. Rehmann-Sutter 2007, 138.
429 Cf. Thurin et al. 2004; Papanikolaou et al. 2006.
430 Zusammenfassung medizinischer Aspekte: cf. Griesinger et al., in: Diedrich et al. 2008, 22–61.
431 Cf. Deutsche Gesellschaft für Gynäkologie und Geburtshilfe, „Gesetzesvorschlag, 28.06.2005", 5, download http://www.dggg.de → Publikationen und Presse → Reproduktionsmedizin → Langfassung Dr. Neidert, Vorschlag für eine Änderung des Embryonenschutzgesetzes.
432 Cf. Hepp 1998.
433 Diedrich et al. 2008, 43. Zum folgenden cf. ebd. 44f.
434 Diedrich et al. 2008, 48.
435 Cf. Bergh 2007.
436 Cf. Lüthi 2006, 943.
437 Cf. Bundesärztekammer 2006, A 1397; Hepp / Diedrich 2007.
438 Cf. Kreß 2005a, 238; Neidert 2006.
439 Cf. Bundesärztekammer 2006, A 1392, A 1393.

440 Cf. Bundesministerium für Gesundheit und soziale Sicherung, Ministerialdirigent Volker Grigutsch, in: Journal für Reproduktionsmedizin und Endokrinologie 2: 2005, 210f, hier 211; Neidert 2007a, 285.

441 Cf. Turillazzi / Fineschi 2008.

442 Bioethik-Kommission Rheinland-Pfalz 2005, 96 (3. Teil: Recht, These 8).

443 Cf. bereits Frommel 2002.

444 Cf. Ulrike Riedel, in: Diedrich et al. 2008, 104f.

445 Cf. Neidert 2007a, 285f; Kreß, in: Diedrich et al. 2008, 62–87; Günther et al. 2008, 177, 180.

446 Brewaeys et al. 2005, 39; cf. Pennings 1999; Baetens / Brewaeys 2001; Kreß 2000, 359ff; Thorn / Wischmann 2008, 42f.

447 Cf. Kentenich 2006; Reinke 2008.

448 Cf. Dahl et al. 2004; Dahl 2005; Michelmann et al. 2006.

449 Huber in: FAZ 10.08.2002, 36.

450 Cf. Wendehorst et al. 2003.

451 Bioethik-Kommission Rheinland-Pfalz 2005, 113 (Empfehlung 5).

452 Bioethik-Kommission Rheinland-Pfalz 2005, 113.

453 Cf. Pearson 2006.

454 Cf. „Company Kills Couple's ‚Leftover' Embryos for Personalized Stem Cell Cures", August 14, 2007, download http://www.lifenews.com/bio2199.html (gesehen 20.08.2008).

455 Jonas 1985, 192, 194, 193.

456 Breitowitz 2002, 325, 330ff, 340.

457 Sherwin 2005, 21.

458 Cf. Schlieter 2006a, 197ff, 202ff.

459 Cf. Eser 1989, 973.

460 Cf. Neidert 2008, 844.

461 Cf. pro familia (ed.), Familienplanungs-Rundbrief, Mai 2005 Nr. 1, 16, download http://www.profamilia.de/getpic/2565.pdf

462 Cf. Neidert 2002, 42.

463 Cf. Bundesärztekammer 1998a.

464 Cf. Deutsche Gesellschaft für Gynäkologie und Geburtshilfe e.V., Pränataldiagnostik – Beratung und möglicher Schwangerschaftsabbruch. Positionspapier, 2004, download unter www.dggg.de.

465 Cf. Neidert 2008, 846.

466 Cf. Lehmann 2007, 1016.

467 Cf. Kreß 2008b, 816; ders. 2008d.

468 Cf. Hutchinson et al. 2008.

469 Cf. Bördlein 2003.

470 Cf. Gratwohl et al. 2008.

471 Cf. Henne-Bruns 2002; Schweizerischer Bundesrat 2001.

472 Cf. Nationaler Ethikrat 2007c, 13.

473 Cf. Schreiber 2006, 93.

474 Cf. Schroth 2007, 395.

475 Cf. Birnbacher 2007; Steigleder 2008.

476 Deutsches Ärzteblatt 79: 1982, 45, 50; 90: 1993, B 2177f.

477 Cf. Körner 2002, 223f, 226.

478 Okano 2001, 186f.

479 Ozaki 1997, 14, 18.

480 Cf. Nationaler Ethikrat 2007c, 24.

481 Eibach 2005, 220.

482 Okano 2001, 190.

483 Cf. Schlieter 2006b, 228.

484 Zit. nach Jage-Bowler 1999, 158, cf. 153ff.

485 Cf. Rahner 1958.

486 Cf. Boros 1965, 89ff, 94.

487 Ausführlicher: Kreß 1997, 174–183; Münk 2002; Spittler 2003a, 72–118.

488 So der Hirnforscher Gerhard Roth, zustimmend zitiert von Hoff / in der Schmitten 1994, 186.

489 Roth / Dicke 1994, 53.

490 Jonas 1973, 246, 247.

491 Cf. Jörns 1993, 20.

492 Jonas 1985, 234.

493 Cf. Gethmann 2006, 74f.

494 Hoff / in der Schmitten 1994, 199f, 215.
495 Cf. Jüngel 1975, 351.
496 Jüngel et al. 1973, 171.
497 So im französischen Protestantismus Jean-Marie Thevoz, zit. nach Klaus Tanner, in: epd-Dokumentation 9 / 2002, 30.
498 Cf. Steigleder 2006b, 443f.
499 Kurthen / Linke 1994, 86. Cf. Birnbacher 2007, 464f, 474f zum Verhältnis von mentalem und organismischem Tod.
500 Bundestags-Drucksache 13/6591. Download http://dip.bundestag.de/btd/13/065/1306591.asc.
501 Huber 1996, 283; cf. Grewel 2002, 130–146.
502 Organtransplantation, hg. v. d. Kirchenleitung der Evang. Kirche in Berlin-Brandenburg, o.J. (1996), 10f.
503 Cf. Bultmann 1968, 117.
504 Hans Jonas, Brief an H.-B.Wuermeling, in: Hoff / in der Schmitten 1994, 24.
505 Spittler 2003b, 320f.
506 Cf. Bernat 2008.
507 Zit. nach Shewmon 2003, 301.
508 Cf. Spittler 2003a, 77ff.
509 Cf. Nationaler Ethikrat 2007c, 18f.
510 Steigleder 2006a, 415; cf. Steigleder 2008.
511 Blankart 2006, 51, 42.
512 Schweizerischer Bundesrat 2001, Nr. 1.3.5.4.2.
513 Schweizerischer Bundesrat 2001, Nr. 1.3.5.2.3.
514 Cf. Schweizerischer Bundesrat 2001, Nr. 1.3.5.4.2.
515 Pichlmayr et al. 1995, C 33.
516 Cf. Schreiber 2000, 42; Pietruck et al. 2006.
517 Sekretariat der Deutschen Bischofskonferenz / Kirchenamt der Evangelischen Kirche in Deutschland (ed.) 1990, 16.
518 Az. 1 BvR 2181/98, Beschluss vom 11.08.1999, in: Neue Juristische Wochenschrift 1999, 3399–3403.
519 Schweizerischer Bundesrat 2001, 32.
520 Hoyer 2000, 132f.
521 Schroth 2007, 411.
522 Cf. Witschen 2006, 143–156.
523 Jeremias 1974, 136.
524 Cf. Steigleder 2006a, 427f.
525 Henne-Bruns 2000, 140.
526 Cf. Schweizerischer Bundesrat 2001, Nr. 5.1.1.2; A 3.
527 Cf. Hoyer 2000, 130; Gossmann et al. 2006.
528 Cf. Bechstein / Zapletal 2006.
529 Schweizerischer Bundesrat 2001, Nr. 5.1.1.2, A2 Tabelle 1.
530 Thiel 2006, 149.
531 Schroth 2007, 409.
532 Peschke 1995, 301.
533 Cf. Schlieter 2006b, 228.
534 Cf. Nordmann 2006b, 27f.
535 Cf. Biller-Andorno / Schauenburg 2003.
536 Henne-Bruns 2000, 139.
537 Cf. Buyx 2007.
538 Cf. Deutsche Akademie für Kinder- und Jugendmedizin 2008.
539 Cf. Peschke 1995, 345.
540 Cf. Schweizerische Akademie der Medizinischen Wissenschaften 2004, 8.
541 Cf. Schöch / Verrel 2005, 574.
542 W. Uhlenbruck, Der Wille des Sterbenden, in: FAZ 03.04.2002, 13.
543 Simmel 1957, 31.
544 Cf. Schott 2002, 110ff.
545 Schröter-Kunhardt 2002, 105.
546 Cf. Ilkilic 2008a.
547 Borasio 2007, 944.
548 Cf. Ariès 1980, Kap. 12, 715–770.
549 Simmel 1957, 31.

[550] Max Schur, Sigmund Freud. Leben und Sterben, Frankfurt/M. 1973, 620f, zit. nach Schott 2002, 109.
[551] Ricoeur, zit. bei Sass 2000, 98. Cf. Sass / Kielstein 2001, 54ff.
[552] Cf. Schöch / Verrel 2005; Verrel 2006.
[553] BGH, 08.05.1991, 3 StR 467/90, in: Neue Juristische Wochenschrift 44: 1991, 2358.
[554] BGH, 13.09.1994, 1 StR 357/94, in: Neue Juristische Wochenschrift 48: 1995, 204.
[555] BGH, 25.03.1988, 2 StR 93/88, in: Neue Juristische Wochenschrift 41: 1988, 2310f.
[556] BGH, 17.03.2003, XII ZB 2/03, in: Neue Juristische Wochenschrift 56: 2003, 1588.
[557] Cf. Saliger 2007.
[558] Riedel 2004, 217.
[559] Cf. Härle 2005.
[560] Von Renesse 2005, 146.
[561] Härle 2007, 50.
[562] Kirchenamt der Evangelischen Kirche in Deutschland (ed.) 2005, 16.
[563] Dabrock 2007, 135.
[564] Mahrenholz, Geleitwort, in: Ankermann 2004, 13.
[565] Klaus Kutzer, Patientenautonomie am Lebensende. Vortrag im Jahr 2005 vor der Juristischen Gesellschaft in Bremen, dort Abschnitt IV.5; Abdruck des Vortrags im Jahrbuch der Juristischen Gesellschaft Bremen. – Kritisch zur Sicht der EKD z.B. auch Kodalle 2005; Meier 2005.
[566] Borasio 2005, 151.
[567] So Papst Johannes Paul II. in seiner Ansprache an Teilnehmer eines internationalen Kongresses über „Lebenserhaltende Behandlungen und vegetativer Zustand" am 20. März 2004 oder der Vizedirektor der Päpstlichen Akademie für das Leben Bischof Elio Sgreccia lt. Kath. Nachrichtenagentur 16.03.2004; cf. FAZ 17.03.2004, 6 („Vatikan will Rechte von Koma-Patienten stärken"); Vatican: Food, water must be provided to vegetative patients, in: catholic online, www.catholic.org, 14.09.2007.
[568] Vorrath 2005, 17.
[569] Bioethik-Kommission Rheinland-Pfalz 2004, 117 (These 28).
[570] Bioethik-Kommission Rheinland-Pfalz 2004, 119 (These 29).
[571] BGH, 08.06.2005, XII ZR 177/03, in: Neue Juristische Wochenschrift 58: 2005, 2385; cf. Ankermann 2004, 102ff.
[572] Cf. Ilkilic 2008a, 44f.
[573] Cf. Bioethik-Kommission Rheinland-Pfalz 2004, 41ff (These 5).
[574] Cf. Körtner / Kopetzki / Kletecka-Pulker (ed.) 2007, 88.
[575] Schöch / Verrel 2005, 568.
[576] Coeppicus 2007, 64.
[577] Nehen 2005, 139.
[578] Cf. Synofzik 2007.
[579] Cf. Helmchen / Kanowski / Lauter 2006, 206.
[580] Cf. Chong 1998, 127ff, 249.
[581] Cf. Koch 2000, 298f; Ozaki 1997, 19–30.
[582] Zit. nach Holderegger (ed.) 2000, 396.
[583] Hirsch Ballin in: Konrad-Adenauer-Stiftung (ed.), Interne Berichte 141 / 1997, 89, 81, 72 / 1994, 78, 81.
[584] Benk Korthals, Kein Recht, keine Pflicht. Viele Kritiker des neuen Sterbehilfegesetzes in den Niederlanden verkennen dessen Intention, in: FAZ 14.07.2001, 8.
[585] Cf. Jans 2002, 291.
[586] Cf. Henke (ed.) 2008.
[587] Klimek 2007, 212.
[588] Zit. bei Wils 2000, 31.
[589] Küng, in: Jens / Küng 1995, 74, 60.
[590] Thomas von Aquin, Prologus zur Summa Theologiae I/II.
[591] Küng, in: Jens / Küng 1995, 60.
[592] Sekretariat der Deutschen Bischofskonferenz (ed.) 1998, 24.
[593] Siep / Quante 2000, 44.
[594] Cf. Czerner 2004, 65, 73.
[595] Veldink et al. 2002.
[596] Cf. Klimek 2007, 213.
[597] Cf. van der Heide et al. 2007.
[598] Wolfslast 2003, 914.
[599] Cf. Czerner 2004, 80f.
[600] Schreiber 2002, 123, 131f.

601 In: Zeitschrift für Rechtspolitik 30: 1997, 117–119, Zitat 119. Cf. Schöch / Verrel 2005, 583.
602 Schmidt-Jortzig 2002, 24f.
603 In: Die Zeit, 20.09.1996, 12.
604 Cf. Zenz / Jurna 1993, 434ff; Ankermann 2004, 173.
605 Bioethik-Kommission Rheinland-Pfalz 2004, 71f (zu These 14).
606 Cf. Spittler 2003c.
607 Baumann et al. 1986, 12; ähnlich die Bioethik-Kommission Rheinland-Pfalz 2004, 70ff (These 14).
608 Cf. Bioethik-Kommission Rheinland-Pfalz 2004, 73; Schöch / Verrel 2005, 583.
609 Cf. Schweizerische Akademie der Medizinischen Wissenschaften 2004, Punkt 4.1.
610 Cf. Schöch / Verrel 2005, 579ff.
611 Cf. Fenner 2006, 226f.
612 Cf. Schöch/Verrel 2005, 581.
613 Cf. Dahl 2006.
614 Cf. Reiter-Theil 2006, 16, 25f; Rehmann-Sutter 2006b.
615 Schweizerische Akademie der Medizinischen Wissenschaften 2004, Punkt 4.1. Cf. Kutzer 2005.
616 Cf. Katechismus der Katholischen Kirche, München 1993, Nr. 2280. Abwägender aus heutiger katholisch-theologischer Sicht: Goertz 2008. Darstellung theologiegeschichtlicher Aspekte: Wils 2000.
617 Bonhoeffer 1981, 182, 180.
618 Kuitert 1986, 119f.
619 Cf. Frieß 2008, 128f, 131f.
620 Schreiber 2002, 131.
621 Cf. Frewer 2005.
622 Orentlicher 1997, 1236.
623 Cf. Rothärmel 2004, 350.
624 Cf. Orentlicher 1997; Schöne-Seifert 2000, 111f.
625 Cf. Beck 2004, 339; den Hartogh 2004, 391.
626 Cf. Rothärmel 2004; Müller-Busch 2004.
627 Cf. Schweizerische Akademie der Medizinischen Wissenschaften 2006, Punkt 9.1.2; Bosshard et al. 2006.
628 Cf. Lilie / Zwierlein (ed.) 2004.
629 Zitate nach Koelbing 1991, 287, 288.
630 Zit. nach Pichlmaier 1998, 818.
631 Cf. Borasio / Volkenandt 2007, 942.
632 BGH, 15.11.1996, 3 StR 79/96, in: Neue Juristische Wochenschrift 50: 1997, 809.
633 Kutzer 2008, 318.
634 Cf. Helmchen / Kanowski / Lauter 2006, 203f.
635 Cf. Süddeutsche Zeitung 11.07.2006, 8; Marquard 2007, 192.
636 Cf. Friedrichsdorf et al. 2003.
637 Cf. Bundesgesundheitsblatt – Gesundheitsforschung – Gesundheitsschutz 50: 2007, 835.
638 Informationen zum 2008 im Aufbau befindlichen Kinderhospiz in Thüringen: www.kinderhospiz-mitteldeutschland.de.
639 Jaspers 1962, 319.
640 Cf. Engelhardt 2003; ders. 2005b.

Literaturverzeichnis

Das Literaturverzeichnis beschränkt sich auf die Titel, die in den Anmerkungen als Belegangaben genannt worden sind (s. auch die Hinweise zum Literaturverzeichnis im Vorwort, oben S. 12).

AbdelMalik, Philip et al., Childhood head injury and expression of schizophrenia in multiply affected families, in: Archives of General Psychiatry 60: 2003, 231–236

Ach, Johann S. / Quante, Michael (ed.), Hirntod und Organverpflanzung, Stuttgart-Bad Cannstatt 2. Aufl. 1999

Ach, Johann S. / Schöne-Seifert, Bettina / Siep, Ludwig, Totipotenz und Potentialität: Zum moralischen Status von Embryonen bei unterschiedlichen Varianten der Gewinnung humaner embryonaler Stammzellen. Gutachten für das Kompetenznetzwerk Stammzellforschung NRW, in: Jahrbuch für Wissenschaft und Ethik Bd. 11, Berlin 2006, 261–321

Aichberger, M.C. et al., Transkulturelle Aspekte der Depression, in: Bundesgesundheitsblatt – Gesundheitsforschung – Gesundheitsschutz 51: 2008, 436–442

Alleweldt, Ralf, Recht auf Leben, in: Grote, Rainer / Marauhn, Thilo (ed.): Konkordanzkommentar zum europäischen und deutschen Grundrechtsschutz, Tübingen 2006, 437–478

Altarescu, G. et al., Simultaneous preimplantation genetics diagnosis for Tay Sachs and Gaucher disease, in: Reproductive BioMedicine Online 15: 2007, 83–88

Améen, Caroline et al., Human embryonic stem cells: Current technologies and emerging industrial applications, in: Critical Reviews in Oncology / Hematology 65: 2008, 54–80

Ankermann, Ernst, Sterben zulassen. Selbstbestimmung und ärztliche Hilfe am Ende des Lebens, München 2004

Anselm, Reiner / Körtner, Ulrich H.J. (ed.), Streitfall Biomedizin, Göttingen 2003

Antes, Peter, Medizin im Islam, in: Kreß / Racké (ed.) 2002, 209–219

Antoine, Corinne et al., Long-term survival and transplantation of haemopoietic stem cells for immunodeficiencies: report of the European experience 1968–99, in: The Lancet 361: 2003, 553–560

Arda, Berna, The importance of secularism in medical ethics: the Turkish example, in: Reproductive BioMedicine Online 14, Suppl. 1: 2007, 24–28

Ariès, Philippe, Geschichte des Todes, dt. München / Wien 1980

Baeck, Leo, Das Wesen des Judentums, 2. Aufl. 1921, ND Wiesbaden o.J.

Baetens, P. / Brewaeys, A., Lesbian couples requesting donor insemination: an update of the knowledge with regard to lesbian mother families, in: Human Reproduction Update 7: 2001, 512–519

Band, Pierre et al., Carcinogenic and endocrine disrupting effects of cigarette smoke and risk of breast cancer, in: The Lancet 360: 2002, 1044–1049

Barth, Hermann, Wie wollen wir leben? Beiträge zur Bioethik aus evangelischer Sicht, Hannover 2003

Baumann, Jürgen et al., Alternativentwurf eines Gesetzes über Sterbehilfe (AE-Sterbehilfe). Entwurf eines Arbeitskreises von Professoren des Strafrechts und der Medizin sowie ihrer Mitarbeiter, Stuttgart / New York 1986

Bechstein, Wolf O. / Zapletal, Ch., Neuere Möglichkeiten der Lebertransplantation – Leberlebendspende-Transplantation und Split-Lebertransplantation, in: Hessisches Ärzteblatt 67: 2006, 717–718, download http://www.laekh.de/upload/Hess._Aerzteblatt/2006/2006_10/2006_10_05.pdf

Beck, D., Ist terminale Sedierung medizinisch sinnvoll oder ersetzbar?, in: Ethik in der Medizin 16: 2004, 334–341

Beck, Matthias, Seele und Krankheit. Psychosomatische Medizin und theologische Anthropologie, Paderborn 2000

Beckmann, Jan Peter, Ontologische Status- oder pragmatische Umgangsanalyse? Zur Ergänzungsbedürftigkeit des Fragens nach dem Seinsstatus des extrakorporalen frühen menschlichen Embryos in ethischen Analysen, in: Maio (ed.) 2007, 275–304

Beier, Henning M., Die Entdeckung der Eizelle der Säugetiere und des Menschen, in: Reproduktionsmedizin 18: 2002, 333–338

Beier, Henning M., Stammzellforschung und Stammzellfälschung: Lektionen aus dem Hwang-Skandal, in: Journal für Reproduktionsmedizin und Endokrinologie 3: 2006, 4f, download http://www.kup.at/kup/pdf/5654.pdf

Benson, Herbert et al., Study of the therapeutic effects of intercessory prayer (STEP) in cardiac bypass patients: a multicenter randomized trial of uncertainty and certainty of receiving intercessory prayer, in: American Heart Journal 151: 2006, 934–942

Bergelt, Corinna et al., Vital exhaustion and risk for cancer: a prospective cohort study on the association between depressive feelings, fatigue, and risk for cancer, in: Cancer 104: 2005, 1288–1295

Bergh, C., How to promote singletons, in: Reproductive BioMedicine Online 15, Suppl. 3: 2007, 22–27

Berlin-Institut für Bevölkerung und Entwicklung (ed.), Ungewollt kinderlos. Was kann die moderne Medizin gegen den Kindermangel in Deutschland tun?, Berlin 2007, download unter http://www.berlin-institut.org/

Bernat, James L., The boundaries of organ donation after circulatory death, in: The New England Journal of Medicine 359: 2008, 669–671

Bilgin, Yasar, Forschung an embryonalen Stammzellen aus muslimischer Sicht, in: Kreß / Racké (ed.) 2002, 200–208

Biller-Andorno, Nikola / Schauenburg, Henning, Vulnerable Spender. Eine medizinethische Studie zur Praxis der Lebendorganspende, in: Ethik in der Medizin 15: 2003, 25–35

Biller-Andorno, Nikola / Wild, Verina, Arzneimittelforschung an Schwangeren. Besonderer Schutz – aber kein Ausschluss aus der Forschung, in: Deutsches Ärzteblatt 100: 2003, A 970–972

Bioethik-Kommission Rheinland-Pfalz, Sterbehilfe und Sterbebegleitung. Ethische, rechtliche und medizinische Bewertung des Spannungsverhältnisses zwischen ärztlicher Lebenserhaltungspflicht und Selbstbestimmung des Patienten, Mainz 2004, download http://www.justiz.rlp.de → Ministerium → Bioethik

Bioethik-Kommission Rheinland-Pfalz, Fortpflanzungsmedizin und Embryonenschutz. Medizinische, ethische und rechtliche Gesichtspunkte zum Revisionsbedarf von Embryonenschutz- und Stammzellgesetz, Mainz 2005, download http://www.justiz.rlp.de → Ministerium → Bioethik

Birnbacher, Dieter, Krankheitsbegriff, Gesundheitsstandards und Prioritätensetzung in der Gesundheitsversorgung, in: Brand, Angela et al. (ed.), Individuelle Gesundheit versus Public Health?, Münster 2002, 153–163

Birnbacher, Dieter, Der Hirntod – eine pragmatische Verteidigung, in: Jahrbuch für Recht und Ethik Bd. 15, Berlin 2007, 459–477

Bischoff, Angelika, Hämochromatose, in: Deutsches Ärzteblatt 102: 2005, 43

Bischofskonferenz der Vereinigten Staaten von Amerika, Wirtschaftliche Gerechtigkeit für alle: Die Katholische Soziallehre und die amerikanische Wirtschaft, hg. v. Sekretariat der Deutschen Bischofskonferenz Bonn, Stimmen der Weltkirche 26, 13. November 1986

Blankart, Charles B., Spender ohne Rechte. Das Drama der Organtransplantation, in: Breyer / Engelhard (ed.) 2006, 27–57

Bloch, Ernst, Das Prinzip Hoffnung, Frankfurt/M. 1959

Böckenförde, Ernst-Wolfgang, Menschenwürde als normatives Prinzip, in: JuristenZeitung 58: 2003, 809–815

Bockenheimer-Lucius, Gisela, Zwischen „natürlicher Geburt" und „Wunschsectio" – Zum Problem der Selbstbestimmtheit in der Geburtshilfe, in: Ethik in der Medizin 14: 2002, 186–200

Böckle, Franz, Fundamentalmoral, München 1977

Böckle, Franz, Probleme um den Lebensbeginn: Medizinisch-ethische Aspekte, in: Handbuch der christlichen Ethik, hg. v. Hertz, Anselm et al., ND Freiburg/Br. 1993, Bd. 2, 34–59

Böckle, Franz, Ja zum Menschen. Bausteine einer konkreten Moral, München 1995

Böhme, Gernot, Politische Medizin. 1848 und die Nicht-Entstehung der Sozialmedizin, in: ders., Alternativen der Wissenschaft, stw 334, Frankfurt/M. 2. Aufl. 1993, 171–197

Bonhoeffer, Dietrich, Ethik, München 9. Aufl. 1981

Boomgaarden, Jürgen, Heilung und Gesamtwohl. Ist fremdnützige Forschung an Nichteinwilligungsfähigen ethisch zu rechtfertigen?, in: Zeitschrift für Evangelische Ethik 46: 2002, 301–313

Borasio, Gian Domenico, Selbstbestimmung im Dialog, in: Meier / Borasio / Kutzer (ed.) 2005, 148–166

Borasio, Gian Domenico / Volkenandt, M., Palliativmedizin – weit mehr als nur Schmerztherapie, in: Der Gynäkologe 40: 2007, 941–946

Bördlein, Ingeborg, Nierentransplantation: Test ermittelt Risiko für Organabstoßung, in: Deutsches Ärzteblatt 100: 2003, A 1329

Bormann, Franz-Josef, Embryonen, Menschen und die Stammzellforschung, in: Maio (ed.) 2007, 673–701

Boros, Ladislaus, Erlöstes Dasein, Mainz 1965

Bosshard, Georg / Stoutz, Noémi de / Bär, Walter, Eine gesetzliche Regulierung des Umgangs mit Opiaten und Sedativa bei medizinischen Entscheidungen am Lebensende?, in: Ethik in der Medizin 18: 2006, 120–132

Breitowitz, Yitzchok, What's so bad about human cloning?, in: Kennedy Institute of Ethics Journal 12: 2002, 325–341

Brennecke, Hanns Christof, Ecclesia est in re publica. Studien zur Kirchen- und Theologiegeschichte im Kontext des Imperium Romanum, Berlin / New York 2007

Brewaeys, A. / Dufour, S. / Kentenich, H., Sind Bedenken hinsichtlich der Kinderwunschbehandlung lesbischer oder alleinstehender Frauen berechtigt?, in: Journal für Reproduktionsmedizin und Endokrinologie 2: 2005, 35–40

Breyer, Friedrich / Engelhard, Margret (ed.), Anreize zur Organspende, Europäische Akademie, Graue Reihe Nr. 39, Bad Neuenahr-Ahrweiler 2006, download unter http://www.ea-aw.de/

Brosens, Ivo, Are catholic universities giving up reproductive medicine?, in: Reproductive BioMedicine Online 15, Suppl. 2: 2007, 43–46

Bruchhausen, Walter, Medizinethik – auch ein Thema für Afrika? Menschenrechte, Knappheit und einheimische Traditionen im Gesundheitswesen südlich der Sahara, in: Zeitschrift für Evangelische Ethik 48: 2004, 18–32

Bruder, Carl E.G. et al., Phenotypically concordant and discordant monozygotic twins display different DNA copy-number-variation profiles, in: The American Journal of Human Genetics 82: 2008, 763–771

Buber, Martin, Werke I, Schriften zur Philosophie, Heidelberg 1962

Bultmann, Rudolf, Theologie des Neuen Testaments, Tübingen 6. Aufl. 1968

Bundesärztekammer, Erklärung zum Schwangerschaftsabbruch nach Pränataldiagnostik, in: Deutsches Ärzteblatt 95: 1998, A 3013–3016 (1998a), download http://www.bundesaerztekammer.de/downloads/Schwangerpdf.pdf

Bundesärztekammer, Richtlinien zur Durchführung der assistierten Reproduktion, in: Deutsches Ärzteblatt 95: 1998, A 3166–3171 (1998b)

Bundesärztekammer, (Muster-)Richtlinie zur Durchführung der assistierten Reproduktion – Novelle 2006 –, in: Deutsches Ärzteblatt 103: 2006, A 1392–1403, download unter www.bundesaerzte kammer.de/

Bundesminister für Forschung und Technologie (ed.), Die Erforschung des menschlichen Genoms. Ethische und soziale Aspekte, Frankfurt/M. 1991

Buyx, Alena M., Moderate finanzielle Anreize für postmortale Organspenden, in: Deutsche Medizinische Wochenschrift 132: 2007, 2392–2395

Caesar, Peter (ed.), Präimplantationsdiagnostik. Bericht der Bioethik-Kommission des Landes Rheinland-Pfalz vom 20. Juni 1999, Mainz 1999, download http://www.justiz.rlp.de → Ministerium → Bioethik

Cawthon, Richard M. et al., Association between telomere length in blood and mortality in people aged 60 years or older, in: The Lancet 361: 2003, 393–395

Chong, Hyon-Mi, Sterbehilfe und Strafrecht. Ein deutsch-koreanischer Vergleich, Freiburg/Br. 1998

Clausen, Jens / Schmitt, Stephanie, Zum moralischen Status des extrakorporalen Embryos, in: Maio (ed.) 2007, 65–102

Coeppicus, Rolf, Aktive und passive Sterbehilfe – Abbruch von Behandlung und Ernährung aus vormundschaftsgerichtlicher Sicht, in: Familie Partnerschaft Recht 13: 2007, 63–66

Conrad, Sabine et al., Generation of pluripotent stem cells from adult human testis, in: Nature 9 Oct 2008, online doi:10.1038/nature07404

Cortes, Jose Luis et al., Spanish stem cell bank interviews examine the interest of couples in donating surplus human IVF embryos for stem cell research, in: Cell Stem Cell 1: 2007, 17–20

Craig, Alexander, Die Bedeutung biologischer Befunde für eine ethisch-normative Betrachtung des moralischen Status des extrakorporalen Embryos, in: Maio (ed.) 2007, 239–274

Cyranoski, David, 5 things to know before jumping on the iPS bandwagon, in: Nature 452: 2008, 406–408

Czerner, Frank, Das Euthanasie-Tabu. Vom Sterbehilfe-Diskurs zur Novellierung des § 216 StGB, Berliner Medizinethische Schriften Heft 50/51, Dortmund 2004

Dabrock, Peter / Klinnert, Lars / Schardien, Stefanie, Menschenwürde und Lebensschutz. Herausforderungen theologischer Bioethik, Gütersloh 2004

Dabrock, Peter, Wenn das Unbestimmbare bestimmt werden muß … Zum Verständnis des menschlichen Lebensanfangs und seines Schutzes in der evangelischen Theologie, in: Körtner et al. (ed.) 2006, 71–93

Dabrock, Peter, Formen der Selbstbestimmung. Theologisch-ethische Perspektiven zu Patientenverfügungen bei Demenzerkrankungen, in: Zeitschrift für Medizinische Ethik 53: 2007, 127–144

Daele, Wolfgang van den, Droht präventiver Zwang in Public Health Genetics?, in: Schmidtke et al. (ed.) 2007, 143–163

Dahl, Edgar et al., Die präkonzeptionelle Geschlechtswahl zu nichtmedizinischen Zwecken, in: Journal für Reproduktionsmedizin und Endokrinologie 1: 2004, 20–23

Dahl, Edgar, Sex selection: Laissez faire or family balancing?, in: Health Care Analysis 13: 2005, 87–90

Dahl, Edgar, Dem Tod zur Hand gehen, in: Spektrum der Wissenschaft Juli 2006, 116–120

Dahl, Matthias / Wiesemann, Claudia, Forschung an Minderjährigen im internationalen Vergleich: Bilanz und Zukunftsperspektiven, in: Ethik in der Medizin 13: 2001, 87–110

Dalton, Susanne Oksbjerg et al., Risk for cancer in parents of patients with schizophrenia, in: American Journal of Psychiatry 161: 2004, 903–908

Damschen, Gregor / Schönecker, Dieter (ed.), Der moralische Status menschlicher Embryonen. Pro und Contra Spezies-, Kontinuums-, Identitäts- und Potentialitätsargument, Berlin 2003

DeBaun, M. R. et al., Association of in vitro fertilization with Beckwith-Wiedemann syndrome and epigenetic alterations of LIT1 and H19, in: American Journal of Human Genetics 72: 2003, 156–160

Demel, Sabine, Abtreibung zwischen Straffreiheit und Exkommunikation, Stuttgart 1995

Demmer, Klaus, Deuten und handeln. Grundlagen und Grundfragen der Fundamentalmoral, Freiburg/Schw. / Freiburg/Br. 1985

Demmer, Klaus, Ethische Argumente zur morphologischen Beobachtung früher Embryonen mit nachfolgendem Transfer eines Embryos: Nachdenkliches zum Beitrag von Hartmut Kreß, in: Journal für Reproduktionsmedizin und Endokrinologie 2: 2005, 102–105, download http://www. kup.at/ kup/pdf/5210.pdf

Denker, Hans-Werner, Ein anderes ethisches Problem, in: Deutsches Ärzteblatt 105: 2008, A 577f.

Descartes, René, Untersuchungen über die Grundlagen der Philosophie, in: René Descartes' philosophische Werke, Abtlg. II, Berlin 1870

Dethlefsen, Thorwald / Dahlke, Ruediger, Krankheit als Weg. Deutung und Be-Deutung der Krankheitsbilder, München 26. Aufl. 1990

Deuschl, Günther, Transplantation von Gehirngewebe, in: Zeitschrift für Evangelische Ethik 42: 1998, 248–257

Deutsche Akademie der Naturforscher Leopoldina, Präsidium (ed.), Stellungnahme zur Stammzellforschung in Deutschland, Halle/Saale 2007, download http://www.leopoldina-halle.de/Stem Cells.pdf

Deutsche Akademie für Kinder- und Jugendmedizin e.V., Forschung an Kindern für Kinder, 2004, download http://www.dgkj.de/584.html

Deutsche Akademie für Kinder- und Jugendmedizin e.V., Begrenzung lebenserhaltender Therapie im Kindes- und Jugendalter, 2008

Deutsche Forschungsgemeinschaft, Stammzellforschung in Deutschland – Möglichkeiten und Perspektiven. Stellungnahme der Deutschen Forschungsgemeinschaft Oktober 2006, Bonn 2006, download http://www.dfg.de/ → Aktuelles → Reden und Stellungnahmen des Jahres 2006

Deutsche Muslim Liga Hamburg, Stammzellenforschung. Ein Beitrag aus der Sicht der Scharia, in: Bilgin 2002, 206–208

Deutscher Bundestag, Sachstandsbericht Präimplantationsdiagnostik – Praxis und rechtliche Regulierung in sieben ausgewählten Ländern, Bundestags-Drucksache 15/3500, Berlin 2004

Diedrich, Klaus / Hepp, Hermann / von Otte, Sören (ed.), Reproduktionsmedizin in Klinik und Forschung: Der Status des Embryos. Nova Acta Leopoldina NF Bd. 96, Nr. 354, Halle 2007

Diedrich, Klaus / Felberbaum, Ricardo / Griesinger, Georg / Hepp, Hermann / Kreß, Hartmut / Riedel, Ulrike, Reproduktionsmedizin im internationalen Vergleich. Wissenschaftlicher Sachstand, medizinische Versorgung und gesetzlicher Regelungsbedarf. Gutachten im Auftrag der Friedrich-Ebert-Stiftung, Berlin 2008, download http://library.fes.de/pdf-files/stabsabteilung/05642.pdf

Doppelfeld, Elmar, Regelungen des Europarats für die medizinische Forschung, in: Frewer / Schmidt (ed.) 2007, 163–179

Döring, Ole, Der Embryo in China – eine Frage des Charakters?, in: Oduncu et al. (ed.) 2005, 126–145

Dreier, Horst, Art. I 1, in: ders. (ed.), Grundgesetz. Kommentar, Bd. 1, Tübingen 2. Aufl. 2004

Duden, Barbara et al. (ed.), Geschichte des Ungeborenen. Zur Erfahrungs- und Wissenschaftsgeschichte der Schwangerschaft, 17.–20. Jahrhundert, Göttingen 2002

Easton, Douglas F. et al., Genome-wide association study identifies novel breast cancer susceptibility loci, in: Nature 447: 2007, 1087–1093

Eibach, Ulrich, Organ- und Gewebespende – Ethische und rechtliche Überlegungen zum beratenden Gespräch mit Angehörigen über Organentnahmen, in: Medizinrecht 23: 2005, 215–223

Engelhardt, Dietrich von / Hartmann, Fritz (ed.), Klassiker der Medizin, Bd.e I–II, München 1991

Engelhardt, Dietrich von, Gesundheit, in: Korff et al. (ed.) 1998, Bd. II, 108–114

Engelhardt, Karlheinz, Kranke Medizin. Das Abhandenkommen des Patienten, Münster 1999

Engelhardt, Karlheinz, Religion und Medizin. Partner oder Antipoden?, in: Deutsche Medizinische Wochenschrift 128: 2003, 2695–2697

Engelhardt, Karlheinz, „Ganzheitlichkeit" in der Medizin?, in: Zeitschrift für Evangelische Ethik 49: 2005, 138–144 (2005a)

Engelhardt, Karlheinz, Philosophie und Medizin, in: Deutsche Medizinische Wochenschrift 130: 2005, 2967–2970 (2005b)

Eser, Albin, Schwangerschaftsabbruch, Recht, in: Lexikon Medizin Ethik Recht, Freiburg/Br. 1989, 969–985

ESHRE Task Force on Ethics and Law, The moral status of the pre-implantation embryo, in: Human Reproduction 16: 2001, 1046–1048

Fan, H. Christina et al., Noninvasive diagnosis of fetal aneuploidy by shotgun sequencing DNA from maternal blood, in: Proceedings of the National Academy of Sciences 2008, doi: 10.1073/pnas.0808319105

Fangerau, Heiner, Ethik der medizinischen Forschung, in: Schulz et al. (ed.) 2006, 283–300

Feige, A. / Gröbe, H., Assistierte Reproduktion. Folgen und Risiken für Mutter und Kind, in: Reproduktionsmedizin 18: 2002, 153–157

Felberbaum, Ricardo E. / Bühler, Klaus / van der Ven, Hans (ed.), Das Deutsche IVF-Register 1996–2006. 10 Jahre Reproduktionsmedizin in Deutschland, Heidelberg 2007

Felberbaum, Ricardo E. et al., Zum Erhalt der Fertilität nach onkologischer Therapie, in: ders. et al. (ed.) 2007, 179–185

Fenner, Dagmar, Ist die Suizidverhütung ethisch legitim?, in: Jahrbuch für Wissenschaft und Ethik Bd. 11, Berlin 2006, 223–240

Filippini, Nadia Maria, Die ‚erste Geburt‘: Eine neue Vorstellung vom Fötus und vom Mutterleib (Italien, 18. Jahrhundert), in: Duden et al. (ed.) 2002, 99–127

Fischer, Johannes, Die Schutzwürdigkeit menschlichen Lebens in christlicher Sicht, in: Anselm / Körtner (ed.) 2003, 27–45

Foucault, Michel, Dispositive der Macht. Über Sexualität, Wissen und Wahrheit, Berlin 1978

Freed, Curt R. et al., Transplantation of embryonic dopamine neurons for severe Parkinson's disease, in: The New England Journal of Medicine 344: 2001, 710–719

Frewer, Andreas, Sterbehilfe und „terminale Sedierung". Medizinethische Grenzsituation am Lebensende, in: Hessisches Ärzteblatt 66: 2005, 812–814, download http://www.laekh.de/upload/ Hess._Aerzteblatt/2005/2005_12/2005_12_04.pdf

Frewer, Andreas / Schmidt, Ulf (ed.), Standards der Forschung. Historische Entwicklung und ethische Grundlagen klinischer Studien, Frankfurt/M. 2007

Friedrichsdorf, Stefan et al., Pädiatrische Palliativmedizin. Hilfsangebote für Kinder und Eltern, in: Deutsches Ärzteblatt 100: 2003, A 532–534

Frieß, Michael, „Komm süßer Tod" – Europa auf dem Weg zur Euthanasie? Zur theologischen Akzeptanz von assistiertem Suizid und aktiver Sterbehilfe, Stuttgart 2008

Frommel, Monika, Ethische, verfassungsrechtliche und strafrechtliche Problematik, in: Reproduktionsmedizin 18: 2002, 158–182

Frühwald, Wolfgang, Die Bedrohung der Gattung „Mensch", in: Deutsches Ärzteblatt 99: 2002, A 1281–1286

Gemeinsame Konferenz Kirche und Entwicklung und Verband Forschender Arzneimittelhersteller (ed.), Arzneimittelversorgung in der Dritten Welt. Positionspapier, Bonn 1992, Neuaufl. Bonn 1999

Gesang, Bernward, Perfektionierung des Menschen, Berlin 2007

Gethmann, Carl Friedrich et al., Gesundheit nach Maß? Eine transdisziplinäre Studie zu den Grundlagen eines dauerhaften Gesundheitssystems, Berlin 2004

Gethmann, Carl Friedrich, Ist die Anwendung utilitärer Kriterien bei der Lebendorganspende ethisch erlaubt?, in: Breyer / Engelhardt (ed.) 2006, 69–81

Gethmann-Siefert, Annemarie / Huster, Stefan (ed.), Recht und Ethik in der Präimplantationsdiagnostik, Europäische Akademie, Graue Reihe Nr. 38, Bad Neuenahr-Ahrweiler 2005, download unter http://www.ea-aw.de/

Glick, Shimon M, Practices in Israel, in: Nationaler Ethikrat 2004, 89–95

Glover, V. / Fisk, N.M., Fetal pain: implications for research and practice, in: British Journal of Obstetrics and Gynaecology 1999, 881–886

Goertz, Stephan, Das Gut des natürlichen Sterbens. Anmerkungen zu einer moraltheologischen Argumentationsfigur, in: Zeitschrift für Evangelische Ethik 52: 2008, 23–33

Gossmann, Jan et al., Ergebnisse einer Nachuntersuchung von Nierenlebendspendern des Transplantationszentrums Frankfurt, in: Hessisches Ärzteblatt 67: 2006, 719–721, download http://www.laekh.de/upload/Hess._Aerzteblatt/2006/2006_10/2006_10_06.pdf

Gratwohl, Alois et al., H-Y as a minor histocompatibility antigen in kidney transplantation: a retrospective cohort study, in: The Lancet 372: 2008, 49–53

Greber, Boris / Schöler, Hans, Durchbruch in der Stammzellforschung? Die Reprogrammierung von Körperzellen zu pluripotenten Stammzellen, in: Bundesgesundheitsblatt – Gesundheitsforschung – Gesundheitsschutz 51: 2008, 1005–1013

Greenly, Henry T., Defining chimeras … and chimeric concerns, in: The American Journal of Bioethics 3: 2003, 17–20

Grewel, Hans, Lizenz zum Töten. Der Preis des technischen Fortschritts in der Medizin, Stuttgart 2002

Grönemeyer, Dietrich H. W., Gesundheitswirtschaft, Berlin / Leiben 2005

Grünwaldt, Klaus / Hahn, Udo im Auftrag der Bischofskonferenz der Vereinigten Evangelisch-Lutherischen Kirche Deutschlands (ed.), Was darf der Mensch? Neue Herausforderungen durch Gentechnik und Biomedizin, Hannover 2001

Günther, Hans-Ludwig / Taupitz, Jochen / Kaiser, Peter, Embryonenschutzgesetz. Juristischer Kommentar mit medizinisch-naturwissenschaftlichen Einführungen, Stuttgart 2008

Haaf, Thomas, Epigenetische Genomreprogrammierung in der Keimbahn und im frühen Embryo: Implikationen für die Reproduktionsmedizin, in: Journal für Reproduktionsmedizin und Endokrinologie 3: 2006, 136–140, download http://www.kup.at/kup/pdf/5889.pdf

Habermas, Jürgen, Die Zukunft der menschlichen Natur. Auf dem Weg zu einer liberalen Eugenik?, Frankfurt/M. 2001

Hamer, Dean, Rethinking behavior genetics, in: Science 298: 2002, 71–72

Hansen, Michèle et al., The risk of major birth defects after intracytoplasmic sperm injection and in vitro fertilization, in: The New England Journal of Medicine 346: 2002, 725–730

Harding, Sian E. et al., The human embryonic stem cell-derived cardiomyocyte as a pharmacological model, in: Pharmacology & Therapeutics 113: 2007, 341–353

Härle, Wilfried, Nein zur aktiven Sterbehilfe. Der Gesetzentwurf des Justizministeriums zur Patientenverfügung bedarf der Änderung, in: zeitzeichen 3: 2005, 8ff.

Härle, Wilfried, Patienten„autonomie" aus ethischer Sicht – Zur Aufhebung des Widerspruchs zwischen Selbstbestimmung und Fürsorge, in: Familie Partnerschaft Recht 13: 2007, 47–51

Harnack, Adolf von, Die Mission und Ausbreitung des Christentums in den ersten drei Jahrhunderten, Leipzig 4. Aufl. 1924

Hartmann, Fritz / Krüger, Matthias, Directiones ad rem medicam pertinentes. Ein Manuskript G.W. Leibnizens aus den Jahren 1671/72 über die Medizin, in: studia leibnitiana VIII: 1976, 40–68

Hartogh, Govert A. den, Zur Unterscheidung von terminaler Sedierung und Sterbehilfe, in: Ethik in der Medizin 16: 2004, 378–391

Hassemer, Winfried, Über den argumentativen Umgang mit der Würde des Menschen, in: Gerhard Robbers et al. (ed.), Innere Sicherheit, Menschenwürde, Gentechnologie, Frankfurt/M. 2005, 65–79

Hedayat, K.M. / Shooshtarizadeh, P. / Raza, M., Therapeutic abortion in Islam: contemporary views of Muslim Shiite scholars and effect of recent Iranian legislation, in: Journal of Medical Ethics 32: 2006, 652–657

Hehr, A. et al., Polkörperdiagnostik für monogene Erkrankungen als deutsche Alternative zur Präimplantationsdiagnostik, in: Felberbaum et al. (ed.) 2007, 119–123

Heide, Agnes van der et al., End-of-life practices in the Netherlands under the Euthanasia Act, in: The New England Journal of Medicine 356: 2007, 1957–1965

Heinemann, Thomas et al., Der „kontrollierte individuelle Heilversuch" als neues Instrument bei der klinischen Erstanwendung risikoreicher Therapieformen, in: Jahrbuch für Wissenschaft und Ethik Bd. 11, Berlin 2006, 153–199

Heinrichs, Bert, Ethische Aspekte der Regulierung prädiktiver genetischer Tests, in: Schmidtke et al. (ed.) 2007, 165–177

Helmchen, Hanfried / Kanowski, Siegfried / Lauter, Hans, Ethik in der Altersmedizin, Stuttgart 2006

Henke, Klaus-Dietmar (ed.), Tödliche Medizin im Nationalsozialismus. Von der Rassenhygiene zum Massenmord, Schriften des Deutschen Hygiene-Museums Dresden Bd. 7, Köln 2008

Henn, Wolfram, Wer bestimmt, was Fortschritt ist? – Forschung für Behinderte in der Vertrauenskrise, in: Jahrbuch der Lebenshilfe Rheinland-Pfalz für Menschen mit geistiger Behinderung, 1999, 67–71

Henn, Wolfram, Das Trugbild vom normalen Menschen. Der Wandel des Krankheitsbegriffs im Zeitalter der Genomanalyse, in: Dominik Groß (ed.), Zwischen Theorie und Praxis: Traditionelle und aktuelle Fragen zur Ethik in der Medizin, Würzburg 2000, 167–181 (2000a)

Henn, Wolfram, DNA-Chiptechnologie in der medizinischen Genetik: Ethische und gesundheitspolitische Probleme, in: Medizinische Genetik 12: 2000, 341–344 (2000b)

Henn, Wolfram / Schindelhauer-Deutscher, Hans-Joachim, Kommunikation genetischer Risiken aus der Sicht der humangenetischen Beratung: Erfordernisse und Probleme, in: Bundesgesundheitsblatt – Gesundheitsforschung – Gesundheitsschutz 50: 2007, 174–180

Henne-Bruns, Doris, Probleme der Lebendspende, in: Kreß / Kaatsch (ed.) 2000, 138–143

Henne-Bruns, Doris, Klinische und ethische Probleme der Organtransplantation, in: Münk (ed.) 2002, 23–57

Hepp, Hermann, Höhergradige Mehrlingsgravidität – auch ein ethisches Problem des medizinischen Fortschritts, in: Der Gynäkologe 31: 1998, 261–266

Hepp, Hermann / Diedrich, Klaus, Die Richtlinien zur Durchführung der assistierten Reproduktion der Bundesärztekammer 1983–2006, in: Diedrich et al. (ed.) 2007, 159–174

Herrler, Andreas et al., Epigenetische Kontrolle der Genaktivität, in: Reproduktionsmedizin 19: 2003, 84–92

Herschkorn-Barnu, Paule, Wie der Fötus einen klinischen Status erhielt. Bedingungen und Verfahren der Produktion eines medizinischen Fachwissens, Paris 1832–1848, in: Duden et al. (ed.) 2002, 167–203

Herweg, Rachel Monika, Die jüdische Mutter. Das verborgene Matriarchat, Darmstadt 1994

Herzlich, Claudine / Pierret, Janine, Kranke gestern, Kranke heute. Die Gesellschaft und das Leiden, München 1991

Herzog, Volker, Die Forschung an menschlichen embryonalen Stammzellen und ihre Folgen, in: Kreß / Racké (ed.) 2002, 80–86

Hess, Volker, Der wohltemperierte Mensch. Wissenschaft und Alltag des Fiebermessens (1850–1900), Frankfurt/M. 2000

Hildt, Elisabeth, Autonomie in der Medizin. Selbstbestimmung, Selbstentwurf und Lebensgestaltung, in: Bundesgesundheitsblatt – Gesundheitsforschung – Gesundheitsschutz 51: 2008, 827–834

Hoerster, Norbert, Neugeborene und das Recht auf Leben, stw 1215, Frankfurt/M. 1995

Hoff, Johannes / Schmitten, Jürgen in der (ed.), Wann ist der Mensch tot? Organverpflanzung und Hirntodkriterium, Reinbek 1994

Hoff, Johannes / Schmitten, Jürgen in der, Kritik der „Hirntod"-Konzeption, in: dies. (ed.) 1994, 153–252

Holden, Constance / Vogel, Gretchen, A technical fix for an ethical bind?, in: Science 306: 2004, 2174–2176

Holderegger, Adrian (ed.), Das medizinisch assistierte Sterben. Zur Sterbehilfe aus medizinischer, ethischer, juristischer und theologischer Sicht, Freiburg/Schw. / Freiburg/Br. 2. Aufl. 2000

Hoyer, Jochem, Ethische und sozialpolitische Aspekte der Lebendspende von Organen, in: Kreß / Kaatsch (ed.) 2000, 128–137

Huber, Wolfgang, Gerechtigkeit und Recht, Gütersloh 1996

Huber, Wolfgang, Wissenschaft verantworten. Überlegungen zur Ethik der Forschung, in: Zeitschrift für Evangelische Ethik 50: 2006, 170–181

Hufen, Friedhelm, Staatsrecht II. Grundrechte, München 2007

Huster, Stefan et al., Implizite Rationierung als Rechtsproblem, in: Medizinrecht 25: 2007, 703–706

Huster Stefan, Die Reform der Gesetzlichen Krankenversicherung, in: Deutscher Sozialgerichtstag e.V. (ed.), 1. Deutscher Sozialgerichtstag, Baden-Baden 2008, 49–60

Hutchinson, James A. et al., Transplant acceptance-inducing cells as an immune-conditioning therapy in renal transplantation, in: Transplant International 21: 2008, 728–741

Ilkilic, Ilhan, Der muslimische Patient. Medizinische Aspekte des muslimischen Krankheitsverständnisses in einer wertpluralen Gesellschaft, Münster 2001

Ilkilic, Ilhan, Gesundheitsverständnis und Gesundheitsmündigkeit in der islamischen Tradition, Medizinethische Materialien Heft 152, Bochum 3. Aufl. 2005

Ilkilic, Ilhan, Wann beginnt das menschliche Leben? Philosophisch-theologische Reflexionen aus der muslimischen Perspektive, in: Körtner et al. (ed.) 2006, 145–164

Ilkilic, Ilhan, Medizinethische Entscheidungen am Lebensende in einer wertpluralen Gesellschaft am Beispiel muslimischer Patienten, in: Zeitschrift für Evangelische Ethik 52: 2008, 34–49 (2008a)

Ilkilic, Ilhan, Stammzellforschung: Die Diskussionslage im Bereich der islamischen Medizinethik, in: epd-Dokumentation 7 / 2008, 12. Februar 2008, 24–29 (2008b)

Illich, Ivan, Die Nemesis der Medizin, Reinbek 1977

Jaenisch, Rudolf / Bird, Adrian, Epigenetic regulation of gene expression: how the genome integrates intrinsic and environmental signals, in: Nature Genetics 33: 2003, 245–254

Jage-Bowler, Kerstin, Fragen des Lebensendes. Spuren und Wurzeln jüdisch-medizinischer Ethik, Münster 1999

Jahn, Ingeborg / Koch, Uwe, Geschlecht und Gesundheit, in: Bundesgesundheitsblatt – Gesundheitsforschung – Gesundheitsschutz 51: 2008, 1–2

Jain, Tarun et al., Insurance coverage and outcomes of in vitro fertilization, in: The New England Journal of Medicine 347: 2002, 661–666

Jankrift, Kay Peter, Krankheit und Heilkunde im Mittelalter, Darmstadt 2003

Jans, Jan, „Sterbehilfe" in den Niederlanden und Belgien, in: Zeitschrift für Evangelische Ethik 46: 2002, 283–300

Jaspers, Karl, Der philosophische Glaube angesichts der Offenbarung, München 1962

Jens, Walter / Küng, Hans, Menschenwürdig sterben. Ein Plädoyer für Selbstverantwortung, München / Zürich 2. Aufl. 1995

Jeremias, Joachim, Die Gleichnisse Jesu, Kurzausg., Hamburg 5. Aufl. 1974

Jerrard-Dunne, Paula et al., Evaluating the genetic component of ischemic stroke subtypes. A family history study, in: Stroke 34: 2003, 1364–1369

Joerden, Jan C. / Winter, Cornelia, Thesen zur Chimären- und Hybridbildung aus der Perspektive von Recht und Ethik, in: Jahrbuch für Recht und Ethik Bd. 15, Berlin 2007, 105–149

Jonas, Hans, Organismus und Freiheit, Göttingen 1973

Jonas, Hans, Das Prinzip Verantwortung, Frankfurt/M. 1979

Jonas, Hans, Technik, Medizin und Ethik, Frankfurt/M. 1985

Jörns, Klaus-Peter, Gibt es ein Recht auf Organtransplantation?, Göttingen 1993

Jung, Eberhard, Das Recht auf Gesundheit. Versuch einer Grundlegung des Gesundheitsrechts der Bundesrepublik Deutschland, München 1982

Jüngel, Eberhard et al., Annahme oder Abtreibung, in: Wilkens, Erwin, § 218, Gütersloh 1973, 168–173

Jüngel, Eberhard, Der Gott entsprechende Mensch, in: Gadamer, Hans-Georg / Vogler, Paul (ed.), Neue Anthropologie Bd. 6, Philosophische Anthropologie 1, Stuttgart 1975, 342–372

Jüngel, Eberhard, Hoffen, Handeln – und Leiden, in: epd-Dokumentation 9 / 2002, 25. Februar 2002, 15–25

Kentenich, Heribert / Utz-Billing, I., Verbot der Eizellspende. Ist es medizinisch, psychologisch oder ethisch gerechtfertigt?, in: Gynäkologische Endokrinologie 4: 2006, 229–234

Kentenich, Heribert, Kritische Anmerkungen zum Gewebegesetz, in: Gynäkologische Endokrinologie 5: 2007, 49–51

Kerr, J. et al., Communication, quality of life and age: results of a 5-year prospective study in breast cancer patients, in: Annals of Oncology 14: 2003, 421–427

Kettner, Matthias (ed.), Beratung als Zwang. Schwangerschaftsabbrüche, genetische Aufklärung und die Grenzen kommunikativer Vernunft, Frankfurt/M. / New York 1998

Kim, Kitai et al., Recombination signatures distinguish embryonic stem cells derived by parthenogenesis and somatic cell nuclear transfer, in: Cell Stem Cell 1: 2007, 346–352

Kirchenamt der Evangelischen Kirche in Deutschland (ed.), Genitalverstümmelung von Mädchen und Frauen, EKD Text 65, 1999

Kirchenamt der Evangelischen Kirche in Deutschland (ed.), Im Geist der Liebe mit dem Leben umgehen. Argumentationshilfe für aktuelle medizin- und bioethische Fragen, EKD Text 71, Hannover 2002

Kirchenamt der Evangelischen Kirche in Deutschland (ed.), Sterben hat seine Zeit. Überlegungen zum Umgang mit Patientenverfügungen aus evangelischer Sicht, EKD Text 80, Hannover 2005

Kivimäki, Mika et al., Work stress and risk of cardiovascular mortality: prospective cohort study of industrial employees, in: British Medical Journal 325: 2002, 857–859

Kleinschmidt, Dorothee, Reproduktive Gesundheit und Wahlfreiheit, in: pro familia magazin 02 / 2004, Menschenrechte & Selbstbestimmung. 10 Jahre nach Kairo, 12–13

Klemm, Martina / Schattenholz, André, Stammzellen als Modell für die Wirkstoffentwicklung, in: Nachrichten aus der Chemie September 2004, download http://www.gdch.de/taetigkeiten/nch/inhalt/jg2004/stammzellen.pdf

Klemm, Martina et al., Stammzellbasierte In-vitro-Modelle als Ersatz für Tiermodelle bei Toxizitäts- und Wirksamkeitsprüfungen, in: Bundesgesundheitsblatt – Gesundheitsforschung – Gesundheitsschutz 51: 2008, 1033–1038

Klemperer, David, Arzt-Patient-Beziehung. Entscheidung über Therapie muss gemeinsam getroffen werden, in: Deutsches Ärzteblatt 100: 2003, A 753–755

Klimek, Markus, Zur Gestaltung der Patientenautonomie auf den Intensivstationen der Niederlande, in: Zeitschrift für Evangelische Ethik 51: 2007, 211–214

Knoepffler, Nikolaus / Haniel, Anja (ed.), Menschenwürde und medizinethische Konfliktfälle, Stuttgart / Leipzig 2000

Knoepffler, Nikolaus, Folgt aus der Menschenwürde eine Verpflichtung zur Organgabe?, in: Knoepffler / Haniel (ed.) 2000, 119–126

Knoepffler, Nikolaus, Umwelt- und Tierethik, in: ders. et al. (ed.), Einführung in die Angewandte Ethik, Freiburg / München 2006, 75–104

Knoepffler, Nikolaus, Der moralische Status des frühen menschlichen Embryos, in: Diedrich et al. (ed.) 2007, 177–188

Knoepffler, Nikolaus, Ethische Normen angesichts medizinischer Forschung am Menschen, in: Bundesgesundheitsblatt – Gesundheitsforschung – Gesundheitsschutz 51: 2008, 880–886

Kobusch, Theo, Die Entdeckung der Person. Metaphysik der Freiheit und modernes Menschenbild, Freiburg / Basel / Wien 1993

Koch, Hans-Georg, „Der medizinisch assistierte Tod", in: Holderegger (ed.) 2000, 291–321

Koch, Hans-Georg, Stammzellforschung aus rechtsvergleichender Sicht, in: Bundesgesundheitsblatt – Gesundheitsforschung – Gesundheitsschutz 51: 2008, 985–993

Kodalle, Klaus-Michael, Der Tod als „Geschick"? Die Stellungnahme der Evangelischen Kirche zum Stellenwert der Patientenverfügung, in: Zeitschrift für Evangelische Ethik 49: 2005, 223–229

Koelbing, Huldrych M., Thomas Percival, in: von Engelhardt / Hartmann (ed.) 1991, Bd. I, 276–290

Koios, Nikolaos G., Das Ende des Lebens im Licht der orthodoxen Theologie, in: Körtner et al. (ed.) 2006, 129–143

Kölch, Michael / Fegert, Jörg M., Patientenautonomie – Minderjährige als Patienten, in: Familie Partnerschaft Recht 13: 2007, 76–78

Kollek, Regine, Präimplantationsdiagnostik. Embryonenselektion, weibliche Autonomie und Recht, Tübingen / Basel 2. Aufl. 2002

Korff, Wilhelm et al. (ed.), Lexikon der Bioethik, Bd.e I–III, Gütersloh 1998

Körner, Uwe, Über Grenzfragen des Lebens und des Todes in Japan, in: Kreß / Racké (ed.) 2002, 220–231

Körner, Uwe, Gebete für das Seelenheil abgetriebener Kinder. Embryonenforschung und Schwangerschaftsabbruch in Japan, in: Oduncu et al. (ed.) 2005, 146–160

Körtner, Ulrich H.J. / Virt, Günter / Engelhardt, Dietrich von / Haslinger, Franz (ed.), Lebensanfang und Lebensende in den Weltreligionen. Beiträge zu einer interkulturellen Medizinethik, Neukirchen-Vluyn 2006

Körtner, Ulrich H.J. / Kopetzki, Christian / Kletecka-Pulker, Maria (ed.), Das österreichische Patientenverfügungsgesetz. Ethische und rechtliche Aspekte, Wien / New York 2007

Körtner, Ulrich H.J., Chancen und Grenzen ökumenischer Sozialethik, in: Materialdienst des Konfessionskundlichen Instituts Bensheim 59: 2008, 47–54

Kreß, Hartmut, Religiöse Ethik und dialogisches Denken. Das Werk Martin Bubers in der Beziehung zu Georg Simmel, Gütersloh 1985

Kreß, Hartmut / Müller, Wolfgang Erich, Verantwortungsethik heute. Grundlagen und Konkretionen einer Ethik der Person, Stuttgart 1997

Kreß, Hartmut, Menschenwürde im modernen Pluralismus. Wertedebatte – Ethik der Medizin – Nachhaltigkeit, Hannover 1999

Kreß, Hartmut, Gleichgeschlechtliche Orientierung und gleichgeschlechtliche Partnerschaften, in: ethica 8: 2000, 339–365

Kreß, Hartmut / Kaatsch, Hans-Jürgen (ed.), Menschenwürde, Medizin und Bioethik, Münster 2000

Kreß, Hartmut / Racké, Kurt (ed.), Medizin an den Grenzen des Lebens. Lebensbeginn und Lebensende in der bioethischen Kontroverse, Münster 2002

Kreß, Hartmut, Kultivierung von Embryonen und Single-Embryo-Transfer. Eine Initiative der Deutschen Gesellschaft für Gynäkologie und Geburtshilfe zur Novellierung des Embryonenschutzgesetzes (28. Juni 2005), in: Ethik in der Medizin 17: 2005, 234–240 (2005a)

Kreß, Hartmut, Menschenwürde – aktuelle Probleme von Stammzellforschung und Reproduktionsmedizin – Status des Embryos. Neue Ansatzpunkte für rechtspolitische Weichenstellungen, in: ethica 13: 2005, 227–252 (2005b)

Kreß, Hartmut, Menschenwürde, Embryonenschutz und gesundheitsorientierte Forschungsperspektiven in ethisch-rechtlicher Abwägung, in: Zeitschrift für Rechtspolitik 39: 2006, 219–223 (2006a)

Kreß, Hartmut, Gesundheitsschutz und Embryonenschutz in ethisch-rechtlicher Abwägung. Bericht der Bioethik-Kommission Rheinland-Pfalz zum Revisionsbedarf von Embryonenschutz- und Stammzellgesetz, in: Ethik in der Medizin 18: 2006, 92–99 (2006b)

Kreß, Hartmut, Reformbedarf beim Embryonenschutz- und Stammzellgesetz – Thesen und Empfehlungen der Bioethik-Kommission Rheinland-Pfalz vom Januar 2006, in: Journal für Reproduktionsmedizin und Endokrinologie 3: 2006, 45–48, download http://www.kup.at/kup/pdf/5661. pdf (2006c)

Kreß, Hartmut / Küpker, Wolfgang, Der Reproduktionsmediziner im Spannungsfeld zwischen ethischer Verantwortung und medizinischer Notwendigkeit, in: Felberbaum et al. (ed.) 2007, 191–200

Kreß, Hartmut, Präimplantationsdiagnostik. Ethische, soziale und rechtliche Aspekte, in: Bundesgesundheitsblatt – Gesundheitsforschung – Gesundheitsschutz 50: 2007, 157–167 (2007a)

Kreß, Hartmut, Embryonenstatus und Gesundheitsschutz. Reformbedarf im Rahmen eines umfassenden Fortpflanzungsmedizin- und Stammzellgesetzes, in: Jahrbuch für Recht und Ethik Bd. 15, Berlin 2007, 23–50 (2007b)

Kreß, Hartmut, Ab wann ist der Embryo ein Mensch? Menschenwürde und Lebensschutz des Embryos in theologischer Sicht, in: Diedrich et al. (ed.) 2007, 35–56 (2007c)

Kreß, Hartmut, Katholische und evangelische Ethik im Nebeneinander – fördernd oder hemmend für den Ethikdiskurs?, in: Materialdienst des Konfessionskundlichen Instituts Bensheim 59: 2008, 59–64 (2008a)

Kreß, Hartmut, Gesundheitsschutz als normatives Kriterium der Medizinethik, in: Bundesgesundheitsblatt – Gesundheitsforschung – Gesundheitsschutz 51: 2008, 809–817 (2008b)

Kreß, Hartmut, Forschung ja – Anwendung nein? Medizinische, pharmakologische und toxikologische Nutzung humaner embryonaler Stammzellen in ethischer Sicht, in: Bundesgesundheitsblatt – Gesundheitsforschung – Gesundheitsschutz 51: 2008, 965–972 (2008c)

Kreß, Hartmut, Kinderwunsch und Kindeswohl in der Krise – sozialethische, reproduktionsmedizinische und medizinethische Gesichtspunkte, in: Johannes Eurich et al. (ed.), Intergenerationalität zwischen Solidarität und Gerechtigkeit, Heidelberg 2008, 151–165 (2008d)

Kriele, Alexa, Engel weisen Wege zur Heilung, München 2007

Krones, Tanja et al., Public, expert and patients' opinions on preimplantation genetic diagnosis (PGD) in Germany, in: Reproductive BioMedicine Online 10: 2005, 116–123

Krones, Tanja et al., Attitudes of patients, healthcare professionals and ethicists towards embryonic stem cell research and donation of gametes and embryos in Germany, in: Reproductive BioMedicine online 13: 2006, 607–617

Krones, Tanja / Richter, Gerd, Ärztliche Verantwortung: das Arzt-Patient-Verhältnis, in: Bundesgesundheitsblatt – Gesundheitsforschung – Gesundheitsschutz 51: 2008, 818–826

Krüger, Matthias, Leibniz' Vorstellungen zur Organisation eines öffentlichen Gesundheitswesens, in: studia leibnitiana supplementa XII/1, Wiesbaden 1973, 229–234

Kuhl, Christiane K. et al., MRI for diagnosis of pure ductal carcinoma in situ: a prospective observational study, in: The Lancet 370: 2007, 485–492

Kuitert, Harry M., Das falsche Urteil über den Suizid, Stuttgart 1986

Kukk, Alexander, Verfassungsgeschichtliche Aspekte zum Grundrecht der allgemeinen Handlungsfreiheit (Art. 2 Abs. 1 GG), Stuttgart 2000

Kummer, Christian, Umstrittene Embryonenforschung, in: Kolleg St. Blasien (ed.) Kollegsbrief 75: 2003 / 04, 130–138

Kurth, Bärbel-Maria, Der Kinder- und Jugendgesundheitssurvey, in: Bundesgesundheitsblatt – Gesundheitsforschung – Gesundheitsschutz 50: 2007, 533–546

Kurthen, Martin / Linke, Detlef B., Vom Hirntod zum Teilhirntod, in: Hoff / in der Schmitten (ed.) 1994, 82–94

Kürzl, Rainer, Evidenzbasierte Missverständnisse beim Mammakarzinom, in: Deutsches Ärzteblatt 101: 2004, A 2387–2390

Kutzer, Klaus, Die derzeitige Rechtsprechung auf dem Prüfstand, in: Wolfslast, Gabriele / Schmidt, Kurt W. (ed.), Suizid und Suizidversuch, München 2005, 181–195

Kutzer, Klaus, Recht auf Schmerzfreiheit? Juristische Aspekte, in: Deutsche Medizinische Wochenschrift 133: 2008, 317–320

Labisch, Alfons, Homo Hygienicus. Gesundheit und Medizin in der Neuzeit, Frankfurt/M. / New York 1992

Landeskirchenamt der Evangelischen Kirche von Westfalen (ed.), Ethische Überlegungen zur Forschung mit menschlichen Embryonalen Stammzellen, Bielefeld 2007

Lehmann, Volker, Der Kayserliche Schnitt. Die Geschichte einer Operation, Stuttgart 2006

Lehmann, Volker, Verlassen von Vater und Mutter. Kinder aus der Babyklappe, in: Der Gynäkologe 40: 2007, 1009–1016

Leinmüller, Renate, Schmerztherapie. Umdenken erforderlich, in: Deutsches Ärzteblatt 100: 2003, A 678

Lerchl, Alexander, Where are the Sunday babies? III. Caesarean sections, decreased weekend births, and midwife involvement in Germany, in: Naturwissenschaften 95: 2008, 165–170

Lerou, Paul H. et al., Human embryonic stem cell derivation from poor-quality embryos, in: Nature Biotechnology 26: 2008, 212–214

Lilie, Ulrich / Zwierlein, Eduard (ed.), Handbuch Integrierte Sterbebegleitung, Gütersloh 2004

Lindner, Josef Franz, Grundrechtsfragen prädiktiver Gendiagnostik, in: Medizinrecht 25: 2007, 286–295

Lindvall, Olle / Björklund, Anders, Cell therapy in Parkinson's disease, in: NeuroRx, October 2004, 382–393

Linke, Detlef B., Hirnverpflanzung. Die erste Unsterblichkeit auf Erden, Reinbek 1993

Löser, Peter / Hanke, Bettina / Lerch, Claudia, Forschung an humanen embryonalen Stammzellen in Deutschland: Die gegenwärtige Situation im Kontext der internationalen Forschung, in: Jahrbuch für Wissenschaft und Ethik Bd. 12, Berlin 2007, 285–317

Löser, Peter / Wobus, Anna M., Aktuelle Entwicklungen in der Forschung mit humanen embryonalen Stammzellen, in: Naturwissenschaftliche Rundschau 60: 2007, 229–239, download http://www.stammzellen.nrw.de/de/aktuelles/Loeser-Wobus.pdf

Loth, Heinz-Jürgen, Abtreibung / Empfängnisverhütung, Ehe und Familie, Gesundheit / Krankheit (Judentum), in: Klöcker, Michael / Tworuschka, Udo (ed.), Ethik der Weltreligionen, Darmstadt 2005, 25–27, 65–67, 132–136

Lowery, Curtis L. et al., Neurodevelopmental changes of fetal pain, in: Seminars in Perinatology 31: 2007, 275–282

Löwith, Karl, Das Individuum in der Rolle des Mitmenschen, München 1928

Lu, Shi-Jiang et al., Biological properties and enucleation of red blood cells from human embryonic stem cells, in: Blood, prepublished online Aug 19, 2008, doi: 10.1182/blood-2008-05-157198

Ludwig, Michael et al., Die Deutsche ICSI-follow-up-Studie, in: Felberbaum et al. (ed.) 2007, 147–156

Luther deutsch. Die Werke Martin Luthers in neuer Auswahl, Bd.e 1–10, hg. v. Aland, Kurt, Göttingen 1991

Lüthi, Theres, Das Problem der Mehrlingsschwangerschaften, in: Schweizerische Ärztezeitung 87: 2006, 943–947

Lyerly, Anne Drapkin / Faden, Ruth R., Willingness to donate frozen embryos for stem cell research, in: Science 317: 2007, 46–47

Mack, Elke, Das Menschenrecht auf Gesundheit, in: Knoepffler / Haniel (ed.) 2000, 183–202

Mackenbach, Johan P. et al., Socioeconomic inequalities in health in 22 European countries, in: The New England Journal of Medicine 358: 2008, 2468–2481

Maio, Giovanni, Zur Begründung einer Ethik der Forschung an nicht einwilligungsfähigen Patienten, in: Zeitschrift für Evangelische Ethik 45: 2001, 135–148 (2001a)

Maio, Giovanni, Zur Ethik der fremdnützigen Forschung an Kindern, in: Zeitschrift für medizinische Ethik 47: 2001, 177–191 (2001b)

Maio, Giovanni (ed.), Der Status des extrakorporalen Embryos. Perspektiven eines interdisziplinären Zugangs, Stuttgart-Bad Cannstatt 2007

Mann, Gunter, Rudolf Virchow, in: von Engelhardt / Hartmann (ed.) 1991, Bd. II, 203–215

Marckmann, Georg, Gesundheit und Gerechtigkeit, in: Bundesgesundheitsblatt – Gesundheitsforschung – Gesundheitsschutz 51: 2008, 887–894

Marquard, Reiner, Ethik in der Medizin. Eine Einführung in die evangelische Sozialethik, Stuttgart 2007

Martin, Karen Lesley, Blastocyst culture – clinical and future applications, in: Journal für Fertilität und Reproduktion 14: 2004, 13–18, download http://www.kup.at/kup/pdf/4114.pdf

Mastenbroek, Sebastiaan et al., In vitro fertilization with preimplantation genetic screening, in: The New England Journal of Medicine 357: 2007, 9–17

May, Arnd T., Autonomie und Fremdbestimmung bei medizinischen Entscheidungen für Nichteinwilligungsfähige, Münster 2000

May, Arnd T. / Charbonnier, Ralph (ed.), Patientenverfügungen. Unterschiedliche Regelungsmöglichkeiten zwischen Selbstbestimmung und Fürsorge, Münster 2005

McNeish, John D., Stem cells as screening tools in drug discovery, in: Current Opinion in Pharmacology 2007, 515–520

Meier, Christoph / Borasio, Gian Domenico / Kutzer, Klaus (ed.), Patientenverfügung. Ausdruck der Selbstbestimmung – Auftrag zur Fürsorge, Stuttgart 2005

Meier, Christoph, Leben erhalten – Sterben zulassen. Zur Diskussion um Patientenverfügungen in den Kirchen, in: ders. / Borasio / Kutzer (ed.) 2005, 33–44

Michelmann, Hans Wilhelm / Wewetzer, Christa / Körner, Uwe, Präkonzeptionelle Geschlechtswahl – Medizinische, rechtliche und ethische Aspekte, in: Ethik in der Medizin 18: 2006, 164–180

Ministerium für Arbeit, Soziales, Familie und Gesundheit Rheinland-Pfalz, Selbst bestimmen. Hilfe nach Maß für Behinderte. Abschlussbericht zum Modellprojekt des Landes Rheinland-Pfalz, Mainz 3. Aufl. 2003

Moll, Annette C. et al., Incidence of retinoblastoma in children born after in-vitro fertilisation, in: The Lancet 361: 2003, 309–310

Moltmann, Jürgen, Der gekreuzigte Gott, Gütersloh 6. Aufl. 1993

Müller-Busch, H. Christof, „Terminale Sedierung", in: Ethik in der Medizin 16: 2004, 369–377

Müller-Terpitz, Ralf, Humane Stammzellen und Stammzellderivate – Rechtliche Rahmenbedingungen einer therapeutischen Verwendung, in: Jahrbuch für Wissenschaft und Ethik Bd. 11, Berlin / New York 2006, 79–105

Münch, Ingo von, Staatsrecht, Bd. II, Stuttgart 5. Aufl. 2002

Münk, Hans J. (ed.), Organtransplantation. Der Stand der ethischen Diskussion im interdisziplinären Kontext, Freiburg/Schw. 2002

Münk, Hans J., Das Gehirntodkriterium in der theologisch-ethischen Diskussion um die Transplantationsmedizin, in: Münk (ed.) 2002, 105–173

Murswiek, Dietrich, Grundrechte als Teilhaberechte, soziale Grundrechte, in: Handbuch des Staatsrechts der Bundesrepublik Deutschland, hg. v. Isensee, Josef / Kirchhof, Paul, Bd. V, Allgemeine Grundrechtslehren, Heidelberg 1992, 243–289

Nass, Elmar, Der humangerechte Sozialstaat, Tübingen 2006

National Research Council of the National Academies, Guidelines for human embryonic stem cell research, Washington D.C. 2005

Nationale Ethikkommission im Bereich Humanmedizin, Forschung an menschlichen Embryonen und Föten, Stellungnahme Nr. 11 / 2006, Bern Januar 2006, download unter www.nek-cne.ch

Nationaler Ethikrat, Der Umgang mit vorgeburtlichem Leben in anderen Kulturen. Tagungsdokumentation, Berlin 2004

Nationaler Ethikrat, Gesundheit für alle – wie lange noch?, Berlin 2007 (2007a)

Nationaler Ethikrat, Zur Frage einer Änderung des Stammzellgesetzes. Stellungnahme, Berlin 2007 (2007b)

Nationaler Ethikrat, Die Zahl der Organspenden erhöhen. Zu einem drängenden Problem der Transplantationsmedizin in Deutschland, Berlin 2007 (2007c)

Nehen, Hans Georg, Demenzielle Persönlichkeitsveränderung, in: May / Charbonnier (ed.) 2005, 137–139

Neidert, Rudolf, Sollen genetische Analysen am frühen Embryo zugelassen werden? Präimplantationsdiagnostik in juristischer Sicht, in: Kreß / Racké (ed.) 2002, 33–61

Neidert, Rudolf, Embryonenschutz im Zwiespalt zwischen staatlichem Gesetz und ärztlicher Lex artis, in: Zeitschrift für Rechtspolitik 39: 2006, 85–87

Neidert, Rudolf, „Entwicklungsfähigkeit" als Schutzkriterium und Begrenzung des Embryonenschutzgesetzes, in: Medizinrecht 25: 2007, 279–286 (2007a)

Neidert, Rudolf, Forschungsverbote im Embryonenschutzgesetz und ihre Grenzen, in: Diedrich et al. (ed.) 2007, 207–226 (2007b)

Neidert, Rudolf, Späte Schwangerschaftsabbrüche als Problem des Gesetzgebers, in: Bundesgesundheitsblatt – Gesundheitsforschung – Gesundheitsschutz 51: 2008, 842–849

Neumann, Josef N., Christoph Wilhelm Hufeland, in: von Engelhardt / Hartmann (ed.) 1991, Bd. I, 339–359

Nielsen, Ingolf H. et al., Definitions of human fertilization and preimplantation growth revisited, in: Reproductive BioMedicine Online 3: 2001, 90–93

Niethammer, Dietrich, „... immer zu trösten". Ethische Beratung im ärztlichen Alltag, in: Zeitschrift für Evangelische Ethik 46: 2002, 205–213

Niethammer, Dietrich, Kinder im Angesicht des Todes, in: Wiesemann et al. (ed.) 2003, 92–115

Nietzsche, Friedrich, Werke, hg. v. Schlechta, Karl, München 6. Aufl. 1969

Nippert, Irmgard, Wie wird im Alltag der pränatalen Diagnostik tatsächlich argumentiert? Auszüge aus einer deutschen und europäischen Untersuchung, in: Kettner (ed.) 1998, 153–172

Nippert, Irmgard, Präimplantationsdiagnostik – ein Ländervergleich. Gutachten im Auftrag der Friedrich-Ebert-Stiftung, hg. v. d. Stabsabteilung der Friedrich-Ebert-Stiftung, Berlin 2006, download http://library.fes.de/pdf-files/stabsabteilung/04250.pdf

Noguchi, Yoshie, Protection of children against economic exploitation – an analysis of international instruments, in: Marauhn, Thilo (ed.), Internationaler Kinderschutz, Tübingen 2005, 21–41

Nordmann, Yves, Der Beginn menschlichen Lebens. Aspekte der jüdischen Medizinethik, in: Körtner et al. (ed.) 2006, 5–17 (2006a)

Nordmann, Yves, Das Ende menschlichen Lebens. Aspekte der jüdischen Medizinethik, in: Körtner et al. (ed.) 2006, 19–33 (2006b)

Oduncu, Fuat S. et al. (ed.), Stammzellforschung und therapeutisches Klonen, Göttingen 2002

Oduncu, Fuat S. / Platzer, Katrin / Henn, Wolfram (ed.), Der Zugriff auf den Embryo. Ethische, rechtliche und kulturvergleichende Aspekte der Reproduktionsmedizin, Göttingen 2005

Okano, Haruko K., Ethik in Japan, in: Merks, Karl-Wilhelm (ed.), Verantwortung – Ende oder Wandlungen einer Vorstellung?, Münster 2001, 181–191

Orentlicher, David, The Supreme Court and physician-assisted suicide – rejecting assisted suicide but embracing euthanasia, in: The New England Journal of Medicine 337: 1997, 1236–1239

Ozaki, Kyoichi, Denkweisen über Leben und Tod und aktive Euthanasie in Japan, Berliner Medizinethische Schriften 20, Dortmund 1997

Paarhammer, Hans, Der kanonische Pfarrer und die Hebammen, in: Rees, Wilhelm (ed.), Recht in Kirche und Staat. Joseph Listl zum 75. Geburtstag, Berlin 2004, 101–121

Paoloni-Giacobino, Ariane / Chaillet, J. Richard, Genomic imprinting and assisted reproduction, in: Reproductive Health 1: 2004, 6

Papanikolaou, Evangelos G. et al., In vitro fertilization with single blastocyst-stage versus single cleavage-stage embryos, in: The New England Journal of Medicine 354: 2006, 1139–1146

Papier, Hans-Jürgen, Die Würde des Menschen ist unantastbar, in: Grote, Rainer et al. (ed.), Die Ordnung der Freiheit, FS für Christian Starck, Tübingen 2007, 371–382

Paul, Norbert W., Gesundheit und Krankheit in der Moderne, in: Schulz et al. (ed.) 2006, 131–142

Paul, Norbert W., Genetik, Gesundheit und Gesellschaft, in: Brand, Angela et al. (ed.), Genetik in Public Health, Teil 2: Integration von Genetik in Public Health, Bielefeld 2007, 493–513

Paulson, Richard J. et al., Pregnancy in the sixth decade of life, in: JAMA 288: 2002, 2320–2323

Payer, Lynn, Medicine & Culture. Varieties of treatment in the United States, England, West Germany, and France, New York 1996

Pearson, Helen, Early embryos can yield stem cells … and survive, in: Nature 442: 2006, 858

Pennings, Guido, Measuring the welfare of the child: in search of the appropriate evaluation principle, in: Human Reproduction 14: 1999, 1146–1150

Peschke, Karl-Heinz, Christliche Ethik. Spezielle Moraltheologie, Trier 1995

Pettenkofer, Max von, Was man gegen die Cholera thun kann, Oldenbourg 1873

Pichlmaier, Heinz, Palliative Therapie, in: Korff et al. (ed.) 1998, Bd. II, 818–819

Pichlmayr, Rudolf et al., Organtransplantation beim Kind, in: Deutsches Ärzteblatt 1995, C 32–38

Pietruck, Frank et al., Überkreuzlebendspende – Nierentransplantation in Deutschland, in: Hessisches Ärzteblatt 67: 2006, 722–725, download http://www.laekh.de/upload/Hess._Aerzteblatt/2006/2006_10/2006_10_07.pdf

Plomin, Robert / Kosslyn, Stephen M., Genes, brain and cognition, in: Nature Neuroscience 4: 2001, 1153–1155

Pöltner, Günther, Grundkurs Medizin-Ethik, UTB 2177, Wien 2002

Pouton, Colin W. / Haynes, John M., Embryonic stem cells as a source of models for drug discovery, in: Nature Reviews Drug Discovery 6: 2007, 605–616

Promta, Somparn, Buddhism and human genetic research, in: polylog. Forum for Intercultural Philosophy 6: 2005, download http://them.polylog.org/6/fps-en.htm

Propping, Peter, Vom Genotyp zum Phänotyp: Zur Frage nach dem genetischen Determinismus, in: Honnefelder, Ludger / ders. (ed.), Was wissen wir, wenn wir das menschliche Genom kennen?, Köln 2001, 90–102

Rager, Günter (ed.), Beginn, Personalität und Würde des Menschen, Freiburg / München 1997

Rahner, Karl, Zur Theologie des Todes, Freiburg/Br. 1958

Raspe, Heiner, Priorisierung medizinischer Leistungen: von der Theorie zur Praxis, in: Schöne-Seifert et al. (ed.) 2006, 107–120

Rauprich, Oliver, Gleiche Gesundheit und soziale Gerechtigkeit, in: Schöne-Seifert et al. (ed.) 2006, 51–87

Rawls, John, Eine Theorie der Gerechtigkeit, Frankfurt/M. 1975

Rehmann-Sutter, Christoph, Altered Nuclear Transfer, Genom-Metaphysik und das Argument der Potentialität. Die ethische Schutzwürdigkeit menschlicher Embryonen in vitro, in: Jahrbuch für Wissenschaft und Ethik Bd. 11, Berlin 2006, 351–374 (2006a)

Rehmann-Sutter, Christoph, Zum gegenwärtigen Diskussionsstand um die Beihilfe zum Suizid in der Schweiz, in: Zeitschrift für Evangelische Ethik 50: 2006, 49–53 (2006b)

Rehmann-Sutter, Christoph, Embryoselektion zur Gewebespende? Fälle von PID-HLA und ihre Analyse in individual- und sozialethischer Perspektive, in: ethica 15: 2007, 115–143

Rehmann-Sutter, Christoph, Würde am Lebensbeginn. Der Embryo als Grenzwesen, in: Bundesgesundheitsblatt – Gesundheitsforschung – Gesundheitsschutz 51: 2008, 835–841

Reik, Wolf et al., Epigenetic reprogramming in mammalian development, in: Science 293: 2001, 1089–1093

Reinke, Mathias, Fortpflanzungsfreiheit und das Verbot der Fremdeizellspende, Berlin 2008

Reischle, Max, Leitsätze für eine akademische Vorlesung über die Christliche Glaubenslehre, Halle 1899

Reiter-Theil, Stella, Ethische Probleme der Beihilfe zum Suizid. Die Situation in der Schweiz im Lichte internationaler Perspektiven, Medizinethische Materialien Heft 150, Bochum 2. Aufl. 2006

Renesse, Margot von, Die Patientenverfügung – „Autonomie bis zuletzt?", in: Zeitschrift für Evangelische Ethik 49: 2005, 144–146

Replogle, Jill, Sex and the catholic church in Guatemala, in: The Lancet 366: 2005, 622–623

Rich, Arthur, Wirtschaftsethik, Bd. I, Gütersloh 1984

Ricken, Friedo, Verhinderte Totipotenz und Totipotenz als zentraler Schutzbegriff, in: Jahrbuch für Wissenschaft und Ethik Bd. 11, Berlin 2006, 323–326

Riedel, Ulrike, Selbstbestimmung am Lebensende durch Patientenverfügungen, in: Zeitschrift für Biopolitik 3: 2004, 211–218

Robert, Jason Scott / Baylis, Francoise, Crossing species boundaries, in: The American Journal of Bioethics 3: 2003, Number 3, 1–13

Robert Koch-Institut (ed.), Gesundheitsberichterstattung des Bundes, Heft 3: Armut bei Kindern und Jugendlichen, Berlin 2001

Robert Koch-Institut (ed.), Beiträge zur Gesundheitsberichterstattung des Bundes. Der Bundes-Gesundheitssurvey – Baustein der Gesundheitssurveillance in Deutschland, Berlin 2002

Robert Koch-Institut (ed.), Gesundheitsberichterstattung des Bundes, Heft 13: Arbeitslosigkeit und Gesundheit, Berlin 2003

Robert Koch-Institut (ed.), Schwerpunktbericht der Gesundheitsberichterstattung des Bundes: Gesundheit von Kindern und Jugendlichen, Berlin 2004

Robert Koch-Institut (ed.), Gesundheitsberichterstattung des Bundes, Heft 32: Bürger- und Patientenorientierung im Gesundheitswesen, Berlin 2006

Robert Koch-Institut (ed.), Gesundheitsberichterstattung des Bundes, Heft 37: Gebärmuttererkrankungen, Berlin 2007

Robert Koch-Institut (ed.), Schwerpunktbericht der Gesundheitsberichterstattung des Bundes: Migration und Gesundheit, Berlin 2008

Roth, Gerhard / Dicke, Ursula, Das Hirntodproblem aus der Sicht der Hirnforschung, in: Hoff / in der Schmitten (ed.) 1994, 51–60

Rothärmel, Sonja, Terminale Sedierung aus juristischer Sicht. Gebotener palliativmedizinischer Beistand oder heimliche aktive Sterbehilfe?, in: Ethik in der Medizin 16: 2004, 349–357

Sachverständigenrat zur Begutachtung der Entwicklung im Gesundheitswesen, Gutachten 2005, Koordination und Qualität im Gesundheitswesen, Bundestags-Drucksache 15/5670

Saliger, Frank, Das Dammbruchargument in Medizinrecht und Medizinethik, in: Jahrbuch für Recht und Ethik Bd. 15, Berlin 2007, 633–656

Sandel, Michael J., Plädoyer gegen die Perfektion. Ethik im Zeitalter der genetischen Technik. Mit einem Vorwort von Jürgen Habermas, Berlin 2008

Sartipy, Peter et al., Pluripotent human stem cells as novel tools in drug discovery and toxicity testing, in: The Investigational Drugs Journal 9: 2006, 702–705

Sartipy, Peter et al., The application of human embryonic stem cell technologies to drug discovery, in: Drug Discovery Today 12: 2007, 688–699

Sass, Hans-Martin, Sterbehilfe in der Diskussion. Zur Validität und Praktikabilität wertanamnestischer Betreuungsverfügungen, in: Kreß / Kaatsch (ed.) 2000, 89–113

Sass, Hans-Martin / Kielstein, Rita, Patientenverfügung und Betreuungsvollmacht, Münster 2001

Schaeffer, Doris / Schmidt-Kaehler, Sebastian (ed.), Lehrbuch Patientenberatung, Bern 2006

Schipperges, Heinrich, Hildegard von Bingen, München, Beck'sche Reihe 2008, 1995

Schlaepfer, Thomas E. et al., Deep brain stimulation to reward circuitry alleviates anhedonia in refractory major depression, in: Neuropsychopharmacology 33: 2008, 368–377

Schlegelberger, Brigitte, Prädiktive Gendiagnostik. Voraussagen über die Erkrankung von Menschen, in: Kreß / Kaatsch (ed.) 2000, 76–80

Schlieter, Jens, Zwischen Karma, Tod und Wiedergeburt (I). Buddhistische Medizinethik zu Fragen des Lebensanfangs, in: Körtner et al. (ed.) 2006, 183–207 (2006a)

Schlieter, Jens, Zwischen Karma, Tod und Wiedergeburt (II). Buddhistische Medizinethik zu Fragen des Lebensendes, in: Körtner et al. (ed.) 2006, 209–229 (2006b)

Schmidt, Helmut, Auf der Suche nach einer öffentlichen Moral, Stuttgart 1998

Schmidt-Jortzig, Edzard, Die Entpersönlichung des Sterbens. Das Dilemma staatlicher Regelungsambitionen, in: Zeitschrift für Evangelische Ethik 46: 2002, 20–27

Schmidtke, Jörg et al., Gendiagnostik in Deutschland. Status quo und Problemerkundung. Supplement zum Gentechnologiebericht, Limburg 2007

Schöch, Heinz / Verrel, Torsten, Alternativ-Entwurf Sterbebegleitung (AEStB), in: Goltdammer's Archiv für Strafrecht 152: 2005, 553–586

Schockenhoff, Eberhard, Reproduktives Klonen und Klonen zu Forschungszwecken im Licht ethischer Bewertungskriterien, in: Eich, Thomas / Reifeld, Helmut (ed.), Bioethik im christlich-islamischen Dialog, Konrad-Adenauer-Stiftung e.V. Sankt Augustin 2004, 77–92

Schöne-Seifert, Bettina, Ist Assistenz zum Sterben unärztlich?, in: Holderegger (ed.) 2000, 98–118

Schöne-Seifert, Bettina et al. (ed.), Gerecht behandelt? Rationierung und Priorisierung im Gesundheitswesen, Paderborn 2006

Schott, Heinz, Lebensende – Leben nach dem Tode. Spekulationen über den Tod in medizinhistorischer Perspektive, in: Kreß / Racké (ed.) 2002, 108–122

Schreiber, Hans-Ludwig, Recht und Ethik der Lebend-Organtransplantation, in: Kirste, G. (ed.), Nieren-Lebendspende. Rechtsfragen und Versicherungs-Regelungen für Mediziner, Lengerich et al. 2000, 33–44

Schreiber, Hans-Ludwig, Die Neuregelung der Sterbehilfe in den Niederlanden und Belgien – Vorbild für die Bundesrepublik?, in: Kreß / Racké (ed.) 2002, 123–132

Schreiber, Hans-Ludwig, Die Notwendigkeit einer Ausweitung der Zulässigkeit von Lebendspenden, in: Breyer / Engelhard (ed.) 2006, 93–98

Schröter-Kunhardt, Michael, Nah-Todeserfahrung – Grundlage neuer Sinnfindung, in: Kick, Hermes A. (ed.), Ethisches Handeln in den Grenzbereichen von Medizin und Psychologie, Münster 2002, 97–115

Schroth, Ulrich, Ethik und Recht der Nierenlebendspende, in: Jahrbuch für Recht und Ethik Bd. 15, Berlin 2007, 395–412

Schüller, Bruno, Die Begründung sittlicher Urteile, Düsseldorf 2. Aufl. 1980

Schulz, Stefan / Steigleder, Klaus / Fangerau, Heiner / Paul, Norbert W. (ed.), Geschichte, Theorie und Ethik der Medizin, stw 1791, Frankfurt/M. 2006

Schulz, Walter, Grundprobleme der Ethik, Pfullingen 1989

Schweidler, Walter et al. (ed.), Menschenleben – Menschenwürde, Münster 2003

Schweitzer, Albert, Gesammelte Schriften in fünf Bänden, München o.J.

Schweizerische Akademie der Medizinischen Wissenschaften, Betreuung von Patientinnen und Patienten am Lebensende, 2004, download unter http://www.samw.ch/

Schweizerische Akademie der Medizinischen Wissenschaften, Palliative Care. Medizinisch-ethische Richtlinien und Empfehlungen, 2006, download unter http://www.samw.ch/

Schweizerischer Bundesrat, Botschaft zum Bundesgesetz über die Transplantation von Organen, Geweben und Zellen (Transplantationsgesetz) vom 12. September 2001, Bern, download www.admin.ch/ch/d/ff/2002/29.pdf

Schweninger, Ernst, Der Arzt, in: Die Gesellschaft Bd. 7, hg. v. Buber, Martin, Frankfurt/M. 1906

Schwinger, Eberhard, Präimplantationsdiagnostik, hg. v. d. Stabsabteilung der Friedrich-Ebert-Stiftung, Bonn 2003, download http://library.fes.de/pdf-files/stabsabteilung/01645.pdf

Seewald, Otfried, Zum Verfassungsrecht auf Gesundheit, Köln et al. 1981

Sekretariat der Deutschen Bischofskonferenz (ed.), Apostolisches Schreiben Salvifici Doloris von Papst Johannes Paul II. über den Sinn des menschlichen Leidens, Verlautbarungen des Apostolischen Stuhls 53, Bonn, 11. Februar 1984

Sekretariat der Deutschen Bischofskonferenz (ed.), Instruktion der Kongregation für die Glaubenslehre über die Achtung vor dem beginnenden menschlichen Leben und die Würde der Fortpflanzung, Verlautbarungen des Apostolischen Stuhls 74, Bonn, 10. März 1987

Sekretariat der Deutschen Bischofskonferenz / Kirchenamt der Evangelischen Kirche in Deutschland (ed.), Organtransplantationen, Gemeinsame Texte 1, Bonn / Hannover 1990

Sekretariat der Deutschen Bischofskonferenz (ed.), Kongregation für die Glaubenslehre, Lehramtliche Stellungnahmen zur „Professio fidei", Verlautbarungen des Apostolischen Stuhls 144, Bonn 1998

Sekretariat der Deutschen Bischofskonferenz (ed.), Der Mensch: sein eigener Schöpfer? Wort der Deutschen Bischofskonferenz zu Fragen von Gentechnik und Biomedizin, Bonn 2001

Seusing, Johannes, Der Grenzbereich zwischen Leben und Tod im ärztlichen Denken und Handeln, in: Jeziorowski, Jürgen (ed.), Leben als Last, Hannover 1986, 29–53

Sewing, Karl-Friedrich, Medizin und Forschungsethik: Kritische Anmerkungen zum deutschen und europäischen Arzneimittelrecht, in: Frewer / Schmidt (ed.) 2007, 153–162

Sherwin, Byron L., Jüdische Ethik für das 21. Jahrhundert. Klonen und Fortpflanzungstechnologie, in: polylog. Zeitschrift für interkulturelles Philosophieren 13: 2005, 15–29

Shewmon, Alan, „Hirnstammtod", „Hirntod" und Tod, in: Schweidler et al. (ed.) 2003, 293–316

Siep, Ludwig / Quante, Michael, Ist die aktive Herbeiführung des Todes im Bereich des medizinischen Handelns philosophisch zu rechtfertigen?, in: Holderegger (ed.) 2000, 39–57

Simmel, Georg, Über soziale Differenzierung. Soziologische und psychologische Untersuchungen, Leipzig 1890

Simmel, Georg, Einleitung in die Moralwissenschaft. Eine Kritik der ethischen Grundbegriffe, Bd. 1, Berlin 1892

Simmel, Georg, Die beiden Formen des Individualismus, in: Das freie Wort 1: 1901 / 1902, 397–403

Simmel, Georg, Zur Metaphysik des Todes, in: ders., Brücke und Tür, hg. v. Landmann, Michael, Stuttgart 1957, 29–36

Simmel, Georg, Das individuelle Gesetz. Philosophische Exkurse, hg. v. Landmann, Michael, Frankfurt/M. 1968

Singer, Peter, Praktische Ethik, Reclam 8033, dt. Stuttgart 1984

Sölle, Dorothee, Leiden, Stuttgart 1973

Soussan, Benjamin David, Das Verständnis von Sterben, Tod und Trauer im Judentum, in: Lilie / Zwierlein (ed.) 2004, 196–204

Spittler, Johann Friedrich, Gehirn, Tod und Menschenbild. Neuropsychiatrie, Neurophilosophie, Ethik und Metaphysik, Stuttgart 2003 (2003a)

Spittler, Johann Friedrich, Zur Kontroverse um den Hirntod, in: Schweidler et al. (ed.) 2003, 317–327 (2003b)

Spittler, Johann Friedrich, Begrenzungen der Autonomie im Locked-In-Syndrom – Eine Pflicht zum Leben?, Berliner Medizinethische Schriften Heft 48, Dortmund 2003 (2003c)

Staats, Reinhart, Heil und Heilung in der Geschichte des Christentums, in: Kaatsch, Hans-Jürgen / Kreß, Hartmut (ed.), Der Umgang mit Krankheit und Sterben in der heutigen Gesellschaft, Kiel 1997, 171–192

Staessen, Catherine et al., Comparison of blastocyst transfer with or without preimplantation genetic diagnosis for aneuploidy screening in couples with advanced maternal age: a prospective randomized controlled trial, in: Human Reproduction 19: 2004, 2849–2858

Staszewski, Schimon, Medizinethik und jüdisches Recht, in: Oduncu et al. (ed.) 2005, 119–125

Stauber, Manfred, Kinderlosigkeit / Kinderwunsch, in: Korff et al. (ed.) 1998, Bd. II, 380–383

Steigleder, Klaus, Organtransplantation, in: Schulz et al. (ed.) 2006, 410–443 (2006a)

Steigleder, Klaus, Hirntod, in: Schulz et al. (ed.) 2006, 435–445 (2006b)

Steigleder, Klaus, Ethische Erwägungen zur Organtransplantation und zum Hirntodkriterium, in: Bundesgesundheitsblatt – Gesundheitsforschung – Gesundheitsschutz 51: 2008, 850–856

Steinberg, Abraham, The beginning of life – jewish perspectives, in: Nationaler Ethikrat 2004, 79–87

Steinhoff, Gustav / Tiedemann, G. / Thalheimer, M. / Ho, A.D., Von der Grundlagenforschung in die Klinik. Regulative Anforderungen an präklinische und klinische Studien mit Stammzellen, in: Bundesgesundheitsblatt – Gesundheitsforschung – Gesundheitsschutz 51: 2008, 973–979

Stock, Gregory, Die Evolution in Menschenhand, in: Wissenschaftszentrum Nordrhein-Westfalen, Jahrbuch 2001/2002, Düsseldorf 2002, 12–22

Stöbel-Richter, Yve / Brähler, Elmar, Ausgewählte Fakten zum politischen Lamento über Deutschlands sinkende Kinderzahlen, in: Journal für Reproduktionsmedizin und Endokrinologie 3: 2006, 307–314

Strasser, Hannes et al., Autologous myoblasts and fibroblasts versus collagen for treatment of stress urinary incontinence in women: a randomised controlled trial, in: The Lancet 369: 2007, 2179–2186

Synofzik, Matthis, PEG-Ernährung bei fortgeschrittener Demenz: eine evidenzgestützte ethische Analyse, in: Der Nervenarzt 78: 2007, 418–428

Taddio, Anna et al., Conditioning and hyperalgesia in newborns exposed to repeated heel lances, in: JAMA 288: 2002, 857–861

Tanner, Klaus, Fünf Jahre Stammzellengesetz, in: Zeitschrift für Evangelische Ethik 51: 2007, 83–87

Taupitz, Jochen, Forschung am Menschen: Die neue Deklaration von Helsinki, in: Deutsches Ärzteblatt 98: 2001, A 2413–2420

Taupitz, Jochen, Erfahrungen mit dem Stammzellgesetz, in: Juristenzeitung 62: 2007, 113–122

Thiel, Gilbert T., Nieren-Lebendspende im Grenzgebiet von Klinik, Ethik und Recht. Kodex für den Umgang mit Lebendspendern, in: Breyer / Engelhard (ed.) 2006, 143–170

Thomson, James A. et al., Embryonic stem cells derived from human blastocysts, in: Science 282: 1998, 1145–1147

Thorn, Petra / Wischmann, Tewes, Eine kritische Würdigung der Novellierung der (Muster-) Richtlinie der Bundesärztekammer 2006 aus der Sicht der psychosozialen Beratung, in: Journal für Reproduktionsmedizin und Endokrinologie 5: 2008, 39–44, download http://www.kup.at/kup/pdf/6969.pdf

Thurin, Ann et al., Elective single-embryo transfer versus double-embryo transfer in in vitro fertilization, in: The New England Journal of Medicine 351: 2004, 2392–2402

Tillich, Paul, Systematische Theologie, Bd. I, Stuttgart 1958

Troeger, C. et al., Stammzellen aus Nabelschnurblut, in: Der Gynäkologe 38: 2005, 829–834

Turillazzi, E. / Fineschi, V., Assisted reproductive technology: official data on the application of the Italian law, in: Reproductive BioMedicine Online 16, Suppl. 1: 2008, 5–9

Twardzik, Thomas / Rapp, Ulf R., Somatische Stammzellen, in: Bundesgesundheitsblatt – Gesund-heitsforschung – Gesundheitsschutz 45: 2002, 79–84

Veldink, Jan H. et al., Euthanasia and physician-assisted suicide among patients with amyotrophic lateral sclerosis in the Netherlands, in: The New England Journal of Medicine 346: 2002, 1638–1644

Verrel, Torsten, Patientenautonomie und Strafrecht bei der Sterbebegleitung. Gutachten C zum 66. Deutschen Juristentag Stuttgart 2006, München 2006

Verselyté, Agnes, Das Recht auf Gesundheitsschutz in der Europäischen Union, Frankfurt/M. 2005

Virchow, Rudolf, Sämtliche Werke, hg. v. Andree, Christian, Bd. 4 Abt. I, Bern 1992

Vogel, Hans-Jochen, Sind wir auf einer schiefen Bahn? Zur Entscheidung des Bundestags über den Stammzellenimport, in: Internationale Katholische Zeitschrift Communio 31: 2002, 531–539

Vollmann, Jochen, „Therapeutische" versus „nicht-therapeutische" Forschung – eine medizinethisch plausible Differenzierung?, in: Ethik in der Medizin 12: 2000, 65–74

Vorrath, Franz, Chancen und Grenzen der Patientenverfügung, in: May / Charbonnier (ed.) 2005, 15–18

Wagers, Amy J. et al., Little evidence for developmental plasticity of adult hematopoietic stem cells, in: Science 297: 2002, 2256–2259

Waller, Heiko, Gesundheitswissenschaft, Stuttgart 1995

Wanke, Joachim, Die Herausforderung der Humanbiotechnologie durch Ethik und Theologie, in: Knoepffler, Nikolaus et al. (ed.), Humanbiotechnologie als gesellschaftliche Herausforderung, Freiburg / München 2005, 137–144

Weber-Hassemer, Kristiane, Politik: Welchen Beitrag kann ethische Expertise für biopolitische Ent-scheidungen leisten?, in: Bundesgesundheitsblatt – Gesundheitsforschung – Gesundheitsschutz 51: 2008, 895–901

Weisser, Ursula, Hippokrates / Galen, in: von Engelhardt / Hartmann (ed.) 1991, Bd. I, 11–29

Weizsäcker, Viktor von, Gesammelte Schriften in zehn Bänden, Frankfurt/M. 1986ff

Wendehorst, Christiane et al., Zur Möglichkeit der Embryoadoption in einem zukünftigen Fortpflan-zungsmedizingesetz, in: Reproduktionsmedizin 19: 2003, 147–150

Wiesemann, Claudia et al. (ed.), Das Kind als Patient. Ethische Konflikte zwischen Kindeswohl und Kindeswille, Frankfurt/M. 2003

Wild, Verina, Plädoyer für einen Einschluss schwangerer Frauen in Arzneimittelstudien, in: Ethik in der Medizin 19: 2007, 7–23

Wils, Jean-Pierre, Anmerkungen zur Geschichte des Sterbens, in: Holderegger (ed.) 2000, 23–38

Wils, Jean-Pierre, Stammzellen-Transplantation aus Nabelschnurblut – ethische Probleme, in: Ethik in der Medizin 14: 2002, 71–83

Winkler, Christian / Kirik, Deniz / Björklund, Anders, Cell transplantation in Parkinson's disease: how can we make it work?, in: Trends in Neurosciences 28: 2005, 86–92

Winter, Stefan, Menschenwürde und Lebensschutz des Embryos aus politischer Sicht, in: Diedrich et al. (ed.) 2007, 81–86

Wischmann, Tewes / Stammer, Heike, Der Traum vom eigenen Kind. Psychologische Hilfen bei unerfülltem Kinderwunsch, Stuttgart 2001

Wissenschaftlicher Beirat „Bio- und Gentechnologie" der CDU/CSU-Bundestagsfraktion, Biologi-sche, rechtliche und ethische Überlegungen zu aktuellen Ergebnissen der Forschung an embryo-nalen Stammzellen sowie zum Begriff der „Totipotenz", 27.1.2004, download http://www.cducsu.de/upload/wsb040127.pdf

Witschen, Dieter, Mehr als die Pflicht. Studien zu supererogatorischen Handlungen und ethischen Idealen, Freiburg/Schw. et al. 2006

Wobus, Anna M. et al., Stammzellforschung und Zelltherapie. Stand des Wissens und der Rahmen-bedingungen in Deutschland, München 2006

Wobus, Anna M., Reversibilität des Entwicklungsstatus menschlicher Zellen, in: Naturwissenschaftliche Rundschau 51: 2008, 221–225

Wobus, Anna M. / Löser, Peter, Humane embryonale Stammzellen im Kontext internationaler Forschungsaktivitäten, in: Bundesgesundheitsblatt – Gesundheitsforschung – Gesundheitsschutz 51: 2008, 994–1004

Wolff, Michael von et al., In-vitro-Maturation – Indikationen, Risiken und Chancen einer neuen assistierten Reproduktionstechnik, in: Geburtshilfe und Frauenheilkunde 67: 2007, 734–741

Wolfslast, Gabriele, Rechtliche Neuordnung der Tötung auf Verlangen?, in: Amelung, Knut et al. (ed.), Strafrecht – Biorecht – Rechtsphilosophie. FS für Hans-Ludwig Schreiber, Heidelberg 2003, 913–927

Wood, H. M. et al., In vitro fertilization and the cloacal-bladder exstrophy-epispadias complex: is there an association?, in: Journal of Urology 169: 2003, 1512–1515

Wrenzycki, Christine et al., Epigenetic reprogramming throughout preimplantation development and consequences for assisted reproductive technologies, in: Birth Defects Research (Part C) 75: 2005, 1–9

Yildirim-Fahlbusch, Y., Türkische Migranten. Kulturelle Missverständnisse, in: Deutsches Ärzteblatt 100: 2003, A 1179–1181

Zentrale Kommission zur Wahrung ethischer Grundsätze in der Medizin und ihren Grenzgebieten (Zentrale Ethikkommission) bei der Bundesärztekammer, Prioritäten in der medizinischen Versorgung im System der Gesetzlichen Krankenversicherung (GKV), in: Deutsches Ärzteblatt 97: 2000, A 1017–1023

Zentrale Kommission zur Wahrung ethischer Grundsätze in der Medizin und ihren Grenzgebieten (Zentrale Ethikkommission) bei der Bundesärztekammer, Priorisierung medizinischer Leistungen im System der Gesetzlichen Krankenversicherung (GKV), in: Deutsches Ärzteblatt 104: 2007, A 2750–2754

Zenz, Michael / Jurna, Ilmar, Lehrbuch der Schmerztherapie, Stuttgart 1993

Zernikow, Boris / Hechler, Tanja, Schmerztherapie bei Kindern und Jugendlichen, in: Deutsches Ärzteblatt 105: 2008, 511–522

Zimmermann, Wolfram-Hubertus, Herzgewebe aus embryonalen Stammzellen, in: Bundesgesundheitsblatt – Gesundheitsforschung – Gesundheitsschutz 51: 2008, 1021–1025

Zubieta, Jon-Kar et al., COMT val[158]met genotype affects μ-Opioid neurotransmitter responses to a pain stressor, in: Science 299: 2003, 1240–1243

Namenregister (Auswahl)

Aristoteles 107, 151, 166, 280
Augustinus 105
Avicenna 85

Baeck, Leo 24
Baer, Karl Ernst von 49, 162
Barth, Karl 160, 262, 281
Böckenförde, Ernst-Wolfgang 23
Böckle, Franz 31, 289, 291, 292, 294, 296
Bonhoeffer, Dietrich 281
Buber, Martin 20, 24, 25f, 27, 28f, 219, 224

Calvin, Johannes 70

Dabrock, Peter 262, 295, 297
Descartes, René 57, 65

Foucault, Michel 17, 18, 45
Frank, Johann Peter 47, 81, 162f
Freud, Sigmund 27, 255

Galen 61, 65, 85
Gehlen, Arnold 103
Gregory, John 80, 284
Grönemeyer, Dietrich 90

Habermas, Jürgen 16, 146
Härle, Wilfried 260, 261
Harnack, Adolf von 37
Heuß, Theodor 22, 23
Hildegard von Bingen 40, 65
Hippokrates 61, 64, 65, 85, 284
Huber, Wolfgang 40, 139, 159, 290, 299
Hufeland, Christoph Wilhelm 14, 284

Illich, Ivan 48, 51

Jaenisch, Rudolf 183, 211
Jaspers, Karl 27, 57, 287
Jellinek, Georg 86
Jonas, Hans 21, 42, 210f, 223, 227
Jüngel, Eberhard 295, 299

Kant, Immanuel 23, 24f, 29, 74, 77, 83, 125,
    222, 237, 267

Kriele, Alexa 43
Küng, Hans 273
Kutzer, Klaus 262f, 277, 301

Lehmann, Kardinal Karl 147ff
Leibniz, Gottfried Wilhelm 38, 47, 58, 81, 83,
    105
Luther, Martin 17, 70, 74, 105, 107f, 159, 250

Mahrenholz, Ernst Gottfried 262
Mieth, Dietmar 171
Morus, Thomas 272

Nietzsche, Friedrich 57, 88, 272

Paracelsus 65
Percival, Thomas 13, 284

Rahner, Karl 150, 269, 298
Renesse, Margot von 261
Ricoeur, Paul 256
Riedel, Ulrike 260, 296, 298

Sass, Hans-Martin 256f, 289
Scheler, Max 223
Schleiermacher, Friedrich Daniel Ernst 29, 66
Schmidt, Helmut 100, 119, 172
Schreiber, Hans-Ludwig 276, 281, 298, 299
Schweitzer, Albert 20, 21, 36, 79
Sen, Amartya 109, 113
Simmel, Georg 29, 34, 59, 71, 248, 253
Singer, Peter 23, 159f
Stein, Lorenz von 82, 84

Thomas von Aquin 74, 107, 151, 166, 273
Tillich, Paul 74

Uhlenbruck, Wilhelm 247, 254

Virchow, Rudolf 13, 41, 45, 57, 65, 81–83, 85

Weber, Max 19, 119
Weizsäcker, Viktor von 26–28, 29, 61

Begriffsregister

Advanced therapies 94f, 145

Advokatorische Ethik 215, 216, 287

Apallisches Syndrom / Wachkoma 248, 255, 260, 263, 266f

Armut 81, 107, 186

Arzt-Patient-Verhältnis 20, 25–29, 251, 275

Autonomie / Patientenautonomie 24f, 28, 32, 36, 54, 71, 76f, 109, 122, 154, 185, 221, 241, 254f, 261f, 265ff, 268

Babyklappe 215

Bedarf / Bedürfnis, bedarfsgerecht 50, 103, 105, 107, 109, 112, 232

Behinderung / Behinderte 13, 77, 88, 104, 110, 123, 125f, 130, 158, 173, 189f, 194–196, 202, 212, 214, 222, 271

Beratung 11, 22, 27, 29–34, 43, 68, 72, 75f, 78, 97, 101f, 110, 187f, 189, 197f, 200, 208, 213, 214f, 237, 265–268, 270, 288

Beratungspflicht / Pflichtberatung 101, 102, 213, 215, 265f

Biofakt 166, 182

Brustkrebsdiagnostik 67f, 70ff, 75, 97

Buddhismus 156f, 212, 220, 239

Chimären 177–179, 182

Demenz 23, 53, 124f, 245, 252, 257, 265–268, 271, 273, 286

Determinismus 70f, 74

Eizellspende 59, 177, 190, 207, 212

Embryo 14, 15, 23, 54, 72, 86, 120, 129–134, 140, 146–184, 193–205, 207–212, 214, 287

Embryotoxizität / Neurotoxizität 12, 95, 131, 141–143, 175, 182, 216

Enhancement 15, 32, 54, 78f, 183

Entwicklung / Entwicklungsländer 21, 89, 113–115

Epigenetik 139, 168f, 192

Epikie 107f, 159, 232

Ethikkomitee 33

Europäische Union / EU 90, 94f, 102, 114, 121, 127, 133, 139

Forschungspflicht 80, 116, 117f, 119, 124, 127, 192

Freiheit / Selbstbestimmung 11, 13f, 17ff, 22ff, 27, 29, 36, 44, 45–55, 61f, 69, 71f, 73ff, 75ff, 85, 97, 100, 109f, 114, 122, 127, 148f, 161, 185f, 188, 198, 199, 204, 206, 210, 211, 214, 216, 220f, 223, 228ff, 234ff, 240, 242, 247, 253ff, 256ff, 258ff, 260ff, 264, 265ff, 271, 272f, 279f, 281, 288

Fürsorge 11, 46–48, 70, 84f, 88, 109, 230, 232, 258, 260–262

Gehirngewebe 51–54, 70

Gerechtigkeit / Partizipationsgerechtigkeit 11, 12, 13, 24, 38, 55, 76, 85, 99, 103, 105–116, 159, 165, 216, 217, 231–233, 255f, 265, 268, 284, 288

Geschlechtswahl 194, 207f

Gesundheitserziehung 78, 101, 109, 288

Gottebenbildlichkeit 24, 38, 74, 154, 211, 273

Heilversuch 122, 141, 177, 184, 217

Heteronomie 77, 262

Hippokratischer Eid 20, 24, 117, 146, 238, 284

Hirntod 22, 99, 218–233, 239, 241, 248, 287

ICSI 188, 190–192, 197

Induzierte pluripotente Stammzellen / iPS 138, 141, 177, 182–184

Islam, islamisch 33, 35, 37, 49, 59, 63f, 85, 93, 148, 149, 152–154, 251, 253, 264f

Japan, japanisch 105, 150, 156, 179, 184, 215, 219–221, 224, 268

Judentum, jüdische Tradition 23, 24, 26, 42, 59, 63f, 86, 148, 149, 154–156, 164, 166, 186, 211, 215, 221, 240

Kaiserschnitt 40f, 49f, 190, 202

Kind, Kinder 11, 13f, 16, 22, 32, 36, 40, 41, 44, 47, 50, 67, 79, 83, 89, 92f, 94, 98, 104, 107, 111, 120f, 126f, 129, 137, 151, 152, 154f, 158, 163, 185, 187f, 198ff, 206–215, 215f, 221, 232f, 238, 242, 243, 270f, 286, 287

Kinderrechte / Recht des Kindes 44, 79, 89f, 115, 127, 154, 187, 215f, 233

Kindeswohl 13, 154, 172, 185, 187f, 192f, 194, 204, 206f, 209, 215f

Kirche / Kirchen 16, 22, 23, 34, 35ff, 39ff, 45, 46, 64, 81, 85f, 94f, 99, 112, 114, 120, 132, 147–152, 153, 156, 158f, 162, 165, 173, 177, 181, 182, 193, 196, 204, 221, 226, 234f, 244, 249ff, 255, 258, 261f, 263f, 272, 280f

Kulturkampf 15, 81, 146

Lebendspende 218, 234–241

Medikalisierung 18, 39, 45ff, 48, 51, 54, 67, 70, 252f, 258

Medikamenten-, Toxizitätsprüfungen 95, 115, 120f, 130, 131, 141f, 182, 216

Menschenwürde / Personwürde / Würde 13, 16f, 22–25, 30, 54, 56, 74, 75, 91, 124, 125, 132, 147, 154, 158, 160, 161, 172–174, 178f, 194, 199, 213, 215, 222, 228, 232, 243, 246, 253, 254, 259, 273, 274, 277, 284

Nachhaltigkeit 13, 21, 82, 113

Neutralitas 61, 76f

Nichteinwilligungsfähige 121, 123–126

Nichtraucher / Rauchen / Raucher 60, 94, 98, 102f

Normalität 45, 76f, 90, 189, 262

Parthenoten / Parthenogenese 158, 179–181, 182

Patientenrechte 25, 61, 85

Patientenverfügung 29f, 32, 73, 76, 125, 253ff, 256–268

Patriarchalismus / Paternalismus 17, 24, 25, 81, 84f, 86, 240, 254, 262, 279

Patientzentrierte Medizin 11, 27, 31, 60, 80, 108, 112, 288

Pharmakogenetik 78

PID-HLA 198ff, 210

Pluralismus / Pluralisierung 33f, 35, 57, 62, 76, 149, 156, 157, 159, 161f, 167, 206, 248, 251, 258, 264

Prädiktion / prädiktive Medizin 12, 13, 30, 54, 66, 67–79, 80, 97, 288

Präimplantationsdiagnostik / PID 15, 17, 23, 59, 86, 129f, 135, 140, 146ff, 193ff, 196ff, 198ff, 214

Pränatale Adoption 198, 208f

Pränatale Diagnostik 86, 155, 156, 194ff, 198

Prävention, präventiv 13, 22, 31, 46, 50, 65, 67, 69, 75, 77f, 80, 95, 97f, 101f, 112, 114, 133, 142, 187, 216, 233, 239, 254

Präventionsverantwortung 22, 118, 123, 187, 253, 268

Rationierung 12, 28, 106, 108, 110, 113, 232, 253, 271

REACH 95, 143

Recht auf Eigentum 39, 84, 87, 279

Recht auf Gesundheit / auf Gesundheitsschutz 11, 13, 38f, 44, 55, 56f, 80–96, 98, 101, 103f, 105f, 113ff, 115f, 117, 120, 125, 127, 132, 145, 161, 171f, 173, 186f, 203, 215f, 217, 231, 285f, 287f

Rechtskultur 265

Rechtsstaat / rechtsstaatlich 19, 84, 106, 112, 116, 142f, 144, 159, 161, 169, 175, 205, 214, 237, 254, 264, 288

Relationale Ontologie / relationales Menschenbild / Verhältniswesen 160f, 220f, 224, 261f

Reproduktives Klonieren 154, 157, 176f, 183, 210–212

Säkularisierung 35f, 70, 154, 248, 251

Salutogenese 27

Schmerz / Schmerzempfinden 40, 42, 57ff, 68, 104, 160, 164f, 195, 198, 212f, 215, 227, 244, 246f, 255, 257, 273, 282, 285

Schmerztherapie / Schmerzforschung 104, 114, 118, 120, 243, 244f, 246, 253, 256, 277, 282, 283–286

Schwangerschaftsabbruch / Abtreibung / Spätabtreibung 53f, 114, 148, 152, 154f, 157, 161, 172, 195, 196, 198, 206, 212–215, 270, 275

Sedierung, palliative / terminale 12, 21, 30, 44, 246, 253, 276, 278, 279, 282f, 285

Sozialstaat 84, 109, 110, 112, 288

Stammzellen, adulte 133, 134, 136ff, 145

Stammzellen / Stammzellforschung, embryonale 14, 15, 16, 23, 54, 80, 86, 94f, 120, 129–145, 146, 152f, 155f, 170, 171, 172, 174, 175–184, 208, 209f, 214, 287

Stammzellen, spermatogoniale 180, 182

Stichtag 132f, 138ff, 142, 144

Suizid 172, 240, 245, 257, 263, 268, 274, 278–282

Theodizee 42, 63, 164

therapeutic progress 127

Therapeutische Situation 27, 108

Therapeutischer Imperativ 117, 119, 146

Therapeutisches Klonieren 148, 149, 156, 157, 158, 166, 168, 176f, 179, 180, 210, 212

Therapiefreiheit 108, 161

Tierversuche 52, 122, 133, 135, 141f, 143, 177ff, 211

Toleranz 26, 28, 32, 33f, 44, 83, 258, 287

Umwelt 18, 43, 57, 69, 71, 76, 80, 89, 95, 216

Verantwortungspartnerschaft 267

Weltgesundheitsorganisation / WHO 44, 56, 59, 86f, 88, 102f, 109, 114f, 285

Wertanamnese 27, 29f, 254, 256, 258

Wissenschaftsfreiheit / Forschungsfreiheit 14, 17, 22, 23, 48, 117f, 119f, 132, 135, 138ff, 147f, 161

Würde des Sterbens 246, 258, 284

Zwei-Reiche-Lehre 159

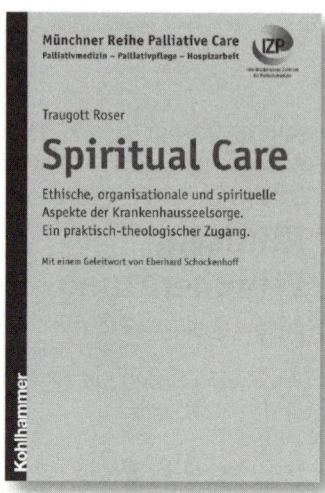